四庫全書總目彙訂

修訂本

4

史部

魏小虎 編撰

上海古籍出版社

史 部 二 十 三

時 令 類

《堯典》首授時,舜初受命,亦先齊七政。後世推步測算,重為專門,已別著錄。其本天道之宜以立人事之節者,則有時令諸書。孔子考獻徵文,以《小正》為尚存夏道。然則先王之政,兹其大綱歟?後世承流,遞有撰述,大抵農家日用、閭閻風俗為多,與《禮經》所載小異。然民事即王政也,淺識者岐視之耳。至於選詞章,隸故實,誇多鬭靡,寖失厥初,則踵事增華,其來有漸,不獨時令一家為然。汰除鄙倍,採摘典要①,亦未始非《豳風》、《月令》之遺矣。

【彙訂】

① “採摘”,殿本作“採摭”。

歲時廣記四卷(編修程晉芳家藏本)①

宋陳元靚撰。元靚不知其里貫,自署曰廣寒仙裔。而劉純作後序,稱為隱君子。其始末亦未詳言,莫之考也。書前又有知無為軍巢縣事朱鑑序一篇。鑑乃朱子之孫,即嘗輯《詩傳遺說》者,後仕至湖廣總領。元靚與之相識,則理宗時人矣。其書《宋志》不著錄,惟見於錢曾《讀書敏求記》,稱前列圖説,分四時為四卷。今此本乃曹溶《學海類編》所載,卷首並無圖説,蓋傳鈔者佚之。書中摭《月令》、《孝經緯》、《三統曆》諸書為綱,而以雜書所記關於節序者按月分隸,凡春令四十六條,夏令五十條,秋令三十二條,冬令三十八條。大抵為啟劄應用而設,故於稗官説部多所徵據。而《爾雅》、《淮南》諸書所載足資考證者,反多遺闕,未可以稱善本。特其於所引典故尚皆備錄原文②,詳記所出,未失前人遺意。與後來類書隨意刪竄者不同③,故並錄存之④,以備參考焉。

【彙訂】

　　① 此書全本為四十卷首一卷末一卷。(朱家濂:《讀〈四庫提要〉劄記》)

　　②“尚”,殿本無。

　　③ 殿本“與”上有“尚”字。

　　④“故並”,殿本作“姑”。

　　御定月令輯要二十四卷圖説一卷①

　　康熙五十四年聖祖仁皇帝御定。初,明馮應京與戴任共輯《月令廣義》二十五卷,體例粗備。而所錄繁簡失中,雅俗弗別,頗不免於蕪雜,未可以前民利用。我聖祖仁皇帝欽崇天道,敬授人時,特命儒臣別為編纂。門目雖仍其舊,而刊除無稽之論,增補未備之文,定為《圖説》一卷,《歲令》二卷,《每月令》一卷,《春夏秋冬令》及《土王令》五卷,《十二月令》及《閏月令》十三卷,《晝夜令》二卷,《時刻令》一卷②。每類分天道、政典、民用、物候、占驗、雜記六子目,《每月令》則六子目外增《日次》一子目,《十二月令》、《閏月令》則六子目外增《節序》、《日次》二子目。各援引圖籍，注明出典，具有根據。其為舊本所有者，標題"原"字；今本所加者，標題"增"字，亦不掩古人所長。本本元元，條分縷析，用以乘時布政，順五氣之宜；趨事勸功，裨四民之業；敬天出治，敦本重農之淵衷，具見於是。固不僅點綴歲華，採擷詞藻，徒供翰墨之資焉。

【彙訂】

①"御定"，殿本作"欽定"，誤。文淵閣《四庫》本此書題名作"御定"。

②"一卷"，殿本作"二卷"，誤。此書卷二十四為《時刻令》。

右時令類二部，二十九卷，皆文淵閣著錄。

時 令 類 存 目

四時宜忌一卷（編修程晉芳家藏本）

明瞿佑撰①。佑字宗吉，錢塘人。洪武初，官國子助教。永樂閒，官周王府右長史，謫戍保安。洪熙初，赦還。此書記十二月所宜所忌，歷引《孝經緯》、《荊楚歲時記》、《玉燭寶典》，而兼及於《濟世仁術》、《法天生意》、《指月錄》、《白雲雜忌》諸書，甚至道家符錄亦皆載入。徵引雖博，究不免傷於蕪雜也②。

【彙訂】

①《四時宜忌》之引書《便民圖纂》、《萬氏家抄》、《家塾事親》、《保生心鑑》、《述見》等，均為瞿佑死後才編撰成書，實為輯錄高濂《遵生八箋》而成。（喬光輝：《〈四時宜忌〉瞿佑作辨

偽考》)

②“也”,殿本無。

四時氣候集解四卷(江西巡撫採進本)

明李泰撰。泰字淑通,鹿邑人,洪武丁丑進士。姚福《青溪暇筆》稱其官為詹事府通事舍人,其事蹟則無考也①。是書成於洪熙元年,大旨以《月令》諸書紀載時物僅得其大略,前人訓釋又互有異同,因蒐採羣籍,以為考證。然篇幅太隘,未能詳覈。

【彙訂】

① 光緒《鹿邑縣志》卷十四《人物上》載其事蹟頗詳。(董運來:《〈四庫全書總目〉補正十則》,情)

月令通考十六卷(內府藏本)

明盧翰撰。翰有《易經中說》,已著錄。此書以一歲十二月,每月雜採故事,兼及流俗舊聞。首記天道,次治法,次地利,次民用,次攝生,次涓吉,次占候,次蹟往,次考言,次擴聞,謂之十例,頗為龐雜。其自序云:“因見《家塾事親》一書,而廣之為此。”則託始已為俗學,其不能精核宜矣。

月令廣義二十五卷(直隸總督採進本)

明馮應京撰,戴任續成之。應京有《六家詩名物疏》,已著錄①。任始末未詳,惟卷端有二私印,一曰“肩吾父”,一曰“新安布衣”而已。是書前有任《敘由》一篇,稱應京初為《士民月令》一卷,凡十有二令。今益以閏月而增《五紀篇》,冠以圖,統之以《歲總》。約十二月文義之同者,括為《每月令》,領於春令之前。復概每月三十日所同者,立《晝夜令》,而一十二時區為《時令》,系諸篇終。共為卷二十有五。則應京原書祇一卷,此本皆任所增加。而卷首馮霑《紀略》乃稱應京在鎮撫司作此書二十四卷，應京自序又稱任僅增三之二。大抵二人先後成之，而彼此均欲據以為功，故其説矛盾也。其書較盧氏《月令通考》差詳備，而亦多猥雜。如諸神誕辰之類，皆本道書，而非可筆之儒籍者也[②]。

【彙訂】

①《六家詩名物疏》作者為馮復京，説詳卷十五《詩集傳》條注。

②“如諸神誕辰之類皆本道書而非可筆之儒籍者也”，殿本無。

節宣輯四卷（內府藏本）

明上洛王朝瞌撰。朝瞌，周定王橚七世孫。成化三年，橚曾孫同鏮始分封上洛。萬曆三十二年，朝瞌襲封。其書專記時令，多襲舊文。

養餘月令二十九卷（浙江巡撫採進本）

明戴羲撰。羲字馭長，里貫未詳。崇禎中官光禄寺典簿。其書分紀歲序，而附以蠶、魚、竹、牡丹、芍藥、蘭、菊諸譜。鈔撮舊籍，無所發明。

日涉編十二卷（內府藏本）

明陳堦撰。堦字升也，應城人。是書雜採故實詩歌，按時令編次，每一月為一卷。先敘月令節候，而三十日以次列之。皆以故實居前，詩歌居後，所採頗為蕪雜。前有康熙二十七年鞏昌知府文安紀元重刊序，乃惜其列代事蹟有關勸戒者尚未詳錄，非也。至謂其不載閏月為疏漏，則所言當矣。

廣月令三卷後集二卷（安徽巡撫採進本）

明王勳撰，《後集》則其子璞所補。勳字曰放，璞字伯懷，黟縣人。其書採掇傳記，欲為《月令通考》諸家廣所未備，而好取新奇，轉成淺陋。如“十二月”云：“大茅君降白鶴，吐火烘客，老子降九十六種魔。”皆道家無稽之談，尤為荒誕。其標目曰“別有天”，曰“有本如是”，曰“山外山”，曰“眾香國逸史”，皆佻纖尖巧，亦不出明季小品習徑也。

古今類傳歲時部四卷（浙江巡撫採進本）

國朝董穀士、董炳文同編。穀士字農山，炳文字霞山，烏程人。是書前有潘耒序，稱其兄弟共撰類書，分天、地、人、物為四部，名曰《古今類傳》。先以歲時日次一編見示，乃天部中之一種。然則未成之書也。其例首為歲序總類，次為春、夏、秋、冬四時類。每於一時一月又先為總類，後以一月分三十日。各纂輯典故詩文，略注所出，而以通用麗句附諸簡末。其所出則咸不注焉，蒐採頗為繁富。然隸事在其意義，不在其字句。是書所摭，往往乖其本旨。如王羲之“春蚓秋蛇”，本論書法，乃以“春秋”二字，入之“歲序”類中，是可為得古人之意哉？

節序同風錄無卷數（衍聖公孔昭煥家藏本）[1]

國朝孔尚任撰。尚任有《人瑞錄》，已著錄。是書仿《荊楚歲時記》為之，以十二月為綱，而以佳辰、令節分列為目，各載其風俗事宜於下，頗為詳備。然人事今古不同，方隅各異。尚任不分其時其地，比而同之，又不著其所出，未免失之淆雜，不足以為典據也。

【彙訂】

①　撰修於《四庫總目》之前的《闕里文獻考》、《乾隆曲阜縣志》所載均為十二卷。（陳修亮：《孔尚任遺著〈節序同風錄〉論考》）

時令彙紀十六卷餘日事文四卷（兩淮馬裕家藏本）

國朝朱濂編。濂爵里未詳。是編所採皆四時十二月事實詩賦，全用《藝文類聚》之體。復以是書但分節候而無日次，故更作《餘日事文》四卷，每月三十日皆摭拾事實詩賦以補之。然所引神仙降誕飛昇之期，既為荒誕，又多以古人行記，如范成大《吳船錄》之類所載每日至某處者，取為其日之故實，殊為假借也。

右時令類十一部，一百二十卷，內一部無卷數。皆附存目。

卷六八

史 部 二 十 四

地 理 類 一

古之地志，載方域、山川、風俗、物產而已，其書今不可見。然《禹貢》、《周禮·職方氏》，其大較矣。《元和郡縣志》頗涉古蹟，蓋用《山海經》例，《太平寰宇記》增以人物，又偶及藝文，於是為州縣志書之濫觴①。元明以後，體例相沿。列傳侔乎家牒，藝文溢於總集，末大於本，而輿圖反若附錄。其間假借夸飾，以佟風土者，抑又甚焉。王士禎稱《漢中府志》載木牛流馬法，《武功縣志》載織錦璇璣圖，此文士愛博之談，非古法也②。然踵事增華，勢難遽返。今惟去泰去甚，擇尤雅者錄之。凡蕪濫之編③，皆斥而存目。其編類，首宮殿疏，尊宸居也；次總志，大一統也；次都會郡縣，辨方域也；次河防，次邊防，崇實用也；次山川，次古蹟，次雜記，次遊記，備考核也；次外紀，廣見聞也。若夫《山海經》、《十洲記》之屬，體雜小說，則各從其本類，茲不錄焉。

【彙訂】

①《孟子》所謂"晉之《乘》，楚之《檮杌》，魯之《春秋》，其實一也"。以今視之，即最古之方志耳。《隋書·經籍志》著錄三國吳顧啟期《婁地記》及《洛陽記》、《吳興記》等即後世州縣志書之

作。《隋志·史部·地理類敘》稱："隋大業中,普詔天下諸郡,條其風俗物産地圖,上於尚書。故隋代有《諸郡物産土俗記》一百三十一卷,《區宇圖志》一百二十九卷,《諸州圖經記》一百卷。"《元和郡縣志》、《太平寰宇記》皆不過沿用其體,不得謂二書爲州縣志書之濫觴。(張舜徽:《四庫提要敘講疏》)

②　王士禎《居易錄》卷一九:"《武功志》列璇璣回文詩圖,《郿志》列武侯八陣圖、流馬法,尤可玩。"《香祖筆記》卷一二亦作劉九經《郿志》。則《漢中府志》乃《郿志》之誤。(霍麗麗:《〈四庫全書總目〉辨誤》)

③　"編",殿本作"篇"。

三輔黃圖六卷(編修勵守謙家藏本)

不著撰人名氏。晁公武《讀書志》據所引劉昭《續漢志》注,定爲梁、陳閒人作。程大昌《雍錄》則謂晉灼所引《黃圖》,多不見於今本,而今本"漸臺"、"彪池"、"高廟"、"元始祭社稷儀"皆明引舊圖,知非晉灼之所見。又據改"槐里"爲"興平",事在至德二載,知爲唐肅宗以後人作。其説較公武爲有據①。此本惟"高廟"一條不引舊圖,"滄池"一條引舊圖而大昌未及,其餘三條並同。蓋即大昌所見之本,偶誤"滄池"爲"高廟"也。其書皆記長安古蹟,閒及周代靈臺②、靈囿諸事。然以漢爲主,亦閒及河閒日華宮、梁曜華宮諸事,而以京師爲主,故稱《三輔黃圖》。三輔者,顔師古《漢書》注謂長安以東爲京兆,以北爲左馮翊,渭城以西爲右扶風也。所紀宮殿苑囿之制,條分縷析,至爲詳備,考古者恒所取資。惟兼採《西京雜記》③、《漢武故事》諸偽書,《洞冥記》、《拾遺記》諸雜説,愛博嗜奇,轉失精核,不免爲白璧微瑕耳。

【彙訂】

①　魏時如淳注《漢書》引用《三輔黃圖》五條,可證此書原本應作於東漢末至曹魏初。然諸書所引與本書頗有出入,而與宋敏求《長安志》所引全同,可見原本宋前已佚或部分散佚。(李裕民:《四庫提要訂誤》增訂本)

②　"代",殿本無。

③　"採",殿本作"取"。

禁扁五卷(兩江總督採進本)

元王士點撰。士點字繼志,東平人。是書凡為目百一十有六,篇一十有五,釐為甲、乙、丙、丁、戊五卷。考何晏《景福殿賦》云:"爰有禁楄,勒分翼張。"註引《說文》:"扁從戶册者,署門戶也,扁與楄同。"此書詳載歷代宮殿門觀、池館苑籞等名,故取義於此。卷首有歐陽元〔玄〕至順庚午序、虞集至順癸酉序,皆以詳贍推之。其中如釋"東西箱",以"西清"附之,蓋本《前漢・司馬相如傳》注謂"西清即西箱也"。而其釋"東西序",則與"東西箱"別為一類。不知《景福殿賦》"西箱踟躕以開宴,東序重深而祕奧"注:"西箱,西序也。東序,東箱也。"本屬互文,而析為兩地,則於宮室之制殊未能詳考。又如釋秦雲陽宮:"一名林光,一名甘泉。"考程大昌《雍錄》,漢之甘泉在渭北之雲陽,秦之甘泉在渭南之鄠縣。謂秦甘泉一名雲陽,殊誤。又孟康《郊祀志》注:"漢甘泉,一名林光。"師古謂:"漢於秦林光宮旁別起甘泉宮。"謂漢甘泉一名林光,亦非。則於地理之學亦不免偶疏。至於秦祈年宮,《三輔黃圖》以為穆公作,此書獨本《漢書》及《水經注》之說,以為作於惠公,似非無見。又若曲臺宮之類,兼採《雍錄》以補

《黄圖》之所遺，頗可藉以參考。末附《名釋》一篇，訓詁亦極典核。雖時有疏密，要於史學不爲無補矣。

右地理類"宫殿疏"之屬，二部，十一卷，皆文淵閣著録。

案，《太平御覽》所引有《漢宫殿疏》，劉知幾《史通》所引有《晉宫闕名》，皆自爲記載，不與地志相雜。今别立子目，冠於地理類之首。

元和郡縣志四十卷（浙江巡撫採進本）

唐李吉甫撰。吉甫字宏〔弘〕憲，趙州人。御史大夫栖筠之子，以蔭補左司御率府倉曹參軍。貞元初，爲太常博士，官至中書侍郎，同中書門下平章事，卒諡忠懿。事蹟具《唐書》本傳。是書據宋洪邁跋，稱爲元和八年所上，然書中"更置宥州"一條，乃在元和九年。蓋其事爲吉甫所經畫，故書成之後，又自續入之也。前有吉甫原序，稱："起京兆府，盡隴右道，凡四十七鎮，成四十卷。"每鎮皆圖在篇首，冠於敘事之前。並目録兩卷，共成四十二卷，故名曰《元和郡縣圖志》。後有淳熙二年程大昌跋，稱圖至今已亡，獨志存焉，故《書録解題》惟稱《元和郡縣志》四十卷。此本又闕第十九卷、二十卷、二十三卷、二十四卷、二十六卷、三十六卷，其第十八卷則闕其半①，二十五卷亦闕二頁，又非宋本之舊矣。篇目斷續，頗難尋檢。考《水經注》本四十卷，至宋代佚其五卷，故水名闕二十有一。南宋刊版，仍均配爲四十卷，使相聯屬。今用其例，亦重編爲四十卷，以便循覽。仍註其所闕於卷中，以存舊第②。其書《唐志》作五十四卷，證以吉甫之原序，蓋《志》之誤。又按《唐六典》及新、舊《唐書·地理志》，貞觀初，分天下爲十道，一關内道，二河南道，三河東道，四河北道，五山南

道,六隴右道,七淮南道,八江南道,九劍南道,十嶺南道。此書
移隴右為第十,殆以中葉後陷沒吐蕃,故退以為殿。至淮南一
道,在今本闕卷之中。以《唐志》淮南道所屬諸州考之,今本河南
道內有所屬申、光二州列蔡州之後,江南道內有所屬之蘄、黃、安
三州列鄂、沔二州之後,似乎傳寫之錯簡。然考《唐書·方鎮
表》,大曆十四年,淮西節度使復治蔡州,尋更號申光蔡節度使。
又永泰元年,蘄、黃二州隸鄂岳節度,升鄂州都團練使為觀察使,
增領岳、蘄、黃三州。元和元年,升鄂州觀察使為武昌軍節度使,
增領安、黃二州。則申州、光州嘗由淮南道割隸河南道,蘄州、安
州、黃州亦嘗由淮南道割隸江南道。《唐志》偶失移併,非今本錯
亂也。輿記圖經,《隋》、《唐志》所著錄者,率散佚無存。其傳於
今者,惟此書為最古,其體例亦為最善。後來雖遞相損益,無能
出其范圍。今錄以冠地理總志之首,著諸家祖述之所自焉。

【彙訂】

① 今傳各本均缺六卷,但第二十六卷不缺,所缺者為第三
十五卷。又第十八卷為定、易、滄、景四州二十八縣,今僅缺五
縣,不得云“闕其半”。卷一、卷五也有缺文。(李裕民:《四庫提
要訂誤》)

② 錢曾《讀書敏求記》卷二“酈道元注《水經》四十卷”條,謂
見陸孟鳧家藏宋本《水經注》,有不著名氏之題跋一葉,末署元祐
二年八月。題跋稱:“元祐二年春,運判孫公始得善本於何聖從
家,以舊編校之,才三分之一耳。乃與運使晏公委官校正,募工
鏤板,完缺補漏,比舊本凡益編一十有三,共成四十卷。其卷帙
大小,次第先後,咸以何氏本為正。”可知《水經注》佚五卷後,仍
均配為四十卷,始於北宋元祐二年,《總目》謂始於南宋刊板,誤。

《水經注》均配為四十卷後，文相聯屬，中無缺卷。《元和志》經館臣"重編"後，仍缺六卷多，且跨越缺卷缺葉之《志》文，並不聯屬。所謂"今用其例"，並無其實。（楊武泉：《四庫全書總目辨誤》）

太平寰宇記一百九十三卷（浙江汪啟淑家藏本）

宋樂史撰。史有《廣卓異記》，已著錄。宋太宗時，始平閩、越併北漢。史因合輿圖所隸，考尋始末，條分件繫，以成此書[①]。始於東京，迄於四裔。然是時幽、媯、營、檀等十六州，晉所割以賂遼者，實未入版章。史乃因賈耽《十道志》、李吉甫《元和郡縣志》之舊，概列其名。蓋太宗置封樁庫，冀復燕、雲，終身未嘗少置[②]。史亦預探其志，載之於篇，非無所因而漫錄也[③]。史進書序譏賈耽、李吉甫為漏闕，故其書採摭繁富，惟取賅博。於列朝人物，一一並登。至於題詠古蹟若張祐《金山》詩之類，亦皆並錄。後來方志必列人物、藝文者，其體皆始於史[④]。蓋地理之書，記載至是書而始詳，體例亦自是而大變。然史書雖卷帙浩博，而考據特為精核，要不得以末流冗雜，追咎濫觴之源矣。原本二百卷，諸家藏本並多殘闕。惟浙江汪氏進本，所闕自一百十三卷至一百十九卷，僅佚七卷。又每卷末附校正一頁，不知何人所作。辨析頗詳，較諸本最為精善，今據以著錄[⑤]。《文獻通考》作《太平寰宇志》，此本標題實作《太平寰宇記》。諸書所引，名亦兩岐。今考史進書原序亦作"記"字，則《通考》為傳寫之誤，不足據也。

【彙訂】

① 據宋本《太平寰宇記》樂史署銜，當為雍熙四年（987）至淳化元年（990）所作，非太平興國四年（979）並北漢時。（李裕

民：《四庫提要訂誤》增訂本）

　　② 據明馮琦、陳邦瞻《宋史紀事本末》卷一"太祖建隆以來諸政"篇，乃宋太祖置封椿庫，貯"每歲用度之餘"，俟豐足後，向遼國贖回燕雲之地，或用以賞戰士，敗遼而取失地。（楊武泉：《四庫全書總目辨誤》）

　　③ 太平興國四年、雍熙三年宋太宗兩次北伐失利後，實際已放棄收復幽雲十六州的打算。樂史不過因襲唐代有關記載。（李裕民：《四庫提要訂誤》增訂本）

　　④ 此書並無藝文專欄，僅於文中引用詩文，唐《元和郡縣志》已有先例。有藝文專欄者，以乾道五年（1169）之《四明圖經》為最早。人物則如唐《沙州都督府圖經》已有"名人"、"忠臣"、"孝子"、"節婦烈女"等條目。（同上）

　　⑤ 徐乾學傳是樓藏本、上元焦氏藏本等，與汪啟淑家藏本除缺此七卷外，均缺第四卷，共缺八卷。日本東京宮內廳書陵部藏有南宋版殘本，可補所缺五卷半。（王文楚：《宋版〈太平寰宇記〉前言》）

　　元豐九域志十卷（兩江總督採進本）①

　　宋承議郎、知制誥丹陽王存等奉敕撰。存字敬仲②，丹陽人。登進士第，調嘉興主簿，歷官尚書右丞。事蹟具《宋史》本傳。初，祥符中李宗諤、王曾先後修《九域圖》。至熙寧八年，都官員外郎劉師旦以州縣名號多有改易，奏乞重修，乃命館閣校勘曾肇、光祿丞李德芻刪定，而以存總其事。以舊書名圖而無繪事③，請改曰志。迄元豐三年閏九月，書成④。此本前有存等進書原序，稱："國朝以來，州縣廢置與夫鎮戍城堡之名、山澤虞衡之利,前書所略,則謹志之。至於道里廣輪之數,昔人罕得其詳。今則一州之內,首敘州封,次及旁郡,彼此互舉,弗相混淆。總二十三路,京府四,次府十,州二百四十二,軍三十七,監四,縣一千二百三十五⑤,釐為十卷。"王應麟稱其文見於《曲阜集》,蓋曾肇之詞也。其書始於四京,終於省廢州軍及化外羈縻州,凡州縣皆依路分隸。首具赤、畿、望、緊、上、中、下之名,次列地里,次列戶口,次列土貢。每縣下又詳載鄉鎮,而名山大川之目亦併見焉。其於距京距府、旁郡交錯、四至八到之數,縷析最詳,深得古人辨方經野之意。敘次亦簡潔有法。趙與峕《賓退錄》尤稱其《土貢》一門備載貢物之額數,足資考核,為諸志之所不及。自序所稱文直事核,洵無愧其言矣。其書最為當世所重,民間又有別本刊行,內多"古蹟"一門,故晁公武《讀書後志》有新、舊《九域志》之目。此為明毛晉影鈔宋刻,乃元豐閒經進原本⑥,後藏徐乾學傳是樓中。字畫清朗,譌闕亦少。惟佚其第十卷,今以蘇州朱煥家鈔本補之,仍首尾完具。案張淏《雲谷雜記》稱:"南渡後閩中刊書不精,如睦州宣和中始改嚴州,而《新刊九域志》直改為嚴州。"今檢此本內睦州之名尚未竄改,則其出於北宋刻本可知⑦。近時馮集梧校刊此書,每卷末具列考證,其所據亦此本也。

【彙訂】

① 文淵閣《四庫》本尚有卷首一卷。(沈治宏:《中國叢書綜錄訂誤》)

② 王存之字,《宋史》卷三四一本傳、《直齋書錄解題》卷八、《三朝名臣言行錄》卷一一均作"正仲"。(李裕民:《四庫提要訂誤》)

③ "繪事",殿本作"繪圖"。

④ 元豐三年(1080)後，此書又經陸續增修，所載政區實為元豐八年(1085)之制，其正式刊行應在元祐元年(1086)正月之後。(魏嵩山、王文楚：《〈元豐九域志〉的成書源流考》)

⑤《直齋書錄解題》卷七、衢本《郡齋讀書志》卷八、《文獻通考》卷二〇四《經籍考》"元豐九域志"目均作"縣一千一百三十五"，與本《志》所載縣數相合。(魏嵩山、王文楚點校：《元豐九域志》)

⑥ 武英殿聚珍版叢書本無"古蹟"一門，而文淵閣《四庫》本有"古蹟"一門，然皆非元豐間經進原本。(穆朝慶：《〈九域志〉考釋》)

⑦ 殿本"知"下有"矣"字。

輿地廣記三十八卷(浙江鮑士恭家藏本)

宋歐陽忞撰。晁公武《讀書志》謂實無其人，乃著書者所假託。陳振孫《書錄解題》則以為其書成於政和中，忞，歐陽修從孫，以行名皆連"心"字為據。按此書非觸時忌，何必隱名，疑振孫之說為是。然修廬陵人，而此本有忞自序，乃自稱廣陵。豈"廣"、"廬"字形相近，傳寫致譌歟①？其書前四卷先敘歷代疆域，提其綱要。五卷以後，乃列宋郡縣名，體例特為清析。其前代州邑宋不能有，如燕雲十六州之類者，亦附各道之末，名之曰"化外州"，亦足資考證。雖其時土宇狹隘，不足括輿地之全，而端委詳明，較易尋覽，亦輿記中之佳本也。

【彙訂】

① 曝書亭藏宋刻初本吳門士禮居重雕本自序與《抱經樓藏書志》引《序》皆作廬陵。(李勇先：《〈輿地廣記〉前言》)

方輿勝覽七十卷（兩淮鹽政採進本）

宋祝穆撰。穆字和甫，建陽人①。《建寧府志》載穆父康國，從朱子居崇安。穆少名丙，與弟癸同受業於朱子。宰執程元鳳、蔡抗錄所著書以進②，除迪功郎，為興化軍涵江書院山長③。是書前有嘉熙己亥呂午序，蓋成於理宗時④。所記分十七路，各係所屬府州軍於下，而以行在所臨安府為首。蓋中原隔絕，久已不入輿圖⑤，所述者惟南渡疆域而已。書中體例，大抵於建置沿革、疆域、道里、田賦、戶口、關塞、險要，他志乘所詳者，皆在所略⑥，惟於名勝古蹟多所臚列，而詩賦序記，所載獨備。蓋為登臨題詠而設，不為考證而設⑦。名為地記，實則類書也。然採摭頗富，雖無裨於掌故，而有益於文章。摛藻挦華，恒所引用。故自宋、元以來，操觚家不廢其書焉。考葉盛《水東日記》稱元絳《閔忠》詩石刻在康州，《方輿勝覽》乃載在封州，又誤以為魏矼作，亦譌數字，幸真蹟石刻尚存三洲巖中。則小小舛誤⑧，亦所不免，要不害其大致之詳贍爾。

【彙訂】

① 祝穆父康國居崇安，見《朱文公文集》卷九八《外大父祝公遺事》、嘉靖《建寧府志》卷十八《人物·文學》。《遺事》所云"二子丙、癸相從於建陽"，是說二子到建陽受業於朱熹，非謂祝氏乃建陽人。呂午序在"祝穆和父"上系以"建陽"二字，乃建寧府郡名，非縣名。祝穆自序署鄉貫作"建安"，各卷卷端署"建安祝穆和父編"，亦為郡名。（譚其驤：《論〈方輿勝覽〉的流傳與評價問題》）

② "蔡抗"，殿本作"蔡杭"，誤。蔡抗，《宋史》卷四百二十有傳。

③《萬姓統譜》卷一百十一未言祝穆嘗出仕為山長,乃云:"祝洙,穆之子,第寶祐進士,景定中為涵江書院山長。"《建寧府志》誤以其子仕履加之於穆。(余嘉錫:《四庫提要辨證》)

④ 祝洙跋署咸淳丁卯季春,稱"先君子游戲翰墨,編輯《方輿勝覽》,行於世者三十餘年,學士大夫家有其書,每恨板老而字漫……乃遣工新之……惟重整凡例……分為七十卷"。蓋祝穆元本雖成於理宗時,而祝洙重訂本則在度宗咸淳時矣。(同上)

⑤ "中原隔絕久已不入輿圖",殿本無。

⑥ 是書體例除建制沿革,皆係沿襲《輿地紀勝》而來,非本書所始創。《九域》建制沿革亦簡,《輿地廣記》亦不載疆域、道里、田賦、戶口。關塞、險要,唐、宋志書皆不詳。(譚其驤:《論〈方輿勝覽〉的流傳與評價問題》)

⑦ 非"為登臨題詠而設",乃為作四六表啟之用。(同上)

⑧ "舛誤",殿本作"舛錯"。

明一統志九十卷(内府藏本)

明史部尚書兼翰林院學士李賢等奉敕撰。案沈文《聖君初政志》稱洪武三年①,命儒臣魏俊等六人編類天下郡縣地理形勢,為《大明志》②,今其書不傳。後成祖採天下郡縣圖經,命儒臣纂輯為一書,亦未及成而中輟。至英宗復辟後,乃命賢等重編。天順五年四月,書成奏進,賜名《大明一統志》。御製序文冠其首,錄版頒行。考輿志之書出自官撰者,自唐《元和郡縣志》、宋《元豐九域志》外,惟元岳璘等所修《大元一統志》最稱繁博③。《國史經籍志》載其目,共為一千卷④,今已散佚無傳。雖《永樂大典》各韻中頗見其文,而割裂叢碎,又多漏脱,不復能排比成帙。惟浙江汪氏所獻書内，尚存原刊本二卷，頗可以考見其體製⑤。知明代修是書時，其義例一仍《元志》之舊⑥，故書名亦沿用之。其時纂修諸臣，既不出一手，舛譌牴牾⑦，疏謬尤甚。如以唐臨洮為漢縣；遼無章宗，而以為陵在三河；金宣宗葬大梁，而以為陵在房山；以漢濟北王興居為東漢名宦；以箕子所封之朝鮮為在永平境内，俱乖迕不合，極為顧炎武《日知錄》所譏。至所摘王安石《處州學記》“地最曠大⑧，山長谷荒”之語，則併句讀而不通矣⑨。此本内多及嘉靖、隆慶時所建置，蓋後人已有所續入，亦不盡出天順之舊。我國家辨方定位，首重輿圖。《大清一統志》近復奉詔重修，起例發凡，彌臻盡善。此書之舛略，本無可採，特是職方圖籍，為有國之常經，歷朝俱有成編，不容至明而獨闕，故仍錄存，以備一代之掌故焉。

【彙訂】

①《聖君初政志》，文淵閣本《明一統志》書前提要、《千頃堂書目》卷五均作《聖君初政記》。（鞠明庫：《〈四庫全書總目〉正誤五則》）

②魏俊，《明太祖實錄》卷五九、鄭曉《今言》卷五一、丘濬《大學衍義補》卷九四《治國平天下之要·備規制·圖籍之作者》、《千頃堂書目》卷六、《明史》卷九七均作魏俊民。（同上）

③岳璘，元王士點、商企翁《祕書監志》卷四《纂修》、元鄭天佑《僑吳集》卷十二《岳鉉行狀》、《元史》卷二一《成宗本紀四》、明胡粹中《元史續編》卷六、黃虞稷《千頃堂書目》卷八、清《欽定續通志》卷六二《元紀六》、倪燦《補遼金元藝文志》及瞿鏞《鐵琴銅劍樓藏書目錄》著錄舊鈔殘本《大元一統志》均作岳鉉。（胡玉縉：《四庫全書總目提要補正》；鞠明庫：《〈四庫全書總目〉正誤

五則》）

　　④“一千卷”，底本作“一十卷”，據《國史經籍志》卷三《史部·地里類》著錄及殿本改。

　　⑤《元一統志》見於著錄者，尚不止此二卷。錢大昕《潛研堂文集》卷二十九《跋元大一統志殘本》記所見南濠朱氏本存四百四十三翻，吳壽暘《拜經樓藏書題跋記》卷三記殘本三十九卷，瞿鏞《鐵琴銅劍樓藏書目》卷十一記舊抄殘本七卷。（余嘉錫：《四庫提要辨證》；趙萬里：《〈元一統志〉前言》）

　　⑥《大元一統志》今尚存四十四卷，列十二類。而《明一統志》列二十四類，除刪去拆分外，較之增十三類，其義例實更接近於《寰宇通志》。（李裕民：《四庫提要訂誤》）

　　⑦“舛譌”，殿本作“舛錯”。

　　⑧“所”，殿本無。

　　⑨據《王文公文集》卷三四，《處州學記》乃《虔州學記》之誤，此節原文作“虔州江南，地最曠，大山長谷，荒翳險阻”。（余嘉錫：《四庫提要辨證》）

　　大清一統志五百卷①

　　乾隆二十九年奉敕撰。是書初於乾隆八年纂輯成書，每省皆先立統部，冠以圖表。首《分野》，次《建置沿革》，次《形勢》，次《職官》，次《戶口》，次《田賦》，次《名宦》，皆統括一省者也。其諸府及直隸州又各立一表，所屬諸縣系焉。皆首《分野》，次《建置沿革》，次《形勢》，次《風俗》，次《城池》，次《學校》，次《戶口》，次《田賦》，次《山川》，次《古蹟》，次《關隘》，次《津梁》，次《堤堰》，次《陵墓》，次《寺觀》，次《名宦》，次《人物》，次《流寓》，次《列女》，次

《仙釋》，次《土産》。各分二十一門，共成三百四十二卷。而外藩及朝貢諸國別附錄焉。迨乾隆二十年，天威震疊，平定伊犂，拓地二萬餘里，為自古輿圖所未紀。而府、州、縣之分併改隸，與職官之增減移駐，亦多與舊制異同。乃特詔重修，定為此本。嗣乾隆二十八年，西域愛烏罕霍罕、啟齊玉蘇、烏爾根齊諸回部，滇南整欠、景海諸土目，咸相繼內附。乾隆四十年，又討定兩金川，開屯列戍，益廣幅員。因並載入簡編，以昭大同之盛軌。蓋版圖廓於前，而蒐羅彌博；門目仍其舊，而體例加詳。一展卷而九州之砥屬、八極之會同皆可得諸指掌閒矣。昔唐分天下為十道，隴右道本居第六，李吉甫《元和郡縣志》乃退列為第十，以其地已陷沒吐蕃故也②。宋之疆域最狹，歐陽忞《輿地廣記》其於所不能有者③，別立"化外州"之名，已為巧飾④。至祝穆《方輿勝覽》，則併淮北亦不及一字矣。蓋衰弱之朝，土宇日蹙，故記載不得不日減；聖明之世，販章日擴，故編摩亦不得不日增。今志距詔修舊志之時僅數十載，而職方所隸已非舊志所能該。威德遐宣，響從景附，茲其明驗矣。虞舜益地之圖，僅區九州為十二，又何足與昭代比隆哉！

【彙訂】

① 文淵閣《四庫》本為四百二十四卷卷首一卷目錄二卷。（沈治宏：《中國叢書綜錄訂誤》）

② "陷沒"，殿本作"入"。

③ "其"，殿本無。

④ 據陳振孫《直齋書錄解題》，《輿地廣記》成於政和中。北宋之疆域，太宗至道三年，分天下為十五道，而元豐所定，並京畿為二十四路，不可謂之最狹。《元史·地理志》序云："自封建變

為郡邑,有天下者,漢、隋、唐、宋為盛。"宋自南渡後,喪失中原陝
右,疆域方日見狹隘。歐陽忞不過列燕雲十六州為化外州。(陳
光貽:《稀見地方志提要》)

右地理類"總志"之屬,七部,九百四十一卷,皆文淵閣著錄。

吳郡圖經續記三卷(江蘇巡撫採進本)

宋朱長文撰。長文字伯原,蘇州人。未冠,登進士乙科,以
足疾不仕。後以蘇軾薦,充本州教授,召為太常博士[①],遷祕書
省正字、樞密院編修。書成於元豐七年[②],上卷分封域、城邑、戶
口、坊市、物產、風俗、門名、學校、州宅、南園、倉務、海道、亭館、
牧守、人物十五門,中卷分橋梁、祠廟、宮觀、寺院、山、水六門,下
卷分治水、往蹟、園第、冢墓、碑碣、事志、雜錄七門。徵引博而敍
述簡,文章爾雅,猶有古人之風。首有長文自序一篇,末有後序
四篇:一為元祐元年常安民作,一為元祐七年林虙作,一為元符
二年祝安上作,一為紹興四年孫佑作[③]。州郡志書,五代以前無
聞。北宋以來,未有古於《長安志》及是記者矣[④]。朱彝尊跋《咸
淳臨安志》,歷數南北宋地志,不及是記。知彝尊未見其書,為希
覯之本也。長文自序稱:"古今文章,別為《吳門總集》。"書中亦
屢言某文見《總集》。今其書已不傳,是記亦幸而僅存耳。

【彙訂】

①"太常博士"乃"太學博士"之誤,見張景修《朱長文墓誌
銘》、《吳郡志》卷二六、《宋史》卷四四四《朱長文傳》、朱長文撰
《樂圃餘稿》卷七《〈春秋通志〉序》、卷九《朱氏世譜》。(周生春:
《四庫宋代方志提要補正》;李裕民:《四庫提要訂誤》)

②據朱氏自序,此書為晏知止出守蘇州時所輯,"會晏公罷

郡,乃藏於家"。據書中卷上《牧守》、卷下《事志》所載,時在元豐
四年。(周生春:《四庫宋代方志提要補正》)

　　③ 祝安上後序云:"元符改元,安上以不才濫綰郡倅符……
而得此書於公之子耜……於是不敢自祕,偶以承乏郡事,俾鏤版
於公庫……越明年,歲在庚辰八月望日。"庚辰乃元符三年,孫佑
跋亦云"自庚辰八月權州祝君鏤版題跋之後"。(李裕民:《四庫
提要訂誤》增訂本)

　　④ 敦煌石窟中發現唐代所修方志三種:《沙州都督府圖經》、
《西州圖經》、《沙州伊州圖經》(一作《沙州地志》),五代所修方志
有《壽昌縣地境》。據《直齋書錄解題》卷八及《文獻通考》卷二〇
四所載,成書早於熙寧、元豐的宋代州郡志書,僅蘇湖等地即有所
記建置年號止於大中祥符元年的《吳地記》後集、大中祥符年間修
成的《蘇州圖經》及景德元年左元質《吳興統記》等。(周生春:《四
庫宋代方志提要補正》;李裕民:《四庫提要訂誤》增訂本)

　　乾道臨安志三卷(浙江孫仰曾家藏本)①
　　宋周淙撰。淙字彥廣,湖州長興人。乾道五年以右文殿修
撰知臨安府,創為此《志》。原本凡十五卷,見《宋史·藝文志》。
其後淳祐閒施鍔、咸淳閒潛說友,歷事編纂,皆有成書。今惟潛
《志》尚存鈔帙,周、施二《志》世已無傳②。此本為杭州孫仰曾家
所藏宋槧本,卷首但題作《臨安志》,而中閒稱"高宗"為"光堯太
上皇帝",稱"孝宗"為"今上",紀牧守至淙而止,其為《乾道志》無
疑。惟自第四卷以下,俱已闕佚。所存者僅什之一二,為可惜
耳。第一卷紀宮闕、官署③,題曰《行在所》,以別於郡志,體例最
善。後潛《志》實遵用之。二卷分沿革、星野、風俗、州境、城社、

戶口、廨舍、學校、科舉、軍營、坊市、界分、橋梁、物產、土貢、稅賦、倉場、館驛等諸子目，而以亭、堂④、樓、觀、閣、軒附其後。敘錄簡括，深有體要。三卷紀自吳至宋乾道中諸牧守，詳略皆極得宜。淙尹京時，撩湖浚渠，頗留心於地利，故所著述亦具有條理。今其書雖殘闕不完，而於南宋地志中為最古之本⑤。考武林掌故者，要必以是書稱首焉。

【彙訂】

①"浙江孫仰曾家藏本"，殿本作"浙江巡撫採進本"，誤。《四庫採進書目》中"浙江省第四次孫仰曾家呈送書目"、"浙江採集遺書總錄簡目"皆著錄此書。（江慶柏：《殿本、浙本〈四庫全書總目〉著錄圖書進獻者主名異同考》）

②《淳祐臨安志》為南京府尹趙與篨所修，台州陳仁玉纂。明鈔本嘉慶間尚有流傳，今存宋刻殘葉、清鈔殘本。（李裕民：《四庫提要訂誤》；周生春：《四庫宋代方志提要補正》）

③書中卷一《宮闕》乃一子目，《官署》則非是。（周生春：《四庫宋代方志提要補正》）

④"堂"，底本作"臺"，據此書卷二、文淵閣本書前提要及殿本改。（同上）

⑤南宋地志中成書時間早於此書者僅兩浙州郡志即有紹興《東陽志》、紹興《新定志》和乾道《四明圖經》等（見《直齋書錄解題》卷八、《文獻通考》卷二〇四、《遂初堂書目》、《宋史》卷二〇四），其中《四明圖經》至今保存完好。（同上）

淳熙三山志四十二卷（兩淮馬裕家藏本）①

宋梁克家撰②。克家字叔子，泉州晉江人。紹興三十年廷試第一,授平江簽判,召為祕書省正字。乾道中,累官右丞相,封儀國公,卒諡文靖。事蹟具《宋史》本傳③。史稱其為文深厚明白,自成一家。制命尤溫雅,多行於世。今所作已罕流傳,惟此書尚有寫本④。凡分九門,一曰地理,二曰公廨,三曰版籍,四曰財賦,五曰兵防,六曰秩官,七曰人物,八曰寺觀,九曰土俗。朱彝尊《曝書亭集》有是書跋,議其附山川於《寺觀》,未免失倫⑤。今觀其《人物》惟收科第,《土俗》時出謠讖,亦皆於義未安。然其《志》主於紀錄掌故,而不在誇耀鄉賢、侈陳名勝,固亦核實之道,自成志乘之一體,未可以常例繩也。其所紀十國之事,多有史籍所遺者,亦足資考證。視後來何喬遠《閩書》之類,門目猥雜,徒涸耳目者,其相去遠矣。

【彙訂】

① 淳熙九年五月八日梁克家序云:"書成為四十卷,名曰《三山志》。"可見原本為四十卷,今本乃淳祐續補之本,增卷三一、三二兩卷。卷五、八、二二、二五、三十亦有所增補,然非一時一人所作。(李裕民:《四庫提要訂誤》增訂本)

② 據萬曆四十一年(1613)林材序,陳傅良於此書多所考述。傅良長於經史,著述頗多,當係主要編纂人之一。應署梁克家、陳傅良等修,或梁克家修、陳傅良纂。(同上)

③ 梁克家於乾道八年二月拜右丞相(周必大《文忠集》卷一○二《梁克家轉官除右丞相制》),淳熙九年九月再拜右丞相,始進封儀國公(《宋宰輔編年錄》卷十八、《宋史》卷三八四梁克家傳),十三年十一月罷相,時已為鄭國公(《宋史》卷二一三《宰輔四》)。(周生春:《四庫宋代方志提要補正》)

④ 此書曾多次付梓,如萬曆四十一年、崇禎十一年刊本流

傳頗廣,崇禎本至今尚存。(同上)

　⑤ 書中山川未特立類目,而是分別附於《地理》、《版籍·水利》和《寺觀》。《寺觀》類所附有山無川。(同上)

　吳郡志五十卷(兵部侍郎紀昀家藏本)

　宋范成大撰。成大有《驂鸞錄》,已著錄。是書為成大末年所作,郡人龔頤、滕茂、周南相與贊成之①。時有求附於籍不得者,會成大歿,乃騰謗謂不出於成大手②,遂寢不行。故《〈至元嘉禾志〉序》謂《吳郡志》以妄議不得刊也。紹定初,廣德李壽朋始為鋟版,趙汝談為之序。以周必大所撰《成大墓誌》,定是書實所自為。並申明龔頤三人者,常為成大蒐訪,故謗有自來,其論乃定。壽朋又以是書止紹興三年③,其後諸大建置,如百萬倉、嘉定新邑、許浦水軍、顧涇移屯,皆未及載,復令校官汪泰亨補之,自謂仿褚少孫補《史記》例。然少孫補《史記》雖為妄陋,猶不混本書。泰亨所續,當時不別署為《續志》,遂與本書淆亂,體例殊乖④。其書凡分三十九門,徵引浩博,而敍述簡核,為地志中之善本。刊版久佚,此本猶紹定舊槧,往往於夾註之中又有夾註。考成大以前,惟姚宏〔弘〕補注《戰國策》嘗有此例,而不及此書之多,亦可云著書之創體矣。

　【彙訂】

　① 龔頤,《文獻通考》卷二〇四作“龔頤正”。《吳郡志》卷三一天慶觀《上梁文》與紹熙三年壽寧萬歲院《給常平田記》、卷三七淳熙五年《蟠翠亭記》的作者,卷三七《企賢亭跋》的書者,卷三八淳熙元年常熟縣令陳映《續題名記》的代作者,諸本均作“龔頤正”,其人《吳中人物志》卷四有傳。滕茂,據《吳郡志》卷三九“吳

王孫墓"條所載及所引紹熙三年滕氏本人所作《王孫墓記》、《水心文集》卷二四《滕季度墓誌銘》、《吳中人物志》卷九、《宋會要輯稿》選舉一一之三八、《直齋書錄解題》卷八,應作"滕宬"。(周生春:《四庫宋代方志提要補正》)

②"於",殿本無。

③據趙汝談序,范成大卒於紹熙四年,其所修"書止紹熙三年"。(周生春:《四庫宋代方志提要補正》)

④汪泰亨共續補十處,其中五處均標明"補註",其餘亦標明紀年,一望即知為後補。(李裕民:《四庫提要訂誤》增訂本)

新安志十卷(兩江總督採進本)

宋羅願撰。願有《爾雅翼》,已著錄。初,梁蕭幾作《新安山水記》,王篤又作《新安記》,唐亦有《歙州圖經》。及宋大中祥符中,李宗諤撰次州郡《圖經》,頒之天下,於是舊志皆佚。洎經方臘之亂,新《圖經》亦隨散失①。願嘗雜採諸書,創為稿本,而未就。淳熙二年,趙不悔為州守,乃俾願續成之②。其書第一卷為《州郡》,第二卷為《物產貢賦》,第三卷至五卷為所屬之歙、休寧、祁門、婺源、績溪、黟六縣,第六卷、七卷為《先達》,第八卷為《進士題名》,凡賢良、明經、賜策、獻策、特奏名、武舉皆附之,義民、仙釋亦併在是卷,九卷為《牧守》,十卷為《雜錄》。敍述簡括,引據亦極典核。於先達皆書其官,別於史傳,較為有體。其《物產》一門,乃願專門之學,徵引尤為該備。其所志貢物,如乾蕈藥、臘芽茶、細布之類,皆史志所未載。所列先達小傳,具有始末。如汪藻曾為符寶郎之類,亦多史傳所遺。趙不悔序稱其"博物洽聞,故論載甚廣,而其序事簡括不繁③,又自得立言之法"。願自序亦自以為儒者之書，"具有微旨，不同鈔取記簿"，皆不愧也。程敏政《新安文獻志》記願所作《胡舜陟墓誌》後曰："鄂州《新安志》於王黼之害王俞^④，秦檜之殺舜陟，皆略而不書，非杏庭、虛谷一白之，則其蹟泯矣^⑤。然則是書精博雖未易及，至其義類取捨之閒，疑有大可議者。姑記二事，以驗觀者。"云云。案劉克莊《後村詩話》謂舜陟欲為秦檜父建祠，高登不可，因劾登以媚檜。會舜陟別以他事忤檜下獄死，登乃得免。則舜陟之死，乃欲附於檜而反見擠耳^⑥。願之不書，殆非無意，未可遽以為曲筆也。

【彙訂】

　　① 此志之前宋代所修徽州志書並非在淳熙時已散佚淨盡。趙不悔《〈新安志〉序》謂："不悔昔將承乏此州，而州吏以《圖經》先至，見其疏略，即有意於補次。"羅願《〈新安志〉序》亦云："後得《祥符圖經》於民間，則綱目粗設。"其所作《新安志》則反復引述這類志書。尤袤《遂初堂書目》除著錄此志，亦載有《徽州黃山圖經》一書。（周生春：《四庫宋代方志提要補正》）

　　② 王炎《雙溪類稾》卷二五《〈二堂先生文集〉序》曰："近年郟升卿師古為守，屬羅願端良修《新安志》。"據書中卷九《牧守》，郟升卿於乾道三年十月至五年十二月知徽州，可見羅願修《新安志》始於其閒。而趙不悔於乾道九年三月知徽州，按例應於第三年（淳熙二年）三月離任，則"俾願續成之"當非始於淳熙二年。（同上）

　　③ "簡括不繁"，趙不悔《〈新安志〉序》、文淵閣本書前提要及殿本皆無。

　　④ 據書中卷八目錄及正文，"賜策"乃"賜第"之誤。又據羅願自序，"記簿"乃"計簿"之誤。據程敏政《新安文獻志》卷七八，

《胡舜陟墓誌》乃《胡舜陟傳》之誤，"王俞"乃"王愈"之誤。（周生春：《四庫宋代方志提要補正》）

　　⑤ 秦檜陷害胡舜陟事，《宋史》卷三七八《胡舜陟傳》、《夷堅乙志》卷九《王敦仁》條及《後村先生大全集》卷一七五《詩話續集》記之甚詳，虛谷乃方回之號，晚於洪邁和劉克莊。（同上）

　　⑥ "於"，殿本無。

剡錄十卷（江蘇巡撫採進本）

　　宋高似孫撰。似孫字續古，號疏寮，餘姚人①。淳熙十一年進士，歷官校書郎，出倅徽州，遷守處州。陳振孫《書錄解題》稱似孫為館職時，上韓侂冑生日詩九首，每首皆暗用"錫"字，寓"九錫"之意，為清議所不齒。知處州尤貪酷。其讀書以奧僻為博，以怪澀為奇，至有甚可笑者。就中詩猶可觀。周密《癸辛雜識》亦記其守處州日，私挾官妓洪渠事，其人品蓋無足道。其詩有《疏寮小集》尚傳於世，而文則不少概見②。此書乃其所作嵊縣志也③。嵊為漢剡縣地，故名曰《剡錄》。前有嘉定甲戌似孫自序及嘉定乙亥嵊縣令史之安序④，蓋成於甲戌而刊於乙亥，故所題前後差一年⑤。其書首為《縣紀年》，次為《城境圖》，次為《官治志》，附以《令丞簿尉題名》，次為《社志》、《學志》，附以《進士題名》，次為《寮⑥、驛、樓、亭、放生池、版圖、兵籍》，次為《山水志》，次為《先賢傳》，次為《古奇蹟、古阡》，次為《書》，次為《文》，次為《詩》，次為《畫》，次為《紙》，次為《古物》，次為《物外記》，次為《草木禽魚》。徵引極為該洽，唐以前佚事遺文，頗賴以存。其《先賢傳》每事必注其所據之書，可為地志紀人物之法⑦。其《山水記》仿酈道元《水經注》例，脈絡井然，而風景如睹，亦可為地志紀山水之法。統核全書，皆序述有法，簡潔古雅，迥在後來《武功》諸志之上，殊不見其怪澀可笑。陳振孫云云，殆不可解。豈其他文奇僻，又異於此書歟？

【彙訂】

① 清全祖望《鮚埼亭外編》卷四七曰：“問：高疏寮為開禧閒詩人，其居姚江，或曰居甬上，孰確？疏寮乃憲敏少師之從孫翰林學士文虎之子，居甬上，晚年始遷姚江，而諸弟如尚書衡孫仍居甬上。至今甬上之南湖有長春院、桂芳橋，皆高氏物也。”《鄞縣志》、《延祐四明志》、《嵊縣志》均有《高似孫傳》，而《餘姚縣志》絕無。可證作“餘姚人”者，非也。（周天遊：《〈史略〉淺析》）

② “而”，殿本無。

③ “書”，殿本無。

④ 據此書卷一《官治志》皇朝令題名，“史之安”當作“史安之”。（李裕民：《四庫提要訂誤》）

⑤ “前後”，殿本作“先後”。

⑥ 卷一《官治志》後為《古今長》，其次方為《令丞簿尉題名》。其《學志》附以《修學碑》、《新學》、《新學記》、《淵源堂孔門像》四目，而《進士題名》應與《學志》並列。“寮”乃“廩”之誤，文淵閣本書前提要不誤。（周生春：《四庫全書總目宋代方志提要補正》）

⑦ 殿本“為”上有“以”字。

嘉泰會稽志二十卷寶慶續志八卷（浙江范懋柱家天一閣藏本）①

《會稽志》二十卷，宋施宿等撰。《續志》八卷，宋張淏撰。

宿字武子,湖州人。司諫元之子,嘗知餘姚縣,遷紹興府通判②。淏字清源,本開封人,僑居婺州③。官至奉議郎,其履貫略見《金華志》。而所作《續志》序,乃自稱僑寓是邦,則又常卜居會稽矣④。宋自南渡以後,升越州為紹興府,其牧守每以宰執重臣領之。稱為大藩,而圖志未備⑤。直龍圖閣沈作賓為守,始謀纂輯。華文閣待制趙不蹟、寶文閣學士袁說友等,相繼編訂,而宿一人實始終其事。書成於嘉泰元年,陸游為之序。其不稱《紹興府志》而稱《會稽志》者,用《長安》、《河南》、《成都》、《相臺》諸志例也⑥。其後二十五年,淏以事物沿革今昔不同,因彙次嘉泰、辛酉後事,作為續編,復於前志內補其遺逸,廣其疏略,正其譌誤,釐為八卷。書成於寶慶元年,淏自為之序⑦。所分門類,不用以綱統目之例,但各以細目標題。前志為目一百十七,續志為目五十⑧。不漏不支,敘次有法⑨。如姓氏、送迎、古第宅、古器物、求遺書、藏書諸條,皆他志所弗詳,宿獨能蒐採輯比,使條理秩然。淏所續亦簡核不苟,皆地志中之有體要者。其刊版歲久不傳,明正德庚午,郡人王綖復訪求舊本校刻,今又散佚。故藏書之家罕見著錄,蓋亦僅存之本矣。

【彙訂】

①"寶慶",殿本作"開慶",誤。《續志》創修於寶慶元年。

② 施宿仕履非終於紹興府通判。據《湖州府志》,宿於嘉定間以朝散大夫提舉淮東常平倉。(余嘉錫:《四庫提要辨證》;周生春:《四庫全書總目宋代方志提要補正》)

③《雲谷雜記》卷末所附張淏自稱"單父張淏",其《〈會稽續志〉序》則自稱"梁國張淏",可知其原籍西漢時似屬梁國,宋代則

隸單父。《總目》云"本開封人",乃誤以漢之梁國為宋之汴梁。（周生春：《四庫全書總目宋代方志提要補正》）

④ 婺州為越州紹興府（即會稽）所轄,則非"卜居會稽"。（黃啟方：《〈雲谷雜記〉與其作者張淏》）

⑤《嘉泰會稽志》成書前,紹興已有《祥符越州圖經》九卷（《直齋書錄解題》卷八）、《會稽圖》（《會稽掇英總集》卷二〇）、《會稽錄》三十卷（《宋史》卷二〇四）、《新修紹興圖經》（《遂初堂書目》）和《越州新志》（《嘉靖浙江通志》卷五四）等書,不可謂"圖志未備"。（余嘉錫：《四庫提要辨證》；周生春：《四庫全書總目宋代方志提要補正》）

⑥ "相臺",殿本作"柏臺",誤。相臺乃安陽古稱,《郡齋讀書志》著錄《相臺志》十二卷。宋人之於地名,往往古今通用,府、州與郡名並用。《長安志》、《相臺志》乃沿用古地名,《成都古今集記》用府名、《河南志》"河南"既為府名,又為郡名。會稽則是郡名,顯屬比附不當。（同上）

⑦ 此書卷二,安撫題名、提刑題名、提舉題名,又卷六《進士》,均記及景定五年事,則此書付刊當在咸淳年間,晚於張淏作序四十餘年。則此書必非淏一人所纂,當有他人續成。"書成於寶慶元年"宜改為"創修於寶慶元年"。（陳橋驛：《紹興地方文獻考錄》）

⑧ 如《花》至《禽獸蟲魚》諸目按《鳥獸草木》之附目處理,則全書實有四十五目,如按獨立子目計,則文淵閣本共五十五目（多一《木》目）,嘉慶十三年刊本共五十四目。（周生春：《四庫全書總目宋代方志提要補正》）

⑨ 書中實有一百十八目。卷首所列細目一百十七,倒譌衍

脱之處甚多。(余嘉錫:《四庫提要辨證》;周生春:《四庫全書總目宋代方志提要補正》)

嘉定赤城志四十卷(兩淮馬裕家藏本)

宋陳耆卿撰①。耆卿字壽老,號篔窗,台州臨海人。登嘉定七年進士,官至國子司業,其事蹟不見《宋史》②,惟謝鐸《赤城新志》稍著其仕履,而亦不詳。今以所著《篔窗集》考之,則嘉定十一年嘗為青田縣主簿,嘉定十三年為慶元府學教授。又趙希弁《讀書附志》稱耆卿集中沂邸箋表為多。案《宋史》,孝宗孫吳興郡王柄,追封沂王,其嗣子希瞿,寧宗嘗立為皇子,即濟王竑③。耆卿必嘗為其府記室,而希弁略其文也。此為所撰台州總志,以所屬臨海、黃巖、天台、仙居、寧海五縣,條分件繫,分十五門。其曰"赤城"者,《文選》孫綽《天台山賦》稱"赤城霞起以建標",李善注引支遁《〈天台山銘〉序》曰:"往天台嘗由赤城山為道徑。"④又引孔靈符《會稽記》曰:"赤城山名色皆赤,狀似雲霞。"又引《天台山圖》曰:"赤城山,天台之南門也。梁始置赤城郡,蓋因山為名。"耆卿此志,即用梁郡名耳⑤。耆卿受學於葉適,文章法度具有師承,故敘述咸中體裁。明謝鐸嘗續其書,去之遠甚。舊與耆卿書合編,今析出別存其目。陳振孫《書錄解題》載此志之前有圖十三⑥,此本乃無一圖,殆傳寫者艱於繪畫,久而佚之矣⑦。

【彙訂】

① 此志並非出自陳耆卿一人之手。據其自序,宣導、主持纂修的是郡守黃䓫、齊碩,第一次編修期間的具體組織者是陳耆卿和陳維。黃䓫離任後"束其槀十年"。嘉定十六年再修時的具體組織者是姜容,主筆是陳耆卿。全書由陳維、林表民和蔡範等

採益、分訂，由陳耆卿總其成。故《宋史》卷二〇四僅云"陳耆卿序"，清嘉慶二十三年臨海宋氏重刊本則云："黃𪩘、齊碩修，陳耆卿纂。"(周生春：《四庫全書總目宋代方志提要補正》)

②殿本"見"下有"於"字。

③據《建炎以來朝野雜記》甲集卷一《孝宗諸孫》與《吳興郡王抦》、《宋史》卷三七、卷三八和《兩朝綱目》卷三、卷四與卷九所載，"柄"乃"抦"之誤。抦卒後，寧宗詔立宗室希瞿子嗣為其後，賜名均。後又立為皇子，即濟王竑。寧宗又另選希瓐子昀為沂王後(《宋史》卷三八、卷二四六)。"其嗣子希瞿"乃"其嗣希瞿子"之誤。(周生春：《四庫全書總目宋代方志提要補正》)

④《文選》卷一一載孫綽《游天台山賦》，其李善注引支遁《〈天台山銘〉序》曰："往天台當由赤城山為道徑。"文淵閣《四庫》本卷前提要不誤。(同上)

⑤此志卷一《敘州》曰"梁武帝改為赤城郡"，其說蓋源於宋初樂史編《太平寰宇記》卷九八"台州臨海縣"條所引舊《圖經》。然此前《梁書》、《南史》、《隋書》、《舊唐書》俱無此記載。唐李吉甫《元和郡縣圖志》謂台州自吳大帝時置臨海郡，隋平陳廢郡為臨海縣。《通典》、《文獻通考》亦云吳置臨海郡，晉、宋、齊、梁因之。成書稍晚於《太平寰宇記》而早於《嘉定赤城志》者如《新唐書》、《資治通鑑》、《元豐九域志》都未取《太平寰宇記》之說。《梁書》中《伏曼容傳》、《蔡撙傳》、《王筠傳》、《劉潛傳》均提到臨海太守，可見梁時台州仍為臨海郡。赤城乃台州代稱，始見於唐代。此志以赤城為名，不過承襲舊習而已。(徐永恩：《〈四庫提要〉"梁置赤城郡"辨證》)

⑥ "陳振孫"，殿本作"陳氏"。

⑦ 今本尚存《州境圖》等九圖。（周生春：《四庫全書總目宋代方志提要補正》）

寶慶四明志二十一卷開慶續志十二卷（兩淮鹽政採進本）

宋羅濬撰。濬，廬陵人。官贛州錄事參軍。《文獻通考》作羅璿，蓋傳寫誤也。先是，乾道中，知明州張津始纂輯《四明圖經》，而蒐採未備。寶慶三年，焕章閣學士、通議大夫、知慶元府兼沿海制置使廬陵胡榘復命校官方萬里因《圖經》舊本，重加增訂。如唐刺史韓察之移州城、唐及五代郡守姓名，多據碑刻史傳補入。其事未竟，會萬里赴調中輟。濬與榘同里，適遊四明，遂屬之編定。凡一百五十日而成書①，前十一卷為郡志，分敘郡、敘山、敘水、敘産、敘賦、敘兵、敘人、敘祠、敘遺九門，各門又分立四十六子目。第十二卷以下則為鄞、奉化、慈溪、定海、昌國、象山各縣志，每縣俱自為門目，不與郡志相混。蓋當時明州雖建府號，而不置倚郭之縣，州故與縣各領疆土，如今直隸州之體，特與他郡不同也②。《宋史·藝文志》僅有張津《圖經》十二卷及《四明風俗賦》一卷，不載是書。惟陳振孫《書錄解題》載之，其卷數與此本相合，蓋猶從宋槧鈔存者。志中所列職官、科第名姓及他事蹟，或下及咸淳，距寶慶三四十年③，蓋後人已有所增益，非盡羅濬之舊。然但逐條綴附，而體例未更，故敍述謹嚴，不失古法。元袁桷《延祐四明志》亦據為藍本，多採用焉。《續志》十二卷，則開慶元年慶元府學教授梅應發、添差通判鎮江府劉錫所撰。共分子目三十有七④。其自序稱《續志》之作，所以志大使丞相履齋先生吳公三年治鄞之政績，其已作而述者不復志，故所述多吳潛在官事實。而山川疆域已詳於舊志者,則概未之及。是因一人而別修一郡之志,名為輿圖,實則家傳,於著作之體殊乖。然案《宋史·吳潛傳》載,潛以右丞相罷為觀文殿大學士,尋授沿海制置大使,判慶元府⑤。"至官,條具軍民久遠之計⑥,告於政府,奏皆行之。又積錢百十七萬三千八百有奇,代民輸帛⑦,前後所蠲五百四十九萬一千七百有奇"。是潛蒞鄞以後,宦績頗有可觀。二人所述,尚不盡出於諛頌。至潛所著文集,世久無傳。後人掇拾叢殘,編為遺槀,亦殊傷闕略。此志載潛《吟槀》二卷,共古今體詩二百九首,《詩餘》二卷,共詞一百三十首⑧,皆世所未睹。雖其詞不必盡工,而名臣著作藉以獲存⑨,固亦足資援據,故今仍與羅濬書並錄存焉。

【彙訂】

① "成書",殿本作"書成"。據羅濬序,胡榘於寶慶二年知慶元府,"越明年",即後年(紹定元年)命方萬里修志,"又明年",即紹定二年,復會羅濬修成此書。(周生春:《四庫全書總目宋代方志提要補正》)

② 宋代府、州均有倚郭縣,如明州和慶元府的倚郭縣即為鄞縣。府、州與倚郭縣也並不完全各領疆土。倚郭縣對府、州城內已無完全的管理權,府、州對城內的坊亦無直接完全的管轄權。這與清代一般不建倚郭縣,州與屬縣各領疆土的直隸州完全不同。又《乾道四明圖經》、《淳熙嚴州圖經》、《景定新定續志》、《淳熙新安志》等亦郡志、縣志分列,互不相混。此志並非特例。(同上)

③ 書中所列科第名姓僅下及開慶元年,並未涉及咸淳。(李裕民:《四庫提要訂誤》)

④ 據此書《宋元四明六志》本卷首與目錄,如不包括附目,共分三十八目。(周生春:《四庫全書總目宋代方志提要補正》)

⑤《宋史》卷四百一十八《吴潛傳》載:"淳祐十一年,入為參知政事,拜右丞相兼樞密使。明年,以水災乞解機政。以觀文殿大學士提舉洞霄宫。又四年,授沿海制置大使,判慶元府。"不得謂"尋授"。

⑥ "條具",殿本作"條其",誤,參《宋史·吴潛傳》原文。

⑦《宋史》本傳云,潛"積錢百四十七萬三千八百有奇,代民輸帛"。文淵閣《四庫》本與《宋元四明六志》本此書卷七《蠲放官賦》亦作"一百四十七萬三千八百五十五貫文"。(周生春:《四庫全書總目宋代方志提要補正》)

⑧ 據文淵閣《四庫》本所收《詩餘》二卷實錄詞一百十二首,《宋元四明六志》本為一百四十首。(同上)

⑨《江湖小集》和《兩宋名賢小集》均收載吴潛《四明吟槀》一卷,並非賴《四明續志》獨存。(同上)

澉水志八卷(浙江巡撫採進本)

宋常棠撰。棠字召仲,號竹窗,海鹽人。仕履未詳。澉水在海鹽縣東三十六里①,《水經》所謂"谷水流出為澉浦"者是也。唐開元五年,張庭珪奏置鎮。宋紹定三年,監澉浦鎮税、修職郎羅叔韶使棠為志②。凡分十五門③:曰地理,曰山,曰水,曰廨舍,曰坊巷,曰坊場,曰軍寨,曰亭堂,曰橋梁,曰學校,曰寺廟,曰古蹟,曰物産,曰碑記,曰詩詠,而冠以輿圖④。前有叔韶及棠二序,敘述簡核,綱目該備。而八卷之書,為頁止四十有四。明韓邦靖撰《朝邑縣志》,言約事盡,世以為特絶之作⑤。今觀是編,乃知其源出於此。可謂體例精嚴,藻不妄抒者矣。

謹案,澉水雖見《水經注》,然是書乃志地,非志水,不可入之"山水"中。以鎮亦郡縣之分區,故附綴於"都會郡縣"類焉。

【彙訂】

①《澉水志》卷一《水陸路》云澉浦"陸路東去海鹽縣三十六里",即在縣西三十六里。其準確方位,《至元嘉禾志》卷三《鎮市》載"澉浦鎮,在縣西南三十六里"。(周生春:《四庫全書總目宋代方志提要補正》)

② 紹定三年所作為初稿,其後常棠又大加增補。至宋末,李興宗又稍作增補。(李裕民:《四庫提要訂誤》)

③ "分",殿本無。

④ 明天啟間樊氏刊《鹽邑志林》本刪去卷首輿圖,文淵閣《四庫》本和道光十九年刊本卷首亦無輿圖。(周生春:《四庫全書總目宋代方志提要補正》)

⑤ "特絕",殿本作"絕特"。

景定建康志五十卷(兩淮馬裕家藏本)①

宋周應合撰。應合,武寧人,自號溪園先生。淳祐閒舉進士,官至實錄院修撰,以疏劾賈似道謫饒州通判②。是書乃其以承直郎差充江南東路安撫司幹辦公事時所作也。初,建炎二年建行宮於金陵,改為建康府,設江南東路安撫司以治之③,為沿江重鎮。乾道、慶元閒,屢輯地志,而記載尚多闕略。景定中,寶章閣學士、江東安撫使、知建康府馬光祖,始屬應合取乾道、慶元二《志》合而為一,增入慶元以後之事,正譌補闕,別編成書④。

首為《留都》四卷,次為圖、表、志、傳四十五卷,末為《拾遺》一卷。援據該洽,條理詳明,凡所考辨,俱見典覈。如論丹陽之名,本出建業;論六朝揚州嘗治建業,後始為廣陵一郡之名,皆極精核。光祖序稱其"博物洽聞,學力充贍",不誣也。明嘉靖、萬曆間,是書尚有刊本在南京國子監,見黃佐《南雝志》中。然所存版止七百五十九面,則亦已闕佚不全。其後流傳幾絕。朱彝尊《曝書亭集》有是書跋,稱"周在浚嘗語以曾睹是書闕本,訪之三十年未得。後從曹寅處借歸錄之,始復傳於世"云⑤。

【彙訂】

① 文淵閣《四庫》本尚有卷首一卷。(沈治宏:《中國叢書綜錄訂誤》)

② 據元袁桷《清容居士集》卷二七《周瑞州神道碑銘》,周應合於德祐元年知瑞州,則非官至實錄院修撰或饒州通判。(余嘉錫:《四庫提要辨證》)

③ 此書卷一《行宮記載》云:"紹興二年,上命江南東路安撫大使臣李光即府舊治,修為行宮。"《宋史》卷二七、《建炎以來繫年要錄》卷五四將此事繫於紹興二年五月庚午。《提要》誤以紹興為建炎。又此書卷三《建炎以來詔令》所載,高宗於建炎三年五月八日下詔改江寧府為建康府。《宋史》卷二七、《建炎以來繫年要錄》卷二三建炎三年五月乙酉條與《宋會要輯稿》方域五之六所載皆同。《總目》誤以"三年"為"二年"。卷二五《諸司寓治》、《安撫司》和卷十四《建康表十》載江東安撫始設於大中祥符三年,此後省復不常。建炎元年,以江寧府為帥府,知府事帶本路安撫使(又見《建炎以來繫年要錄》卷六建炎元年六月己卯條)。足見江東安撫司非建炎二年始設。(周生春:《四庫全書

總目宋代方志提要補正》)

　　④此書卷十四《建康表十》載，寶祐三年八月，寶章閣直學士馬光祖知建康府事。五年一月，光祖除寶章閣學士。六年二月，除端明殿學士。開慶元年三月，除資政殿學士。景定元年四月，升資政殿大學士。二年五月，升觀文殿學士。可知馬光祖為寶章閣學士乃寶祐中而非景定中事。(同上)

　　⑤清人黃丕烈有此書影宋鈔本，錢大昕有鈔宋本。嘉慶間兩江總督署中尚有康熙敕賜宋本(費淳《重刻〈景定建康志〉序》)。(同上)

　　景定嚴州續志十卷(兩淮鹽政採進本)①

　　宋鄭瑤、方仁榮同撰。瑤時官嚴州教授，仁榮時官嚴州學錄，其始末則均未詳也。所紀始於淳熙，訖於咸淳②。標題惟曰《新定續志》，不著地名③。蓋刊附紹興舊志之後，而舊志今佚也④。嚴州於宋為遂安軍，度宗嘗領節度使，即位之後，升為建德府。故卷首載立太子詔及升府省劄，體裁視他志稍殊。惟《物產》之外，別增《瑞產》一門，但紀"景定麥秀四岐"一條⑤；《鄉飲》之外，別增《鄉會》一門，但紀"楊王主會"一條，則皆乖義例耳。然敍述簡潔，猶輿記中之有古法者。其《戶口》門中載寧宗楊皇后為嚴人，而《鄉會》門中亦載主集者為新安郡王、永寧郡王。新安者楊谷，永寧者楊石，皆后兄楊次山之子也。而《宋史》乃云后會稽人，當必有誤。此可訂史傳之譌矣⑥。

　　【彙訂】

　　①底本此條與文淵閣庫書次序不符。文淵閣庫書及殿本置於"澉水志八卷"之後。

② 此書卷三《州學教授題名》所記始自紹興二年(1132),早於淳熙元年(1174)四十餘年。(周生春:《四庫全書總目宋代方志提要補正》)

③ 據《新唐書·地理志》、《宋史·地理志》及本書卷二《郡官建置》,新定乃嚴州舊郡名,非新修新撰之意。(余嘉錫:《四庫提要辨證》)

④ 舊志《嚴州圖經》今存卷一至卷三。(駱嘯聲:《〈嚴州圖經〉考釋——兼和"改稱説"商榷》)

⑤ 今本無"物産"門,有"瑞産"門,其文云"麥秀兩岐"。(周生春:《四庫全書總目宋代方志提要補正》)

⑥《宋史》卷二四三《后妃傳》云:寧宗楊皇后,少入宮,"忘其姓氏,或云會稽人"。"有楊次山者,亦會稽人。后自謂其兄也,遂姓楊氏"。可見《宋史·后妃傳》僅指出有人説楊皇后為會稽人。李心傳《建炎以來朝野雜記》乙集卷二《今上楊皇后》載"今上楊皇后,遂安人也",即嚴州遂安人。足見當時之人對楊皇后鄉貫早有定論,史傳所載無誤,不必待《景定嚴州續志》方可訂正會稽説之譌。(同上)

咸淳臨安志九十三卷(浙江巡撫採進本)

元潛説友撰①。説友字君高,處州人。宋淳祐甲辰進士②,咸淳庚午以中奉大夫權户部尚書,知臨安軍府事,封縉雲縣開國男。時賈似道勢方熾,説友曲意附和,故得進。越四年,以誤捕似道私秋罷③。明年起守平江,元兵至,棄城先遁。及宋亡,在福州降元,受其宣撫使之命④。後以官軍支米不得,王積翁以言激衆,遂為李雄剖腹死。其人殊不足道,而其書則頗有條理。前十五卷為行在所錄,記宮禁曹司之事。自十六卷以下,乃為府志。區畫明晰,體例井然,可為都城紀載之法。其宋代詔令編於前代之後,則用徐陵《玉臺新詠》置梁武於第七卷例也。他所敘錄,亦縷析條分,可資考據。故明人作《西湖志》諸書,多採用之。朱彝尊謂:"宋人地志幸存者,若宋次道之志長安,梁叔子之志三山,范致能之志吳郡,施武子之志會稽,羅端良之志新安,陳壽老之志赤城,每患其太簡,惟潛氏此志獨詳。"然其書流傳既久,往往闕佚不全,舊無完帙。彝尊從海鹽胡氏、常熟毛氏先後得宋槧本八十卷,又借鈔一十三卷,而其碑刻七卷終闕⑤,無可考補⑥,今亦姑仍其舊焉。

【彙訂】

① 潛說友撰此書,下限當止於咸淳七年,後雖降元,但撰志時仍在宋末,當作"宋潛說友撰"。(李裕民:《四庫提要訂誤》增訂本)

②《南宋館閣錄》卷七潛說友名下注:辛丑進士。辛丑為淳祐元年。雍正《浙江通志》卷一二八《選舉志》、康熙《縉雲縣志》卷四《選舉志》、光緒《處州府志》卷一六《選舉志》所載潛說友登進士第年代同。(楊武泉:《四庫全書總目辨誤》)

③ 咸淳四年閏正月十七日,潛說友以朝散郎、直華文閣、兩浙運副除司農少卿兼知臨安軍府事,並於七年而非六年(庚午)轉中奉大夫、除權戶部尚書。其罷任亦在知臨安軍府事後第三年,即咸淳七年,而非六年庚午之"越四年"。(周生春:《四庫全書總目宋代方志提要補正》)

④《宋季三朝政要》卷六《廣王本末》云:丁丑(1277)二月,元政府在福州"置宣撫司,以潛越(說)友、王績(積)翁為副

使"。《金華黃先生文集》卷八《王公祠堂碑》云潛為同知宣撫司事。《元史續編》卷一、《通鑑續編》卷二四、《資治通鑑後編》卷一五二、《續資治通鑑》卷一八三則云以潛為宣慰使,以王積翁為副使。應以《廣王本末》與《王公祠堂碑》所言較為可信。(同上)

⑤ 所闕七卷中,惟第一百卷為歷代碑刻目。(崔富章:《四庫提要補正》)

⑥《四庫》本所缺七卷中,卷六五、六六盧文弨自鮑氏宋刊殘本中抄出,今實存九十五卷。(李裕民:《四庫提要訂誤》增訂本)

至元嘉禾志三十二卷(兩淮馬裕家藏本)

元徐碩撰。碩,里貫未詳,始末亦無可考。其作此書時,則方官嘉興路教授也。秀州自宋初未有圖經①。淳熙中,知州事張元成始延聞人伯紀創為之②。後岳珂守郡,復延郡人闞棫續修。會珂改調,事遂中輟,僅存五卷。至元中,嘉興路經歷單慶屬碩纂輯,因踵棫舊本續成之。廣其門為四十三,而卷數增多至二十有七。郭晦、唐天麟各為之序,嘉興路總管劉傑與郡官共刊行之。志中兼及松江府華亭縣,蓋元時本隸嘉興路,明初始析置也③。其書序次甚詳,每條下閒繫以考證,尤為典核。而《碑碣》一門多至十一卷,自三國、六朝以迄南宋,凡石刻之文,悉全載無遺④。如《吳征北將軍陸褘碑》⑤、《梁秦駐山碑》、《唐黃州司馬陸元感陳府君環墓銘》、《宗城令顧謙墓誌》⑥,皆歐、趙所未著錄。《吳越靜海鎮遏使朱行先碑》,吳任臣《十國春秋》實據以立行先傳。其他零篇斷什,為耳目所未睹者尚多,殊足為考獻徵文之助。惟書中但有人物及進士題名,而不立"官師"一志,使前人宦績闕然無傳,未免漏略。又江海、湖泖、浦漵、溪潭、陂塘、河港、涇溝、堰瀦分為八類,使源流支絡,開卷井然,體例甚當。而樓閣、堂館、亭宇亦分為三類,則強析名目,未免失之瑣碎。是其所短焉。

【彙訂】

① 秀州自北宋大中祥符間即編有《圖經》,紹熙《雲間志》、至元《嘉禾志》和《輿地紀勝》等均多次引用。王明清《玉照新志》卷一云:"政和七年十二月壬午,詔以宿州零壁為靈壁縣,以真州為儀真郡,通州為靜海郡,秀州為嘉興郡,從九域圖志所奏請也。《實錄》與三州圖經及儀真、通州、嘉興三志皆所不載。"是政和七年至淳熙間秀州亦纂有《圖經》。(周生春:《四庫全書總目元代方志提要補正》;顧宏義:《四庫總目提要訂正》)

② 卷首郭晦序云:"淳熙甲午(元年),郡守張元成始延聞人伯紀為郡志。"而淳熙二年二月,張元成因虧欠經總制錢而受降一官處分(《宋會要輯稿》食貨六四之一〇二),去官應在此後不久。足見此志修於淳熙初元(1174),而非淳熙中。(周生春:《四庫全書總目元代方志提要補正》)

③ 據《元史·世祖紀》,至元二十八年七月,"分華亭之上海為縣,松江府隸行省"。從此松江不再隸屬嘉興。(同上)

④ 卷二一《碑碣》所載時代最早者為《吳郡征北將軍海鹽侯陸府君碑》,乃東晉泰寧三年(325)所立。則其所錄碑碣當始於東晉。(同上)

⑤ "陸褘",底本作"陸褘",據書中卷十三《陸褘傳》及殿本改。(同上)

⑥《秦駐山碑》,文淵閣《四庫》本卷四《山阜》、卷二四《秦住

山碑》均作"秦住山"，書前提要亦同。又文淵閣本脫陸禕碑、陸
元感、顧謙墓誌。（同上）

　　大德昌國州圖志七卷（浙江范懋柱家天一閣藏本）

　　元馮復京、郭薦等同撰[1]。復京，潼川人，官昌國州判官。
薦，里貫未詳，官鄞縣教諭。昌國州即今定海縣，宋熙寧六年置
昌國縣，元至元十五年始升為州。此書成於大德二年七月[2]。
凡分八門，曰敘州、曰敘賦、曰敘山、曰敘水、曰敘物產、曰敘官、
曰敘人、曰敘祠。前有州官請耆儒修志牒一篇，末有郭薦等繳申
文牒一篇，冠以復京序。據序中所述始末，蓋復京求得舊志，屬
薦等訂輯，而復京為之審定者也。其大旨在於刊削浮詞，故其書
簡而有要，不在康海《武功志》、韓邦靖《朝邑志》下。海書、邦靖
書為作者盛推，而此書不甚稱於世。殆年代稍遠，鈔本稀傳歟？
據原目所載，卷首當有環山、環海及普陀山三圖。圖志之名，實
由於是。此本有錄無圖[3]，蓋傳寫者佚之矣。

　　【彙訂】

　　① 據文淵閣《四庫》本卷首馮福京序及卷二《學校》，《延祐
四明志》卷三《昌國州》，陸心源《皕宋樓藏書志》卷三二著錄影抄
元刊本《昌國州圖志》等，此書倡修、主編和刊行者係馮福京，非
明人馮復京。郭薦雖銜名列眾作者之首，但未必是主筆。（周生
春：《四庫全書總目元代方志提要補正》）

　　② 據馮福京等請修志疏、馮福京跋、郭薦等繳中文牒，此書
之纂修始於大德二年七月，成於八月，刊竣於十一月。（崔富章：
《四庫提要補正》）

　　③ "圖"，底本作"書"，據殿本改。

延祐四明志十七卷（浙江巡撫採進本）

元袁桷撰①。桷字伯長，慶元人，宋知樞密院事韶之曾孫，少為麗澤書院山長，以薦改翰林國史院檢閱官②，累遷侍講學士。卒贈江浙行省參知政事，追封陳留郡公，謚文清。事蹟具《元史》本傳。桷文章博贍，為一時臺閣之冠，所著《易說》、《春秋說》諸書③，見於蘇天爵《墓誌銘》者，世久無傳。惟《清容居士集》及此《志》尚存。書成於延祐七年④，蓋慶元路總管馬澤屬桷撰次者也。凡分十二考，曰沿革，曰土風，曰職官，曰人物，曰山川，曰城邑，曰河渠，曰賦役，曰學校，曰祠祀，曰釋道，曰集古，條例簡明，最有體要。桷先世在宋，多以文學知名，稱東南故家遺獻。沒後會朝廷修史，遣使求郡國軼文故事，惟袁氏所傳為多。故其於鄉邦舊典，尤多貫串。志中考核精審，不支不濫，頗有良史之風。視《至元嘉禾》、《至正無錫》諸志，更為賅洽。惟自第九卷至第十一卷為傳寫者所脫佚，已非全帙。然元時地志鈔帙無多，存之亦足以資考究，固未可以不完廢也。

【彙訂】

①　至正《四明續志》載桷修《四明志》，王厚孫分撰二考。（張國淦：《中國古方志考》）

②　《袁桷墓誌》云："年二十餘，憲府薦茂異於行省，授麗澤書院山長，不就。大德初……擢翰林國史院檢閱官。"元貞乙未（元年，1295）春戴表元《送袁伯長赴麗澤序》云桷"懷麗澤之牒當行已久，而不肯決"（《剡源文集》卷十二）。可見授麗澤書院山長在元貞元年之前，入為翰林院檢閱則在大德元年（1297）之後，非在同一年。且大德元年袁桷三十二歲，已非少者。（周生春：《四庫全書總目補正》）

③"春秋説",殿本作"春秋",誤,參蘇天爵《滋溪文稿》卷九《元故翰林侍講學士知制誥同修國史贈江浙行中書省參知政事袁文清公墓誌銘》。

④此書刊行後,又曾有人做過相當規模的增補。(周生春:《四庫全書總目補正》)

齊乘六卷(浙江范懋柱家天一閣藏本)①

元于欽撰。欽字思容,益都人。歷官兵部侍郎。是書專記三齊輿地,凡分八類,曰沿革,曰分野,曰山川,曰郡邑,曰古蹟,曰亭館,曰風土,曰人物②。敍述簡核而淹貫,在元代地志之中最有古法。其中閒有舛誤者,如宋建隆三年改濰州置北海軍,以昌邑縣隸之,乾德三年復陞濰州,又增昌樂隸之,均見《宋地理志》,而是書獨遺。又壽光為古紀國,亦不詳及③。其他如以華不注為靡笄山,以臺城為在濟南東北十三里,顧炎武《山東考古錄》皆嘗辨之。然欽本齊人,援據經史,考證見聞,較他地志之但據輿圖④,憑空言以論斷者,所得究多,故向來推為善本。卷首有至元五年蘇天爵序,亦推挹甚至,蓋非溢美矣。

【彙訂】

①文淵閣《四庫》本尚附《音釋》一卷。(沈治宏:《中國叢書綜錄訂誤》)

②此書乾隆四十六年刻本卷前目錄分全書為沿革、分野、山川、郡邑、古蹟、風土、人物七目,《亭館》實為《古蹟》之子目。(周生春:《四庫全書總目元代方志提要補正》)

③《宋史·地理志》云:"建隆三年,以青州北海縣建為北海軍,置昌邑縣隸之。乾德三年,升為州,又增昌樂縣。"《續資治通

鑑長編》卷三建隆三年五月丙子、卷六乾德三年十二月戊戌所載略同。而此書卷三《郡邑》"濰州"條云:"宋建隆三年,置北海軍;乾德三年,升為濰州。"並無舛誤遺漏。又卷三《郡邑》"壽光縣"條雖未提及古紀國,但卷四《古蹟》"紀城"條詳載位於壽光南三十里的紀城及古紀國事。乃因紀本在東海贛榆,後遷壽光南,而不以壽光為古紀國。(同上)

④ 殿本"他"上有"諸"字。

至大金陵新志十五卷(兩江總督採進本)

元張鉉撰。鉉字用鼎,陝西人①。嘗為奉元路學古書院山長。至正初,江南諸道行御史臺諸臣將重刊宋周應合所撰《建康志》,而其書終於景定中,嗣後七八十年,紀載闕略。雖郡人戚光於至順間嘗修有《集慶續志》,而任意改竄,多變舊例,未為詳審。復議增輯,以繼《景定志》之後②。因聘鉉主其事,凡六閱月而書成③。首為圖考,次通紀,次世表、年表,次志譜列傳,而以摭遺、論辨終焉。令本路儒學雕本印行④。至明嘉靖中,黄佐修《南雍志》,尚載有此書版一千一百六十四面。是今所流傳印本,猶出自原刻也。其書略依周《志》凡例,而元代故實則本之戚光《續志》及路州司縣報呈事蹟。其間如官屬姓名已入前志者,不復具錄,而世譜列傳則前志所有者仍捃載無遺,體例殊自相矛盾。又其凡例中以戚《志》刪去地圖,不合古義,譏之良是。至於世表、年表則地志事殊國史,原不必仿旁行斜上之法,轉使泛濫無稽。戚《志》刪除,深合體例。鉉乃一概訾之,亦為失當。然其學問博雅,故薈萃損益,本末燦然,無後來地志家附會叢雜之病。其《古蹟》門中所載梁始興忠武王、安成康王二碑,朱彝尊皆嘗為之跋,而不引是書為證,豈其偶未見歟?

【彙訂】

① 據此書卷前《修志文移》,鉉曾任陝西奉元路學古書院山長。索元岱序稱為"浮光士",浮光為光州郡名,則鉉乃光州人,陝西為其任所。(周生春:《四庫全書總目元代方志提要補正》)

② 據《修志文移》、《修志本末》,至正中(非至正初),江南諸道行御史臺監察御史索元岱建議集慶路儒學重刊《景定建康志》,儒學周教授創議增輯編修新志。據書中卷六下《題名》,索元岱至正二年始遷南臺監察御史。(同上)

③ 據《修志文移》,此書編修始於至正三年五月十日,十月十六日初稟成,十二月十二日重行點校繕寫畢呈稟。(同上)

④ 據《修志文移》,此書始刊於至正四年夏,由集慶路儒學、溧陽州學、溧水州學分派刊雕。今傳至正四年刊本與明重修本均標明係"集慶路儒學、溧陽州學、溧水州學刻"。書名均作《至正金陵新志》。(同上)

無錫縣志四卷(兩江總督採進本)

不著撰人名氏。考《千頃堂書目》有元王仁輔《無錫縣志》二十八卷,與此本卷數不符,蓋別一書也①。考《明史·地理志》,洪武二年四月始改無錫州為縣。是志《古今郡縣表》末雖止於陞無錫縣為州,然標題實稱無錫縣,已為明初之制。又《郡縣表》止元貞,而《學校》類中載至正辛巳鄉舉陸以衞②,則所紀已下逮元末,是洪武中書矣③。第一卷為邑里,第二卷為山川,第三卷為事物,分上、下二子卷,第四卷為詞章,亦分上、中、下三子卷,中又分小類二十一。詞簡而事該,亦地志之善本。惜首卷原序已佚，其撰次本末不可得而考也。《元史·地里志》稱成宗元貞元年陞無錫為州，此志乃云二年。作志者紀錄時事，歲月必確。以是推之，知《元史》疏漏多矣①。是亦書貴舊本之一驗也。

【彙訂】

① 自明迄清，無錫凡九修縣志。明三清六，要皆以此書為元王仁輔所作，後之鄉賢，若侯鴻鑒（葆三）、錢基博（子泉）、朱烈（夢華）輩，亦頗韙是說。據弘治《無錫志》卷十九《寓賢》、周南老（正道）《故元處士雲林先生墓誌銘》、張端（希尹）《雲林倪先生墓表》等，仁輔乃雲林之師，卒年六十一。《千頃堂書目》卷八載王仁輔《無錫志》二十八卷，北京大學圖書館藏明刻本亦題作《無錫志》。此書本名當作《無錫志》。（李裕民：《四庫提要訂誤》增訂本；周生春：《四庫全書總目元代方志提要補正》；朱剛：《〈四庫全書總目提要·無錫縣志〉辨證》）

② 殿本"載"上有"已"字。

③《古今郡縣表》類中有"元一海宇，縣歸版圖"（此"縣"乃言宋末無錫建置）之語，是絕非明人聲口。又考建置沿革，向為地志之首，今表止於元元貞初升州而不及明洪武初降縣，使明人作志，豈有此理。抑更有可論者，表中元世祖至元十三年乙亥（按：當為至元十二年乙亥，《四庫》誤）條下作"常州平"，此年起，用元紀年。考明弘治志，乙亥尚係宋"恭帝德祐元年"，下小字注元紀年，至帝昺蹈海，始奉元祚。且乙亥條下有"十一月元兵陷常州，屠其城"之語，是則孰元孰明，判若涇渭矣。合此書名、內容二端言之，其為元志，殆可成定讞。且《學校》類中載至至正元年辛巳，考康熙志卷十二舉人表，有至正七年丁亥陳汝霖條，是此書之成，當為元至正初。其卷一《州境》、《鄉坊》所云"平

江路"、"常熟州"、"江陰州"、"晉陵縣"均係元代地名。書中所記
元事止於至正元年辛巳。又《四庫》所據底本作《無錫縣志》者，
《善本書室藏書志》卷十一已辨證之："至書名以州為縣，係後人
所追改。"(周生春：《四庫全書總目元代方志提要補正》；朱剛：
《〈四庫全書總目提要·無錫縣志〉辨證》)

　　④ 此書卷一《古今郡縣表·成宗元貞二年丙申》條下有：
"升無錫縣為中州。"《元史》卷六十二《地理志·無錫州》條下有：
"元元貞元年升州。"考《元史》卷十八《成宗本紀》，元貞元年五月
戊寅下有："升江南平陽等縣為州。"而元貞二年無升州事，地理
志中亦無元貞二年升州者。再考此書卷四記述類李晦(顯翁)
《無錫升州記》，中有"元貞元年夏五，被詔升為中州，名仍其舊，
存古也。明年正月之吉開藩"之語，是《元史》與此書，一言頒詔，
一言開藩，實皆不誤。(同上)

　　姑蘇志六十卷(兩江總督採進本)

　　明王鏊撰。鏊有《史餘》，已著錄。蘇州自宋范成大、明盧熊
二志後，纂輯久闕。宏治中吳寬嘗與張習、都穆續修未竟，惟遺
稾僅存。後廣東林世遠為蘇州守，以其事屬鏊。鏊乃與郡人杜
啟、祝允明、蔡羽、文璧等共相討論，發凡舉例，咸本於寬，而芟繁
訂譌，多所更益，凡八月而書成[①]。首列《沿革》、《守令》、《科第》
三表，自《沿革》、《分野》以下分為三十一門，而《人物》門中又分
子目十三。繁簡得中，考核精當。在明人地志之中，猶為近古。
陳繼儒《見聞錄》稱"鏊修志時，以楊循吉喜謠諑，不欲與之同局。
志成，遣使送之循吉。循吉方櫛沐，不暇抽看，但顧籤票，云'不
通不通'。使者還述其語。鏊以問之，循吉曰：'府志修於我朝，

原當以蘇州名志。姑蘇,吳王臺名也,以此名志可乎[②]?'鼇始
大服"云云。然考鼇自序[③],紀其初修志時,有"欲屬諸楊儀部,
而楊儀部固辭"之語,是鼇未嘗擯去循吉,不與共事,繼儒所載
恐不足信。至志書題古地名,自宋代已有是例。核以名實,良
有未安。無論是言之真偽,其說要不為無理,固不必曲為鼇
諱矣。

【彙訂】

① 據此書前成化十年(1474)正月劉昌序,明初盧熊志後,
弘治吳寬之前,郡守丘霽曾命李應楨、陳頎、劉昌等纂志,書成凡
一百卷。(李裕民:《四庫提要訂誤》)

② "名志",底本作"志名",據寶顏堂祕笈本《眉公見聞錄》
卷二原文及殿本改。

③ "然",殿本無。

武功縣志三卷(兩江總督採進本)

明康海撰。海字德涵,武功人。宏治壬戌進士第一,授翰林
院修撰。以救李夢陽事,坐劉瑾黨削籍。《明史·文苑傳》附見
《李夢陽傳》中。是志僅七篇,曰《地理》,曰《建置》,曰《祠祀》,曰
《田賦》,曰《官師》,曰《人物》,曰《選舉》。凡山川、城郭、古蹟、宅
墓皆括於《地理》,官署、學校、津梁、市集則歸於《建置》,祠廟、寺
觀則總以《祠祀》,戶口、物產則附於《田賦》。藝文則用《吳郡志》
例,散附各條之下,以除冗濫。《官師》則善惡並著,以寓勸懲。
王士禎謂其"文簡事核,訓詞爾雅",石邦教稱其"義昭勸鑒,尤嚴
而公。鄉國之史,莫良於此",非溢美也。志刻於正德己卯,萬曆
間再經刊行,旋復散佚。乾隆二十六年,武功知縣瑪星阿得鈔本

於孫景烈，因為重刊。其圈點細評皆出景烈之手，頗嫌疣贅。又
王士禎稱《武功志》載《璇璣圖》，而此本無之。考海孫呂賜嘗刻
《璇璣圖讀法》，前有題識云：“余錄先太史縣志真本，悉依原編，
惟蘇氏詩未錄，非敢輕有變置。故附數語，錄本之末，述先太史
之意，冀來者之鑒余志也。”然則此本乃呂賜所刊除矣。遺文軼
事，志乘中原可兼收。士禎以具錄是圖為此書之佳處，固非定
論。呂賜必刊而去之，亦於義無取也。

朝邑縣志二卷（兵部侍郎紀昀家藏本）

明韓邦靖撰。邦靖字汝慶，號五泉，朝邑人。正德戊辰進
士，官至工部員外郎。事蹟附見《明史·韓邦奇傳》。是書成於
正德己卯。上卷四篇，曰總志，曰風俗，曰物產，曰田賦。下卷三
篇，曰名宦，曰人物，曰雜記。上卷僅七頁，下卷僅十七頁。古今
志乘之簡，無有過於是書者，而宏綱細目，包括略備。蓋他志多
夸飾風土，而此志能提其要，故文省而事不漏也。然敘次點綴，
若有餘閒，寬然無局促束縛之蹟。自明以來，關中輿記惟康海
《武功縣志》與此志最為有名。論者謂《武功志》體例謹嚴，源出
《漢書》；此志筆墨疏宕，源出《史記》。然後來志乘，多以康氏為
宗，而此志莫能繼軌，蓋所謂“不可無一，不容有二”者也。前有
邦靖自序，又有康海序，末有呂柟後序及朝邑知縣陵川王道跋，
並文格高潔，與志適相配云。

嶺海輿圖一卷（浙江鄭大節家藏本）

明姚虞撰。虞字澤山，莆田人。嘉靖壬辰進士，官至淮安府
知府。是編乃其官監察御史時巡按廣東所作。凡為圖十有二，
首為全省圖，次十府十圖，終以南夷圖，圖各有敘。敘之例，首述

沿革形勢利病，次州縣，次戶口，次田糧課稅，次官兵馬匹。其總圖則首以職官，以布政、按察二司分統之。蓋其時撫按皆為使臣，尚未定為守土官也。其南夷諸國，列通貢者於前，而通市者亦附後。為海防之計，不論其奉朔否也。大旨略於前代而詳於當代，略於山川而詳於阨塞，略於職官而詳於兵馬錢糧，略於文事而詳於武備。於志乘之中，別為體例。然較之侈山水、誇人物、輯詩文者，其有用無用則迥殊矣。意古者輿圖，不過如是。後來者踵事增華，失其本耳。前有嘉靖壬寅湛若水序，極稱之。錢曾《讀書敏求記》亦稱其簡而要云。

　　滇略十卷（浙江巡撫採進本）

　　明謝肇淛撰。肇淛有《史觿》，已著錄。此書乃其官雲南時所作，分為十門。一曰《版略》，志疆域也。二曰《勝略》，志山川也。三曰《產略》，志物產也。四曰《俗略》，志民風也。五曰《績略》，志名宦也。六曰《獻略》，志鄉賢也。七曰《事略》，志故實也。八曰《文略》，志藝文也。九曰《夷略》，志苗種也。十曰《雜略》，志瑣聞也。雖大抵本圖經舊文，稍附益以新事。然肇淛本屬文士，記誦亦頗博洽，故是書引據有徵，敍述有法，較諸家地志，體例特為雅潔。薛承矩序稱其"上以搜楊終[①]、常璩之所未及，下以補辛顯怡、李京、楊慎、田汝成諸紀載之漏遺"，杭世駿《道古堂集》有是書跋[②]，亦謂其"詳遠略近，博觀而約取，蒼山、洱水之墟稱善史焉"，均非溢詞也。

　　【彙訂】

　　①"薛承矩"當作"薛承教"。（陳乃乾：《讀〈四庫全書總目〉條記》）

②"道古堂集",殿本作"道援堂集",誤。杭世駿《道古堂文集》卷二七有《〈滇略〉跋》。

吳興備志三十二卷(兩淮鹽政採進本)

明董斯張撰。斯張字遐周,烏程人。是編輯錄湖州故事,分二十六徵。曰帝胄,曰宮閨,曰封爵,曰官師,曰人物,曰筞褘,曰寓公,曰象緯,曰建置,曰巖澤①,曰田賦,曰水利,曰選舉,曰戰守,曰賑恤,曰祥孽,曰經籍,曰遺書,曰金石,曰書畫,曰清閟,曰方物,曰璅,曰詭,曰匪籍。採摭極富,於吳興一郡遺聞瑣事,徵引略備。每門皆全錄古書,載其原文。有所考正則附著於下。蓋張鳴鳳《桂故》、《桂勝》體例如是,而斯張因之。雖意主博奧,不無以泛濫為嫌,然當時著書家影響附會之談,剽竊摀撦之習,實能一舉而空之。故所摘錄,類皆典雅確核,足資考據。明季諸書,此猶為差有實際。黃茅白葦之中,可以謂之翹楚矣。

【彙訂】

①"巖澤",底本作"巖壑",據殿本改。此書卷十五為《巖澤徵》。

欽定日下舊聞考一百二十卷①

乾隆三十九年奉敕撰②。因朱彝尊《日下舊聞》原本,删繁補闕,援古證今,一一詳為考覈③,定為此本。原書分《星土》、《世紀》、《形勝》、《宮室》、《城市》、《郊坰》、《京畿》、《僑治》、《邊障》、《戶版》、《風俗》、《物產》、《雜綴》十三門。其時城西玉泉、香山諸處,臺沼尚未經始,故列《郊坰》門中,與今制未協。諸廨署入《城市》門中,太學石鼓獨別為三卷,於體例亦屬不倫。今增列《苑囿》、《官署》二門,并前為十五門,而《石鼓考》三卷則并於《官署》門“國子監”條下。又原本《城市》、《京畿》二門，五城及各州縣分屬之地，今昔不同，一一以新定界址為之移正。原本所列古蹟，皆引據舊文，誇多務博，不能實驗其有無，不免傳聞譌舛，彼此互岐。亦皆一一履勘遺蹤，訂妄以存真，闕疑以傳信。所引藝文，或益其所未備，或刪其所可省，務使有關考證，不漏不支。至於列聖宸章、皇上御製，凡涉於神京風土者①，悉案門恭載，尤足以昭垂典實，藻繪山川。古來志都京者，前莫善於《三輔黃圖》，後莫善於《長安志》。彝尊原本蒐羅詳洽，已駕二書之上，今仰承睿鑒，為之正譌補漏，又駕彝尊原本而上之。千古輿圖，當以此本為準繩矣。

【彙訂】

① 文淵閣《四庫》本為一百六十卷卷首一卷，書前提要不誤。（沈治宏：《中國叢書綜錄訂誤》）

②《清高宗實錄》卷九三七載，乾隆三十八年六月下諭編《日下舊聞考》。（喬治忠：《四庫全書總目清代官修史書提要訂誤》）

③ “為”，殿本作“加”。

④ “神京”，殿本作“都京”。

欽定熱河志八十卷①

乾隆四十六年奉敕撰。熱河即古武列水，避暑山莊在焉。舊設熱河道，領四廳。今置承德府，領平泉一州，灤平、豐寧、赤峯、建昌、朝陽五縣。此志猶以熱河名者，神皋奧區，鑾輿歲涖，蒐狩朝覲，中外就瞻，地重體尊，不可冠以府縣之目，故仍以行殿所在為名也。凡分二十四門。華蓋時臨，奎文日富，敬錄弁首，曰《天章》。省方觀民，勵精無逸，編年紀載，曰《巡典》。琛賷鱗集，梯航旅來，威德式彰，曰《徠遠》。軒衛隨行，明堂斯建，詳陳規制，曰《行宮》。肄武習勞，三秋大獮，周陟原麓，曰《圍場》。地接堯封，界分周索，四至八到，曰《疆域》。周秦以來，或為荒服，或為甌脫，或為羈縻，或為僑置，或為郡縣，或為京邑，引據史傳，辨訂是非，兼列八表十二圖，曰《建置沿革》。删星野之談天，測斗極之出地，曰《晷度》。巨流為經，衆川為緯，曰《水》。區列方隅，標舉形勢，曰《山》。涵泳聖化，澤以詩書，曰《學校》。喀喇沁、翁牛特、土默特、奈曼、敖漢、巴林、喀爾喀右翼諸部，隸於境內者，表其世系，曰《藩衛》。紺宇金地，或以奉敕而建，或以效祝而營，曰《寺廟》。畫疆分職，臂指相維，曰《文秩》。羽衛連營，以迨察哈爾四旗，曰《兵防》。國朝官斯地者，遷除歲月，以次臚載，曰《職官題名》。前代官是地者，不可盡詳，錄其有功可紀者，曰《宦蹟》。靈秀挺生，垂光史册，曰《人物》。山澤膏沃，金粟豐贏，曰《食貨》。草木禽魚，正名百類，曰《物產》。故址流傳，遺文有證，曰《古蹟》。前朝舊典，曰《故事》。諸部軼聞，曰《外紀》。詩歌制作，關於風土者，曰《藝文》。並考古證今，辨疑傳信，既精且博，蔚為輿記之大觀。案熱河所屬，自漢、魏以前皆鮮卑、烏桓地也。慕容氏崛起龍城，始置郡縣，《魏書·地形志》約略可稽。齊、周以後，大抵與契丹、庫莫奚參錯而居。前朝諸史，務侈幅員，每以邊境郡名移置長城之外。核驗地理，殊不足憑。後惟遼、金、元三朝實奄有其地。然以無紀載[2]，故輿記靡徵。明棄大寧，渺如絕域。其所敘錄，益傳聞失其真矣。我國家肇造區夏，統括寰瀛。太宗文皇帝曰擒十四台吉，先定其地；聖祖仁皇帝校練七萃，初出松亭。後喀爾喀汗貢厥上腴，益宏文圃刈蘭之界。北跨臨潢，遂仙苑天開，爻閭畢集。我皇上法天不息，率祖攸行，時邁其邦，地同三輔。四方大其和會，百產益以蕃昌。郡邑區分，膠庠鼎建，民殷俗美，炳然與三代同風。其盛為自古所未有。故詞臣珥筆，敬述斯編。亦自古之所未聞，豈非地祕其靈，天珍其奧，自開闢以至今日，越千萬載待聖朝而發其光哉！

【彙訂】

① 底本此條與文淵閣庫書次序不符。文淵閣庫書及殿本皆置於"吳興備志三十二卷"條之後。文淵閣《四庫》本為一百二十卷，書前提要不誤。（沈治宏：《中國叢書綜錄訂誤》）

② "然以無紀載"，殿本作"然無所紀載"。

欽定滿洲源流考二十卷

乾隆四十三年奉敕撰①。洪惟我國家朱果發祥，肇基東土。白山黑水，實古肅慎氏之舊封。典籍遺文，班班可考。徒以年祀綿長，道途修阻，傳聞不免失真；又文字互殊，聲音屢譯，記載亦不能無誤。故歷代考地理者，多莫得其源流。是編仰稟聖裁，參考史籍，證以地形之方位，驗以舊俗之流傳，博徵詳校，列為四門。一曰《部族》。自肅慎氏以後，在漢為三韓，在魏晉為挹婁，在元魏為勿吉，在隋唐為靺鞨、新羅、渤海、百濟諸國，在金為完顏部，並一一考訂異同，存真辨妄。而索倫、費雅喀諸部毗連相附者，亦並載焉。二曰《疆域》。凡渤海之上京龍泉府、靺鞨之黑水府、燕州、勃利州，遼之上京黃龍府，金之上京會寧府，元之肇州，並考驗道里，辨正方位，而一切古蹟附見焉。三曰《山川》。凡境內名勝，分條臚載，如白山之或稱太白山、徒太山，黑水或稱完水，或稱室建河，以及松花江即粟末水、寧古塔即忽汗水，今古異名者，皆詳為辨證。其古有而今不可考者，則別為存疑，附於末。四曰《國俗》。如《左傳》所載楛矢貫隼，可以見騎射之原；《松漠紀聞》所載䬸脂蜜膏，可以見飲食之概。而《後漢書》所載辰韓生兒以石壓頭之類，妄誕無稽者，則訂證其謬。至於渤海以來之文字、金源以來之官制，亦皆並列。其體例，每門以國朝為綱，而詳述列朝，以溯本始。其援據，以御製為據，而博採諸書，以廣參稽。允足訂諸史之譌，而傳千古之信，非諸家地志影響附會者所能擬也。

【彙訂】

①《清高宗實錄》卷一〇三九載，乾隆四十二年八月"壬子，命輯《滿洲源流考》"。（喬治忠：《四庫全書總目清代官修史書提要訂誤》）

欽定皇輿西域圖志五十二卷①

乾隆二十一年奉敕撰。乾隆二十七年創成初槀，嗣以昄章日闢，規制益詳，進呈御覽之時，隨事訓示，復增定為今本。首四卷為《天章》。我皇上平定西域，題詠至多，地勢兵機，皆包羅融貫。惟恭錄統論西師全局者，弁冕簡端。其因地紀事，即物抒懷者，則仍分載於各門。次《圖考》三卷，自幅員所屆以及符節所通，共新圖二十有一，又附歷代舊圖十有二。古今互校，益昭聖朝拓宇之功。次《列表》二卷，上起秦漢，下迄元明，以明國土之分合，建置之沿革。次《晷度》二卷，川陸之迂回，道里之遠近，多不足據。惟以日景定北極之高度，以中星驗右界之偏度，為得其真，古法所謂"飛鳥圖"也。次《疆域》十二卷，分為四路：一曰安西南路，嘉峪關外州縣隸焉；一曰安西北路，哈密至鎮西府、迪化州隸焉；一曰天山北路，庫爾喀喇烏蘇至塔爾巴哈台、伊犁隸焉；一曰天山南路，闢展至和闐諸回部隸焉。次《山》四卷，次《水》五卷。玉門以外，連峯疊嶂，巨浸洪流，往往延袤千百里，不可以割屬一地，故各以山、水為類也。次《官制》二卷。次《兵防》一卷，臺站附焉。次《屯政》二卷，戶口附焉。次《貢賦》、《錢法》、《學校》各一卷。次《封爵》二卷，皆長駕遠馭之睿略，揆文奮武之鴻模也。次《風俗》、《音樂》各一卷，《服物》二卷，《土產》一卷，皆如地志之例。惟《音樂》一門為創體，以其隸在協律，備禁休兜離之數故也。次《藩屬》三卷，皆奉朔朝貢之國，梯航新達者。次《雜錄》二卷，以瑣聞軼事終焉。記流沙以外者，自《史記·大宛列傳》、《漢書·西域列傳》始詳。而異域傳聞，譌謬亦復不少。至法顯、元〔玄〕奘之所記，附會佛典，更多屬子虛。蓋龍沙、蔥雪，道里迢遙，非前代兵力所能至。即或偶涉其地，而終弗能有。故記載者依稀影響，無由核其實也。我皇上遠奮天弧，全收月竁，既使二萬里外咸隸版圖，又列戍開屯，畫疆置郡，經綸宏遠，足以鞏固於萬年。每歲虎節往來，雁臣出入，耳聞目見，皆得其真。故詔輯是編，足以補前朝輿記之遺，而正歷代史書之誤。聖人威德之昭宣，經綸之久遠，事事為二帝三王所不及，茲其左驗矣。豈徒與甘英諸人侈誇珍怪與！

【彙訂】

① 文淵閣《四庫》本為四十八卷卷首四卷。（沈治宏：《中國叢書綜錄訂誤》）

欽定盛京通志一百二十卷①

乾隆四十四年奉敕撰。我國家發祥長白，實肇基於俄朵里城。後肇祖原皇帝始遷赫圖阿拉，是為興京。太宗文皇帝戡定遼東，實作周邑。暨世祖章皇帝定鼎順天，遂以奉天為盛京。兩都並建，垂萬萬世之丕基。非惟山海形勝，控制八紘，凡締造之規模、征伐之功烈，麟麟炳炳，亦具在於斯。舊有志書三十二卷，經營草創，敍述未詳。因命補正其書，定為此本。發凡起例，一一皆稟睿裁。聖制御製，舊本僅載十之三，今悉補錄。又以御製分《綸音》、《天章》二門，各從體製。《京城》門中，舊本不載盛京、興京、東京創建修葺之由，及太祖、太宗制勝定都始末。《壇廟》門中舊本不載營造制度及重修年月，又不載尊藏册寶及堂子歲祭諸儀。《宮殿》門中舊本亦不載重修年月，御題聯額及尊藏聖容，聖訓、實錄、玉牒、戰圖，及乾隆四十三年設立諫木事。《山陵》門中舊本不載謁陵及歲事儀注，所述三陵官制亦多舛誤。《山川》、《城池》兩門中舊本均不載太祖、太宗戰績。《人物》門中不載開國宗室王公，又諸勳臣事蹟亦不悉具，今併詳考增修。其餘《星土》、《建置沿革》、《疆域形勝》、《祠祀》、《古蹟陵墓》、《雜誌》、《風俗》、《土產》八門，並援據經史，糾譌補漏。《關郵》、《戶口》、《田賦》、《職官》、《學校》、《官署》、《選舉》、《兵防》八門，舊本所載止於乾隆八年，今並按年續載。《名宦》、《歷代忠節》、《孝義》、《文學》、《隱逸》、《流寓》、《方技》、《仙釋》、《列女》、《藝文》十門，亦參訂删補，俾不冗不漏。其官名、人名、地名，舊本音譯往往失真，今併一一釐正。體裁精密，考證詳明。溯豐邑之初基，述阪泉之鴻績。經綸開創，垂裕無疆，啟佑規模，萬年如覯。固與偏隅輿記徒侈山川人物者區以別矣。

【彙訂】

① 文淵閣《四庫》本為一百三十卷卷首一卷。（沈治宏：《中

國叢書綜錄訂誤》)

畿輔通志一百二十卷(通行本)

國朝兵部尚書直隸總督李衛等監修。自元以來,如《析津志》諸書,所紀祇及於京師。至明代以畿內之地直隸六部,與諸省州縣各統於布政司者體例不侔,故諸省皆有通志,而直隸獨闕。本朝定鼎京師,特置直隸巡撫,以專統轄。康熙十一年大學士衛周祚奏令天下郡縣分輯志書,詔允其請。於是直隸巡撫于成龍、格爾古德等始創為之,屬翰林院侍講郭棻董其事。僅數月而書成,討論未為詳確。雍正七年,世宗憲皇帝命天下重修通志,上諸史館,以備《一統志》之採擇。督臣唐執玉祇奉明詔,乃延原任辰州府同知田易等,設局於蓮花池,蒐羅纂集。其後劉於義及李衛相繼代領其事,至雍正十三年而書成。凡分三十一目,《人物》、《藝文》二門又各為子目。訂譌補闕,較舊志頗為完善云。

案,通志皆以總督、巡撫董其事。然非所纂錄,與總裁官之領修者有別。故今不題某撰而題某監修,從其實也。監修每閱數官,惟題經進一人,唐、宋以來之舊例也。謹於此書發其凡,後皆仿此。

江南通志二百卷(通行本)[①]

國朝兵部尚書兩江總督趙宏〔弘〕恩等監修。先是,康熙二十二年,總督于成龍與江蘇巡撫余國柱、安徽巡撫徐國相等奉部檄創修《通志》,凡七十六卷。雍正七年,署兩江總督尹繼善等奉詔重修。乃於九年之冬,開局江寧,屬原任中允黃之雋等司其事。因舊志討論潤色,刊除踳駁,補苴罅漏。凡閱五載,至乾隆元年書成,總督宏恩及江蘇巡撫顧琮、安徽巡撫趙國麟等具表上之。卷首恭錄聖諭及御製詩文,以尊謨典。次輿地,次河渠,次食貨,次學校,次武備,次職官,次選舉,次人物,次藝文,次雜類。發凡起例,較舊志頗有體裁。惟纂輯不出一手,微有牴牾。黃之雋《唐堂集》中嘗稱是書刻本與原纂多有舛互。如灊山在六安州之霍山,而仍謂即元時所置之潛山縣;黃積、程元譚俱東晉時新安守,而誤入西晉。其他遺漏重複者甚多,皆之雋離局以後為他人所竄改者也。司馬光修《資治通鑑》,以《史記》以下屬劉攽,三國以下屬劉恕,唐以下屬范祖禹,始終不易,其知此意歟?

【彙訂】

① 文淵閣《四庫》本尚有卷首四卷。(沈治宏:《中國叢書綜錄訂誤》)

江西通志一百六十二卷(通行本)①

國朝江西巡撫都察院右副都御史謝旻等監修。《江西省志》創於明嘉靖閒參政林廷㭿,其後久未纂輯,舊聞放失。至本朝康熙二十二年,巡撫安世鼎始續修之。康熙五十九年,巡撫白潢又增修之②,名曰《西江志》。其體例條目,雖多本諸舊志,而廣蒐博訪,訂舛正譌,在地記之中號為善本。雍正七年,巡撫謝旻奉詔纂修省志,乃與原任檢討陶成等開局編輯。其規模一本之白《志》,而閒加折衷。文簡事核,蟗然有序。其志人物,如宋之京鏜、章鑑,一則以其身為宰輔而依附權姦,一則以其位列鈞衡而棄主私遁③,俱削去不載,亦頗有合於大義。惟元劉秉忠,其先世雖瑞州人,而自遼及金,北遷已久,乃援其祖貫,引入鄉賢④。將孔子自稱殷人,亦可入中州志乘乎? 是則圖經之積習澌除未盡者矣。

【彙訂】

① 文淵閣《四庫》本尚有圖一卷卷首三卷。（沈治宏：《中國叢書綜錄訂誤》）

② "白潢"，殿本作"白璜"，誤。白潢，《清史稿》卷二八九有傳。

③ "一則以其身為宰輔而依附權姦一則以其位列鈞衡而棄主私遁"，殿本作"一以其身為宰輔依附權姦一以其位列鈞衡棄主私遁"。

④ 江西之瑞州本名筠州，至理宗朝始避諱更名，若劉秉忠先世所居瑞州，乃遼、金之瑞州，非宋之瑞州。（錢大昕：《十駕齋養新錄》）

浙江通志二百八十卷（通行本）①

國朝文華殿大學士兼吏部尚書兼管浙江江南總督嵇曾筠等監修②。浙江自明嘉靖中提學副使薛應旂始輯為《通志》七十二卷。至國朝康熙二十一年，總督趙士麟、巡撫王國安復因薛《志》增修，斟酌損益，義例粗備。此本於雍正九年辛亥總督李衛開局編纂，迄乙卯而告竣。曾筠等具表上進，司其事者原任侍讀學士沈翼機、編修傅王露、檢討陸奎勳也。總為五十四門，視舊志增目一十有七。所引諸書，皆具列原文，標列出典。其近事未有記載者，亦具列其案牘，視他志體例特善。其有見聞異辭者，則附加考證於下方。雖過求賅備，或不無繁複叢冗，然信而有徵之目，差為不愧矣。

【彙訂】

① 文淵閣《四庫》本尚有卷首三卷。（沈治宏：《中國叢書綜

錄訂誤》）

②“江南”，殿本無。此書嵇曾筠序題銜為“誥授光祿大夫、太子太保、文華殿大學士、兼吏部尚書、總理浙江海塘、兼管總督、巡撫兩浙鹽政印務、加十四級”，書前《敕修〈浙江通志〉進表》題銜亦作“太子太保、文華殿大學士、兼吏部尚書、總理浙江海塘、兼管總督、巡撫兩浙鹽政印務”。

福建通志七十八卷（通行本）①

國朝浙閩總督、兵部尚書郝玉麟等監修。福建自宋梁克家《三山志》以後，記輿地者不下數十家，惟明黃仲昭《八閩通志》頗稱善本，而亦不免闕略。又自明立福建布政司，分建屬郡，以福、興、泉、漳為下四府，延、建、邵、汀為上四府。國朝德威遠屆②，鯨海波恬。臺灣既入版圖，而福州所屬之福寧亦升州為府。泉州所屬之永春、漳州所屬之龍巖，又各析置為直隷州。建置沿革，多與昔異。以舊志相較，每與今制不同③。且福建三面環海，港汊內通，島嶼外峙，一切設險列戍之要，舊志亦多未詳。雍正七年，承詔纂輯《通志》，因取舊志之煩蕪未當者，刪汰冗文，別增新事。其疆域制度，悉以現行者為斷。至乾隆二年書成，玉麟等具表上之。自《星野》至《藝文》，為類三十，為卷七十有八，視舊志增多十四卷。如沿海島澳諸圖，舊志所不載者，皆為詳繪補入，足資考鏡。於體例亦頗有當焉。

【彙訂】

① 文淵閣《四庫》本尚有圖一卷卷首四卷。（沈治宏：《中國叢書綜錄訂誤》）

②“國朝”，殿本作“國家”。

③“不同”,殿本作“不合”。

湖廣通志一百二十卷(通行本)①

國朝總督湖廣等處地方、兵部尚書、兼都察院右副都御史邁柱等監修。楚中興記,見於前史者,如盛宏〔弘〕之《荊州記》,庾仲雍《湘州記》、《漢水記》,梁元帝《荊南地志》,郭仲彥《湘州記》、《湘州副圖記》,陶岳《零陵總記》,韋宙《零陵錄》,范致明《巴陵古今記》,吳從政《襄沔記》,類多湮沒不傳,即傳者亦殘闕失次。魏裳《湖廣通志》、廖道南《楚大紀》、陳士元《楚故略》出自近代,又往往闕漏冗雜,不足依據。是志成於雍正十一年,乃邁柱及湖北巡撫德齡、湖南巡撫趙宏〔弘〕恩奉詔纂輯。以湖南、湖北合為一書,與《江南通志》合上江、下江為一者體例相同。大致據康熙甲子舊志為本,而以類附益之。其目或增或併,總為三十一門,又附見者十三門,《人物》門內又別為四子目。條分縷析,按籍可稽。惟長沙遠隔洞庭,當時開局武昌,採訪未周,故所載稍略,不及湖北之詳備云。

【彙訂】

① 文淵閣《四庫》本尚有卷首一卷。(沈治宏:《中國叢書綜錄訂誤》)

河南通志八十卷(通行本)

國朝總督河南山東軍務、兵部右侍郎王士俊等監修。河南之名,宋代惟屬洛陽一郡。故宋敏求作《河南志》,僅記西都典故,而不及他州。自明初設河南布政司,所屬八府,實跨河以北,封疆於古稍殊。故郡邑雖各有偏記,而未有統為一書者。嘉靖中始創為之①,亦僅具崖略而已②,徵引未能賅洽,考證亦未能精確。國朝順治十八年，復加續修，條理粗備，黃之雋謂康熙中嘗頒諸天下以為式。後閱六七十年，未經修葺。郡邑分併，與新制多不相合。雍正九年，河東總督田文鏡承命排纂，乃延編修孫灝、進士顧棟高等開局蒐討。文鏡歿後，王士俊代為總督，乃成書表上。考古證今，體例頗為整密。惟書成之後，陳、許二州陞為府，鄭州改隸開封，盧氏改隸陝州，南召復立縣治。因刊版已竣，皆未及增改云。

【彙訂】

① 胡謐纂《成化河南總志》創修於明成化年間，"嘉靖中始創為之"誤。（王晟：《〈河南通志〉與〈山西通志〉的創修人究竟是誰》）

② "亦僅具崖略而已"，殿本作"僅具崖略"。

山東通志三十六卷（通行本）①

國朝巡撫山東、都察院右副都御史岳濬等監修。初，明嘉靖中，山東巡按御史方遠宜始屬副使陸鈗等創修《通志》四十卷②，為目五十有二，附目十。本朝康熙十二年，巡撫張鳳儀、布政使施天裔重為修輯。大抵仍舊文者十之八九，新增者十之一二而已③。此本乃雍正七年岳濬奉詔重修，延檢討杜詔等開局排纂，至乾隆元年始告成，後任巡撫法敏表進於朝。中間體例，於舊志多有改革。如宦績人物，舊志於列國卿大夫縷載無遺，此本則以經、傳所有者概從刊削，而斷自漢始。又田賦、兵防，舊志疏略不具，運道、海疆則併闕如，此本悉為補輯。又《人物》之外，舊志別分《隱逸》、《孝義》、《儒林》、《文苑》諸目，往往配隸失宜，此則悉從刪削。又如以北蘭陵為南蘭陵，以今濟陽為唐宋之濟陽，以復舊之新泰為兩設之新泰，皆沿譌之尤甚者，此本均為辨明，亦多所考證焉。

【彙訂】

① 文淵閣《四庫》本尚有圖一卷。（沈治宏：《中國叢書綜錄訂誤》）

② "陸鈫"，殿本作"陸鉞"，誤。今存明嘉靖十二年陸鈫等纂修《山東通志》四十卷，《總目》卷七三著錄即此本："明陸鈫撰。按，明有兩陸鈫。其一崑山人，見《明史·文苑傳》。此陸鈫字舉之，號少石子，鄞縣人。正德辛巳進士，官至山東提學副使。與其兄銓並附見《明史·王慎中傳》。"

③ "者"，殿本無。

山西通志二百三十卷（通行本）

國朝巡撫山西、都察院右副都御史覺羅石麟等監修。山西之有通志，始於明成化中督學僉事胡謐。後嘉靖中副使周斯盛、萬曆中按察使李維禎皆踵事排纂。至本朝康熙壬戌，督學道劉梅又因舊本重編，凡五易稾而始成。分類共三十有二，所增輯甚夥，而譌複者亦頗不少。雍正七年，石麟等奉詔纂輯，乃開局會城，因舊本續加增訂。旁咨博訪，廣其類為四十。凡遺聞故事，比舊加詳。其發凡起例者為原任庶吉士儲大文。大文於地理之學頗能研究，所著《存硯樓集》，訂正輿記者為多。故此志山川形勢，率得其要領。其特立《經籍》一門，乃用施宿《會稽志》、袁桷《四明志》之例，亦有資考據云。

陝西通志一百卷（通行本）

國朝署理陝西總督、吏部尚書劉於義等監修。陝西舊《通

志》為康熙中巡撫賈漢復所修,當時皆稱其簡當。而閱時既久,
因革損益,頗不相同。雍正七年,敕各省大吏纂輯通志,陝西督
撫以其事屬之糧儲道沈青崖。青崖因據漢復舊本,參以明代馬、
馮二家之書,斟酌增删,釐成百卷,分為三十二類。雍正十二年,
於義等始表上之。陝西省治本漢、唐舊都,故紀載較多。如《三
輔黃圖》、《長安志》皆前人所稱善本,而卷帙既繁,異同亦夥。至
其隸轄支郡,若綏、葭、鳳、興之類,則又地近邊隅,志乘荒略,不
免沿習傳譌。是編訂古證今,詳略悉當,視他志之撏撦附會者較
為勝之。書中閒有案語以參考同異,亦均典核可取云。

甘肅通志五十卷(通行本)①

國朝巡撫甘肅、都察院右副都御史許容等監修。甘肅所領
八府三州,明代皆隸於陝西布政司。至本朝康熙二年,始以陝西
右布政司分駐鞏昌,轄臨洮等府。後又改為甘肅布政司,增置
甘、涼諸郡,設巡撫以涖之,於是甘肅遂別為一省。雍正七年,各
直省奉敕纂修通志,撫臣許容以甘肅與陝西昔合今分,宜創立新
稾。而舊聞闕略,案牘無存,其衛所新改之州縣,向無志乘,尤難
稽考。因詳悉蒐採,擇其可據者,依條綴集,分為三十六類。乾
隆元年,刊刻竣工,文華殿大學士、仍管川陝總督查郎阿等具表
上之。其書雖據舊時《全陝志》為藍本,而考核訂正,增加者十幾
六七②,與舊志頗有不同。其制度之係於兩省者,如總督、學政
題名及前代之藩臬、糧驛各道,俱駐西安,兼治全陝,不能強分,
則亦多與《陝志》互見焉。

【彙訂】

① 文淵閣《四庫》本尚有卷首一卷。(沈治宏:《中國叢書綜

錄訂誤》)

② “者十”,殿本作“什”。

四川通志四十七卷(通行本)①

國朝總督四川、兵部右侍郎、兼都察院右副都御史黃廷桂等監修。《四川通志》在明代凡四修,惟《藝文》出楊慎手,最為雅贍。而其他則未能悉中體要。國朝康熙十二年,總督蔡毓榮、巡撫張德地又續事纂輯。以兵燹之後,文獻無徵,亦多所脱漏。是編乃雍正七年廷桂等奉敕重修,凡分四十九類,舊志之闕者補之,略者增之,較為詳備。其中沿舊志之誤,未及盡汰者,如唐韋昭度徵陳敬瑄,無功而還,宋岳雲為忠州防禦使,乃遥授之官,俱不應入《名宦》;虞允文為四川宣撫,乃總制全蜀,應入統部,不當僅入《保寧府》;唐之鮮于仲通依附楊國忠,喪師南詔,新、舊《唐書》所載甚明,乃反以為忤國忠被貶,載入《人物》。此類尚不免地志附會緣飾之習。然其甄綜排比,較舊志則可據多矣。

【彙訂】

① 文淵閣《四庫》本尚有卷首一卷。(沈治宏:《中國叢書綜錄訂誤》)

廣東通志六十四卷(通行本)

國朝巡撫廣東、兵部右侍郎、兼都察院右副都御史郝玉麟等監修。嶺南為炎海奥區,漢魏以還,輿圖可考。然如《南方草木狀》但志物宜,《嶺表錄異》僅徵雜事,而山川阨塞,或未之詳。明代有戴璟、郭棐、謝肇淛、張雲翼諸家之書,大輅椎輪,又不過粗具崖略。國朝康熙二十二年,始輯有《通志》,視舊本漸具條理。此為雍正七年玉麟等承命所輯,採掇補苴,較為賅備。開局於雍正八年六月，竣事於九年五月，告成視他省為獨先。故中閒或沿襲舊文，失之冗蔓，或體例不一，彼此牴牾，皆未能悉加訂正。然全書三十五門內新增者四，葺舊者三十有一，大都首尾詳明，可資檢閱。至《外番》一門，為他志所罕見①。然粵中市舶駢集，韓愈所謂“東南際天地以萬數”者，莫不瞻星戴斗，會極朝宗。裒而錄之，足見聖朝聲教之遠，亦《通典》述邊防而兼及海外諸國之例也。

【彙訂】

①《外番》一門，明嘉靖十四年戴璟《廣東通志初稿》、嘉靖四十年黃佐《廣東通志》、萬曆三十年郭棐《廣東通志》及清康熙三十六年金光祖《廣東通志》均有。市舶記事，戴志始其端，黃志尤詳。（林天蔚：《地方文獻研究與分論》）

廣西通志一百二十八卷(通行本)①

國朝巡撫廣西、都察院右副都御史金鉷等監修。自桂林、象郡之名著於《史記》，厥後南荒輿志，漸有成編。其存於今者，如唐莫休符之《桂林風土記》，段公路之《北戶錄》，宋范成大之《桂海虞衡志》，明魏濬之《嶠南瑣記》，張鳳鳴之《桂故》、《桂勝》②，皆敍述典雅，掌故可稽。惟其閒郡縣沿革，前代既損益不一。而本朝版圖式廓，建置周詳，若泗城、鎮安、東蘭、歸順、寧明諸府州，皆已改土歸流。凡昔所稱羈縻州者，無不隸王官而登戶籍。與前代半隸蠻獠者，形勢迥殊，未可執舊文以談新制。此書成於雍正十一年，亦當時奉詔所纂集。其遺聞故事，雖頗以諸家遺籍為憑，而於昭代良規，分析具載，指掌瞭然，尤足為考稽之助，固不比《驂鸞錄》等僅主模山範水已也。

【彙訂】

① 文淵閣《四庫》本尚有《補纂》一卷。(沈治宏:《中國叢書綜錄訂誤》)

②《桂故》、《桂勝》之作者為張鳴鳳,《千頃堂書目》、《明史·藝文志》與《總目》卷六四《西遷注》、卷七十《桂勝》、《桂故》條記載均同。其人字羽王,若作"鳳鳴",亦不相應。《總目》本卷"吳興備志三十二卷"條正作"鳴鳳"。(楊武泉:《四庫全書總目辨誤》)

雲南通志三十卷(通行本)

國朝大學士鄂爾泰等監修。雲南在漢本屬益州,後為南詔所據,至元代始入版籍。其有地志則始見於唐,然傳於今者,僅有樊綽之《蠻書》,所紀皆六詔山川。歷年既久,舊蹟多湮。證之於今,相合者十無一二。《明史·藝文志》載太祖初平雲南,詔儒臣考定為志書六十一卷,今已散佚。他如楊慎之《滇程記》、《滇載記》諸書,掇拾成編,不免挂一漏萬。謝肇淛所輯《滇略》,號為善本,然所述止於明代。本朝康熙三十年始草創《通志》①,稍具規模,猶多舛略。雍正七年,鄂爾泰總督雲貴,奉詔纂輯,乃屬姚州知州靖道謨因舊志增修。凡為門三十,門為一卷。乾隆元年書成,後任總督尹繼善等具表進之。其閒視舊志增併不一,如圖之有説及府州縣題名,皆補舊志之所無。大事考、使命、師命諸目,舊志所有而冗複失當者,則删去之。又課程原附鹽法,闡壩、堰塘原附城池,今皆別自為門。綱領粲然,視原本頗有條理焉。

【彙訂】

① 康熙三十年刊《雲南通志》凡例曰:"《雲南通志》修於癸

亥年(康熙二十二年,1683)……雖纂未全,但鈔未刻。今特廣為
蒐羅,細加核定。"范承勳、王繼文二序亦謂:"癸亥舊本……未及
精詳,尚多缺略,乃續為纂修。"則康熙三十年所刊乃續修之本,
而非始創。(方國瑜:《雲南史料目錄概説》)

　　貴州通志四十六卷(通行本)

　　國朝大學士鄂爾泰等監修。其書與《雲南通志》同時纂次,
司其事者亦姚州知州靖道謨,繼之者則仁懷知縣杜佺也。其視
各省通志,成書最後。至乾隆六年刊刻始竣,總督管巡撫事張廣
泗奉表上之①。貴州僻在西南,苗蠻雜處,明代始建都指揮司。
後改布政司,分立郡縣,與各行省並稱。而自唐、宋以前,不過羈
縻弗絶,尚未能盡闢狉榛,故古來紀載寥寥,最為荒略。明趙瓚
始創修新志,其後謝東山、郭子章及本朝衛既齊等遞事增修,漸
有輪廓。終以文獻難徵,不免闕漏。惟田雯之《黔書》,筆力頗稱
奇偉,而意在修飾文采,於事實亦未臚具。此書綜諸家著述,彙
成一編,雖未能淹貫古今,然在黔省輿記之中,則詳於舊本遠矣。

【彙訂】

①　殿本"奉"上有"等"字。

　　歷代帝王宅京記二十卷(湖北巡撫採進本)

　　國朝顧炎武撰①。所錄皆歷代建都之制,上起伏羲,下訖於
元,仿《雍錄》、《長安志》體例,備載其城郭、宮室、都邑、寺觀及建
置年月事蹟。前為總論二卷,後十八卷則各按時代詳載本末②。
徵引詳核,考據亦頗精審。蓋地理之學,炎武素所長也。此書寫
本不一,浙江所採進者,僅總序二卷。而較之此本,則多"唐代宗
時廣德元年十月吐蕃犯京畿,上幸陝州"一條:"元順帝至元二十

五年改南京路為汴京路、北京路為武平路、西京路為大同路、東京路為遼陽路”一條③。蓋舊無刊版，輾轉傳鈔，譌闕異同，固所不能免爾。

【彙訂】

① 依《總目》體例，當補“炎武有《春秋杜解補正》，已著錄”。

② “詳載”，殿本作“臚載”。

③ 元順帝至元年號僅六年。《元史·世祖紀》：“（至元）二十五年……二月……丙寅……改南京路為汴梁路，北京路為武平路，西京路為大同路，東京路為遼陽路……”則“元順帝”乃“元世祖”之誤。（楊武泉：《四庫全書總目辨誤》）

右地理類“都會郡縣”之屬，四十七部，二千七百五十二卷，皆文淵閣著錄。

史部二十五

地理類二

水經注四十卷（永樂大典本）①

後魏酈道元撰。道元字善長，范陽人。官至御史中尉，事蹟具《魏書·酷吏傳》。自晉以來，注《水經》者凡二家。郭璞注三卷，杜佑作《通典》時猶見之。今惟道元所注存。《崇文總目》稱其中已佚五卷，故《元和郡縣志》、《太平寰宇記》所引溇沱水、洛水、涇水②，皆不見於今書。然今書仍作四十卷，蓋宋人重刊，分析以足原數也。是書自明以來，絕無善本。惟朱謀㙔所校盛行於世，而舛謬亦復相仍。今以《永樂大典》所引，各案水名，逐條參校。非惟字句之譌，層出疊見，其中脱簡錯簡，有自數十字至四百餘字者。其道元自序一篇，諸本皆佚，亦惟《永樂大典》僅存③。蓋當時所據，猶屬宋槧善本也。謹排比原文，與近代本鈎稽校勘，凡補其闕漏者二千一百二十八字，刪其妄增者一千四百四十八字，正其臆改者三千七百一十五字④。神明煥然，頓還舊觀，三四百年之疑竇，一旦曠若發蒙。是皆我皇上稽古右文，經籍道盛，琅嬛宛委之祕，響然並臻。遂使前代遺編幸逢昌運，發其光於蠹簡之中，若有神物撝呵，以待聖朝而出者，是亦曠世之一遇矣。至於經文、注語，諸本率多混淆。今考驗舊文，得其端緒。凡水道所經之地，經則云"過"，注則云"逕"，經則統舉都會，注則兼及繁碎地名；凡一水之名，經則首句標明，後不重舉，注則文多旁涉，必重舉其名以更端；凡書內郡縣，經則但舉當時之名，注則兼考故城之蹟。皆尋其義例，一一釐定，各以案語附於下方。至塞外羣流，江南諸派，道元足蹟皆所未經。故於灤河之正源，三藏水之次序，白檀、要陽之建置，俱不免附會乖錯。其至以浙江妄合姚江，尤為傳聞失實。自我皇上命使履視，盡得其脈絡曲折之詳。《御製熱河考》、《灤源考證》諸篇，為之抉摘舛謬，條分縷擘，足永訂千秋耳食沿譌，謹錄弁簡，永昭定論⑤。又《水經》作者，《唐書》題曰桑欽，然班固嘗引欽說，與此經文異。道元注亦引欽所作《地理志》，不曰《水經》。觀其"涪水"條中稱廣漢已為廣魏，則決非漢時；"鍾水"條中稱晉寧仍曰魏寧⑥，則未及晉代。推尋文句，大抵三國時人⑦。今既得道元原序，知並無桑欽之文，則據以削去舊題，亦庶幾闕疑之義云爾。

【彙訂】

① 文淵閣《四庫》本尚有卷首一卷。（沈治宏：《中國叢書綜錄訂誤》）

② "洛水涇水"，殿本作"涇水洛水"。

③ 盧文弨《水經序補逸》（《羣書拾補》卷中）云："武進臧生鏞堂之高祖玉琳先生，嘗借得絳雲樓宋版書校對，與《大典》亦有一二字之異。"又《水經注釋》亦收此序，云是孫潛夫從柳大中鈔本中錄得。（陳橋驛：《論〈水經注〉的版本》）

④《四庫》本出校"近刻脫某字"等處，文字十九皆同於《永樂大典》所引，其訂刪補所據顯非《大典》，當係趙一清之《水經

注釋》及《水經注箋刊誤》。（張重威：《默園〈水經注〉校勘記跋橐》）

⑤ "故於灤河之正源"至"永昭定論"，殿本作"紀載傳聞間或失實流傳既久引用相仍則姑仍舊文不復改易焉"。

⑥ "鍾水"，殿本作"鐘水"。此書卷三十九有"鍾水"條。

⑦ 惠棟校語謂："桑欽，後漢人，《漢志》引之。南平郡，吳置以為南郡。太康元年改曰南平。"則"未及晉代"未確。（王欣夫：《蛾術軒篋存善本書錄》）

水經注集釋訂譌四十卷（浙江巡撫採進本）

國朝沈炳巽撰。炳巽字繹旃，歸安人。其書據明嘉靖間黃省曾所刊《水經注》本，而以己意校定之，多所釐正。又以道元徵引之書極為博贍，傳寫既久，譌誤相仍，因遍檢《史記》、《漢書》志表及諸史各志，取其文字異同者，錄於下方，以備參考。其無他書可校者則闕之，間附以諸家考訂之說。凡州縣沿革，則悉以今名釋焉。中間於地理方位，往往有不能詳審而漫為臆度者。如"漳水"注稱："絳瀆逕九門城南，又東南逕南宮城北。"炳巽釋云："九門城，今在藁城縣西北二十里。"而不知一在滹沱之南，一在滹沱之北，中隔新河、寧晉、束鹿、晉州，相去甚遠。《水經》："沁水過榖遠縣東，又南過陭氏縣東。"此陭氏在潞安府屯留縣西南，即北魏之寄氏，"陭"譌作"猗"。而炳巽釋云："今屬平陽府。"則不知《漢志》有上黨之陭氏，非即河東之猗氏。他若河水過高唐縣南，道元言"河水於縣，漯水注之"，此下有"《地理志》曰：'漯水出東武陽。今漯水上承河水於武陽縣東南，西北逕武陽新城東'"云云。炳巽以其重見於前，刪此存彼，不知下文"水自城東北逕東武陽縣故城南”，所謂“自城”者，承武陽新城言也。使如所刪，則“自城”直接“高唐”，不可通矣。此類皆爲舛誤。然炳巽作此書，凡歷九年而成①，丹鉛矻矻，手自點定。其初未見朱謀㙦本，後求得之，而所見大略相同，亦可知其用心之勤至。雖不能盡出前人範圍，而鉤索考證之功亦未可沒也。

【彙訂】

　　① 此書卷首沈氏自撰凡例云：“其書經始於雍正三年，脫稾於雍正九年。”（陳橋驛：《論〈水經注〉的版本》）

　　水經注釋四十卷刊誤十二卷（浙江巡撫採進本）①

　　國朝趙一清撰。一清字誠夫，仁和人。酈道元《水經注》傳寫舛譌，其來已久。諸家藏本，互有校讎，而大致不甚相遠。歐陽元功、王禕諸人，但稱經注混淆而已，於注文無異詞也。近時寧波全祖望始自稱得先世舊聞，謂道元注中有注，本雙行夾寫，今混作大字，幾不可辨。一清因從其説，辨驗文義，離析其注中之注，以大字、細字分別書之。使語不相雜，而文仍相屬。考沈約《宋書》稱《漢鐃歌》本大字爲詞，細字爲聲，後人聲詞合寫，是以莫辨。是傳錄混淆，古有是事。又如明嘉靖中所刻《齊民要術》，簡端《周書》曰“神農之時，天雨粟”云云一條，崇禎中刻《孔子家語‧本姓解》中“微，國名，子爵”五字，閒以注文刻作大字者，亦時有之。至於巨帙連篇盈四十卷，而全部夾註，悉誤寫爲正文，揆以事理，似乎不近。姚宏〔弘〕補注《戰國策》、范成大作《吳郡志》，並於注中夾註，前人嘗舉以爲例。而自宋以來，未嘗有舉及《水經注》者。祖望所云“先世舊聞”，不識傳於何代，載在何書。殆出於以意推求，而詭稱授受。然倪思作《班馬異同》，以大字、細字連書,猝難辨析。明許相卿改為《史漢方駕》,以班、馬相同者書於中,以馬有而班無者側注於左,以班有而馬無者側注於右。遂使增删之意開卷釐然,而原書仍無改易,最為善變。一清此書,殆亦類是。但使正文旁義條理分明,是亦道元之功臣矣,何必托諸原本,效豐坊之故智乎?又《唐六典》注稱桑欽所引天下之水百三十七,江、河在焉。今本所列僅一百一十六水。考《崇文總目》載《水經注》三十五卷,蓋宋代已佚其五卷。今本乃後人離析篇帙,以合原數,此二十一水蓋即在所佚之中。一清證以本注,雜採他籍,得滏、洺、淳沱、派、滋、伊、瀍、澗、洛、豐、涇、沔、渠、獲、洙、滁、日南、弱、黑十八水[2],於漯水下分漯餘水。又考驗本經,知清漳水、濁漳水、大遼水、小遼水,皆原分為二。共得二十一水,與《六典》注原數相符。其考據訂補,亦極精核。卷首列所據以校正者凡四十本。雖其中不免影附誇多,<small>如所稱黄宗羲本,原無成書[3]。顧炎武本、顧祖禹本、閻若璩本,皆所著書引用考辨,實無刻本。又黄儀本,稱其書今歸新城王氏池北書庫。考王士禎沒後,池北書庫所藏皆已散佚,見趙執信《因園集》。是其子孫斷無收書之事,若士禎存時所收,則書歸王氏在康熙辛卯以前,一清年齒亦斷不及見也。</small>然旁引博徵,頗為淹貫。訂疑辨譌,是正良多。自官校宋本以外,外閒諸刻固不能不以是為首矣。

　　【彙訂】

　　① 文淵閣《四庫》本尚有附錄二卷。(沈治宏:《中國叢書綜錄訂誤》)

　　② 所列實為十九水,又“派水”乃“沠水”之誤。(張重威:《默園〈水經注〉校勘記跋稿》)

　　③ 黄宗羲實撰有《今水經》一卷。(夏仁虎:《〈今水經〉提要》)

吳中水利書一卷（兩江總督採進本）

宋單鍔撰，鍔字季隱，宜興人。嘉祐四年進士，歐陽修知舉時所取士也[1]。得第以後，不就官，獨留心於吳中水利。嘗獨乘小舟，往來於蘇州、常州、湖州之閒，經三十餘年[2]。凡一溝一瀆，無不周覽其源流，考究其形勢。因以所閱歷，著為此書。元祐六年，蘇軾知杭州日，嘗為狀進於朝[3]。會軾為李定、舒亶所劾，逮赴御史臺鞫治，其議遂寢。明永樂中，夏原吉疏吳江水門，濬宜興百瀆；正統中，周忱修築溧陽二壩，皆用鍔説。嘉靖中，歸有光作《三吳水利錄》，則稱："治太湖不若治松江。鍔欲修五堰，開夾苧干瀆[4]，以絕西來之水[5]，使不入太湖，不知揚州藪澤，天所以瀦東南之水也。水為民之害，亦為民之利。今以人力遏之，就使太湖乾枯，於民豈為利哉！"其説稍與鍔異。蓋歲月綿邈，陵谷變遷，地形今古異宜，各據所見以為論。要之舊法未可全執，亦未可全廢，在隨時消息之耳。蘇軾進書狀載《東坡集》五十九卷中，此書即附其後。書中有"併圖以進"之語，載於其上加貼黃云[6]："其圖畫得草略，未敢進上，乞下有司計會單鍔別畫。"此本刪此貼黃，惟存"別畫"二字，自為一行[7]。蓋此書久無專刻，志書從《東坡集》中錄出，此本又從志書錄出，故輾轉舛漏如是也。

【彙訂】

① 歐陽修知貢舉在嘉祐二年，嘉祐四年知貢舉者為胡宿（《宋會要輯稿》選舉一之一一，《續資治通鑑長編》卷一八五嘉祐二年正月癸未條、嘉祐四年正月甲辰條）。《咸淳毘陵志》卷十一唯載其兄單錫登嘉祐二年進士。慕容彥逢《摛文堂集》卷十五《單鍔墓誌》稱單錫中進士，"君與弟鎮又皆老於場屋"。（李裕民：《四庫提要訂誤》增訂本；周生春：《〈四庫全書〉史部地理類

提要辨證》)

②"餘"，殿本無。此書卷末小傳云："單鍔字季隱……獨乘一小舟，遍歷三州蘇、常、湖水道，經三十年。一溝一瀆，無不周覽考究，著《吳中水利書》。"亦無"餘"字。

③蘇軾於元祐四年五月至六年二月知杭州(《咸淳臨安志》卷四六《秩官四》)，據《東坡七集·奏議》卷九和歸有光《三吳水利錄》卷二所引蘇軾奏疏，軾狀進鍔書是在元祐六年(1091)七月二日任翰林學士承旨時。(李裕民:《四庫提要訂誤》增訂本;周生春:《〈四庫全書〉史部地理類提要辨證》)

④"干"，殿本作"於"，誤，參歸有光《三吳水利錄》卷四原文。

⑤"絕"，殿本作"截"。《三吳水利錄》卷四作"絕"，《震川集》卷三《水利論》作"截"。

⑥"載"，殿本作"而"。此句應作"軾於其上加貼黃"，文淵閣《四庫》本書前提要不誤。(李裕民:《四庫提要訂誤》增訂本;周生春:《〈四庫全書〉史部地理類提要辨證》)

⑦蘇軾被劾入獄在元豐二年(1079)。鍔議不行主要因"事下部使者"後，"使者諛君按行，君察其屬忌之，弗往也"(單鍔墓誌)。且蘇軾於元祐六年八月五日即出潁州，此事便無人推動而作罷。文淵閣本亦無"刪此貼黃，惟存'別畫'二字，自為一行"之事。(同上)

四明它山水利備覽二卷(浙江吳玉墀家藏本)

宋魏峴撰。峴，鄞縣人。官朝奉郎，提舉福建路市舶①。鄞故有它山一水，其始大溪與江通流，鹹潮衝接，耕者弗利。唐大和七年，邑令王元暐始築堰以捍江潮[2]。於是溪流灌注城邑，而鄞西七鄉之田皆蒙其利。歲久廢壞。宋嘉定閒，峴言於府，請重修，且董興作之役，因為是書記之[3]。上卷雜志源流規制及修造始末，下卷則皆碑記與題咏詩也。案《新唐書·地理志》載："明州鄞縣案，鄞縣在唐為鄮縣。南二里有小江湖，溉田八百頃。開元中，令王元緯置。東二十五里有西湖，溉田五百頃。天寶二年，令陸南金開廣之。"今此編稱："它山水入於南門，瀦為日、月二湖。其日湖即小江湖，月湖即西湖。"謂二湖皆王元緯所浚[4]，而不言有天寶之陸南金，似有闕略[5]。至其以元暐為元緯，以大和七年為開元中[6]，則此編所載諸碑記及唐僧元亮詩，證佐顯然，足以糾正《唐志》之謬，不得以與史異文為疑矣[7]。此書在地志之中頗為近古，宋四明郡志嘗採其說。然傳本頗稀，幾於泯沒而無可考[8]。明崇禎辛巳，郡人陳朝輔始得舊帙梓行，版亦散佚。首有峴及朝輔二序，而末以《〈四明志〉序》附焉，蓋即從陳本錄出者也[9]。

【彙訂】

①峴之仕履並非終於提舉福建路市舶。在嘉定十四年（1221）任此職前，峴曾知廣德軍。因與江東轉運副使真德秀不協，而於嘉定九年"與宮觀"（《宋會要輯稿》職官七五之一二）。紹定閒，峴為都大坑冶。五年（1232），罷職（《宋史》卷四一《理宗一》）。淳祐二年（1242），起為直祕閣，以中大夫知吉州（徐時棟《宋元四明六志校勘記》卷八《作者》下）。（周生春：《四庫全書史部地理類提要考辨》）

②"江潮"，殿本作"江湖"，誤。《寶慶四明志》卷十二載："它山堰，縣西南五十里。先是，四明山水注入江，與海潮接鹵，

不可食,不可溉田。唐大和中,鄞令王元暐始疊石為堰,於兩山
間闊四十二丈,級三十有六,冶鐵灌之,渠與江截為二。"

③ 此書卷首所載魏峴序作於"淳祐二年上元節"。卷上
《回沙閘外淘沙》、《洪水灣築堤》述及淳祐三年九月之事。可
見此書初編成於淳祐二年,完成於淳祐三年。按峴序所言,其
編纂此書是為了"庶幾講明水政者,觀此或易為力云",而非因
嘉定閒重修烏金塌(《四明它山水利備覽》卷下《四明重建烏金
塌記》),遂"為是書記之"。(周生春:《四庫全書史部地理類提
要考辨》)

④ "王元緯",殿本作"王元暐",誤。

⑤《新唐書·地理志》所說縣南二里的小江湖和縣東二十
五里的西湖,是相隔頗遠的兩所陂湖。舒亶云,縣南二里之小湖
"湖廢久矣,獨其西隅尚存,今所謂西湖是也"。魏峴則認為,亶
所言之"西湖即月湖",在城西南隅,"小江湖即日湖",在城南。
二湖均在城中,皆為唐代小江湖的殘餘(《四明它山水利備覽》卷
下《西湖引水記》,卷上《日、月二湖》)。紹定《四明志》卷一二《縣
令》云,《新唐書·地理志》所載縣東二十五里天寶二年(743)陸
南金開廣的西湖,"即今之東錢湖也"。明州"舊治鄞縣,今阿育
王山之西,鄞山之東"。宋時"城郭遺址猶存"。此"鄞郭在(宋
鄞)縣東三十里"(乾道《四明圖經》卷一《總敍》,卷二《古蹟》)。
就方位、里程而言,位於"今"縣東二十五里的"西湖"應在位於
"今"縣東三十里的鄞縣舊城西。《新唐書·地理志》所說的西
湖,當因其在開廣之際及縣遷治前位於鄞縣城西而得名。如紹
定《四明志》即云,其取名西湖,是因為"鄞縣未徙時,湖在縣治之
西"的緣故(卷一二《水》)。遷治"今"縣後,因湖在縣東,始名錢

湖為東錢湖。按上所述,可知唐之西湖並非宋之西湖,《總目》將
此二西湖誤認作一湖,所以才指責魏峴不言陸南金而云二湖皆
王元緯所浚,並懷疑其中"似有闕略"。(周生春:《四庫全書史
部地理類提要考辨》)

　　⑥"以大和七年為開元中",底本作"以開元中為大和七
年",據殿本改。

　　⑦"與",殿本無。它山堰創築的年代歷來有兩說。一云堰
係"唐開元(713—741)間邑宰王元暐"所建,一云"以(它山堰善
政侯)廟碑考之,蓋唐大和(827—835)中邑宰琅琊王侯諱元暐"
所築(乾道《四明圖經》卷二《渠堰》、《祠廟》)。上述廟碑指北宋
咸平四年(1001)明州通判蘇為所撰《重修善政侯祠堂記》碑,這
是大和中興築說的重要依據。主張此說的尚有建中靖國年間
(1101)舒亶的《西湖引水記》,唐僧元亮《它山歌詩》(《四明它山
水利備覽》卷下)。蘇為云善政侯"冊封之典,圖志載之備矣",其
說當源諸咸平以前明州之圖志。舒亶云王元暐"唐大和中實令
是邑,得之父老",即取自傳聞。元亮即作詩歌頌它山堰的"唐亮
闍黎"(紹定《四明志》卷一二《渠堰石契閘》)。亮號月山。大中
(847—859)年間,郡守李敬方復建開元寺。寺之三門,係亮闍黎
建(紹定《四明志》卷一一《寺院》、卷一《郡守》)。亮應為上距大
和不遠的大中間人。元亮之詩本刻之於石,後"石刻不存",但仍
長期傳諸民口,且有"墨刻"傳世(《四明它山水利備覽》卷下《〈它
山歌詩〉跋》)。按上所述,大和中創建說應屬可信。又紹定《四
明志》云,當時"府學有《請立文宣王冊文牒碑》,具載(請立)歲
月、(及請立者王元暐等人)姓名"(卷一二《縣令》)。按唐玄宗開
元二十七年(739),始冊封孔子為文宣王(《唐會要》卷三五《褒崇

先聖》)。大和七年,明州"以開元褒封文宣王册文刻之石","始立石紀所封遺制"(紹定《四明志》卷二《學校》,乾道《四明圖經》卷九《重修州學記》)。上述《請立文宣王册文牒碑》所載應係明州地方官請求在本州刊立開元二十七年褒封文宣王册文而給上司的牒文。乾道時,明州州學僅存唐貞元四年(788)重建孔子廟碑、大和六年(832)所刊四年修廟碑、大和七年所立記開元封文宣王遺制碑等唐代"斷碣三"(乾道《四明圖經》卷九《重修州學記》)。此即紹定間仍"具在"府學的《文宣王廟記》、《文宣王册》、《請立文宣王册牒》等唐碑(紹定《四明志》卷二《學校》、卷一一《存古》)。上述《文宣王廟記》指貞元四年、大和六年二碑,《文宣王册》及《請立文宣王册牒》應在同一碑上,亦即《請立文宣王册文牒碑》。後者撰作、刊刻於大和七年,應載列請立者即地方官之職名,碑文所載之"歲月、姓名",即指紹定《四明志》所云之"唐大和七年朝議郎行鄞縣令上柱國"王元暐等(卷一二《縣令》)。大和七年是立碑之年,未必就是築堰之時。不過,有唐碑證明王元暐乃大和時人,大和中創築之説可謂徵而有信了。與此相反,開元間創築説則依據不足,難以成立。《新唐書·地理志》所云縣"南二里,有小江湖,漑田八百頃,開元中令王元緯置",是指修置小江湖而非它山堰,修築者乃王元緯而非王元暐。又按當地志書所載,小江湖系唐貞觀十年(636)縣令王君照修建(乾道《四明圖經》卷二《水》,紹定《四明志》卷一二《縣令》)。舒亶則云:"按《州圖經》,鄞縣南二里有小湖,唐貞觀中令王君炤修也。"(《四明它山水利備覽》卷下《西湖引水記》)按上所述,小江湖亦並不一定即是開元中王元緯所建。《新唐書·地理志》所載顯然不能引為它山堰創築於開元中的證據。除了誤將小江湖等同於它山堰外,對《請立文宣王册文牒碑》的誤解也可能是造成開元築堰説的一個原因。明州於貞元四年"始建夫子廟"(紹定《四明志》卷二《學校》),並於大和七年"始立石紀(開元封文宣王)所封遺制"(乾道《四明圖經》卷九《重修州學記》)。《請立文宣王册文牒碑》決不可能刊於開元年間。然而,由於該碑載有唐玄宗開元二十七年册文,碑石宋時已斷裂,遂易使人將王元暐誤認爲開元時人。又按《總目》所言,自大和中它山堰築成後,直至宋嘉定間,似乎才有重修之舉。事實上僅宋代即先後有建隆間錢億、建中靖國間唐意、崇寧二年(1103)張必强和龔行修、紹興十六年(1146)秦棣,以及周四耆等人數次組織人力重修此堰(《四明它山水利備覽》卷上《前後修堰》,卷下《西湖引水記》、《重修它山堰引水記》、《重修增它山堰記》)。而嘉定間魏峴請求重修並爲撰記的則並非它山堰。按峴所言,它山堰之東十五里有烏金磑,歲久摧圮。嘉定十四年(1221),峴及耆老合詞請於朝。朝廷降度牒十,助其重建,且下其事於郡,"俾峴效規劃之愚,乃計工賦材,選州縣官主之,委里士爲人信服其計智者",即"委里人曰朱、曰王",以"督其役。出給調度,皆不以屬吏"(《四明它山水利備覽》卷上《三磑》、卷下《四明重建烏金磑記》,紹定《四明志》卷四《水》)。此役乃"重建烏金磑",而非"重修"它山堰。興工建議是峴及耆老"請於朝",而非"峴言於府"。工程由"州縣官主之",朱姓、王姓里士"督其役",魏峴僅起"規劃"的作用。所以他亦自謂"幸贊是役",自承只是"佐助",而非"董興作之役"。(周生春:《四庫全書史部地理類提要考辨》)

⑧ "而無可考",殿本無。

⑨ 文淵閣本《四明它山水利備覽》卷首載陳朝輔、魏峴二

序,卷末則並無《〈四明志〉序》。文淵閣《四庫》本卷前提要在"末
以《〈四明志〉序》附焉"一句下較《總目》多出"今寶慶(應作紹定)
《四明志》尚有傳本,已別著錄,毋庸復綴,故刪去,不復錄入云"
等字。按此,可知四庫館臣在據陳朝輔本謄錄時,已將陳本卷末
所附《〈四明志〉序》刪去。其始末文淵閣本卷前提要已著錄,《總
目》則刪之。但刪削未盡,以鑄成此錯。(周生春:《四庫全書史
部地理類提要考辨》)

河防通議二卷(永樂大典本)

　　元沙克什撰。案沙克什原本作贍思,今改正。沙克什,色目人,官
至祕書少監。事蹟具《元史》本傳。是書具論治河之法,以宋沈
立汴本及金都水監本彙合成編,本傳所稱《重訂河防通議》是也。
沙克什系出西域,邃於經學,天文、地理、鍾律、算數無不通曉。
至元中,嘗召議河事,蓋於水利亦素所究心。故其為是書,分門
者六,門各有目,凡物料功程、丁夫輪運,以及安樁下絡、疊埽修
堤之法,條例品式,粲然咸備,足補列代史志之闕。昔歐陽元
〔玄〕嘗謂司馬遷、班固記河渠、溝洫,僅載治水之道,不言其方,
使後世任斯事者無所考。是編所載,雖皆前代令格,其閒地形改
易、人事遷移,未必一一可行於後世,而準今酌古,矩矱終存,固
亦講河務者所宜參考而變通矣。

治河圖略一卷(永樂大典本)

　　元王喜撰。喜爵里無考。其書首列六圖,圖末各系以說,而
附所為《治河方略》及《歷代決河總論》二篇於後。其文稱"臣謹
敍"、"臣謹論"云云,疑為經進之本。考《元史·順帝紀》及《河渠
志》,至正中,河決白茅堤、金堤,大臣訪求治河方略,喜書殆作於

其時歟？大旨取李尋因其自然之説，惟以浚新復舊為主。厥後卒用賈魯之策，疏塞並舉，挽河東行，以復故道，與是編持論相合。則當時固已採錄其言矣。特史文闕略，未著其進書本末耳。卷中所圖河源，頗多譌舛。蓋崑崙、星宿，遠隔窮荒。自我國家厎定西陲，葱嶺、于闐悉歸版籍，於是河有重源之蹟，始確然得其明徵。元人所述，憑潘昂霄之所記，昂霄所記，憑篤什_{案篤什舊作都實，今改正。}之所傳①。輾轉相沿，率由耳食。撰《元史》者且全錄其文於《河渠志》，以為亘古所未聞。喜之踵譌襲謬，又何怪乎！取其經略之詳，而置其考據之疏可也。

【彙訂】

①《總目》守《史記・大宛列傳》所云河有重源之舊説，而元代達實（亦譯都實、篤什）等經實際踏勘，已動搖此説。（楊武泉：《四庫全書總目辨誤》）

浙西水利書三卷（兩淮馬裕家藏本）①

明姚文灝撰。文灝，貴溪人。成化甲辰進士，官工部主事。考《明孝宗實錄》載宏治九年七月，"提督松江等處水利工部主事姚文灝言治水六事，上從之"。則是書當為是時作也。大旨以天下財賦仰給東南，南直隸之蘇、松、常三府，浙江之杭、嘉、湖三府，環居太湖之旁，尤為卑下。太湖綿亘數百里，受諸州山澗之水，散注澱山等湖，經松江以入海。其稍高昂者，則受杭、禾之水，達黃浦以入海。淫潦時至，輒泛溢為患。蓋以圍田掩遏，水勢無所發洩，而塘港之湮塞故也②。因取宋至明初言浙西水利者，輯為一編。大義以開江、置閘、圍岸為首務，而河道及田圍則兼修之。其於諸家之言，閒有筆削棄取。如單鍔《水利書》及任都水《水利議答》之類,則詳其是而略其非,而宋郏氏諸議,則以其鑿而不錄。蓋斟酌形勢,頗為詳審,不徒採紙上之談云。

【彙訂】

① 據進呈書目,此書馬裕呈本僅一卷,而江蘇巡撫呈本三卷,疑"兩淮馬裕家藏本"乃"江蘇巡撫採進本"之誤。(杜澤遜:《四庫存目標注》)

② "之",殿本無。

河防一覽十四卷(江蘇巡撫採進本)

明潘季馴撰。季馴有《司空奏議》,已著錄。季馴在嘉靖、萬曆間,凡四奉治河之命。在事二十七年,著有成績。嘗於萬曆七年工成時,彙集前後章奏及諸人贈言,纂成一書,名《塞斷大工錄》。既而以其猶未賅備,復加增削,輯為是編。首《敕諭圖說》一卷,次《河議辨惑》一卷,次《河防險要》一卷,次《修守事宜》一卷,次《河源河決考》一卷,次前人文章之關係河務及諸臣奏議,凡八十餘篇,分為九卷。明代仰東南轉漕,以實京師,又泗州祖陵,逼近淮泗,故治水者必合漕運與陵寢而兼籌之。中葉以後,潰決時聞,議者紛如聚訟。季馴獨力主復故道之說,塞崔鎮、堤歸仁,而黃不北;築高家堰、黃浦八淺,而淮不東。創為減水、順水壩,遙堤、縷堤之制,而蓄泄有所賴。其大旨謂通漕於河,則治河即以治漕;會河於淮,則治淮即以治河;合河、淮而合入於海,則治河、淮即以治海。故生平規畫,總以束水攻沙為第一義。考《漢書》載王莽時徵治河者,大司馬史張戎已有"水自刮除成空"語。是借水刷沙,古人已露其意,特從未有見諸行事者。季馴乃斟酌相度,神而明之,永為河渠利賴之策。後來雖時有變通,而言治河者終以是書為準的。閻若璩《潛邱劄記》有《與劉頌眉書》曰①："考萬曆六年，潘司空季馴河工告成，其功近比陳瑄，遠比賈魯，無可移易矣。乃十四年河決范家口，又決天妃壩；二十三年河、淮決溢，邳、泗、高、寶等處皆患水災；天啟元年河決王公堤，安得云潘司空治後無水患六十年！大抵潘司空之成規具在②，縱有天災，縱有小通變，治法不出其范圍之外。故曰《河防一覽》為平成之書。"云云。若璩居於山陽，於河渠利病得之目睹，斯可謂平情之論矣。

【彙訂】

①"劉頌眉"，殿本作"劉紫函"，誤，參《潛丘劄記》卷六《與劉頌眉書》。

②"潘司空之成規具在"，殿本作"司空成規具在"。《潛丘劄記》卷六《與劉頌眉書》原文無"潘"字。

三吳水利錄四卷（江蘇巡撫採進本）①

明歸有光撰。有光有《易經淵旨》，已著錄。是書大旨以治吳中之水，宜專力於松江。松江既治，則太湖之水東下，而他水不勞餘力。當時堤防廢壞，漲沙幾與崖平，水、旱俱受其病。因採集前人水議之尤善者七篇，而自作《水利論》二篇以發明之。又以《三江圖》附於其後。蓋松江為震澤尾閭②，全湖之水皆從此赴海。所謂"塞則六府均其害，通則六府同其利"者，前人已備言之。尋其湮塞之源③，則張弼《水議》所謂："自夏原吉濬范家浜直接黃浦，浦勢湍急，泄水益徑。而江潮平緩，易致停淤。故黃浦之闊漸倍於舊，吳淞狹處僅若溝渠。"其言最為有理。有光乃概以為湖田圍占之故，未免失於詳究。然有光居安亭，正在松江之上。故所論形勢,脈絡最為明晰。其所云"宜從其湮塞而治之,不可別求其他道"者,亦確中要害。言蘇松水利者,是書固未嘗不可備考核也。

【彙訂】

① 文淵閣《四庫》本尚附《續增》一卷。(沈治宏:《中國叢書綜錄訂誤》)

②"松江",殿本作"浙江",誤。

③"源",底本作"流",據殿本改。

北河紀八卷紀餘四卷(江西巡撫採進本)①

明謝肇淛撰。肇淛有《史觿》,已著錄。此書乃其以工部郎中視河張秋時所作。《明史·藝文志》著錄,卷數亦同。首列河道諸圖,次分河程、河源、河工、河防、河臣、河政、河議、河靈八記,詳疏北河源委及歷代治河利病,搜採頗備,條畫亦頗詳明。至山川古蹟及古今題詠之屬,則別為四卷附後,名曰《紀餘》。蓋河道之書,以河為主,與州郡輿圖體例各不侔也。國朝順治中,管河主事閻廷謨益以新制,作《北河續紀》四卷。雖形勢變遷,小有同異,要其大致,仍皆以是書為藍本。蓋其發凡起例,具有條理,故續修者莫能易焉。肇淛著作甚夥,而《明史》於《文苑傳》中獨載此書,稱其具載河流原委及歷代治河利病,其必有以取之矣。

【彙訂】

① 文淵閣《四庫》本尚有卷首一卷。(沈治宏:《中國叢書綜錄訂誤》)

敬止集四卷(浙江汪汝瑮家藏本)①

明陳應芳撰。應芳字元振,泰州衛人。萬曆乙未進士②,官福建布政司參政。淮南夙稱澤國，而泰州、興化尤甚。應芳家於泰州，因講求水道之源委與河之利害③，悉其形勢。集當時奏疏、公移、私札言河道者為一書，名曰《敬止》，重桑梓也。又各繪為圖，曰《泰州上河》，曰《泰州下河》，曰《高興下河》，曰《興化下河》，曰《寶應下河》，曰《鹽城下河》。附論十三首，兼及漕運、田賦。雖今昔異宜，形勢遞變，核以水道，與所圖已不相符。然其書議論詳明，以是地之人言是地之利病，終愈於臨時相度，隨事揣摩。因其異同以推求沿革之故，於疏濬築防亦未為無補矣。

【彙訂】

① "浙江汪汝瑮家藏本"，殿本作"江蘇汪汝瑮家藏本"，誤。汪氏乃浙江藏書家。（江慶柏：《殿本、浙本〈四庫全書總目〉著錄圖書進獻者主名異同考》）

② 乙未為萬曆二十三年，然雍正《江南通志》卷一二三《選舉志》、道光《泰州志》卷一五《選舉表》均載陳應芳為萬曆二年甲戌進士。（楊武泉：《四庫全書總目辨誤》）

③ "道"下"之"字，殿本無。

三吳水考十六卷（浙江巡撫採進本）

明張內蘊、周大韶同撰。內蘊稱吳江生員，大韶稱華亭監生，其始末則均未詳也。初，萬曆四年，言官論蘇、松、常、鎮諸府水利久湮，宜及時修濬，乞遣御史一員督其事。乃命御史懷安林應訓往。應訓相度擘畫，越六載蕆功，屬內蘊等編輯此書。前有萬曆庚辰徐栻序，稱為《水利圖說》，而辛巳劉鳳序、壬午皇甫汸序則稱《三吳水考》。蓋書成而改名也。汸序稱應訓命諸文學作，而栻、鳳序皆稱應訓自著，亦復不同。考書中載應訓奏疏、條約,皆署銜署姓而不署其名,似不出於應訓手。殆內蘊等纂輯之,而應訓董其成爾。其書分十二類,凡《詔令考》一卷,《水利考》四卷①,《水源考》一卷,《水道考》三卷,《水年考》一卷,《水官考》一卷,《水議考》二卷,《水疏考》三卷,《水移考》一卷,《水田考》一卷,《水績考》一卷,《水文考》一卷。雖體例稍冗,標目亦多杜撰,而諸水之源流,諸法之利弊,一一詳賅。蓋務切實用,不主著書,固不必以文章體例繩之矣。

【彙訂】

①“水利考四卷”,殿本無。《水利考》四卷實即《水源考》一卷、《水道考》三卷。不計此四卷,方合十六卷之總卷數。則僅分為十一類。

吳中水利書二十八卷(浙江巡撫採進本)

明張國維撰。國維字九一,號玉笥,東陽人。天啟壬戌進士,福王時官至吏部尚書。南京破後,從魯王於紹興。事敗,投水死。事蹟具《明史》本傳。是書先列東南七府水利總圖,凡五十二幅。次標水源、水脈、水名等目,又輯詔敕、章奏,下逮論議、序記、歌謠。所記雖止明代事,然指陳詳切,頗為有用之言。凡例謂:“崇明、靖江二邑,浮江海之中,地脈不相聯貫,自昔不混東南水政之內。”今案二邑形勢,所說不誣,足以見其明確。《明史》本傳稱國維為江南巡撫時,“建蘇州九里石塘及平望內外塘、長洲至和等塘,修松江捍海堤,濬鎮江及江陰漕渠,並有成績。遷工部右侍郎,兼右僉都御史,總督河道。時值歲旱,漕流涸,濬諸水以通漕”。又稱:“崇禎十六年,八總兵師潰。國維時為兵部尚書,坐解職下獄。帝念其治河功,得釋。”則國維之於水利,實能有所擘畫。是書所記，皆其閱歷之言，與儒者紙上空談固迥不侔矣。

欽定河源紀略三十六卷①

乾隆四十七年奉敕撰。是年春，以中州有事於河工，特命侍衛阿彌達祭告西寧河神，因西溯河源，繪圖具奏。言星宿海西南三百餘里有阿勒坦郭勒水，色獨黃。又西有阿勒坦噶達素齊老，流泉百道，入阿勒坦郭勒。是為黃河真源，為自古探索所未及。皇上因考徵實驗，參訂舊文，御製《河源詩》一章，詳為訓釋，系以案語。又御製《讀〈宋史·河渠志〉》一篇，以正從來之譌誤。復命兵部侍郎臣紀昀、大理寺卿臣陸錫熊等，尋繹史傳，旁稽眾說，綜其向背，定其是非，輯為一書。首冠以圖，凡開方分度，悉準欽定輿圖，而以河流所逕及諸水之潛通顯會者，各依方隅繪畫，以著其詳。次列以表，以分、合、伏、見四例，該水道之脈絡。俾旁行斜上，經緯相貫，綱目相從，以提其要。次曰《質實》，詳核水道之源流，兼仿《水經》及酈道元注之例，旁支正幹，一一疏通證明。次曰《證古》，凡載籍所陳，與今所履勘相符者，並條列原文，各加案語，以互相參訂。次曰《辨譌》，凡舊說之紕繆，亦條列原文，各為糾駁，以袪惑釋疑。次曰《紀事》，凡撻伐所經，部族所聚，職貢所通，及開屯列戍與靈源相值者，一一臚載。其前代軼聞，亦以類附見。次曰《雜錄》，凡名山、古蹟、物產、土風，介在洪流左右者，皆博採遺文，以旁資稽核。而恭錄御製詩文，弁冕全書，用以挈綱領，定權衡焉。考自古談河源者，或以為在西域，或以為在吐蕃。各持一說，紛如聚訟，莫能得所折衷。推索其由，大抵所記之真妄，由其地之能至不能至；所考之疏密，由其時之求詳不求詳。《山海經》稱"禹命豎亥,步自東極,至於西極,紀其億選之數",其事不見於經傳。見經傳者,惟導河積石,灼為禹蹟所至而已。故《禹本紀》諸書言河源弗詳,儒者亦不以為信。漢通西域,張騫僅得其梗概,以三十六國不入版圖故也。元世祖時,嘗遣篤什窮探,乃僅至星宿海而止,不知有阿勒坦郭勒之黃水,又不知有鹽澤之伏流。豈非以開國之初,俇偬草創,不能事事責其實,故雖能至其地,而考之終未審歟? 我國家重熙累洽,荒憬咸歸。聖祖仁皇帝平定西藏,黃圖括地,已大擴版章。我皇上七德昭宣,天弧耆定,天山兩道,拓地二萬餘里。西通濛汜,悉主悉臣;月嶼以東,皆我疆索。星軺虎節,絡繹往來,如在戶闥之內。與張騫之轉徙絕域,潛行竊眺,略得仿佛者,其勢迴殊。且自臨御以來,無逸永年,恒久不已。乾行彌健,睿照無遺。所綜核者,無一事不得其真;所任使者,亦無一人敢飾以偽。與篤什之探尋未竟,遽顢頇報命者,更復迴異。是以能沿溯真源,袪除謬說,親加釐定,勒為一帙,以昭示無窮。臣等載筆之餘,仰頌聖功之無遠弗屆,又仰頌聖鑒之無微弗周也。

【彙訂】

① 文淵閣《四庫》本為三十五卷卷首一卷。(沈治宏:《中國叢書綜錄訂誤》)

崑崙河源考一卷(浙江鮑士恭家藏本)

國朝萬斯同撰。斯同有《廟制圖考》,已著錄①。是書以元篤什言河源崑崙,與《史記》、《漢書》不合,《水經》所載亦有謬誤,因歷引《禹貢》、《禹本紀》、《爾雅》、《淮南子》及各史之文以考證之。考張騫言河源出鹽澤,司馬遷又言"河源出于闐。天子案古圖書,名河所出山曰崑崙"。後來諸書,都無異説。《唐書·吐谷渾傳》始有李靖"望積石山,覽觀河源"之言,而亦未確有所指。追篤什奉命行求,稱得之朵甘思西鄙。潘昂霄等妄為附會經傳,音譯舛謵,遂以鄂敦塔拉之潛行復見者指為河源,以阿木尼瑪勒占木遜山即古積石山者指為崑崙。《元史》因而採入《地理志》中,耳食相沿,混淆益甚。我國家德威遐播,天山兩道,盡入版圖,月竁以西,皆我户闥。案圖考索,知河有重源,篤什所訪,僅及其伏地再出者。而河水之出蔥嶺、于闐,注鹽澤,潛行至積石者,則篤什皆未之見。伏讀《御批通鑑輯覽》,考核精詳,河源始確有定論。斯同此書作於康熙之初,核以今所目驗,亦尚不盡吻合。然時西域未通,尚未得其實據。而斯同穿穴古書,參稽同異,即能灼知張騫所説之不誣,而極論潘昂霄等之背馳鶩亂。凡所指陳,俱不甚相遠。亦可謂工於考證,不汩沒於舊説者矣。錄存其書,益以見睿鑒折衷,超軼萬古也。

【彙訂】

① 依《總目》體例,當作"斯同有《聲韻源流考》,已著錄"。(胡玉縉:《四庫全書總目提要補正》)

兩河清彙八卷(山東巡撫採進本)①

國朝薛鳳祚撰。鳳祚有《聖學宗傳》,已著錄。鳳祚雖亦從講學者游,而其學乃出鹿善繼②、孫奇逢,講求實用。故其算術受於西洋穆尼閣,以天文名家。國初言曆法者,推為獨絶,梅文鼎《勿菴曆算書記》所謂青州之學也。而亦究心於地理③,故能詳究兩河利病④,以著是書。卷首列黃河、運河兩圖。一卷至四卷為運河修築形勢,北自昌平、通州,南至浙江等處,河、湖、泉水諸目，皆詳載之。五卷、六卷則專記黃河職官、夫役、道里之數，及歷代至本朝治河成績。七卷則輯錄前明潘季馴《河防辨惑》、國朝崔維雅《芻議或問》二書。八卷則鳳祚所自著也，曰《芻論》，曰《修守事宜》，曰《河防緒言》，曰《河防永賴》。書中援據古今，於河防得失疏證頗明。惟《海運》一篇，欲訪元運故道，與漕河並行，蓋猶祖邱〔丘〕濬之舊說。則迂謬而遠於事情，遂為白璧之微瑕，無是可矣。

【彙訂】

① 文淵閣《四庫》本尚有圖一卷。（沈治宏：《中國叢書綜錄訂誤》）

②“乃”，殿本無。

③“而”，殿本無。

④“能”，殿本無。

居濟一得八卷（河南巡撫採進本）

國朝張伯行撰。伯行有《道統錄》，已著錄。是編乃伯行為河道總督時相度形勢，錄之以備參考者。前七卷條議東省運河壩閘堤岸，及修築、疏濬、蓄洩、啟閉之法。於諸水利病，條分縷析，疏證最詳。後附《河漕類纂》一卷，則僅撮大概。蓋伯行惟督河工，故漕政在所略也。大旨謂河自宿遷而下，河博而流迅，法宜縱之；宿遷而上，河窄而流舒，法又宜束之①。徐、邳水高而岸平，泛濫之患在上，宜築堤以制其上；河南水平而岸高，衝刷之患在下，又宜捲埽以制其下②。又有三禁、三束、四防、八因諸條，皆得諸閱歷，非徒為紙上之談者。伯行平生著述，惟此書切於實用。迄今六七十載，雖屢經疏濬，形勢稍殊，而因其所記，以考因革損益之故，亦未為無所裨焉。

【彙訂】

①"又"，殿本無。

②"又"，殿本無。

治河奏績書四卷（浙江鮑士恭家藏本）附河防述言一卷（內廷藏本）

國朝靳輔撰。輔有《奏疏》，已著錄。是書卷一為《川澤考》、《漕運考》、《河決考》、《河道考》。卷二為《職官考》、《堤河考》及《修防汛地埽規》，河夫額數、閘壩修規、船料工值皆附焉。卷三為輔所上章疏及部議。卷四為各河疏浚事宜及施工緩急先後之處。其《川澤考》所載，於黃河自龍門以下，至淮、徐注海，凡分彙各流，悉考古證今，頗為詳盡。於注河各水及河所瀦蓄各水，亦縷陳最悉。其《漕運考》亦然。《河道考》於臨河要地及距河遠近分條序載，較志乘加詳。至於堤工修築事宜，則皆輔所親驗，立為條制者矣。輔自康熙十六年至三十一年，凡三膺總河之任，故疏議獨多。其專以治上河為治下河之策，雖據一時所見，與後來形勢稍殊，然所載修築事宜，亦尚有足資採擇者。與張伯行《居濟一得》均尚非紙上之空談也。又《河防述言》一卷，為張靄生所撰。皆追述其友陳潢之論，故曰"述言"。潢字天一，號省齋，錢塘人，為輔之幕客。輔治河，多資其經畫。康熙甲子，聖駕南巡，輔以潢功上聞，特賜參贊河務按察司僉事銜。其書凡十二篇，一曰《河性》，主於順而利導之。二曰《審勢》，謂凡有所患，當推其致患之所以然。三曰《估計》，謂省工省料，其壞必速，所費較所省為更大。四曰《任人》，主於慎選擇，明賞罰，而歸本於正己以率屬。五曰《源流》，謂河水本清，其淤漲由挾中國之水①。六曰《堤防》，主潘季馴以堤束水，以水刷沙之説，而尤以減水壩為要務，七曰《疏濬》，主於潰決之處先固其兩旁，不使日擴，乃修復故道，而借引河以注之。八曰《工料》，工主於覈實，料主於豫備。九曰《因革》，言今昔形勢不同。十曰《善守》，謂黃河無一勞永逸之策，在時時謹小慎微，而歸重於河員之久任。十一曰《雜誌》，述治河之委曲。十二曰《辨惑》，則駁當時之異議也。其言往往中理，與靳輔書足相發明。今錄附輔書之末，以資參考。書前冠《黃河全圖》，乃靄生自作。雖不及《欽定河源紀略》之明確，而遠勝篤什等之所記。又靳輔奏疏一篇，雖專為潢而發，然頗足見當日治河之始末，今亦併存之焉。

【彙訂】

① 殿本"由"上有"皆"字。

直隸河渠志一卷（直隸總督採進本）

國朝陳儀撰。儀字子翽，號一吾，文安人。康熙乙未進士，官至翰林院侍講學士，充霸州等處營田觀察使。是編即其經理營田時作，所列凡海河、衛河、白河、淀河、東淀、永定河、清河、會同河、中亭河①、西淀、趙北口、子牙河、千里長堤、滹沱河、滏陽河、寧晉泊、大陸澤、鳳河、牤牛河、窩頭河、鮑邱〔丘〕河、薊河、還鄉河、塌河淀、七里海二十五水，皆洪流巨浸也。雖敍述簡質，但載當時形勢，而不詳古蹟。又數十年來，屢經皇上軫念民依，經營疏濬，久慶安瀾。較儀作書之日，水道之通塞分合，又已小殊。然儀本土人，又身預水利諸事，於一切水性地形，知之較悉。故敷陳利病之議多，而考證沿革之文少。錄而存之，亦足以參考梗概也。

【彙訂】

① "中亭河",底本作"中定河",據此書原文及殿本改。

行水金鑑一百七十五卷(通行本)

國朝傅澤洪撰。澤洪字稺君,鑲紅旗漢軍,官至分巡淮揚道按察司副使。是書成於雍正乙巳。全祖望作《鄭元慶墓誌》,以為出元慶之手。疑其客遊澤洪之幕,或預編摹。然別無顯證,未之詳也①。敘水道者,《禹貢》以下,司馬遷作《河渠書》,班固作《溝洫志》,皆全史之一篇。其自為一書者,則創始於《水經》。然標舉源流,疏證支派而已,未及於疏濬堤防之事也。單鍔、沙克什、王喜所撰,始詳言治水之法。有明以後,著作漸繁,亦大抵偏舉一隅,專言一水。其綜括古今,臚陳利病,統前代以至國朝,四瀆分合,運道沿革之故,彙輯以成一編者,則莫若是書之最詳。卷首冠以諸圖。次《河水》六十卷,次《淮水》十卷,次《漢水》、《江水》十卷,次《濟水》五卷,次《運河水》七十卷,次《兩河總說》八卷,次《官司》、《夫役》、《漕運》、《漕規》凡十二卷。其例皆摘錄諸書原文,而以時代類次。俾各條互相證明,首尾貫穿。其有原文所未備者,亦閒以己意考核,附注其下。上下數千年閒,地形之變遷、人事之得失,絲牽繩貫,始末犁然。至我國家,敷土翕河,百川受職。仰蒙聖祖仁皇帝翠華親蒞,指授機宜,睿算周詳,永昭順軌,實足垂法於萬年。澤洪於康熙六十一年以前所奉諭旨,皆恭錄於編,以昭謨訓,尤為疏瀹之指南。談水道者觀此一編,宏綱巨目,亦見其大凡矣。

【彙訂】

① 全祖望《鄭芷畦窆石志》(《鮚埼亭文集》卷十九)曰:"芷

畦(元慶字)生平著述尚有《行水金鑑》,為河道傅君所開雕盛行,
顧罕知其出於芷畦也。"《行水金鑑》中即有顯證,卷七末引胡渭
《禹貢錐指》一段後注云:"銘先生作《錐指》時,寓吳閶僧舍,時余
亦寓吳。先生以禹河隨西山下東北去十五證示余,曰此辨證古
事無逾此者,予甚韙之。今錄其書,宛如昨日之兩人晤語矣。"
《禹貢錐指》卷六引鄭元慶辨湖漊、南潯二條,並有"吾友歸安鄭
元慶芷畦語余曰"云云。(一令:《記〈行水金鑑〉輯錄者鄭
元慶》)

　　水道提綱二十八卷(浙江巡撫採進本)

　　國朝齊召南撰。召南字次風,台州人。乾隆丙辰召試博學
鴻詞,授翰林院編修,官至禮部侍郎。歷代史書各志地理,而水
道則自《水經》以外無專書。郭璞所注,久佚不傳。酈道元所注,
詳於北而略於南,且距今千載,陵谷改移,即所述北方諸水,亦多
非其舊。國初餘姚黃宗羲作《今水經》一卷,篇幅寥寥,粗具梗
概。且塞外諸水頗有舛謬,不足以資考證。召南官翰林時,預修
《大清一統志》,外藩蒙古諸部,是所分校。故於西北地形,多能
考驗。且天下輿圖備於書局,又得以博考旁稽。乃參以耳目見
聞,互相鉤校,以成是編。首以海,次為盛京至京東諸水[①],次為
直、沽所匯諸水,次為北運河,次為河及入河諸水,次為淮及入淮
諸水,次為江及入江諸水,次為江南運河及太湖入海港浦[②],次
為浙江、閩江、粵江[③],次雲南諸水,次為西藏諸水,次漠北阿爾
泰以南水及黑龍江[④]、松花諸江,次東北海朝鮮諸水,次塞北漠
南諸水,而終以西域諸水。大抵通津所注,往往袤延數千里,不
可限以疆域。召南所敍,不以郡邑為分,惟以巨川為綱,而以所

會衆流為目,故曰"提綱"。其源流分合,方隅曲折,則統以今日水道為主,不屑屑附會於古義。而沿革同異,亦即互見於其閒。其自序譏古來記地理者"志在藝文,情侈觀覽。或於神仙荒怪,遙續《山海》;或於洞天梵宇,揄揚仙佛;或於遊蹤偶及,逞異炫奇。形容文飾,祇以供詞賦之用"。故所敘錄,頗為詳核,與《水經注》之模山範水,其命意固殊矣。然非召南生逢聖代,當敷天砥屬之時,亦不能於數萬里外聞古人之所未聞,言之如指諸掌也。

【彙訂】

① "海次為",殿本脱。此書卷一為《海》。

② "江南運河及太湖入海港浦",殿本作"南河及太湖源流"。

③ "粤江",殿本脱。此書卷十八至二十為《粤江》。

④ "漠北",殿本作"西北"。此書卷二十三為《西北阿爾泰山以南諸水》。

海塘錄二十六卷(浙江巡撫採進本)

國朝翟均廉撰。均廉有《周易章句證異》,已著錄。浙江海塘在海寧州南,唐、宋以來①,遞有修築。至國朝,軫念民依,講求尤備。聖祖仁皇帝暨我皇上均親臨相度,用建萬年保障之基。是編綜括古今,恭錄詔諭、聖製以弁冕於卷首。次為《圖説》一卷,《疆域》一卷,《建築》四卷,《名勝》二卷②,《古蹟》二卷,《祠祀》二卷,《奏議》五卷,《藝文》八卷,《雜誌》一卷。徵引各史紀、志及《玉海》,乾道、咸淳《臨安志》,《四朝聞見錄》,《明實錄》諸書。其考訂辨證③,頗為該洽。如訂正鹽官海塘長百二十四里,唐開元所築,舊志作二百二十四里者誤。引《泊宅編》載宋制有鐵符鎮海，皆史傳所未載。他如海寧之堤築於沈讓諸，又志乘所未備。考《浙江通志》雖有《海塘事宜》一門，然僅至雍正十一年而止。是編詳敘至乾隆二十九年，凡聖謨指示，睿慮周詳，以及臣工奏議，皆謹為詮敘，尤足以昭示後來。其中如《建築》門敍述宋制，而不及引《咸淳臨安志》所載林大鼐之議。明安然之作石堤，《明實錄》載於洪武十年，而書中誤作十一年。閒有脫略，然不足累其全書云。

【彙訂】

①“唐宋”，殿本作“漢唐”。據此書所載，海塘始建於漢代，則殿本為優。

②“二卷”，殿本作“三卷”，誤。此書卷七、卷八為《名勝》。

③“其”，殿本無。

右地理類“河渠”之屬，二十三部，五百七卷，皆文淵閣著錄。

籌海圖編十三卷（安徽巡撫採進本）

明胡宗憲撰①。宗憲字汝貞，號梅林，績溪人。嘉靖戊戌進士，官至兵部尚書。督師剿倭寇，以言官論劾，下獄瘐死。萬曆初，追復原官，諡襄懋。事蹟具《明史》本傳。是書首載《輿地全圖》、《沿海沙山圖》，次載《王官使倭略》、《倭國入貢事略》、《倭國事略》，次載廣東、福建、浙江、直隸、登萊五省《沿海郡縣圖》、《倭變圖》、《兵防官考》及《事宜》，次載《倭患總編年表》，次載《寇蹤分合圖譜》②，次載《大捷考》，次載《遇難殉節考》，次載《經略考》。《明史》稱趙文華督察浙江軍務，宗憲深附之。總督張經破倭於王江涇，文華盡掩經功歸宗憲，經遂得罪。又陷撫臣李天寵。文華還朝，力薦宗憲，遂擢顯秩。宗憲又因文華結納嚴嵩，以為内援。其喜功名而尚權詐，誠有如傳贊所云"奢黷蒙垢"者。書中載胡松撰《王江涇捷事略》，專述宗憲之功，不及張經，與本傳符合，是其攘功之實證。然其他若載嘉靖三十四年五月平望之捷，陸涇壩之捷，十一月後屯之捷、清風嶺之捷，三十五年仙居之捷，七月乍浦之捷，十一月龕山之捷，及金塘、淮揚、寧台温之捷。又紀剿徐海及擒王直始末，大端與《明史》紀、傳均相符合。則宗憲之保障東南，尚不為無功。《經略考》三卷内凡會哨、鄰援、招撫、城守、團結、保甲、宣諭、閒諜、貢道、互市及一切海船、兵仗、戎器、火器無不周密。又若唐順之、張時徹、俞大猷、茅坤、戚繼光諸條議，是書亦靡不具載。於明代海防，亦云詳備。蓋其人雖不醇，其才則固一世之雄也。

【彙訂】

①　嘉靖四十一年原刻本目錄及各卷卷端下題"崑山鄭若曾輯，男應龍、一鸞校"。據盧鎧跋，此書乃胡宗憲命浙江布政、鹽政等司刻行。《總目》卷五四《馭倭錄》、卷六九《鄭開陽雜著》、卷七五《籌海重編》條皆謂鄭若曾作《籌海圖編》。萬曆閒宗憲孫胡燈重校此書，將作者剟補為胡宗憲，正文中"鄭若曾"之"曾"字多改"予"字，"總督尚書胡宗憲云"多數亦改。至天啟四年，宗憲曾孫胡維極重刻之本徹底將鄭若曾排除於編纂者之列。（范中義：《〈籌海圖編淺説〉緒言》）

②　"寇蹤分合圖譜"，底本作"寇蹟分合圖譜"，據殿本改。此書卷八有《寇蹤分合圖譜》。

鄭開陽雜著十一卷（浙江巡撫採進本）

明鄭若曾撰。若曾字伯魯，號開陽，崑山人。嘉靖初貢生。

是書舊分《籌海圖編》、《江南經略》、《四隩圖論》等編，本各自為書。國朝康熙中，其五世孫起泓及子定遠，又删汰重編，合為一帙。定為《萬里海防圖論》二卷，《江防圖考》一卷，《日本圖纂》一卷，《朝鮮圖說》一卷，《安南圖說》一卷，《琉球圖說》一卷，《海防一覽圖》一卷，《海運全圖》一卷，《黃河圖議》一卷，《蘇松浮糧議》一卷。其《海防一覽圖》即《萬里海防圖》之初槀，以詳略互見，故兩存之。若曾尚有《江南經略》一書，獨缺不載，未喻其故。或裝緝者偶佚歟？若曾少師魏校，又師湛若水、王守仁，與歸有光、唐順之亦互相切磋。數人中惟守仁、順之講經濟之學，然守仁用之而效，順之用之不甚效。若曾雖不大用，而佐胡宗憲幕，平倭寇有功。蓋順之求之於空言，若曾得之於閱歷也。此十書者，江防、海防形勢皆所目擊，日本諸考皆咨訪考究，得其實據。非劋掇史傳以成書，與書生紙上之談固有殊焉。

　　右地理類"邊防"之屬，二部，二十四卷，皆文淵閣著錄。

史 部 二 十 六

地 理 類 三

南嶽小録一卷（浙江汪汝瑮家藏本）

唐道士李沖昭撰。卷首有自序，稱：“弱年悟道，近歲依師。泪臨嶽門，頻訪靈蹟。徧閱古碑及《衡山圖經》、《湘中記》，仍致詰於師資、長者、嶽下耆年，或得一事，旋貯篋笥。撮而直書，總成一卷。”案書中有咸通年號，當作於懿宗以後。序末所題“壬戌歲”，蓋昭宗天復二年也。《舊唐書·經籍志》、《新唐書·藝文志》皆不著錄①。鄭樵《通志·藝文略》始載有此名，與此本卷數相合。惟“沖昭”作“仲昭”，或傳刻誤歟？書中先列五峯、三澗，次叙宮觀、祠廟、壇院之屬，而以歷代得道飛昇之迹附之。雖黄冠自張其教，不無誇誕之辭。而唐世名山洞府之書，如盧鴻一《嵩山記》、張密《廬山雜記》、令狐見堯《玉笥山記》、杜光庭《武夷山記》，今並無存②。此獨以舊本流傳，勝境靈蹤③，足資掌故，是亦考圖經者所宜徵據矣。此本為明蔡汝楠守衡州時所刻，前有小引，亦謂“所載事蹟，名物悉與今本不同”云。

【彙訂】

①《新唐書·藝文志三》著錄道士李沖昭《南嶽小錄》一卷。

（魯西奇：《隋唐五代山嶽志考》）

② 令狐見堯《玉笥山記》雖佚，《太平御覽》、宋陳舜俞《廬山記》皆有徵引。（同上）

③ "靈蹤"，殿本作"靈蹟"。

廬山記三卷附廬山紀略一卷（兵部侍郎紀昀家藏本）

宋陳舜俞撰。舜俞字令舉，烏程人。所居曰白牛村，因自號白牛居士。慶曆六年進士，嘉祐四年又中制科第一，歷官都官員外郎。熙寧中出知山陰縣，以不奉行青苗法，謫南康監稅。事蹟具《宋史》本傳。舜俞謫官時，與致仕劉渙游覽廬山，嘗以六十日之力，盡南北山水之勝。每恨慧遠、周景武輩作山記疏略，而渙舊嘗雜錄聞見，未暇詮次，舜俞因採其説，參以記載、耆舊所傳，晝則山行，夜則發書考證。泓泉塊石，具載不遺，折衷是非，必可傳而後已。又作俯仰之圖，尋山先後之次以冠之，人服其勤。自記云："余始游廬山，問山中塔廟興廢及水石之名，無能為予言者。雖言之，往往襲謬失實。因取九江圖經、前人雜錄，稽之本史，或親至其處考驗銘志，參訂耆老，作《廬山記》。其湮渺蕪沒，不可復知者，則闕疑焉。凡唐以前碑記，因其有歲月甲子爵里之詳，故并錄之，庶或有補史氏。"云云。其目有《總敘山篇第一》、《敘北山篇第二》、《敘南山篇第三》①，而無第四、五篇，圖亦不存。勘驗《永樂大典》，所闕亦同②。然北宋地志，傳世者稀，此書考據精核，尤非後來《廬山紀勝》諸書所及，雖經殘闕，猶可寶貴，故特錄而存之。釋惠遠《廬山紀略》一卷，舊載此本之末，不知何人所附入，今亦併錄存之，備參考焉。

【彙訂】

① "北山"當作"山北"，"南山"當作"山南"。（李裕民：《四庫提要訂誤》增訂本）

② 日本高山寺藏《廬山記》五卷，卷二、三宋槧本，餘三卷舊鈔補，實為八篇，《四庫》本佚第四篇以下。（羅振玉：《宋槧本〈廬山記〉跋》）

赤松山志一卷（兩淮馬裕家藏本）

宋道士倪守約撰。守約，未詳何許人。書前自序稱"捨家辭父母①，來投師資"，又自署松山羽士，知為黃冠。書中稱真廟、神廟、孝廟、寧廟，知為宋人。人物之末稱咸淳年號，知作於度宗時矣。其書首序皇初起、皇初平兄弟仙蹟，以著是山靈異，為全書綱領。次丹類，次洞穴類，次山類，次水類，次宮宇類，次人物類，次制誥類，次碑籍類。書末又有正統四年明英宗御製數行，非詩非文，似乎聯額，與此書篇頁不相屬，蓋後人所附入。明代刊本喜於竄亂古書，往往如是。今刪汰不錄，以存守約之舊焉。

【彙訂】

① 殿本"書"上有"惟"字。

西湖遊覽志二十四卷志餘二十六卷（浙江汪啟淑家藏本）

明田汝成撰。汝成有《炎徼紀聞》，已著錄。是書雖以游覽為名，多記湖山之勝，實則關於宋史者為多。故於高宗而後，偏安逸豫，每一篇之中三致意焉。宋乾道閒，周淙撰《臨安志》十五卷。咸淳閒，潛說友又續成一百卷。湖山特其中之一目，例不當詳。吳自牧作《夢粱錄》，周密作《武林舊事》，於歲時、風俗特詳，而山川、古蹟又在所略。惟汝成此書，因名勝而附以事蹟，鴻纖

鉅細，一一兼該，非惟可廣見聞，併可以考文獻。其體在地志、雜
史之閒，與明人游記徒以觴詠登臨、流連光景者不侔。其《志餘》
二十六卷，則摭拾南宋軼聞，分門臚載。大都杭州之事居多，不
盡有關於西湖。故別為一編，例同附錄。蓋有此餘文，以消納其
冗碎，而後本書不病於蕪雜，此其義例之善也。惟所徵故實，悉
不列其書名①，遂使出典無徵，莫能考證其真偽。是則明人之通
弊，汝成亦未能免俗者矣。

【彙訂】

①“其”，殿本無。

桂勝十六卷（浙江鮑士恭家藏本）附桂故八卷（兩淮鹽政採
進本）①

明張鳴鳳撰。鳴鳳有《西遷註》，已著錄。是二書並成於萬
曆癸丑。《桂勝》序題“五月六日”，《桂故》序題“七月朔”，劉繼文
序稱：“前十六卷為《桂勝》，志桂概也。後八卷為《桂故》，志故實
也②。”鳴鳳《桂勝》自序亦稱：“外《桂故》八卷，用輔以行。”《桂
故》自序稱“余志《桂勝》，竊蹟前事”云云。則二書相因而作，實
一書也。《桂勝》以山水標目，各引證諸書，敍述於前，即以歷代
詩文附本條下。而於石刻題名之類，蒐採尤詳。又隨事附以考
證，多所訂正。後董斯張《吳興備志》③、朱彝尊《日下舊聞》即全
仿其體例，於地志之中最為典雅。《桂故》分《郡國》、《官名》、《先
政》、《先獻》、《游寓》、《雜誌》六門。《郡國》考歷代沿革，詳列史
志，辨今之桂林非古之桂林。《官名》則臚舉歷代之制。蓋疆域
明則《先獻》有所斷限，職制明則《先政》有所徵驗。乃不至如他
志書，人物、名宦附會牽合，故以冠於首也。其《先政》、《先獻》，

人各為傳,大抵鎔鑄舊文,剪裁蔓語,務取其有關是土,而不濫涉其生平。又多採金石之文,不盡取諸史籍,故其辭簡而不支,博而有據。其《游寓》、《雜誌》,亦多據題名碑碣,姓名年月,歷歷可稽。在明代輿記之中,於康海《武功志》、韓邦靖《朝邑志》外,自為別調,可以鼎立而三,他家莫之逮也。二書所載,皆止於南宋。蓋年遠者易湮,時近者易濫,詳人所略,略人所詳,其書乃博贍而有體。是又鳴鳳創例之微意歟?

【彙訂】

①《桂勝》原著確有十六卷,然文淵、文溯、文瀾三閣庫書皆作四卷,文淵閣書前提要得其實:"今以其卷帙煩碎,文義斷缺,并《桂勝》為四卷。"(崔富章:《四庫提要補正》)

② 癸丑為萬曆四十一年,而據嘉慶《廣西通志》卷三一《職官表》,劉繼文乃萬曆十六年時兩廣總督。《四庫》本書前提要作"己丑",即萬曆十七年,不誤。(楊武泉:《四庫全書總目辨誤》)

③ "後",殿本無。

欽定盤山志二十一卷①

國朝大學士蔣溥等奉敕撰。盤山在薊州城北二十五里,為漢末田疇隱居之地。五峯三盤,林壑幽邃。單椒秀澤,雄甲畿東。自聖祖仁皇帝四度臨幸,宸章題詠,照燦巖阿。然舊無山志。青溝釋智朴始草創成編,辭旨冗蔓,體例尚多未備。我皇上宸游蒞止,靈境日開。乾隆九年,始命發內帑,建靜寄山莊於山之陽。天闢名區,全攬勝概。歲春秋有事於祖陵,每駐蹕行宮,幾餘靜憩。智仁樂趣,暢洽宸襟,山水效靈,益增神秀。乾隆十九年二月,因行幸山莊,爰命蔣溥、汪由敦、董邦達纂修新志。溥等承詔屬槀,詳加裒輯,分《圖考》、《名勝》、《寺宇》、《流寓》、《方外》、《藝文》、《物産》、《雜綴》八門,釐為十六卷。首冠以《巡典》、《天章》五卷。至十二月,書成,奉表恭進焉。臣等敬繹睿製,旁考舊聞②。惟茲山之靚潤深奧,足與嶽鎮競秀,而其名不大顯於前世。以是知天地清淑之氣,扶輿磅礴,固必待時而出,以奉大聖人泮奐之娛。而天筆昭回,鏤巖耀谷,品題甲乙,榮幸無涯,尤自古所未有。敬錄斯編,亦以慶茲山之遭也。

【彙訂】

① 文淵閣《四庫》本為十六卷卷首五卷。(沈治宏:《中國叢書綜錄訂誤》)

② “舊聞”,殿本作“舊文”。

西湖志纂十二卷(內府藏本)①

國朝大學士梁詩正、禮部尚書銜沈德潛等同撰。初,雍正中,浙江總督李衛修《西湖志》,延原任編修傅王露總其事,而德潛以諸生為分修,凡成書四十八卷。雖敘次詳明,而徵引浩繁,頗嫌冗蔓。至乾隆十六年,恭逢聖駕南巡,清蹕所臨,湖山生色。德潛因取舊志,復與王露重加纂錄,芟繁就簡,別為十卷。而梁詩正亦奏請重輯《西湖志》。會德潛書槀先成,繕錄進御。蒙皇上優加錫賚,特製詩篇,以弁其首。並敕詩正,即以德潛此槀合成之。詩正復偕王露參考釐訂為十二卷,於乾隆十八年十二月奏進。首名勝各圖,次西湖水利,次孤山、南山、北山、吳山、西溪諸勝蹟,而終以藝文。雖門目減於舊志,而大綱已包括無餘。且仰荷宸翰親題,榮光下燭,尤從來輿記所未有,固非田汝成輩區區記載所得並稱矣。

【彙訂】

① 文淵閣《四庫》本尚有卷首一卷。(沈治宏:《中國叢書綜錄訂誤》)

右地理類"山川"之屬,七部,一百十三卷,皆文淵閣著錄。

洛陽伽藍記五卷(編修勵守謙家藏本)

後魏楊衒之撰。劉知幾《史通》作羊衒之,晁公武《讀書志》亦同。然《隋志》亦作"楊",與今本合,疑《史通》誤也。其里貫未詳。據書中所稱,知嘗官撫軍司馬耳。魏自太和十七年作都洛陽,一時篤崇佛法,剎廟甲於天下。及永熙之亂,城郭邱墟。武定五年,衒之行役洛陽,感念廢興,因捃拾舊聞,追敘故蹟,以成是書。以城內及四門之外分敘五篇。敘次之後先,以東面三門、南面三門、北面二門各署其新舊之名①,以提綱領。體例絕為明晰。其文穠麗秀逸,煩而不厭,可與酈道元《水經注》肩隨。其兼敘爾朱榮等變亂之事,委曲詳盡,多足與史傳參證。其他古蹟、藝文及外國土風、道里,採摭繁富,亦足以廣異聞。劉知幾《史通》云:"秦人不死,驗苻生之厚誣;蜀老猶存,知葛亮之多枉。""蜀老"事見《魏書·毛修之傳》,"秦人"事即用此書"趙逸"一條。知幾引據最不苟,知其說非鑿空也。他如解魏文之《苗茨碑》,糾戴延之之《西征記》,考據亦皆精審。惟以高陽王雍之樓為即《古詩》所謂"西北有高樓,上與浮雲齊"者,則未免固於說詩,為是書之瑕纇耳②。據《史通·補注篇》稱:"除煩則意有所恡,畢載則言有所妨。遂乃定彼榛楛,列為子注。若蕭大圜《淮海亂離志》、羊衒之《洛陽伽藍記》是也。"則衒之此記實有自注。世所行本皆無之,不知何時佚脫。然自宋以來,未聞有引用其注者。則其刊落已久,今不可復考矣③。

【彙訂】

①"二",底本作"三",據殿本改。書前自敍云:"北面有二門,西頭曰大夏門……東頭曰廣莫門。"據自敍及卷四,"北面二門"前尚有"西面四門"。

②《洛陽伽藍記》卷三"高陽王寺"條未嘗言高陽王雍之宅中有樓,惟卷四曰:"沖覺寺,太傅清河王懌舍宅所立也……勢傾人主,第宅豐大,逾於高陽。西北有樓,出凌雲臺,俯臨朝市,目極京師,古詩所謂'西北有高樓,上與浮雲齊'者也。"此言清河王懌之樓,非高陽王雍也。衒之引古詩句比喻樓之高,並非以此樓當之,更非解說古詩。(余嘉錫:《四庫提要辨證》;范祥雍:《洛陽伽藍記校注》)

③此書凡記伽藍者為正文,涉及官署者為注文。其所載時人之事蹟與民間故事,及有衒之案語者,亦為注文。(周祖謨:《洛陽伽藍記校釋》)

吳地記一卷附後集一卷(江蘇巡撫採進本)

舊本題唐陸廣微撰。《宋史·藝文志》作一卷,與今本合。書中稱"周敬王六年丁亥,至今唐乾符三年庚申,凡一千八百九十五年",則廣微當為僖宗時人。然書中"虎畽"一條稱"唐諱虎,錢氏諱鏐,改為滸墅"。考《五代史·吳越世家》,乾符二年,董昌始表錢鏐為偏將。光啟三年,始拜鏐左衛大將軍、杭州刺史。景福二年,始拜鏐為鎮海軍節度使、潤州刺史。乾寧元年,始加鏐同中書門下平章事,二年,始封鏐為彭城郡王。天祐元年,封吳王。至朱溫篡立,始封鏐為吳越王。安得於乾符三年以董昌一偏將能使人諱其嫌名？且乾符三年亦安得預稱吳越？至錢俶於宋太平興國三年始納土入朝，當其有國之時，蘇州正其所隸，豈敢斥之曰"錢氏"？尤顯為宋人之辭。則此書不出廣微，更無疑義①。王士禛《香祖筆記》嘗摘其"語兒亭"、"馮驩宅"、"公孫挺②、陳開疆、顧冶子墓"三條，又摘其"琴高宅"一條。於地理事實，皆為舛繆。又案乾符三年歲在丙申，實非庚申③。上距周敬王丁亥僅一千三百九十年，實非一千八百九十五年，於年數亦復差誤。觀其卷末稱"纂成圖畫④，以俟後來者添修"，而此本無圖，前列吳、長洲、嘉興、崑山、常熟、華亭、海鹽七縣，而後列吳縣、長洲縣事為多。殆原書散佚，後人採掇成編，又竄入他說以足卷帙，故譌異若是耶？以今世所行別無善刻，故姑仍吳琯此本錄之，以存梗概，而附訂其牴牾如右。又《吳地記後集》一卷⑤，蓋續廣微之書者，不著撰人名氏。前有題詞，稱："自唐王郢叛亂，市邑廢毀，或傳記無聞，或廢興不一。謹採摘縣錄，據圖經，選其確實者列於卷後。"所記建置年號止於祥符元年，疑北宋人作。舊本附錄，今亦併存備考焉。

【彙訂】

①《總目》據書中"虎疁"一條所云，斷言此書不出廣微，應為宋人所作。然逐一分析《吳地記》全文，便可發現除"虎疁"及"續添"二條外，其餘各條所記均係唐及唐以前之事，而不載五代及宋事。例如羅城條係唐乾符三年(876)年作，各條記事下限止於唐會昌四年(844)。又唐天寶(742—756)以後，蘇州領吳、長洲、崑山、常熟、海鹽、華亭、嘉興七縣。後梁開平三年(909)，始置吳江縣。後晉天福(936—944)中，以嘉興、海鹽、華亭置秀州。隸蘇者僅吳、長洲、崑山、常熟、吳江五縣(《吳郡圖經續記》卷上

《封域》,《新唐書》卷四一《地理志》,《舊五代史》卷一五〇《郡縣志》)。《吳地記》載列吳、長洲等七縣,而不載五代時分置吳江及秀州事。再如古之流水寺,北宋雍熙(984—987)中改為雍熙寺(《吳郡圖經續記》卷中《寺院》)。古之重玄寺,"入國朝(宋)為承天寺"(《吳郡志》卷三一《府郭寺》)。《吳地記》亦僅錄重玄寺、流水寺之名,而不言改名之事及新名。這都說明除"虎畧"、"續添"二條外,此書應出自唐人而非宋人之手。又"虎畧"條前後文字,係引自古書。其文云:"秦始皇東巡,至虎丘,求吳王寶劍。其虎當墳而踞。始皇以劍擊之,不及,誤中於石,遺蹟尚存。其虎西走二十五里,忽失於今虎畧。唐諱虎,錢氏諱畧,改為滸墅。劍無復獲,乃陷成池。"只須細讀上述引文一過,便可知"唐諱虎"至"改為滸墅"一句和"遺蹟尚存"四小字均為後人所加之夾註。前者後因輾轉傳抄,遂誤入正文。據此後人之注,顯然無法否定此書為唐人所撰之成說。《水經注》、《藝文類聚》、《史記三家注》所引《吳地記》條目内容與宋人如《太平寰宇記》、范成大《吳郡志》所引大多相同,則早在晚唐陸廣微之前已自成書。《吳地記》的主要内容雖成文於唐代,但卻出自不同時期人之手。如唐於天寶十載(751)置華亭縣(紹熙《雲間志》卷上《封域》),又於大曆十三年(778)二月升蘇州為雄州(《唐會要》卷七〇《州縣分望道》)。《吳地記》記華亭建縣和蘇州升為望州,卻不載蘇州由望升雄州事。其部分内容應出自天寶十載至大曆十三年間人之手。又如《吳地記》載會昌四年(844)崑山升為望縣,海鹽升為緊縣事(《唐會要》卷七〇《州縣分望道》,《吳地記》所載脫"望"、"緊"二字)。其文應係會昌四年或四年以後人所作。再如羅城條,則成文於乾符三年(876)。蘇州刺史張搏於該年重修羅城(《吳郡圖經續記》卷下《往蹟》,《吳地記後集》),"删修《吳地記》,並畫郡圖"
(《永樂大典》卷二三六九所引盧熊《蘇州府志》卷二一《牧守題
名》)。羅城條是介紹羅城"圖畫"的説明文字,末有"以俟後來者
添修"之語,應出自乾符三年删修者之手。由上所述,可知《吳地
記》的基本内容是天寶十載至大曆十三年,會昌四年至乾符三年
間郡人陸廣微等人所作(《直齋書録解題》卷八《地理類》)。乾符
三年,曾經張搏删修。"續添"條係後梁開平三年或三年以後人
所續添。"虎嘹"條乃宋人所作之注。他本《吳地記》羅城條下
"又至大宋淳熙十三年丙午,總二千二百十五年"之句,則為淳熙
十三年(1186)南宋人所增入。這是一部歷經多人之手,經長期
不斷添修而成的古代志書。(張國淦:《中國古方志考》;曹林
娣:《吳地記校注序》;周生春:《四庫全書史部地理類提要
考辨》)

　　②"公孫挺",《香祖筆記》卷四引《晏子春秋》作"公孫捷"。
據吳則虞《晏子春秋集解》之校記,公孫之名,古籍或作"捷",或
作"接",係音近異寫,作"棲"者,為形近譌字。"挺"字亦應係形
近而譌,當作"捷"。(楊武泉:《四庫全書總目辨誤》)

　　③ 文淵閣《四庫》本及《四庫》底本吳琯《古今逸史》本"羅
城"條均曰"乾符三年丙申",而非"庚申"。又"虎嘹"條皆云"錢
氏諱嘹"而非"諱鏐"。(周生春:《四庫全書史部地理類提要
考辨》)

　　④"圖畫",殿本作"圖書",誤,參《吳地記》卷末題語原文。

　　⑤ 和《吳地記》相似,《後集》亦出自不同時代人之手。《後
集》首載分置吳江縣和秀州,以及太平興國二年(977)錢氏改號,
"本朝"大中祥符元年(1008)崑山崑福禪院改名慧巖禪院事(又

見《玉峯志》卷下《寺觀》)。全篇除元代元貞元年(1295)二條外，所記建置年號止於大中祥符三年，所言多雍熙、至道、景德、大中祥符中事。其文係"採摘《縣錄》，據《圖經》(成書於大中祥符年間)"而成。如常熟縣"郡《圖經》舊十有二鄉……《元豐九域志》并為九鄉"(《琴川志》卷二《鄉都》)，《後集》即據《圖經》作十二鄉。其基本部分應成文於祥符三年或三年以後。復由其不載天禧五年(1021)"詔重修"神景宮，改名靈祐觀事(《吳郡圖經續記》卷中《宮觀》)，可知其主幹部分係祥符三年至天禧五年間人選摘《縣錄》和蘇州《圖經》而成。《後集》未引元豐間成書的《元豐九域志》和《吳郡圖經續紀》，收錄了《元豐九域志》所不載，元豐時已廢的吳縣社下、洞庭二鎮名。其文載天聖(1023—1032)初孫冕所建"孫老橋"之名(《吳郡圖經續記》卷中《橋梁》，《吳郡志》卷一七《橋梁》)，但不載常熟乾元觀政和(1111—1118)間改名致道觀事(《琴川志》卷十《宮觀》)，其部分內容當成於天聖至元豐間。又其所記廂軍崇節，得名於熙寧二年(1069)；所記宣毅，始置於慶曆元年(1041)，並於熙寧三年十二月改名威果(《玉海》卷一三九《兵制》，咸淳《毘陵志》卷一二《廂軍》，《續資治通鑑長編》卷一三一慶曆元年二月辛丑條，《宋史》卷一八八《禁軍下》))。據此，可知以上各條係熙寧二至三年所增入。又吳縣、長洲"續添橋梁"二條載列"盧提刑"、"朱勔宅前"、"承天寺後、寺前"、"天慶觀"、"吳王"、"天宮寺"等橋名。盧提刑橋因廣南提刑盧革宅而得名。革，德清人，元豐中告老，退居於吳(《吳郡志》卷一七《橋梁》、卷二五《盧秉傳》)，橋得名應在其告老寓吳之後。其名南宋時仍沿而未改。朱勔宅前橋因勔宅而得名。勔於崇寧(1102—1106)、大觀(1107—1110)間得官，政和中得勢，靖康元年(1126)

被抄家並伏誅,其家被竄於海島,宅地後為張俊家所占(《吳郡志》卷五〇《雜誌》,《中吳紀聞》卷六《朱氏盛衰》,《宋史》卷四七〇《朱勔傳》)。可見該橋應得名於崇觀至政和間。橋名不見於《吳郡志》記載,南宋時已廢。又政和八年(1118),宋政府因趙野所言,下令禁用"天"、"君"、"王"、"聖"等字(《宋會要輯稿》刑法二之七二),寺觀、橋梁之名亦在禁止之列。從明州承天院"宣和時改能仁院"(紹定《四明志》卷一《寺院》),以及平江府承天寺因此而改名能仁寺來看(《吳郡志》卷三一《府郭寺》,《中吳紀聞》卷三《易承天為能仁寺》),當時該地曾貫徹、執行這一禁令。所以《後集》"續添橋梁"所載"承天寺後、寺前"、"天慶觀"等橋,《吳郡志》分別作"能仁寺後橋"、"能仁寺東橋"和"宮橋"(卷一七《橋梁》,《宋平江城坊考》卷四《東北隅》)。其所載"吳王"、"天宮寺"諸橋,《吳郡志》或不載其名,或因後人回改,有"天宮寺前橋"、"天宮寺西橋"之名。以上禁令曾得到落實這一事實表明,上述"承天寺後、寺前"諸橋之名只通用於政和八年及八年以前。復綜合"盧提刑"、"朱勔宅前"二橋的沿革來看,"續添橋梁"二條應係徽宗崇觀、政和間人所續增。此外,"大元元貞元年"長洲、吳縣移治及玄妙觀二條,當為元貞元年或元年以後人所增補。又,文淵閣本及四庫底本吳琯《古今逸史》本《後集》所記建置年號止於祥符三年。(張國淦:《中國古方志考》;曹林娣:《吳地記校注序》;周生春:《四庫全書史部地理類提要考辨》)

長安志二十卷(兩淮馬裕家藏本)

宋宋敏求撰。敏求有《唐大詔令》,已著錄。是編皆考訂長安古蹟①。以唐韋述《西京記》疏略不備,因更博採羣籍,參校成書。凡城郭、官府、山川、道里、津梁、郵驛，以至風俗、物產、宮室、寺院，纖悉畢具。其坊市曲折及唐盛時士大夫第宅所在，皆一一能舉其處，粲然如指諸掌。司馬光嘗以為考之韋《記》，其詳不啻十倍。今韋氏之書久已亡佚②，而此《志》精博宏贍，舊都遺事藉以獲傳，實非他地志所能及。程大昌《雍錄》稱其"引類相從，最為明晰。然細細校之，亦不免時有駁複。如曲臺既入《未央》，而又入之《三雍》，是分一為二矣③。長門宮在都城之外長門亭畔，而列諸長信宮内，則失其位置矣④。況宮殿園囿又多空存其名，不著事蹟，則亦無可尋繹矣"云云⑤。其說雖不為無見，實則凌雲之材，不以寸折為病也。敏求尚有《河南志》，與此凡例稍異，而並稱贍博，今已不存⑥。又楊慎《丹鉛錄》謂杜常《華清宮詩》見《長安志》，詩中"曉風"乃作"曉星"，檢今本實無此詩。蓋慎喜偽託古書，不足為據，非此《志》有所殘闕。惟晁公武《讀書志》載有趙彥若序，今本無之，則當屬傳寫佚脫耳⑦。

【彙訂】

　　① 書中亦有記載宋代之事而非皆考訂古蹟。（周生春：《四庫全書史部地理類提要辨證》）

　　② 韋述《西京新記》傳世有日本尊經閣藏金澤文庫抄本，僅存卷三殘一卷。（福山敏男：《兩京新記解說》）

　　③《總目》所引見於《雍錄》卷一《長安志》，而卷二《曲臺》又云曲臺"凡三出，其一則在《未央》，其一則列乎《三雍》之次，又其一則雜敍在《宮館》之數"，與卷一所言不同。其實《長安志》卷三《總敍宮殿苑囿》又載"曲臺宮"一名。四處"曲臺"分別為不同時代、地點的不同地名，而非分一為二，或誤分為三。（周生春：《四庫全書史部地理類提要辨證》）

④ 據《長安志》卷四《長信等五宮》,長門宮、鉤弋宮均在漢長安城外,與長信宮並列而非相容。(同上)

⑤ "亦",殿本脱,參《雍錄》卷一《長安志》條原文。

⑥ 徐松曾自《永樂大典》中輯出宋敏求《河南志》,光緒中繆荃孫始將此書付梓,分為四卷。此《河南志》與《長安志》凡例大同小異,和《直齋書錄解題》卷八所云"二書凡例微不同"相吻合。今本《河南志》除極少數條文係元人增入外,記事下止於宋仁宗嘉祐四年(1059),也與宋氏之書完成於皇祐以後仁宗末葉相符。(周生春:《四庫全書史部地理類提要辨證》)

⑦ 明成化四年邠陽草堂刊本《長安志》二十卷,其趙序尚存。文淵閣《四庫》本亦列趙序。(楊紹和:《楹書隅錄》;辛德勇:《考〈長安志〉〈長安志圖〉的版本——兼論呂大防〈長安圖〉》)

洛陽名園記一卷(兩江總督採進本)

宋李格非撰。格非字文叔,濟南人。元祐末為國子博士。紹聖初進禮部郎,提點京東刑獄,以黨籍罷。是書記洛中園囿,自富弼以下凡十九所。格非自跋云:"天下之治亂,候於洛陽之盛衰;洛陽之盛衰,候於園囿之興廢。"① 蓋追思當時賢佐名卿勳業盛隆,能享其樂,非徒誇臺榭池館之美也②。《書錄解題》、《郡齋讀書志》俱載李格非撰,惟《津逮祕書》題曰華州李廌。考邵博《聞見後錄》第十七卷全載此書,不遺一字,題標格非之名。同時之人,不應有誤,知毛晉之誤題審矣。王士禎《居易錄》記是書,前有紹興中張琰德和序,首曰"山東李文叔"云云,此本亦佚之。殆又後人因標題姓名與序不符,而刊除其文歟?

【彙訂】

①　"天下之治亂"云云乃書後河南邵博記中語。（胡玉縉：《四庫全書總目提要補正》）

②　"美"，殿本作"樂"。

雍錄十卷（大學士于敏中採進本）

宋程大昌撰。大昌有《古周易占法》，已著錄①。是編考訂關中古蹟，以《三輔黃圖》、《唐六典》、宋敏求《長安志》、呂大防《長安圖記》及紹興《祕書省圖》案書中稱"閣圖"者，即《祕書省圖》。諸書，互相考證。於宮殿山水都邑，皆有圖有説。謂"《三輔黃圖》由唐人增續，初非親生漢時，目睹漢事"②，故隨事立辨，不以其名古而不敢置議。《長安志》最為明晰，然亦時有駁複。呂大防《圖》："凡唐世邑屋宮苑已自不存。特其山川地望，悉是親見，今故本而言之。"若與古記不合，亦復訂正。其參校亦可謂勤矣。今考其書，如函谷關參都邑之中，太子宮序職官之次，地圖之後忽列書目數條，都邑之前忽出山名一處③，驟然尋之，不得端緒，體例稍為叢雜。又《集古》諸錄所列碑刻，自《獵碣》以外，罕登記載。《考古圖》有輋酌宮，亦不著其名。蓋但憑圖籍而未考金石之文，故未免於疏漏。然其蒐羅既富，辨證亦詳，在輿記之中固為最善之本也④。明代陝西諸志皆號有法，其亦以是數書者在前歟？考大昌之時，關中已為金土，而隔越江表，為鄰國著書，殊為無謂。蓋孝宗銳意恢復，有志中原。大昌所作《北邊備對》一書，即隱寓經略西北之意。此書猶此志焉耳⑤。第五卷中特創"漢、唐用兵攻取守備要地"一圖⑥。其圖説多舉由蜀入秦之蹟，與郭允蹈《蜀鑑》所謂"由漢中取關、陝"者，大旨相合⑦。其微意固可見矣。

【彙訂】

① 程大昌從未撰《古周易占法》,《總目》所著錄大昌《禹貢論》等諸書提要皆云"大昌有《易原》,已著錄",《總目》卷三《易原》下有程迥《周易古占法》。(李裕民:《四庫提要訂誤》增訂本;周生春:《四庫全書史部地理類提要辨證》)

② 此書卷一《三輔黃圖》云:"今世所傳《三輔黃圖》","非古書矣"。"今圖蓋唐人增續成之,初非親生漢時,目擊漢事者也。"脫"今"字則失其本意。(周生春:《四庫全書史部地理類提要辨證》)

③ "忽",殿本作"突"。

④ "最善之本",殿本作"善本"。

⑤ 此書卷九《歧陽石鼓文七》載"紹熙辛亥(二年)"時事,其時孝宗早已放棄恢復中原之計畫,且已禪位於光宗。《北邊備對》作於光宗時,所記係塞外而非中原、關陝或西北山川,亦非為孝宗恢復中原、攻取關陝而作。(李裕民:《四庫提要訂誤》增訂本;周生春:《四庫全書史部地理類提要辨證》)

⑥ 文淵閣《四庫》本、《古今逸史》本均作《漢唐用兵攻取守避要地》。(周生春:《四庫全書史部地理類提要辨證》)

⑦ 此書卷五之圖說共載九事,皆非"舉由蜀入秦之蹟"。《蜀鑑》作於端平三年(1236),是年十月,蒙古軍已攻佔成都等蜀地數十州府,其著書直接目的即"護蜀"、"保蜀",僅卷三《漢諸葛忠武侯北伐》等極少篇幅言及由漢中北伐關隴事。(李裕民:《四庫提要訂誤》增訂本;周生春:《四庫全書史部地理類提要辨證》)

洞霄圖志六卷(浙江孫仰曾家藏本)

宋鄧牧撰。牧字牧心①，錢塘人。宋亡後，隱居屏蹟，惟與謝翺友善。翺臨終時，牧適出游，翺絕筆詩所謂"九鎖山人歸不歸"者，即為牧作，其志趣可以想見矣。洞霄宮在餘杭縣大滌洞天，巖壑深秀，為七十二福地之一。宋世嘗以舊宰執之奉祠者領提舉事。政和中，唐子霞作《真境錄》紀其勝，後不傳。端平間有《續錄》，今亦無考。牧於大德己亥入洞霄，止超然館，住持沈多福為營白鹿山房居之。遂屬牧偕本山道士孟宗寶搜討舊籍，作為此《志》。凡六門，曰《宮觀》②，曰《山水》，曰《洞府》，曰《古蹟》，附以異事，曰《人物》，分"列仙"、"高道"二子目，曰《碑記》，門各一卷。前有元教嗣師吳全節及多福二序，後有錢塘葉林、台州李洧孫二跋。牧文章本高曠絕俗，故所錄皆詳略有法。惟不載宋提舉官姓名，近時朱彝尊始作記以補之。然宋代奉祠，率皆遙領，與茲山古蹟不甚相關。正如魏、晉以下之公侯，名繫郡縣，而事殊茅土。志乘之中，載之不為贅，削之亦不為闕也。牧成此書在大德乙巳，至明年丙午春而牧卒。此書第五卷後附住持、知宮等題名，有及丙午六月後事者，疑為道流所增入。又《人物》門有牧及葉林二傳，前題"續編"二字，亦不知續之者為誰。舊本所有，姑並存之。又書稱《圖志》，而此本乃有志無圖，當為傳寫所脫佚，無可校補，亦姑仍其闕焉。

【彙訂】

① 大德九年十一月望日沈多福序稱："余懼靈蹟奇聞久將堙沒，遂俾道士孟宗寶、隱士鄧牧心相與蒐羅舊籍，詢咨故老，考訂作《洞霄圖志》。"至大三年吳全節序亦云："道士孟集虛出所編《洞霄圖記》……是編行乎世，集虛於茲山之功亦懋矣。"可見此

書為鄧牧與孟宗寶合編。（李裕民：《四庫提要訂誤》增訂本）

②底本“觀”上衍“曰”字，據殿本刪。此書卷一為《宮觀門》。

長安志圖三卷（安徽巡撫採進本）

元李好文撰①。好文字惟中，東明人。至治元年進士，官至光祿大夫、河南行省平章政事。致仕，給翰林學士承旨一品祿終其身。事蹟具《元史》本傳。此書結銜稱陝西行臺御史。考本傳稱好文至正元年除國子祭酒②，改陝西行臺治書侍御史，尋遷河東道廉訪使。又稱至正四年仍除陝西行臺治書侍御史③，六年始除侍講學士。此書蓋再任陝西時作也④。自序稱圖舊有碑刻，元豐三年呂大防為之跋，謂之《長安故圖》。蓋即陳振孫所稱《長安圖記》，大防知永興軍時所訂者⑤。好文因其舊本，芟除譌駁，更為補訂，又以漢之三輔及元奉元所屬者附入。凡漢、唐宮闕陵寢及渠涇沿革制度皆在焉，總為圖二十有二⑥。其中渠涇圖說，詳備明晰，尤有裨於民事，非但考古蹟，資博聞也。本傳載所著有《端本堂經訓要義》十一卷，《歷代帝王故事》一百六篇，又有《大寶錄》、《大寶龜鑑》二書，而不及此《圖》。《元史》疏漏，此亦一端矣。此本乃明西安府知府李經所鋟，列於宋敏求《長安志》之首，合為一編。然好文是書本不因敏求而作，強合為一，世次紊越，既乖編錄之體，且《圖》與《志》兩不相應，尤失古人著書之意。今仍分為二書，各著於錄。《千頃堂書目》載此編作《長安圖記》，於本書為合。此本題曰《長安志圖》，疑李經與《長安志》合刊，改題此名⑦。然今未見好文原刻，而《千頃堂書目》傳寫多譌，不盡可據，故今仍以《長安志圖》著錄，而附載其異同於此，備考核焉。

【彙訂】

①　據書名下題曰："河濱漁者編類圖説，前進士頻陽張敏同校正。"可見除河濱漁者(李好文)外，參與編校者尚有張敏。(周生春:《四庫全書總目補正》)

②　"除"，殿本作"自"。

③　《元史》卷一八三《李好文傳》云:"(至正)四年，除江南行臺治書侍御史，未行，改禮部尚書，與修《遼》、《金》、《宋史》，除治書侍御史，仍與史事。俄除參議中書省事，視事十日，以史故，仍為治書。已而復除陝西行臺治書侍御史……"至正四年十一月阿魯圖等所上《進〈金史〉表》及《修史官員》，至正五年十月阿魯圖等所上《進〈宋史〉表》及《修史官員》，亦均載治書侍御史李好文之名。可知至正五年十月後好文才有可能出任陝西行臺治書。(周生春:《四庫全書總目補正》)

④　《長安志圖》初稿當成於至正二年，李好文再任陝西時可能又做了一些補充。卷首李好文自序作於至正二年秋九月朔，初任陝西行臺治書侍御史時。同年冬，唐兀人必申達為《涇渠圖説》作有序言，説明此時《長安志圖》應該完成初稿，或是初步完成了卷下《涇渠圖説》。但卷下《建言利病》部分記載有承務郎、陝西諸道行御史臺監察御史宋秉亮向朝廷的"建言"。據《元史·河渠志》的記載，宋秉亮向朝廷"建言"的時間是至正三年，這份"建言"應當是李好文再任西臺為《長安志圖》做補充時增補的內容，説明《長安志圖》並不是一次完稿的。(辛德勇:《考〈長安志〉〈長安志圖〉的版本——兼論呂大防〈長安圖〉》;周生春:《四庫全書總目補正》;陳廣恩:《關於〈長安志圖〉的幾個問題》)

⑤　據此書卷上所引呂大防題記，"長安故圖"乃所據考證之

資料,而非著述之名。(周生春:《四庫全書總目補正》)

⑥ 好文附入之圖除"漢之三輔及元奉元所屬者"外,尚有繪錄漢代長安、名勝、古蹟、唐代帝陵和水利之圖。原有圖二十二幅,文淵閣《四庫》本目錄脫《奉元州縣圖》、《唐宮城坊市總圖》、《唐宮圖》和《唐京城坊市圖》,僅餘十八圖。其卷內因析《唐昭陵圖》為二,實有圖十九幅。又據卷下所載,"《渠涇圖説》"應為《涇渠圖説》之誤。(同上)

⑦ 此書文淵閣《四庫》本卷首李好文自序云:"名之曰《長安志圖》,明所以圖為志設也。"好文同年吳師道《禮部集》卷十八有《〈長安志圖〉後題》。《皕宋樓藏書志》卷三三著錄影寫元刊本題作《長安志圖》。明成化四年、嘉靖十一年李經刊本和清乾隆四十九年刊本均題曰《長安志圖》。《千頃堂書目》作《長安圖記》,當係傳寫致誤。又成化四年刊本已為《長安志圖》、《長安志》合刊,非始於李經,李經亦未改題書名。(楊紹和:《楹書隅錄》;辛德勇:《考〈長安志〉〈長安志圖〉的版本——兼論呂大防〈長安圖〉》;周生春:《四庫全書總目補正》)

汴京遺蹟志二十四卷(河南巡撫採進本)

明李濂撰。濂有《祥符先賢傳》,已著錄。是書以歷代都會皆有專志,獨汴京無之,又宋孟元老《東京夢華錄》蕪穢猥瑣無足觀,案元老書記風俗瑣事,與地志體殊,此語過當,謹附訂於此。遂摭拾舊聞,編次成帙。義例整齊,頗有體要。徵引典核,亦具見根據。在輿記之中,足稱善本。雖其精博辨晰不及《長安志》、《雍錄》諸書,而自朱梁以迄金源①,數百年間建置沿革之由、興廢存亡之蹟,皆為之彙考臚編,略存端緒,亦復粲然如指諸掌②。宋敏求

《東京記》今已不傳，得濂此書，亦足以補其闕矣。

【彙訂】

①"朱梁"，殿本作"宋梁"，誤。書前自序云："獨吾汴自五代以迄於宋，久為帝都，而紀載之書無聞焉。"

②"諸"，殿本無。

武林梵志十二卷（浙江汪汝瑮家藏本）

明吳之鯨撰。之鯨字伯裔，錢塘人。萬曆己酉舉人①，官浮梁縣知縣。是編以杭州梵刹盛於南宋，至明而殘廢者多，恐遺蹟漸湮，乃博考乘牒，分城内、城外、南山、北山及諸屬縣，凡得寺院四百二十六所，俱詳誌創置始末及其山川形勝。後分《天朝寵錫》、《宰官護持》、《古德機緣》、《歷代勳績》四門，備紀名流勝蹟、高僧支派。各編小傳，序錄井然，頗有條理。其中採輯宋、元、明人詩文，如《仙林崇先二寺記》見曹勛《松隱集》，《智果寺記》見徐一夔《始豐槀》②，而《志》俱失載，不免稍有脱漏③。又如宋張敦禮捨鐘之法雲寺，非杭之法雲寺，而以名同誤入。又撰《法相寺碑記》者前作范楷，後作沈楷，亦有駮文。然其搜剔幽隱，實多《武林遺事》、《西湖游覽志》所未載。如《明遠堂詩》次於蘇軾諸作之後，而《東坡集》無之，張九成《喻彌陀塔銘》亦不見於《横浦集》。張伯雨《天池樓詩》與本集互異，可以參考。其遺聞軼事亦足為考古談藝之資，正不徒為伽藍增故實矣。

【彙訂】

①"萬曆己酉"，殿本作"萬曆中"。

②"始豐槀"，殿本作"始豐集"，誤。徐一夔傳世集名《始豐槀》，《重修智果寺記》載其卷七。

③“脱漏”，殿本作“漏脱”。

江城名蹟二卷（江西巡撫採進本）①

國朝陳宏緒撰。宏緒字士業，新建人。明末以薦授晉州知州。時劉宇亮以閣臣督師，欲移兵入晉州。宏緒拒不納，坐謫為湖州府經歷。鼎革後終於家。是書以南昌省會為南昌、新建二縣地，因考其名蹟。以城之內外為限，凡去城遠者則不及。多詳於樓觀、祠宇、梵刹、園亭之類，卷上為《考古》，卷下為《證今》。自序謂：“古與今不以時代為斷，而一以興廢存亡為斷。”蓋事皆目歷，非徒案籍而登也。宏緒文章淹雅，在明末號能復古，故作是書，敘次頗有條理，考證亦多精核。惟喜載雜事，多近小說，且多曼衍旁涉。如“天寧寺”條下載寺僧淫褻之類，頗乖大雅，亦非地志之體。是則體例未嚴，不免為白璧之瑕矣。

【彙訂】

① 文淵閣《四庫》本為四卷，書前提要不誤。（沈治宏：《中國叢書綜錄訂誤》）

營平二州地名記一卷（兩淮鹽政採進本）

國朝顧炎武撰。炎武有《春秋杜解補正》，已著錄。案《爾雅》“營州”，孫炎註以為殷制①，孔穎達《尚書疏》謂舜十二州有營州，殷本虞制，分青州地為之。凡在遼水東者，東至朝鮮之境，皆古營州地也。平州即今永平府，在虞時亦為營州地，秦時為右北平遼西地，後漢洎晉皆為遼西地。後漢末，公孫度自號平州牧，於是平州之名始見於史。炎武遊永平時，郡人以志屬之。炎武未應其求，因摭古來營、平二州故實，纂為六卷付之，題曰《營平二州史事》。今其書不存。此本出自惠棟紅豆齋②，惟載二州

古地名,至五代而止。又僅一卷,意其為六卷之一也③。其中
"卑耳之谿"一條,既引《管子》,最後一頁又載"俞兒"一事全文,
當是隨筆雜鈔,失於刪削。不但非其完書,並為未定之稾本矣。
然炎武嫻於地理,所纂述多可依據,書雖殘闕,要於考證之學不
為無補焉。

【彙訂】

① "以",殿本無。

② "本",殿本作"書"。

③ 六卷本迄於元至正而止,當別為一書。(王蘧常:《顧亭
林著述考》)

　　金鼇退食筆記二卷(大學士英廉購進本)①

　　國朝高士奇撰。士奇有《春秋地名考略》,已著錄。是編乃
其康熙甲子官侍講學士,入侍内廷時所作。前有自序,稱:"自丁
巳賜居太液池之西,朝夕策馬過金鼇玉蝀橋,望苑中景物,七閱
寒暑。退食之頃,偶訪曩時舊制,約略得之傳聞者,而又彷彿尋
其故址②。離宮別館,廢者多矣。脱復十數年,老監已盡,遺蹟
漸湮,無以昭我皇上卑宫室、約園囿之儉德,因率筆記之。詳於
西而略於東,以所居在苑西故也。紀其興廢而復雜以時事,欲見
昭代之盛,存為太平佳話也③。"又稱:"衙署監局,載在會典者不
書,訪問未確者不書,外人所罕窺者亦不敢書。"蓋其時距明末僅
四十年④,前朝宦豎存者猶多,士奇出入禁廷,得以詢訪。又久
寓其旁,朝夕考校,故所記往往可據。朱彝尊《日下舊聞》多採掇
之。今奉詔考定彝尊之書,徵據詳明,纖悉必備,此編已在包括
之中。顧其草創記錄之功⑤,亦不可没,故仍錄存之⑥,以備參

稽焉。

【彙訂】

①"大學士",殿本作"刑部尚書"。

②"而",殿本無。

③"佳話",殿本作"嘉話"。

④"僅",殿本無。

⑤"顧",殿本作"然"。

⑥"故",殿本無。

石柱記箋釋五卷(浙江巡撫採進本)

國朝鄭元慶撰。元慶字芷畦,歸安人。吳興山水清佳,自六朝以來稱東南名郡。自唐時刻有《石柱記》,樹之杼山,載其山川、陵墓、古蹟、古器甚詳。迨傳世既久,歲月、名字遂漫漶不可考。歐陽修作《集古錄》,以為筆畫奇偉,非顏真卿不能書。孫覺知湖州,聚境內碑碣,築墨妙亭貯之,凡三十二通,《石柱記》亦居其一。後人因府治卑濕,墨妙亭諸石盡取以填淤泥,而《石柱記》遂淪沒不復見。康熙辛巳,元慶重修府志既成,復訪得宋槧《石柱記》,為世所罕覯。惟湖州五縣,原本祇載其三。秀水朱彝尊乃依仿體例,摭德清、武康二縣事蹟,輯而補之。元慶採掇諸書,為之注釋。其徵據考證,頗為贍博。雖於一郡之勝,尚未能包括無餘,而軼典遺詞,其梗概亦已略具,固亦徵文考獻者所不廢矣。

關中勝蹟圖志三十二卷(陝西巡撫採進本)

乾隆四十一年巡撫陝西、兵部侍郎、兼都察院右副都御史畢沅所進也。關中為雍州舊壤,班固所稱"神臯奧區",周、秦、漢、唐並建都作邑,遺聞舊事見於典籍者至多。可以循覽前編①,考

求故址。而河山表里，形勢尤雄，奇蹟靈蹤，亦往往而在。諸家
撰述之存於今者，《三輔黃圖》以下如宋敏求《長安志》、程大昌
《雍錄》、李好文《長安志圖》、何景明《雍大記》、李應祥《雍略》之
類，未易一二殫數，而山水游記、郡邑志乘尚不與焉②。然體例
各殊，純駁互見，披圖案籍，牴牾實繁，未有薈粹羣言，歸於畫一
者。我國家醲化覃敷，羣生茂豫③，周原邻土④，慶告屢豐。華岳
之祠、太白之湫，俱仰荷宸翰褒題，光燭霄宇。其秦、漢涇渠故
道，亦皆次第興修。守土之臣得乘邊圉寧謐、民氣和樂之餘，行
部川原，詢求舊蹟。訂譌釐舛，勒成是編，以上呈乙覽。視儒生
著述，披尋於斷碑碎碣之間，研索於脫簡殘編之內者，其廣狹固
有殊矣。其書以郡縣為經，以地理、名山、大川、古蹟四子目為
緯，而以諸圖附於後。援據考證，各附本條，具有始末。臣等謹
為錄副，登諸祕閣，亦古者郡國地志藏在太史之義也。

【彙訂】

① 殿本“可”上有“多”字。

② “郡邑”，殿本作“州郡”。

③ “羣”，殿本作“桐”。

④ “邻”，殿本作“齒”。

右地理類“古蹟”之屬，十四部，一百二十五卷，皆文淵閣
著錄。

南方草木狀三卷（兩江總督採進本）

晉嵇含撰。含事蹟附載《晉書·嵇紹傳》。考《隋志》、《舊唐
志》俱有含集十卷，《隋志》云其集已亡，但附載《郭象集》下，《舊唐志》仍著
錄。而不載此書，至《宋志》始著錄。觀此書載指甲花自大秦國

移植南海①，是晉時已有是花。而唐段公路《北戶錄》乃云指甲花本出外國，梁大同二年始來中國。知公路未見此書，蓋唐時尚不甚顯，故史志不載也。諸本但題"譙國嵇含"，惟宋麻沙舊版前題曰"永興元年十一月丙子，振威將軍、襄陽太守嵇含撰"云云，載其年月仕履，頗為詳具。蓋舊本如是，明人始刊削之。然《晉書·惠帝本紀》，永寧二年正月，改元永安，七月改建武，十一月復為永安。十二月丁亥，立豫章王熾為太弟，始改永興。是永興元年不得有十一月。又永興二年正月甲午朔，以干支推之，丙子當在上年十二月中旬，尚在改元前十二日，其時亦未稱永興。或其時改元之後，併十二月、一月皆追稱永興，而輾轉傳刻，又誤十二月為十一月歟？惟《隋志》稱廣州太守嵇含，而此作襄陽太守。考書中所載，皆嶺表之物，則疑"襄陽"或誤題也。其書凡分草、木、果、竹四類，共八十種。敍述典雅，非唐以後人所能偽，不得以始見《宋志》疑之。其本亦最完整②，蓋宋以後花譜、地志援引者多，其字句可以互校，故獨鮮譌闕云。

【彙訂】

①"大秦"，殿本作"大泰"，誤。此書卷中載"指甲花……亦胡人自大秦國移植於南海"。

②今本《南方草木狀》全部八十條中有六十餘條均自《太平御覽》、《藝文類聚》、《齊民要術》、《證類本草》、《太平廣記》、《嶺表錄異》、《北戶錄》、《投荒雜錄》等書中抄出，以宋人陸佃《埤雅》為最晚。其利用前書編綴成文的情況可分為綜合、全抄、摘抄、承誤、增飾五種。北宋以前文獻徵引之《南方草木狀》與今本毫不相干，實皆徐衷《南方草物狀》之誤題。今本《南方草木狀》最早著錄於南宋尤袤《遂初堂書目》（成書於 1174—1189），書中

"楨桐花"等六條内容最早爲陳景沂《全芳備祖》(成書於 1225 年左右)所徵引,後又著錄於陳振孫《直齋書錄解題》(成書於 1241—1252),再後爲《百川學海》叢書(成書於 1265—1274)首次收入,亦可證今本成書時間當在南宋初。(陳連慶:《今本〈南方草木狀〉研究》;繆啟愉:《〈南方草木狀〉的諸僞蹟》;邱澤奇:《漢魏六朝嶺南植物"志錄"考略》))

荆楚歲時記一卷(兩江總督採進本)

舊本題晉宗懍撰,《書錄解題》作梁人。考《梁書·元帝本紀》載承聖三年秋七月甲辰,以都官尚書宗懍爲吏部尚書。又《南史·元帝本紀》載武陵之平[①],議者欲因其舟艦遷都建鄴,宗懍、黃羅漢皆楚人,不願移。此書皆記楚俗,當即其人。舊本題晉人,誤也。唐、宋《志》皆作一卷,與今本合。而《通考》乃作四卷。考《書錄解題》載懍自序曰:"傅元〔玄〕之《朝會》,杜篤之《上巳》,安仁《秋興》之敘,君道《娛蜡》之述,其屬辭則已洽,其比事則未宏。率爲小説,以錄荆楚歲時風物故事。自元日至除日,凡二十餘事。"然則必無四卷,知《通考》爲傳寫之譌。又檢今本實有三十六事,并知陳振孫所記懍序亦以"三"字譌爲"二"字[②]。然周密《癸辛雜識》引張騫乘槎至天河,見織女得支機石事,云出《荆楚歲時記》。今本無之[③],則三十六事尚非完本也。其註相傳爲隋杜公瞻作,故多引開皇中杜臺卿《玉燭寶典》。然《唐志》"宗懍《荆楚歲時記》一卷"下,又出"杜公瞻《荆楚歲時記》二卷"。豈原書一卷,公瞻所註分二卷,後人又合之歟?

【彙訂】

① "載",殿本無。

　　②“二”下“字”字，殿本無。《直齋書錄解題》卷六著錄《荊楚歲時記》六卷，無《總目》所引之語，此乃《郡齋讀書志》之文。袁本《讀書志》雖作一卷，然衢本則作四卷，《文獻通考》即據衢本，非傳寫之譌。（余嘉錫：《四庫提要辨證》）

　　③《癸辛雜識》前集所引《荊楚歲時記》只云張騫乘槎見織女牽牛，並無得支機石事。《太平御覽》卷五一所引有此事。（同上）

　　北戶錄三卷（兩淮鹽政採進本）

　　唐段公路撰。《學海類編》作公璐，蓋字之譌。《新唐書·藝文志》稱為宰相文昌之孫，則當為臨淄人。《學海類編》作東牟人，亦未詳所本。歷仕始末不可考。惟據書首結銜，知官京兆萬年縣尉。據書中稱咸通十年，知為懿宗時人而已①。是書當在廣州時作，載嶺南風土，頗為賅備，而於物產為尤詳。其徵引亦極博洽，如《淮南萬畢術》、《廣志》、《南越志》、《南裔異物會要》、《靈枝圖記》②、陳藏器《本草》、《唐韻》、郭緣生《述徵記》、《臨海異物志》、《陶朱公養魚經》、《名苑》、《毛詩義》、《船神記》、《字林》、《廣州記》、《扶南傳》諸書，今皆散佚，藉此得以略見一二③。即所引張華《博物志》，多今本所無，亦藉此以考證真偽。條下註文，頗為典贍，題“登仕郎前參軍龜圖撰”，不題其姓，似為公路之族。然《唐書·宰相世系表》不載其名，莫知其審矣④。《唐書·藝文志》作《北戶雜錄》，疑傳寫誤衍一“雜”字⑤。其作三卷，與此本合。《學海類編》所載惟存一卷，凡物產五十一條，不為完本。曹溶所錄古書往往如是，不足深詰也。

　　【彙訂】

　　① 書中卷二“斑皮竹筍”條云：“公路乾符初經過夏口時，有

人獻合歡筍於韋公尚書者……"可見所記最晚為僖宗乾符時。（李裕民：《四庫提要訂誤》增訂本）

②"靈枝"，殿本作"荔枝"，誤。

③"得以"，殿本無。《靈枝圖記》當作《靈芝園説》（卷一"紅蝙蝠"條），《名苑》當作《兼名苑》（共引五條），《毛詩義》當作《毛詩義疏》（卷一"孔雀媒"條、卷二"紅蝦杯"條）。所引佚書尚有劉欣期《交州記》、《交州異物志》、《玄中記》、《證俗音》、《洞冥記》、《三輔故事》、王隱《晉書》、《晉中興書》、《元和御覽》、《修文殿御覽》、《晉安帝記》、竺法真《登羅山疏》、熊氏《瑞應圖》、孫氏《瑞應圖》、《武陵記》、《稽聖賦》、《白澤圖》、魏武《四時食制》、《魏略》、《吳錄》、《永嘉記》、《宋紀》、顧啟期《婁地記》、梁武帝《小説》、《梁科律》、《梁簡文帝集》、《南雍州記》、《孝經援神契》、《萬歲曆》、《樓炭經》、《聲集》、《異苑》、陳仲弓《異聞記》、《無名詩集》、《會最》、《尚書中候》等。（李裕民：《四庫提要訂誤》增訂本）

④據諸本所題，應作崔龜圖注，非段氏。（朱家濂：《讀四庫提要劄記》）

⑤《遂初堂書目》亦作《北户雜錄》，《文獻通考·經籍考》作《北户雜記》。（張守衛：《〈直齋書錄解題〉佚文八條》）

桂林風土記一卷（兵部侍郎紀昀家藏本）

唐莫休符撰。休符里貫未詳。作此記時，在昭宗光化二年，休符以檢校散騎常侍守融州刺史。其終於何官，亦莫能考也。此記《新唐書·藝文志》作三卷，今存者一卷。卷中目錄四十六條，今闕"火山"、"採木"二條。蓋殘闕之餘，非完書矣。朱彝尊《曝書亭集》有此書跋云："閩謝在杭小草齋所錄，舊藏徐惟起家。"跋稱獲自錢塘沈氏,是洪武十五年鈔傳。此本小草亭題識及洪武年月,與彝尊所言合,蓋即彝尊所見本也。彝尊跋又稱:"中載張固、盧順之、張叢、元晦、路單、韋瓘、歐陽膳、李渤諸人詩,向未著於錄,亟當發其幽光。"今觀諸詩外尚有楊尚書、陸宏休二首,亦唐代軼篇,為他書所未載①。今《全唐詩》採錄諸篇,即據此本。則其可資考證者,又不止於譜民風、記土產矣。

【彙訂】

① 殿本"所"上有"之"字。

嶺表錄異三卷(永樂大典本)

舊本題唐劉恂撰。宋僧贊寧《筍譜》稱恂於唐昭宗朝出為廣州司馬。官滿,上京擾攘,遂居南海,作《嶺表錄》。陳振孫《書錄解題》亦云昭宗時人。然考書中云唐乾符四年,又云唐昭宗即位。唐之臣子宜有內詞,不應直稱其國號。且昭宗時人,不應預稱諡號。殆書成於五代時歟①?粵東輿地之書,如郭義恭《廣志》、沈懷遠《南越志》皆已不傳。諸家所援據者,以恂是編為最古。而《百川學海》及《說郛》所載②,寥寥數頁,首尾不完,蓋僅從類書鈔撮數條,以備一種③。而恂之原本則已久佚。宋代《太平寰宇記》、《太平廣記》、《太平御覽》諸書徵引頗夥,然尚多挂漏。惟散見《永樂大典》者,條理較詳,尚可編次。謹逐卷裒輯,而佐以旁見諸書者,排比其文,仍成三卷,以復《唐志》之舊。雖《永樂大典》闕卷數函,無從考驗,或不免一二之遺,而證以諸書,似已十得其八九焉④。唐人著述,傳世者稀,斷簡殘編,已足珍惜。此更於放失之餘,復成完帙,使三四百年博物君子所未睹者,一旦頓還其舊觀,彌足寶矣。恂書體例不可考,今不敢強為分門,僅使各以類聚,庶便省覽。其中記載博贍而文章古雅,於蟲魚草木所錄尤繁。訓詁名義,率多精核。葉廷珪《海錄碎事》釋《爾雅》"魁陸",引此書"瓦隴"以證之。張世南《游宦紀聞》引郭璞《爾雅注》"犀有三角"之文,據此書稱"犀二角"以辨之。歷來考據之家,皆資引證,蓋不特圖經之圭臬,抑亦《蒼》、《雅》之支流,有裨小學,非淺鮮也。諸書所引,或稱《嶺表錄》,或稱《嶺表記》,或稱《嶺表異錄》,或稱《嶺表錄異記》,或稱《嶺南錄異》,核其文句,實皆此書。殆以舊本不存,轉相裨販,故流傳譌異,致有數名。惟《永樂大典》所題與《唐志》合,今特從之,以存其真焉。

【彙訂】

①書中未見晚於唐之內容。昭宗卒後,哀帝即位,至四年唐亡,哀帝時固可稱昭宗諡號。各家書目均題此書為唐人所作,宋趙與峕《賓退錄》卷三亦云:"《嶺表錄異》,唐之書也。"(李裕民:《四庫提要訂誤》增訂本)

②《百川學海》未收此書,疑為《類說》之誤。(同上)

③《說郛》本應係自原書摘錄,非從類書抄撮。(昌彼得:《說郛考》)

④"焉",殿本無。

益部方物略記一卷(江蘇巡撫採進本)①

宋宋祁撰。祁字子京,雍邱〔丘〕人。天聖二年進士,官至翰林學士承旨,諡景文。事蹟具《宋史》本傳②。是編乃嘉祐二年祁由端明殿學士、吏部侍郎知益州時所作。因東陽沈立所撰《劍南方物》二十八種,補其闕遺。凡草木之屬四十一,藥之屬九,鳥獸之屬八,蟲魚之屬七,共六十五種。列而圖之,各繫以贊,而附注其形狀於題下。贊居前，題列後，古書體例，大抵如斯，今本《爾雅》猶此式也。其圖已佚，贊皆古雅，蓋力摹郭璞《山海經圖贊》，往往近之。註則頗傷謇澀，亦每似所作《新唐書》，蓋祁敘記之文類如是也。胡震亨跋引范成大《聖瑞花》詩，證是花開於春夏間，祁註稱"率以秋開"為非。殆由氣候不齊，各據所見。又引薛濤《鴛鴦草》詩"但娛春日長，不管秋風早"句③，證祁註是草春葉晚生之非，則橫生枝節。夫春日已長，非春晚而何歟！至虞美人草自屬借人以名物，如菊號西施之類，必改為娛美人草，曲生訓釋，是則支離無所取耳。

【彙訂】

①"江蘇巡撫採進本"，殿本作"兩淮鹽政採進本"。《四庫採進書目》未著錄此書。（江慶柏：《殿本、浙本〈四庫全書總目〉著錄圖書進獻者主名異同考》）

②《宋史·宋庠傳》載"字公序，安州安陸人，後徙開封之雍丘"。宋祁為庠弟，當為安陸人。（盧弼：《四庫湖北先正遺書劄記》）

③"薛濤"，殿本作"謝濤"，誤。《全唐詩》卷八百三載薛濤《鴛鴦草》詩："綠陰滿香砌，兩兩鴛鴦小。但娛春日長，不管秋風早。"

岳陽風土記一卷（兩江總督採進本）

宋范致明撰。致明字晦叔，建安人。元符中登進士第①。是編乃其以宣德郎謫監岳州商稅時所作②。不分門目，隨事載記。書雖一卷，而於郡縣沿革、山川改易、古蹟存亡，考證特詳。如樂史《太平寰宇記》謂"大江流入洞庭"，致明則謂"洞庭會江，江不入洞庭。惟荆江夏秋暴漲，乃逆泛而入，三五日即還，名曰翻流水”。《圖經》以鄭王廟爲鄭德璘，致明則謂爲隋末鄭文秀，與董景珍同立蕭銑者，故其北又有董王廟。沈亞之《湘中怨》記岳陽樓聞汜人之歌，致明則核以地形，謂舟中之歌，樓上不辨。杜佑《通典》謂巴邱〔丘〕湖中有曹洲，即曹公爲吳所敗燒船處，在今縣南四十里，致明則謂今縣西但有曹公渡，考之地理，與周瑜、曹操相遇處絕不相干。《漢陽圖經》謂赤壁即烏林，致明則謂曹操已至巴邱，則孫、劉宜拒之於巴陵、江夏間。所謂烏林，即烏黎口，不當在漢陽界。世傳華容爲章華臺，致明則謂舊臺在景陵界，華容隋縣，乃取古容城名之。酈道元《水經注》謂澧水會沅，然後入湖，致明則謂澧、沅雖相通，而各自入湖，澧所入處名澧口，沅所入處名鼎江口。皆確有引據，異他地志之附會。其他軼聞逸事亦頗資採擇，敍述尤爲雅潔。在宋人風土書中，可謂佳本矣。

【彙訂】

① “第”，殿本無。

② 明嘉靖刊本此書題曰：“宋宣德郎、監岳州在城酒稅務范致明撰”，《續資治通鑑長編紀事本末》卷一二二云崇寧三年四月，“責降人湖北路范致明落侍御史降監岳州酒稅”，則非監商稅也。（余嘉錫：《四庫提要辨證》）

東京夢華錄十卷（編修汪如藻家藏本）

宋孟元老撰。元老始末未詳。蓋北宋舊人，於南渡之後，追憶汴京繁盛，而作此書也。自都城、坊市、節序、風俗，及當時典禮、儀衛，靡不賅載。雖不過識小之流，而朝章國制，頗錯出其閒。核其所紀,與《宋志》頗有異同。如《宋志》南郊儀注,郊前三日,但云齋於大慶殿、太廟及青城齋宫。而是書載車駕宿大慶殿儀、駕宿太廟奉神主出室儀、駕詣青城齋宫儀,委曲詳盡。又如郊畢解嚴,《宋志》但云御宣德門肆赦。而是書載下赦儀,亦極周至。又行禮儀注,《宋志》有皇帝初登壇,上香奠玉幣儀,既降盥洗,再登壇然後初獻。而是書奏請駕登壇即初獻,無上香獻玉帛儀。又太祝讀册,《宋志》列在初獻時。是書初獻之後再登壇,始稱讀祝,亦小有參差。如此之類,皆可以互相考證,訂史氏之譌舛。固不僅歲時宴賞,士女奢華,徒以悵悵舊游,流傳佳話者矣。

六朝事蹟編類二卷(兩江總督採進本)

宋張敦頤撰。敦頤字養正,婺源人。紹興八年進士,由南劍州教授歷官知舒、衡二州,致仕。是編前有紹興庚辰自序,結銜稱“左奉議郎、充江南東路安撫司幹辦公事”,蓋登第後之二十二年也。其書為補《金陵圖經》而作。首《總敘》,次《形勢》,次《城闕》,次《樓臺》,次《江河》,次《山岡》,次《宅舍》,次《讖記》,次《靈典》,次《神仙》,次《寺院》,次《廟宇》,次《墳陵》,次《碑刻》,凡十四門。引據頗為詳核。而《碑刻》一門,尤有資於考據。惟書以“六朝”為名,而古蹟之中,自南唐以逮於北宋,如丁謂、王安石所建,亦具載之,殊失斷限。又《總敘》門內《六朝保守》一篇,歷數自吳以來南朝不可北伐,北伐必敗,即倖勝亦不能守。蓋亦南渡之初力主和議之説者,其識見未免卑懦[①]。然核諸情事,其説亦不為無因。固與《江東十鑑》之虛張形勢者,較為切實矣。

【彙訂】

① “其識見未免卑懦”,殿本無。

會稽三賦三卷（禮部尚書曹秀先家藏本）

宋王十朋撰。十朋字龜齡，樂清人。紹興二十七年進士第一，官至龍圖閣學士[①]，謚忠文[②]。事蹟具《宋史》本傳。所著有《梅溪集》。此賦三篇，又於集外別行。一曰《會稽風俗賦》，仿《三都賦》之體，歷敘其地山川、物產、人物、古蹟。一曰《民事堂賦》，民事堂者，紹興中添差簽判廳之公堂也。元借寓小能仁寺，歲久圮廢，十朋始重建於車水坊[③]。一曰《蓬萊閣賦》，其閣以元稹詩"謫居猶得住蓬萊"句得名。皆在會稽，故統名曰《會稽三賦》。初，嵊縣周世則嘗爲註《會稽風俗賦》，郡人史鑄病其不詳，又爲增註，併註後二賦。末有嘉定丁丑鑄自跋[④]。十朋文章典雅，足以標舉茲邦之勝。鑄以當時之人註當時之作，耳聞目睹[⑤]，言必有徵。視後人想像考索者，亦特爲詳贍。且所引無非宋以前書，尤非近時地志杜撰故實、牽合名勝者可比。與十朋之賦相輔而行，亦劉逵、張載分註《三都》之亞也。

【彙訂】

①"至"，殿本無。

②"忠文"，底本作"文忠"，據殿本乙。《宋史》卷三八七《王十朋傳》云："紹興三年，謚曰忠文。"

③"車水坊"，殿本作"車水城"，誤。《會稽續志》卷一《坊巷》有車水坊。

④ 宋刊本卷首載嘉定丁丑史鑄序，作"自跋"誤。（崔富章：《四庫提要補正》）

⑤"睹"，殿本作"見"。

中吳紀聞六卷（浙江鮑士恭家藏本）

　　宋龔明之撰。明之字希仲①，號五休居士，崑山人。紹興間，以鄉貢廷試，授高州文學②。淳熙初，舉經明行修，授宣教郎，致仕③。是書採吳中故老嘉言懿行及其風土人文，為新舊《圖經》、范成大《吳郡志》所不載者④，仿范純仁《東齋紀事》⑤、蘇軾《志林》之體，編次成帙。書成於淳熙九年，明之年已九十有二，亦可謂耄而好學者矣。宋末書已罕傳⑥。元至正閒，武寧盧熊修《蘇州志》，訪求而校定之。明末常熟毛晉始授諸梓，亦多舛謬⑦。其子宬後得葉盛菉竹堂藏本相校，第六卷多"翟超"一條，其餘頗有異同。何焯假以勘定，極為精審。然盧熊跋稱其子昱所撰《行實》附後，今兩本皆無之，則葉本亦不免於脫佚也。

　　【彙訂】

　　① 洪邁《夷堅志補》卷一作"熙仲"，"熙"有"明"意，《永樂大典》卷二三六八引《蘇州府志》亦作"字熙仲"。（李裕民：《四庫提要訂誤》）

　　② 據至正《崑山郡志》卷三《進士》、盧熊《蘇州府志》卷二十《貢舉題名》，龔明之為乾道八年（1172）"特科"進士，廷試及授高州文學絕非紹興間事。《總目》乃將紹興二十年（1150）鄉貢，明之不願隱瞞其年六十一事繫於特恩廷試之年而致誤。（周生春：《四庫全書史部地理類提要考辨》）

　　③ 明之於淳熙五年（1178）十二月致仕，卒於淳熙九年（1182）。（同上）

　　④ 龔明之自序云："其間有禪王化關土風者頗多，皆新舊《圖經》及夫（夫，或作吳）地志所不載者。"未嘗言及范成大《吳郡志》。《吳郡志》卷二九曾引《中吳紀聞》，卷二七"人物門"有《龔明之傳》。據趙汝談《吳郡志》序，其記事止於紹熙三年，距明之

之卒巳十年。(余嘉錫《四庫提要辯證》)

⑤《東齋紀事》當作《東齋記事》,作者為范鎮(字景仁)。鎮"諡曰忠文",范純仁"諡曰忠宣"。明之自序云其書"蓋效范忠文《東齋記事》體"。《總目》誤忠文為忠宣,故以《東齋記事》歸諸范純仁。(李裕民:《四庫提要訂誤》增訂本;周生春:《四庫全書史部地理類提要考辨》)

⑥ 按至正本盧熊《後記》所云,盧熊外祖、祖父和周正道均藏有此書抄本。又至正前崑山人楊譓所著《崑山郡志》曾多次引述《中吳紀聞》。可知元時僅平江路一地即有數家收藏和見過此書,宋末此書當亦非罕傳稀見之物。(周生春:《四庫全書史部地理類提要考辨》)

⑦ 明弘治七年(1494)崑山人嚴春曾刊行此書。正德九年(1514)龔弘"復以嚴本重壽諸梓",皆早於毛晉。(同上)

桂海虞衡志一卷(兩江總督採進本)

宋范成大撰①。乾道二年,成大由中書舍人出知靜江府②。淳熙二年,除敷文閣待制、四川制置使。是編乃由廣右入蜀之時,道中追憶而作。自序謂:"凡所登臨之處與風物土宜,方志所未載者,萃為一書。蠻陬絕徼,見聞可紀者,亦附著之。"共十三篇,曰《志巖洞》、《志金石》、《志香》、《志酒》、《志器》、《志禽》、《志獸》、《志蟲魚》、《志花》、《志果》、《志草木》、《雜志》、《志蠻》。每篇各有小序,皆志其土之所有③。惟《志巖洞》僅去城七八里內嘗所游者。《志金石》準《本草》之例,僅取方藥所須者。《志蠻》僅錄聲問相接者,故他不備載。《志香》多及海南,以世稱二廣出香。而不知廣東香自舶上來,廣右香產海北者皆凡品。《志器》

兼及外蠻兵甲之制①,以為司邊鎮者所宜知⑤,故不嫌旁涉。諸篇皆敘述簡雅,無夸飾土風、附會古事之習。其論辰砂、宜砂,地脈不殊,均生白石牀上,訂《本草》分別之譌;邕州出砂,融州實不出砂,證《圖經》同音之誤。零陵香產宜、融諸州,非永州之零陵;《唐書》稱林邑出結遼鳥,即邕州之秦吉了;佛書稱象有四牙、六牙,其說不實;桂嶺在賀州,不在廣州。亦頗有考證⑥。成大《石湖詩集》,凡經歷之地,山川風土,多記以詩。其中第十四卷,自註皆桂林作。而詠花惟有《紅豆蔻》一首,詠果惟有《盧橘》一首。至詠游覽⑦,惟有《棲霞洞》一首、《佛子巖》一首。其見於詩註者,亦僅蠻茶、老酒、蚺蛇皮腰鼓、象皮兜鍪四事,不及他處之詳。疑以此志已具,故不更記以詩也。其“盧橘”一種,《志果》不載。觀其《志花》小序,稱“北州所有皆不錄”,或《志果》亦用此例。“蠻茶”一種,《志草木》中亦無之。考詩註稱“蠻茶出修仁,大治頭風”,而《志草木》中有鳳膏藥⑧,亦云:“葉如冬青,治太陽痛,頭目昏眩。”或一物二名耶⑨?然檢《文獻通考·四裔考》,中引《桂海虞衡志》幾盈一卷,皆《志蠻》之文,而此本悉不載。其餘諸門,檢《永樂大典》所引,亦多在此本之外。蓋原書本三卷,而此本併為一卷,已刊削其大半。則諸物之或有或無,亦非盡原書之故矣。

【彙訂】

① 依《總目》體例,當補“成大有《驂鸞錄》,已著錄”。

② 據范成大《驂鸞錄》、周必大《范公成大神道碑》(載《省齋文槀》卷二二),成大奉命出知靜江府,系在乾道八年(1172)冬,九年三月到桂。《宋史》本傳載出知靜江府,在阻張說為簽書樞密之後。張說擢簽樞而中書舍人范成大“不草詞”,見《宋史·張

說傳》,事在乾道七年三月。可證《神道碑》所載"八年"不誤。(嚴沛:《桂海虞衡志校注》;楊武泉:《四庫全書總目辨誤》)

③ "皆",殿本作"各"。

④ "兼",殿本作"並"。

⑤ "邊鎮",殿本作"邊制"。

⑥ 據此書《雜誌》篇《桂嶺》條云,桂州城北五里有尋丈小坡,亦稱桂嶺,而賀州自有桂嶺縣,距廣州甚遠,無關涉。范謂桂嶺縣在賀州非桂州,則"廣州"應為"桂州"之誤。(嚴沛:《桂海虞衡志校注》;楊武泉:《四庫全書總目辨誤》)

⑦ "至",殿本無。

⑧ 此書傳本十餘種,皆作"風膏藥"。文淵閣《四庫》書前提要不誤。(嚴沛:《桂海虞衡志校注》;楊武泉:《四庫全書總目辨誤》)

⑨ 《虞衡志》原本三卷,傳世至今皆節本,只一卷。南宋末黃震尚及見范書原本,其《黃氏日抄》卷六七節抄《虞衡志》之文,於《志草木》篇云:"修仁茶。修仁,靜江府縣名。製片二寸許,上有'供神仙'三字者上也。大片粗淡。"可知《虞衡志》本有修仁茶一條。既與風膏藥同列於《志草木》篇中,則不得視為一物。(楊武泉:《四庫全書總目辨誤》)

嶺外代答十卷(永樂大典本)

宋周去非撰。去非字直夫,永嘉人。隆興癸未進士,淳熙中官桂林通判。是書即作於桂林代歸之後①。自序謂本范成大《桂海虞衡志》,而益以耳目所見聞,錄存二百九十四條。蓋因有問嶺外事者,倦於應酬,書此示之,故曰"代答"。原本分二十門。

今有標題者凡十九，一門存其子目而佚其總綱，所言則軍制戶籍之事也。其書條分縷析，視稧含、劉恂、段公路諸書敘述為詳。所紀西南諸夷，多據當時譯者之辭，音字未免舛譌。而邊帥、法制、財計諸門，實足補正史所未備，不但紀土風、物產，徒為談助已也。《書錄解題》及《宋史‧藝文志》並作十卷②，《永樂大典》所載併為二卷，蓋非其舊。今從原目，仍析為十卷云。

【彙訂】

①《代答》自序稱："僕試尉桂林，分教寧越。"可知其官為桂林（靜江府）屬縣之縣尉與欽州（寧越郡）之教授。樓鑰《攻媿集》卷八三有《祭周通判去非文》，未言官通判即在桂林。據《宋元學案》卷七一周去非小傳，去非為通判在紹興府。又《代答》自序稱"秩滿束擔東歸"，末署"淳熙戊戌（五年）"，而張栻《南軒集》卷九《欽州學記》已言淳熙四年，欽州教授周去非"秩滿道桂"，則周去非由欽州"代歸"，非由靜江府通判"代歸"也。（楊武泉：《四庫全書總目辨誤》）

②《宋史‧藝文志》未著錄《嶺外代答》。（同上）

都城紀勝一卷（內府藏本）

不著撰人名氏，但自署曰耐得翁。其書成於端平二年，皆紀杭州瑣事。分十四門，曰《市井》，曰《諸行》，曰《酒肆》，曰《食店》，曰《茶坊》，曰《四司六局》，曰《瓦舍眾伎》，曰《社會》，曰《園苑》，曰《舟船》，曰《鋪席》，曰《坊苑》，曰《閒人》，曰《三教外地》。敘述頗詳，可以見南渡以後土俗民風之大略。考高宗駐蹕臨安，謂之行在。雖湖山宴樂，已無志於中原，而其名未改。故乾道中周淙修《臨安志》，於宮苑及百官曹署，尚著舊稱。潛説友《志》亦因之。此書直題曰“都城”，蓋官司案牘流傳，僅存故事，民閒則耳目濡染，久若定居矣。又史載端平元年孟珙會元師滅金，是時舊敵已去，新釁未形，相與燕雀處堂，無復遠慮。是書作於端平二年，正文武恬嬉，苟且宴安之日，故競趨靡麗，以至於斯。作是書者既欲以富盛相誇，又自知苟安可愧，故諱而自匿，不著其名①。伏讀御題，仰見聖鑒精深，洞其微曖。起作者而問之，當亦無所置詞。以其中舊蹟遺聞尚足以資考核，而宴安鴆毒亦足以垂戒千秋，故糾正其失，以示炯鑑，而書則仍錄存之焉。

【彙訂】

① 耐得翁所著書，尚有《清暇錄》、《就日錄》、《山齋愚見十書》等，皆不署姓名，是只以著述自娛，初不欲爭名於世，亦何所愧而自匿乎！（余嘉錫：《四庫提要辨證》）

夢粱錄二十卷（兩江總督採進本）

宋吳自牧撰。自牧，錢塘人。仕履未詳。是書全仿《東京夢華錄》之體①，所紀南宋郊廟宫殿，下至百工雜戲之事，委曲瑣屑，無不備載。然詳於敍述而拙於文采，俚詞俗字，展笈紛如，又出《夢華錄》之下。而觀其自序，實非不解雅語者。毋乃信劉知幾之説，欲如宋孝王《關東風俗傳》，方言世語，由此畢彰乎？案語見《史通·言語篇》。要其措詞質實，與《武林舊事》詳略互見，均可稽考遺聞，亦不必責以詞藻也。自牧自序云：“緬懷往事，殆猶夢也，故名《夢粱錄》。”末署“甲戌歲中秋日”。考甲戌為宋度宗咸淳十年，其時宋尚未亡，不應先作是語。意“甲戌”字傳寫誤歟②？王士禎《漁洋文略》有是書跋，云：“《夢粱錄》二十卷，不著名氏。"蓋士禎所見鈔本又脫此序,故不知為自牧耳。今檢《永樂大典》所引,條條皆題自牧之名,與此本相合,知非影附古書,偽標撰人姓氏矣。

【彙訂】

① 此書將全年十二月之節日、風俗、禮儀置於卷首,《東京夢華録》則置於卷末。此書卷六以下內容、體裁與咸淳《臨安志》相近,且多引據此志,而多為《東京夢華録》所不載。(周生春:《四庫全書史部地理類提要辨證》)

② 據書中記事、廟號,應作於咸淳七年五月以後,定稿於咸淳十年甲戌八月。"緬懷往事,殆猶夢也",應理解為擔心,並預感到所記一切將如夢境般不復可見。(同上)

武林舊事十卷(內府藏本)

宋周密撰。密字公謹,號草牕,先世濟南人。其曾祖隨高宗南渡,因家湖州。淳祐中,嘗官義烏令。宋亡不仕,終於家。是書記宋南渡都城雜事,蓋密雖居弁山,實流寓杭州之癸辛街,故目睹耳聞,最為真確。於乾道、淳熙間三朝授受、兩宮奉養之故蹟,敍述尤詳。自序稱"欲如吕滎陽《雜記》而加詳,如孟元老《夢華》而近雅"。今考所載,體例雖仿孟書,而詞華典贍,南宋人遺篇剩句,頗賴以存,"近雅"之言不謬。吕希哲《歲時雜記》今雖不傳,然周必大《平園集》尚載其序,稱其"上元"一門多至五十餘條,不為不富。而密猶以為未詳,則是書之賅備可知矣。明人所刻,往往隨意刊除,或僅六卷,或不足六卷,惟存《故都宮殿》、《教坊樂部》諸門,殊失著書之本旨。此十卷之本,乃從毛氏汲古閣元版傳鈔,首尾完具。其閒逸聞軼事[①],皆可以備考稽[②]。而湖山歌舞,靡麗紛華,著其盛,正著其所以衰。遺老故臣,惻惻興亡之隱,實曲寄於言外,不僅作風俗記、都邑簿也。第十卷末"棋待詔"以下,以是書體例推之,當在六卷之末,疑傳寫或亂其舊第,然無可考證,今亦姑仍之焉。

【彙訂】

①"逸聞",殿本作"逸文"。

②"考稽",殿本作"參稽"。

歲華紀麗譜一卷附箋紙譜一卷蜀錦譜一卷(兩江總督採進本)①

元費著撰。著,華陽人。嘗舉進士,授國子監助教,官至重慶府總管。成都自唐代號為繁庶,甲於西南。其時為之帥者,大抵以宰臣出鎮。富貴優閒,歲時燕集,寖相沿習。故張周封作《華陽風俗錄》,盧求作《成都記》,以誇述其勝。遨頭行樂之説,今尚傳之。迨及宋初,其風未息。前後太守如張詠之剛方、趙抃之清介,亦皆因其土俗,不廢娛游。其侈麗繁華,雖不可訓,而民物殷阜,歌詠風流,亦往往傳為佳話,為世所豔稱。南宋季年,蜀中兵燹,井閭凋敝,乃無復舊觀。著因追述舊事②,集為此書。自元旦迄冬至,無不備載。其體頗近《荆楚歲時記》,而盛衰俯仰,追溯陳蹟,亦不無《東京夢華》之思焉。唐韓鄂有《歲華紀麗》,為類事之書。此譜蓋偶同其名,實則地志也。末附《牋紙》、《蜀錦》二譜,蓋漢唐以來二物為蜀中所擅,而未有專述其源委者。著因風俗而及土產,稽求名品,臚列頗詳,是亦足資考證者矣。

【彙訂】

①"歲華紀麗譜",底本作"歲華記麗譜",據殿本及本書題

名改。(崔富章:《〈四庫全書總目〉版本考辨》)

② "著",殿本無。

吳中舊事一卷(永樂大典本)

元陸友仁撰。友仁字輔之,吳郡人。此書紀其鄉之軼聞舊蹟,以補地志之闕,其體例則小說家流也①。其中如辨吳會、吳下之名,及陸贄墓、張籍宅②、和令坊、高彪碑之類,皆足以資考證。紀陳長方③、潘兒事,紀朱勔事,亦足以資法戒。其他如范純祐④、慕容巖卿事,頗為不經。李璋事亦頗猥瑣。蓋雜記之書,志神怪,資諧笑,自唐已然,不足為友仁訾也。惟所載《鹿苑臺銘記》云:"永和七年,陸機建碑,王羲之書。"則二人時代,邈不相及,殊失之於不考耳。此書刊本頗譌脱,今以《永樂大典》所載互校補正,備元人說部之一種。雖篇帙無多,要與委巷之談異也。

【彙訂】

① "其體例則小說家流也",殿本作"而體例則頗近於小說"。

② "張籍",殿本作"張翰",誤。書中云"《新唐書》載'張籍,和州烏江人'……今烏江縣有張司業宅"。

③ "陳長方",殿本作"陳長坊",誤。書中云"陳長方字齊之……號唯室先生,有《步里客談》、《漢唐論》行於世"。

④ "純祐",底本作"純佑",據殿本改。書中云"范文正公長子監簿純祐"。

平江紀事一卷(浙江鮑士恭家藏本)

元高德基撰。德基,平江人,嘗官建德路總管。書中記干文傳修《遼》、《金》、《宋史》事，則當成於至正中矣。所載皆吳郡古蹟，而亦兼及神仙鬼怪、詼諧謠諺之事，可裨圖志佚聞。其閒不免疏謬者①，如引《圖經》"虞山者，巫咸所居"，而不知其語出《越絕書》；引《吳越春秋》"稻蟹不遺種"，而不知其語出《春秋外傳》。又"胥"、"蘇"二字，古本通用。《左傳》"申包胥"，《戰國策》作"勃蘇"，是其明證，故《國語》、《史記》皆作"姑蘇"。德基以"蘇"為後人之譌字，尤為失考②。然其序次詳瞻，條理秩然，足供採摭者甚多，亦龔明之《中吳紀聞》之流亞也。其體不全為地志，亦不全為小說。例頗不純，無類可隸。以其多述古蹟，姑附之地理類"雜記"中焉。

【彙訂】

① "不免疏謬者"，殿本無。

② "尤"，殿本作"均"。

江漢叢談二卷（兩淮鹽政採進本）

不著撰人名氏，惟卷首題曰環中迂叟。前後無序跋，其著書年月及作者時代亦無考。按陶珽《續說郛》載有此書，題陳士元撰，當即作《易象鉤解》之陳士元也。其書於楚地故實，凡衆說異同者，各設為答問，以疏通證明，故曰《叢談》。若童士疇《沔志》，以楚之風城非伏羲後，士元則引《路史》伏羲之後封國者十有九而風國居其首，不得謂伏羲之後無風國。又《山海經》舊稱伯益作，士元則摭其中長沙、零陵乃秦、漢郡名，知其為後人附益。《後漢書》載南方諸夷為盤瓠犬種，士元則以為人名，非犬名。如斯之類，持論皆極精確。惟隋侯得珠、孟宗得笋之類，舊籍相傳，事涉神怪，正可存之不論，士元必輾轉徵引以實之，未免失於附會。蓋夸飾土風，標榜鄉賢，乃明地志之陋習，士元亦未免是。要其引據賅洽，論斷明晰，則非明人地志所及也。觀所著《易象鉤解》，多發明漢學，知其留心古籍，非空談無根者比矣。

閩中海錯疏三卷（浙閩總督採進本）

明屠本畯撰。本畯字田叔，鄞縣人。以門蔭入仕，官至福建鹽運司同知。是書詳志閩海水族，凡鱗部二卷，共一百六十七種，介部一卷，共九十種，又附非閩產而閩所常有者海粉、燕窩二種。後有自跋，稱"將入閩時，太常少卿余公君房曰：'狀海錯來，吾徵閩、越而通之。'因疏以復"云云。君房者，余寅之字，與本畯同里，為前輩。書中本畯所附案語，多引四明土產以為證。蓋即"徵閩、越而通之"之意。中閒又有註"補疏"二字者，則徐燉所續也[1]。其書頗與黃衷《海語》相近，而敘述較備，文亦簡核。惟其詞過略，故徵引不能博贍[2]，舛漏亦所未免[3]。如"鯊魚"一條，《海語》謂鯊有二種，而此書列至十二種，固可稱賅具。然《海語》所謂海鯊虎頭鯊，"常以春晦陟於海山，旬日化而為虎"者，此書反遺之。又"海鰌"一條，《海語》謂其"魚長百里，牡蠣聚族其背，曠歲之積，崇十許丈。鰌負以游，岫岋水面如山"。其形容最為曲盡。而此但以"移若山嶽"一語概之，殊未明晰。然其辨別名類，一覽了然，頗有益於多識，要亦考地產者所不廢也。

【彙訂】

[1] "徐燉"，殿本作"徐渤"，誤。

[2] "博贍"，底本作"博瞻"，據殿本改。（崔富章：《〈四庫全書總目〉版本考辨》）

[3] "所"，殿本無。

益部談資三卷（兩淮鹽政採進本）

明何宇度撰。宇度里貫未詳，萬曆中官夔州府通判。是書所紀，皆四川山川物產及古今軼事。分上、中、下三卷，以體例不似圖經，故署曰《談資》，實亦地志之支流也。蜀雖僻處一隅，而蠶叢、魚鳧以下，古蹟為多；長卿、子雲以後，文士為眾。又地形奧衍，百產繁饒，富庶之餘，溢為奢麗。歲時游樂，亦自古為盛。故其見於記載，形於歌詠者，自揚雄《蜀王本紀》、譙周《三巴記》、李克《益州記》以下，圖籍最多，遺事佚聞，皆足資採撫。是書掇拾蒐羅，尚未能一一賅備，然詮擇不苟，去取頗嚴。其後曹學佺作《蜀中廣記》，徵引較博，不免稍涉泛濫，轉不若此本之雅潔。在明人雜說之中，尚可稱簡而有要者。原本有李維楨跋，亦極推為善本，蓋不誣云。

蜀中廣記一百八卷（兩淮馬裕家藏本）[①]

明曹學佺撰。學佺有《易經通論》，已著錄。學佺嘗官四川右參政，遷按察使。是書蓋成於其時。目凡十二，曰名勝，曰邊防，曰通釋，曰人物，曰方物，曰仙，曰釋，曰游宦，曰風俗，曰著作，曰詩話，曰畫苑。蒐採宏富，頗不愧“廣記”之名。其中如敘州府之高州，《明史·地理志》云洪武五年由州改縣，正德十三年復為州，珙及筠連二縣隸焉[②]。此書仍稱高州為縣，二縣亦不為之屬。又成都府之資陽縣，《明史·地理志》屬簡州，此書不繫簡州而別列於仁壽[③]、井研二縣後。皆未免編次偶疏。王士禎《古夫于亭雜錄》曰：“《丹鉛錄》載東坡贈青神楊棟詞云：‘允文事業從容了，要岷峨人物，後先相照。見說君王曾有問，似此人才多少。’而引小說高宗問馬騊‘蜀中人才如允文者有幾’云云。案，允文采石之功在南渡後，東坡之沒久矣，安得先有此詞！而曹能始《蜀中十志》亦載之，略無駁正。"又曰："《蜀中十志》以《物類相感志》十八卷為東坡撰，謬甚。"則譌舛牴牾，亦時時閒出。蓋援據既博，則精粗畢括，同異兼陳，亦事勢之所必至，要之不害其大體。談蜀中掌故者，終以《全蜀藝文志》及是書為取材之淵藪也。

【彙訂】

① 底本此條與文淵閣庫書次序不符。文淵閣庫書及殿本皆置"閩中海錯疏三卷"條之後。

② "二"，殿本作"三"，誤。《明史》卷四三《地理四》："高州，洪武五年降為縣屬府。正德十三年四月復為州……領縣二：筠連、珙。"

③ "別"，殿本無。

　　顏山雜記四卷（山東巡撫採進本）

國朝孫廷銓撰。廷銓字伯度，又字枚先，號沚亭，益都人。前明崇禎庚辰進士，入國朝，以薦授河閒府推官，擢吏部主事。歷官內祕書院大學士，諡文定①。益都有顏神鎮，形勢險阨，明代嘗建城設官以治之②。廷銓世居其地。康熙丙午，予告在籍，因蒐輯舊聞，作為此書。分《山谷》、《水泉》、《城市官署》、《鄉校》、《逸民》、《孝義》、《風土歲時》、《長城考》、《靈泉廟》、《災祥物變》、《物產》、《物異》、《遺文》諸目③。敘次簡核，而造語務求雋異。王士禎《居易錄》稱"田雯《黔書》七十六篇，有似《爾雅》者，有似《考工記》者，有似《公》、《穀》、《檀弓》者，有似《越絕書》者。故相孫文定公廷銓作《顏山雜記》，記山鹽、琉璃、窯器、煤井、鐵冶等，文筆奇峭，亦如此"云云④。今考琉璃、窯器、煤井、鐵冶俱

此書所載。其“山蠶”一條則在廷銓《南征記略》中，士禎蓋偶
然誤記。又士禎《香祖筆記》引此書所載鳳皇嶺玉皇宮石刻宋
太祖、太宗、真宗御押，與周密《癸辛雜識》所載不同，云“並載
以備參考”。案《癸辛雜識》爲明代重刊，此石爲宋代原刻。木
版易譌，當以碑本爲據。士禎兩存亦非也。惟《香祖筆記》又
據黃瓚《雪洲集》議礦盜一疏，謂顏神設官之議起於瓚，而駁此
書正德十二年巡按黃某奏請之説爲非⑤。是則誠廷銓考核之
疏矣。

【彙訂】

① 孫廷銓字號、里籍、仕履《總目》卷六四《南征紀略》條已
詳言之。當作“廷銓有《南征紀略》，已著錄”。（楊武泉：《四庫
全書總目辨誤》）

② 孫廷銓自序謂：“今顏山上古長城，乃齊、楚之防塞。”卷
三《長城考》詳考之。則建城始於戰國。（陳光貽：《稀見地方志
提要》）

③ 此書實分十二目：《山谷》、《水泉》、《城市官署》、《鄉校》、
《逸民》、《風土歲時》、《長城考》、《靈泉廟》、《災祥物變》、《物産》、
《物暴》、《遺文》。《逸民》下“附孝義三人”。（李裕民：《四庫提
要訂誤》增訂本）

④ 殿本“此”下有“者”字。

⑤《香祖筆記》卷二曰：“按黃瓚《雪洲集》‘議礦盜’一疏，是
瓚巡撫山東時所奏……《紀略》以爲正德十二年巡按御史黃某奏
請兵部覆准，蓋未詳也。”可知王士禎乃誤以此書內容（見卷一）
爲廷銓《南征紀略》所記而駁之。

嶺南風物紀一卷（江蘇巡撫採進本）

國朝吳綺撰，宋俊增補，江闓刪訂。綺字園次，號聽翁，江都人。順治甲午拔貢生，官至湖州府知府。俊字長白，山陰人。闓字辰六，自署貴陽人。而王士禎《蠶尾集·書鏞頭道人事》一篇①，稱“門人新安江闓辰六前知均州日”云云，未審實籍何地也。綺本文士，故是書所敍述，率簡雅不支，與范成大《桂海虞衡志》可相伯仲。首二條敍氣候，次十條敍石，次六十條敍草木花竹，次十七條敍鳥，次五條敍獸，次六條敍蟲②，次十七條敍鱗介，次三條敍布，次三條敍香，次二條敍酒，次四條敍蔬穀，次十五條敍雜事。其敍研、敍香特詳核。惟“碣石衛品字石”一條，應入卷末雜事中，則分類編次，偶然失序耳。俊所增補凡七條，皆別識之。其論米芾所賞之石本出湞涯縣地，秋深水涸之時，於沙坑中取之，謂之脫沙。後湞涯併入英德，遂以英德石當之，實皆贗物。亦前人所未發。惟闓所刪者今不可見，其刊除當否，遂不可考矣。

【彙訂】

①“鏞”，殿本作“繡”，皆誤。王士禎《蠶尾文集》卷三有《書鏞頭道人事》，《居易錄》卷十四同。“鏞”同“銹”。

②“次十七條敍鳥次五條敍獸次六條敍蟲”，殿本脫。書中“孔雀”至“鷓鴣”十七條敍鳥，“潛牛”至“猴”五條敍獸，“蒼蠅”至“寄生蟹”六條敍蟲。

臺海使槎錄八卷（原任編修勵守謙家藏本）

國朝黃叔璥撰。叔璥有《南征記程》①，已著錄。茲編乃康熙壬寅叔璥為御史時巡視臺灣所作，故以“使槎”為名。凡分三子

目,卷一至卷四為《赤嵌筆談》,卷五至卷七為《番俗六考》,卷八為
《番俗雜記》。臺灣自康熙癸亥始入版圖,諸書紀載,或疏略不備,
或傳聞失真。叔璥裒輯諸書,參以目見,以成此書。於山川風土、
民俗物産,言之頗詳。而於攻守險隘、控制機宜及海道風信,亦皆
一一究悉。於諸番情勢,尤為賅備。雖所記止於一隅,而亘古以
來輿記之所不詳者,蒐羅編綴,源委燦然,固非無資於考證者矣。

【彙訂】

①"南征記程",殿本脫"程"字。《總目》卷六四著錄黄叔璥
撰《南征紀程》一卷。

龍沙紀略一卷(內閣中書方維甸家藏本)①

國朝方式濟撰。式濟字屋源,號沃園。康熙己丑進士,官中
書舍人。是編乃式濟之父澄嶧謫居黑龍江時,式濟往省②,因據
所見聞,考核古蹟,勒為九門:一曰《方隅》,二曰《山川》,三曰
《經制》,四曰《時令》,五曰《風俗》,六曰《飲食》,七曰《貢賦》,八
曰《物産》,九曰《屋宇》。總名曰《龍沙記略》。考《後漢書·班超
傳贊》曰:"坦步葱雪,咫尺龍沙。"章懷太子注曰:"謂葱嶺,雪山;
龍堆,沙漠也。"《漢書·匈奴傳》曰:"康居、烏孫,豈能逾白龍堆
而寇西邊。"孟康注曰:"龍堆形如土龍,高大者二三丈,卑者丈
餘,在西域中。"又酈道元《水經注》曰:"鄯善國東垂當白龍堆。"
則龍堆在西不在東。又《漢書·武帝本紀》曰:"衛青復將六將軍
絕幕。"顏師古注曰:"沙上曰幕,直度曰絕。"《後漢書·西域傳》
曰:"孝武深維長久之計,命遣虎臣浮河絕幕。"又竇憲《燕然山
銘》稱"絕大漠",李陵《別歌》稱"經萬里兮渡沙漠",則沙漠迤繞
西北,亦不在東。自劉孝標有《賦得龍沙宵月明》詩,李白有"將

軍分虎竹，戰士臥龍沙”之句，始誤以龍沙為一地，而詩家遂沿為塞外之通稱。式濟記東北之事，而以“龍沙”為書名，蓋沿用舊文之故。不知自唐以來，渤海大氏奄有斯土，已久為城郭宮室之國，豈可以龍沙為目哉！然白山黑水之間，古來興記，大抵得諸傳聞。即近時修志乘者，秉筆之人亦未必親至其地。式濟久住於斯，又閒居多暇，得以遊覽詢訪，究其詳悉。如辨“混同江源出長白山，土人呼為松阿里江，松阿里江北與諸尼江合流，東北受黑龍江，又南受烏蘇里江，匯注於海。因其納三江之大，故名混同。蓋松阿里自南而北，黑龍江自北而南，歷二千五百里之遙，兩江不得混稱。其上游未會時，仍當稱松阿里江”云云，此足證《金史》“混同江一名黑龍江”之誤。又辨《金史》“宋瓦”之譌“松花”，又搜討黑龍江源與塞外入江諸小水，及精奇尼江、諸尼江諸派，亦多《盛京通志》所未載，固志興圖者所必考。舊附述本堂諸詩集後，今以所載悉屬地理，故析而錄諸史部焉。

【彙訂】

① 底本此條與文淵閣庫書次序不符。文淵閣庫書及殿本皆置“嶺南風物紀一卷”條之後。

② 據《清史稿·方觀承傳》，式濟之父名登嶧，登嶧、式濟父子並戍，往省者乃式濟之子觀承兄弟。《總目》卷一九四《述本堂詩集》條亦作方登嶧。（楊武泉：《四庫全書總目辨誤》）

東城雜記二卷（浙江巡撫採進本）

國朝厲鶚撰。鶚有《遼史拾遺》，已著錄。杭城東地曰東園者，宋故園也，其名見於《宋史》。鶚家於此，為考里中舊聞遺事，興記所不及者八十五條，釐為上、下二卷。大抵略於古而詳於今。然所載"九宮貴神壇"、"紅亭醋庫"諸條,考據頗為典核。又紀高雲閣、蘭菊草堂、竹深亭及金石中之慈雲寺宋刻、《劍石銘》諸舊蹟,俱《浙江通志》及武林各舊志所未詳。他如灌園生以下諸人,皆系以小傳,使後之修志乘者,有所徵引,其用力亦可謂勤矣。鶚素博覽,並工於詩詞,故是書雖偏隅小記,而敍述典雅,彬彬乎有古風焉。

右地理類"雜記"之屬,二十八部,二百十三卷[①],皆文淵閣著錄。

【彙訂】

① "二百十三卷",殿本作"二百一十三卷"。

史部二十七

地理類四

遊城南記一卷（編修汪如藻家藏本）

宋張禮撰。禮字茂中，浙江人。元祐元年與其友楚人陳微明遊長安城南，訪唐代都邑舊址，因作此記，而自為之註。凡門坊、寺觀、園囿、村墟及前賢遺迹見於載籍者，敍錄甚備。如《嘉話錄》載慈恩寺題名始於張莒，禮則引《唐登科記》謂進士中有大中十三年及第之張台，而無張莒。又《長安志》載章敬寺本魚朝恩莊，後為章敬皇后立寺，故以為名。禮則以宋代寺基與《志》所載地理不同，而疑其已非古址。皆能據所目見而考辨之。其徵據頗為典核。所列金石碑刻名目，亦可與《集古錄》諸書互相參證。每條下閒有續注，不知何人所增。中有金代年號，其"薦福寺"一條又有"辛卯遷徙"之語。案辛卯為金哀宗正大八年，史載是年四月，元兵克鳳翔兩行省，棄京兆，遷居民於河南。所云遷徙，當即此事。蓋金末元初人也。

河朔訪古記二卷（永樂大典本）

不著撰人名氏。明焦竑《國史經籍志》著錄，亦不云誰作。考元劉仁本《羽庭集》有是書序曰："今翰林國史院編修官郭囉洛氏納新案"郭囉洛"原作"葛邏祿"①，"納新"原作"廼賢"，今改正。易之，自其先世徙居鄞。至正五年，挈行李，出浙渡淮，溯大河而濟，歷齊、魯、陳、蔡、晉、魏、燕、趙之墟，弔古山川、城郭、邱陵、宮室、王霸人物、衣冠文獻、陳蹟故事，暨近代金、宋戰爭疆場更變者。或得於圖經地志，或聞諸故老舊家，流風遺俗，一皆考訂。夜還旅邸，筆之於書。又以其感觸興懷，慷慨激烈，成詩歌者繼之，總而名曰《河朔訪古記》，凡一十六卷。"云云。則此書實為納新作②，焦氏考之未審。序稱十六卷，焦氏作十二卷，亦誤也。納新族出西北郭囉洛，因以為氏。郭囉洛者，以《欽定西域圖志》考之，即今塔爾巴哈台也。元時色目諸人，散處天下，故納新寓居南陽，後移於鄞縣。初辟為浙東東湖書院山長，以薦授翰林編修官，出參桑戩實哩原作桑前失里，今改正。軍事，卒於軍。所著《金臺集》尚有刊本，惟此書久軼。今散見《永樂大典》中者惟一百三十四條，所紀皆在真定、河南境內，而其餘不存。又仁本所稱繼以詩歌者，亦不復見。然據今所存諸條，其山川古蹟多向來地志所未詳。而金石遺文，言之尤悉，皆可以為考證之助。謹彙而編之，核其道里疆界，各以類從。真定路為一卷，河南路為一卷③，仍錄劉仁本原序冠之。雖殘闕之餘，十存一二，而崖略宛在，條理可尋，講輿地之學者猶可多所取資焉。

【彙訂】

①"郭囉洛"，底本作"郭羅洛"，據殿本及上文改。

②"為"，殿本無。

③《武英殿聚珍版叢書》本、文淵閣《四庫》本此書皆為三卷，上卷常山郡部，中卷魏郡部，下卷河南郡部。除真定路、河南路，尚記有彰德路所轄地區古蹟。（陳高華：《元代詩人廼賢生

平事蹟考》)

　　徐霞客遊記十二卷(兩江總督採進本)

　　明徐宏〔弘〕祖撰。宏祖,江陰人,霞客其號也。少負奇氣,年三十出遊,攜一襆被,遍歷東南佳山水。自吳、越之閩,之楚,北歷齊、魯、燕、冀、嵩、雒,登華山而歸。旋復由閩之粵,又由終南背走峨嵋,訪恒山。又南過大渡河至黎雅尋金沙江,從瀾滄北尋盤江,復出石門關數千里[①],窮星宿海而還。所至輒為文以志遊蹟。沒後手稾散逸,其友季夢良求得之,而中多闕失。宜興史氏亦有鈔本,而譌異尤甚。此則楊名時所重加編訂者也。第一卷自天台、雁蕩以及五臺、恒、華,各為一篇。第二卷以下皆西南遊記,凡二十五篇。首浙江、江西一篇,次湖廣一篇,次廣西六篇,次貴州一篇,次雲南十有六篇,所闕者一篇而已。自古名山大澤,秩祀所先,但以表望封圻,未聞品題名勝。逮典午而後,游蹟始盛。六朝文士,無不托興登臨。史册所載,若謝靈運《居名山志》、《遊名山志》之類,撰述日繁,然未有累牘連篇,都為一集者。宏祖耽奇嗜僻,刻意遠遊。既銳於搜尋,尤工於摹寫。遊記之夥,遂莫過於斯編。雖足蹟所經,排日紀載,未嘗有意於為文。然以耳目所親,見聞較確。且黔、滇荒遠,輿志多疏,此書於山川脈絡剖析詳明,尤為有資考證。是亦山經之別乘,輿記之外篇矣。存茲一體,於地理之學未嘗無補也。

　　【彙訂】

　　① "石門關",殿本作"嘉峪關"。

　　右地理類"遊記"之屬,三部,十五卷,皆文淵閣著錄。

佛國記一卷（內府藏本）

宋釋法顯撰。杜佑《通典》引此書，又作法明。蓋中宗諱顯，唐人以"明"字代之，故原注有"國諱改焉"四字也。法顯晉義熙中自長安遊天竺[1]，經三十餘國。還到京，與天竺禪師參互辨定，以成是書。胡震亨刻入《祕冊函》中，從舊題曰《佛國記》。而震亨附跋則以為當名《法顯傳》。今考酈道元《水經注》引此書，所云"於此順嶺西南行十五日"以下八十九字，又引"恒水上流有一國"以下二百七十六字，皆稱曰《法顯傳》，則震亨之說似為有據。然《隋志》"雜傳類"中載《法顯傳》二卷，《法顯行傳》一卷，不著撰人，"地理類"載《佛國記》一卷，註曰"沙門釋法顯撰"。一書兩收，三名互見，則亦不必定改《法顯傳》也。其書以天竺為中國，以中國為邊地。蓋釋氏自尊其教，其誕謬不足與爭。又于闐即今和闐，自古以來，崇回回教法，《欽定西域圖志》考證甚明，而此書載其有十四僧伽藍，眾僧數萬人，則所記亦不必盡實[2]。然六朝舊笈，流傳頗久，其敘述古雅，亦非後來行記所及。存廣異聞，亦無不可也。書中稱"宏〔弘〕始三年，歲在己亥"。按《晉書》姚萇宏始二年[3]，為晉隆安四年，當稱庚子，所紀較前差一年。然《晉書》本紀載趙石虎建武六年，當咸康五年，歲在己亥。而《金石錄》載趙《橫山李君神碑》及《西門豹祠殿基記》，乃均作建武六年庚子，復後差一年。蓋其時諸國紛爭，或踰年改元，或不踰年改元，漫無定制。又南北隔絕，傳聞異詞，未可斷史之必是，此之必非。今仍其舊文，以從闕疑之義焉。

【彙訂】

① "義熙中"當作"隆安中"。（胡玉縉：《四庫全書總目提要補正》）

②"又于闐即今和闐"至"則所記亦不必盡實",殿本無。《欽定西域圖志》乃清乾隆初年所撰之書,其所核之實,只能是當時之實,未必合於晉宋時之實。考法顯西行在後秦弘始二年,即西元400年。其時下距伊斯蘭教祖穆罕默德卒年尚有二百三十二年,于闐安得已"崇回回教法"耶? 當从殿本删。(姜書閣:《〈四庫提要〉論述〈佛國記〉有誤》)

③ 弘始為姚興年號,非姚萇。(胡玉縉:《四庫全書總目提要補正》)

大唐西域記十二卷(浙江鮑士恭家藏本)

唐釋元〔玄〕奘譯,辯機撰。元奘事蹟具《舊唐書》列傳。晁公武《讀書志》載是書,作元奘撰,不及辯機。鄭樵《通志‧藝文略》則作"《大唐西域記》十二卷,元奘撰。《西域記》十二卷,辯機撰",又分為兩書。惟陳振孫《書錄解題》作"大唐三藏法師元奘譯,大總持寺僧辯機撰",與今本合。考是書後有辯機序,略云:"元奘法師以貞觀三年褰裳遵路,杖錫遄征。薄言旋軔,謁帝洛陽。肅承明詔,載令宣譯。"辯機為大總持寺弟子,撰斯方志,則陳氏所言為得其實矣。昔宋法顯作《佛國記》,其文頗略。《唐書‧西域列傳》較為詳核。此書所序諸國,又多《唐書》所不載。則史所錄者朝貢之邦,此所記者經行之地也。《讀書志》載有元奘自序,此本佚之①。惟前有尚書左僕射燕國公張說序,後有辯機自序。句下閒有註文,或曰"唐言某某",或曰"某,印度境",疑為原註。又有校正譯語云"舊作某某,譌"者,及每卷之末附有音釋,疑為後人所加。第十一卷"僧伽羅國"條中,有"明永樂三年太監鄭和見國王阿烈苦奈兒事,是今之錫蘭山,即古之僧伽羅國也”，至“祈福民庶作無量功德”共三百七十字，亦註者附記之語，吳氏刊本誤連入正文也②。所列凡一百三十八國，中摩揭陀一國釐為八、九兩卷，記載獨詳。所述多佛典因果之事，而舉其地以實之。晁公武《讀書志》稱：“元奘至天竺，求佛書，因記其所歷諸國，凡風俗之宜、衣服之制，幅員之廣隘、物産之豐嗇，悉舉其梗概。”蓋未詳檢是書，特姑據名為説也③。我皇上開闢天西，咸歸版籍，《欽定西域圖志》徵實傳信，凡前代傳聞之説，一一釐正。此書侈陳靈異，尤不足稽，然山川道里，亦有互相證明者，姑錄存之，備參考焉。

【彙訂】

①《直齋書錄解題》所引序文乃依據《西域記》目錄後總序，非本有而脱之也。（余嘉錫：《四庫提要辨證》）

② 明刊本實羼入五百六十字，以上尚有“僧伽羅國，古之師子國”至“精意懇祈，靈祥隨至”一百四十六字，亦宋刻《大藏經》本所無。（同上）

③ 衢、袁二本《郡齋讀書志》及《文獻通考》卷二百所引皆無此段語。（同上）

宣和奉使高麗圖經四十卷（兩淮馬裕家藏本）①

宋徐兢撰。兢字明叔，號自信居士。是書末附其行狀，稱甌寧人。《文獻通考》則作和州歷陽人，《思陵翰墨志》又作信州徐兢。似當以《行狀》為確②。《通考》又稱兢為鉉之裔，自題“保大騎省世家”。考王銍《默記》稱：“徐鉉無子，惟鍇有後③，居攝山前開茶肆，號徐十郎。”鉉、鍇誥敕尚存，則《通考》亦誤傳也④。據《兢行狀》，宣和六年高麗入貢，遣給事中路允迪報聘。兢以奉議郎為國信使、提轄人船禮物官,因撰《高麗圖經》四十卷,還朝後詔給札上之。召對便殿,賜同進士出身,擢知大宗正事,兼掌書學,後遷尚書刑部員外郎。其書分二十八門,凡其國之山川風俗、典章制度以及接待之儀文、往來之道路,無不詳載。而其自序尤拳拳於所繪之圖。此本但有書而無圖,已非完本。然前有其姪藏題詞一首,稱:"書上御府,其副藏家。靖康丁未,兵亂失之。後從醫者得其本,惟《海道》二卷無恙。"又述兢之言,謂:"世傳其書,往往圖亡而經存。欲追畫之,不果就,乃以所存者刻之澂江郡齋。"周煇《清波雜志》亦稱"兢仿元豐中王雲所撰《雞林志》,為《高麗圖經》⑤。物圖其形,事為其說。蓋徐素善丹青也。宣和末,老人在歷陽,案此"老人"字疑為"先人"之譌,蓋指其父邦也⑥。雖得見其書,但能鈔其文,略其繪事。乾道中刊於江陰郡齋者,即家閒所傳之本,圖亡而經存。蓋兵火後徐氏亦失元本"云云,是宋時已無圖矣。又張世南《游宦記聞》曰:"高麗是年有請於上,願得能書者至國中,於是以徐兢為國信使、禮物官。則兢之行特以工書遣,而留心記載乃如是。今其篆書無一字傳世,惟此編僅存。"考魏了翁《鶴山集》稱"兢篆於《說文解字》以外自為一家,雖其名'兢'字見於印文者,亦與篆法不同"云云。則其篆乃滅裂古法者,宜不為後人所藏弄。然此編已足以傳兢,雖不傳其篆可也。

【彙訂】

① 文淵閣《四庫》本尚附《徐公行狀》一卷。(沈治宏:《中國叢書綜錄訂誤》)

②《行狀》云:"上世建州甌寧人,自光祿始徙居和州之歷陽。"則《文獻通考》不誤。(余嘉錫:《四庫提要辨證》)

③《徐騎省集》所附行狀、墓誌銘均云:"子夷直,朗州桃源令,先公卒。"是鉉未嘗無子。(同上)

④《文獻通考》卷二百《高麗圖經》條下未引"自題保大騎省世家"一句,《直齋書錄解題》卷八原文有之。(同上)

⑤《直齋書錄解題》卷七著錄《奉使雞林志》三十卷:"宣德郎王雲撰。崇寧元年,雲以書狀從劉逵、吳栻使高麗,歸而為此書以進。自元豐創通高麗以後事實,皆詳載之。"則非元豐中撰。(陳乃乾:《讀〈四庫全書總目〉條記》)

⑥"邦",殿本作"邦彥"。《總目》卷一四一《清波雜志》條亦誤以周煇父為邦彥。均非是。(崔富章:《四庫全書總目版本考辨》)

諸蕃志二卷(永樂大典本)

宋趙汝适撰。汝适始末無考。惟據《宋史·宗室世系表》,知其為岐王仲忽之元孫,安康郡王士說之曾孫,銀青光祿大夫不柔之孫,善待之子,出於簡王元份房①,上距太宗八世耳。此書乃其提舉福建路市舶時所作。於時宋已南渡,諸蕃惟市舶僅通,故所言皆海國之事。《宋史·外國列傳》實引用之。核其敘次事類,歲月皆合。但《宋史》詳事蹟而略於風土、物產,此則詳風土、物產而略於事蹟。蓋一則史傳,一則雜誌,體各有宜,不以偏舉為病也。所列諸國,"賓曈龍"史作"賓同隴","登流眉"史作"丹流眉","阿婆羅拔"史作"阿蒲羅拔","麻逸"史作"摩逸"。蓋譯語對音,本無定字。龍、隴,三聲之通;登、丹、蒲、婆、麻、摩,雙聲之轉。呼有輕重,故文有異同。無由核其是非,今亦各仍其舊。惟南宋僻處臨安,海道所通,東南為近。《志》中乃兼載大秦、天竺諸國，似乎隔越西域，未必親睹其人。然考《册府元龜》載唐時祆教稱大秦寺，《桯史》所記廣州海獠即其種類。又法顯《佛國記》載陸行至天竺，附商舶還晉。知二國皆轉海可通，故汝适得於福州見其市易。然則是書所記，皆得諸見聞，親為詢訪，宜其敍述詳核，為史家之所依據矣。

【彙訂】

① 據《宋史·宗室世系表》元份為商王。（李裕民：《四庫提要訂誤》）

溪蠻叢笑一卷（編修程晉芳家藏書）

宋朱輔撰。輔字季公，桐鄉人①。不詳其仕履，惟《虎邱〔丘〕志》載所作《詠虎邱》詩一首，知為南宋末人耳②。溪蠻者，即《後漢書》所謂五溪蠻。章懷太子注稱武陵有雄溪、樠溪、酉溪、潕溪、辰溪，悉是蠻夷所居，故謂五溪蠻，今在辰州界者是也。輔蓋嘗服官其地，故據所聞見③，作為是書。所記諸蠻風土、物產頗備，如闌干布之傳於漢代，三脊茅之出於包茅山，數典亦為詳贍。至其俗尚之異、種類之別，曲折纖悉，臚列明晰。事雖鄙而詞頗雅，可謂工於敍述。用資考證，多益見聞，固不容以瑣屑廢焉。

【彙訂】

① 桐鄉縣置於宣德五年，見《明史·地理志》。輔為朱翌之子，見《叢笑》卷首葉鈴序及周必大《益公題跋》卷九《跋朱新仲自志墓》。朱翌（新仲）為桐城人，見洪邁《容齋四筆》卷十三"二朱詩詞"條。（楊武泉：《四庫全書總目辨誤》）

② 樓鑰《攻媿集》卷十有《送朱季公守封川》詩，知朱輔曾為

封州知州。詩中樓氏自注："季公生於壬戌。"壬戌為紹興十二年，可知輔為南宋中葉人。而《詠虎丘》詩雜於南宋中、晚期人詩之間，並無時代標識。（同上）

③"聞見"，殿本作"見聞"。

真臘風土記一卷（浙江范懋柱家天一閣藏本）

元周達觀撰。達觀，溫州人。真臘本南海中小國，為扶南之屬。其後漸以強盛，自《隋書》始見於《外國傳》。唐、宋二史並皆紀錄，而朝貢不常至，故所載風土、方物往往疏略不備。元成宗元貞元年乙未，遣使招諭其國，達觀隨行，至大德元年丁酉乃歸。首尾三年，諳悉其俗。因記所聞見為此書，凡四十則，文義頗為賅贍。惟第三十六則內記"瀆倫神譴"一事，不以為天道之常，而歸功於佛，則所見殊陋。然《元史》不立《真臘傳》，得此而本末詳具，猶可以補其佚闕。是固宜存備參訂，作職方之外紀者矣。達觀作是書成，以示吾邱〔丘〕衍，衍為題詩，推挹甚至，見衍所作《竹素山房詩集》中，蓋衍亦服其敍述之工云。

島夷志略一卷（浙江范懋柱家天一閣藏本）

元汪大淵撰。大淵字焕章，南昌人。至正中，嘗附賈舶浮海越數十國，紀所聞見成此書。今以明馬觀《瀛涯勝覽》互勘，如觀所稱"占城之人頂三山金花冠，衣皆縈綵帨，產伽南香、觀音竹、降真香之屬。瓜哇之廝村、沽灘新村、蘇馬魯隘港口諸處，風俗各異。又其國人有三等，其土產有白芝麻、綠豆、蘇木、金剛子、白檀肉、荳蔻、龜筒、玳瑁、紅綠鸚鵡之屬，舊港有火雞、神鹿之屬"，皆為此書所未載。又所載《真臘風土記》亦僅十之四五。蓋殊方絕域，偶一維舟，斷不能周覽無遺。所見各殊，則所記各別，不足異也。至云瓜哇即古闍婆，考《明史》，明太祖時瓜哇、闍婆二國並來貢，其二國國王之名亦不同。大淵併而為一，則傳聞之誤矣。然諸史外國列傳，秉筆之人皆未嘗身歷其地，即趙汝适《諸蕃志》之類，亦多得於市舶之口傳。大淵此書則皆親歷而手記之，究非空談無徵者比。故所記羅衛、羅斛、針路諸國，大半為史所不載。又於諸國山川、險要、方域、疆里一一記述，即載於史者，亦不及所言之詳，錄之亦足資考證也。考黄虞稷《千頃堂書目》及焦竑《國史經籍志》皆不載是書，唯錢曾《讀書敏求記》載之，稱為元人舊鈔本。則此書久無刊版，傳播殊稀。又稱至正年間河東張翥、三山吳鑒為之序。今考此本，二人之序俱存。然吳鑒序乃有二篇，前一篇題至正己丑，乃此書原序，後一篇題至正十一年，在前序後二年，乃所作《清源續志》之序，誤入此書。蓋吳鑒修志之時，以泉州為海道所通，賈船所聚，因附刊此書於志末，摘錄者併志序鈔之也。又有嘉靖戊申袁褧跋，頗議其漏載日本。蓋未悉大淵此書，惟紀所見，非海國全志云。

朝鮮賦一卷（浙江范懋柱家天一閣藏本）

明董越撰。越字尚矩，寧都人。成化己丑進士，官至南京工部尚書，諡文僖。孝宗即位，越以右春坊右庶子兼翰林院侍講，同刑科給事中王敞使朝鮮，因述所見聞，以作此《賦》。又用謝靈運《山居賦》例，自為之註。所言與《明史·朝鮮傳》皆合，知其信而有徵，非鑿空也。考越自正月出使，五月還朝，留其地者僅一月有餘。而凡其土地之沿革、風俗之變易，以及山川、亭館、人物、畜產，無不詳錄。自序所謂得於傳聞周覽，與彼國所具風俗帖者，恐不能如是之周帀。其亦奉使之始，預訪圖經，還朝以後，更徵典籍，參以耳目所及，以成是製乎？越有《文僖集》四十二卷，今未見其本。又別有《使東日錄》一卷，亦其往返所作詩文，不及此《賦》之典核。別本孤行，此一卷固已足矣。

海語三卷（浙江鄭大節家藏本）

明黃衷撰。衷字子和，南海人。宏治丙辰進士，官至兵部右侍郎。是書乃其晚年致政家居，就海洋番舶，詢悉其山川風土，衷錄成編。自序稱“鐵橋病叟”者，其別號也。《廣東通志》載是書，作一卷。此本實三卷，分為四類：曰風俗，凡二目；曰物產，凡二十九目；曰畏途，凡五目；曰物怪，凡八目。所述海中荒忽奇譎之狀，極為詳備。然皆出舟師舵卒所親見，非《山海經》、《神異經》等純構虛詞、誕幻不經者比。每條下開附論斷，詞致高簡，時寓勸戒，亦頗有可觀。書中別有附註，乃其族子學準增加。原本所載，今併存焉。案《明史·滿剌加傳》稱“正、嘉閒為佛郎機所滅”，而此書則稱“佛郎機破其國，王退依陂堤里，佛郎機整衆而去，王乃復所”云云，與史稍有不同。此書成於嘉靖初，海賈所傳，見聞較近，似當不失其實。是尤可訂史傳之異，不僅博物之資矣。

東西洋考十二卷（江蘇巡撫採進本）

明張燮撰。燮字紹和，龍溪人。萬曆甲午舉人。考《明史·黃道周傳》，載其《三罪四恥七不如疏》，在崇禎十八年，距燮鄉薦之時已四十四年，尚稱“志尚高雅，博學多通，不如龍溪舉人張燮”，則燮以舉人終於家也[①]。是書成於萬曆丁巳，仿宋趙汝适《諸蕃志》例，惟載海國之通互市者。首《西洋考》，凡十五國，又附錄者四。次《東洋考》，凡七國，又附錄者十二。次《外紀考》，為日本及紅毛番。不通貢市,故別著之。次《稅餉考》,分"水編"、"陸編"、"職官"、"公署"四子目。次《舟師考》,分"內港水程二洋針路"、"祭祀"、"占驗"、"水醒水忌"、"定日"、"惡風"、"潮汐"七子目。次《稅璫考》,紀神宗時內官高寀通番蠱國、劫官擾民始末最詳。次《藝文》,次《逸事考》。其例於交趾、占城、暹羅、彭亨、呂宋、蘇祿名與古同者,仍用古名。他若"瓜哇"之為"下港"[②],"柬埔塞"之為"真臘"[③],"大泥"之為"勃泥"、"舊港"之為"三佛齊","麻六甲"之為"滿剌加","啞齊"之為"蘇門答剌","思吉港"之為"蘇吉丹","遲悶"之為"吉里地閟"[①],"汶萊"之為"婆羅","貓里務"之為"合貓里",則並從今名,使通俗易檢。每國先列沿革事蹟,多與諸史相出入。如占城即古林邑,而《五代史》以為自古未通之類,亦頗有改正。大致與《明一統志》略同,而稍益以諸書。如《閩部疏》之誤記燕窩菜,及小葛羅誤稱吉蘭丹之類,咸附辨之。次列海船交易之例,則皆採自海師賈客之口,為傳記之所未詳。其《稅璫》一篇,言利弊最悉。《水程針路》諸篇,尤切於實用。惟明代控制外番至為無術,無事則百計以漁利,有變則委曲以苟安,事事可為炯戒。而篇末諸論乃稱功頌德,曲筆實多,蓋當時臣子之詞,置而不論可矣。

【彙訂】

① 崇禎無十八年。《三罪四恥七不如疏》,《明史·黃道周傳》載於崇禎十年以後、十一年二月以前,上疏當在十一年之初。甲午為萬曆二十二年,下推四十四年,正為崇禎十一年。可知"十八年"乃"十一年"之誤。(楊武泉:《四庫全書總目辨誤》)

② 書中凡例原文作"若下港之為瓜哇"。(胡玉縉:《四庫全書總目提要補正》)

③"柬埔塞"當作"柬埔寨"。(陳乃乾:《讀〈四庫全書總目〉條記》)

④ 凡例原文作"遲悶之為吉里地悶",卷四"遲悶"條云:"遲悶者,吉里地悶之譌也。"問、悶音近,譯語之異,"間"則似形誤。

職方外紀五卷(兩江總督採進本)①

明西洋人艾儒略撰。其書成於天啟癸亥,自序謂利氏齎進《萬國圖志》,龐氏奉命繙譯,儒略更增補以成之。蓋因利瑪竇、龐我迪舊本潤色之②,不盡儒略自作也。所紀皆絕域風土,為自古輿圖所不載,故曰《職方外紀》。其說分天下為五大州。一曰亞細亞州,其地西起那多理亞,離福島六十二度;東至亞尼俺峽,離福島一百八十度;南起瓜哇,在赤道南十二度;北至冰海,在赤道北七十二度。二曰歐邏巴州,其地南起地中海,北極出地三十五度,北至冰海,北極出地八十餘度,徑一萬一千二百五十里;西起西海福島初度,東至阿北河,距福島九十二度,徑二萬三千里。三曰利未亞州,西南皆至利未亞海,東至西紅海,北至地中海,極南南極出地三十五度,極北北極出地三十五度,東西廣七十八度。四曰亞墨利加,地分南北,中通一峽③。峽南之地,南起墨瓦蠟泥海峽,南極出地五十二度,北至加納達,北極出地十度半,西起福島二百八十六度,東至三百五十五度。峽北之地,南起加納達,南極出地十度半,北至冰海,其北極出地度數則未之測量,西起福島一百八十度,東盡三百六十度。五曰墨瓦蠟尼加,則彼國與之初通,疆域道里,尚莫得詳焉。前冠以《萬國全圖》,後附以《四海總說》。所述多奇異不可究詰,似不免多所夸飾。然天地之大,何所不有,錄而存之,亦足以廣異聞也。

【彙訂】

① 文淵閣《四庫》本尚有卷首一卷。(沈治宏:《中國叢書綜錄訂誤》)

② "龐我迪"乃"龐迪我"之誤。龐迪我,西班牙人,《總目》卷一二五著錄所撰《七克》七卷。(計文德:《從四庫全書探究明清間輸入之西學》)

③ "中通",殿本作"中路"。

赤雅三卷(浙江巡撫採進本)

明鄺露撰。露字湛若,南海人。鈕琇《觚賸》載其為諸生應歲試時,題為"文行忠信",乃四比立格,以真、草、隸、篆四體書之,坐是被斥。蓋亦放誕之士。王士禎《池北偶談》又載其少遊金陵,客阮大鋮之門,嘗為大鋮作集序,大鋮亦為露作集序。其人殊不足重。迨國朝順治初,王師入粵,露義不改節,竟抱平生所寶古琴,不食而死。士禎詩所謂"南海畸人死抱琴"者,即為露作。其志節乃為世所稱。然露先託契閹兒①,所作《嶠雅》屢稱大鋮為石巢夫子,實貽譏於名教。後雖晚蓋,僅足自贖,固不能與黃淳耀等皦然日月爭光也。是書乃露游廣西之時,徧歷岑、藍、胡、侯、槃五姓土司,因為猺女雲韠娘留掌書記。歸而述所見聞,所記山川物產皆詞藻簡雅,序次典核,不在范成大《桂海虞衡志》下,可稱佳本。惟中閒敘岑氏猺女被服名目,溪峝中必無此綺麗,露蓋摭古事以文飾之。又敘"猩猩"一條,大不近情。敘"木客"一條,既稱為秦時採木之人,何以能作律詩? 所稱《細雨》詩"劍閣鈴逾動,長門燭更深"一聯,何以能用漢、唐故事? 是則附會塗飾,不免文士之積習矣。

【彙訂】

① "先"，殿本無。

朝鮮志二卷（浙江范懋柱家天一閣藏本）

不著撰人名氏。書中稱《大明一統志》，則成於明代也。卷首略敍疆域沿革，而不標其目，以下分六大綱為經，曰京都，曰風俗，曰古都，曰古蹟，曰山川，曰樓臺。以所屬八道為緯，中曰京畿，西南曰忠清，東南曰慶尚，南曰全羅，西曰黃海，東曰江源，西北曰平安，東北曰咸鏡。皆略如中國地志。惟《京都》但載宮殿、曹署，而不及城市風俗。多載其國典制，與故事混而為一。又諸道皆無四至八到，古蹟多雜以神怪，頗同小說。於體例皆為未協。然遺聞瑣事，為中國史書所未詳者，往往而在，頗足以資考證。其敍述亦皆雅潔，較諸州郡輿圖冗漫無緒者，轉為勝之。宋王雲嘗撰《雞林志》，其書不傳。徐兢《高麗圖經》於山川古蹟亦略。此書出其國人所述，當不失真。我國家威德覃敷，八紘砥屬。朝鮮一國，道里既近，歸化尤先。雖號藩封，實同郡縣，其山川疆域皆宜隸籍於職方。錄而存之，亦足備輿記之一種也。

皇清職貢圖九卷

乾隆十六年奉敕撰。以朝鮮以下諸外藩為首，其餘諸藩諸蠻，各以所隸之省為次。會聖武遠揚，戡定西域，拓地二萬餘里。河源、月髋之外，梯航鱗集，琛賮旅來。乃增繪伊犁、哈薩克、布魯特、烏什、巴達克山、安集延諸部，共為三百餘種。分圖系說，共為七卷，告成於乾隆二十二年。迨乾隆二十八年以後，愛烏罕、霍罕、啟齊玉蘇、烏爾根齊諸部，咸奉表入覲，土爾扈特全部自俄羅斯來歸，雲南整欠、景海諸土目又相繼內附，乃廣為《續圖》一卷。每圖各繪其男女之狀，及其部長屬衆衣冠之別。凡性情習俗，服食好尚，罔不具載。考《南史》載梁武帝使裴子野撰《方國使圖》，廣述懷來之盛，自荒服至海表凡二十國。張彥遠《歷代名畫記》載梁元帝有《職貢圖》。史繩祖《學齋佔畢》引李公麟云："元帝鎮荊州，作《職貢圖》，狀其形而識其土俗，凡三十餘國。"其為數較今所繪不及十分之一。至《山海經》所載諸國，多出虛撰，概不足憑。《漢書·西域傳》以下，史家所述，多出傳聞。核以道里山川，亦往往失實。又不及今之所繪，或奉贄貢篚①，親覯其人②，或仗鉞乘軺③，實經其地，允攝提合雒以來所未睹之隆軌。然伏讀御題長律，方以保泰承庥，殷殷咨儆，此景命所以重申，天聲所以益播也。自今以往，占風驗海而至者，當又不知其凡幾。珥筆之臣，且翹佇新圖之更續矣。

　　謹案此書及《西域圖志》，皆以紀盛德昭宣，無遠弗屆，為亘古之所未有。《西域圖志》恭錄於"都會郡縣"類中，此則恭錄於"外紀"者：西域雖本外國，而列戍開屯，築城建邑，已同內地之一省。入於"都會郡縣"，所以著闢地之廣，彰聖武也。職貢諸方，多古來聲教所不及，重譯所未通。入於"外紀"，所以著格被之遠，表聖化也。

【彙訂】

　　①"篚"，底本作"筐"，據殿本改。《尚書禹貢》："厥纖纊篚文。"（王重民：跋新印本《四庫全書總目》）

　　②"覯"，殿本作"覲"，誤。

　　③"仗鉞"，底本作"伏鉞"，據殿本改。

坤輿圖説二卷（内府藏本）

國朝南懷仁撰。懷仁，西洋人，康熙中官欽天監監正。是書上卷自《坤輿》至《人物》，分十五條，皆言地之所生。下卷載海外諸國道里、山川、民風、物産，分為五大州，而終之以《西洋七奇圖説》。大致與艾儒略《職方外紀》互相出入，而亦時有詳略異同。按東方朔《神異經》曰："東南大荒之中有樸父焉，夫婦並高千里，腹圍。按此下當有腹圍之里數，原本脱佚，今姑仍之。自輔天初立時，使其夫婦導開百川。嬾不用意，謫之並立東南，不飲不食，不畏寒暑。須黄河清，當復使其夫婦導護百川。"云云。此書所載有銅人跨海而立，巨舶往來出其胯下者，似影附此語而作。又《神異經》曰："北方層冰萬里，厚百丈，有磎鼠在冰下土中焉。形如鼠，肉重千斤①。可以作脯，食之已熱。"云云。此書記此物全與相合。又周密《癸辛雜識》曰："西域有沙海，正據要津。其水熱如湯，不可向邇②。此天之所以限華夷也，終古未嘗通中國。忽一日有巨獸浮水室，其骨長數十里，橫於兩涘，如津梁然。骨中有髓竅，可容並馬。於是西域之地始通中國，謀往來者每以膏油塗其骨，懼其枯朽而折，則無復可通故耳。"云云。此書記此事亦全與相合。疑其東來以後，得見中國古書，因依仿而變幻其説，不必皆有實迹。然核以諸書所記，賈舶之所傳聞，亦有歷歷不誣者。蓋雖有所粉飾，而不盡虛構。存廣異聞，固亦無不可也。

【彙訂】

① "斤"，殿本作"觔"，誤，參《神異經》原文。

② "邇"，殿本作"近"。

異域錄一卷（兵部侍郎紀昀家藏本）[①]

國朝圖理琛撰。圖理琛姓阿顏覺羅氏，先世葉赫人。由考取內閣中書，官至兵部職方司郎中[②]。是編乃康熙五十一年五月，圖理琛以原任內閣侍讀奉命出使土爾扈特，由喀爾喀越俄羅斯國，至其地。五十四年三月，回京師復命。因述其道里、山川、民風、物產以及應對禮儀，恭呈御覽。冠以輿圖，次隨日紀載見聞，其體例略如宋人行記。但宋人行記以月日為綱，而地理附見。此則以地理為綱，而月日附見。所歷俄羅斯境，曰楚庫柏興，曰烏的柏興，曰柏海爾湖，曰尼爾庫城，曰昂噶拉河，曰伊聶謝柏興，曰麻科斯科，曰揭的河，曰那里本柏興，曰蘇爾呼忒柏興，曰薩瑪爾斯科，曰狄木演斯科，曰托波爾，曰鴉班沁，曰費耶爾和土爾斯科城，曰費耶爾和土爾斯科佛落克嶺[③]，曰索里喀穆斯科，曰改果羅多，曰黑林諾付，曰喀山，西穆必爾斯科，曰薩拉托付，曰塔喇斯科，曰托穆斯科，曰伊里木城，皆其大聚落也。其地為自古輿記所不載，亦自古使節所未經。如《史記》述匈奴北海，頗作疑詞，故儒者類言無北海。今據圖理琛所記，知伊聶謝柏興距北海大洋一月程。又《唐書》稱薛延陀夜不甚暗，猶可博弈，僅得之於傳聞。圖理琛以五月至其地，知夏至前後確有是事。皆我聖祖仁皇帝德化覃敷，威稜震疊，故軺車所至，莫不具驛傳，供芻糒，涉越三四萬里，如行閫闥。故得以從容遊覽，見所未見，聞所未聞，纂述成編，以補亘古黃圖所未悉。令備錄其文，使天下萬世知聖化彌綸，迥出於章亥所步之外。且所記俄羅斯、土爾扈特畏懷恭順之忱，尤足見堯天丕冒，砥屬無垠。凡在方趾圓顱，無不鱗集仰流，效誠恐後，為三五以來所未有。今土爾扈特已全部內附，而所記俄羅斯南路十四國，乾隆乙亥以後，又已盡入版圖。並以見武烈文謨，顯承啟佑，所由拓億禩之丕基者，非偶然也。

【彙訂】

① 文淵閣《四庫》本為二卷，書前提要不誤。（沈治宏：《中國叢書綜錄訂誤》）

② 圖理琛於乾隆三年以內閣學士乞休，五年卒，非官止郎中。（胡玉縉：《四庫全書總目提要補正》）

③ 殿本"嶺"上衍"顏"字。

海國聞見錄二卷（浙江巡撫採進本）

國朝陳倫炯撰。倫炯字資齋，同安人。父昂，康熙二十一年從靖海侯施烺平定臺灣。琅又使搜捕餘黨，出入東西洋五年。敘功授職，官至廣東副都統。<small>按副都統為滿洲額缺，陳昂得是官，蓋出特典。</small>倫炯少從其父，熟聞海道形勢。及襲父蔭，復由侍衛歷任澎湖副將、臺灣鎮總兵官，移廣東高、雷、廉，江南崇明、狼山諸鎮，又為浙江寧波水師提督，皆濱海地也。故以平生聞見，著為此書。上卷記八篇，曰《天下沿海形勢錄》，曰《東洋記》，曰《東南洋記》，曰《南洋記》，曰《小西洋記》，曰《大西洋記》，曰《崑屯記》，曰《南澳氣記》。下卷圖六幅，曰《四海總圖》，曰《沿海全圖》，曰《臺灣圖》，曰《臺灣後山圖》，曰《澎湖圖》，曰《瓊州圖》。凡山川之扼塞，道里之遠近，沙礁島嶼之夷險、風雲氣候之測驗以及外蕃民風、物產，一一備書。雖卷帙無多，然積父子兩世之閱歷，參稽考驗，言必有徵。視剿傳聞而述新奇，據故籍而談形勢者，其事固區以別矣。其《南澳氣記》中稱"萬里長沙"者，即《列子》所謂"歸墟"，《莊子》所謂"尾閭"，《抱朴子》所謂"沃焦"，《宋史·琉球傳》

所謂"落漈"。但諸書皆言注之不盈,倫炯則推以潮長而此溜落,潮落而此溜長,知水自上入,仍自下出。其言確切近理,足以決千古耳食之疑。又史稱舟落漈者一去不返,倫炯則謂乘潮長之時求出,則外高內下,反不得出。如潮落乘南風棹船,尚可出。雍正丙午,有閩船落漈者,果如其說得還。此語亦前人所未發。惟所記七洲洋帶箭鳥,謂由鄭和呼鳥插箭為記,以導海舶。又記暹羅鬼與鄭和鬬法,夜建寺塔,今尚在焉。則蕃俗信鬼,有此附會之談。倫炯不為辨正,是亦少疏。然是書主於記海道,不主於考故實,彼國既有此說,據而錄之,固亦無害宏旨爾。

　　右地理類"外紀"之屬,十七部,九十八卷[1],皆文淵閣著錄。

【彙訂】

　　[1]"十七部,九十八卷",底本作"十六部,八十九卷",據殿本及實際部卷總數改。

卷七二

史 部 二 十 八

地理類存目一

華陽宮紀事一卷（浙江汪啟淑家藏本）

宋僧祖秀撰。祖秀，蜀人。靖康元年閏十一月汴京陷時，隨都人避兵艮嶽，因紀其邱壑池館之勝。敍述極詳，末歸其過於朱勔、梁師成，而推原禍本於蔡京。王偁《東都事略》全載之。此本蓋即從偁書錄出也。

艮嶽記一卷（編修汪如藻家藏本）

宋張淏撰。淏有《會稽續志》，已著錄。是書取徽宗御製《艮嶽記》及蜀僧祖秀所作《華陽宮記》，各摭其略。首敍朱勔擾民之事。又稱越十年，金人南侵，臺榭宮室，悉皆拆毀，官不能禁。其大意亦與祖秀同耳①。

【彙訂】

①“耳”，殿本無。

故宮遺錄一卷（兩淮馬裕家藏本）

明蕭洵撰。洵，廬陵人。洪武初，為工部郎中。奉命毀元故宮，因記其制度。洵後為湖州長興令，欲刊未果，其本歸於呂山高氏家。洪武丙子，松陵吳節從高氏鈔傳。萬曆中，武進趙琦美得之，以張浙門家鈔本互校，因行於世。其書序次典核，朱彝尊《日下舊聞》全載之，故今不重錄焉。

右地理類“宮殿疏”之屬，三部，三卷，皆附存目。

新定九域志十卷（浙江汪啟淑家藏本）

此書與宋王存等所撰《元豐九域志》文並相同，惟府、州、軍、監、縣下多出“古蹟”一門。詳略失宜，視原書頗為蕪雜。蓋即晁公武《讀書志》所云新本，朱彝尊跋以為是民間流行之書者也。首卷四京及京東東路俱已闕，次卷亦有譌脫。彝尊曾見崑山徐氏家藏宋槧本，所紀闕文與此本同，蓋即從徐氏錄出者。張淏《雲谷雜記》稱南渡後閩中刻《九域志》，誤改“睦州”為“嚴州”。今檢毛晉家影鈔《九域志》舊本，“睦”字未改，而此本則已作“嚴州”。足知其出於南宋閩中刊本，而“古蹟”一門當即其時坊賈所增入矣[1]。王士禎《居易錄》載所見《九域志》與此本合，而誤以為即元豐經進之書，則亦未見王存原本也。

【彙訂】

[1] 衢本《郡齋讀書志》卷八《職方機要》條：“序云本新、舊《九域志》。”《玉海》卷十五引《中興書目》：“《職方機要》四十卷，大觀中晉原令程續撰。續案新、舊《九域》二書。”可見北宋大觀間已有《新定九域志》。吳曾《能改齋漫錄》卷九：“余按《汴州記》及《九域志》開封有澹臺子羽墓，其廟亦存。”此必《新定九域志》古蹟門佚文，可證《新定九域志》南宋初已行於世。南宋嘉定十四年（1221）王象之修成《輿地紀勝》，其中所引《九域志》文甚多，亦皆出自《新定九域志》。（魏嵩山、王文楚：《元豐九域志前

言》；李裕民：《四庫提要訂誤》）

歷代地理指掌圖一卷（兩淮鹽政採進本）

舊本題宋蘇軾撰。始自帝嚳，迄於宋代，為圖凡四十有四。前有序，後有總論。其序云據《元豐九域志》，然書中乃有建炎二年改江寧為建康府、紹興三十二年升洪州為隆興府諸語。案費袞《梁谿漫志》曰："今世所傳《地理指掌圖》，不知何人所作。其考究精詳，詮次有法，上下數千百年，一覽而盡，非博學洽聞者不能為，自足以傳遠。然必託之東坡，其序亦云東坡所為。觀其文淺陋，乃舉子對策手段，東坡安有此語！最後有《本朝陞改廢置州郡》一圖，乃有崇寧以後迄於建炎、紹興所廢置者，此豈出於東坡之手哉。"云云。則此書之偽，南宋人固已言之，而流傳刊本仍題軾名。刊胡安國《春秋傳》者，皆摘其《列國》一圖為冠，亦仍題曰東坡，謬之甚矣。其書雖簡明，而疏略殊甚。費袞所稱，殊為過當，亦不足據也。

寰宇通衢一卷（內府藏本）

明洪武中官撰。案黃虞稷《千頃堂書目》曰："《寰宇通衢》一卷，洪武二十七年九月書成。先是，太祖以輿地之廣，不可無書以紀之。乃命翰林儒臣以天下道里之數，類編為書①。其方隅之目有八。"所言皆與此本合。

【彙訂】

① "類編"，殿本作"編類"。

輿圖記敘二卷（江西巡撫採進本）①

明桂萼撰。萼有《桂文襄奏議》，已著錄。是編即嘉靖八年為大學士時所上。首為《總圖》，次則兩京十三省各為一圖，附以

《四夷圖》。但略具兵馬錢糧之總數，併府州縣衛之名亦不具列。所述利病，亦皆敷衍之詞。其奏進疏乃稱"披此圖如祖宗之親歷地方者然"，而世宗批答亦稱其"明白要切，具見體國經濟"②，皆不可解也。

【彙訂】

① 據桂萼上書，此書當名《廣輿圖敍》，包括敍與圖兩部分，後世不傳敍而只傳圖，遂只知為《輿地圖》。（錢茂偉：《明代史學編年考》）

② "而"，殿本無。

志略十六卷（編修汪如藻家藏本）

明廖世昭撰。世昭，福建懷安人。正德丁丑進士，官國子監博士。是書首題"南京兵部武庫司刊行"，蓋當時官本。前載《周禮・職方氏》"九州"全文，其後每省為一圖，而終以《四裔》各略。載其沿革、山川、人物、古蹟、土產，舛譌闕略，殊無可觀。其《四裔》一卷，傳聞附會，尤多失真。地志中之最劣者也。

皇輿考十二卷（副都御史黃登賢家藏本）

明張天復撰。天復號內山，山陰人。嘉靖丁未進士，官至雲南按察司副使。事蹟附見《明史・文苑傳》其子元忭傳中①。是書取閩本《志略》稍加潤飾。其自序云："文襄桂公《輿地圖志》、宮諭念菴羅公《廣輿圖》、司馬許公《九邊論》，詞約而事該。"故往往引三家之說冠於篇端。文襄桂公者桂萼，念菴羅公者羅洪先，司馬許公者許論也。其大意在規《明一統志》之失，但貪列人物，依然挂一漏萬。至若四至八到、郡縣沿革，皆略而不詳，未為善本。

【彙訂】

①《明史·儒林傳·鄧以讚傳》附《張元忭傳》云:"父天復,官雲南副使……"《總目》誤以《儒林傳》為《文苑傳》。《總目》卷七四《紹興府志》條云:"(張)元忭……事蹟具《明史·儒林傳》。"不誤。(楊武泉:《四庫全書總目辨誤》)

圖註水陸路程途八卷(浙江鮑士恭家藏本)

明黃汴撰。汴不知何許人。是書前列南、北二京及各省路途,後序道路分合、里數遠近。其山川夷險,亦言之頗詳。書成於隆慶四年,而猶載廣東至安南驛路。蓋未棄交趾以前所設站也①。

【彙訂】

①"站也",殿本作"舊站亦樂史太平寰宇記載燕雲十六州之例也"。

郡縣釋名二十六卷(浙江鮑士恭家藏本)

明郭子章撰。子章有《螾衣生易解》,已著錄。其書以郡縣地名一一詮釋其文義,文義可通則略為訓詁。如福州則云取百順之名,永清則云取邊境永清之類,皆固陋之甚。至不可解者則置而不言①,亦何取於"釋名"乎?

【彙訂】

① 殿本"不"上有"其"字。

目營小輯四卷(浙江鮑士恭家藏本)

明陸化熙撰。化熙有《詩通》,已著錄。是書以十三省布政司為綱,繫以所屬府、州、縣、衛所。凡土貢之宜、鹽課之增損、屯田之稅鈔,悉隨地詮敍。至太僕寺、行太僕寺并各苑馬寺監馬數增耗,及邊關堡寨之廢置,武弁員額、駐屯之處,多有《明會典》所未載者。前有自序,題"辛酉仲夏"。辛酉為天啟元年,而書中"永平府"條下有天啟五年八月現在官兵十一萬七千八十六員名,馬騾駝牛五萬三千八百五十二匹隻,及所支月餉數①。則序作於辛酉,書成又在乙丑後矣。其曰"目營"者,自序謂取"目若營四海"之意,蓋亦有志時務者也。

【彙訂】

① 殿本"數"上有"之"字。

興地名勝志一百九十三卷(江蘇巡撫採進本)①

明曹學佺撰。學佺有《易經通論》,已著錄。學佺以博洽聞,著述甚富。是書則由雜採而成,頗無倫次,時亦舛譌,又多不著出典,未為善本。

【彙訂】

①《江蘇採輯遺書目錄》作《興地名勝志》二百八卷,明崇禎三年自刻本亦為二百八卷。(杜澤遜:《四庫存目標注》)

今古興地圖無卷數(江蘇巡撫採進本)

不著撰人名氏。首列《明一統圖》,由明溯元,層累而上,至帝嚳九州,凡為圖五十,又別為《古今區域總要》、《歷代山名》、《歷代水名》、《辰次分野》、《列國分野》、《天象分野》、《山河兩戒》八圖,共圖五十有八①。凡明郡縣用墨書,而歷代沿革異同俱以五色筆界畫細註,又各附說於圖中。考錢曾《讀書敏求記》曰:"《古今興地圖》二卷,起帝嚳九州至元末羣雄,悉以明朝區域為總要,復以朱界其間,標舉歷代地理於上。凡古今山水名,及一行山河兩戒咸載焉。"據其所言,與此本合。惟曾云二卷,此不分卷,曾云起帝嚳九州至元末羣雄,此起元末羣雄至帝嚳九州,為小異。蓋此書本無卷數,曾所藏蓋以篇頁稍繁分為二册,故以二卷著錄。又每頁各自為圖①,不相聯屬。裝潢者以時代先後敘之,故始自帝嚳耳。然書名"今古",不名"古今",是自後溯前之明證。圖旁亦細註"某圖第幾字",則曾所藏本為誤移其次序審矣。其書於明代郡縣不能計里開方,又不能上測經緯二度,其方向皆在影響之間。根柢先已不確,歷代沿革遂皆從之而移。曾以謝莊《左傳圖》比之,非其倫也。

【彙訂】

① "圖",殿本作"為"。

天下郡國利病書一百二十卷(兩江總督採進本)

國朝顧炎武撰。炎武有《左傳杜解補正》,已著錄。是書蓋雜取天下府、州、縣志書,及歷代奏疏、文集並明代實錄,輯錄成編。其中採掇舊文,同異兼收,間有矛盾之處,編次亦絕無體例,蓋未成之稾本也。

增訂廣輿記二十四卷(兩江總督採進本)

國朝蔡方炳撰。方炳字九霞,號息關,崑山人。明山西巡撫懋德之子也。是編因明陸應暘《廣輿記》而稍删補之。大抵鈔撮《明一統志》,無所考正。自列其父於"人物"中,亦乖體例。懋德不愧於人物,宜待天下後世記之,不可出自方炳。方炳自作家傳,亦無不可,特不可載於輿記也。

閱史津逮無卷數(江西巡撫採進本)

國朝朱約淳撰。約淳字博成,餘姚人。順治辛丑進士,官泰安縣知縣。是書以閱史不諳地理,無由識其形勢,乃考訂往牒,正其舛譌,各繪以圖。前有自序,稱首《禹貢》,從其朔也;《職方》所載,代有殊名,作《歷代疆域圖》十有一;海寓瓜分,英雄角逐,作《歷代割據圖》八;行臺分建,元創明因,作《省會圖》十有七;玉門西限,長城北起,作《九邊圖》十有一;羌人畢至,百粤胥通,作《鎮番圖》二、《鎮蠻圖》三;神京都燕,輸將及焉,作《漕河》、《海運圖》各一;古河北播,今通淮泗,作《黃河圖》一;文命四敷,明堂咸享,作《域外圖》九;既有省會,必詳分野,作《天文圖》一。今考其《省會圖》內有北直隸、南直隸等圖,《福建省圖》尚無臺灣、澎湖,蓋成於明之末年,入國朝未及改修云。

歷代輿地徵信編殘本六卷(兩江總督採進本)

國朝錢邦寅撰。邦寅字馭少,丹徒人。是編成於雍正中。前無總目,不知原本卷帙幾何。此所存殘槀,題曰《前集》。自第一卷至第四卷,敍歷代疆域分合,第五卷至第六卷之上半為形勝紀略,第六卷之下半為水道紀略,以下則全佚焉。其考據議論,亦頗博辨,而脫落斷爛,即此所存之六卷已不盡可讀矣。

山河兩戒考十四卷(安徽巡撫採進本)

國朝徐文靖撰。文靖有《禹貢會箋》,已著錄。星野之說,見於《周禮‧保章氏》,以星土辨九州之地。所封封域,皆有分星,以觀妖祥。鄭康成註云:"大界則九州,州中諸國之封域[①],於星亦有分焉。其書亡矣。堪輿雖有郡國所入度,非古數也。"如鄭氏所言,以九州為大限,而諸國地域遠於國都者,其上應之星自不得盡同。是星野不主列國而主乎其地。《漢書‧地理志》於漢時郡縣略著梗概,至唐而僧一行又據山河以分,於義尤近。然其說有云:"魏徙大梁則西河合於東井,秦拔宜陽而上黨入於輿鬼。"彼此遷就,益涉支離。特其文辭綜博,足以自達所見,故後代言分野者悉宗之。文靖廣採羣書以為之註,此八卷是也。自卷九至卷十四則文靖所續補,亦引羣書為之註。自漢以降,星野之書已亡。説者徒就《春秋》内、外傳,以其所及,推其所不及,牽合附會,皆所不免。是書雖詳於考古,不涉占驗,然博引曲證,以資談論則可,於實用毫無所當也。

【彙訂】

①"封",殿本作"分",誤,參《周禮·保章氏》鄭玄注原文。

古今約説無卷數(兩江總督採進本)

國朝邵元龍編。自署曰古九峯,蓋松江人也①。其書節鈔古今輿地故實詩文,排輯成編,漫無體例,兼有塗乙空闕處,猶未完之藁也。

【彙訂】

①"也",殿本無。

右地理類"總志"之屬,十七部,四百三十七卷,內三部無卷數。皆附存目。

史 部 二 十 九

地理類存目二

成化山西志十六卷（兩淮鹽政採進本）

不著撰人名氏。考國朝雍正甲寅宜興儲大文所纂《山西志》，云舊志成於成化甲午，督學僉事胡謐創修，則此本為胡謐所撰矣。其後有嘉靖周斯盛志、萬曆李維楨志，皆本此志而增修者也。謐，四川馬湖沐川長官司人。永樂辛丑進士，見《太學題名碑》。修志之時，距其登第之歲已五十四年矣①。

【彙訂】

① 此書胡氏自序稱"會稽胡謐"。光緒《山西通志》卷一〇三《名宦錄·胡謐傳》作天順元年進士。而沐川人、永樂辛丑進士乃胡鑒。（李裕民：《四庫提要訂誤》）

寧波府簡要志五卷（兩淮馬裕家藏本）

明黃潤玉撰。潤玉有《四明文獻錄》，已著錄。是編以舊志太冗，乃刪除繁贅，定為是編。體例簡潔，亦康海《武功志》之亞。然《武功志》"藝文"散入各類中，此則僅存其篇題而文皆不錄，則未免太簡矣①。

【彙訂】

① 殿本"未"上有"欲矯志乘濫載之失而"九字。

成化杭州府志六十三卷(浙江范懋柱家天一閣藏本)

明夏時正撰。時正字季爵,仁和人。正統乙丑進士,官至大理寺卿。是書成於成化乙未,因洪武中徐一夔《志》及永樂、景泰《續志》增修。分封畛、山川、公署、風土、學校、水利、軍政、詔敕、卹政、壇廟、名宦、科貢、人物、墳墓、寺觀、書籍、碑碣、紀遺十八門。所收頗冗濫,如載淩雲翰嘲析產小詞之類,皆非地志之體。其凡例稱引用諸書皆簡節全文,或因而足以己意,故皆不著所出。其大略可睹矣。

建陽縣志四卷雜志三卷續志一卷(兩淮馬裕家藏本)

明黃璿撰。璿,建陽人。是書成於景泰庚午。卷首於輿圖之外增以先賢畫像十二,傳刻失真,殆可不必。《雜志》三卷亦璿所作,而題曰"知非子黃景衡集"。景衡即璿之字,見前志劉章目錄序中。蓋其書乃修志之餘,撦拾佚事,因同於小說家流①,故署其號也。《續志》一卷,乃宏治甲子邑人袁銛所撰。名繼前志,實則體例各殊。

【彙訂】

① "因",殿本作"自"。

毘陵志四十卷(江蘇巡撫採進本)

明王㒥撰①。㒥字廷貴,武進人。景泰辛未進士,官至南京吏部尚書,謚文肅。是編體例頗詳整,惟齊高、梁武雖從斯郡發祥,然奄有江東,各存國史。修郡志者但可載其軼聞舊蹟,以備考徵。乃於"人物"之首冠以二帝,附以諸王,揆以斷限之法,於義為濫。蓋輿記務侈土風,而不知著書各有體例也。

【彙訂】

① 此書與下文著錄明朱昱撰《重修毗陵志》實即一書。(杜澤遜:《四庫存目標注》)

中都志十卷(浙江范懋柱家天一閣藏本)

明柳瑛撰。瑛字廷玉,臨淮人。天順丁丑進士,官至河南按察使僉事。初,明太祖吳元年,改濠州為臨濠府。洪武三年,改為中立府,定為中都。立宗社,建宮室。七年,又改為鳳陽。此志不曰鳳陽而曰中都,用太祖制也。其書成於成化丁未,體例龐雜,最為冗濫。

金華府志三十卷(兩淮馬裕家藏本)

不著撰人名氏。前列成化庚子商輅序,稱為知府周宗智撰。而志中乃載及隆、萬時事,豈後來又因宗智之本稍益以近事耶①? 宗智,大冶人,天順庚辰進士。

【彙訂】

① "稍",殿本無。此本應為萬曆六年刻本,乃王懋德、喬明文重修,陸鳳儀編。(洪焕椿:《浙江方志考》;杜澤遜:《四庫存目標注》)

赤城新志二十三卷(浙江范懋柱家天一閣藏本)

明謝鐸撰。鐸有《赤城論諫錄》,已著錄。台州自嘉定以後建置沿革,宋陳耆卿志已具。鐸因其體例,續輯此編。時台州已陞為府,又析黃巖為太平縣,故鐸為太平人云。

宏治八閩通志八十七卷(兩淮鹽政採進本)

明黃仲昭撰。仲昭名潛,以字行。成化丙戌進士,官至江西提學僉事。事蹟具《明史》本傳。其書於輿記之中較為詳整，然以戶口、水利列之"食貨"門中，則牽強不倫。此創例之未協者也①。

【彙訂】

①　"此"，殿本作"亦"。

陝西志三十卷（兩淮鹽政採進本）①

明伍餘福撰。餘福字天錫，臨川人。正德丁丑進士，官陝西按察司副使②。是編成於成化乙未，以府、州、縣、衛、所、寺、監為綱，而各系門目於其下，如《一統志》之例。陝西為古都會地，舊蹟頗多，金石尤富，諸書記載頗詳。其所採摭，尚未能詳備。

【彙訂】

①　此條殿本置於"隨志二卷"條之後，與成書時間早晚次序不符。

②　成化乙未（1475）下距正德丁丑（1517）四十二年。考雍正《江西通志》卷八一撫州府人物，無伍餘福，有《伍福傳》云："字天錫，禮弟。正統甲子（九年，1444）鄉舉，授咸寧（教）諭。用薦陞陝西副使，提督學政……嘗編《咸寧縣志》、《陝西通志》，修纂有法。"同治《臨川縣志》卷四〇《人物·宦業·伍福傳》所述略同。同治《蘇州府志》卷八〇《人物志》"伍餘福"條引朱希周撰《伍餘福墓誌銘》曰："字君求，正德丁丑進士，授長垣知縣……"《總目》誤伍福與伍餘福為一人。（楊武泉：《四庫全書總目辨誤》）

嘉興府志三十二卷（兩淮馬裕家藏本）

明柳琬〔琰〕撰①。琬，儀真人。成化丙戌進士，官嘉興府知府。是編成於宏治壬子，以府與所屬七縣各為一志，其例皆分二十一門。序述參差，詳略失當②。

【彙訂】

① "琬"，當作"琰"，下同，乃避嘉慶諱。殿本作"琰"。

② 殿本"當"下有"殊未見體要"五字。

宏治湖州府志二十四卷(兩淮鹽政採進本)

明王珣撰。珣，曹縣人。成化己丑進士，官至右副都御史巡撫寧夏。是志乃宏治辛亥珣官湖州知府時所重修。初，宋談鑰嘗輯《吳興志》，而文頗蕪陋。明景泰閒，訓導陳碩乃因談志，續為一編。成化甲午，知府九江勞鉞又令郡人張淵補所未備，增為二十二卷。珣以郡縣續有分析，復屬郡人汪翁儀、唐應徵、陳遠等論次增輯，列為三十三目，分禮、樂、射、御、書、數六集。舊本因前有勞鉞序，遂題為成化志，非也。

重修毘陵志四十卷(江蘇巡撫採進本)

明朱昱撰。昱字懋易，武進人。初，成化己丑，常州知府卓天錫聘昱修郡志，書成未刻。越十有三年戊寅，新淦孫仁來知府事，仍屬昱增修之①。其書先圖，次表，次志，凡十有七門。昱後序云："以宋《咸淳志》為本，次以洪武十年《續志》及永樂十六年、景泰五年敕天下郡縣纂輯志書之副稾。"案，《咸淳毘陵志》為史能之撰，洪武續志為謝應芳撰，其原書皆有體例，故所修比他志為善。惟命周忱賑荒、以王恕為巡撫諸敕諭，不專為常州一府，而牽連載之，未免失於泛濫云。

【彙訂】

① 成化己丑(五年)卓天錫聘朱昱修志，即成化六年庚寅朱昱所修者，明成化二十年刻本此書王俔序云"既成，二侯遂命工

鋟梓以傳",則非"書成未刻"。成化十八年乃壬寅,非戊寅。徐
瓊序明言是年孫氏已"守毘陵三載",非是年來守。(杜澤遜:
《四庫提要辨定》)

三原縣志十六卷(兩淮馬裕家藏本)

明朱昱撰。其書分類太繁,例多叢脞。如戶口列之"食貨"
門,參雜不倫;縣治、官制俱列之"公署"門,亦綱目倒置。人物分
十七類,甲科、鄉貢、封贈、廕敘悉隸焉,而獨以"顯達"一類別為
一卷冠於前,其識趣可知矣。遠不及所修《毘陵志》也。

徽州府志十二卷(兩淮馬裕家藏本)

明汪舜民撰。舜民,婺源人。成化乙未進士[①],官至右副都
御史、巡撫鄖陽。是書成於宏治壬戌。分目過多,如"沿革"之外
又出"郡名"一門,"人物"至分為十四類,皆傷煩碎。又"風俗"、
"形勝"二門皆標題夾註,有似類書,亦乖體例。

【彙訂】

① 乙未為成化十一年,然《明實錄》正德二年六月丙戌條述
舜民科第云:"成化戊戌進士。"戊戌為成化十四年,雍正《江南通
志》卷一二二《選舉志》所載亦同。(楊武泉:《四庫全書總目
辨誤》)

常州府志續集八卷(兩淮鹽政採進本)

明張愷撰。愷,無錫人。成化甲辰進士,仕履未詳。初,王
俊撰《常州府志》四十卷,止於成化二十年。此續修之,凡見於舊
志者不錄。其敘事止於正德七年,則其書當成於是歲後也。《江
南通志》載無錫張愷《常郡續志》八卷,與此本卷數相合。其所載
惟官署、人物,蓋以"沿革"、"山川"各門已載前志故也。

吳邑志十六卷（浙江巡撫採進本）

明楊循吉撰。循吉有《蘇州府纂修識略》，已著錄。是編成於嘉靖八年，較他志乘為典核。然首敘吳國本末為《史考》，已非一邑之事；又引《春秋》所載吳事為《經考》，又併非吳地之事矣。仍不免志書牽引之習也。

赤城會通記二十卷（浙江范懋柱家天一閣藏本）

明王啟撰。啟號柏山，黃巖人。成化丁未進士，官至刑部尚書。是編取陳耆卿《赤城志》、謝鐸《赤城續志》諸書彙為一帙，而變其體例。自夏后氏迄明，每朝各為一紀，唐以後則一帝為一紀。其載官吏則分名宦、死難儒臣、有事實官、無事實官、有疵官諸目，紀人物則分鄉獻、死節、孝子、烈女、鄉僇諸目，散入各紀之下。又有異聞、祠廟、鄉試、貢薦等目，分析破碎，殊無體要。至山川、分野無可附麗，則舉而列之《夏后氏紀》，亦可見其例之窒而難通矣。

松江府志三十二卷（內府藏本）

明顧清撰。清字士廉，華亭人。宏治癸丑進士，官至南京禮部尚書。事蹟具《明史》本傳。其書頗詳悉有體，稍勝他輿記之冗濫。

嘉靖江西通志三十七卷（兩淮鹽政採進本）

明林廷㭎①、周廣同撰。廷㭎字利瞻，閩縣人。宏治己未進士，官至工部尚書，諡康懿。事蹟附見《明史‧林瀚傳》。廣字充之，崑山人。宏治乙丑進士，官至南京刑部右侍郎。事蹟具《明史》本傳。是編乃嘉靖中廷㭎官江西布政司參政、廣官按察司副使時所作。凡《藩省志》三卷，《諸府志》三十四卷。《藩省志》分十三門②,《諸府志》分二十七門,體例略同他志。惟"姦宄"一門仿諸史《姦臣》、《酷吏傳》例,以示鑑戒,獨為小異。史載廣在正德中,以劾錢寧獲罪,幾死。又載其平生嚴冷無笑容,巡撫江西,墨吏皆望風而去。其嫉惡之嚴,可以想見。此門其廣所創意歟?

【彙訂】

①"廷梆",殿本作"庭梆",下同,誤。明嘉靖四年刻本此書《修志名氏》載總修林廷梆。

②"十三門",底本作"十二門",據殿本改。此書《藩省志》分建置沿革、形勝、城池、戶口、田賦、藩封、兵政、公署、貢院、祠廟、秩官、名宦、姦宄十三門。

雍大記三十六卷(浙江汪啟淑家藏本)

明何景明撰。景明字仲默,信陽人。宏治壬戌進士,官至陝西提學副使。事蹟具《明史·文苑傳》。是編為所作陝西總志,乃其督學時開局立例,召學官生徒分輯成編者。訂改甫就,景明以病去官。僉事周宗化攝學政,為續成之。始末具詳於段炅序中。關中自《三輔黃圖》以後,宋敏求、程大昌所作最為簡雅有法①。景明廣事蒐採,意欲突過前人,而嗜博務多。如歷代史贊之類,概為收入,未免泛濫。又文字多摹古而失真,如改《沿革志》曰《考易》,改《藝文志》曰《志賈》,名目皆出臆創,幾於鷗閣虹戶,篠驂銑溪。七子末派,為世所詬厲,亦有由矣。

【彙訂】

①"為",殿本無。

崇安縣志四卷（浙江范懋柱家天一閣藏本）

明李讓撰。讓，天台人，官崇安訓導。書末有宏治癸亥崇安縣丞錢塘沈相刻書跋，而"科第"門中所載乃至正德十四年己卯。蓋書成之後，又有所續附也。其書凡分五十七門，猥雜殊甚。卷首列諸儒圖像，自胡安國以下凡十六人。皆略具眉目，不可別為某某，僅以題識辯姓名，不知何取。與《建陽縣志》所繪同一鄙陋也。

彰德府志八卷（兩淮馬裕家藏本）

明崔銑撰。銑有《讀易餘言》，已著錄。是書成於嘉靖壬午，自序謂本宋《相臺志》、元《相臺續志》，而益以諸縣之輿記。其書頗為謹嚴，蓋銑本儒者故也。

嘉靖惟揚志三十八卷（浙江范懋柱家天一閣藏本）

明盛儀撰。儀字德章，江都人。宏治乙丑進士，官至太僕寺卿。揚州輿記，宋代有紹熙《廣陵志》、嘉泰《廣陵志》、寶祐《惟揚志》，歲久散佚[①]。高宗本有《惟揚新志》，而採錄未備。嘉靖二十年，知府歸安朱懷幹請於巡按御史胡植，屬儀輯為是書[②]。沿寶祐舊名，以"惟揚"為稱。且謂："《禹貢》'淮海惟揚州'，寶祐《志》本此。今作'維揚'者，誤也。"首《郡邑古今圖》，次"建革"以下十八志，又秩官、人物二列傳。纂次頗有端緒，在明代地志中差為完善。惟以古今關涉揚州事蹟，仿《綱目》編年紀載，別為"歷代"一志，則體例殊嫌創見[③]。

【彙訂】

① 據此書凡例，嘉泰《廣陵志》當作嘉泰《廣陵續志》。又卷一二載宋大觀間江都尉劉彥惇作《揚州圖經》。（李裕民：《四庫

提要訂誤》）

② 據此書盛儀嘉靖二十一年九月敘，“凡七閱月而志成”，非嘉靖二十年所撰。（同上）

③ “創見”，殿本作“創造”。

常熟縣志四卷（兩淮馬裕家藏本）[①]

明楊子器撰。子器字名父，慈谿人。成化丁未進士，宏治中官常熟知縣。因舊《琴川志》而葺之，改題今名。即其標目，賢於舊志遠矣。

【彙訂】

① 此條底本位置與作者科名早晚次序不符。殿本置於“吳邑志十六卷”之後，為是。

嘉興志補十二卷（浙江巡撫採進本）[①]

明鄒衡撰。衡，嘉善人。初，宋嘉定甲戌，岳珂守嘉禾，始命關栻創郡志，未成。元至元閒，郡博士徐碩續為三十二卷。明宏治中，郡守柳邦用再加纂輯。衡復取宋、元諸志，增所未備。其已見於柳志者不錄，故謂之《志補》。書成於正德元年，卷首並載徐碩舊志唐天麟、郭晦二人序，蓋欲表舊志義例，故存其原序，以見端末也。

【彙訂】

① 此書今存正德七年刊本，分上、中、下三卷，凡十二册。有正德元年丙寅鄒衡自序云：“仍分上、中、下三帙，成十二册。”（洪煥椿：《浙江方志考》）

嘉靖安慶府志三十卷（兩淮鹽政採進本）[①]

明胡纘宗撰。纘宗字世甫，自號鳥鼠山人，泰安人。正德戊辰進士[②],官至左副都御史、巡撫河南。事蹟附見《明史·劉䗶傳》。是編乃嘉靖元年纘宗為安慶知府時所作,為記二、表二、志十二、傳十二,不分細目。其門人王漢序之曰[③]:"今郡縣志分門立類,撮要標目,為類書之體,而非史之例。是志一循古文,無復分門立類之規規也[①]。"然第四卷已作《職官表》,第七卷又作《職官志》,則於例亦頗不純。又顧炎武《日知錄》曰:"胡纘宗作《安慶府志》,於正德中劉七事大書曰:'七年閏五月,賊七來寇江境。'而分註於'賊七'之下曰:'姓劉氏。'舉以示人,無不笑之。不知近日之學為秦、漢文者,皆'賊七'之類也。"是亦好古之過矣。

【彙訂】

①《安慶府志》後胡氏自序為"記兩卷,表兩卷,志六卷,傳七卷"。余珊跋為"《安慶志》十有六卷"。據今存《安慶府志》(記、表已佚)與《鳥鼠山人集》卷十所收《安慶府志》目錄,當為十六卷。自序"傳七卷"或為傳抄譌誤。(高明:《胡纘宗的生平與著述》)

②《明史》本傳云:"胡纘宗,陝西秦安人。"雍正《甘肅通志》卷三三《選舉志·正德戊辰科進士》:"胡纘宗,秦安人,御史。"同書卷三六《秦州人物》載"胡纘宗,字可泉,秦安人,正德三年進士。"道光甘肅《秦安縣志》卷七《選舉志·正德戊辰科進士》亦載其名。而雍正《山東通志·選舉志》無此人。(楊武泉:《四庫全書總目辨誤》)

③ 嘉靖初年刻本此書前六卷不存,嘉靖三十三年刻李遜等重修本載嘉靖元年春正月望門人汪漢序,作"王漢"誤。(杜澤遜:《四庫存目標注》)

④"之",殿本無。

嘉靖廣信府志二十卷（兩淮鹽政採進本）

明費寀撰。寀字子和，鉛山人。正德辛未進士，官至禮部尚書。事蹟附見《明史·費宏傳》。廣信自成化初始有志①。嘉靖乙酉，寀以編修家居，乃與同郡江汝璧、楊麟等增修②，定為此本③，凡八門。

【彙訂】

①《文淵閣書目》卷四著錄《廣信府志》三册，係明初修本無疑。今存《永樂大典》各卷引《上饒志》八條，係明初修本。其佚文所志合諸縣事，當為《廣信府志》，不知是否即該志。又《永樂大典》各卷引《廣信府志》十八條，乃洪武十一年修本。又據天順《貴溪縣志》王增祐序，有景泰年間修本，"編集既成，進入内閣"，是否梓行，不得而知。（易寧：《〈四庫提要〉著錄明代江西方志斠補》）

②"乃"，殿本無。"楊麟"乃"楊麒"之誤。（同上）

③"定為"，殿本無。

正德大同府志十八卷（兩淮鹽政採進本）

明張欽撰。欽字敬之，號心齋。正德辛未進士，官至工部左侍郎。《太學題名碑》作通州衛人，而此書自署曰潞郡，蓋通州為潞河所經也。事蹟具《明史》本傳。是編乃正德癸酉欽官行人奉使代藩時所作，凡四十門。其"沿革門"紀大同晉置始興郡，後魏徙都平城。不知北魏始為新興，至天興中乃徙平城①。"山川門"白帝山衹載白登臺為古蹟，不知白登有繁時宮室、武廟諸蹟，載於《水經注》及《通典》者甚詳。又黃河在大同廢東勝州南八里,自榆林北塞,經此乃折而南。書中僅云自東勝界南流至太原,往往失之舛略。蓋邊地少書,又倉卒脫稾故也。其別立"烽堠"一門,又卷首圖説中有車營、戰車諸圖,爲他志書所無之例。蓋大同在明代爲嚴邊,故尤詳於武備云。

【彙訂】

①《大同府志》作"晉屬新興郡",引作"始興郡"誤。又據《晉書·地理志》,新興郡之設始於漢建安二十年(215),即今忻州,不在大同。《三國志·魏書·武帝紀》、《元和郡縣志》卷一四亦謂曹操所立。(李裕民:《四庫提要訂誤》)

商略無卷數(浙江范懋柱家天一閣藏本)

明任慶雲撰。慶雲,商州人。正德癸酉舉人,官至陝州知州。其書首州志,次鎮安、洛南、山陽、商南四邑志。各分地理、建置、學校、典禮、官師、選舉、人士、雜述等八門①。目錄之前有題詞曰:"今之郡邑,古之國也。國可以言《語》、言《策》,郡邑不可以言《紀》,故言《略》。蓋本之華嶠,若《文選》之《典引》云爾。"然《國語》、《國策》原非地志,班固《典引》亦符命之流,引類殊爲紕繆。至於華嶠曰"略",語出《史通》,亦史志之別名,非地志之名也。則其書可知矣。

【彙訂】

①"等",殿本無。

澉浦續志九卷(浙江巡撫採進本)①

明董穀撰。穀字碩甫,正德丙子舉人,官安義、漢陽二縣知縣。罷官後,自號碧里山樵,又曰漢陽歸叟。居海鹽之澉水鎮,嘗得宋常棠《澉水舊志》,校而刊之。因採元、明事蹟,續成此編。

小變棠之體例，分地理、職官、公署、貢賦、兵衛、祠宇、人品、雜記、藝文九門。規矩在前，弗能偭錯，較他邑志之冗濫，尚有典型。然能知棠書之善，而必欲改弦易轍，稍出入之，猶不免明人自用之習，故精簡古雅亦終不逮棠書也②。

【彙訂】

　　① 今存明嘉靖三十六年刻本等諸本書名均作《澂水續志》。（杜澤遜：《四庫存目標注》）

　　②“也”，殿本作“焉”。

　　金陵古今圖考無卷數（浙江范懋柱家天一閣藏本）

　　明陳沂撰。沂有《維楨錄》，已著錄。是編紀金陵建置，自列國以迄明代，為圖一十有五。又以城郭規制，隨世異態，復作互見圖以辨之。每圖並附有說。首有正德丙子自序。

　　金陵世紀四卷（浙江范懋柱家天一閣藏本）

　　明陳沂撰。分都邑、城郭、宮闕、郊廟、官署、離泮、衢市、第宅、樓宇、山川、驛路、津梁、臺苑、陵墓、祠祀、寺觀、識遺、賦咏十八門。粗具大略，不為詳贍。沂《金陵古今圖考》乃未登第時所作，後官翰林侍講時，乃續為此書。隆慶中，太僕少卿史際始刊行之。

　　隨志二卷（安徽巡撫採進本）

　　明顏木撰。木字維喬，應山人。正德丁丑進士，官亳州知州。《明史·文苑傳》附見《王廷陳傳》末。是志乃木罷歸後，隨州知州蓬溪任德屬木所作。上卷編年紀事，始自羲皇，迄於明代。下卷皆錄詩文。雖以《隨志》為名，而木籍隸應山，與隨接壤。志中所載，皆合二邑收之。其編年之例，全仿《春秋》經文，稱"隨"為"我"。而以地之沿革，官之遷除，士之中鄉會試、貢太學者，案年紀載，皆地志未有之例也。史稱嘉靖十八年詔修《承天大志》，巡撫顧璘以王廷陳、顏木、王格薦。書成不稱旨，賜銀幣而已。其書今未之見，觀於是志，亦約略可知矣。

浦江志略八卷（浙江汪啟淑家藏本）

明毛鳳韶撰。鳳韶字瑞成，麻城人。正德辛巳進士，官至雲南按察司僉事。是編乃嘉靖丙戌鳳韶為浦江知縣時所作。分疆域、民物、官守、城社、財賦、學校、人物、雜誌八門，又分子目四十有五，較他志頗為簡質。而大旨欲仿《通鑑綱目》，以名字爵謚為褒貶。又仿尹起莘例，自為發明，而散署邑人之名，已非志體。至於正傳之外，閒有附錄，自云仿《春秋大全》。不知《春秋大全》何與志書之例，蓋明之中葉，士大夫已如是之陋矣。

嘉靖廣西通志六十卷（兩淮鹽政採進本）

明黃佐撰，林富參修。佐有《泰泉鄉禮》，已著錄。富，莆田人。宏治壬戌進士，官至兵部侍郎，兼僉都御史，總理兩廣。是編凡圖經二卷，表八卷，志三十卷，列傳九卷，外紀十一卷，大致頗謹嚴。其沿革、分野、職官、選舉皆作表，以省簡牘，體例亦善。惟"土官"已隸職方，命以爵秩，而列之《外紀》，非大一統之義。"寺觀"亦列《外紀》，云闢異端，然"仙釋"則入之《列傳》中，不外其人而外其人之所居，俱矣。"藝文"苟無關於土風則可不錄，既以其有關錄之，而列之於《外紀》中，尤不允也。

山東通志四十卷（兩淮鹽政採進本）

明陸釴撰。按，明有兩陸釴。其一崑山人，見《明史·文苑傳》。此陸釴字舉之，號少石子，鄞縣人。正德辛巳進士，官至山東提學副使。與其兄銓並附見《明史·王慎中傳》。是編在地志之中,號為佳本。體例不務新奇,而詳核有法。惟《海市常變圖》稍嫌枝蔓,幻化無定之形,豈繪畫所可該括耶?

全陝政要略四卷(浙江范懋柱家天一閣藏本)[①]

明龔輝撰。輝,餘姚人。嘉靖癸未進士,官至工部左侍郎。是書首陝西省治,次自西安府以下分府紀錄,有藩封、公署、官師、戶口、田賦、河防、關隘、馬政、屯田諸目。末為《邊鎮圖》,於山川形勢、關隘汛地、道里遠近皆繪而列之。輝初承巡按御史登州浦鋐檄,纂輯《全陝政要》,總督三邊軍務楊守禮為之序。後以卷帙繁重,復節為此本,僅存梗概,故名曰"略"焉。

【彙訂】

① 殿本此條置於下卷"地理類存目三"之首。其作者科名隸嘉靖,則殿本為是。

史 部 三 十

地理類存目三

吳興掌故集十七卷（兩淮鹽政採進本）

明徐獻忠撰。獻忠字伯臣，一號長谷，華亭人。嘉靖乙酉舉人，官奉化縣知縣。《明史·文苑傳》附見《文徵明傳》中。是編乃其寓居湖州時所作，分類十三，曰宦業，曰鄉賢，曰遊寓，曰著述，曰金石刻，曰藝文，曰名園，曰古蹟，曰山墟，曰水利，曰風土，曰物產，曰雜考。考訂多未詳審。如所載寓賢，以作《漁隱叢話》之胡仔列入明代，尤為舛誤也。

廣東通志初藁四十卷（兩淮鹽政採進本）

明戴璟撰。璟字孟光，號石屏，奉化人。嘉靖丙戌進士，官至僉都御史、巡撫廣東。是書乃璟於嘉靖乙未以臨代之時兩月而成，未免涉於潦草。其門類亦多未當。如"人物"之外別立"道學"一門，介於"學校"、"風俗"之閒。雖本之《宋史》，而於地志為創聞，位置先後，亦非其所。又"政紀"一門，凡歷代竄流嶺表之人皆備書之。此自朝政，何與輿圖？又"行次"一門，惟紀宋末崖山之事。此在史氏為大綱，在地志則軼事矣。別為標目，更未允愜也。

平涼府通志十三卷（陝西巡撫採進本）

明趙時春撰。時春字景仁，號浚谷，平涼人。嘉靖丙戌進士，官至右副都御史、巡撫山西。事蹟具《明史》本傳。是書以平涼為西北要地，舊未有志，因創修之。分十七門，曰建革，曰山川，曰戶口，曰田賦，曰物産，曰壇祠，曰藩封，曰官師，曰兵制，曰學校，曰人物，曰孝節，曰風俗，曰河渠，曰寇戎，曰寺觀，曰祥異。其考證敍述，具有史法。在關中諸志之内，最為有名。惜其漫漶磨滅，已不可繕寫，故僅存其目於此焉。

南畿志六十四卷（浙江汪啟淑家藏本）

明聞人詮撰。詮字邦正，餘姚人。嘉靖丙戌進士，官至湖廣按察司副使。明以應天府為南京，稱根本重地。有《京城圖志》，僅載都城，未詳郡縣。詮以監察御史提督南畿學政，因與南京太僕寺卿陳沂纂輯是書。沂即撰《金陵古今圖考》及《金陵世紀》者也。前三卷為總志，分子目凡八。次列十四府、四州，分子目凡十二。採掇尚為簡核，而亦不免於譌漏。

湖州府志十四卷（兩淮馬裕家藏本）

明唐樞撰。樞有《易修墨守》，已著錄。是書分土地、人民、政事三門。每門各綴以子目，與他志小異。然如沿革之中參述祥異，體例亦未能精當也①。

【彙訂】

①“也”，殿本無。

嘉興府圖記二十卷（浙江巡撫採進本）①

明趙文華撰。文華，慈谿人。嘉靖己丑進士，官至工部尚書。《明史·姦臣傳》附見《嚴嵩傳》中。是書乃文華官通政使時,遭憂家居,應郡守之請而作。分方晝、邦制、物土、人文凡四門,而附以叢記。敍述頗有體例。其《方晝》每朝為一地圖,殊可為法。然文華小人之尤,其姓名人羞稱之,故傳本頗稀。此殆毀棄之餘歟?

【彙訂】

① 此書在《各省進呈書目》中僅著錄於《浙江省第九次進呈書目》與《浙江採集遺書總錄》,又見於《二老閣進呈書》,"浙江巡撫採進本"應為"浙江鄭大節家藏本"之誤。(江慶柏:《四庫全書私人呈送本中的鄭大節家藏本》)

滁州志四卷(浙江范懋柱家天一閣藏本)

明胡松撰。松字汝茂,滁州人。嘉靖己丑進士,官至南京吏部尚書,諡恭肅①。事蹟具《明史》本傳。同時又有績溪胡松,字茂卿。正德甲戌進士,官至工部尚書。《明史》以二人合傳,以名姓相同故也。是編乃松官禮部精膳司郎中,以使事歸里,知州林元倫屬成此志。先述天文、山川、物產,各為一篇。次則皆以編年紀事,閒附論斷,與他地志分目者不同。然傳記、輿圖,各有本例。以志名而用史體,文雖創而義則乖矣。

【彙訂】

① 胡松之諡,《明史》本傳作"恭肅",然《總目》卷一七七著錄《胡莊肅集》與《別本胡莊肅集》,此胡莊肅即胡松,《國朝獻徵錄》卷二五載李春芳《吏部尚書贈太子少傅諡莊肅胡公松墓誌銘》,題、文皆作"莊肅"。王圻萬曆時撰《續文獻通考》,其《經籍志》著錄胡柏泉(胡松號)《胡莊肅公文集》。(楊武泉:《四庫全書總目辨誤》)

嘉靖全州志六卷（兩淮鹽政採進本）

明謝少南撰。少南，上元人。嘉靖壬辰進士，官至廣西提學
僉事①。全州置於石晉。洪武元年，改州為府。九年復為州，領
灌陽縣。國朝始以全州、灌陽同隸桂林府。此志輯於嘉靖己酉。
其時灌陽為州屬，故各門皆載灌陽也。全州舊有志，少南重加修
輯。凡為綱七，為目五十有八。其《建置》門所載沿革云："隋平
陳，改洮陽為湘源。"不知隋改隸永州，載於《隋書·地里志》甚
詳。又不載後周時地屬南唐。洮水出洮陽縣②，載於《水經注》，
亦未徵引。均未免脫略也。

【彙訂】

① 嘉慶新修《江寧府志》卷三〇《科貢表》嘉靖十一年（壬
辰）欄："謝少南，上元人，官布政使。"道光《上元縣志》卷一〇《選
舉志》進士嘉靖十一年壬辰科謝少南條、同治《上江兩縣志》卷一
四《科貢譜》嘉靖十一年條均謂官至布政使。（楊武泉：《四庫全
書總目辨誤》）

② 殿本"洮水"上有"又"字。

嘉靖邵武府志十五卷（兩淮鹽政採進本）

明陳讓撰。讓字以禮。嘉靖壬辰進士，官至監察御史。是
編成於嘉靖癸卯，分天文、地理、王制、人物、外志五大綱，繫以二
十八子目，附以三國三表。其特創之例，在以"應候"附《星野》，
遂使農家占驗冠於郡邑建置之前。蓋牽於天文自為一門，不得
不爾。其實分野之説，以二十八宿割屬九州，既已聚訟。以嶺外
蠻荒之地，引而測驗於揚州，益茫然矣。揚州占牛、女，既已疑
似，邵武一郡而亦占牛、女，更牛之一毛矣。故劉基《清類天文分

野》之書，今推步家不用。近時李光地注《禹貢》，亦主閩屬揚州之說。是猶楊僕移關耳，非篤論也。又《人物》門中別立《李忠定世家》一篇，《何李二氏世家》一篇，亦為創例。世家者以爵土世其家也，司馬遷以特筆尊孔子，蓋以子孫世守其祀。顏、曾、孟以下無不列傳矣，李綱等雖曰賢者，豈可僭用孔子例乎！

嘉靖真定府志三十三卷（兩淮鹽政採進本）

明雷禮撰。禮有《六朝索隱》，已著錄①。是編乃禮以吏部考功司郎中謫大名通判時奉檄所修。為圖一，表四，紀四，志九，傳十五。法綱目體，大書以敍事，分注以載言。又分立諸侯王表、帝系傳、后妃傳、世家傳，均與地志之例不合。又表、傳所載，事皆複出，尤非體也。

【彙訂】

① 依《總目》體例，此條當作“禮有《明大政記》，已著錄”。（胡玉縉：《四庫全書總目提要補正》）

嘉靖河間府志二十八卷（兩淮鹽政採進本）

明樊深撰。深號西田，河間人。嘉靖壬辰進士，官至通政司通政使。事蹟附見《明史·楊思忠傳》。其以深為大同人，則因深以軍籍登第也。是編成於嘉靖庚子。凡十六門，分子目六十有一。是時天津衛未分為府，興濟縣亦尚未廢。河間所屬凡州二、縣十六，故今天津、滄州、靜海、青縣、鹽山、慶雲、南皮皆併載志中。深自序稱：“一方之山川墳土、習俗往蹟，咸蒐輯罔遺。若夫述怪誕以表奇特，著事應以實祥異，增仙釋以備觀覽，名教之所禁者，皆得而略焉。”其體例頗謹嚴。而採掇古事，不免貪多，假借附會，均所不免，仍不出明人地志之積習也。

陝西行都司志十二卷(浙江巡撫採進本)①

不著撰人名氏,《千頃堂書目》作包節撰。考節字元達,華亭人,占籍嘉興。嘉靖壬辰進士,官監察御史,出按湖廣。抗疏劾守陵大璫廖斌不法②,反被誣下詔獄。謫莊浪衛,卒於戍所。隆慶初,追贈光祿寺少卿。事蹟具《明史》本傳。此書紀事止於嘉靖,且莊浪衛正陝西地,當即節書矣。凡分地理、建置、官師、兵防、歲計、人物六門,而以所屬各衛分載其中。能闕所不知,故簡陋而不荒謬。凡例謂學校、祀典不立類,以建置大端惟此二事,故統置於"建置"之下,例殊未允。自郡縣、山川、人物以外,無一不從建置起,能全附之"建置"乎?

【彙訂】

① 此書在《各省進呈書目》中僅著錄於《浙江省第九次進呈書目》與《浙江採集遺書總錄》,又見於《二老閣進呈書》,"浙江巡撫採進本"應為"浙江鄭大節家藏本"之誤。(江慶柏:《四庫全書私人呈送本中的鄭大節家藏本》)

② "抗疏",殿本無。

嘉靖貴州通志十二卷(兩淮鹽政採進本)

明張道撰,謝東山刪正。道,里貫未詳。官貴州宣慰司訓導。東山,射洪人。嘉靖辛丑進士,官至右副都御史巡撫山東。其刊定此書時,則官貴州按察司副使也。書頗簡略。以"孝義"、"隱逸"別於《人物》之外,而如陸京、張伯安諸人又以孝友入《人物志》,亦無體例也。

北地紀四卷(安徽巡撫採進本)

明汪來撰。來字君復,天津衛人。嘉靖辛丑進士,官慶陽府知府。慶陽為漢北地郡，故以名書。不分門目，惟以時代先後為序。採事蹟詩文之有關慶陽者，得八十一人。以后稷居首，次以淳維，而自附其名於末。故實、藝文錯雜互編，人物、名宦混淆並列，為從來志乘所未有。其前三卷題來名，而四卷獨標北地舉人孫佾撰。蓋末卷皆來之文章，嫌於自炫，故托之佾云。

　　括蒼彙紀十五卷（兩淮鹽政採進本）

　　明何鏜撰。鏜字振卿，號賓巖，處州衛人。嘉靖丁未進士，官至江西提學僉事。鏜以處州舊志十邑各為一編，體例不當，又自成化以後，記載闕如，因彙為是編。考隋代始置處州，治括蒼縣，本以括蒼山得名。今為處州全府之志，不應以一縣冠一郡，又不應以一山該一境。名實相乖，於義未允。然宋無吳郡，而范成大為《吳郡志》，則譌誤相沿，亦不自鏜輩始矣。

　　萬曆開封府志三十四卷（兩淮鹽政採進本）

　　明曹金撰[1]。金，祥符人。嘉靖丁未進士，官至兵部右侍郎，兼僉都御史巡撫陝西。是書與他志體例略同。惟以《仙釋》居前，《宦蹟》居後，而《仙釋》、《宦蹟》之間又介以《藝文》，編次殊為無法。

　　【彙訂】

　　① 據明萬曆十三年刻本載編纂姓氏及曹金後序，此書乃朱睦㮮與曹金同纂。（杜澤遜：《四庫存目標注》）

　　嘉靖仁和縣志十四卷（浙江巡撫採進本）

　　明沈朝宣撰。朝宣字三吾，仁和人。官江陵知縣。此志撰於嘉靖己酉，凡例謂義類悉依洪武《府志》。案《西湖遊覽志》云："洪武初，徐一夔著《杭州府志》，頗稱簡明。"則所據者一夔本也。

體例頗謹嚴,較他地志之冗濫,差為勝之①。其稱:"杭州府舊志備載詔敕,蓋用《咸淳臨安志》例。不知其時臨安為都城,所以備錄。明代已非都城,即為贅文。"其説最協。至於碑刻之文衹載其目,使後世無從考證,則失之太簡。又引用諸書,或足以己意,皆不著其所出,則益啟杜撰之門矣。其書舊未刊板,萬曆中諸生鄭圭有鈔本,為邑令周宗建攜去。國朝順治丁酉,錢塘知縣沈某於宗建家求得之,邑人朱之浩始為傳寫之。浩跋稱其"時贅細註,略而不詳,尚需增輯"云。

【彙訂】

①"較他地志之冗濫差為勝之",殿本作"勝他地志之冗濫"。

萬曆湖廣總志九十八卷(兩淮鹽政採進本)

明徐學謨撰。學謨有《春秋億》,已著錄。學謨四任湖廣,習其故事,此其萬曆中為左布政使時作也。不以州郡分卷,惟以事類編輯。分三十二門,命曰《總志》。其削去各志所書"禮樂"一門、"紀事"一門,以會典通行,不為一地而設,國史事祕,本非外臣所窺。其論亦頗有裁制。然通行之典制,本不專繫於一地,删之可也。至於朝廷政令專為一地而發者,有詔諭可稽,有奏議可考,亦有案牘可尋,實不待披求國史,然後能知,此則欲省編輯之力,姑為托詞者矣。

定遠縣志十卷(兩淮馬裕家藏本)

明高鶴撰。鶴字若齡,山陰人。嘉靖庚戌進士,官定遠縣知縣。是書自序稱杜門三日而成。世無此理,或刊本謁"月"為"日"歟?其記載甚簡略,而體例乃頗冗雜。列"疆域、道路"於

“建置沿革”之前，是未出縣名，先臚縣境，所謂四界八至，不知為何地而言，端緒殊覺倒置。至於“屯田”一門僅四行，“惠政”一門僅三行，又“職官題名”之下各書其人之字號，如書肆宦籍之式，亦皆非體也。

續朝邑縣志八卷（陝西巡撫採進本）

明王學謨撰。學謨字子揚，朝邑人。嘉靖癸丑進士，官至大同左衛兵備道。初，正德己卯，韓邦靖作《朝邑縣志》，當時號為佳本。學謨此志成於萬曆甲申，繼邦靖之志而作，故以“續”名。然名為續邦靖書，而邦靖所錄，此《志》仍錄。蓋病邦靖之略，而欲以詳贍勝之，特以邦靖名重，不敢訟言相攻，故諱曰“續”耳。自序謂“匠意綴詞，稍稍自異”，其大旨可見。觀所敘錄，視冗濫之輿記尚為有法，然筆力去邦靖遠矣。

三郡圖說一卷（兩淮鹽政採進本）

明王世懋撰。世懋有《却金傳》，已著錄。是編乃其官分守九江道時所作。三郡者，一饒州，二南康，三九江，皆所隸也。凡地之衝僻、俗之澆淳、民之利病，皆撮舉其大端，而不以山川古蹟、登臨題詠為重。蓋猶有古輿圖之遺法。末有世懋自跋，稱直指使者東萊趙公命郡縣長吏圖其地境，而系說於圖後，既而以所說失實，屬世懋改定之，故以“圖說”為名，而不具其圖云。

萬曆廣東通志七十二卷（兩淮鹽政採進本）

明郭棐、王學曾、袁昌祚同撰。棐，南海人。嘉靖壬戌進士，官至布政使加光祿寺卿。學曾履貫未詳，官光祿寺丞。昌祚，東莞人。隆慶辛未進士，官布政司參議。是書成於萬曆壬寅。凡為《藩省志》十三卷，《郡縣志》四十九卷，《藝文志》三卷，《外志》

七卷。其《藩省志・輿圖》之後,即列《事紀》五卷,茫無端緒。惟
《仙釋》、《寺觀》列之《外志》,較他志體例為協。又增《罪放》、《貪
酷》二門,以示譏貶,則仿佛《嘉靖江西志》例也。

嘉靖貴州圖經新志十八卷(兩淮鹽政採進本)

明趙瓚撰。瓚,葉榆人,官貴州宣慰使司儒學教授。是編成
於嘉靖中①。其凡例謂舊志“考究採掇,挂漏可笑”,然此書亦殊
舛陋。如第二卷內所載題詠,每詩皆取一句,大書於上,而以全
詩細字分註於下,是何體例也?

【彙訂】

① 明刻本此書題沈庠刪正、趙瓚編集,弘治間沈庠督學貴
州時所修。(杜澤遜:《四庫存目標注》)

萬曆四川總志三十四卷(兩淮鹽政採進本)

明魏樸如、游樸、童良同撰①,提學副使南海郭棐裁正之。
樸如題敘州府同知,良題諸生,皆不知其里貫。樸,福寧人。萬
曆甲戌進士,官成都府推官。是書凡《省志》四卷,《郡縣志》十四
卷,《經略志》附以《雜記》,共十四卷,文八卷,詩四卷。其書於尹
吉甫、商瞿、董永、楊時之類,舊志誤收者,頗有駁正。於趙戒、張
商英之類,舊志溢美者,亦頗有簡汰。惟《職官》不載守令,未免
疏略。而以先代帝紀列於前,亦非輿記之體也。

【彙訂】

① 據明萬曆刻本此書郭棐序,“魏樸”當作“魏朴”,“游樸”當
作“游朴”,“童良”當作“董良遞”。(杜澤遜:《四庫存目標注》)

安邱〔丘〕縣志二十八卷(兵部侍郎紀昀家藏本)

明馬文煒撰。文煒字仲韜,號定宇,安邱人。嘉靖壬戌進

士,官至右都御史巡撫江西。是志成於萬曆己丑,體例頗為謹嚴。其《沿革》、《封建》、《秩官》、《貢舉》、《貤封》俱列為表,《藝文》惟列古人著述,較他志亦為清省。惟《典禮》、《雅樂》,國家通制,非安邱所獨有,而各為一考。此劉知幾所論《天文》諸志誤學《史記》者也。《史記》括黃帝以來,故可立《天官》一書。至歷代非各有一天,無庸複志。其說具《史通·表志篇》中①。《藝文》之末附詩二十首,文九篇,可謂刪除冗濫矣。然何不用范成大《吳郡志》例,散載各條之下乎?《總記》二篇,尤多泛濫。"漢惠帝七年,日食於危";"文帝七年,水土合於危後";"七年,有星孛於西方,其末指虛。"此果為安邱垂象耶? 漢封劉常為安邱侯,此就國者也,於法當書。唐封張說為安邱侯,此與安邱風馬牛矣。可入說傳,不必入《安邱志》也。蓋雖稍廓地志之惡習②,而猶不能免俗云。

【彙訂】

① "史通表志篇"乃"史通書志篇"之誤。

② 殿本"廓"下有"清"字。

嘉靖江都縣志八卷(兩淮鹽政採進本)

明葛洞撰。洞字近園,江都人。初,江都以附郭無專志,嘉靖壬戌,知縣趙訥屬洞因府志而增葺之,凡八門。藝文用《吳郡志》例,附各門之內。其"人物"一門則訥所裁定也。草創之初,記載殊為簡略。每條末所繫論贊,皆以"知縣趙曰"四字冠之。是縣令諭示鄉民之體也,以入志書,不學甚矣。

紹興府志五十卷(兩淮馬裕家藏本)

明張元忭、孫鑛同撰。元忭字子藎,山陰人。隆慶辛未進士,官至左諭德。事蹟具《明史·儒林傳》。鑛有《月峯評經》,已著錄。是志分十八門，每門以圖列於書後。較他志易於循覽，體例頗善。末為《序志》一卷，凡紹興地志諸書，自《越絶書》、《吳越春秋》以下，一一考核其源流得失，亦為創格。

豐潤縣志十三卷（兩淮馬裕家藏本）

明石邦政撰。邦政，豐潤人。其書成於隆慶庚午。門目冗雜，絶無義例。且於歷代帝王妄為區別，以行款高下示其予奪，尤為無理。

隆慶永州府志十七卷（兩淮鹽政採進本）

明史朝富、陳良珍同撰。朝富，晉江人。嘉靖癸丑進士，官永州府知府。良珍，南海人。官永州府推官。《永州志》編於成化，續於嘉靖。朝富謂前志核而簡，後志詳而雜，因斟酌其閒，以為此志。成於隆慶庚午，凡圖經一，紀一，表三，志七，傳五。其《人物表》一卷，自漢訖明，第其差等，後加論贊。謂周濂溪乃三代以上人物，雖宗《漢書》之例，而非志書體也。又既作《郡邑紀》，復作《郡邑表》，亦未免冗雜[①]。

【彙訂】

[①] "其人物表一卷"至"亦未免冗雜"，殿本作"惟既作郡邑紀復作郡邑表殊為繁複又人物表一卷自漢訖明第其差等雖宗漢書之例亦非志書之體"。

萬曆江都縣志八卷（兩淮鹽政採進本）[①]

明陸君弼撰。君弼，江都人。萬曆中貢生。是書因嘉靖壬戌葛洞舊志重修，而以史法變其體例。曰紀，曰表，曰志，曰傳。紀之目一，表之目五，志之目七，傳之目十。夫史之有紀，為帝王作也，稱之一邑則僭矣。其表較他志頗善，然既作《郡縣紀》，又作《郡縣表》,繁複與《永州》同②。提封萬井,周制也,以名疆域,不免鷗閣蚪户之譏。其《郡縣紀》中稱建興中吴主亮使衛尉馮朝城廣陵。三年冬十月,魏主以舟師擊吴,登廣陵故城。案,吴城廣陵在五鳳二年,當魏正始二年,曹丕擊吴則在黄初三年,先後顛倒三十年。不知何以舛誤至是也。

【彙訂】

①　明萬曆刻本此書為二十三卷,《兩淮鹽政李續呈送書目》亦作二十三卷。(杜澤遜:《四庫存目標注》)

②　"繁複與永州同",殿本作"其繁複與永州志同"。

萬曆衡州府志十五卷(兩淮鹽政採進本)

明伍讓撰。讓,衡陽人。萬曆甲戌進士,官至貴州提學僉事。是志成於萬曆乙酉,舊本簽題《宏治衡州府志》,誤也。凡十一門,又各有附錄。然如併天文於《地理》,用《漢書》例可也。統詞章於《學校》,是何例乎?其《沿革》門云:"宋元嘉中,以衡陽、湘東為王國。"不知宋時祇衡陽國為衡州地。又云:"唐天寶元年,改為衡陽郡。"不知先已改衡山郡。大抵草略成編耳。

天啟贛州府志二十卷(兩淮鹽政採進本)

明謝詔撰。詔,贛縣人。萬曆甲戌進士,官至四川左布政使。贛州舊志修於嘉靖丙申。天啟元年辛酉,詔續修之。為類十四,為目七十九。其體例頗為舛互,亦多錯誤。如亭館舊蹟,例應敘於《古蹟》門,乃悉歸之《營建志》。則古來勝地,似悉建於明代矣。又《鄉賢志》分《行業》、《忠義》、《孝友》各門,又別立《質行》一門,未免繁複。又《沿革門》謂晉太康三年改為南康郡。今考《晉書》,乃太康二年,非三年也①。

【彙訂】

①“未免繁複”至文末，殿本作“亦未免繁複也”。按，《晉書》卷十五《地理志下》載“南康郡，太康三年置”，則本書《沿革門》不誤。

萬曆德州志十二卷（兩淮鹽政採進本）

明李檜撰，檜，長洲人。萬曆二年，以貢生官德州學正。是編為目凡十一。明制，德州領德平、平原二縣。而《志》惟載本州，不及屬邑。凡例謂二邑各自有志，故不載，是猶可也。於《建置志》特立《坊表》一門，已覺淺陋。至寓賢即屬流寓，並非盡通籍之人，乃敘於《宦績》，更為龐雜。且德州為漕運孔道，《山川》一門不載運河，則脱略已甚矣。是書所列職官，至天啟中止。即學正一官，檜後尚有二十人。則又續有增益，非檜舊本矣。

通州志八卷（兩淮馬裕家藏本）

明沈明臣撰。明臣字嘉則，鄞縣人。嘉靖中諸生，嘗與徐渭同參胡宗憲幕府。《明史·文苑傳》附見《徐渭傳》中。明南直隸、北直隸皆有通州，此編南通州志也。書成於萬曆丁丑。其《秩官》、《科第》諸門皆括之以表，於例頗善。

萬曆應天府志三十三卷（兩淮鹽政採進本）

明王一化撰。一化里貫始末皆未詳。其作此書時，則官應天府教授也。應天在明為南京，而舊無府志。萬曆丁丑，一化始創是編①。凡為紀三，表九，志十一，傳九②。如《郡紀門》引《金陵志》、《水經注》、《荆州記》諸書以證揚州之三江，又引《括地志》以證丹陽之屬秦鄣郡，援據頗為該洽。又如引宋《景定志》及《通鑑》註，謂丹陽治所即漢之宛陵，亦足證舊志之誤。又《明會典》

及《明史・職官志》諸書皆載明封爵惟公、侯、伯三等。《志》中《封爵表》詳載孫炎之追封男爵，頗足補史傳之闕佚。然如靈谷諸寺，創自齊、梁，舊蹟見於《景定志》、《建康志》、《丹陽記》諸書者甚詳，乃遺漏不載，則疏漏亦尚未免也。

【彙訂】

① 據正德《江寧縣志》、《上元縣志》序文，皆作於府志既成之後。且修《江寧縣志》之劉雨，即任修府志者。則《應天府志》非創自王一化。（夏仁虎：《〈萬曆上元縣志〉提要》）

② 明萬曆五年刻本此書為三十二卷，《兩淮鹽政李續呈送書目》亦作三十二卷。提要所列子目之和亦為三十二卷。（杜澤遜：《四庫存目標注》）

閩書一百五十四卷（福建巡撫採進本）

明何喬遠撰。喬遠字稚孝，號匭莪，晉江人。萬曆丙戌進士，官至南京工部右侍郎。事蹟附見《明史・洪文衡傳》。閩自唐林諝有《閩中記》，宋慶曆中林世程重修之。歷南宋及元，皆無總志。明成化間，莆人黃仲昭始為《八閩通志》，王應山復為《閩大記》、《閩都記》、《全閩記略》，皆草創未備。喬遠乃薈萃郡邑各志，參考前代載記，以成是書。分二十二門，曰《分野》，曰《方域》，曰《建置》，曰《風俗》，曰《版籍》，曰《扞圉》，曰《前帝》，曰《君長》，曰《文蒞》，曰《武軍》，曰《英舊》，曰《方技》，曰《宦寺》，曰《方外》，曰《閨閣》，曰《島夷》，曰《靈祀》，曰《祥異》，曰《蓷葦》，曰《南產》，曰《蓄德》，曰《我私》。其標目詭異，多乖志例。《扞圉志》載兵防及將弁兵士額數，而復有《武軍志》以詳其人，《文蒞志》則合職官、名宦而為一，分併均失其當。《前帝志》載宋端宗及少帝

昺。端宗雖即位於福州,然正史已詳,不宜復入志中。且帝昺即
位於粵之硐洲,尤與閩無涉。《英舊志》載人物,而復分縉紳、弁
韜、關柝、韋布、閭巷、僑寓、裔派為七類,轉覺淆雜。《宦寺志》專
載五代林延遇、明張敏、蕭敬三人,亦非志中所應有。《蓄德志》
雜載叢談逸事,並及詩話、文評,於名為不稱。《我私志》則喬遠
自志其宗族,雖做古人自敍之例,而稱名不典,語多鄙野。其文
辭亦好刊削,字句往往不可句讀。蓋不能出明人纖佻矯飾之習。
《明史》本傳亦稱“所撰《閩書》一百五十卷,案書實一百五十四卷,蓋刊
本誤脫一“四”字。頗行於世,然援據多舛”云。

萬曆濟寧州志八卷(兩淮鹽政採進本)

明王國楨撰。國楨字翼廷,安邑人。萬曆己丑進士,官至濟
寧兵河道副使①。以州志舊本殘闕,屬諸生朱夢得、張維屏分
纂,而國楨為之裁定。列目凡八,又分子目五十。僅三月而成
書,故其閒躇駁挂漏,不一而足。

【彙訂】

①“兵”,殿本脫。《山東通志》卷四十九《職官志・歷代職
官表八》載王國楨,“安邑進士,(按察司)副使分巡濟寧河道。”卷
七十《職官志・歷代宦績五・都轉鹽運使》載:“王國楨,字翼廷,
山西安邑人。萬曆十七年進士,授壽光縣,歷保定知府、管河兵
巡副使。”

南康志十二卷(兩淮馬裕家藏本)

明田琯撰。琯,大田人。隆慶辛未進士,官南康府知府。是
書成於萬曆癸巳。門目雖繁而條貫有序,猶輿記中之不甚猥
雜者。

順天府志六卷（兩淮馬裕家藏本）

明謝杰撰，沈應文續成之。杰有《使琉球錄》，已著錄。應文字徵甫，餘姚人。隆慶戊辰進士，官至南京吏部尚書。是書成於萬曆癸巳，頗為簡略。所立《金門圖》、《京兆圖》諸名①，粉飾求新，尤明季纖佻之習。

【彙訂】

① "《京兆圖》"誤，應為"《畿輔圖》"，即府所轄境圖。（王燦熾：《燕都古籍考》）

萬曆信陽州志八卷（兩淮鹽政採進本）

明劉尚樸撰。尚樸，信陽人。萬曆乙未進士，官至山東布政司參政。先是，州人禮部侍郎何洛文撰州志未成。尚樸採其遺稾，續作此書。凡為類十九，成於萬曆丁巳。序次冗雜，殊乖體要。

萬曆饒州府志四十五卷（兩淮鹽政採進本）

明陳大綬撰。大綬，浮梁人。萬曆乙未進士，官至福建布政使參議。饒州自正德辛未劉錄撰志以後，百有餘年，大綬始撰此志。分十三門，又分子目八十。書成於萬曆乙卯①。其中如寺觀之建自唐、宋者，應敘於《古蹟》，乃歸於《秩祀》門。二氏非秩祀也。《輿地志》既分山、水為二門，而《古蹟門》內又載石城山，殊無條理。《沿革門》載漢建安十五年孫權置鄱陽郡，治舊縣。不知初治在鄱陽，後徙治吳芮故城。亦考之未詳也。

【彙訂】

① 萬曆乙卯為四十三年。據萬曆《樂平縣志》全忠士序，林欲厦（萬曆二十二年知饒州府事）在任時曾"取舊志而新之"，重

修饒州府志。(易寧:《〈四庫提要〉著錄明代江西方志斠補》)

岳郡圖説一卷(浙江巡撫採進本)①

明黃元忠撰。元忠字整菴,鄞縣人,萬曆中由國子監學正出為岳州府通判。是編具述岳州郡城及所屬一州、七縣、三衛形勝。然題曰《圖説》,而止有説無圖②,疑佚其半也。

【彙訂】

① 此書在《各省進呈書目》中僅著錄於《浙江省第九次進呈書目》與《浙江採集遺書總錄》,又見於《二老閣進呈書》,"浙江巡撫採進本"應為"浙江鄭大節家藏本"之誤。(江慶柏:《四庫全書私人呈送本中的鄭大節家藏本》)

②"止",殿本作"此本"。

海鹽縣圖經十六卷(浙江汪啟淑家藏本)

明胡震亨撰。震亨字孝轅,晚自稱遁叟,海鹽人。萬曆丁酉舉人,由故城縣教諭歷官兵部員外郎①。是書凡七篇,首《方域》,次《食貨》,次《戍海》,次《隄海》,次《官師》,次《人物》,次《雜識》。蓋與姚士粦參修而成。然不署士粦之名,僅見卷首樊維城序中②。其不曰"志"而曰"圖經"者,用北宋州縣圖經例也。

【彙訂】

①"故城",底本作"固城",據殿本改。明萬曆《故城縣志》卷二《教諭》載胡震亨於萬曆三十五年至四十一年任。(周本淳:《胡震亨的家世生平及其著述考略》、《有關胡震亨材料補正》)

② 彭宗孟《海鹽縣圖經序》與胡震亨後序皆詳敍姚士粦參修及因故退出經過。館臣蓋僅見樊序,未審此序作於經始之時而非既成之後。(同上)

萬曆容城縣志七卷(兩淮鹽政採進本)

明蔣如苹撰。如苹字賓王,益都人。由貢生官容城縣知縣。初,隆慶間邑令李蓁春創為縣志,自隆慶三年以後事蹟無徵。萬曆甲辰,如苹增補為是編,凡十類。其創立《宮室》門,已失縣志之例。又《輿地志》所載唐復置縣,後罷,宋代復置。不知五代晉時歸於遼,宋時僅置縣於拒馬河。此沿革之大者,不應脫略。又濡水在縣西,亦曰北易水,雹水在縣南,即鮑水。載於《水經注》及《寰宇記》諸書者甚詳,亦脫漏不載,則其疏舛亦可見矣。

萬曆嘉定縣志二十卷(兩淮鹽政採進本)

明韓浚撰。浚字邃之,淄川人。官嘉定縣知縣。元至元中秦輔之始創縣志。明自洪熙至嘉靖,凡經四修。浚於萬曆乙巳復續為是編,頗勝他志之鄙陋,然亦時有疏舛。如以《水利》列於《人物》之後,已覺不倫。以古蹟及寺觀敘於《雜記》門中,更為非例。又如《疆域考》稱自宋分崑山之東境以置縣,不知《南畿志》載"宋割崑山、安亭等五鄉,於練祁市置縣",《輿地考》載嘉定縣原名疁城鄉也[①]。

【彙訂】

①　嘉定在唐代稱疁城鄉見於此志正文,所附《宋知府趙彥橚提刑王橁請創縣疏》則明載割崑山五鄉,並以練祁市為縣治置縣。則纂修者非不知置縣緣由。(吳秋蘭:《晚明嘉定四先生研究》)

萬曆嚴州府志二十四卷(兩淮鹽政採進本)

是書為萬曆甲寅所修。首頁題名叢雜無緒,或曰主修,或曰同修,或曰纂修,或曰續修,或曰彙集,莫知撰人為誰[①]。蓋與事者爭欲附名,故瞀亂如是。前載舊志凡例,頗見體裁。是志乃不肯遵用之,多所更張,務求諧俗,則其書可知矣。

【彙訂】

① 據萬曆四十二年甲寅刻本楊一葵序、呂昌期序、方學龍跋,是書為萬曆六年楊修仁、徐楚纂,萬曆四十一年呂昌期續修,俞炳然續纂。(杜澤遜:《四庫存目標注》)

天台縣志二十卷(兩淮馬裕家藏本)

明張宏〔弘〕代撰,胡來聘續修。宏代,靈璧人①,來聘,全州人,皆天台知縣也。宏代書不知成於何年,來聘所續則成於萬曆乙卯。前十三卷隨事立類,為大目十一,小目五十有八。詩文別為七卷附於後。

【彙訂】

①"靈璧",殿本作"靈壁"。

泰州志十卷(兩淮馬裕家藏本)

明劉萬春撰。萬春字公孕,泰州人。萬曆丙辰進士,官至浙江布政司參政。是書成於崇禎癸酉,與他志體例略同。而意主黜偽存真,頗不徇其鄉曲。其論學究而蕘理學之堂,方技而割隱君之席,及諛墓之文雖工不錄者,皆切中州郡志書之弊也。

萬曆餘杭縣志十卷(兩淮鹽政採進本)

明戴日強撰。日強,蒙城人。官餘杭縣知縣。是編成於萬曆丙辰,分十門,子目六十有二。中間紀載多舛誤,如《沿革》門云:"漢高帝時屬荊吳國。"不知漢時餘杭為西部都尉治,仍屬會稽郡。《城堭》門云:"古城在今縣溪南,莫詳所始。"不知《咸淳臨安志》載漢熹平二年所改,經兩次遷移,至後唐時號為清平軍。

殊為疏於考訂。至第一卷既立《山川》一門，而九卷又別立《徑山志》，既有《古蹟》一門，又別立《洞霄志》，更為冗複矣。

萬曆溫州府志十八卷（兩淮鹽政採進本）

明王光蘊撰。光蘊字季宣，溫州人。官至寧國府同知。是編成於萬曆丁巳①，凡為類十二，為目七十四，頗多舛略、如《形勝》門只略敍舊志數行，而梁邱〔丘〕遲《永嘉郡教》所稱"控山帶海"云云、祝穆《方輿勝覽》所稱"郡當甌越之衝"云云，皆未之載。此皆失諸眉睫之前。《學校》門祇載梅溪、雁山兩書院，而永嘉書院之建於宋時，載於王圻《續文獻通考》者，亦不及詳。其挂漏可想②。又《治行志》中分"郡良吏"、"邑良吏"為二門，體例亦嫌繁碎也。

【彙訂】

① 此書刊版始於萬曆二十五年，至三十三年工竣，首載萬曆三十三年乙巳秋九月自序可證，謂"成於萬曆丁巳（四十五年）"，誤。（崔富章：《四庫提要補正》）

② 此志古蹟門已載入元永嘉書院，因明時書院已廢，故於學校門不復紀述。（孫詒讓：《溫州經籍志》）

萬曆襄陽府志五十一卷（兩淮鹽政採進本）

不著撰人名氏。卷首宜城胡價序稱郡守吳公勒成。凡為目二十有六。明封襄藩於襄陽，故敍歷代藩封，別作《襄世家》一卷，於例應爾。至以孔子曾適楚國，遂於《古蹟》之外別出《聖蹟》一門，則冗碎甚矣。

清江縣志八卷（兩淮馬裕家藏本）

明秦鏞撰。鏞，無錫人。崇禎丁丑進士，官清江縣知縣①。

清江向無志，崇禎壬午，鏞始創修②。凡分八目③，視他志稍為
簡明。

【彙訂】

① 依《總目》體例，當作"鏞有《易序圖説》，已著錄"。

②《輿地紀勝》卷三十四《臨江軍·古蹟·廢新淦縣城》引
《清江志》一條，此志當成於宋寶慶之前。《永樂大典》卷八〇九
二"十九庚"（城·古新淦城）引《臨江志》云"今《清江志》有廢新
淦縣城"。此《臨江志》系洪武二十二年修本。（易寧：《〈四庫提
要〉著錄明代江西方志斠補》）

③ 據秦鏞序，是志八卷，分八門，五十一目。（同上）

崇禎碭山縣志二卷（兩淮鹽政採進本）

明劉芳撰。芳字百子，石屏人。官碭山縣知縣。先是，萬曆
戊午，知縣陳秉良屬邑人王文焕撰縣志，二旬而成。崇禎己卯，
芳復與邑人汪用霖續修此編。其《沿革》載"東漢為梁國碭山
縣"，不知東漢時沛國亦分界其地。又云："晉省歸夏邑"，不知
《南畿志》載"晉下邑即碭地"，非省併也。又以"下邑"作"夏邑"，
更誤矣。又分門至四十二，率多冗雜。如既以《水土》為一門，又
以《風俗》為一門，以《古蹟》為一門，又以《八景》為一門，殊紛紜
少緒也。

海昌外志無卷數（浙江巡撫採進本）

國朝談遷撰。遷字孺木，一字仲木，海寧人。是志題曰海
昌，以海寧為吳海昌郡，從古名也①。書不分卷帙，所列凡《輿
地》、《食貨》、《職官》、《建置》、《選舉》、《人物》、《叢談》、《藝文》八
門。以篇頁計之，當為八卷，偶未標題耳。遷學頗博涉，較舊志

多所考證。而人物瑣分門類，典籍不詳卷帙，猶沿地志之積習焉。

【彙訂】

①　沈約《宋書・州郡志》引《吳地記》云："鹽官本屬嘉興，吳立為海昌都尉治，此後改為縣。"陳壽《三國志・吳志・陸遜傳》："遜年二十一始仕幕府，歷東西令史，出為海昌屯田都尉，並領縣事。"是海昌縣立於吳之初興之證也。裴松之注引《陸氏祠堂像贊》："海昌，今鹽官也。"是海昌後改名鹽官之證也。至擴置為海寧郡（其治所即在鹽官），則陳永定二年事。"以海寧為吳海昌郡"之説不確。（崔富章：《四庫提要補正》）

西寧志七卷（內府藏本）

國朝蘇銑撰。銑，交河人。順治丙戌進士。由衛輝府推官行取監察御史巡按山西，裁闕改補西寧道，又調嶺東道。是編即其順治十二年官西寧道時所作。西寧在國初為軍民指揮使司，本臨邊之地，文獻罕徵。故其書亦潦草冗雜，絕無體例。蓋創始者難工也。

續安邱〔丘〕志二十五卷（兵部侍郎紀昀家藏本）

國朝王訓撰。訓字敷彝，安邱人。順治丁亥進士，官萬全縣知縣。是編續馬文煒之書，體例相近。凡例稱："馬《志》二十八卷，今續二十五卷者，地理、封建，本無可續。如佪德不至害及一邑，則亦略之。惡惡短也。"

永平府志二十四卷（內府藏本）

國朝宋琬撰。琬字玉叔，號荔裳，萊陽人。順治丁亥進士，官至四川按察使。琬與施閏章齊名，時號"南施北宋"。而此志

不見所長。卷端題“永平府知府蕭山張朝琮重修”，其竄亂失
真歟？

杞紀二十二卷（河南巡撫採進本）

國朝張貞撰。貞字起元，號杞園，安邱〔丘〕人。康熙壬子拔
貢，官翰林院孔目。是書以安邱東北界接高昌諸邑，為杞國舊
地，爰採史傳之有關於杞者，綜其條目。曰《圖考》，曰《星土》，曰
《輿地》，曰《山川》，曰《繫年》，曰《沿革》，曰《封建》，曰《年表》，曰
《世次》，曰《原古》，曰《分國》，曰《系家》，案，司馬貞《史記索隱》改“世
家”為“系家”，乃避唐諱，此誤襲其名。曰《苗裔》，曰《春秋經傳》，曰《經
傳別解》，曰《人物》，曰《遺書》，曰《藝林》，曰《雜綴》。王士禎序
稱其有良史才。以安邱一隅，上溯太康斟鄩之故居，下迄國朝數
千年事蹟，所採之書凡四百餘種，可謂勤矣。然以為杞之故墟，
既於《繫年》錄《春秋》經文之載杞事者，復為《年表》、《世次》、《系
家》，不幾於疊牀架屋乎？且又全錄《春秋經傳》及《經傳別解》為
四卷，不更贅乎？於《遺書》錄《夏小正》，於《人物》收姮娥，其泛
濫抑又甚矣。《藝林》内錄《齊風》“汶水湯湯”之詩，則以徐州入
濟之汶為青州入濰之汶。至如《振鷺》、《有瞽》、顧炎武《大禹陵》
詩，皆一例採入，尤不免地志之錮習也。

杭志三詰三誤辨一卷（浙江巡撫採進本）

國朝毛奇齡撰。奇齡有《仲氏易》，已著錄。是編因杭州舊
志稱今地本皆江水，由隋、唐來人力畚築而成，因為此辨。三詰
者，一詰秦定會稽郡有海鹽、餘杭、錢塘、富春四縣，何以錢塘獨
無地？二詰西部都尉為重鎮，何以僻處靈隱山中？三詰由富春
以至海寧，無不兩岸平地，緣江如線，何以上一折甫接吳山，忽西

翻靈隱，下一折不走龕赭，忽北越臨平？三誤者，一由劉道真《錢塘記》誤讀《漢書》"西部都尉治。武林山，武林水所出，東入海"之文。不以"西部都尉治"為句，而以"治武林山"為句；二由不考劉昭注《郡國志》已駁秦始皇由餘杭渡江之說，而仍襲其誤；三由江水束合臨浦，而劉氏誤以臨浦為臨湖，又誤以臨湖為臨平湖。又附載"宋之問靈隱寺詩"、"吳越王鐵幢浦"二條以為不足辨者，不在所詰、所辨之數焉。

蕭山縣志刊誤三卷（浙江巡撫採進本）

國朝毛奇齡撰。以蕭山新修《縣志》踳駁失考，因逐各條為之釐正。凡沿革之誤二條，稱名之誤一條，封屬之誤二條，坊里之誤二條，古蹟之誤三十八條，人物之誤三十五條。

　　案，毛奇齡此二編本非郡縣志書，而列於郡縣志書中者，以所刊正者乃郡縣志書，猶《新唐書糾繆》列於正史之例也①。

【彙訂】

①"列"，殿本作"附"。

臺灣紀略一卷（大學士英廉購進本）①

國朝林謙光撰。謙光字芝楣，長樂人。是編乃康熙二十三年平定鄭克塽以後所作。分十三篇，一曰《形勢》，二曰《沿革》，三曰《建置》，四曰《山川》，五曰《沙線礁嶼》，六曰《城郭》，七曰《戶役賦稅》，八曰《學校選舉》，九曰《津梁》，十曰《天時》，十一曰《地理》，十二曰《風俗》，十三曰《物產》，而附以《澎湖版圖》。開闢之初，規模草創。故其文皆略存梗概，不及新志之詳明。然固新志之椎輪也。

【彙訂】

① "購進"，殿本作"採進"，誤。《總目》著録多部英廉購進本。

登封縣志十卷（内府藏本）

國朝張聖誥撰。聖誥字紫書，號葦菴，廣寧人，官登封縣知縣。初，順治五年，聖誥之叔父朝端知登封，始創修縣志。康熙十八年，聖誥族兄壎亦知是縣，又續增之。康熙三十一年，聖誥又知是縣，復因舊本重修。一姓相承，遞相纂輯，其事頗異。書分九門，曰《圖繪》，曰《輿地》，曰《嶽祀》，曰《建置》，曰《山川》，曰《職官》，曰《方外》，曰《物産》，曰《藝文》。體例與他志略同。惟他志景必有八，八景之詩必七律，最為惡習。聖誥力破是例，差有識云。

琅鹽井志四卷（浙江巡撫採進本）

國朝沈鼐撰。鼐字枚臣，長洲人。由貢生官雲南琅鹽井鹽課提舉。是書成於康熙壬辰，因來度舊志重為增輯。首列《圖考》，次分《天文》、《地理》、《建設》、《賦役》、《官師》、《學校》、《選舉》、《祠祀》、《人物》、《藝文》，凡十類。

師宗州志二卷（兩淮馬裕家藏本）

國朝管楡撰。楡，武進人。官師宗州知州。是書成於康熙丁酉，分九圖，五紀略，九考，四傳。師宗舊無志，是書草創簡略，粗具大綱。附藝文於各門中，用宋人舊例。惟多録己作，殆成紀遊之集，則未免輿記之結習耳。

遼載前集二卷（兩淮馬裕家藏本）

國朝林本裕撰。本裕字益長，奉天人。是編備載盛京故事①。自序云:"折衷於《盛京志》。《前集》則仿龍門志乘,《後集》則仿涑水編年。"今《後集》未見,此其《前集》也。首《總論》,次《圖考》,餘分二十一門,亦頗勤於蒐採。然留都記載,而地名仍題前代之稱,於體例終為乖迕。是亦不檢之過也。

【彙訂】

① "載",殿本脫。

揚州府志四十卷(兩淮鹽政採進本)

國朝張萬壽撰。萬壽字鶴秋,浮山人,康熙中官揚州府知府。《揚州府志》自明成化至萬壽,凡經五修,而益繁蕪。考書首載萬曆中楊洵舊志序,歷敘門目,其端緒尚為清整。萬壽多所增益,其體例轉不及原書也。

河套志六卷(江西巡撫採進本)

國朝陳履中撰。履中字執夫,商邱〔丘〕人。官至分巡寧夏兵備道。是志成於乾隆壬戌。凡河套之建置、沿革、山川、城堡、關塞、古蹟、物產,悉分門彙載。末附以《藝文》二卷。如引《魏書》以證涿祁山之為榆林府地;引《册府元龜》藥彥稠為邠州節度使,補五代沿革之闕。又證後魏代郡之即漢朔方郡;據《通鑑註》大城之屬朔方,以證《漢書》列傳之大城塞。徵引頗為繁富。

湖南通志一百七十四卷(通行本)

國朝大學士陳宏〔弘〕謀等監修。湖南省治即唐之武安軍,原與荆鄂兼立節鎮。宋代亦分荆湖南、北兩路,至明代始併隸湖廣布政使。而幅幀廣闊,形勢各殊。本朝康熙三年,始析置湖南布政司,以控制嶺嶠。其後修《通志》者,仍合湖南、北為一編。又書局開於武昌,未免詳近而略遠,故湖南事蹟未能賅備。乾隆二十一年,宏謀巡撫湖南,因與藩臬諸臣創修此《志》,以補其闕。
共分三十七門。其中如《山川》一門,全《志》每縣祇載數條,此則
分列方隅。《職官》一門,全《志》文職至知府,武職至遊擊而止,
此則同知、通判、守備,具錄無遺。《選舉》一門,全《志》詳文而略
武,此則兩途並登。故所載雖止九府四州,而卷帙則較全《志》嬴
幾十之四五云。

　　續河南通志八十卷(河南巡撫採進本)

　　國朝河南巡撫阿思哈監修。《河南通志》修於雍正九年。阿
思哈以乾隆三十一年奉詔纂修《一統志》,徵諸省志書送館[①],乃
續修此編。其事蹟皆與前《志》相接[②]。惟前《志》分四十二目,
不立總綱。此編則分《輿地》、《河渠》、《食貨》、《學校》、《武備》、
《職官》、《人物》、《藝文》八志,而各系以子目,為小異云。

　　【彙訂】

　　①"志",據殿本補。

　　②"其",殿本無。

　　澳門記略二卷(安徽巡撫採進本)

　　國朝印光任、張汝霖同撰。光任字黻昌,寶山人。官至太平
府知府。汝霖字芸墅,宣城人。由拔貢生官至澳門同知。考濠
鏡澳之名見於《明史》,其南有四山離立,海水交貫成十字,曰十
字門,今稱澳門,屬香山縣。乾隆九年,始置澳門同知。光任、汝
霖相繼為此職。光任初作是書,未竟,至汝霖乃踵成之。凡為三
篇,首《形勢》,次《官守》,次《澳番》。《形勢篇》為圖十二,《澳番
篇》為圖六[①]。考《明史·地理志》祇載南頭、屯門、雞棲、佛堂
門、十字門、冷水角、老萬山、零丁洋澳諸名與虎頭山關之類,其

他皆未記其詳。此書於山海之險要，防禦之得失，言之最悉。蓋史舉大綱，志詳細目，載筆者各有體裁耳。

【彙訂】

① 據清乾隆刻本此書，卷上《形勢》、《官守》所附首圖《海防屬總圖》乃一圖，而左右各注"圖一"、"圖二"，故實僅十一圖，目錄亦作"凡為圖十一"。卷下《澳蕃》附圖十，目錄亦作"凡為圖十"。（李一氓：《清乾隆本澳門紀略》）

右地理類"都會郡縣"之屬，一百八部，二千四百六十七卷，內三部無卷數。皆附存目。

史部三十一

地理類存目四

河源記一卷（編修程晉芳家藏本）

元潘昂霄撰。昂霄字景梁，號蒼崖，濟南人。官至翰林侍讀學士，諡文僖。是書紀世祖至元十七年遣達實原作篤什，今改正。西溯河源至星宿海事①，末有元統中柯九思跋。《元史》已全錄其文，此別行之本也。河源遠隔窮荒，前志傳聞，率皆瞀説。惟達實嘗親歷其地，故昂霄以聞於其弟庫克楚原作闊闊出，今改正。者，記為是編，自詫為古所未睹。迨我皇上，神武遠揚，平定西域。揆度水脈，規量地形，又知達實所言，仍多疏漏，已重為考定，勒在鴻編。用以祛萬古之疑，而訂百世之謬。昂霄是《記》，竟以故紙置之可矣。

【彙訂】

① "達實"，殿本作"篤什"，下同。小字注殿本無。

浙西水利議答錄十卷（永樂大典本）

一名《水利文集》，元任仁發撰。仁發，松江人。仕至都水少監。明梁惟樞《內閣書目》云："大德間，都水少監任仁發以吳松江故道陻塞，震澤汎濫，為浙西害，乃上疏條利病疏導之法，凡十卷。"前有仁發自序，又有許約、趙某二跋。末附宋郟亶及其子僑《水利議》[①]。約跋稱："歲甲辰，中書以其議上聞，命中書省平章政事董是役。由是震澤無壅，與三江之勢接，復朝於海。"趙某跋稱"是《錄》所載，其要有三：一曰濬江河以洩水，二曰築堤岸以障水，三曰置牐竇以限水"云。

【彙訂】

①"僑"，殿本作"喬"，誤。明王鏊《姑蘇志》卷四十九有郟亶小傳，謂其子名僑。明張國維《吳中水利全書》卷十三載郟亶《上水利書》，附子郟僑《再上水利書》。

海道經一卷（浙江范懋柱家天一閣藏本）

不著撰人名氏。惟書中"揚子江"一條自稱其名曰璿，其姓則不可考。前有明嘉靖中應良序，疑為元初人所撰，而後人增修之。今觀書末附朱晞顏《鯨背》詩三十三首[①]，晞顏為元人，則此書亦出元人可知矣。其書言海路要害及占風雨潮汛諸事，大抵皆為海運而作。其後歌訣與今人所説亦同。然未免失之於太簡。

【彙訂】

①"鯨背詩"，殿本作"鯨背吟"。《浙江採集遺書總錄》載"《海道經》一冊，刊本，不著撰人。附《鯨背吟》一卷，元米［朱］晞顏撰"。《總目》卷一六七著錄元朱晞顏《鯨背吟集》一卷，收入《四庫全書》別集類。（杜澤遜：《四庫存目標注》）

海道經一卷（戶部尚書王際華家藏本）

不著撰人名氏。紀海運道里之數，自南京歷劉家港、開洋，

抵直沽,及閩、浙來往海道。凡艇泊遠近、險惡宜避之地,皆詳志
之。又有占天、占云、占風、占月、占虹、占霧、占電、占海、占潮各
門。蓋航海以風色為主,故備列其占候之術。疑舟師習海事者
所錄。詞雖不文,而語頗可據。考海運惟元代有之,則亦元人書
也。後有《海道指南圖》,乃龍江至直沽針路。嘉靖中袁裹以二
本參校,刻入所編《金聲玉振集》。復錄元延祐閒海道都漕運萬
戶府《海運則例圖》、至正閒周伯琦《供祀記》二碑,附於其末。

治河總考四卷(浙江范懋柱家天一閣藏本)

明車璽撰。璽,宛平人,成化戊戌進士,官至河南按察司僉
事。是編考歷代治河之事,以時代先後為次。始周定王,終明嘉
靖十七年。又以《禹貢》、《史記·河渠書》、《漢書·溝洫志》、《元
史·河源附錄》、宋濂《治河議》、《河南總志》諸條列後。其標題
又稱“山東兗州府同知陳銘續編”。前後無序跋,不知孰為璽之
原書,孰為銘之所補。體例參差,刊刻拙陋,蓋當時書帕本也。

漕河圖志三卷(浙江鄭大節家藏本)

明王瓊撰。瓊有《晉溪奏議》,已著錄。先是,成化閒三原王
恕作《漕河通志》十四卷。宏治九年瓊以工部郎中管理河道,乃
因恕之書而增損之。首載漕河圖,次記河之脈絡源委及古今變
遷、修治經費,以逮奏議、碑記,罔不具悉。《明史》本傳稱瓊“出
治漕河三年,臚其事為志。繼任者案稽之,不爽毫髮。由是以敏
練稱”。蓋其書之切於實用如此。惜原本八卷,此本止存三卷,
非完帙矣。

問水集五卷(浙江鄭大節家藏本)①

明劉天和撰。天和有《仲志》,已著錄。嘉靖初,黃河南徙,

天和以右副都御史總理河道。乃疏汴河,自朱仙鎮至沛縣飛雲橋。又疏山東七十二泉,自㲋、尼諸山達南旺河。役夫二萬,不三月訖工,詔加工部侍郎。此書蓋據其案視所至形勢利害及處置事宜詳述之,以示後人。一卷末有《治河本末》一篇,為工部都水郎中鄆城楊旦所作,以紀天和之績。後四卷則皆其前後奏議之文也。

【彙訂】

① 明刻本作六卷,《浙江省第五次鄭大節呈送書目》亦作六卷。(杜澤遜:《四庫存目標注》)

通惠河志二卷附錄一卷(兩淮馬裕家藏本)

明吳仲撰。仲字亞甫,武進人。正德丁丑進士,官至處州府知府。通惠河即元郭守敬所開通州運河。明初湮廢,糧皆由陸以運,費重民勞。仲以御史巡按直隷,疏請重濬。不數月工成,遂至今為永利。其事詳見《明史》。後仲外調處州時,恐久而其法寖弛,故於舟中撰此書奏進,得旨刊行。上卷載閘壩建置開濬事宜,而冠以《源委圖說》,中卷及附錄皆諸司奏疏,下卷皆碑記、詩章也。

三吳水利論一卷(戶部尚書王際華家藏本)

明伍餘福撰。餘福有《陝西志》,已著錄,是書凡分八篇。一論五堰,二論九陽江,三論夾苧干,四論荊溪,五論百瀆,六論七十三溇,七論長橋百洞,八論震澤,皆吳中水利要害。大旨本宋單鍔所論而推廣之。

新河初議一卷(浙江范懋柱家天一閣藏本)

不著編輯者名氏①。明正德閒,河決徐、沛,運道淤塞,特起盛應期往治之。應期建議,於昭陽湖東北進江家口,南出留城口,開濬百四十餘里,較疏舊河力省而利永。計需夫六萬五千人,銀二十萬兩,剋期六月告成②。時胡世寧行取進京,道經沛縣,親睹情形,因上疏與應期議合。興役垂成,為言者所沮而罷。應期坐奪職。史稱後三十年,朱衡循新河故蹟成之,運道終蒙其利。則是舉不為無見,而言者為媢嫉之口可知矣。此編載世寧及應期原議開河疏並世寧請與應期同罪疏,以見一事之始末。以其事未竟功,故但曰《新河初議》也。應期字新徵,吳江人。宏治癸丑進士,官至右副都御史。事蹟具《明史》本傳③。世寧有《奏議》,已著錄。

【彙訂】

① 明朱睦㮮《萬卷堂書目》卷二:"《新河初議》一卷,胡世寧。"(董運來:《〈四庫全書總目〉補正十則》,雜)

② "告成",殿本作"功成"。

③《明史》本傳云:"字思徵……(嘉靖)六年,黃河水溢入漕渠……即家拜應期右都御史以往。"雍正《江南通志》卷一四〇《蘇州府人物·盛應期傳》:"字斯徵,吳江人,弘治癸丑進士……以河決徐沛,特起右都御史往治之。"乾隆《吳江縣志》卷二七《名臣傳》亦云字斯徵。(楊武泉:《四庫全書總目辨誤》)

浙西水利書一卷(浙江巡撫採進本)

不著編輯者名氏。錄前代治水文字,凡奏記、書狀、疏論、或問之類並列焉。計宋文十九首,元文十五首,明文十二首①,而宋以前不採,疑為未成之書。其明文載至宏治閒止,則當為正德時所撰集也。

【彙訂】

①《總目》卷六九著錄《浙西水利書》三卷，與此實為一書，收宋文二十首。據進呈書目，此書馬裕呈本一卷，江蘇巡撫呈本三卷，疑"浙江巡撫採進本"乃"兩淮馬裕家藏本"之誤。（杜澤遜：《四庫存目標注》）

膠萊新河議二卷（浙江范懋柱家天一閣藏本）①

明王獻撰。獻字惟從，號南澧，又自號木石子，咸寧人。嘉靖癸未進士，官山東巡察海運副使②。初，元時海運，經由登、萊，避槐子口大石之險，故放洋於三沙黑水。歷成山正東，踰登州東北，又西北抵萊州海倉。然後出直沽，以達天津。後於槐子口西之馬壕別開河道，由麻灣抵海倉，以達直沽。鑿之遇石而止。獻於元人所鑿之西，燒石開道十四里，麻灣以通。於是江、淮之舟，可至膠、萊。餘三十里功未竟，獻適遷去。有撓之者，案《明史·孫應鼇傳》稱："為山東布政使時②，有創開膠萊河議者，應鼇力言不可。"則撓之者指應鼇也③。功遂不成。獻因敘其案牘為一編，以貽後來，此書上卷是也。其下卷則獻沒之後，膠、萊人思其功，祀之名宦。工科給事中李用敬又理其說，奏請續葺其事。其後人又彙刻之，附獻書以行云。

【彙訂】

①"二卷"，底本作"一卷"，據殿本改。（王重民：《跋新印本〈四庫全書總目〉》）

②"使"，殿本無。

③所引文實見《明史》卷二百二《孫應奎傳》，作"孫應鼇"誤。

吳中水利通志十七卷（浙江巡撫採進本）

不著撰人名氏。前七卷分序蘇、松、常、鎮并杭、嘉、湖諸府之水，而各以歷代修濬之蹟附載於後。次為考議二卷，次為公移三卷，次為奏疏三卷，次為紀述二卷。其敘事皆至嘉靖二年止。每卷之末題“嘉靖甲申錫山安國活字銅版印行”。安國嘗翻刻留元剛所編《顏真卿集》及《年譜》，蓋亦好事之家也。

河治通考十卷（浙江汪啟淑家藏本）

明吳山撰[①]。山，高安人，嘉靖乙未進士，官至禮部尚書，諡文端。是書大旨謂河雖經數省，而自龍門下趨，則梁地當其衝，故河患為甚。前有自序云：“近日所刻《治河總考》，疏漏混複，乃重加校輯，彙分序次。”一卷曰《河源考》，二卷曰《河決考》，三卷至九卷曰《議河治河考》，末卷曰《理河職官考》。上溯夏周，下迄明代，總為十卷。前有崇禎戊寅其曾孫士顏序略，蓋重刊時所作也。

【彙訂】

① 據明嘉靖刻本此書崔銑序，乃吳山命劉隅纂輯，應著錄為“吳山修，劉隅纂”。（杜澤遜：《四庫存目標注》）

吳江水利考五卷（江蘇巡撫採進本）

明沈啓撰。啓字子由，號江村，吳江人。嘉靖戊戌進士，官至湖廣按察司副使。是書大旨以吳江為太湖之委，三江之首。凡蘇、松、常、鎮、杭、嘉、湖七郡之水，其瀦於湖，流於江，而歸於海者，皆總彙於此。故述其源委之要、蓄洩之方，輯為一編。前二卷曰《水圖考》、《水道考》、《水源考》、《水官考》、《水則考》、《水年考》、《堤水岸式》、《水蝕考》、《水治考》、《水柵考》，後三卷皆

《水議考》，乃啓晚歲家居所輯。至國朝雍正中，其八世孫守義復為校正刊行。《江南通志》稱其於水道最為詳核，今觀其書，於治水條規頗為明備，而支派曲折尚不能一一縷載也。

　　全吳水略七卷（浙江范懋柱家天一閣藏本）

　　明吳韶撰。韶，華亭人，自號秦阜山人。是書成於嘉靖戊戌。首載蘇、松七府為《總圖》，次作《捍海塘紀》，次列太湖、三江及諸水源委。凡疏導修築之事以及歷代官司職掌、公移事實，悉採錄之。

　　兩河管見三卷（浙江范懋柱家天一閣藏本）

　　明潘季馴撰。季馴有《司空奏疏》，已著錄。此書乃其巡撫廣東時，值兩河水決，再以右都御史督理河道之所建白也。首卷為圖說，冠以敕諭，二卷《治河節解》，三卷為《修守事宜》。其大旨與所撰《河防一覽》相同云。

　　治水或問四卷（江蘇巡撫採進本）[①]

　　明龐尚鴻撰。尚鴻字少襄，南海人，副都御史尚鵬之弟。以貢入國學，上書政府。復獻飛車、飛舟諸疏，得旨下部。授鹽城訓導，擢英山知縣。時河決為祖陵患，尚鴻撰進治河三策。值巡撫與河臣議不合，移怒尚鴻，謫西安縣教諭，終崑山縣丞。蓋亦好事而兼好議論者也。是編乃其在鹽城時講求治河方略，設為或問，類次成書。其力闢毀高堰之議，大抵與潘季馴相合。末附《開澗河疏草》一首，則專論泗州祖陵利害云。

　　【彙訂】

　　①《江蘇省第一次書目》、《江蘇省採輯遺書目錄》皆作《治河或問》。（杜澤遜：《四庫存目標注》）

新濬海鹽内河圖説一卷(浙江巡撫採進本)

不著撰人名氏。前有序,略云:"海鹽地勢卑下,與海沙平。每潮水漲,高出平地丈餘。恃以障蔽者,僅石塘。石塘之内有裏土塘,然猶不能禦潮。必有内河以納過塘之水①,而後洩其橫流之勢。"萬曆五年海溢,鹽邑受害特甚,是年遂開内河。此編即詳記是役。其説撮舉大要,而圖則甚詳。蓋海鹽知縣所刊,稱於時巡撫浙江僉都御史為徐栻。栻字世寅②,常熟人,嘉靖丁未進士,以劾趙文華坐謫者,即其人。後官至南京工部尚書。《題名碑錄》作"栻",《明史》本傳亦作"栻"。此本作"拭",刊版誤也。

【彙訂】

① "水",殿本作"潮"。

② 二"拭"字,殿本皆作"栻",誤。

新河成疏無卷數(浙江范懋柱家天一閣藏本)

明工部都水郎中游季勳、沈子木、朱應時、涂淵,主事陳楠、張純、唐鍊同編。初,嘉靖四十四年七月,黄河決浸沛縣諸處,工部尚書朱衡與都御史潘季馴等相度地勢,議於南陽至留城一帶,別開新河;自留城至白洋淺一帶,則挑復舊河。於時朝議不一,然迄從衡議。是編皆其前後案牘,凡圖五,奏疏十有一。其稱:"古之治河,惟避其害;今之治河,則又欲藉以通漕事,與賈讓等異。"所言極為明晰。又稱:"居民之情在新河者,則稱新河可開;在舊河者,則稱舊河可復。皆為市廛之私,非為國家運道之計。"亦究悉物情之言也。

東吳水利考十卷(浙江巡撫採進本)

明王圻撰。圻字元翰,上海人。嘉靖乙丑進士,官至陝西布政司參議。《明史·文苑傳》附見《陸深傳》中。其書首列東吳七郡水利總圖，而書中所載止六郡，於杭郡未之及也。六郡中尤詳於蘇、松、常、鎮四郡，嘉、湖則稍略焉。前九卷為圖考，圖各繫以説。後一卷為歷代名臣奏議，所採亦復寥寥。圻以吳人而考吳地水利，應無謬誤。然謂錢塘江出寧波之赭山，不知寧波別有赭山，乃混而為一。又引《水經》"東至餘姚縣，東入於海"，不知姚江源出大菁山，逕寧波入海，並不與浙江通。圻不加辨正①，均未免於疏舛。

【彙訂】

①　"圻不加辨正"，殿本無。

黃河圖議一卷（浙江范懋柱家天一閣藏本）

明鄭若曾撰。若曾有《鄭開陽雜著》，已著錄。是書所列，上起河源，下迄東海，凡為五圖。而以歷代防濬得失附論於後。明代自嘉峪關外，即以為絕域①，無由西越崑崙。故所繪河源，仍沿《元史》之誤。至始終力主王獻開膠萊河以通海運之説，亦未必可以施行②。黃河湍悍③，變態百出，月異而歲不同。區區一卷之圖，固未可執為定論也。

【彙訂】

①　"以"，殿本無。

②　"始終力主王獻開膠萊河以通海運之説亦未必可以施行"，殿本無。

③　"黃河"，殿本作"黃流"。

治河管見四卷（兩淮馬裕家藏本）

明潘鳳梧撰。鳳梧，桐鄉人，貴州籍。隆慶庚午舉人。是編末有茅一桂跋,稱為《安邊濟運本書》。蓋鳳梧別有邊事一書,合此書而總名之,此則僅存其治河書也。其書多作歌括①,立名詭激,而詞意實淺近。後載聘啟之類,尤為蕪雜。

【彙訂】

① "其書",殿本作"書中"。

潞水客談一卷(兩淮鹽政採進本)

明徐貞明撰。貞明字孺東,一曰伯繼,貴溪人。隆慶辛未進士,官至尚寶司少卿。其官工科給事中時,上疏言畿甸水利。大旨開西北之溝洫,以省東南之漕運。廷議不行。會以他事外謫太平府知事①,不能再疏理前說。乃於通州旅次作此書,設為賓主問答之辭,以盡疏中之義。前有萬曆丙子張元忭序,又有俞均重刊序及王祖嫡題詞,末有李世遠、王一鶚二書,李楨、米鴻謨二跋,皆盛推之。然其後貞明復官還朝,再申前請,廷議用其策,即命貞明領之,迄不能成功而罷。又《明史·汪應蛟傳》載應蛟巡撫保定時,奏興畿輔水利,工部尚書楊一魁贊成其事,神宗報許,後亦卒不能行。蓋持是議者,皆安冀水利一興,即北方之粟足供倉儲,可以省南方之漕運,而不知古今異勢,南北異宜。書生紙上之言,固未可概見諸實事也。

【彙訂】

① "知事",殿本作"知府",誤,參《明史》卷二二三本傳。工科給事中為從七品,知事為正八品,而知府為正四品,由給事中轉任知府不得謂謫。

西瀆大河志五卷(兩淮馬裕家藏本)

明張光孝撰。光孝字維訓①,號左華,自署關中人,不知為何郡縣也。是編志大河源委與決塞修濬之宜,傍及祀典、雜事、藝文,猶屬志書之體。乃復摭入天河星象、龍馬卦畫,繪圖列說,附會支離。是與水官何涉乎?

【彙訂】

① 張光孝有《茭亭紀事》四卷,萬曆四十六年刊本題“關中張光孝惟訓著”。則光孝字惟訓,作“維訓”誤。(崔富章:《四庫提要補正》)

千金堤志八卷(浙江范懋柱家天一閣藏本)

明謝廷諒、周孔教、姜宏範全撰。廷諒字友可,金谿人。萬曆乙未進士,官至順慶府知府。事蹟附見《明史·謝廷瓚傳》①。孔教有《中丞疏槀》,已著錄。宏範,臨川人,仕履未詳。千金堤在撫州府城東,當汝水之衝,即唐之千金陂,屢有興廢。萬曆五年,知府古之賢率屬重修。廷諒等因述此志,以紀其事。凡《形勝》、《沿革》、《經畫》、《人物》各一卷,《藝文》四卷。皆一時頌美之詞也②。

【彙訂】

①《明史》卷二三三有《謝廷瓚傳》。《總目》卷一七九《江岷岳文集》條謂“門人謝廷諒、謝廷瓚……同編”。廷瓚為廷諒之弟,其名偏旁應同作“言”。(楊武泉:《四庫全書總目辨誤》)

② 殿本“皆”上有“則”字。

古今疏治黃河全書四卷(兩淮馬裕家藏本)①

明黃克纘撰。克纘字紹夫,晉江人。萬曆庚辰進士,官至工部尚書。事蹟具《明史》本傳。是編乃其巡撫山東時所作,分《黃河考略》、《治河左祖》、《三吳水利》諸目。所載上起祖乙之圮耗，下終萬曆三十二年蘇莊之決，末系以論，陳當時便宜。其大旨主於順河之性以疏之，而歷陳明代河決未疏先塞之害。其引漢武《瓠子歌》，謂漢時河已通淮、泗。又引宋張洎疏，以為《禹貢》九河之外，原引一支南行入淮、泗。則未免出於附會也。

【彙訂】

① 明萬曆三十九年刻本此書僅一卷，《兩淮商人馬裕家呈送書目》亦作一卷。（杜澤遜：《四庫存目標注》）

河漕通考二卷（浙江巡撫採進本）

明黃承元〔玄〕撰。承元，秀水人。萬曆丙戌進士，官至副都御史巡撫福建。上卷論河防，下卷論漕運，皆上溯歷代，下迄萬曆中年。文頗簡潔，而傷於太略。

海塘錄八卷（江西巡撫採進本）

明仇俊卿撰。俊卿，海鹽人。官國子監博士。萬曆十五年，海鹽塘潰重修，俊卿因錄其圖式案牘為此書。《浙江通志》已採錄其大略。其所紀述，距今一百餘載，亦今昔異宜矣。

河渠志一卷（江蘇巡撫採進本）

明吳道南撰。道南字會甫，崇仁人。萬曆己丑進士，官至文淵閣大學士，諡文恪。事蹟具《明史》本傳。萬曆甲午，陳于廷建議修國史，令翰林諸臣分門受事。道南領修《河渠志》，此即其原稾也。凡三篇，曰《運河》，曰《黃河》，曰《通惠河》，其餘皆未之及。案《明史·藝文志》作二卷，則是本已非全帙矣。前有總序，謂"冠以圖策，載其領要"。今此書無圖，蓋傳寫者失之。考《元史》以前諸志皆無圖繪，此例蓋道南所首創也。

泉河史十五卷(安徽巡撫採進本)

明胡瓚撰。瓚有《禹貢備遺增註》,已著錄。是編《圖紀》一卷,《職制》一卷,《泉源》一卷,《河渠》一卷,《職官表》二卷,《泉河派表》一卷,《疆域》、《山川》、《夫役》、《漕艘》、《宫室》、《人物》、《秩祀》、《敍傳》各一卷。乃瓚分司南旺時,據《河志》、《閘河考》、《泉河志》諸書删輯而作,於河湖閘壩、堤防瀦洩之道載之頗悉。特體例冗雜,尚有待於後人之潤色耳。末附《泉河大事記》一卷,用編年體以總括全書,大略亦近複贅。又《泉源志》後有天啓二年主事薛玉衡新開泉名二十七處,則後人所續入也。

皇都水利一卷(江蘇巡撫採進本)

明袁黃撰。黃號了凡,嘉善人。萬曆丙辰進士[1],官兵部主事。是編歷考北直隸河渠,意在興修水利。末載畿内田制、開田賞功、沿海開田諸論,大旨頗與徐貞明《潞水客談》相近。黃嘗任寶坻令,縣賦繁重,具疏乞減,故於畿輔利弊尤所究心。卷首題"前進士袁黃撰",旁注云"《了凡雜著》",亦疑非完帙也。

【彙訂】

① 據光緒《嘉善縣志》卷一九《名臣·袁黃傳》及雍正《江南通志》卷一二三《選舉志》均謂袁黃爲萬曆十四年丙戌科進士,而丙辰爲萬曆四十四年。(楊武泉:《四庫全書總目辨誤》)

南河志十四卷(兩淮馬裕家藏本)

明朱國盛撰。國盛字敬韜,華亭人。萬曆庚戌進士,官至工部尚書兼理侍郎事。天啓五年,國盛以工部郎中管理南河,創爲此志。自敕諭至公移凡三十三門,於黄、淮諸水疏治事宜頗爲詳析。前有自作序例一首,又有李思誠、徐標二序,後有彭期生跋。

思誠,揚州人。標與期生皆繼國盛董斯役者也。

常熟水論一卷(編修程晉芳家藏本)

明薛尚質撰。尚質,常熟人。以白茅、許浦、福山三浦為常熟宣洩所賴,故作此以明其利害。前有自序,言考當代名臣奏議及唐宋諸賢成説,可以行於今者,凡若干條,為之贊論,以備於左;復著《水利論》一篇,《雜論》十條,以廁於末。此本為曹溶《學海類編》所載,僅有《水利論》及《雜論》①,而無所謂名臣奏議及唐宋成説者。蓋删其前半,非完書矣。

【彙訂】

①“僅”,殿本作“但”。

黃運兩河考議六卷(浙江汪啟淑家藏本)

不著撰人名氏。首《總論》一篇,次以歷代治河之事編年紀載,始唐堯,迄明熹宗。其大旨欲復九河故道,引全河北趨以歸海。所謂紙上空談,不達時變,與欲復井田封建同一迂謬耳。

河紀二卷(山東巡撫採進本)

國朝孫承澤撰。承澤有《尚書集解》,已著錄。是書紀黃河遷徙始末,兼及畿輔水利。大旨為籌畫漕運而作也①。

【彙訂】

①“也”,殿本無。

具區志十六卷(兩淮馬裕家藏本)

國朝翁澍撰。澍字季霖,吳縣人。是書以明蔡羽《太湖志》、王鏊《震澤編》為本,參酌增損,續成此書。於瀕湖港瀆區畫獨詳。

北河續記八卷（浙江汪啟淑家藏本）

國朝閻廷謨撰。廷謨，孟津人。順治丙戌進士，以工部主事督理河工。是編因謝在杭舊志而修之，又附錄古蹟、藝文於其後。廷謨自序謂“刪其不宜於今，而增其正行於今者”，故所紀形勢頗詳。然正行於今者增之是也，其不宜於今者亦當存以備考證，乃協志乘之體。一概刊除，非通論也。

河防芻議六卷（直隸總督採進本）

國朝崔維雅撰。維雅，新安人。順治丙戌舉人，初任儀封縣知縣，陞淮安府同知，調開封府南河同知。即以防河功①，授寧波府知府。因總河王光裕請②，再遷管河道僉事，官至布政使。其成是書，則為江蘇按察使司時也。其治河有七法③，曰引河，曰遙隄，曰月隄，曰縷隄，曰格隄，曰護塌，曰截壩。前明潘季馴《河防一覽》詳於隄壩之說，而不言引河。維雅獨申引河之說。蓋當河流悍激之地，不得不濬此以殺其勢耳。其書前為總圖，後為分圖，總圖所以審其形勢，而分圖所以定其工程。圖各有說，所以明其致治之原。維雅身歷河工二十餘年，著為此書，其意見與靳輔頗不相合。康熙二十一年河決蕭家渡，維雅因上疏條奏河務，斥輔所築減水壩為不可用，請變前法而更張之。上特遣大臣履勘，復召輔與維雅廷辨。輔指列情形，具陳維雅剿襲之謬。維雅無以對，卒從輔議，而河患以息。是其說亦多出於一偏之見，不可據為定論也。

【彙訂】

① “即”，殿本無。

② “王光裕”，殿本作“王充裕”，誤。《清史稿·河渠志》載

"（康熙）十年春，河溢蕭縣。六月，決清河五堡、桃源陳家樓。八月，又決七里溝。以王光裕總督河道……十六年，如錫等覆陳河工壞潰情形，光裕解任勘問。"乾隆《山東通志》卷二十五之二《職官二》"總督河道都御史"有王光裕，"奉天人，康熙十年任"。

③"其"，殿本作"大旨謂"。

新劉河志一卷婁江志二卷（兩江總督採進本）

國朝顧士璉撰。士璉字殷重，太倉州人。先是，順治十二年，婁江塞，水無所歸。太倉知州白登明開鑿朱涇舊蹟，而水以安。州人名之曰新劉河，以婁江舊名劉河也。士璉實佐是役，故輯其始末，為志一卷。康熙辛亥，再濬劉河之淤，仍以士璉任其事。工既竣，乃復輯《婁江志》二卷。上卷敘新續，下卷考舊蹟，而以郟亶、郟僑諸人治水之書附焉。《新劉河志》其稾本出登明，士璉重輯之。《婁江志》則士璉所自輯。以其循登明之法而成功，故亦題曰登明定，示不忘所自也①。前有王瑞國、郁禾序，皆稱為《吳中開江書》。蓋當時二書合刊，總題此名耳。

【彙訂】

①"示"，殿本無。

山東全河備考四卷（江蘇周厚堉家藏本）

國朝葉方恒撰，方恒字學亭，崑山人。順治戊戌進士，官至山東濟寧道。是編乃其督理山東河道時所輯，專言漕河之在山東者。首圖志，次河渠，次職制，次人文。大致採掇明王恕《漕河通志》、王瓊《漕河圖志》、車璽《漕河總考》諸書，而稍參以近時之形勢。

明代河渠考_{無卷數}（浙江巡撫採進本）

國朝萬斯同撰。斯同有《廟制圖考》，已著錄①。是書採取有明列朝實錄，凡事之涉於河渠者，悉案年編次。天啟四年以後，則雜取邸鈔、野史以足成之。視史志所載稍詳，然頗傷冗雜。考斯同嘗預修《明史》，此本疑即其摘錄舊聞，備修志之用者，後人取其殘槀錄存之也。又兩江總督所採進亦有此書，題曰《明實錄河渠考》，所載止於萬曆四十八年。知當時隨筆鈔錄，本未成書。後來傳寫其槀者，各據所見之本，故多寡互異，並書名亦小不同矣。

【彙訂】

① 依《總目》體例，當作"斯同有《聲韻源流考》，已著錄"。（胡玉縉：《四庫全書總目提要補正》）

今水經一卷（浙江巡撫採進本）

國朝黃宗羲撰。宗羲有《易學象數論》，已著錄。是書前列諸水之名，共為一表，皆以入海者為主，而來會者以次附之，如汴入河，須、鄭入汴①，京入鄭，索入京之類。自下流記其委也，後各自為説，分南、北二條，皆以發源者為主，而所受之水以次附之。如衛河出輝縣蘇門山，逕衛輝府北，東流淇水來注之，又過濬縣內黃界②，漳水入焉之類③，自上流記其源也。其所説諸水，用今道不用故道，用今地名不用古地名，創例本皆有法。而表不用旁行斜上之體，但直下書之，某入海，某入某，某又入某，頗不便檢尋。又渭入河，漳、清、汧、涇、沮入渭④，洛入河，瀍、澗、伊入洛之類，皆分條；淇、漳、汶、濘、桑入衛，清入淇，沙、易入濘，溫、義入易，洋入桑之類⑤，又合條，則排纂未善也⑥。其書作於明末,西嘉峪,東山海,北喜峯,古北居庸,皆不能踰越一步。宗羲生於餘姚,又未親歷北方,故河源尚剿《元史》之説,而濼河之類亦沿《明一統志》之舊。松花、黑龍、鴨綠、混同諸江,尤傳聞彷彿,不盡可據。我朝幅員廣博,古所稱絶域皆入版圖,得以驗傳聞之真妄。《欽定西域圖志》《河源紀略》諸書,勘驗精詳,昭示萬代。儒生一隅之見,付之覆瓿可矣。

【彙訂】

①“須”,殿本脱,參清乾隆《知不足齋叢書》本此書《今水經表》。

②“界”,殿本無。

③“漳水入焉”,殿本作“漳水來注之”。

④“漳清汧涇沮”,殿本作“涇潼汧漆沮”,誤,參《今水經表》。

⑤“温義入易洋入桑”,殿本作“温渾入桑”,誤,參《今水經表》。

⑥殿本“未”上有“之”字。

明江南治水記一卷(編修程晉芳家藏本)

國朝陳士鑛撰。士鑛號宿峯,秀水人。康熙初以貢生閣試,授主事。是書大旨主於廣濬分支,共受三江之水;多爲尾閭,以殺震澤之怒。故所錄惟以夏原吉議三條爲主,而況鍾、李克嗣、吕光、海瑞、許應逵五事附焉。非盡錄明一代治水之政也。

湘湖水利志三卷(浙江巡撫採進本)

國朝毛奇齡撰。奇齡有《仲氏易》,已著錄。蕭山湘湖爲一邑水利所資,宋熙寧閒縣民殷慶倡議建塘而未行。至楊時爲縣令,始舉其役。而明尚書魏驥修築之後,為豪民所佔,御史何舜賓又以死爭復之。舜賓之壻僉事富玹因作《蕭山水利志》,歲久殘闕。奇齡因其舊本,補輯是編。前二卷詳述湘湖沿革條約,第三卷則附錄諸湖,而終以湘湖歷代禁罰舊例。其大旨以杜侵佔為本。

東南水利八卷(浙江巡撫採進本)

國朝沈愷曾撰。愷曾,歸安人。康熙壬戌進士,官至山東道監察御史。是書前四卷錄康熙以來太湖、劉河、白茆、孟河諸處興修開濬奏議、公牘。第五卷錄折解、緩徵、議賑、兵糧、關稅諸奏議。其目錄內自註有曰:"是卷內有無關水利,因當事大臣仰體主恩,曲為生民請命,俾安樂利,故載入。"蓋因水利而附錄者也。第六卷、七卷皆前代水利沿革,於湖郡修築之外①,亦附錄賦額、田稅、均糧、鹽口諸事。蓋亦留心於民事者。然志乘皆已具載,此為贅出矣。

【彙訂】

①"湖郡",底本作"郡城",據殿本改。清刻本此書第八卷有"湖郡修築"條。

治水要議一卷(編修程晉芳家藏本)

國朝孫宗彝撰。宗彝有《易宗集注》,已著錄。此書載曹溶《學海類編》中①。其議治河之法,以築歸仁隄、疏周家橋為主。蓋亦執一偏之見,未可坐論起行也。

【彙訂】

①《學海類編》未著錄此書。(茅乃文:《〈河防一覽纂要〉提要》)

太湖備考十六卷(浙江巡撫採進本)

國朝金友理撰。友理字玉相，吳縣人。是書卷首為《巡幸圖說》，卷一《總志太湖》，卷二為《沿湖水口》、《濱湖山》卷三為《水治》、《水議》，卷四為《兵防》、《湖防》、《論説》、《記兵》、《職官》，卷五為《湖中山泉》、《港瀆》、《都圖》、《田賦》，卷六為《坊表》、《祠廟》、《寺觀》、《古蹟》、《風俗》、《物產》，卷七為《選舉》、《鄉飲》，卷八為《人物》，卷九為《列女》，卷十、十一為《詩》，卷十二、十三為《文》，卷十四為《書目》、《災異》，卷十五為《補遺》，卷十六為雜記。大旨為明人《太湖志》、《震澤編》皆詳於湖中而略於湖外，以所重在名勝，而水利、兵防不及悉，故以此書補所闕云。

蕭山水利書初集二卷續集一卷三集三卷附集一卷(浙江汪啟淑家藏本)

《初集》，明富玹編，國朝來鴻雯重訂。《續集》、《三集》皆國朝張文瑞編。《附集》，文瑞之子學懋所編。蕭山水利，以湘湖為最溥。明初，其邑人御史何舜賓嘗以清理佔田被禍。玹為舜賓壻，因取章懋、魏驥所輯水利事蹟①，合梓以行，以備考驗。康熙五十八年，有私決湘湖者，水利幾廢。鴻雯據舊本重加訂正，文瑞又旁搜黃震《萬柳堂記》等文十二篇，為《續集》，並刊行之。雍正十三年，文瑞又以舊作《西江塘》、《湘湖紀事稾》二帙輯為《三集》。其《附集》則《蕭山水利》十條，即明紹興知府賈應璧所撰《圖說》之舊本也。

【彙訂】

① 據《明史·章懋傳》，懋卒於正德十六年，年八十六，則當

生於正統元年，不得謂為明初人。康熙《蕭山縣志》卷二一《序志篇》云：“《湘湖水利圖》，張懋著。懋以明洪武初宰蕭山，繪圖刻石。又作《湘湖志略》……《蕭山水利事蹟》，本邑魏文靖公驥著……（何）舜賓壻福建副使富玹，以此書並事蹟等書及禁革湘湖榜例，皆刊板，至今尚存。”可知“章懋”乃“張懋”之誤。（楊武泉：《四庫全書總目辨誤》）

治河前策二卷後策二卷（浙江巡撫採進本）

國朝馮祚泰撰。祚泰字粹中，滁州人，乾隆壬申舉人。是編乃其肄業中山書院所作。分《前策》、《後策》二集。《前策》三十篇，皆詳述《禹貢》水道及歷代遷徙之蹟，而評其得失。《後策》十一篇，皆條析現在利病。《前策》大旨主復北派放河，使束入海，自不病會通。《後策》大旨主閉南崖減水壩，不引濁沙入湖，添建北崖減水壩，另闢海口以洩其泛漲。

水鑑六卷（福建巡撫採進本）

國朝郭起元撰。起元，閩縣人。歷官盱眙縣知縣，遷泗州知州、宿虹同知，皆積水為患之區。因即所見聞，勒為一編。凡論十四篇，説四十四篇，策六篇，考四篇。刻於乾隆癸酉。其論淮徐一路，皆身所閱歷之言。其他如江南、浙江、湖北、山東諸水，則亦傳聞之論。至於《黃河源流》一篇，仍襲元人舊説，尤未得其真也。

安瀾文獻一卷（兩江總督採進本）

國朝沈光曾撰。光曾，秀水人，官高郵州知州。是編輯前明及國朝修治南河大要，分為四篇。一曰《分黃》，二曰《導淮》，三曰《利運》，四曰《全下》。以皆錄前人奏議之詞，故名曰“文獻”。

其大旨在於劉老澗多設滾壩,疏通沭河。以六塘清水道之,使疾趨入海,以治河。於張福口、裴家塘等處濬引河,使洪澤之水盡出雲梯關,以治淮。又繪圖冠於卷首。末有乾隆十年重刻《書後》一篇,乃其病中所作。謂:"潘季馴稱河不兩行,乃伽河未創、中河未開以前,以黃河為運道,故有是説。今則運道自清河、桃源以上,已無藉於黃河,自宜隨時籌畫。"又稱"惟別穿一渠之説,必不可行。穿則河水橫經,運道挾之而走,實有可虞。黃壩新河之陳迹足鑒"云。

　　右地理類"河渠"之屬,五十二部,二百四十五卷[①],內二部無卷數。皆附存目。

【彙訂】

①　"二百四十五卷",殿本作"二百四十六卷"。

北邊備對一卷(江蘇巡撫採進本)

宋程大昌撰。大昌有《易原》,已著錄。是書前有大昌自序,稱:"淳熙二年因進講《禹貢》,孝宗問以塞外山川,未能詳對。紹熙中,奉祠家居,乃補撰此書。以緣起於講筵顧問,故仍以《備對》為名。"凡二十一則,皆撮史傳舊文,無所考正[①]。

【彙訂】

①　書中"長城"、"陰山"等條也有所考證。(李裕民:《四庫提要訂誤》增訂本)

江東地利論一卷(永樂大典本)

宋陳武撰。武始末未詳。所論凡十篇,首論東南北古昔為最盛;次論南北勝負之勢;次論東南地勢在江、淮;次論西南地勢在巴、蜀[①];次論合肥、濡須攻守之要衝;次論襄漢、荊南上流之重鎮;次論襄陽為江陵捍蔽;次論壽春為江東捍蔽;次論西臨關隴,東瞰青、齊,以取中原;次論中外盛衰在於天時。大抵亦與《江東十鑑》相表裏,蓋宋南渡後人人能為是言也。

【彙訂】

①"西南",殿本作"東南",誤。

東南防守利便三卷(兩江總督採進本)

宋陳克、吳若同撰。考《宋史·呂祉傳》,祉知建康,與吳若等共議,作此書上行在。大略謂立國東南,當聯絡淮甸、荊、蜀之勢,蓋專為南宋立言者也。此本刊於明崇禎閒,前有祉進書繳狀一篇,稱吳若為本府通判,蓋其幕屬云。

邊防控扼形勢圖論一卷(永樂大典本)

宋江默撰。默始末未詳。其進書狀有云:"臣效官極邊四載,考究今古地名形勝①,撰列《邊防控扼形勢圖》并論二十四首,繕寫成册。皆是今日邊防急務。不如此行,則淮西不可守,無淮西則長江不可恃。昔三國吳無淮西,亦守巢湖,不敢退守長江。以長江千里,不可勝守,而巢湖兩岸阻山,中閒阻水,易守故也。今日有兩淮,何為退守池州、江州,棄巢湖之險哉!"其論亦剴切,然不論攻而論守,其作於和議之後歟?

【彙訂】

①"形勝",殿本作"形勢"。

東關圖一卷(浙江巡撫採進本)①

明聞人詮輯。詮有《南畿志》,已著錄。是編乃嘉靖壬辰詮為監察御史時巡視山海等關,以蒞任例取地圖,而繪畫不免勞費,乃取平原張祿舊時所繪諸圖,重加校正,刊以備閱。所載關塞二百一十有二,紀其道里遠近,形勢險易頗詳。詮即刊刻《舊唐書》者。《舊唐書》明代幾佚,其得重見於世者,實詮之力。較方從哲官内閣時竊謝承《後漢書》以出,匿不示人,遂致天地之閒不復得見是書者,其用心之廣隘相去遠矣。

【彙訂】

① 此書在《各省進呈書目》中僅著錄於《浙江省第九次進呈書目》與《浙江採集遺書總錄》,又見於《二老閣進呈書》,"浙江巡撫採進本"應為"浙江鄭大節家藏本"之誤。(江慶柏:《四庫全書私人呈送本中的鄭大節家藏本》)

修攘通考四卷(浙江巡撫採進本)①

明何鏜編。鏜有《括蒼彙紀》,已著錄。此編以偽蘇軾《地理指掌圖》與桂萼《明輿地圖》、許論《九邊圖》三書合而刊之。別立此名,更無一字之論著。恐鏜之陋未必至是,或坊賈所托歟?

【彙訂】

① 明萬曆六年自刻本此書凡六卷,《總目》著錄係殘本,缺卷五、六。(杜澤遜:《四庫存目標注》)

九邊考十卷(兩江總督採進本)

明魏煥編。煥字東洲①,長沙人。嘉靖乙丑進士②,官兵部職方司主事。是書作於嘉靖辛丑。第一卷為《鎮戍經略》,以下分九邊為九卷。而各邊之中又分疆域、保障、責任、軍馬、錢糧諸目。所採多奏章③、案牘,大抵紙上之談也。

【彙訂】

①《本朝分省人物考》卷八一小傳、《千頃堂書目》卷八均作"字原德"。(錢茂偉:《明人史著編年考補》)

② 乙丑為嘉靖四十四年,然雍正《湖廣通志》卷三二《選舉志》載長沙魏煥為嘉靖八年己丑科進士,而嘉靖乙丑科無此人。可知"乙丑"乃"己丑"之誤。(楊武泉:《四庫全書總目辨誤》)

③ "奏章",殿本作"章奏"。

海防圖論一卷(浙江范懋柱家天一閣藏本)

明鄭若曾撰。若曾有《鄭開陽雜著》,已著錄。是圖乃若曾與唐順之所共定,凡十二幅。其式以海居上,地居下,乃畫家遠近之法,若曾具為之辨。胡宗憲所題為《海防一覽》者,即此書也。其書成於《萬里海防圖》之先,蓋草創未詳之本。後其六世孫定遠刊《海運圖說》、《黃河圖議》等編,復併是書刻之云。

萬里海防圖説二卷(浙江巡撫採進本)

明鄭若曾撰。是書乃若曾入胡宗憲幕府以後,與同事邵芳取舊撰《海防圖論》,復加考定。起廣東,歷福建、浙江、南直、山東、遼東,計程八千五百餘里。雜圖七十五,各為之論。若曾自序以為"許默齋《九邊圖論》詳於西北,此獨詳於東南"云。

江防圖考一卷(浙江范懋柱家天一閣藏本)

明鄭若曾撰。若曾既圖海防,復為此書。起九江至金山衛,凡為圖十有九。後備論沿江守禦兵弁之數及所當修補增置之法。

江防考六卷(浙江汪啟淑家藏本)

明吳時來撰,王篆增補。時來,仙居人。嘉靖癸丑進士,官至左都御史,謚文恪。篆,夷陵人。嘉靖壬戌進士,官至吏部左侍郎。隆慶二年,時來以南京僉都御史提督操江,創為此考。六年,篆奉命繼其任,以時來書度之,形勢微有不同。因仍其體例,增損重訂。蓋明代以南京為根本重地,專設操江都御史,與勳臣一人同領其事。所轄水操軍以萬計,上自九江,下抵蘇、松、通、泰,緩急咸責成之。是考於形勝、營制、官兵、沿革頗為詳備。蓋當時積習廢弛,其立法特密云①。

【彙訂】

①"其",殿本作"故"。

兩浙海防類考續編十卷(浙江汪啟淑家藏本)

明范淶撰。淶字原易,休寧人。萬曆甲戌進士,官至福建右布政使。自嘉靖中倭寇犯兩浙,沿海郡縣,被害最深。故守土者以海防為首務。胡宗憲作《籌海圖編》後,續之者有《海防考》、《海防類考》諸書,而沿革不常,每有闕略。萬曆二十九年,淶官海道副使,因取諸書復加增廣,故名曰"續編"。前有史繼辰序,并《類考》舊序二首。凡四圖,四十一目,於兵衛、巡防、餉額各事宜頗為詳備。惟多錄案牘之文,未免時傷冗漫耳。《江南通志》列淶於《儒林傳》中,載所著有《休寧理學先賢傳》、《范子嘵言》、《晭陽文集》,獨不及此書。蓋自宋以來,儒者例以性命為精言,以事功為霸術,至於兵事,尤所惡言。殆作志者恐妨淶醇儒之名,故諱此書歟?然古之聖賢,學期實用,未嘗日日畫太極圖也。

溫處海防圖略二卷(浙江汪啟淑家藏本)

明蔡逢時撰。逢時字應期,宣城人。萬曆庚辰進士,官溫處兵備副使。溫處為兩浙海疆門戶,明季倭寇出沒,號曰要衝。逢時此書作於萬曆二十四年,皆據當時文移冊籍編次成帙。凡地形①、船械以及戰守選練之法,無不畢載。共為圖四,子目四十有三。

【彙訂】

①"地形"，殿本作"地圖"。明萬曆澄清堂刻本此書卷一有溫處地圖、溫區海圖等。

籌海重編十卷（兩淮馬裕家藏本）

明鄧鍾撰①。鍾字道鳴，晉江人。萬曆二十年，倭大入朝鮮，海上傳警。總督蕭彦命鍾取崑山鄭若曾《籌海圖編》，刪其繁冗，重輯成書。冠以各處海圖，次記奉使朝貢之事。又分案沿海諸省，記其兵防制變各事宜，而以經略諸條終之。於前代舊事，亦閒有引證②。前有彦序一篇，極稱胡宗憲功，亦當時公論也③。

【彙訂】

① 明萬曆二十年刻本此書十二卷，題"晉江鄧鍾重編"。（杜澤遜：《四庫存目標注》）

②"閒"，殿本作"問"，誤。

③"亦當時公論也"，殿本作"蓋宗憲倚趙文華勢攘張經血戰之功固難逃清議而其所自設施亦頗著勳勞受禍以後衆怒平而公論定固有不容盡沒者也"。

海防圖論一卷（浙江范懋柱家天一閣藏本）

不著撰人名氏。所載惟江南、浙江、山東、遼東，而福建、直隸諸省沿海之地並無圖説。疑其有闕佚也。

陝西鎮考一卷（浙江范懋柱家天一閣藏本）

不著撰人名氏。略記陝西諸鎮城堡之屬，大抵從王圻《續文獻通考》"邊防"門中錄出。蓋明人所為也。

海防述略一卷（浙江范懋柱家天一閣藏本）

國朝杜臻撰。臻有《閩粵巡視紀略》[①]，已著錄。是書臚列沿海險要形勢及往來策應諸地，於諸洋列戍哨探事宜亦併及之。案，臻於康熙二十二年奉詔偕內閣學士石柱往閩、粵定疆理，茲書蓋即其時所著也[②]。

【彙訂】

①"閩粵"，底本作"粵閩"，據殿本乙。《總目》卷五八著錄杜臻撰《閩粵巡視紀略》六卷。

②"即"，殿本無。

延綏鎮志六卷（內府藏本）

國朝譚吉璁撰。吉璁字舟石，嘉興人，由內閣中書官至登州府知府。明時以延綏為重鎮，設重兵以防河套。本朝順治初年，罷延綏巡撫不設，而延綏鎮尚仍舊名。康熙十二年，吉璁以延安府同知分駐榆林城，乃因明巡撫涂宗濬舊本重修此志。自"圖譜"至"藝文"，凡分十二類。所載皆明代邊防之事。

蠻司合志十五卷（浙江巡撫採進本）

國朝毛奇齡撰。奇齡有《仲氏易》，已著錄。是編皆紀明代土司始末。凡湖廣一卷，貴州二卷，四川四卷，雲南四卷，兩廣四卷。亦其修史所餘之稾也。

江防總論一卷海防總論一卷（編修程晉芳家藏本）

國朝姜宸英撰。宸英字西溟，慈溪人。康熙丁丑進士，官翰林院編修。己卯充順天鄉試副考官，為正考官修撰李蟠所累，逮問。蟠遣戍，宸英卒於獄。是二書載曹溶《學海類編》中。各冠總論於前，而條繫其形勢之略於後，題曰附錄。案《江防論》末稱：“依海道所經，自廣東西路始，福建、浙江、江南、登萊、天津衛、遼陽，以次及之。”又括海南所經各省郡縣，自為一卷，與《論》後所附錄全不相應。又稱其沿海山河，寇舶入犯分合，日本輿地皆有圖。今亦無圖。知曹溶刪節其文，非宸英之原帙也。

秦邊紀略四卷（直隸總督採進本）

不著撰人名氏。書中首卷“河州”條註內有“西夷部落三十有奇，康熙十四年圍衛城一月，康熙二十二年又犯衛地”之語。又四卷《近疆西夷傳》內載康熙二十四年，祝囊同科爾坤十八部由古北口入覲事。則此書為康熙間人所作。首載河州及西寧、莊浪、涼州、甘州、肅州、靖遠、寧夏、延綏等衛形勢要害；次載西寧等衛南北邊堡；次載西寧等衛近疆及河套；次載《外疆近疆西夷傳》、《河套部落蒙古四十八部落考略》、《西域土地人物略》。其論邊鄙疆域及防守攻剿情形，一一詳悉。蓋國家初定西陲，中閒遘王輔臣之叛，與滇、黔相煽。方用兵於內地，故近邊諸部往往窺竊。後乃以次削平，馴為臣僕。此書所述，皆是時之形勢。方今聖武遠揚，天山南北二萬餘里，皆置郡開屯，歸我疆宇。昔之所謂險要者，今皆在戶闥之閒；昔之所謂強梁者，今皆隸賦役之籍。此書所述，皆無所用之。然在當時，則可謂留心邊政者矣。至北邊四十八部源委弗詳，且非秦地。其西域道里以驛程考之，亦皆在茫昧之閒。蓋一時得之傳聞，附錄卷末，均不足為典要，存而不論可矣。

右地理類“邊防”之屬，二十一部，八十三卷，皆附存目。

史 部 三 十 二

地理類存目五

龍虎山志三卷（兩淮馬裕家藏本）

元元明善撰，明張國祥續修。明善字復初，清河人。以浙東使者薦為學正。擢太子文學，歷翰林學士，諡文敏。事蹟具《元史》本傳。國祥則嗣封真人也。是書乃皇慶三年明善官翰林學士時奉敕所修。然原本體例不可復考，惟存延祐元年程鉅夫序及吳全節進表。此本載山川、建置、人物、道侶並累朝制敕、藝文，頗為龐雜。殆已多所竄亂，非其舊矣。

茅山志十五卷（浙江孫仰曾家藏本）

元道士劉大彬撰。大彬號玉虛子，錢塘人。延祐中襲封茅山四十五代宗師，洞觀微妙元〔玄〕應真人。是書分志誥副墨①、三神紀、括神區、稽古蹟、道山冊、上清品、仙曹署、採真游、樓觀部、靈植檢、錄金石、金薤編十二門，每門以三字為題，蓋仿陶宏〔弘〕景《真誥》例也。前有永樂癸卯胡儼序，稱舊本為張雨所書，至為精潔。後毀於兵，姚廣孝復為刊版。後成化庚寅②、嘉靖庚戌又重刻者再。此本即嘉靖時刻。不但紙版惡劣，非張雨之舊，且為無識道流續入明事，敍述凡鄙，亦非劉大彬之舊矣。

【彙訂】

①"志"，殿本無。

②"後"，殿本作"及"。

仙都志二卷（兩淮馬裕家藏本）①

元道士陳性定撰。仙都山古名縉雲山，唐天寶中敕改今名。此志分六門，曰《山川》，曰《祠宇》，曰《神仙》，曰《高士》，曰《草木》，曰《碑碣題詠》。前序題"至正戊子"，不著姓名。以序及《志》中"祠宇"門考之，蓋元延祐中給道士趙嗣祺五品印，提點是山玉虛宮，羽流榮之，因撰是志也。

【彙訂】

①《兩淮鹽政李續呈送書目》著錄："《仙都志》二卷附《天台志》一卷，元陳性定，一本。"《兩淮商人馬裕家呈送書目》有"《仙都山志》一本"，乃明戴葵書，《總目》本卷亦著錄。（杜澤遜：《四庫存目標注》）

天台山志一卷（兩淮鹽政採進本）

不著撰人名氏。末稱世祖皇帝封道士王中立為仁靖純素真人，知為元人所作。又稱前至元間，知為順帝時人矣。其書頗典雅可觀。惟"七十二福地"一條，不引杜光庭書而引《記纂淵海》，知為裨販之學矣。

武夷山志十九卷（江蘇巡撫採進本）

明裘仲孺撰①。仲孺字稺生，崇安人。洪武初，薦授平遠縣知縣②。其書凡十一篇，首《名勝》，次《雲構》，次《題刻》，次《仙真》，次《羽流》，次《存疑》，次《物產》，次《遊寓》，次《祀典》，次《掞藻》,次《餘韻》。末一卷為《詞訂》,則詩文之續得者也。體例龐雜,殊不足觀。《掞藻》一篇,幾及全書之半,尤乖裁制也③。

【彙訂】

① 明崇禎十六年刻本題"東魯袁仲孺訂修",《江蘇採輯遺書目錄》、《兩江第一次書目》均著錄作袁仲孺。(杜澤遜:《四庫存目標注》)

② 崇禎十六年刻本此書有崇禎辛巳徐㷍序,癸未張肯堂題詞,仲孺皆與之同時。洪武初授官顯誤。(陳乃乾:《讀〈四庫全書總目〉條記》)

③ "乖",殿本作"失"。

震澤編八卷(浙江巡撫採進本)

明蔡昇撰,王鏊重修。昇字景東,吳江人。鏊有《史餘》,已著錄。是書首紀五湖、七十二山、兩洞庭,次石、泉、古蹟,次風俗、人物、土産、賦稅,次水利、官署、寺觀、菴廟、雜記,次集詩、集文。前有宏治十八年楊循吉序,稱其"操觚之妙,天機獨運。中閒有似《爾雅》者,有似《山海經》者,有似柳子厚諸山水記者。用能繪畫造物,陳諸簡牘"。未免譽過其實。昇書本名《太湖志》,鏊為重修,乃取《禹貢》之語改今名云。

金山雜志一卷(浙江汪汝瑮家藏本)

明楊循吉撰。循吉有《蘇州府纂修識略》,已著錄。金山在吳縣西三十里,循吉少時嘗讀書其中。歸田後,因為之志。分八篇,一《山勢》,二《品石》,三《泉》,四《山居》,五《游觀》,六《草木》,七《飲食》,八《勝事》。每篇各有論讚。

雁山志四卷（浙江汪啟淑家藏本）

明朱諫撰。諫號蕩南，樂清人。宏治丙辰進士，官至吉安府知府。雁蕩山在溫州府，跨樂清、平陽二縣，於古無稱[①]。自宋太平興國中，始有僧居之，奇秀甲於浙東。明初，僧永昇者，始輯為《雁山集》一卷，編次無法。嘉靖己亥，諫因舊本搜討，增為四卷，列三十二門，樂清知縣徽州潘潢序之。萬曆辛巳，知州南昌胡汝寧復為翻雕，而以續得詩文冠於卷前，殊為猥雜[②]。

【彙訂】

① 北雁山跨樂清及台州黃巖界，而平陽南雁蕩山與樂清中隔。（宋慈抱：《兩浙著述考》）

②《四庫》底本書首又附題詠詩二十七葉，為原目所無，中有天啟、崇禎時人之作。蓋後人又有增刊，非胡汝寧舊本。（孫詒讓：《溫州經籍志》）

京口三山志十卷（江蘇巡撫採進本）[①]

明張萊撰。萊字廷心，丹徒人。宏治閒舉人。北固、金、焦三山皆古來勝境，而未有裒輯遺文舊事合為一志者[②]。兗州史宗道為鎮江推官，始屬萊考三山名蹟沿革及歷代詩文，彙成此編，頗能訂譌正謬[③]。如金山之名，舊云創於唐李錡。萊則謂梁天監四年即金山修水陸會，其名已始於六朝。考證頗為典核。然如《事物紀原》引宋大中祥符七年四月詔，封焦山大聖祠為明應公，本非僻書僻事。而“祠廟”類中乃失收之，則疏密亦不免互見。蓋萊所依據，多取諸郡縣圖經，未能博徵羣籍，故每有漏略也。

【彙訂】

① 此書在《各省進呈書目》中僅著錄於《浙江省第九次進呈

書目》與《浙江採集遺書總錄》，又見於《二老閣進呈書》，"浙江巡撫採進本"應為"浙江鄭大節家藏本"之誤。（江慶柏：《四庫全書私人呈送本中的鄭大節家藏本》）

②"一"，殿本無。

③"訂譌正謬"，殿本作"正謬訂譌"，"譌"字誤複。

慧山記三卷（浙江范懋柱家天一閣藏本）

一名《九龍山志》。明邵寶撰。寶有《左觿》，已著錄。慧山即惠山，在無錫縣界。局狹而氣秀，地近而景幽，自昔號為佳境。寶居近是山，釣游所及，時有品題。所作如《惠山雜歌》、《惠山十二詠》、《敘竹茶鑪》等篇①，具載於《容春堂續集》中。此書仿賀知章會稽洞、郭子美羅浮山之例②，搜輯舊事遺文，為之作志。

【彙訂】

① 殿本"等"上有"文"字。

②"郭子美"，殿本作"郭之美"，誤。宋郭子美著《羅浮山記》，有《說郛》本。

鄧尉山志一卷（浙江范懋柱家天一閣藏本）

明沈津撰。津字潤卿，蘇州人。是書分本志、泉石、祠墓、梵宇、山居、名釋、草木、食品、集詩、集文十類。前為總敘一篇。其稱"本志"者，以專紀山之形勢為作志本意，故以冠於各類之首也。書成於嘉靖壬寅，靳學顔嘗為之序。黃虞稷《千頃堂書目》遂以為學顔所作，失考甚矣。

衡嶽志十三卷（浙江汪啟淑家藏本）

明彭簪撰，姚宏〔弘〕謨重訂。考《明史·藝文志》載彭簪《衡嶽志》八卷。此多五卷，當即宏謨所增。然宏謨序已稱"續刻者隨時竄入而不之究”，則未經重修以前已非簪之原本矣。序又稱“總《形勝》於多景之前，補《事紀》於諸卷之首”，此本一卷為《事紀》，二卷、三卷為《形勢》，知為宏謨所增。至所稱“詩文以景附，景以類分”者，則散綴各卷，不可復考。簪自號石屋山人，安城人，官衡山縣知縣。其書成於嘉靖戊子。宏謨，秀水人，嘉靖癸丑進士，官至吏部左侍郎。其書成於隆慶辛未。時提督湖廣學政，應知縣章宣之請，續此編云。

　　廬山紀事十二卷（浙江汪汝瑮家藏本）

　　明桑喬撰，國朝范斷補訂。喬字子木，江都人。嘉靖壬辰進士，官至監察御史。以首劾嚴嵩，為所搆陷，謫戍九江以卒。事蹟具《明史》本傳。此書即其在戍所時作，成於嘉靖辛酉。至國朝順治戊戌，巡按御史許世昌屬南康推官會稽范斷重為補訂。以山陰、山陽別其條貫，屬南康者列於陽，屬九江者列於陰。又取喬後百餘年間事蹟題詠，綴補於後。斷序稱喬書質而辨，文而約，紀事皆題原採書名。斷所補悉仿其例云。

　　仙都山志二卷（兩淮馬裕家藏本）

　　明戴葵撰。葵，酆都人。始末未詳。據其自跋，此書蓋嘉靖丁未作也。仙都山在四川酆都縣境，為道經第四十二福地，稱前漢王方平、後漢陰長生得道處。葵雜採舊文，分為八類，大抵神仙家言為多。

　　牛首山志二卷（兩淮馬裕家藏本）

　　明盛時泰撰。時泰字仲交，江寧人。嘉靖中貢生。牛首山在江寧城南，一名天闕。是書首志山名，次志巖洞、池泉、殿廬、草樹、法寶、遊覽、麗藻。其文頗近遊記，不盡沿志書窠臼。其藝文多著出某書,亦明人所難。惟"地畝弓口"一條,全錄稟帖批詞,首尾不加删削,殊失體例。

仙巖志六卷(兩淮馬裕家藏本)

明王應辰撰,應辰自署曰舉人,不著里貫。考《太學題名碑》有隆慶辛未進士王應辰,信陽人。去作此書時僅十六年,未知即其人否也[①]。仙巖山在浙江瑞安縣境,為道書第二十六福地。嘉靖壬戌,兵部郎中永嘉王叔果屬應辰為此編。首載圖景,次錄詩文,序次尚頗簡潔。

【彙訂】

① 王應辰,永嘉人,萬曆《溫州府志‧文學傳》、雍正《浙江通志》、乾隆《永嘉縣志‧文苑傳》並有傳。(孫詒讓:《溫州經籍志》)

黄海六十卷(兩江總督採進本)

明潘之恒撰。之恒字景昇,歙縣人。嘉靖間官中書舍人。考《明史‧藝文志》有潘之恒《黄海》二十九卷。此本雖卷數未標,其曰《紀初》者八,曰《紀藏》者七,曰《紀蹟》者十有八,曰《紀遊》者二十有一,曰《紀異》者六,皆別之為卷,則已六十卷矣。史稱二十九卷,未為確數。然其中次第卷數,或有或闕,或參差錯互,蓋猶未定之槀,不知其止此六十卷否也。黄山在徽州府西北百三十里,舊名黟山,唐改今名。跨據宣、池、江浙數郡。世傳黄帝與容成子、浮邱〔丘〕公煉藥於此,故有浮邱、容成諸峯。此姑存圖經之説,以備古蹟一條則可。之恒竟上溯軒轅,採摭經傳,凡語涉黄帝者皆入焉[①]。至以《廣黄帝本行紀》、《真仙通鑑》諸書與《六經》之文並列,何其誕歟! 大抵以多為勝,而考證之學與著述之體則非所講也。

【彙訂】

① "語"，殿本無。

武夷山志略四卷（浙江范懋柱家天一閣藏本）

明徐表然撰。表然字德望，崇安人。嘉靖中嘗結漱藝山房於武夷第三曲，因撰次是書①，分為四集。繪山之全圖及武夷宮左各景、宮右九曲諸勝，悉以題詠附於後。凡名勝、古蹟，皆分附於《山川》。較他地志尤便省覽，此變例之可取者。至於《寓賢》及《仙真》之類，人繪一圖，則不免近兒戲矣。其名"志略"者，謂茲山已有全志也。

【彙訂】

① 是書有萬曆四十七年刊本，陳鳴華序稱"高第徐生"，考《泉州府志》，鳴華為萬曆丙戌進士，表然於鳴華為後進，則"嘉靖中"宜作"萬曆中"。（王重民：《中國善本書提要》）

阿育王山志十卷（兩淮馬裕家藏本）

明郭子章撰。子章有《蟬衣生易解》，已著錄。阿育王山在浙江寧波府，去府治四十里。山有阿育王寺舍利塔，相傳為地中湧出，因以名寺，遂因以名山。蓋緇流梵笈有是異聞，年祀綿遠，亦無從而究詰也。是志凡分十類。揆其大旨，主於闡釋氏之顯應。故標茲靈蹟，以啟彼信心，原不以核訂地理、考證古今為事也。

雲門志略五卷（浙江巡撫採進本）

明張元忭撰。元忭有《紹興府志》，已著錄。雲門山在會稽城南。元至正十年，相里允若作《雲門集》，黃潛序之。元忭以其未備,補輯是編。以山川、古蹟、名賢為一卷,而餘四卷皆藝文,又末大於本矣。

京口三山續志四卷(浙江巡撫採進本)

明徐邦佐、陳朝用、朱文山同撰。邦佐號雁洲,浦城人,官鎮江府教授。朝用號南湖,寧都人,文山號仰泉,常寧人,皆官鎮江府訓導。是書成於隆慶中,以補史宗道《三山志》之闕,故以"續志"為名。專取當時人遊覽詩賦,彙萃成帙。而邦佐等所自作,附錄尤夥。蓋意在釣名①,於三山考訂無涉也。

【彙訂】

①"蓋意在釣名",殿本作"名曰地志實同社稿"。

齊雲山志五卷(浙江汪啟淑家藏本)

明魯點撰。點字子與,南漳人。萬曆癸未進士,官休寧縣知縣。齊雲山在休寧縣,名齊雲巖,蓋白嶽西北分支也①。上有北極佑聖真君神祠,明代數經修葺,嘉靖中始有齊雲山之號②。茲志因雲巖舊本而重輯之③,分三十七目。卷前又有順治中告示二通,乃後人刊入④,非原書之舊矣。

【彙訂】

①"齊雲山在休寧縣名齊雲巖蓋白嶽西北分支也",殿本作"齊雲巖在休寧縣蓋白嶽西北之分支也"。

②"嘉靖中始有齊雲山之號",殿本作"至嘉靖中始別名曰齊雲山"。

③"茲志因雲巖舊本而重輯之",殿本作"茲志因舊本而重輯"。

④ "乃"，殿本作"又"。

普陀山志六卷（兩淮馬裕家藏本）

明周應賓撰。應賓有《九經考》①，已著錄。普陀山在浙江之定海。是編因舊志重輯，凡六卷，十五門。而應賓自序稱五卷，十七門。勘驗卷帙，並無闕佚，未審何以矛盾也。

【彙訂】

①《總目》卷三四著錄周應賓撰《九經考異》十二卷附《九經逸語》一卷。

太岳太和山志十七卷（江蘇巡撫採進本）

明田玉撰。玉不知何許人，萬曆中宦官也。太和山即湖廣均州之武當山，相傳為北極元武修真地。明成祖即位時，自謂得神之祐，因尊為太嶽，敕建宮觀，常遣內臣司其香火。嘉靖間，提督太監王佐始創為志①，太監呂評續增之②。萬曆癸未，玉復增廣為此本。前載修建廟宇始末實事，並仙蹟、徵應、物產，後載唐、宋、元、明序記詩賦等作。

【彙訂】

① 武當有志，始於元初道士劉道明撰《武當福地總真集》及羅霆震撰《武當紀勝集》，二種皆有《道藏》本。明代最早有任自垣撰《大嶽太和山志》十五卷，又有方升撰《大嶽志略》五卷（嘉靖十五年刊），慎旦、賈如愚等撰《大嶽太和山志》十七卷（嘉靖三十五年王佐刊），盧重華撰《大嶽太和山志》八卷（隆慶六年張著刊）。（沈津：《中國珍稀古籍善本書錄》）

② 據書中卷四《提督內臣姓氏》，呂評應作呂祥。（王重民：《中國善本書提要》）

太姥志一卷（江蘇巡撫採進本）

明史起欽撰。起欽字敬所，鄞縣人。萬曆己丑進士，官福寧州知州。太姥山在福寧州境。傳堯時有老母業採藍，後得仙去，故以為名。中有鍾離巖、一線天諸勝蹟，起欽因創為此書，成於萬曆乙未。前列圖，次列記序及題詠之作。然山以巖壑寺宇為主，法當分門編載。起欽但為總繪一圖，悉不加分別詮次，非體例也。

續刻麻姑山志十七卷（浙江汪啟淑家藏本）

明左宗郢撰，國朝何天爵、邱〔丘〕時彬重修。宗郢，南城人。萬曆己丑進士，官至太常寺少卿。天爵、時彬皆建昌人。麻姑山唐時隸撫州，故顏真卿《麻姑仙壇記》有“撫州南城縣”之語，今則在建昌府城西十里。宗郢《志》見於《明史·藝文志》[①]，著錄卷數相同。此本每標題，或稱“麻姑”而去“山”字，或又加“洞天”字，或加“丹霞”字。名目紛然，可知體例之龐雜。考《明史》作《續刻麻姑山志》，今姑從標目焉。

【彙訂】

① “見於”，殿本無。

嵩書二十二卷（兩江總督採進本）

明傅梅撰。梅字元鼎，邢臺人。萬曆辛卯舉人，由登封縣知縣擢刑部主事。與員外郎陸夢龍力爭梃擊一案，鄭氏之黨中以察典，罷官。後起為台州府知府。崇禎中，解職家居。大兵下順德，抗節死，贈太常寺少卿。事蹟附見《明史·張問達傳》。乾隆乙未，賜諡忠節[①]。是編乃其官登封知縣時所作。分《星政》、《崎勝》、《卜營》、《宸望》、《嶽生》、《官履》、《巖棲》、《黄裔》、《竺業》、《物華》、《靈緒》、《顏始》、《章成》為十三篇②，立名頗嫌塗飾。全書意在廣搜，亦殊多駁雜。

【彙訂】

① "忠節"乃"節湣"之誤。（向東、關林：《〈嵩書〉前言》）

② 據萬曆四十年初刻本，《官履》乃《宦履》之誤，《顏始》乃《韻始》之誤。（同上）

蜀中名勝記三十卷（浙江鮑士恭家藏本）

明曹學佺撰。學佺有《易經通論》，已著錄。案，學佺所著本無此書之名。此本乃萬曆戊午福清林茂之摘其《蜀中廣記》內"名勝"一門，刻之南京，而鍾惺為之序。不知其何所取也。

華嶽全集十三卷（兩淮鹽政採進本）

舊本題明華陰縣知縣李時芳撰。今案時芳之本，《千頃堂書目》作十卷，乃嘉靖四十一年所修①。至萬曆二十四年，汝州張維新為潼關道副使，以時芳書多舛錯，與華陰縣知縣貴陽馬明卿重加詮敘②。前載圖説、形勝、物産、靈異、封號，後載藝文，增成十三卷。前有巡撫賈待問序及維新自序，述之頗詳。題時芳所撰，誤也。後六年壬寅，知縣河間馮嘉會又增文數篇，亦註於書內。至所載國朝祭告之文與宋琬、蔣超諸人之詩，則莫知誰所續入。考其中多有潼關道溧陽狄敬姓名，意者即敬所增歟？

【彙訂】

① 明嘉靖四十二年刻本《華嶽全集》為十一卷，李時芳嘉靖四十一年奉命修撰，"越明年冬初，新刊果成"。（謝彥卯：《歷代華山志考略》）

② "華陰"下"縣"字，殿本無。

九疑山志九卷（兩淮馬裕家藏本）

明蔣鐄撰。鐄，長洲人。萬曆中官寧遠縣知縣。九疑山在寧遠縣南四十里，相傳舜葬其地，有舜廟焉。雖輿記流傳，而舊無專志，鐄始創修此編。首紀祭舜陵文，次載形勝、古蹟、人物、仙釋、土產，次錄前人碑記詩文。崇禎中，平陵俞向葵為令，復補圖於卷首。

羅浮野乘六卷（江蘇巡撫採進本）

明韓晃撰。晃字賓仲，南海人。萬曆庚子舉人，官青田縣知縣。是編首全圖，次名峯，次勝蹟，次仙釋，次品物，次逸事。書成於崇禎己卯。其兄晟，字寅仲，亦著《羅浮副墨》，今未見。

雁山志勝四卷（兩淮鹽政採進本）

明徐待聘撰。待聘字廷珍，常熟人。萬曆辛丑進士，官至按察使副使。是編乃其官樂清知縣時所撰。卷一為山之名勝及人物、土產、雜事，二卷、三卷皆佛刹，四卷則所自作詩文也。其凡例有曰：“舊志凡詩賦題雁山者，或以臨澀，或以要津，皆旁搜而詮之，而文之微占於山者亦聚焉。又有欲世識其名者，賂剞劂氏私刻攙入，真贗並收，薰蕕莫辨。山靈有知，定當作嘔，今皆刪去。”云云。其言可謂深中地志之陋習。然舊作雖已汰除，而又獨錄己作一卷，其亦尤而效之矣。

泰山紀事三卷（山東巡撫採進本）

明宋燾撰。燾字繹田，泰安州人。萬曆辛丑進士，官翰林院編修。此書一卷曰天集，記天神事。二卷曰地集，記古蹟。三卷曰人集，記名宦人物。所言神鬼冥報，已涉荒誕。至泰山太守、泰安知州為守土之官，柳下惠、王章、羊祜諸人亦不過生長其鄉①，並未嚴棲谷汲，乃概行摭入，不知於岱宗故事何涉也。

【彙訂】

①"羊祜"，殿本作"羊祐"，誤。羊祜，泰山南城人，《晉書》卷三十四有傳。明萬曆刻本此書《天集·人物紀略》有羊祜。

天台山方外志三十卷（浙江汪啟淑家藏本）

明釋無盡撰。案，錢希言《獪園·釋異篇》曰："有門法師名傳燈，一號無盡，太末人也。出家天台之高明寺。少精煉戒行，學識高出道流。嘗撰《天台山志》，甚有禪藻。"云云。則無盡者乃其號也。天台山自孫綽作賦以來，登臨題詠，翰墨流傳，已多見於地志。此書成於萬曆癸卯，出自釋家之手，述梵蹟者為多，與專志山川者體例稍殊。故別題曰《方外志》焉。

幽溪別志十六卷（浙江巡撫採進本）

明釋無盡撰。幽溪在天台山，無盡嘗居其地，因撰是志。凡十六門，每門附以藝文，而同時人所作為多。名為地志，實同社刻①。《獪園》稱其所至講席如雲，蓋明末標榜之風浸淫乎方以外矣。

【彙訂】

①"名為地志實同社刻"，殿本無。

恒嶽志二卷（兩淮馬裕家藏本）

明趙之韓、王瀋初同撰。之韓，汜水人。官渾源州知州。瀋初，山陰縣舉人。是書成於萬曆壬子。其目十一，曰《外紀》、《星紀》、《山紀》、《廟紀》、《祀紀》、《事紀》、《物紀》、《游紀》、《仙紀》、《文紀》、《詩紀》，搜考頗稱詳核。又以自宋以來皆祠北嶽於上曲陽，故復取曲陽嶽廟詩附於卷末①。後五年，知州衡陽張述齡為刻而行之。然其《文紀》有目無書，已非完本矣。

【彙訂】

① 王士禛《池北偶談》卷一"北嶽祀典"條云："五嶽皆祭於山，獨恒嶽祭上曲陽。自漢宣帝神爵元年始。"《風俗通》卷一〇《山澤篇》"五嶽"條云："北方恒山……廟在中山國上曲陽縣。"又王昶《金石萃編》卷七六載開元十四年立《北嶽恒山祠碑》，卷八一載開元二十三年立《北嶽神廟碑》，卷八八載天寶七載立《北嶽恒山安天王銘》，碑、銘均在上曲陽縣北嶽廟，備載祠祭事。《總目》同卷清張崇德撰《恒嶽志》條亦謂"自漢以後，皆祠於上曲陽"。（楊武泉：《四庫全書總目辨誤》）

天目山志四卷（浙江汪啟淑家藏本）

明徐嘉泰撰。嘉泰字道亨，循州人。官於潛縣知縣。是書乃萬曆甲寅嘉泰因舊志重修。浙江有東、西二天目，東天目在臨安縣之西五十里，西天目在於潛縣西北四十五里。據此書所圖，則本屬一山。東、西水源若兩目然，故曰天目。然此書所紀多屬西天目事，統稱《天目山志》，非也。

煙雲手鏡二卷（浙江巡撫採進本）

明楊繼益撰。繼益始末未詳。前有萬曆甲寅自序，稱："居恒遊思險遠，因檢閱羣書，摭其山川喜懼之境，錄成二帙。"然所載諸山水，俱隨手雜錄，鈔撮舊文，無所損益。既不註原書之名，前後次序亦無義例。如上卷有房山、石徑山，而房山水洞又在下卷；上卷有牛首山、鐘山，而獅子山又在下卷。以至廬山之與瀑布，金山之與妙高臺，皆顛倒破析，棼如亂絲。以比《名勝志》、《遊名山記》諸書，可謂每況愈下矣。

海陽山水志四卷（江蘇周厚堉家藏本）

明丁惟曜撰。惟曜字貞白，休寧人。是書成於萬曆戊午。紀休寧境内名勝，凡山二十九篇，水八篇，各冠以圖。所錄藝文，但載記、序[①]、銘、頌諸體，而不及詩詞。較他志之濫列題詠者，稍為簡淨。然嚴於去取可矣，竟廢此一體，則又矯枉過直也。

【彙訂】

① “記序”，殿本作“序記”。

惠山古今考十卷附錄三卷補遺一卷（浙江巡撫採進本）

明談修撰。修字思永，無錫人。是編以無錫惠山為一邑勝境[①]。唐張祐題詩有“小洞穿斜竹，重堦夾細莎”之句，而舊蹟已湮，修營建以復其舊。故首卷載《小洞重堦考》及祠院菴觀諸考，自二卷至十卷，則自唐及明之詩文。《附錄》三卷，皆同人賦贈之作。《補遺》一卷，則雜記惠山遺事。卷末自跋有“夢惠山之神”云云，則未免幻妄矣。

【彙訂】

① “勝境”，殿本作“勝景”。

九鯉湖志六卷（兩淮馬裕家藏本）

明黃天全撰。天全，莆田人。其書成於萬曆中。九鯉湖在福建仙遊縣。天全以舊志僅載遊覽之作，而遺山水，乃重為釐訂。分為《山水》、《建置》、《夢驗》、《藝文》四門。“夢驗”者，以九鯉湖祠乃閩人祈夢處也。

龍門志三卷（浙江范懋柱家天一閣藏本）

明樊得仁撰[①]。得仁不知何許人。是書首載龍門圖及事蹟，次紀文類，次紀詩類。首卷考證甚陋。若龍門特為河水所經過,止載《水經注》"河水又南出龍門口"諸條足矣②,至摭及歷代河源,則迂闊無當。又《玉海》云:"梁山之北有龍門山,大禹所鑿,通孟津,河口廣八十步。"是書既已引之,而後又引此數語,別標曰"出《魏地理志》"。顛倒重複,殊為蕪雜③。

【彙訂】

① 據明嘉靖十五年刻本樊得仁序,此書應為平陽知府李檟修,平陽府學教諭戚大英等纂,河津知縣樊得仁刻。(杜澤遜:《四庫存目標注》)

②"口",殿本脫,參《水經注》卷四《河水》原文。

③《玉海》引文見該書卷二〇"禹龍門山"條,謂出《水經注》所引《魏土地記》。檢《水經注·河水四》,文與《玉海》所引全同。(楊武泉:《四庫全書總目辨誤》)

崆峒志三卷(江蘇周厚堉家藏本)①

明李應奇撰。應奇字鶴崖,平涼人。崆峒山在平涼府城西。是書成於萬曆中,凡分七門,曰《分野》,曰《建革》,曰《疆域》,曰《形勝》,曰《田賦》,曰《仙蹟》,曰《題詠》。然一山之志,即不應及分野、建革。而中閒兼記及瓦亭關、會盟壇之類,又殊似府志之體例。殊叢雜無限斷也。

【彙訂】

① 底本"志"上有"山"字,據殿本刪。《江蘇省第一次書目》、《江蘇採輯遺書目錄》均作《崆峒志》。

峴山志六卷(浙江巡撫採進本)

明張睿卿撰。睿卿字稚通①,號心嶽,歸安人。《湖州府志》稱其"博雅豪邁,遊歷山川,以著書為樂"。然是書頗無體例。此峴山乃烏程之一山，非城邑郡縣之比。而首曰《建置》，名實已不相副。次曰《勝概》，而多與建置互見，不過雜載詩文。三曰《遺愛》，敘古名賢王右軍以下數人，終於王世貞，皆湖州大吏，與山不甚相涉。四曰《社會》，五曰《放生》，六曰《藝文》，又先散載各門，均失之泛濫也[2]。

【彙訂】

①"稚通"，殿本作"雅通"，誤。明萬曆四十二年刻本此書題"郡人稚通張睿卿葺"，前有萬曆四十二年甲寅嘯翁張稚通自序。

②"泛濫"，殿本作"叢濫"。

上天竺山志十五卷（兩淮馬裕家藏本）

明釋廣賓撰。天竺為東南巨剎，舊有李金庭《志》。廣賓以其附會舛譌，甚至偽撰明太祖《竺隱說》一篇以炫俗，乃刪補而成此書。曰《普門示現品》，曰《尊宿住持品》，曰《器界莊嚴品》，曰《帝王檀越品》，曰《宰官外護品》，曰《風範隆污品》，曰《詩文紀述品》，凡七門。其《風範隆污》一品，於寺僧污行備書不隱，較他志獨存直筆。據總目尚有卷首一卷，此本已佚不存。

爛柯山志二卷（兩淮馬裕家藏本）

明徐日炅撰。日炅後改名日曦，浙江西安人，天啟壬戌進士。爛柯山在衢州府城南三十里，因晉樵者王質遇仙觀棋於此，因以為名。日炅居與山近，因纂輯晉、唐迄明詩賦雜文，以成是編。

東西天目志八卷（兩淮馬裕家藏本）

明章之采撰①。之采字去浮，仁和人。是書作於天啟中。

以天目山東、西二峯，輯為二志，各分四卷。起引述、圖考，訖詩賦、記跋。杭州守李煜〔燡〕然合而刻之②。

【彙訂】

①　據明天啓杭州刻本，此書作者名張之采。（杜澤遜：《四庫存目標注》）

②　"煜"，當作"燡"，避康熙諱改。殿本誤改作"燁"。

九華山志八卷（兩淮鹽政採進本）

明顧元鏡撰。元鏡，歸安人。萬曆己未進士，官池州府知府。是書成於崇禎己巳。前列全圖及十八景圖，次列《山水》、《建置》、《物産》、《人物》、《文翰》五門，門復各立子部。意主誇多，故山分為六，水分為八；寺院、菴觀區為二名①，樓閣、亭館別為兩類。標目頗為煩碎。又杜荀鶴之污偽命、宋齊邱〔丘〕之逞姦謀，列之《流寓》，以為山水之光，殊乏簡擇。又王守仁遊蹤僅至，亦列寓公，並偽撰其贈周金和尚一偈，斯尤地志之積習矣。

【彙訂】

①　"寺院菴觀區為二名"，殿本作"寺院菴區為三名"，誤。清康熙二年刻本顧元鏡《九華志》卷二《建置》有寺院、菴觀二目。

錫山景物略八卷（江蘇周厚堉家藏本）

明王永積撰。永積字崇巖①，自號蠡湖野史，無錫人。崇禎甲戌進士，官至兵部職方司郎中。是書紀無錫山川名勝，略分四正四隅。每紀一地，皆首載沿革，次載詩文，永積詩亦往往附載。然採錄過濫，邀飲聯吟之作動輒盈編，於錫山地志圖經渺不相涉。則貪於標榜，未講體例之過耳。

【彙訂】

①《總目》卷一八〇《心遠堂集》條謂永積字稚實,清刻本《心遠堂遺集》二十卷各卷卷首均題"錫山王永積稚實著",清光緒《無錫金匱縣志》卷十九《宦望》亦作"字稚實"。

橫溪錄八卷(兩淮鹽政採進本)

明徐鳴時撰。鳴時字君和,吳縣人。崇禎乙亥選貢生,除武寧縣知縣。橫溪鎮一曰橫塘,在蘇州府城西南十三里。水自城中來,西南橫流過鎮而入太湖,故名。是志分十九門,體例略如郡縣志。然如《古蹟》類中多列先賢舊宅,又云其址無考。夫使遺墟猶存,自應深憑弔之思。否則既生是鄉,自必人人有宅,安能一一虛列乎?宜其一鄉之志曼衍至於八卷也。

閤皀山志二卷(兩淮馬裕家藏本)

明俞策撰。策不知何許人。閤皀山在江西新淦縣,相傳為張道陵、葛孝先①、丁令威修煉之所。茲編上卷紀載形勝,下卷編列藝文,末自載其詩數首,亦非佳作。

【彙訂】

①"葛孝先",殿本無。清抄本此書卷下有《葛仙本傳》,似不必刪其名。

太平三書十二卷(江西巡撫採進本)

國朝張萬選編。萬選字舉之,濟南人。官太平府推官。是三書成於順治戊子①。據其序例②,一曰《圖畫》,二曰《勝概》,三曰《風雅》。圖凡四十有二,見唐允甲題詞中。此本佚其《圖畫》一卷,惟存《勝概》七卷,《風雅》四卷③。原本紙墨尚新,不應遽闕失無考,或裝輯者偶遺歟?

【彙訂】

① 殿本"成"上有"皆"字。

② "據",殿本無。

③《圖畫》一卷即蕭雲從《太平山水詩畫》,今美國、日本各存一本,共四十四幅畫。《總目》作四十二幅,或未計第一部分二幅:《太平山水全圖》、《全圖分注附》。(陳傳席:《有關蕭雲從及〈太平山水詩畫〉諸問題》)

乍浦九山補志十二卷(浙江巡撫採進本)

國朝李確撰。確有《平寇志》,已著錄。乍浦在嘉興府東南,屬平湖縣境。九山者,雅山、苦竹山、湯山、觀山、龍湫山、暈頂山、高公山、蓋山、獨山也。平湖舊有九峯之名,而不得其地。確始考而定之,因著是編。凡分十二門,曰圖譜、山水、古蹟、寺觀、邱〔丘〕墓、土產、碑碣、烽寨①、石塘、變怪、人物、題詠。

【彙訂】

① "烽寨",殿本作"烽塞",誤。清抄本此書卷八為《烽寨》。

昌平山水記二卷(兩江總督採進本)

國朝顧炎武撰。炎武有《左傳杜解補正》,已著錄。炎武博極羣書,足蹟幾遍天下,故最明於地理之學。是書雖第舉一隅,然辨證皆多精確。惟長城以外為炎武目所未經,所敘時多舛誤。如稱塞外有鳳州,不知蘇轍詩所云"興州東谷鳳州西"者,乃回憶鄉關之語。《唐書》、《遼志》,塞外均無鳳州之名①。又如古北口之楊業祠②,炎武據《宋史》辨其偽。然劉敞、蘇轍皆有《過業祠》詩,在托克托修史之前幾二百載,必執後代傳聞以駁當年之目見,亦過泥史傳之失也。

【彙訂】

① 殿本"名"下有"也"字。

② "之",殿本無。

黃山志七卷(兩江總督採進本)

國朝閔麟嗣撰。麟嗣字賓連,歙縣人。其書首列《山圖》,次《形勝》,次《建置》,次《山產》,次《人物》,次《靈異》,次《藝文》,次《詩賦》。蒐輯頗博而不盡精核。

麻姑山丹霞洞天志十七卷(內府藏本)

國朝羅森撰。森字約齋,大興人。順治丁亥進士,官至陝西督糧道。是編因明萬曆中左宗郢《志》而修①。第一卷為圖者八,第二卷為考者四,第三卷為表者二,第四卷為志者四,第五卷為紀者五。其餘藝文分七卷。末則《麻源附錄》一卷,《從姑附錄》一卷,《育英堂附錄》一卷,《姑山雜記》一卷,《詩文補遺》一卷。

【彙訂】

① 此書實即《總目》卷七七著錄清蕭韻撰《丹霞洞天志》十七卷。係盜用修補左宗郢氏原版,羅森序所云"經燹頓爐"實為誣妄。(王重民:《中國善本書提要》)

峨眉山志十八卷(浙江汪啟淑家藏本)

國朝蔣超撰①。超字虎臣,金壇人。順治丁亥進士,官翰林院編修。晚入峨眉山為僧,因輯是《志》。昔劉勰奏請出家,改名慧地。《梁書》本傳雖著其事,而傳首仍題原名,蓋不與士大夫之為僧也。故今於超斯《志》,亦仍題其原名云。

【彙訂】

① 此書與本卷著錄之曹熙衡《峨眉山志》十八卷實即一書,

應題為"蔣超撰,曹熙衡重訂"。(杜澤遜:《四庫存目標注》)

峨眉志略一卷(浙江汪啟淑家藏本)

國朝張能鱗撰。能鱗有《詩經傳説取裁》,已著錄。是書於峨眉形勝古蹟標撮其略。末附詩文數篇,而自作乃登其二。《佛光解》一篇命意雖善,措詞則不能免俗也。

浯溪考二卷(山東巡撫採進本)

國朝王士禎撰。士禎有《古懽錄》,已著錄。是書前有自序,稱:"楚山水之勝首瀟湘,瀟湘之勝首浯溪。浯溪以唐元結次山名,得魯公摩厓書而益張之。舊有浯溪前、後兩集,為李仁剛、綦光祖撰,見於《輿地碑目》,皆無傳。今志乃出庸手,冗雜泛濫,至不可耐。乃以退食之暇,窮搜遐摭,要取精覈。"閒錄詩賦雜文,多郡志、溪志所未收者。蓋其族姪官祁陽時,以舊志寄士禎,士禎為改作也。其書不分門目。上卷載山川古蹟及元結詩文,而附以諸家之題識議論。下卷則皆後人藝文,末為補遺三條。書頗簡核。然如王邕《後浯溪銘》、吳儆《祁陽石鏡銘》、鄒浩《甘泉銘》,其地相近,類附可也。吳師道《汪氏浯村記跋》[1],地在新安,渺如風馬,亦復載入,殊乖體裁。蓋斷限之難,劉知幾嘗言之矣。

【彙訂】

[1] "跋",殿本脱。吳師道《禮部集》卷十八有《汪氏浯村詩跋》。

長白山錄一卷補遺一卷(山東巡撫採進本)

國朝王士禎撰。長白山一名常白山,一名常在山,在鄒平縣東南。是《錄》皆紀其山形勝及故實、藝文,已編入士禎《漁洋文略》第十四卷中,此其別行之本也。末附《補遺》一卷,則因宋紹定閒丁黼作池州范仲淹祠記,以青陽縣東十五里之長山指為長白,地理舛誤,雜引諸說以辨之,考證亦確。然附會古賢,夸飾形勝,移甲入乙,乃天下地志之通弊。士禎以此一《記》奪其鄉中之流寓,遂詆之為小人,所見亦為不廣矣。

鼓山志十二卷(兩淮鹽政採進本)

國朝僧元賢撰。其序不標年月,書中記事至順治壬辰、癸巳,則國初人也。鼓山在福州城東三十里。是書分《勝蹟》、《建置》、《開士》、《貞珉》、《藝文》、《叢談》六門。大旨以佛刹為主,名為山志,實則寺志耳。其凡例有云:“茲山知名海內者,實以人重,非以形勝重也。”緇徒妄自標置,可謂不知分量者矣。

恒嶽志三卷(浙江巡撫採進本)

國朝張崇德撰。崇德字懋修,順天人。官渾源州知州。北嶽恒山在渾源州城南二十里,自漢以後,皆祠於上曲陽。國朝順治十七年,以刑科都給事中粘本盛之請,改祠於渾源州。部議令山西撫司官吏詳察恒山遺蹟。於時主其說者,禮部尚書王崇簡,疏載所著《青箱堂集》中。據紳耆之議以上達者,即崇德也。故輯斯《志》,於祀典特詳。曲陽飛石之偽,亦辨之甚悉。

七星巖志十六卷(浙江汪啟淑家藏本)

國朝韓作棟撰。作棟字公吉,鑲藍旗漢軍。順治中,官分巡肇高廉羅道按察司僉事。七星巖在肇慶府高要縣城北,一名崧臺,一名定山。故此書又名《定山石室志》也。《志》本明王泮所撰,作棟因而重修,吳綺又為之潤色。然有關考核者,寥寥無多。如“石刻”門於唐李邕《石堂記》後“乾道己丑秋”一條,以後人題名之年月誤為摹石之年月。又載"元符改元端午日,眉山蘇軾挈家來遊"。不思元符元年蘇軾正在儋州,安得有挈家至七星巖之事?蓋據曹學佺《名勝志》所載①,而不知為傳譌之文也。

【彙訂】

① 殿本"蓋"上有"此"字。

峨眉山志十八卷(浙江汪啟淑家藏本)

國朝曹熙衡撰。熙衡字素徵,錦州人。順治中官至貴州按察使。是編因蔣超舊志成於疾病之餘,未能條理明晰,故即其本而重訂之。然據卷首《修山志説》,實戎州宋隸樟所定。熙衡時分巡建昌道,董其事耳。末一卷為《志餘》,仍題超名。而中論普賢住世一條,有"宜太史蔣公之辨論"語,則亦非超之本文矣。

龍唐山志五卷(浙江巡撫採進本)

國朝僧性制撰。龍唐山在昌化縣西七十里,以其上有龍池,故名。《浙江通志》作龍塘,獨此本作"唐",其中"龍池"一條內"唐井"等字亦從"唐",殆亦猶錢塘、錢唐,各異文歟?《志》本為佛剎而作,故多述禪家之語,非地志之正體也。

寶華山志十卷(兩淮馬裕家藏本)

國朝釋德基撰。寶華山在句容縣北六十里,齊釋寶誌結廬於此①。後人重寶誌之名,因以名山。是山以道場顯,故首志開創興起,而次及山水、梵宇各門。與他山志書體例稍異,固亦各因其地耳。

【彙訂】

① "結廬",殿本作"築廬"。

廬山通志十二卷（兩淮馬裕家藏本）

國朝釋定暠撰。因明嘉靖閒桑喬《廬山紀事》而稍增損之，無大發明考證。

四明山志九卷（江蘇周厚堉家藏本）

國朝黃宗羲撰。宗羲有《易學象數論》，已著錄。四明山舊稱名勝，而巖壑幽邃，文士罕能周歷，故記載多疏。宗羲家於北七十峯之下，嘗捫蘿越險，尋覽匝月，得以考求古蹟，訂正譌傳。乃博採諸書，輯為此志，凡九門。宗羲記誦淹通，序述亦特詳贍。惟所收詩文過博，併以友朋倡和之作牽連附入，猶不出地志之習。又既列《名勝》，復以《皮、陸九題》、《丹山圖詠》、《石田山房》別出三門。其諸門之內既附詩，於各條下又別出詩括、文括二門，為例亦未免不純也。

四明山古蹟記五卷（浙江巡撫採進本）

不著撰人名氏，亦無序跋。詳書中所載，即黃宗羲所撰《四明山志》稾本也。宗羲《四明山志》自序有曰：“壬午歲，余作《四明志》，亡友陸文虎欲刻之而未果。癸丑歲盡，偶展此卷，文虎評校之朱墨如初脫手。然其閒凡例不齊，詞不雅馴。重為竄改，始得成書。”其序作於康熙十一年。所稱壬午，蓋明崇禎十六年也[①]。此書不署年月，亦無文虎姓名題識，而中有朱墨數處，與宗羲序合。殆即文虎評校之本歟？其第三卷、四卷、五卷內有黃時貞添註四條。其一條稱“壬辰六月識”，又一條述老人談天啟閒事，當在順治九年以後。或時貞得此稾本，又以意為訂正耶？《四明山志》既有成書，此未定之草固可置而不論矣。

【彙訂】

① 癸丑為康熙十二年,壬午為崇禎十五年。(楊武泉:《四庫全書總目辨誤》)

西湖夢尋五卷(浙江鮑士恭家藏本)

國朝張岱撰。岱字陶菴①,自號蝶菴居士②。家本劍州,僑寓錢塘③。是編乃於杭州兵燹之後,追記舊遊。以《北路》、《西路》、《南路》、《中路》、《外景》五門分記其勝。每景首為小序,而雜採古今詩文列於其下。岱所自作尤夥,亦附著焉。其體例全仿劉侗《帝京景物略》,其詩文亦全沿公安、竟陵之派。

【彙訂】

① 張岱字宗子,後又字石公。陶菴非字乃號,自為《墓誌銘》曰:“蜀人張岱,陶菴其號也。”(何冠彪:《張岱別名、字號、籍貫及卒年考辨》)

②《琅嬛文集》有《蝶菴題像》一篇,《硯雲甲編·陶菴夢憶序》亦云晚年“更名曰蝶菴”。且蝶菴居士不見於張岱現存著述中。(同上)

③ 據朱熹《少師保信軍節度使魏國公致仕贈太保張公行狀》等,張氏先人僖宗時徙居成都,後遷綿竹。南宋咸淳中又遷至山陰,故題“劍南張岱撰”等。而劍州乃今四川省劍閣縣。(同上)

穹窿山志六卷(兩淮馬裕家藏本)

國朝李標撰。山在蘇州府城西。是編前四卷雜錄序記、疏引等作,後二卷紀遊覽題贈之詩。蓋是時道士施亮生居此山,方以符術鳴於東南。其書實為亮生而作,非專志山之名勝也。

百城煙水九卷(浙江巡撫採進本)

國朝徐崧、張大純同編。崧,吳江人。大純,長洲人。前有
尤侗序,大略稱崧有詩名,好遊佳山水。閒嘗綴集吳地古蹟為此
書。取《華嚴》"南詢"之意以名之。其友張大純助其捃摭,未畢
而崧歿,大純因重加纂輯刊行。凡蘇州府及所屬諸縣名勝山川,
並為臚載。然每條詮敘簡略,而所錄題詠至夥。蓋頗仿祝穆《方
輿勝覽》之例,以詞藻為尚,而不主考證。然穆書徧及州郡,此獨
有姑蘇一隅。穆書於前人著述採擷甚富,而此所收率係近人之
作,并附入己詩,則又出穆書之下矣。書刊於康熙庚午。時尚未
升太倉為直隸州,故太倉及嘉定、崇明二縣皆列於此書云。

蟂磯山志二卷(安徽巡撫採進本)

國朝柯願撰。願字又鄒,龍溪人。康熙甲辰進士,以主事督
理蕪湖鈔關。蟂磯山在蕪湖西南七里大江中。《江南通志》云:
"蟂,老蛟也。"今磯有石穴,廣一丈,深不可測。按《廣韻》:"蟂,
古堯切。水蟲,似蛇,四足,能害人。"賈誼《吊屈原文》所謂"偭蟂
獺以隱處"者是也。《通志》所云,未知何本。山上有靈澤夫人
祠,相傳蜀先主妃孫權妹死葬於此,故廟祀焉。其事不見於史
傳,殆齊東之語耳。是編蓋因明邊維垣舊本原文重訂。首為圖,
末附載扁聯。所錄率荒唐之説。惟宏治中劉淮、嘉靖中王宗聖
二《記》稍能引據史傳,以駁俚説,而亦終歸於附會。餘皆蕪雜。
又凡例稱降乩之作不錄,而卷末仍有諸葛亮、徐庶、鄧芝之詩①,
皆七言絶句,殆足笑噱,尤前後自相矛盾云。

【彙訂】

①"之",殿本無。

嶽麓志八卷（浙江汪啟淑家藏本）

國朝趙寧撰。寧字又裔，山陰人。官長沙府同知。是志因舊本增輯，成於康熙丁卯。第一卷為新典及圖説、二卷為山水、古蹟、新建寺觀、疆域，三卷為書院，四卷以下皆藝文也。卷首序文自為一巨册，當全書四分之一。同修姓氏列至一百四十二人。則其書可知矣。

説嵩三十二卷（直隸總督採進本）

國朝景日昣撰。日昣字東陽，登封人。康熙辛未進士，官至戶部侍郎。是書自卷一至卷八，統紀嵩高及二室。卷九以下，分星野、形勝、封域、巡祀、古蹟、金石、傳人、物產、仙釋、摭異、藝林、風什九門①。考嵩山為中嶽，本於《爾雅》、《毛詩》，故《史記》主其說。胡渭《禹貢錐指》信《爾雅》前條“河南華”之文，而指後條嵩高為中嶽乃後人附益。然鄭康成註《大司樂》，謂華為中嶽；而註《小宗伯》，則以嵩為中嶽。賈疏謂《大司樂》註據鎬京，《小宗伯》註據洛邑，其說似可與《爾雅》前後二文相證。即云後人附益，而康成已兼據之矣。又外方之為嵩山，見於《尚書》孔註、《水經注》諸書。金吉甫乃謂嵩高非外方，殊妄。此書於中嶽宗《史記》，於外方引《水經注》，考核殊不繆。然《嵩書》及《嵩山志》、《天下名山志》之類，於此山形勝、沿革已為廣徵博輯。此特綜彙舊文，踵而成之耳。

【彙訂】

①《總目》所列為十二門。據康熙五十五年嶽生堂刻本此書，卷九以下實分星野、沿革、形勢、水泉、封域、巡祀、古蹟、金石、傳人、物產、二氏、摭異、藝林、風什十四門。（周樹德、吳效

葦：《〈説嵩〉前言》；欒星：《嵩嶽文獻敘錄》）

嵩嶽廟史十卷（江蘇巡撫採進本）

國朝景日昣撰。是書以嵩嶽廟舊未有志，因創為編輯。分圖繪、星野、沿革、形勢[①]、營建、祀典、靈異、嶽生、詩賦、藝文，各為一卷。其凡例謂"漢武之登封，孝明之巡幸，胡后、武曌之離宮別院，事涉游盤，無關秩祀，概從删削"，可謂矜慎。然《靈異》類中所引《述異記》、《虞初志》諸書，半是寓言；《藝文》類載《嵩嶽嫁女記》，尤為不經；《詩賦》、《藝文》析為二類，金石之文如《石闕碑》別見於《營建》類中，亦為錯亂。則亦仍地志之龐雜而已。

【彙訂】

① 據康熙三十五年太壹園刻本此書，《形勢》乃《形勝》之誤。（欒星：《嵩嶽文獻敘錄》）

雞足山志十卷（浙江汪啟淑家藏本）

國朝范承勳撰。承勳，鑲黃旗漢軍。大學士文程之子，浙閩總督承謨之弟，官至雲貴總督。雞足山在雲南賓川州東一百里，一頂三支，儼如雞距，在蒼山、洱海之間，相傳為迦葉尊者入定處，佛寺最多，故志山者多述佛門之事。是編乃康熙三十一年承勳因舊本增修，分圖紀、考證、星野、形勢、山水、寺院、人物、靈蹟、物産、藝文，凡十門，而以迦葉像讚冠於卷端焉。

普陀山志十五卷（内府藏本）

國朝朱謹、陳璿同撰。謹有《中庸本旨》，已著錄。璿始末未詳。普陀山在定海縣東海中，佛經稱為觀音大士道場。自梁迄明，代有興建。是志所述本末頗具，而敘事冗沓無法。

湘山志八卷（浙江巡撫採進本）

國朝徐泌撰。泌字鶴汀，衢州人。康熙中官全州知州。以州有湘山寺，祀無量壽佛，率郡人謝允復等考佛出身本末，並山水、古蹟、藝文，輯為是書。

林屋民風十二卷（浙江鮑士恭家藏本）

國朝王維德撰。維德字洪緒，吳縣人。是書成於康熙癸巳。因蔡昇《太湖志》、王鏊《震澤編》、翁澍《具區志》而廣之。林屋為洞庭西山之別名。維德以太湖諸山，洞庭最大，故舉以名其集，而諸山則附載焉。其所採錄，賦詠居多，考證殊勘。如所載馬蹟山，引《毘陵志》以證舊志之誤；津里山之一名秦履山，引《四蕃志》以證《具區志》之非，特偶然一見耳。目錄載附《見聞錄》一卷，此本無之，或偶佚歟？

廬山志十五卷（安徽巡撫採進本）

國朝毛德琦撰。德琦字心齋，鄞縣人。由貢生官星子縣知縣。是編取桑喬《廬山紀事》、吳煒《廬山續志》二書彙而訂之。首星野，次輿地，次祀典，次隱逸，次仙釋，次物產，次雜誌，次災祥，共一卷，次山川分紀十二卷，次藝文二卷。琦自序云："山川分紀多仍其舊，文翰則隨時而增。"書之冗濫，二語已自道之矣。

玉華洞志六卷（浙江巡撫採進本）

國朝陳文在撰。文在字新我，將樂人。將樂縣南十里許有玉華洞，幽深窅窈，秉炬乃入。其中石鍾乳滴成人物諸形，千態萬狀，一一曲肖，為閩中奇觀。明萬曆壬辰，邑令海陽林熙春始為志。順治甲午，邑令曲阜孔興訓重修，歲久版燬。康熙乙未，文在又復修之，冠以圖景，而序記賦詩之屬以次備錄。末有《慶

玉華詩》一册,則以邑人鬻煤燒鑿,洞且頹壞,雍正辛亥,邑令馮
景曾始禁開窯場,邑人作詩慶之,併彙成帙,附於志末云。

羅浮山志十二卷(内府藏本)

國朝陶敬益撰[1]。敬益,江寧人。康熙中官博羅縣知縣。
是編因黎惟敬舊志,益以僧塵異《名峯圖説》,互相補輯,合為一
書。然首有圖經,又有名峯圖,又有巖洞志。前後繁複,殊無義
例。是則兼取兩家,未能融鑄翦裁之故也。

【彙訂】

[1] 此書作者名陶益。(沈津:《中國珍稀古籍善本書錄》)

羅浮山志會編二十二卷(兩淮馬裕家藏本)

國朝宋廣業撰。廣業字澄溪,長洲人。康熙中官至山東濟
東道。後因其子志益為瑞州知府[1],就養官署。以羅浮為嶺南
勝地,而舊志簡略,遂重為考訂。網羅闕逸,計事增舊十之五。
後來羅浮諸志,多以是為藍本云。

【彙訂】

[1] “瑞州”乃“端州”之誤,據《廣東通志》卷二九《職官志
四》,宋志益於康熙五十二年至五十九年任肇慶知府。肇慶,隋
唐置端州。(王富鵬:《屈大均佚著〈羅浮書〉的發現與辨析》)

羅浮外史無卷數(浙江巡撫採進本)

國朝錢以墭撰。以墭字蔗山,嘉善人。康熙中歷官東莞、茂
名二縣知縣。羅浮山屬於博羅,而遊人登眺則多由東莞之石龍
鄉。以墭官東莞時,其父瑛就養縣署,往游羅浮,記其名勝。以
墭因參考諸籍,以成此編。首列圖二十,次述山中名勝靈蹟為五
十八篇。大抵多因仍舊志,又多以近人詩參錯其中,頗為

冗雜^①。

【彙訂】

①"頗為冗雜",殿本無。

惠陽山水紀勝四卷(浙江汪啟淑家藏本)

國朝吳騫撰。騫字益存,號樂園,當塗人。康熙辛未進士,官至惠州府知府。是編以羅浮與西湖各分上、下二卷。其紀羅浮,則本宋廣業《羅浮志》,稍為芟節。其紀西湖,則本近人增輯《西湖志》而更編之,亦閒有所補正。他如霍山、河源、龍川亦隸惠州,稱名勝,而志不及焉。蓋專為二地作也。惠州在漢曰南海,晉曰東官,隋、唐或曰循,或曰雷鄉。至宋仁宗時,始曰惠州。而惠陽之名則於傳無之,以是標題,亦相沿杜撰之文矣。

西樵志六卷(浙江汪啟淑家藏本)

國朝馬符錄撰。符錄字受之,南海人。官陸豐縣訓導。西樵山屬南海縣,在廣州府城西南一百二十里。明萬曆辛卯,郡人霍守尚初為之志,歲久散佚。國朝羅國器重修未竟,符錄乃因其舊本,輯為此編。詳於人物、藝文而略於考證,故山中金石之文悉不錄云。

武夷九曲志十六卷(浙江巡撫採進本)

國朝王復禮撰。復禮有《家禮辨定》,已著錄。武夷山在福建崇安縣南三十里,其溪九曲。宋劉道元初為作志,其後屢有增輯。是書成於康熙五十七年,前卷既以詩文分入《山水》,而後卷又列《藝文》一門,體例頗雜。又附錄己作,連篇累牘,是竟以山經為家集矣。

西湖志四十八卷（通行本）

國朝傅王露撰。王露號玉笥,會稽人。康熙乙未進士,官翰林院編修。乾隆辛巳,特恩加中允銜。初,雍正三年,命浙江總督李衛開濬西湖,越三年而蕆功。時衛方奉詔纂修通志,以《西湖志》自田汝成後久未續輯,因以王露總其事,而以舉人厲鶚等十人分任纂修之①。悉仿通志之例,分門記載,列目二十。徵引極博,而體例頗涉泛濫。其後梁詩正等復訂為《西湖志纂》,實據此本而刪潤之云。

【彙訂】

① "之",殿本無。

太嶽太和山紀略八卷（江蘇巡撫採進本）

國朝王概撰。概字成木,諸城人。雍正癸丑進士,官至兩廣鹽運使。是編乃概官分守安襄鄖兵備道時所作。凡為十類,曰星野,曰圖考,曰山川,曰聖紀,曰宮殿,曰祀典,曰仙真,曰物產,曰拾遺,曰藝文。較舊志蒐輯頗富,而亦不免於蕪雜。

峽石山水志一卷（浙江巡撫採進本）

國朝蔣宏〔弘〕任撰。宏任字擔斯,海寧人。海寧縣有峽石鎮,兩山並峙,東曰審山,西曰紫微山,為土人游眺之所。宏任因為之志,末有雍正戊申自跋,稱"舊有志略,為前輩沈伯翰所集,其家伏羌令丹厓所訂",則仍舊槀增修也。敘述頗為雅潔。然兩山舊蹟,載於《咸淳臨安志》者甚詳,皆略而不載。審山之名沈山,宋、元時志書皆有辨證,亦未徵引。而紫微山有東峯、磨劍池,敘述更為疏漏。惟所載碧雲寺之建於唐大曆中,天開圖畫樓之起於宋天聖間,為足補志乘所未及爾。

雁山圖志無卷數（江蘇巡撫採進本）

國朝僧實行撰。實行字奕菴，山陰林氏子。居雁山能仁寺。因搜羅名勝，編次成書。首雁山十八刹，皆有圖。次山水諸説，次藝文。

金井志四卷（浙江巡撫採進本）

國朝姜虹緑撰。虹緑字秋島，烏程人。自號蒼弁山人，又號大海樵人。案，金井在烏程之黃龍山。後梁丙子，有黃龍破洞出，又名黃龍洞。虹緑卜居弁山，時得遊覽，因作此志。成於乾隆庚午。自序謂：“住山以來，日有紀録。并見古人詩歌雜識，手輒鈔摘。”凡分《山谷》、《文獻》、《金石》、《藝文》四門。然《藝文》內多附虹緑所自作，不若待諸論定後也。

泰山道里記一卷（兵部侍郎紀昀家藏本）

國朝聶鈫撰。鈫字劍光，泰安人。是編前有自序，稱生長泰山下，少為府胥。性嗜山水，每攀幽躋險，採稽往躅。因讀劉其旋《泰山紀略》、成城《泰山勝概》，其中有一地兩稱，或名同地異，巖谷深阻，題刻為苔蘚所蔽者，聞遺而未録。近乃架梯，刮磨垢蝕而求之。雖風雨寒暑，弗憚其勞。又質之野老，參考羣書，竭半生精力，彙成一編。提挈道里為綱領，分之為五，合之為一，曰《泰山道里記》。末有其從孫學文跋，稱其“蒐討金石之文，閱二十餘年。凡諸紀載所未詳者，如石經峪刻《金剛經》，據《徂徠刻石》辨為北齊王冠軍書；唐《紀泰山銘》下截剥落，葉彬補書百八字；宋《述功德銘》，磨勒岱巔①，鑱毀原碑，字猶存；介邱〔丘〕巖、分水溪及古明堂，均失蕞蓄疑；又肅然山、奉高城、季札子墓與白騾冢，俱誤指其地；汶、泮、三溪諸水，皆牽混源流；岱背琨瑞、靈巖諸山,因隸他縣而未錄。並逐加考驗,辨譌補闕。"蓋以土居之人,竭平生之力以考一山之蹟,自與傳聞者異矣。

【彙訂】

① "磨勒",底本作"唐勒",據乾隆杏雨山堂刻本此書聶學文跋及殿本改。

峽川志一卷（兩淮馬裕家藏本）

國朝潘廷章撰。廷章字梅巖①,自稱海峽樵人,蓋海寧人也。其書志硤石一鎮之事,頗有條理。然一村落之微,而首紀《分野》,未免太廓。科第皆列之《人物》,毫無行實,但載其由某經中式某科第幾名,亦未免太濫。所紀唐許遠守睢陽,臨難作《死別吟》,其詞不類,疑亦附會也。

【彙訂】

① 清初鈔本《硤川志》一卷,題"里人潘廷章美含"。末附鈔《硤川續志》內小傳潘廷章一則,謂潘廷章字美含,號梅巖。（杜澤遜:《四庫存目標注》）

西湖覽勝志十四卷（內府藏本）

國朝夏基撰。基字樂只,杭州人。是編因明田汝成本重修,十四卷中題詠居其六卷。

南湖紀略稾六卷（浙江巡撫採進本）

國朝邱〔丘〕峻撰①。峻字晴巖,仁和人。南湖一名白洋池,在杭州城北隅。宋張俊賜第,四世孫鎡別業據湖之上②,湖在宅南,因名南湖。楊萬里、陸游諸人皆為之題詠,而鎡亦以自名其集,遂傳為古蹟。峻少居其地,因採輯宋時志乘及説部文集,勒成此志。

【彙訂】

①"邱峻",殿本作"邱俊",下同。《浙江第十一次呈送書目》著錄作"《南湖紀略彙》六卷,國朝邱竣輯"。《浙江採集遺書總錄》閩集著錄作"《南湖紀略彙》六卷,寫本,國朝邱峻輯"。然以其字"晴巖"判斷,作"峻"為是。

②宋周麟之《海陵集》卷二三《張俊神道碑》云:"孫宗元,駕部員外郎,曾孫錙。"(李裕民:《四庫提要訂誤》增訂本)

右地理類"山川"之屬,九十七部,八百九十五卷^①內二部無卷數。皆附存目。

【彙訂】

①"八百九十五卷",殿本作"九百卷",實際著錄九百零二卷。

史 部 三 十 三

地理類存目六

大滌洞天記三卷（浙江汪汝瑮家藏本）

舊本題元鄧牧撰。案，牧以宋人入元，不仕而卒。據陶潛書晉之例，當仍題宋人，今特據舊本所題書之。核其書，即牧所撰《洞霄圖志》内宫觀、山水、洞府、古蹟、碑記五門，而删其“人物”。每門又頗有刊削，不皆全文。卷首吳全節、沈多福二序亦同。惟增入洪武三十一年正一嗣教真人張宇初一序，稱：“今年春，某宫道士某持宫志請序，將廣於梓。”蓋明初道流重刻時，妄以其意删節之而改其名也。

西嶽神祠事録七卷（兩淮鹽政採進本）

明孫仁編。仁，貴池人，景泰辛未進士，官至户部右侍郎。是書乃其官西安府知府時作①，以記西嶽神祠之事。所録文章具載首尾年月、撰人姓名，較張維新《華嶽全集》所載，頗為完整有體。其中《延熹華山廟碑》一篇，則剥泐已甚，非復洪氏《隸釋》之舊矣。

【彙訂】

① 殿本無“西安”下“府”字。

石湖志略一卷文略一卷（浙江范懋柱家天一閣藏本）

明盧襄撰。襄字師陳，吳縣人。嘉靖癸未進士，官至兵部職方司郎中。石湖在蘇州府城西南。宋范成大為執政時，有別墅在湖上，孝宗御書“石湖”二字以賜，其名始顯。盧氏世居於此，襄乃述其山川、古蹟為《志略》①，又集諸人題咏為《文略》。然此書為范氏別業而作，自應以是一地為主，與州郡輿記為例各殊。襄乃兼及人物，多至二十有一人②。匪獨詞涉夸張，抑亦體傷泛濫矣。

【彙訂】

① 明嘉靖八年刻本《石湖志略》十個門目依次是本志第一，流行第二，諸山第三，古蹟第四，靈稟第五，物產第六，靈棲第七，梵宇第八，書院第九，遊覽第十，非僅山川、古蹟二目。（崔廣社：《〈四庫全書總目·石湖志略文略〉辨證》）

②《靈稟第五》云：“石湖人物宋以前無所考，見於宋吾得三人焉”，即范成大、莫子文、盧瑢。“元季國初之間得一十有六人”，即盧廷瑞、盧守仁、薛某、袁黼、袁敞、顧諒、全某、莫諟、莫子禮、莫子轅、陳堯道、朱應辰、吳文泰、張璚、王行、李鼎。“正統以後三人”，即莫震、莫旦、盧雍。合計可得人物二十二人。（同上）

石鼓書院志四卷（浙江范懋柱家天一閣藏本）

明周詔撰。案，是時有二周詔。一為延津人，嘉靖庚戌進士，見《太學題名碑》。一即此周詔，號臺山，富順人，嘉靖癸巳官衡州府知府。石鼓書院在衡州府治北石鼓山。宋景祐間，允集賢校理劉沆之請，賜額置田，與睢陽、嶽麓、白鹿號為四大書院，講學家喜稱道之。詔官於衡州，因剿取舊志，稍增損以為此編。首地理，次室宇，次人物，次詞翰①，而附錄文移於末。潦草漏略，殊無義例，蓋書帕本也。

【彙訂】

① "詞翰"，底本作"祠翰"，據殿本改。

徑慈寺志十卷（浙江巡撫採進本）

明釋大壑撰。大壑字元津，杭州淨慈寺僧。案，淨慈寺在杭州城西南屏山，舊無志，大壑始創修之。其書分形勝、建置、法嗣、檀護、著述、僧制、靈異七門。自序稱"斷碣磨崖，冥搜必錄，蓋二十載而始成"，其用力亦勤矣。

徑山集三卷（浙江巡撫採進本）

明釋宗淨撰。宗淨始末未詳。徑山在臨安縣天目山東北，唐代宗時，僧法欽始造寺。是書上卷記寺之建置，中卷記禪宗，下卷載藝文。原刻校讎不精，僧方一序謂其"魯魚亥豕疊出，為白璧蠅玷"云。

白鷺洲書院志二卷（浙江汪啟淑家藏本）

明甘雨撰。雨有《古今韻分註撮要》，已著錄。初，宋淳祐辛丑，江萬里知吉州，建書院於白鷺洲。洲在二水之中，故借李白詩"二水中分白鷺洲"句以名之，非金陵之白鷺洲也。時宋理宗方重道學，為賜額立山長，嗣後遂相承為古蹟。萬曆辛卯，黃梅汪可受為吉安府知府，又重修之。雨因撰是志，分沿革、建置、教職、祀典、儲贍、名宦、人物、公移、賢勞、義助、紀述、書籍、生祠記十三門。生祠記者，即可受生祠也。至別立為一門，此其作志之意不在書院矣。

歷代山陵考一卷（兩淮馬裕家藏本）

明王在晉撰。在晉字明初，太倉人。萬曆壬辰進士，官至兵部尚書。事蹟附見《明史·王洽傳》。是書僅從《一統志》鈔撮而成，無所考證。況既名"山陵"，而趙宣子、孟嘗君輩遺冢亦列其閒，尤非體也。

方廣巖志四卷（江西巡撫採進本）

明謝肇淛撰。肇淛有《史觿》，已著錄。方廣巖在永福縣東。宋給事中黃非熊嘗讀書山中，作《十咏》以紀其勝。肇淛時為工部郎，奉使過家，遊於是巖，因輯此《志》①。前為義例一條②，作《本紀》以志方廣③，作《外紀》以志旁近巖壑④，作《別紀》以志方外，作《文紀》、《詩紀》以輯前人之作。然《本紀》之名，史家以載帝王事蹟，用之山水，殊乖體例。《別紀》信志寧之託生三元、德涵之麗刑地獄，佛氏之説，儒者所不道。《詩紀》末有國朝人所作，則雍正中江續重修是書所附入也。

【彙訂】

① 殿本"輯"下有"為"字。

② "前為義例一條"，殿本作"前有義例"。

③ 殿本"作"上有"稱"字。

④ 殿本"近"下有"之"字。

石鼓書院志一卷（兩淮馬裕家藏本）

明李安仁撰。安仁字裕居，遷安人。萬曆中，官衡州府知府。是編因周詔舊志重修，分上、下部。上部紀地理、室宇、人物、名宦，下部載藝文。採據較詔《志》為詳。

關中陵墓志二卷（兩淮鹽政採進本）

明祁光宗撰。光宗後更名伯裕，滑縣人。萬曆戊戌進士，官至兵部尚書。是編乃光宗督學陝西時，於歷代陵墓詳加考證，各為之圖而系之以説。其距諸州縣城方隅道里，皆備志之。亦《皇覽・聖賢冢墓記》之流也。

金陵梵刹志五十三卷（編修汪如藻家藏本）

明葛寅亮撰。寅亮有《四書湖南講》，已著錄。是書志金陵梵刹，依僧錄分，攝以靈谷、天界、報恩三大寺統，次大寺五，中寺三十有二，小寺百有二十。其餘廢寺，別為一編。卷首冠以《御製》、《欽錄》二集。《御製》者，太祖之詩文；《欽錄》者，沿革之案牘也。末附以《南藏目錄》及諸經①、租額、公費、僧規、公產諸條例。其餘皆略如志乘之體，編次頗傷蕪雜。

【彙訂】

①“諸經”，當作“請經”。明萬曆三十五年南京僧錄司刻本此書卷四十九附錄《請經條例》。

徑山志十四卷（浙江巡撫採進本）

明宋奎光撰。奎光字培巖，萬曆壬子舉人，官餘杭縣教諭。是編蓋增補宗淨舊志而成，分開山諸祖及制敕、詩文、名勝、古蹟、土產諸門，殊多猥瑣。蓋一山一寺，地本偏隅，宗淨《志》已具梗概。奎光必從而恢張之，其冗沓宜矣。

延壽寺紀略一卷（兩淮馬裕家藏本）①

明釋圓復撰。圓復字休遠，鄞縣人，與屠隆同時。延壽寺在鄞縣南三里，舊號保恩院，宋祥符間改為延壽寺②。是書詳述知禮禪師本末及宋相曾公亮置買莊田舊事，他無所載。蓋自備古刹之典故而已。

【彙訂】

① 北宋真宗前後高僧知禮所住為明州延慶寺,《兩淮商人馬裕家呈送書目》著錄"《延慶寺紀略》一卷,明釋圓復,一本"。(杜澤遜:《四庫存目標注》)

② "改為延壽寺",殿本作"改今名"。

禹門寺志六卷(兩江總督採進本)

明戴英撰。英字上慎,宜興人,崇禎甲戌進士。禹門寺在宜興之龍池山。是編前志山寺僧侶,後紀碑銘、序記、詩文,多未雅馴。

鄧尉聖恩寺志十八卷(江蘇周厚堉家藏本)

明周永年撰。永年字安期,吳江人。鄧尉故有《沈津志》,茲編乃踵而增之。凡梵宇、名釋、序記、語錄,無不備載。大約於寺之建置本末尤為詳悉,故以《聖恩寺志》為名。書成於崇禎十五年,而中有康熙中碑刻及宋犖、徐秉義詩文。蓋後人所續入也。

天童寺集二卷(兩淮馬裕家藏本)

明楊明撰。明不知何許人。天童寺在鄞縣東六十里。晉永康間,義興禪師居此山,有童子來供薪水,久之辭去,自稱太白星。因是山名太白,寺名天童。茲編敍述形勝,綴以藝文。前序無姓名,疑即明所自作。中稱撰為七卷,今止兩卷,似尚非完帙也。

南溪書院志四卷(兩淮鹽政採進本)

明葉廷祥、郭以隆、紀延譽、陳翹卿同撰①。廷祥官尤溪縣知縣。以隆稱"署縣事",疑為丞簿之類。延譽、翹卿則尤溪教諭、訓導也,其里貫均未詳。南溪者,朱子之父松作尉尤溪,實生朱子於其地。理宗嘉熙初,尤溪令李修以時方崇尚道學,人爭攀附,遂於其地建二朱先生祠,即書院所自昉也。《志》中載書院額為帝㬎德祐元年所賜。而李韶所作《記》在嘉熙改元之歲,已稱南溪書院。則初建時已有此名②,但賜額在後耳。其書僅紀書院之蹟,所附詩文,多不雅馴③。延譽之序以朱松、朱子及宋理宗皆跳行別書,使君臣相並,則欲尊朱子而不知所以尊,悖謬甚矣。

【彙訂】

① 據明萬曆刻天啟重修本此書卷前“《重修南溪書院志》姓氏”,“紀延譽”乃“紀廷譽”之誤。

② 殿本“名”下有“矣”字。

③ 殿本“多”上有“亦”字。

破山興福寺志四卷(兩淮馬裕家藏本)

明程嘉燧撰。嘉燧字孟陽,休寧人。崇禎末布衣。《明史·文苑傳》附載《唐時升傳》末。常熟縣西北十里有破山,其麓有寺曰興福,乃齊、梁閒所建。是書一卷、二卷記山中古蹟,而詩文附焉。三卷志建置,四卷志禪宗。序次雅潔,為山志中差善之本①。

【彙訂】

① “中”,殿本無。

靈隱寺志八卷(兩淮馬裕家藏本)

國朝孫治撰,徐增重編。治字宇臺,仁和人。增字子能,吳縣人。其書因明萬曆中昌黎白珩之《志》,稍增損之。體例與他

志略同①。惟以宦遊寄寓之人概收之《人物》一門,則事涉創造,
於義未安。

【彙訂】

①　據清康熙刻本釋戒顯序,此書乃徐增因孫治稿删訂而
成,並非孫治因白珩《志》增損而成。(李一泯:《清康熙本靈隱
寺志》)

滄浪小志二卷(浙江巡撫採進本)

國朝宋犖撰。犖字牧仲,號漫堂,商邱人。由廕生官至吏部
尚書。是編乃犖為江蘇巡撫時,得宋蘇舜欽滄浪亭舊址,重為修
葺。因蒐輯前人傳記、詩文,而附以所作記一篇,詩一首,及尤
侗、范承勳詩各一首,共為一集①。當時頗稱其好事。然其所採
多為舜欽而作,與亭無涉。又南禪寺雖附近亭旁,而實非當日之
故址,一概泛載,亦未免稍失斷限矣。

【彙訂】

①　書中收宋犖詩十一首,《重修滄浪亭記》一篇,尤侗詩十
五首,陳廷敬詩二首,王士禛詩三首,及朱彝尊、范承勳等人的詩
賦。(王樹林:《宋犖雜著雜編考》)

杏花村志十二卷(浙江巡撫採進本)

國朝郎遂撰。遂字趙客,號西樵子,池州人。按,杜牧之為
池陽守,《清明日出遊》詩有"借問酒家何處有,牧童遙指杏花村"
句。蓋泛言風景之詞,猶之楊柳岸、蘆荻洲耳。必指一村以實
之,則活句反為滯相矣。然流俗相沿,多喜附會古蹟,以夸飾土
風。故遂居是村,即以古今名勝、建置及人物、藝文集為是編。
蓋亦志乘之結習也。至於併郎氏族系亦附錄其中①,則併非志

乘體矣。

【彙訂】

① "併"，殿本無。

二樓小志四卷（浙江巡撫採進本）

國朝程元愈撰，汪越、沈廷璐又補葺之。與佟賦偉《二樓紀略》一書相為表裏，皆記寧國府南、北樓事。北樓即謝朓之高齋，南樓即文昌臺，明嘉靖中知府朱大器所建也。賦偉書旁涉他事，殊為龐雜。此輯錄歷代題詠①，并記南樓建造始末②，差為有緒。越有《讀史記十表》，已著錄。元愈字偕柳，廷璐字元佩，皆寧國人。

【彙訂】

① 殿本"此"下有"則"字。

② 殿本"始"上有"之"字。

青原志略十三卷（兩淮馬裕家藏本）

國朝僧大然撰，施閏章補輯。大然始末未詳。閏章字尚白，號愚山，宣城人。順治己丑進士，官至江西布政司參議。康熙己未，召試博學鴻詞，授翰林院侍讀。青原為吉州名勝，自唐行思禪師開山說法以後，遂為巨剎。至明王守仁、羅洪先、歐陽德諸人於此講學，故第三卷特立"書院"一門，略記當時問對之語。而其所採錄皆理之近於禪宗者①，則緇流援儒入墨，借以自張其教也。

【彙訂】

① "其"，殿本無。

崇恩志略七卷（江西巡撫採進本）

國朝僧智藏撰。智藏字竺堂，安福人。崇恩寺在廬陵，創自

吳赤烏中,屢經廢興。康熙丙午,智藏重修之,因輯是書。一卷
山水道場及歷代住持上堂語錄,二卷記、疏,三卷詩、對聯,四卷
序,五卷啟、書,六卷雜著、法語,七卷法產。大旨在張皇佛教,以
外護為至榮[①]。體例蕪雜之甚[②]。

【彙訂】

① 殿本此句下有"殊不類出世人語"七字。

② 殿本"蕪"上有"亦"字。

江心志十二卷(浙江巡撫採進本)

國朝釋元奇撰。江心寺在溫州府北永嘉江中,即謝靈運詩
所謂"亂流趨正絕,孤嶼媚中川"者也。宋高宗嘗幸其地,稱為名
勝。明釋成斌、郡人王暘谷始創為之志[①]。元奇因舊本重加編
輯。凡紀蹟一卷,敕書一卷,藝文八卷,世系、雜記二卷。

【彙訂】

① "王暘谷",底本作"王暘谷",據殿本改。《尚書·堯典》:
"分命羲仲宅嵎夷,曰暘谷。"(陳乃乾:《讀〈四庫全書總目〉
條記》)

白鹿書院志十六卷(安徽巡撫採進本)

國朝廖文英撰。文英有《正字通》,已著錄。初,唐李渤與其
兄涉讀書廬山,蓄一白鹿甚馴,因名白鹿洞。宋初置書院於五老
峯下。朱子守南康軍,援嶽麓書院例,疏請敕額,遂為四大書院
之一。康熙中,文英為南康知府,因即舊志修輯,以成是書。意
求繁富,頗失翦裁。

靈谷寺志十六卷(兩江總督採進本)

國朝吳雲撰。雲號舫翁,安福人。靈谷寺在江寧鍾山之左,

明太祖遷梁寶誌塔於此，改賜今名，而號其山曰紫金。舊有景泰間僧潔菴、嘉靖間黃河二《志》。康熙庚辰，雲重輯為是編。前有雲自序及寺僧寂曙所紀修輯緣起。凡分二十四類，其門目皆因明志之舊，僅略為刪補耳。

白鹿書院志十九卷(安徽巡撫採進本)

國朝毛德琦撰。德琦有《廬山志》，已著錄。康熙甲午，德琦為星子縣知縣，因取廖文英原志重加訂正。分類凡十，曰形勝，曰興復，曰沿革，曰先獻，曰主洞，曰學規，曰書籍，曰藝文，曰祀典，曰田賦。形勝等七門，皆因舊志，興復、主洞、書籍三門，則德琦所增也。

通元〔玄〕觀志二卷(浙江巡撫採進本)

國朝吳陳琰撰。陳琰有《春秋三傳同異考》，已著錄①。通元觀在錢塘縣。宋紹興中，劉鹿泉請於高宗，建為修真之所。嘉靖中，姜南始志之。陳琰以姜《志》未備，更為此書。

【彙訂】

① 書名當作《春秋三傳異同考》，說詳卷三一《春秋三傳同異考》條注。

孔宅志六卷(兩江總督採進本)

國朝諸紹禹撰。紹禹，松江人。青浦縣治之北，地名孔宅。舊有孔子廟，相傳隋末孔子三十四代裔孫蘇州刺史禎僑寓於吳，乃立家廟，并葬先聖衣冠於此。後漸湮廢。明陸應陽重修之，始述為《孔廟記》，陳功又作《續記》。康熙中，紹禹增刪舊本，以成是編①。案禎生於隋代，不應尚存先聖衣冠。即有之，亦不應攜至吳中。且隋時郡縣並無蘇州之名。其說殊未可盡信也②。

【彙訂】

① 此書作者應為諸嗣郢。(喬治忠:《〈孔宅志〉其書以及相關的歷史問題——日本現藏孤本〈孔宅志〉發覆》)

②《隋書·地理志》:"陳置吳州,平陳改曰蘇州,大業初復曰吳州。"《元和郡縣志》卷二五《蘇州》條云:"隋開皇九年平陳,改為蘇州,因姑蘇山為名。"(楊武泉:《四庫全書總目辨誤》)

丹霞洞天志十七卷(兩江總督採進本)

國朝蕭韻撰。韻字明彝,南城人。康熙中舉人。明萬曆中,建昌府知府鄢齊雲嘗屬郡人左宗郢為《麻姑山志》,久而版燬。康熙中,湖東道羅森復令韻增補成之①。首系以圖,次列考、表、志、記諸目,而於題咏詞賦為尤詳。

【彙訂】

① 清初刻本此書前有江西湖東觀察使今陞陝西督糧道左參政約齋羅森序,雍正《陝西通志》卷二三《職官四》督理糧儲道載羅森順治十六年以參議任。則其作序、付梓當在順治十六年之前。書中"玄"字不避諱,卷一王弁所繪麻姑像署"己亥仲春月",即順治十六年。(杜澤遜:《四庫存目標注》)

武林志餘三十二卷(浙江巡撫採進本)

國朝張暘撰。暘字東樽,號滁岑,錢塘人。是書搜輯武林諸名勝,於道觀、祠廟、名賢、古蹟紀載尤詳。其末一卷附錄方物,亦頗有考訂。名"志餘"者,欲以補前志所未備也。然採摭頗富而體例未精,往往失之冗雜。所錄近人題詠,亦殊少別裁。

東林書院志二十二卷(兩江總督採進本)

國朝高崒①、高隆、高廷珍、高陛、許獻同撰。崒等四人皆高攀龍之裔,獻亦攀龍同縣人也。其書分建置、院規、會語、祀典、列傳、公移、文翰、典守、著述、軼事十門。意在博搜廣採,而體例冗雜頗甚。所附諸人,又多牽附。不特孫承澤濫廁其閒,即宋犖平生亦僅刻意於文章,未嘗聞其講學也②。

【彙訂】

①"高崔",殿本作"高崔",下同,誤,參清雍正十一年刻本題名。

②"又多牽附"至"未嘗聞其講學也",殿本作"又多冒濫至孫承澤亦廁其閒"。

増修雲林寺志八卷(浙江巡撫採進本)

國朝厲鶚撰。鶚有《遼史拾遺》,已著錄。是編成於乾隆甲子。以靈隱舊志脫漏尚多,且聖祖仁皇帝省方南幸,駐蹕山中,賜名雲林寺,不宜仍用舊名。故因前志而增輯之。首紀宸恩,次山水,次禪祖,次法語,次檀越人物,次藝文詩詠,而以遺事、雜記終焉。

宋東京考二十卷(浙江巡撫採進本)

國朝周城撰。城號石匏,嘉興人。是書前有雍正辛亥王晦序,稱城"客大梁三載,隨境討蒐,以成此書"。其凡例有云:"建隆以前,東京非宋;靖康而後,宋不東京。"蓋專紀汴都一百七十年之遺蹟而作也。每條皆援引舊書,列其原文,蓋仿朱彝尊《日下舊聞》之體。然多引類書,其博贍殊不及彝尊。又多載雜事,務盈卷帙。如所引《宋稗類鈔》"二近侍爭辨貴賤由天"一事,因首有"仁宗御便殿"一語,遂列之"宮殿"類中①。然則一代帝王,何事不在宮殿內,豈勝載乎?他如造字臺、吹臺、繁臺,卷中所引各書皆謂一臺而數名。乃於繁臺則併入吹臺，又別立造字臺名之類，多彼此牴牾，無所考證。其精核亦不及彝尊也②。

【彙訂】

① 據清乾隆六有堂刻本此書，此條在卷二"宮城"類中。

② 此書絕大部分因襲明李濂《汴京遺蹟志》，改竄處亦多粗疏紕謬。（崔文印：《清周城〈宋東京考〉辨析》）

鵝湖講學會編十二卷（江西巡撫採進本）

國朝鄭之僑撰。之僑字東里，潮陽人。乾隆丁巳進士，官至寶慶府知府。鵝湖為朱、陸講學之所，今其地屬鉛山。之僑官鉛山知縣時，因作是編。首卷為之僑所作圖、傳、贊、考。二卷至八卷皆四賢問答諸書及學規條約講義。九卷為之僑及雷鋐所立條約。十卷、十一卷皆自宋迄今詩文之有關於鵝湖者，而之僑所作亦並錄焉。十二卷則之僑所作《鵝湖書田志》也。書中大旨多調停朱、陸之異同。其意蓋欲附於講學，然實則惟以書院為主。故題詠名勝諸作亦皆收錄，今仍附之地理類焉。

右地理類"古蹟"之屬，三十七部，三百七十卷①，皆附存目。

【彙訂】

① "三百七十卷"，殿本作"三百七十二卷"，誤。

豫章今古記一卷（浙江范懋柱家天一閣藏本）

不著撰人名氏。考《隋書·經籍志》有雷次宗《豫章記》一卷，宋王象之《輿地碑記目》又云："次宗作《豫章古今志》。"是編首引次宗語，末云次宗於元嘉六年撰《豫章記》，則必非雷書。觀所紀至唐而止，有"皇唐"、"大唐"之語，似為唐人之作矣。書分郡記、寶瑞記、寺觀記、鬼神記、變化記、神祠記、山石記、冢墓記、翹俊記等九部,記載寥寥,絕無體例。疑依託者雜鈔成之也①。

【彙訂】

①《説郛》本凡分十四部,多城闕、泉池井、水沙、津濟、術藝五部,當即《崇文總目》所載徐廙《豫章記》三卷節本。(昌彼得:《説郛考》)

西湖繁勝錄一卷(永樂大典本)

舊本題西湖老人撰,不著名氏。考書中所言,蓋南宋人作也。宋自和議既成之後,不復留意於中原。士大夫但知流連歌舞,笑傲湖山。故是書所述大抵嬉遊之事,以繁華靡麗相誇。蓋亦耐得翁《都城紀勝》之類,而瑣屑又甚焉。

廬陽客記一卷(浙江汪汝瑮家藏本)

明楊循吉撰。循吉有《蘇州府纂修識略》,已著錄。正德元年,循吉同年進士西充馬金為廬州守,請循吉修郡志,以議不合歸。後二年①,因採其風土大概,述為此編。凡十一目,簡潔古峭,頗有結構。蓋借此以馳騁其筆力。然漏略太甚,不足以備考證也。

【彙訂】

①"年",殿本作"月",誤。明楊可刻本此書有正德三年夏五月楊循吉序,後有楊氏識語云:"右書正德元年,太守馬汝礪來請撰郡志,客其地凡四月,竟以議不可合而歸。又明年,始發舊稿,作是書於家。"

蜀都雜鈔一卷(兩江總督採進本)

明陸深撰。深有《南巡日錄》,已著錄。此乃深為四川左布政使時所錄蜀中山川古蹟。其論峨眉山當作蛾眉,又力辨

禹生石紐為《元和志》之誤，頗為有識。其他亦多隨筆劄記
之文①。

【彙訂】

①"亦"，殿本作"則"。

閩部疏_{無卷數}（兩江總督採進本）

明王世懋撰。世懋有《却金傳》，已著錄。是書記閩中諸郡
風土、歲時及山川、鳥獸、草木之屬，亦地志之支流。蓋世懋曾官
福建提學副使，記其身所閱歷者也。

淞故述一卷（兩淮鹽政採進本）

明楊樞撰。樞字運之，自稱細林山人，華亭人。嘉靖戊子舉
人，官至江西臨江府同知。是書乃所述松江一郡遺聞軼事，以補
志乘之闕略者。松江本以吳淞江得名，明初因地多水災，故去水
旁以禳之。此書標目，則猶仍其本名也。書中於地理、人物、行
誼、藝能、文字、題詠以及詼諧、瑣屑之事，無不備載。其《藝文
籍》用宋孝王《關東風俗傳》例，載陸績《渾天圖》以下凡百餘
種①，悉其鄉人著作，可為徵文考獻之資。至於元楊維禎之名，
或從"木"或從"示"，諸書參差不一。樞以歲月求之，謂字本從
"木"。入明後以諸王有諱"楨"者，始改從"示"。其言殊臆測無
據。又李至剛在永樂時，以善於附會深蒙傾險之譏。而樞信《明
一統志》之虛詞，反目以德量寬宏，惜《松江舊志》略而不載。亦
未免涉回護鄉曲之私也。

【彙訂】

①"陸績"，底本作"陸續"，據殿本改。《藝海珠塵》本此書
《藝文籍》首載《渾天圖》："漢鬱林太守陸績著。"

秦錄一卷（編修程晉芳家藏本）^①

明沈思孝撰。思孝字繼山，嘉興人。隆慶戊辰進士，官至都察院右副都御史兼兵部侍郎。事蹟具《明史》本傳。是書多載陝西諸郡形勝風土，閒引經史諸書為證。其論復河套事，極以曾銑之議為非，未免有所回護云。

【彙訂】

① 此書係偽書，說詳卷七七《楚書》條訂誤。

晉錄一卷（編修程晉芳家藏本）^①

明沈思孝撰。所載多邊障形勝及防守扼要之處。其田賦、鹽課諸條，與《明會典》亦略有同異。至敘黃河所經州縣及太原晉祠，則大抵習見之文，無足以資考證^②。

【彙訂】

① 此書係偽書，說詳卷七七《楚書》條訂誤。

② "無足以資考證"，殿本無。

長溪瑣語一卷（兩淮鹽政採進本）

明謝肇淛撰。肇淛有《史觿》，已著錄。長溪，今之福寧府。是書雜載山川名勝及人物故事，閒及神怪，蓋亦志乘之支流也。

滇南雜記二卷（山東巡撫採進本）

明許伯衡撰。伯衡號聽菴，崑山人。萬曆庚子舉人，官晉寧州知州，兼攝昆陽州事。伯衡嘗輯《晉寧志》，復雜採滇事為此書。體例與輿記略同。惟不列仕宦、人物、姓名、坊巷、公署之類及雜事，各自標目，為小異耳。大抵略於古蹟而詳於時事，故下卷自《丁產》以下所載公牘為最詳。自序謂"於滇事無損益，而要不為游談"，其大旨可見矣。

西事珥八卷（福建巡撫採進本）

明魏濬撰。濬有《易義古象通》，已著錄。是書蓋其官粵西時所作，一卷多言山川地理，二卷多言風土，三卷多言時政，四卷、五卷多言故事及人物，六卷多言物產，七卷多言仙釋神怪，八卷多言制馭苗蠻之始末。雖不立地志之名，然核其編次，固地志之類，但不列門目耳。其考訂頗不苟，敍述亦為雅潔，無說部沓雜之習。然如載舒宏〔弘〕志轉生之類，稍涉荒唐。明惠帝、程濟諸事，亦相沿譌謬也。

泉南雜志二卷（編修程晉芳家藏本）

明陳懋仁撰。懋仁字無功，嘉興人。官泉州府經歷。《浙江通志》稱其“不以簿書廢鉛槧，記泉南事多故牒所未備”，即是書也。其所載山川、古蹟、禽魚、花木以及郡縣事實，頗為詳具。中如“淳化帖”、“尼無著”等一兩條，亦稍有考證。其“官山”一條破閩俗葬地之說，持論亦正。下卷則多記其在泉所施設之事①，皆得諸身歷者。然如泉人之官嘉興及嘉興人之官泉者②，俱縷列姓名，即簿尉亦並載之，此非天下之通例。懋仁以嘉興人而宦泉州③，故兩地互記耳。使修地志者人人皆援此例，則罄南山之竹不足供其私載矣。凡著一書，先存一厚其鄉人之心，皆至薄之見也。

【彙訂】

① “之事”，殿本無。

② 二“官”字，殿本皆作“宦”。

③ “泉州”，底本作“泉川”，據殿本改。

閩中考一卷（浙江吳玉墀家藏本）

明陳鳴鶴撰。鳴鶴有《東越文苑》，已著錄。是書所考皆福州府境山川古蹟。稱："得唐人《閩中記》於長樂農家，得宋人《三山志》於徐㷆。參以聞見，訂志乘之舛譌。"其考證舊事，如東冶非東治，泉山非泉州清源山，而越山、冶山皆泉之支麓，冶縣非東甌，鑪峯石在南嶼不在旗山，舊志本明，新志誤删其文，因誤移其地，亦頗精核。惟後幅多採小說怪事及僧家語錄，未免傷於蕪雜。

兩河觀風便覽四卷（江蘇巡撫採進本）

不著撰人名氏。中有稱萬曆二十年者，而所列"宗藩"一門尚無福府，則神宗中年之書也。分十門，一曰圖考，二曰封域，三曰官秩，四曰宗藩，五曰賦役雜差，六曰戶口，七曰河防，八曰驛傳，九曰儲積，十曰兵防。大抵鈔撮案牘為之，而於河南掌故一一具詳。較地志諸書羅列山川、侈陳人物、濫載藝文者，較為近實。特其大者多見於史，而小者亦備載於《通志》[1]，不免為已陳之故牘耳。

【彙訂】

①"者"，殿本無。

增補武林舊事八卷（浙江巡撫採進本）[1]

明朱廷煥撰。廷煥字中白，單縣人。崇禎甲戌進士，官工部主事。初，宋末周密嘗錄南渡後百二十年典故及風俗游宴之盛，為《武林舊事》。廷煥於崇禎閒司榷杭州，復採《西湖志》、《鶴林玉露》、《容齋隨筆》、《輟耕錄》及密所著《癸辛雜志》諸書，補綴其闕，以成是編。密書十卷，此增補反為八卷者，密書別有一六卷之本，廷煥據以推廣也。自序謂增補數十則。今案所增凡睿藻、恩澤、開鑪、故都宮殿、湖產、災異六門，共補一百五十四則，與序不符,殆序文字誤耶? 其中《湖產》一門,既非宋代所獨有,與斷限之例殊乖。其《災異》一門[2],亦非土俗民風、朝章國典,泛濫尤甚。均非密著書之本意,殊屬駢枝。明人點竄古書,多不解前人義例,動輒破壞其體裁,往往似此也。

【彙訂】

① 此書《總目》入存目,然《四庫全書》收入史部地理類三。(何槐昌:《〈四庫全書總目〉著錄校正選輯》)

② "其",殿本無。

帝京景物略八卷(編修汪如藻家藏本)

明劉侗、于奕正同撰[1]。侗字同人,麻城人。崇禎甲戌進士,官吳縣知縣。奕正字司直,宛平人。崇禎中諸生[2]。是編詳載北京景物。奕正摭求事蹟,而侗排纂成文,以京師東西南北各分城內、城外,而西山及畿輔併載焉。所列目凡一百二十有九。每篇之末,各繫以詩,採摭頗疏。王士禎《池北偶談》嘗譏其不考《薩都拉集》,失載安祿山、史思明所造雙塔事,考據亦多不精確。其為朱彝尊《日下舊聞》所駁正者,尤不一而足。其割裂"藝元"二字為塑工姓名一條,殆足資笑噱。又侗本楚人,多染竟陵之習,其文皆幺弦側調,惟以纖詭相矜。至如"太學石鼓"一條,舍石鼓而頌太學,殊傷冗濫。又首善書院近在同時,泛敘講學,何關景物,於體例亦頗有乖。所附諸詩,尤為猥雜。方今奉命重輯《日下舊聞》,考古證今,務求傳信。朱彝尊之所撰且為大輅之椎輪,侗等弔詭之詞,益可為覆瓿用矣。

【彙訂】

① 據劉侗序、于奕正略例、民國《麻城縣志》卷九《耆舊志·文學》、《湖北通志》卷一三六《人物志》十四,參與此書編纂者尚

有劉侗的同鄉周損。（王燦熾：《燕都古籍考》；楊洪升：《〈四庫全書總目〉補正六則》）

②"崇禎中諸生"，殿本無。王崇簡《青箱堂文集》卷八《都門三子傳》載于奕正為崇禎中諸生。（王燦熾：《燕都古籍考》）

山左筆談一卷（編修程晉芳家藏本）

舊本題明黃淳耀撰。淳耀字蘊生，號陶菴，嘉定人。崇禎癸未進士。南都破後，殉節死。事蹟具《明史·儒林傳》。是編所紀皆山東風土、形勢、山川、古蹟及海運、備倭諸事宜。徵引拉雜，殊鮮倫理。案，淳耀生平未嘗遊山東，所著《陶菴集》內亦無此書名。此本見曹溶《學海類編》中，疑亦出偽託也。

楚書一卷（編修程晉芳家藏本）

明陶晉楳撰。晉楳字若楳，秀水人①。崇禎間嘗侍親官楚，因雜記湖南山水物產②，閒及古蹟。然考證殊多疏漏，如辨《岣嶁碑》信楊慎所錄者為真本，則其他可知矣。

【彙訂】

① 康熙《秀水縣志》卷四《封蔭表》載："陶晉楳，耀父，封文林郎。"列於"皇清"欄，則其人清初尚存。（楊武泉：《四庫全書總目辨誤》）

② "湖南"，殿本作"其"。明代只有湖廣，未分湖南、湖北，既名為楚書，自必兼記兩湖。鄧之誠《骨董續記》卷二"李卓吾"條引陶晉楳《楚書》"蘄黃之間"云云，即記湖北之地。然此文與明王士性《廣志繹》卷四一段全同。此書與《秦錄》、《晉錄》始見於《學海類編》，為書賈牟利托名之偽書。其所以偽托沈、陶二人者，因二人皆秀水人，與《學海類編》編者曹溶、陶越為同鄉，或竟

是其戚友,刊僞書以沽名也。《楚書》實際全部抄襲王士性書,
《秦録》、《晉録》亦大半抄自《廣志繹》卷三。(張勳燎:《〈四庫全
書總目提要〉中之〈楚書〉、〈秦録〉、〈晉録〉辯證——兼論中華書
局點校本〈廣志繹〉的點校》;楊武泉:《四庫全書總目辨誤》)

　　山東考古録一卷(大學士英廉家藏本)

　　舊本題國朝顧炎武撰,載吳震方《説鈴》中。然《説鈴》載炎
武書四種,其三皆雜剟《日知録》,而此書之文獨《日知録》所不
載①。末題“辛丑臘望日庚申,是日立春”字,蓋作於順治十八
年。考王士禎《居易録》記炎武嘗預修《山東通志》。或是時所遺
棄本,亦未可知也②。

【彙訂】

　　①《山東考古録》共四十六條,其中十七條與《日知録》卷二十
五、卷三十一的内容相同或相似,可視爲《日知録》的部分初稿。(陳
美慧、吳澍時:《〈山東考古録〉與〈日知録〉之關係考述》)

　　② 顧炎武《又與顏修來手劄》)(載《顧亭林詩文集》之《亭林
佚文輯補》)云:“弟今年寓蹟,半在歷下,半在章丘,而修志之局,
郡邑之書頗備,弟得藉以成其《山東肇域記》,若貴省之志,山川
古蹟稍爲刊改。”隻字未提《山東考古録》。(同上)

　　京東考古録一卷(大學士英廉家藏本)

　　舊本題國朝顧炎武撰,載吳震方《説鈴》中。其文皆見炎武
所撰《日知録》及《昌平山水記》。殆震方剟取別行,偽立此名也。

　　譎觚一卷(兩江總督採進本)

　　國朝顧炎武撰。時有樂安李焕章偽稱與炎武書,駁正地理
十事,故炎武作是書以辨之。其論孟嘗君之封於薛及臨淄之非

營邱〔丘〕諸條,皆與地理之學有所補正。

天府廣記四十四卷(編修勵守謙家藏本)

國朝孫承澤撰。承澤有《尚書集解》,已著錄。是書以京畿事實分類編輯,凡建置、府治、學宮、城池、宮殿各一卷,壇廟四卷。官署二十三卷,其中倉場漕務附戶部,選舉貢院附禮部之類,又各以所屬繫錄。人物二卷,名勝、川渠、名蹟、寺廟、石刻、陵園各一卷①,賦一卷,詩三卷。全用志乘之體。承澤所作《春明夢餘錄》,多記明事。是編則上該歷代,下迄於明,為例稍殊。其中如因工部而及修築,遂併淮、黃形勢而詳述之,則是南河而非北都;因禮部而及儀注,因併貴賤章服而縷載之,則是會典而非地志。且既以“天府”為名,自應以地為限。乃明建都在永樂時,而內閣題名上溯洪武之初。移石鼓入大都在元時,而《石鼓歌》兼收韓愈、韋應物、蘇軾鳳翔所作。如斯之類,皆務博貪多,未免失之泛濫。至於“六科”條下自載其奏疏②,《名蹟》類中自載其別業,如斯之類,亦未免明人自炫之習。他如《人物》門《成德傳》末附載德殉難時與馬世奇書,有“在都縉紳盡如光含萬、孫北海,天下事尚可為”之語。含萬即光時亨字,以給事中從賊,後為福王所誅者也。以德之剛直明決,與時亨、承澤決非氣類,未必肯作是語。如斯之類,或不免有所依託。李國禎降賊拷死,具載諸書,而以為棄城遁去,賊追殺之。如斯之類,或不免傳聞失實。前卷以翰林院為元光祿寺,後卷又以翰林院為元鴻臚寺。如斯之類,或不免小有牴牾。核其全書,大抵瑕多而瑜少也。

【彙訂】

① 卷三十五為《巖麓》,非《名勝》。

②"條下",殿本作"條目"。

四州文獻摘鈔四卷(山西巡撫採進本)

國朝畢振姬撰,其邑人司昌齡所摘鈔也。振姬字亮四,高平人。順治丙戌進士,官至廣西按察使。《山西通志》稱其所著有《四州文獻》,藏於家。此本有司昌齡跋曰:"《四州文獻》,蓋潞、澤、遼、沁之通考也。其間有懸揣附會之説。前無總序,條類紛雜。蓋草創未就而其徒所鈔次,凡二十五册。余以前人舊文各有原書。又繁不能盡錄,乃節其論著之要者,與其所纂《物産》釐為四卷,題曰《四州文獻摘鈔》。"據其所云,則所存不及十之一①,尚龐雜如是,則全書可以想見矣②。

【彙訂】

①"則",殿本無。

②"以",殿本無。

甌江逸志一卷(大學士英廉家藏本)

國朝勞大與撰①。大與字宜齋,石門人。順治辛卯舉人,官永嘉縣教諭。是編前記溫州舊事,後記其山川物産,大意欲補郡乘之闕,故名曰"逸志"。然捃拾未富,且皆不著所出,未為精核。至謂錢玉蓮為娼女,更齊東之語矣。

【彙訂】

①"大與",殿本作"大輿",下同,誤。清康熙四十一年刻《説鈴》前集本題"石門勞大與宜齋著"。(孫詒讓:《溫州經籍志》)

粵述一卷(大學士英廉家藏本)

國朝閔敘撰。敘號鶴躨,歙縣人。《太學題名碑》作江都人,疑其寄籍也。順治乙未進士,官至監察御史。是編乃其督學廣西時所作，敘述山川物產，頗為雅潔。其辨狄青取崑崙關一事，核以地理，足訂《宋史》之誤。惟好穿鑿字義，如謂"猺"字當作"僥"，即《說文》之"僬僥"，已為無理。又謂"猺人住屋作兩層，人居其上，豬圈、牛欄皆在卧榻之下。《說文》'家'字'宀'下從'豕'，可會此義"云云，尤為附會。儒生喜談小學，動稱六書為萬事之根本，其弊往往至此也。

星餘筆記一卷（山東巡撫採進本）

國朝王鉞撰。鉞有《粵游日記》，已著錄。此其《世德堂遺書》之第三種也。皆其官西寧知縣時記其風土物產[1]，如蚺蛇、狒狒諸條，於舊說間有駁正。所記"𣡕"字、"乪"字、"滘"字、"垈"字、"𣎴"字、"冇"字之類，亦足補《桂海虞衡志》所遺。然大抵地志所已載也。以方為邑令，故取巫馬期"戴星"之義，名曰"星餘"云。

【彙訂】

① "風土"，殿本作"土風"。

中州雜俎三十五卷（河南巡撫採進本）

國朝汪价撰。价字介人，號三儂外史，自稱吳人，其里居則未詳也。順治己亥，賈漢復為河南巡撫，修《通志》，价與其役。踰年書成，復採諸書所載軼聞瑣事關於中州者，薈粹以成是編，分天、地、人、物四函。天函子目五，曰分野、圖譜、餘論、雜識、時令。地函子目十六，曰建都、封國、紀邑、紀鄉、紀山、紀水、紀室、紀園、紀寺、紀塔、紀觀、紀廟、紀墓、紀碑、紀橋、紀俗。人函子目二十一，曰帝蹟、聖蹟、賢蹟、官蹟、文蹟、武蹟、忠蹟、孝蹟、義蹟、節蹟、隱流、羽流、緇流、術流、技流、女史、老史、兒史、凶史、異史、人雜。物函子目十四，曰禽志、獸志、鱗志、蟲志、草譜、木譜、花譜、穀品、果品、菜品、飲案、食案、器考、物考。採摭繁富，用力頗勤。而多取稗官家言，純為小説之體。又事皆不著所出，人亦往往不著時代。編次繁複，漫無體例，可謂勞而鮮功者矣。

湖壖雜記一卷（大學士英廉家藏本）

國朝陸次雲撰。次雲字雲士，錢塘人。康熙初，由拔貢生官江陰縣知縣。是書蓋續田藝蘅《西湖志餘》而作①。如慶忌塔、夾城之類，亦頗有考辨，而近於小説者十之七八。蓋藝蘅之書體例亦如是也。

【彙訂】

①《總目》卷七〇《西湖遊覽志》及《志餘》條已言此二書為明田汝成所撰。田藝蘅乃其子，與此二書之撰作無關。（洪煥椿：《浙江方志考》；楊武泉：《四庫全書總目辨誤》）

姑孰備考八卷（安徽巡撫採進本）

國朝夏之符撰。之符字玹伯，當塗人。順治中修《太平府志》未成，乃删其八志、二表而為此書。首《郡紀》三卷，以擬本紀；次《人物傳贊》二卷，以擬列傳；次《鄉音集》三卷，皆之符自作之詩。非志非集，殊乖體例。又《人物傳》中列韋弦佩於“先賢”。而弦佩方序其書，則其人未死，亦豈蓋棺論定之義乎？弦佩原序稱是書十二卷，張總序又作九卷，互相矛盾。惟陶元鼎序作八卷①，與此本相合云。

【彙訂】

①“陶元鼎”，殿本作“陶元鼐”。

臺灣記略一卷（大學士英廉家藏本）

國朝李麟光撰[①]。麟光號蓉洲，武進人。是編雜記臺灣山川，附以《暹羅別記》一篇。篇帙寥寥，疑為刪削不完之本也。

【彙訂】

① 清康熙四十一年刻《説鈴》前集本題"梁溪季麒光蓉洲著"，以下諸本亦同，作"李麟光"誤。（杜澤遜：《四庫存目標注》）

海表奇觀八卷（浙江汪啟淑家藏本）

不著撰人名氏。凡標二十三門，曰溯源，曰疆境，曰形勢，曰分野，曰氣候，曰潮汐，曰節序，曰風俗，曰黎俗，曰占曆，曰災祥，曰名山，曰水泉，曰名宦，曰人物，曰列傳，曰祠廟，曰古蹟，曰墳墓，曰物産，曰奇人，曰奇事，曰題咏。蓋即鈔撮《瓊州府志》，而每條附以論贊詩句。據其自序稱"戊申官於瓊州"，又言"家於齊魯"。考《瓊州府志》："康熙七年戊申，知府牛天宿，山東人。"當即此人也。

江南星野辨一卷（兩江總督採進本）

國朝葉燮撰。燮字星期，吳江人。康熙庚戌進士，官寶應縣知縣。其書歷引《周禮》、《爾雅》及星經、史志所載揚州吳越分野，獨推劉基《清類天文分野》之書為得郡邑分度之詳。案，星土之説雖本《周禮·保章氏》，亦見於《左傳》諸占，然先儒已不得其傳，解多附會。術家用以推驗，偶應者十不得一，不應者十恒逾九。況疆域既已非古，而猶執二十八宿尺尺寸寸而拓之，其乖迕殆不待辨。輿圖所列，大抵具文。博引繁稱，徒為枝贅而已。

嶺南雜記二卷（大學士英廉家藏本）

國朝吳震方撰。震方有《讀書正音》，已著錄。是編記其客游廣東時所見。上卷多記山川風土,兼及時事。所載番禺唐化鵬《夫務條議》、《花田立縣議》,廣西巡撫彭鵬《禁官販私鹽示》諸條,亦頗留心於利弊。下卷則記物產而已。書中稱平南王尚可喜為逆藩。伏讀《五朝國史》列傳,可喜之子尚之孝,反覆悖亂,終於伏誅,謂之逆藩可也。可喜則終守臣節,未可目之以逆。是亦傳聞之未審矣。

臺灣隨筆一卷(編修程晉芳家藏本)

國朝徐懷祖撰。懷祖字燕公,松江人。自序稱:"乙亥之春,再至閩漳,復有臺灣之行。"蓋康熙三十四年所作。其記臺灣風土及自閩赴海水程,俱不甚詳備,但就其所身歷者言之耳①。

【彙訂】

①"所身歷者",殿本作"所歷"。

燕臺筆錄一卷(編修程晉芳家藏本)

此本載曹溶《學海類編》中,題國朝項惟貞撰。惟貞字端伯,秀水人,朱彝尊之門人也。然檢核其文,實即朱彝尊《日下舊聞》內"風俗"一門。疑彝尊嘗屬之裒輯,偶存殘稾,作偽者遂別標此名也。且彝尊撰《日下舊聞》時,溶歿已久,又安得而錄之?《學海類編》多書賈所竄入,非溶原本,此亦一證矣①。

【彙訂】

① 光緒《嘉興府志》卷五三《秀水·文苑傳》載陶越傳,可知陶氏嘗續編曹溶《學海類編》若干卷。不得因其收書偽濫而否定出自曹、陶之手。(楊武泉:《四庫全書總目辨誤》)

神州古史考一卷方輿通俗文一卷(安徽巡撫採進本)

國朝倪璠撰。璠字魯玉,錢塘人。康熙乙酉舉人,官內閣中書舍人。是書自序云："按今之版圖,取自漢迄唐諸史地志,列於郡縣之首。上搜舊聞,旁摭遺逸。凡兩京十四省,共一百五十餘卷,謂之《神州古史考》。又取唐以後者別為一編,名曰《方輿通俗文》。"然所梓者惟杭州一府九縣而已,蓋未成之書也[1]。

　　案,此書據其原序,宜入"總志"。然所刻者惟一府,之"總志"為不倫,而又不可列於"郡縣"之中。故附存其目於"雜記",此無類可歸之變例也。

【彙訂】

[1]瞿世瑛《清吟閣書目》有《神州古史考》稿本一百本,附已刻浙江一本,是已有成書。(胡玉縉:《四庫全書總目提要補正》)

西粵對問無卷數(江蘇巡撫採進本)

國朝江德中撰。德中字漢石[1],徽州人。官至廣西布政司參議。是書記西粵山川風土物產,頗資異聞。然其徵據疏謬,亦復不少。如引《左傳》"有仍氏生女黰"事,不檢杜注"美髮為黰"之語,而誤以為肌膚之黑。又云雉黑色者為鷗雉,按《爾雅》"秩秩海雉"注:"如雉而黑,在海中。"不云名鷗也。殆緣"海"字而誤歟? 殊失考[2]。

【彙訂】

[1]"漢石",底本作"漢若",據殿本改。清康熙刻本《斗山文會錄》,署江德中漢石撰。

[2]"殊失考",殿本無。

潯陽蹢躅六卷(江西巡撫採進本)

國朝文行遠撰。行遠字樵菴,江西德化人。康熙中貢生。

是書專志九江一郡故實。首有凡例，自謂："讀書時遇郡事隨見隨錄，自經史子集及稗官野乘小說之類，靡所不採。"首卷分象緯、地輿、書院、祠廟、宮室、邱墓、服食、器用、玩好、草木、鳥獸、蟲魚十二目，次卷分仕宦、吏治、典禮、經費、兵防、盜賊六目，三卷分交游、器局、方技、孝義、閭閻、忠節、流寓、人物、棲逸九目，四卷分真仙、僧寶二目，五卷分詩文、書畫、典籍、名勝四目，六卷分像教、禪喜、靈異、感應、果報、鬼神六目。其摭拾頗為繁富，而分別門類殊多失當。如既有僧寶，又有禪喜；既有鬼神，又有果報、感應、靈異之類。中所採取，亦未見決擇。蓋有意求多，未免失之龐雜也。

蜀都碎事六卷（兩淮馬裕家藏本）

國朝陳祥裔撰。祥裔本姓喬氏，號藕漁，順天人。康熙中官成都府督捕通判。採蜀中故實為《碎事》四卷。雜引諸書，或註或否，閒附以考證案語及前代題咏詩文。復以所採未盡，別為《藝文》二卷，謂之補遺。祥裔所自作詩，亦併列於唐、宋名作之閒。

續閩小紀一卷（江蘇巡撫採進本）

國朝黎定國撰。定國字于一，江都人。嘗客遊福建學使幕中，因據所聞見，輯為此書。以舊書先有《閩小紀》，故以"續"為名。凡七十六條。所載閩地風俗土產及瑣碎故實，大約《通志》所已具，別無創聞也。

嶺海見聞四卷（兩淮馬裕家藏本）

國朝錢以塏撰。以塏遊宦廣東，前後八載。所作《羅浮外史》，已著錄。此編又其雜錄見聞之書也。大致欲倣《水經注》、

《洛陽伽藍記》,而才不逮古人①。又採錄冗雜,無所限斷。記陸賈使粵,乃泛及作《新語》事;記南漢事甚略,乃闌載劉銟入宋後事。皆與嶺海無關。其他雜採小說②,不核真偽。如《述異記》、《開元天寶遺事》之類,與聞見亦無涉。至於荔枝、銅鼓,前後各出二條,尤無體例矣。

【彙訂】

① "人",殿本無。

② "採",殿本作"錄"。

南漳子二卷(浙江巡撫採進本)

國朝孫之騄撰。之騄所輯《尚書大傳》,已著錄。之騄居於河渚,近南漳湖,因以自號。是書所紀皆其一鄉之故實,乃自稱為"子"。核其體例,實亦於古無徵。

右地理類"雜記"之屬,四十二部,一百七十六卷,內二部無卷數。皆附存目。

史部三十四

地理類存目七

古今游名山記十七卷（安徽巡撫採進本）

明何鏜撰。鏜有《括蒼彙記》，已著錄。是書採史志文集所載游覽之文，以類編輯。首為《總錄》三篇，曰《勝記》，曰《名言》，曰《類考》。次記兩京各省山川及古今游人序記。

天下名山諸勝一覽記十六卷（兩江總督採進本）

明慎蒙撰。蒙字山泉，歸安人。嘉靖癸丑進士，官至監察御史。是書以何鏜所作《古今游名山記》重複太甚，因刪汰繁冗，而增入《通志》及別集所載記文凡十之四，視鏜書頗為簡明。然文有加減，而事不增損，仍無資於考據。其記文之末，各加評語，亦不出坊刻積習。自序稱其書名《天下名山諸勝一覽記》，而第一卷首又題作《游名山一覽記》，第二卷以後則題作《名山巖洞泉石古蹟》，殊不畫一。蓋明代文士往往急行其書，陸續付梓，至書成後始有定名，而已刊者遂不復追改，故名目往往錯互，不獨此書為然也。

名山游記一卷（兩淮鹽政採進本）

明王世懋撰。世懋有《却金傳》，已著錄。是編一曰《京口游

山記》，分上、下二篇。一曰《游匡廬山記》，一曰《東游記》，一曰
《游二泉記》，一曰《游鼓山記》，一曰《游石竹山記》，一曰《游九鯉
湖記》，而附以《游溧陽彭氏園記》。末有世懋跋一篇，蓋為《鼓
山》以下三記作。後合刻諸記，仍以綴於末也。

名山注無卷數（內府藏本）

明潘之恒撰。之恒有《黃海》，已著錄。是編首《江上山志》，
次《蜀山志》，次《淮上雜志》，次《新安山水志》，次《越中山水志》，
次《三吳雜志》。或載前人行紀、志傳、題詠，或自為序紀。其他
名勝，漏略尚多，疑就其所游歷者述之。其書不分卷帙，前後亦
無序跋。而“名山注”三字僅題於簽，似非完本也。

五岳游草十二卷（兩江總督採進本）

明王士性撰。士性字恒叔，臨海人。萬曆丁丑進士，官至南
京鴻臚寺卿。事蹟附見《明史·王宗沐傳》。錢希言《獪園》又稱
“臨海王中丞士性”，未之詳也。士性初令確山，游嵩岳。擢禮科
給事中，游岱岳、華岳、恒岳。及參粵藩，游衡岳。此外游名山以
十數，經歷者十州。游必有圖有詩，為圖若記七卷，詩三卷。不
盡於記與詩者，為《雜志》二卷，亦名《廣游記》。統題曰《五岳游
草》，蓋舉其大以該其餘也。《獪園》稱“峨嵋山有老僧，性好游。
自恨一生不得徧探名岳，年又駸駸向暮，乃誓於來生了此夙願。
臨化，謂其徒曰：‘吾今往台州臨海縣王氏，託生為男。’計老僧化
去之年月日時，即士性之甲子”云云。殆因有此書而附會之。然
亦緣士性癖嗜山水，故有是言矣。

廣志繹五卷雜志一卷（編修汪如藻家藏本）

明王士性撰。此書又於《五岳游草》、《廣游記》以外，追繹舊

聞,以補未及者也。首為《方輿崖略》,次兩都,次諸省,附以《雜志》。其《四夷輯》一種,列目於《雜志》之前。然有錄無書,注曰"考訂嗣出",蓋未刊也①。凡山川險易、民風物產之類,巨細兼載,亦開附以論斷。蓋隨手記錄,以資談助。故其體全類說部,未可盡據為考證也。

【彙訂】

① 明萬曆二十五年王士性《廣志繹》自序明言為六卷,兩月後馮夢禎撰《王恒書〈廣志繹〉序》、曹溶為清康熙十五年初刻本撰序亦云六卷。可見初刊時卷六《四夷輯》未缺。(劉孔伏:《〈廣志繹〉原為六卷足本考》)

黔志一卷(編修程晉芳家藏本)

明王士性撰。曹溶收入《學海類編》中。核其所載,即士性《游記》中之一篇①。書賈摘出,別立此名以售欺者也②。

【彙訂】

① 此書皆抄自《廣志繹》卷五。(張勳燎:《〈四庫全書總目提要〉中之〈楚書〉、〈秦錄〉、〈晉錄〉辯證——兼論中華書局點校本〈廣志繹〉的點校》;張新民:《〈四庫總目提要〉補正六則》)

② "別立此名以售欺者也",殿本作"別立此名耳"。

豫志一卷(編修程晉芳家藏本)

明王士性撰。亦其《五岳游草》之一篇①,曹溶摘入《學海類編》者也。

【彙訂】

① 此書皆抄自《廣志繹》卷三。(張勳燎:《〈四庫全書總目提要〉中之〈楚書〉、〈秦錄〉、〈晉錄〉辯證——兼論中華書局點校

本〈廣志繹〉的點校》;張新民:《〈四庫總目提要〉補正六則》)

日畿訪勝錄二卷(編修程晉芳家藏本)

明姚士粦撰。士粦所輯《陸氏易解》,已著錄。此《錄》乃萬曆甲午士粦游京師時,尋訪都城內外諸勝,因彙輯成編。然所載古蹟,實皆鈔撮孫國敉《燕都游覽志》、蔣一葵《長安客話》諸書,別無異聞,不足資證據也。

天目游記一卷(兩江總督採進本)

明黃汝亨撰。汝亨有《古奏議》,已著錄。是記乃汝亨與佛慧寺僧同遊天目山而作,序是山景物頗詳。然記中敘月敘日,而不敘為何年,亦行文之偶疏也。

紀游稿一卷(兩淮鹽政採進本)

明王衡撰。衡字緱山,太倉人。萬曆辛丑進士,官翰林院編修。事蹟附見《明史・王錫爵傳》。是編乃所作游記。凡泰山一首、香山三首、盤山一首、馬鞍潭柘一首,雜記三首,蓋隨時摭拾付梓者。前有陳繼儒序,詞亦佻巧。

循滄集二卷(兩江總督採進本)

明姚希孟撰。希孟字孟長,長洲人[①]。萬曆己未進士,官至詹事府詹事。事蹟具《明史》本傳。是編乃所作游記,以“循滄”名篇,蓋用宋袁燮語也。上卷十三篇,皆游太湖、洞庭所作。下卷十五篇,則平生所作南北游記皆在焉。末為跋《王文恪洞庭游記》二篇,及跋徐宏〔弘〕祖《鹿門鴻寶冊》一篇。宏祖亦好游,故以類附游記後焉。其文體全沿公安、竟陵之習,務以纖佻為工。甚至《游廣陵記》於全篇散語之中,忽作儷偶一聯云:“洞天深處,別開翡翠之巢；笑語微聞，更掣鴛鴦之鎖。"自古以來，有如是之文格乎？

【彙訂】

①《明史》本傳、雍正《江南通志》卷一四〇《姚希孟傳》、同治《蘇州府志》卷八一《吳縣人物·姚希孟傳》據乾隆志，皆作吳縣人。（楊武泉：《四庫全書總目辨誤》）

山行雜記一卷（浙江鮑士恭家藏本）

明宋彥撰。彥，華亭人，與趙宧光同時。嘗至京師，歷遊玉泉、香山，因紀其園亭刹寺巖壑之勝。蓋亦學《游城南記》諸書而作。然考據多疏，如中稱"玉泉道上有《壯節祠碑》，稱'崇安侯譚公'而無其名，疑為靖難武臣戰死者"。案，崇安侯譚淵，從成祖起兵，於夾河戰沒，子孫得世襲侯爵。當時如鄭曉、王世貞所著書內皆詳載其事，而彥不能知，亦殊昧於典故矣。

名山記四十八卷圖一卷附錄一卷（浙江巡撫採進本）

不著撰人名氏。蓋因何鏜之書而增葺之。凡北直隸二卷，南直隸十卷，浙江十卷，江西四卷，湖廣四卷，河南三卷，山東二卷，山西一卷，陝西一卷，福建二卷，廣東二卷，廣西一卷，四川二卷，雲南一卷，貴州一卷。前為圖一卷，略繪名勝之蹟。末為附錄一卷，則荒怪之說，《神異經》、《十洲記》之類也①。所錄古人游記十之三，明人游記十之七。採摭頗富，而龐雜特甚。如酈道元《水經注》、徐兢《高麗圖經》、張敦頤《六朝事蹟》之類，皆割裂餖飣，改易名目。至於孔稚圭《北山移文》、駱賓王《冒雨尋菊序》、宗懍《荊楚歲時記》、周密《武林舊事》、楊衒之《洛陽伽藍記》、王觀《揚州芍藥譜》、張鎡《梅品》、王世貞《題洛中九老圖》之類,闌入者不可殫述。不知其與名山何與！其圖首有篆字題識曰:"崇禎六年春月,墨繪齋新鐫。"②則出自坊賈之手可知。胡維霖《墨池浪語》乃云:"《名山記》乃何濱巖所集,近復補入。景必窮幽,語必造奇。仁智者豈能足跡徧天下,得此可以臥遊。"所謂"補入",蓋即此本,殆維霖未細閱其書歟?

【彙訂】

①《總目》所列合計為四十六卷圖一卷附錄一卷,今存明崇禎六年墨繪齋刻本亦為四十六卷圖一卷附錄一卷。(田濤主編:《法蘭西學院漢學研究所藏漢籍善本書目提要》)

② 書中作"崇禎六年季春月,墨繪齋新鐫"。(同上)

廣州游覽小志一卷(山東巡撫採進本)

國朝王士禎撰。士禎有《古懽錄》,已著錄。士禎以康熙甲子十一月祭告南海,以乙丑二月八日至四月一日歸。計留廣州五十一日,因而游覽古蹟,作為此志。凡光孝寺、六榕寺、五羊觀、海幢寺、海珠寺、越秀山、蒲澗寺、長壽寺、南園三忠祠九處,皆會城內外地也。

天下名山記鈔無卷數(內府藏本)

國朝吳秋士編。秋士字西湄,歙縣人。其書取何鐘《游名山記》及王世貞之《廣編》刪而錄之,無一字之考訂。

泰山紀勝一卷(山東巡撫採進本)

國朝孔貞瑄撰。貞瑄有《大成樂律》,已著錄。是編乃其初官泰安教諭時紀所游歷而作也。大略仿《岱史》之舊,自萬仙樓以下共五十餘則,每景各敘其勝。其餘諸山脈絡與岱宗相屬者,如尼山、防山、龜、蒙、鳧、嶧之類亦咸入紀載①。其捨身崖、社首蒿里、封禪數條，持論頗不詭於正。然於封禪舊典，引據未能詳洽。大抵議論多而考據少，其文格亦尚沿竟陵末派云。

【彙訂】

① "嶧"，底本訛作"繹"，據殿本改。

匡廬紀游一卷（大學士英廉購進本）

國朝吳闡思撰。闡思字道賢，武進人。所記廬山名蹟凡五十八條，詞頗簡潔。然大抵以摹寫景物爲長。

滇黔紀游二卷（大學士英廉購進本）

國朝陳鼎撰。鼎有《東林列傳》，已著錄。是編爲其客游滇黔時所紀。上卷紀黔，下卷紀滇，於山川佳勝，敍述頗爲有致，而不免偶出鄙語。如紀貴州諸苗曰："男子之麗者，即古之潘安、宋朝有不及焉；女子之麗者，漢之飛燕、唐之太真亦無能出其上矣。此種女子，欲購之者牛馬當以千計。男子皆不樂爲龍陽君，有犯之者輒自殺。"又記楚雄、姚安、開化三郡曰："余徧游三郡，別時各有遺贈。土儀之盛，餽賮之豐，有多至百金者。"云云，其言殊陋。又如記"三塔寺黃華老人石刻"一事，黃華老人即金王庭筠，所作四詩刻石在山西汾州，故有"人道高歡避暑宮"句。後李中陽始摹刻於點蒼山，王士禎《居易錄》載之甚詳。鼎乃以爲仙人之筆，則考證之疏，亦可概見矣。

王山遺響六卷（江西巡撫採進本）①

國朝張貞生撰。貞生號簣山，廬陵人。順治戊戌進士，官至翰林院侍讀學士。王山在泰和仁善鄉，初名義山，又改匡山，土人稱子瑤山。貞生嘗游息其中。是編首載所作詩，次載所題對聯，次載所作記，次爲《茅屋隨劄》，則山中之日記，次爲他人所作詩賦傳記。前有羅麗序,謂貞生"所著文集尚未刊行。此其家居一載之內,流連山水,隨筆記之,以示其意之所寓者"。所錄雖皆詩文,而其體例在游記、地志之間,故附之地理類焉。

【彙訂】

①"王山",底本作"玉山",下同,據清康熙講學山房刻《張簣山三種》本《王山遺響》六卷及殿本改。(杜澤遜:《四庫存目標注》)

蒼洱小記一卷(兵部侍郎紀昀家藏本)

國朝畢曰澍撰。曰澍有《滇游記》,已著錄。是編亦曰澍父忠告官雲南布政司參議時,曰澍省覲至大理,紀其山川名勝而作。相傳靈鷲山即今點蒼山,為釋伽佛修道處。賓川之雞足山即伽葉道場。故曰澍是書多引佛經為證據。

右地理類"游記"之屬,二十一部、一百二十三卷,內二部無卷數。皆附存目。

南中志一卷(浙江范懋柱家天一閣藏本)

舊本題曰晉常璩撰。前有顧應祥序云:"此書附在《華陽國志》,近世無傳。升菴楊太史謫居於滇,以其舊所藏本,手錄見示。"云云。考隋以來《經籍》、《藝文》諸志,皆無此書。宋李塈校正《華陽國志》,原序具存,亦不云附有此卷。且漢王恢攻南越在建元六年,張騫使大夏在元狩元年。此云"騫以白帝東越攻南越,大行王恢救之",年月之先後既殊,事蹟亦不知何據。又晉泰始七年分益州置寧州,而此云"六年",牂柯郡下"元鼎六年"亦誤作"元鼎二年",牴牾不一。楊慎好撰偽書,此書當亦《漢雜事祕辛》之類也①。

【彙訂】

①《總目》所舉諸條，皆見於今本《華陽國志‧南中志》，此書即從《華陽國志》中抄出者。李序謂《華陽國志》"首述巴、蜀、漢中、南中之風土，次述公孫述、劉二牧、蜀二主之興廢"云云，與今本篇名篇次正合。其中有"《南中志》"，何得謂"不云有此卷"？顧序言"附"，指附麗，非謂為附錄也。《南中志》述張騫使大夏見邛竹、蜀布，歸而"白帝"為一事。繼述東越攻南越，王恢救之，恢使唐蒙喻南越，見蒟醬，歸亦以"白帝"為又一事，並未示二事為因果。敘述先後雖不善，但二事均見於《史》、《漢》，豈得謂無據？州郡建置年代，所述與正史有出入亦常事，《漢書》言建置，且有自相矛盾者，《南中志》與他書記載有異，又豈足怪？楊慎謫居滇，即古南中之地，遂從《華陽國志》中抄出《南中志》，以鑒古驗今，不得謂為偽書。（楊武泉：《四庫全書總目辨誤》）

高麗記無卷數（浙江范懋柱家天一閣藏本）

舊本題宋徐兢撰。案，兢別有《高麗圖經》四十卷，已著於錄。此本所載，即從《圖經》中摘鈔而成，非兩書也。

記古滇說一卷（浙江巡撫採進本）①

舊本題宋張道宗撰。前有嘉靖己酉沐朝弼序，則稱道宗為元人。卷末題"咸淳元年春正月八日，滇民張道宗錄"。而書中又載元統二年立段信苴寶為大理宣慰使司事②，顛倒牴牾，殊不可詰。其書大抵陰剽諸史《西南夷傳》，而小變其文。惟所記"金馬、碧雞"事，稱："阿育王有三子爭逐一金馬，季子名至德，逐至滇池東山獲之，即名其山曰金馬。長子名福邦，續至滇池之西山，忽見碧鳳，即名其山曰碧雞。所謂金馬、碧雞之神，即是二子。"其説荒誕,與史傳尤異。文句亦多不雅馴,殆出贗託。況書中明言:"宋興以北有大敵,不暇遠略。使傳往來,不通中國。"何以度宗式微之時,轉奉其正朔? 然則非惟道宗時代恍惚難憑,即其人之有無且不可遽信矣③。卷首有"楊慎點校"字,其即慎所依託,而故謬其文以疑後人歟①?

【彙訂】

① 嘉靖初刻本書名作《紀古滇説原集》,卷首有"楊慎點校"字之萬曆刊本名《紀古滇説集》。(方國瑜:《雲南史料目錄概説》)

② "段信苴實"乃"段信苴實"之誤,參嘉靖初刻本《紀古滇説原集》正文。

③ 任段信苴實為大理總管,事在中統二年(1261)。咸淳元年(1265)當元至元二年,距南宋亡尚十五年,張道宗應為宋元間人。疑原稿用干支紀年,後人改為咸淳元年,《南詔野史》紀年即大都如此。(方國瑜:《雲南史料目錄概説》)

④ 其書嘗取史事於楊慎《滇載記》,採傳聞於偏方風土及釋家之言,乃託名於張道宗、楊慎,固不應歸楊慎依託。(王文才:《楊慎學譜》)

異域志一卷(浙江范懋柱家天一閣藏本)

不著撰人名氏。篇首胡惟庸序曰:"《贏蟲錄》者,予自吳元年丁未,出鎮江陵。有處士周致中者,前元之知院也,持是錄獻於軍門。"則此書初名《贏蟲錄》,為周致中所作。又開濟跋曰:"是書吾兄得之於青宮,乃國初之故物。今吾兄重編,更其名曰《異域志》。"則此書名《異域志》乃開濟之兄所更定。然考明太祖於元至正二十四年甲辰,建國號曰吳。丁未當稱"吳三年",不得稱"元年"[1]。又濟跋題"壬午長至",為惠帝建文四年。其時濟被誅已久,不應作跋,疑皆出於依託也。其書中雜論諸國風俗物產土地,語甚簡略,頗與金銑所刻《異域圖志》相似,無足採錄。

【彙訂】

[1]《明實錄》太祖丙午十二月己未條云:"上以國之所重,莫先社廟,遂定議以明年為吳元年,命有司營建廟社,立宮室。"丙午之次年即丁未,可知丁未確為吳元年。《通鑑輯覽》卷九九於元至正二十六年十二月書"韓林兒卒",下云:"(朱)元璋本用宋龍鳳年號,林兒既歿,始以明年為吳元年。"至正二十四年甲辰,朱元璋雖自立為吳王,但並未建元,仍奉韓林兒正朔,以當年為龍鳳十年。明朝既建,諱言此事。胡惟庸序作於當時,年代不誤。(楊武泉:《四庫全書總目辨誤》)

異域圖志一卷(浙江范懋柱家天一閣藏本)

不著撰人名氏。後有明廣信府知府金銑序,謂宋亦有應天府,疑是宋書。然書中載明初封元梁王子於耽羅,則為明人所作無疑。其書摭拾諸史及諸小說而成,頗多疏舛。如占城役屬於安南,乃云安南為占城役屬,殊不足據。其他敍述,亦太寥寥。

百夷傳一卷(浙江范懋柱家天一閣藏本)

明錢古訓撰。古訓,餘姚人。洪武甲戌進士,官至湖廣布政司參政。百夷即麓川平緬宣慰司。案,百夷即今玀夷,譯語對音,故無定字。洪武二十九年,其酋思侖發訴與緬人搆兵。古訓時為行人,與其同官桂陽李思聰奉詔往諭,侖發等聽命而還。因述其山川、人物、風俗、道路,為書以進。古訓旋以勞擢湖廣參政。請澤州楊砥序之。黃虞稷《千頃堂書目》以此書為李思聰作。今據砥序及夏原吉後序，則實古訓所作[①]，虞稷偶失考也[②]。

【彙訂】

① "則"，殿本作"知"。

② 此書進呈朱元璋之本當係錢古訓、李思聰合撰，未見流傳。事後兩人各自根據底稿加工補充，寫成兩種《百夷傳》，其章節結構完全一致，主體內容大體相同，而行文風格、記事詳略各異。今存兩種《百夷傳》明澹生堂抄本，合裝為一冊。（方國瑜：《雲南史料目錄概說》；江應梁：《〈百夷傳〉的史料價值及其版本》）

南夷書一卷（浙江范懋柱家天一閣藏本）

明張洪撰。洪字宗海，常熟人。洪熙初召入翰林，官修撰。是編乃永樂四年緬甸宣慰使那羅塔劫殺孟養宣慰使刁查及思樂發而據其地。洪時為行人，齎敕往諭。因採摭見聞，記其梗概[①]。所載洪武初至永樂四年平定雲南各土司事，皆略而不詳。其於雲南郡建置始末，亦未能明晰。如南詔為蒙氏改鄯闡府，歷鄭、趙、楊三姓，始至大理段氏；孟養、麓川，各有土司，書中皆遺之。唯載梁王拒守及楊苴乘隙竊發諸事，稍足與史參考耳。書中"瀾滄江"作"蘭滄江"[②]、"思樂發"作"思鸞發"，與史互異，蓋亦譯語對音之故也。

【彙訂】

① 緬甸宣慰使劫殺並侵佔孟養土司，明廷遣張洪使緬事，載於《明實錄》"永樂四年閏七月己巳"條及《明史·雲南土司傳》"孟養土司"條，人名均作"刀木旦"。"刀"為傣族著姓，《明史·

雲南土司傳》中屢見。傳世國家圖書館藏抄本即進呈四庫館原本，書內亦作“刀木旦”。（方國瑜：《雲南史料目錄概說》；杜澤遜：《讀新見程晉芳一篇四庫提要分撰稿》；楊武泉：《四庫全書總目辨誤》）

②“蘭滄”指“蘭滄衞”，非江名。孟養土司書中已載。（杜澤遜：《四庫存目標注》）

西洋番國志無卷數（浙江巡撫採進本）①

明鞏珍撰。珍，應天人。其仕履始末未詳。永樂中，敕遣太監鄭和等出使西洋。宣宗嗣位，復命和及王景宏〔弘〕等往海外，徧諭諸番。時珍從事總制之幕，往還三年。所歷諸番曰占城，曰爪哇，曰暹羅，曰舊港，曰啞嚕②，曰滿剌加，曰蘇門答剌，曰那姑兒，曰黎代，曰喃勃里，曰溜山，曰榜葛剌，曰錫蘭山，曰小葛蘭，曰柯枝③，曰古里，曰祖法兒，曰忽魯謨廝，曰阿丹，曰天方，凡二十國。於其風土人物，詢諸通事，轉譯漢語，覼縷畢記，至宣德九年編成。所記與《明史·外國傳》大概相同，疑史採用此書也。

【彙訂】

① 此書在《各省進呈書目》中僅著錄於《浙江省第九次進呈書目》與《浙江採集遺書總錄》，又見於《二老閣進呈書》，“浙江巡撫採進本”應為“浙江鄭大節家藏本”之誤。（江慶柏：《四庫全書私人呈送本中的鄭大節家藏本》）

②“啞嚕”，殿本作“啞魯”。

③“柯枝”，底本訛作“阿枝”，據知聖道齋鈔本此書及殿本改。

瀛涯勝覽一卷（兩江總督採進本）

明馬觀撰①。觀不知何許人。書中多記鄭和出使時事，則作於永樂以後也。所記海外諸番曰占城，曰爪哇，曰舊港國，曰暹羅，曰滿剌加，曰啞魯國，曰蘇門答剌，曰那孤兒，曰黎代，曰喃勃里，曰錫蘭，曰小葛蘭，曰阿枝，曰古俚，曰溜山，曰祖法兒，曰阿丹國，曰榜葛剌國，曰忽魯謨廝國[2]，凡十九國，而為篇十八。其那孤兒國附見蘇門答剌後，以其微也。各載其疆域、道里、風俗、物產，亦略及沿革，大抵與史傳相出入。

【彙訂】

①《明史·藝文志》著錄此書作者為馬歡，其各種版本所題撰人亦同。（楊武泉：《四庫全書總目辨誤》）

②"忽魯謨廝"，底本作"忽魯謨廂"，據諸本原文及殿本改。

朝鮮雜志一卷（浙江范懋柱家天一閣藏本）

舊本題明董越撰。越有《朝鮮賦》，已著錄。是書繁碎無體例。以越所撰《朝鮮賦》校之，皆《賦》中越所自註。蓋好事者鈔出別行，偽立名目，非越又有此書也。

海槎餘錄一卷（江蘇周厚堉家藏本）

明顧岕撰。岕字彙堂，吳縣人。官至南安府知府，是編乃其官儋州時所著。凡風土、物產悉隨筆記之，共四十餘則，皆地志所已具。惟處置叛黎一節，敍述頗詳，為蠻司各志所未及云[1]。

【彙訂】

①"各"，底本訛作"合"，據殿本改。

日本考略一卷（浙江范懋柱家天一閣藏本）

明薛俊撰。俊，定海人。嘉靖二年，日本國使宗設來貢，抵寧波。未幾，宋素卿等亦至。互爭真偽，自相殘殺。所過州縣，大肆焚掠。浙江瀕海之地，人民苦之。俊因纂輯是書[1]，大略言防禦之事為多，而國土、風俗亦類入焉。然見聞未廣，所輯《沿革》、《疆域》二略，約舉梗概，挂漏頗多。屬國中兼及新羅、百濟等國，不知新羅、百濟在宋時已為朝鮮所併，其時並無是國矣。又序世系但及宋雍熙以前，而不載元以後國王名號，亦疏漏也。

【彙訂】

① "俊"，底本訛作"後"，據殿本改。

日本圖纂一卷（浙江范懋柱家天一閣藏本）

明鄭若曾撰。若曾有《鄭開陽雜著》，已著錄。此書乃其在胡宗憲幕府所作。以坊行《日本考略》一書舛譌難據，因從奉化人購得南嶴倭商祕圖，持以詢諸使臣、降倭、通事、火長之屬，彙訂成編。前為圖三幅，附以論說。後載州郡、土貢、道路、形勢、語言、什器、寇術，而儀制、詩表別為附錄。視若曾《萬里海防編》內所載較為詳密。其《針經圖說》，止載入貢故道，而閒道便利皆隱而不言。蓋恐海濱姦宄得通倭之路，有深意存焉。惟其言"明太祖洪武二年，命趙秩往諭其國"，《明史》載在洪武三年；又言"太宗十九年，寇遼東，總兵劉江殲之於望海堝"，《明史》載在永樂十七年，乃都督劉榮①，非總兵劉江，均不相合。然《明史》據《明實錄》及國史，不得有誤，殆是書傳聞未實也②。

【彙訂】

① "都督"，底本作"總督"，據殿本改。《明太宗實錄》卷二一三載此事，云"永樂十七年六月戊子，遼東總兵官中軍左都督劉江……"，《明史》卷七、卷三二二亦作"都督"。

② 《明太宗實錄》卷二一三作"劉江"。《明史》卷一五五劉榮本傳載"劉榮，宿遷人。初冒父名江……倭數寇海上，北抵遼，

南訖浙、閩，瀕海郡邑多被害。江度形勢，請於金綫島西北望海堝築城堡，設烽堠，嚴兵以待。（永樂）十七年六月……江依山設伏，別遣將斷其歸路，以步卒迎戰，佯卻。賊入伏中，砲舉伏起，自辰至酉，大破賊。賊走櫻桃園空堡中，江開西壁縱之走。復分兩路夾擊，盡覆之，斬首千餘級，生擒百三十人。自是倭大創，不敢復入遼東。詔封廣寧伯，祿千二百石，予世券，始更名榮。尋遣還鎮。明年四月卒。"則稱劉江較確。

朝鮮圖說一卷（浙江范懋柱家天一閣藏本）

明鄭若曾撰。先圖後考，次詳其世紀、都邑、山川、風俗、土產、道里、貢式，而以宋鄭興裔《奏議》一篇附焉。蓋是時朝鮮亦被倭患，故因日本而及之。

琉球圖說一卷（浙江范懋柱家天一閣藏本）

明鄭若曾撰。體例與《朝鮮圖說》相同。地里則但標其針路，末附宋鄭藻《紀事》一篇。琉球奉明正朔，從無寇掠。殆以其國外偪於倭，內密邇於福建，而為預防之計歟？

安南圖說一卷（浙江范懋柱家天一閣藏本）

明鄭若曾撰。體例亦與《朝鮮圖說》同，但增《疆域》、《偽制》二門。《疆域》寥寥數語，其《偽制》則紀黎、莫二姓事也。末附宋鄭竦《紀略》一篇。若曾時距莫登庸事未遠，故籌畫邊防，併及安南。然相距既遙，所傳聞者略矣。

西洋朝貢典錄三卷（江蘇巡撫採進本）

明黃省曾撰。省曾字勉之，吳縣人。嘉靖辛卯舉人。《明史·文苑傳》附見《文徵明傳》中。是編紀西洋諸國朝貢之事，自占城以迄天方，為國二十有三。國各一篇，篇各有論。凡道里遠近、風俗美惡、物產器用之殊、言語衣服之異，靡不詳載。考《明史·外國傳》，其時通職貢者尚不盡於此錄。省曾止就內侍鄭和所歷之國，編次成書，餘固未暇及也。末有二跋，一為"東川居士孫允〔胤〕伽"，一為"清常道人趙開美"①。允伽稱"此書初未付梓，得其手槀錄之"，開美謂其"章法、句法頗學《山海經》，信為奇書"，錢曾《讀書敏求記》亦載之。然其精華已採入正史，餘亦無他異聞也。

【彙訂】

① "趙開美"，殿本作"趙進美"，下同，誤。孫、趙二跋今本此書已不存。明萬曆刊本《仇池筆記》有趙氏序，署"萬曆壬寅孟夏日，海虞清常道人趙開美識"。

夷俗記一卷（浙江鮑士恭家藏本）

明蕭大亨撰。大亨號岳峯，泰安人。嘉靖壬戌進士，官至兵部尚書。是書專紀韃靼風俗，分匹配、生育、分家、治姦、治盜、聽訟、葬埋、崇佛、待賓、尊師、耕獵、食用、帽衣、敬上、禁忌、牧養、習尚、教戰、戰陣、貢市二十類。蓋大亨嘗為宣大總督，故錄其所聞如此①。然殊多失實，不足徵信。惟順義王互市之地，《明史》載大同於左衛北威遠堡邊外，宣府於萬全右衛張家口邊外，山西於水泉營。而此書載大同互市有三堡：一曰守口堡，二曰得勝堡，三曰新平堡，則大亨所親見，較史為詳云。

【彙訂】

① "如此"，殿本無。

朝鮮國志一卷（浙江范懋柱家天一閣藏本）

不著撰人名氏。所存惟京都、風俗、山川、古都、古蹟五門①。中稱"我康獻王"，知為朝鮮人作。引《明一統志》稱"大明"，知為作於明時。又多稱王氏諸王為"高麗王"，知為明之中葉，李氏有國，改稱朝鮮之後也。

【彙訂】

① 提要著錄此本書名、卷數、門目均與《藏園羣書經眼錄》所述兩淮鹽政呈本合，而天一閣進呈本《朝鮮志》二卷，《總目》卷七一已著錄，《四庫全書》亦據以入錄。（杜澤遜：《四庫存目標注》）

東夷圖説二卷嶺海異聞一卷續聞一卷（浙江吳玉墀家藏本）①

明蔡汝賢撰。汝賢字思齊，華亭人。隆慶戊辰進士。是編成於萬曆丙戌，所紀皆東南海中諸國，殊多傳聞失實。如謂："琉球國人窅目深鼻，男去髭鬚，輯鳥羽為冠，裝以珠玉赤毛。"今琉球貢使旅來，目所共睹，殊不如其所説。海西諸國，統稱西洋，汝賢乃以西洋為國名，則更謬矣②。至於《異聞》、《續聞》，尤多荒誕不經。其圖像悉以意杜撰，亦毫無所據③。

【彙訂】

① 明萬曆刻本作《東夷圖像》一卷《東夷圖説》一卷《嶺海異聞》一卷《續聞》一卷。（湯開建：《中國現存最早的歐洲人形象資料》）

②《皇清職貢圖》卷一《琉球夷圖》亦稱："琉球國人多深目長鼻。"明章潢《圖書編》卷五〇《琉球事實》："風俗，男子不髭。"明嚴從簡《殊域周諮錄》卷四《琉球》："（男）戴羽冠。""西洋國"乃"西洋古里"之省稱，在今印度西南岸。（同上）

③ 據阮元《廣東通志》卷十八《職官表》九，蔡汝賢在廣東布政司任職十年以上，常與外國貢使打交道，其《東夷圖總説》曰："貢由粤入，職所掌也……有經世之責者，試思之國，凡二十有四，貌之者二十，間有與圖説左者，在中國則服，然識所見也，餘闕焉。"可見所繪均為親眼所見，未見者即存闕。（同上）

四川土夷考四卷（浙江汪汝瑮家藏本）

明譚希思撰。希思有《明大政纂要》，已著錄。是書乃希思在蜀時命布政使官屬取全蜀土司、土府繪圖立説，裒為一編，刻於萬曆二十六年。首全圖，次各土司、土府分圖。圖各有説，凡七十八篇。其中所列，多沿邊城堡守禦名目，而於土司境壤、山川形勢，概未之及，蓋專為防守之策而設。雖名為《土夷考》，其實乃險隘圖也。所附之説，僅據州縣申册，簡略頗甚，亦不足以備考核。

日本考五卷（浙江鮑士恭家藏本）①

明李言恭、都杰同撰②。言恭字惟寅，岐陽武靖王文忠之裔，以萬曆二年襲封臨淮侯③。杰字彥輔，蔚州人。嘉靖丙辰進士，官至南京兵部尚書。方言恭督京營戎政時④，杰為右都御史。會倭患方劇，乃共摭所聞為此書。記其山川地理及世次土風，而於字書譯語，臚載尤詳。後倭陷朝鮮，封貢議起，杰以力爭不合，徙南京。而言恭子宗城卒為石星所薦，充正使往封。至釜山而倭情中變，易服逃歸，被劾論戍。蓋徒恃紙上空言，宜其不能悉知情偽也。

【彙訂】

① 此書與侯繼高撰《日本風土記》實係一書，乃後者同一刻

版之改名復刊本。(汪向榮:《關於〈日本考〉》)

②據明萬曆刻本此書題名,"都杰"乃"郝杰"之誤。郝杰,
《明史》卷二二一有傳。《浙江省第四次鮑士恭呈送書目》不誤。
(崔富章:《文瀾閣〈四庫全書總目〉殘卷之文獻價值》;杜澤遜:
《四庫存目標注》)

③據《明史》卷一〇五《功臣世表》,李言恭於萬曆三年十月
襲侯。(汪向榮:《關於〈日本考〉》)

④"戎政",殿本作"參政",誤。王世貞《弇山堂別集》卷六
十四"南京守備"有李言恭,謂"臨淮侯李言恭,直隸盱眙縣人。
萬曆十年任,十四年推總督京營戎政"。

咸賓錄八卷(浙江鮑士恭家藏本)

明羅曰褧撰。曰褧字尚之,江西人。是編刊於萬曆中。分
列諸國之事,以東西南北為分。欲誇明代聲教之遠,故曰"咸
賓",其實多非朝貢之國。又敍事古今糅雜,標題人地混淆,亦頗
無體例。

別本坤輿外紀一卷(大學士英廉購進本)

舊本題國朝南懷仁撰[①],載吳震方《説鈴》前集中。案,懷仁
《坤輿外紀》,別有全本,已著於錄。此本摘錄其文,併删其圖説,
乃叢書之節本。猶明季坊刻竄亂古書之陋習也。

【彙訂】

①"舊本題",底本作"舊題本",據殿本乙。

西方要紀一卷(編修程晉芳家藏本)

國朝西洋人利類思、安文思、南懷仁等撰。利類思、安文思
皆以明末入中國,南懷仁以順治十六年至京師。此書則康熙初

年所述，凡二十條。專記西洋國土、風俗[①]、人物、土産及海程遠近，大抵意在夸大其教，故語多粉飾失實。

【彙訂】

① "風俗"，殿本脱。清《昭代叢書》本此書有"風俗"一節。

洱海叢談一卷（浙江巡撫採進本）

國朝釋同揆撰。同揆字輪菴，雲南大理府文殊寺僧也。是書紀滇南未入版圖之初，引《隋書》西海阿育國王仲子封蒼洱之間，爲南詔之始祖。其後世滅而復興者有段氏、蒙氏、高氏，相承至明初，始皆内附。所載"觀音大士結茅郡中"及"唐永徽後現身七化"之語，皆近荒誕。以緇徒爲地志，自張其教，固所不免耳。

八紘譯史四卷紀餘四卷（江蘇巡撫採進本）

國朝陸次雲撰。次雲有《湖壖雜記》，已著録。是書專録荒外諸國。古事皆採摭史傳，復見不鮮。近事多據《瀛涯勝覽》、《職方外紀》諸書，亦多傳聞失實。所記西域山川物産，其地自天威奮定，俱入版圖。如謂"高昌盛暑，人皆穴處，鳥飛或爲日氣所爍而墮"；謂"火焰山煙焰燭天"；謂"火蠶綿絮衣一襲，止用一兩，稍多，熱不可耐"；謂"白疊子其實成繭，中有細絲"；謂"哈密四味木，其實如棗，以竹刀取之則甘，鐵刀取之則苦，木刀取之則酸，蘆刀取之則辛"；謂"龜兹有山出泉，行數里入地，狀如醍醐，甚臭，人服之，齒落更生"。今由嘉峪關南路至喀什噶爾，即經三國故地，安得有此事哉！即其他可知矣。後附《譯史紀餘》四卷。一爲東海西海及異物，二爲高麗、日本、占城、安南、琉球之詩，三爲外國錢文，四爲西番、百譯、緬甸、暹羅四國之書。亦皆耳剽之談，不爲確據。如"人面魚食目"一條，此書作前朝使臣至日本事，《崦谿纖志》又以爲苗人進於初官是土者。一人之書而自相矛盾，是尚可為信史哉！

八紘荒史一卷（江蘇巡撫採進本）

國朝陸次雲撰。次雲既撰《八紘譯史》，記其曾通中國者，因復摭小説稗官所載荒渺之説，為此書。皆無稽之談也。書首題"卷之一"，則當不止此卷。而次雲所刻雜著，前列《總目》，此書實止一卷。豈欲續輯而未成歟？

峒谿纖志三卷志餘一卷（大學士英廉家藏本）

國朝陸次雲撰。所記皆諸苗蠻種落風俗。前有題詞，稱："諸書所載，同異攸殊。余徵諸見聞，詳為考正。措詞雖簡，徵事彌該。"上卷為《峒谿羣言考正》，中卷為《蠻獠志》，下卷為《滇中峒谿所産》。《志餘》一卷則皆蠻中歌謡，自吳淇《粤風續九》所採出者也①。

【彙訂】

① "粤風續九"，"九"字原脱，據殿本補。《總目》卷二百著錄吳淇《粤風續九》四卷："其云'續九'者，屈原有《九章》、《九歌》，擬以此續之也。""所"字，殿本無。

安南紀遊一卷（大學士英廉家藏本）

國朝潘鼎珪撰。鼎珪字子登，晉江人。是編成於康熙二十七年，乃鼎珪游廣東時偶附海舶，遇風飄至其國，因紀其山川風土之大略。與諸書所記不甚相遠，無他異聞。

海外紀事六卷（浙江巡撫採進本）

國朝釋大汕撰。大汕，廣東長壽寺僧。康熙乙亥春，大越國王阮福週聘往説法，越歲而歸。因記其國之風土以及大洋往來所見聞。大越國者，其先世乃安南贅壻，分藩割據，遂稱大越。

卷前有阮福週序,題"丙子蒲月",蓋康熙三十五年也。

連陽八排風土記八卷(浙江巡撫採進本)

國朝李來章撰。來章號禮山,本名灼然,以字行,襄城人。康熙乙卯舉人,官連山縣知縣。是書即其康熙戊子在連山時所作。八排者,猺獠所居,以竹木為砦柵,謂之排也。凡分圖繪、形勢、風俗、言語、剿撫、建置、約束、向化八門,門為一卷。其目尚有第九卷,題曰雜述上、下,然有錄無書,豈為之而未成歟? 中多自敍政績。其"向化"一門,紀所判斷之案,各為標目。殆似傳奇,尤非體例。

中山傳信錄六卷(兩淮馬裕家藏本)

國朝徐葆光撰。葆光字澄齋,吳江人。康熙壬辰進士,官翰林院編修。康熙五十七年,册封琉球國世子尚貞為國王,以葆光為副使。歸時奏上是書。繪圖列說,紀述頗詳。

楚南苗志六卷(湖北巡撫採進本)

國朝段汝霖撰。汝霖字時齋,號梅亭,漢陽人。由舉人歷官建寧府知府。是書乃汝霖為湖南永綏同知時所作。前五卷皆載苗人種類、風俗、物產、言語、衣服及歷朝控禦撫治之法。末一卷附載猺人、土人及粵西六寨蠻,而六寨蠻尤為簡略,以非楚所治故也。體例冗雜,敍述亦不甚雅馴。而得諸見聞,事皆質實。惟首載"星野"[1],與苗蠻土人皆無所涉,未免沿地志之陋格耳。

【彙訂】

[1] "首",殿本作"前"。

右地理類"外紀"之屬,三十四部,八十三卷,內二部無卷數。皆附存目。

卷七九

史部三十五

職官類

前代官制,史多著錄,然其書恒不傳。《南唐書·徐鍇傳》稱:"後主得《齊職制》①,其書罕覿,惟鍇知之。"今亦無舉其名者。世所稱述《周官》外②,惟《唐六典》最古耳。蓋建官為百度之綱,其名品職掌,史志必撮舉大凡,足備參考,故本書繁重,反為人所倦觀。且惟議政廟堂,乃稽舊典,其間如元豐變法,事不數逢,故著述之家,或通是學而無所用,習者少則傳者亦稀焉。今所採錄,大抵唐宋以來一曹一司之舊事與儆戒訓誥之詞,今釐為官制、官箴二子目,亦足以稽考掌故③,激勸官方。明人所著率類州縣志書,則等之自鄶矣。

【彙訂】

① 陸游《南唐書》卷五《徐鍇傳》作"周載《齊職儀》",《十國春秋》卷二十八《徐鍇傳》同。

② 殿本"外"上有"以"字。

③ "稽考",殿本作"考稽"。

唐六典三十卷(浙江汪汝瑮家藏本)

唐元宗明皇帝御撰,李林甫奉敕註。其書以三師、三公、三省、九寺、五監、十二衛列其職司官佐，敘其品秩，以擬《周禮》。《書錄解題》引韋述《集賢記》註曰："開元十年，起居舍人陸堅，被旨修是書。帝手寫白麻紙六條，曰理、教、禮、政、刑、事，令以類相從，撰錄以進。張説以其事委徐堅，思之經歲莫能定。又委毋煚、徐欽、韋述，始以令式入六司，其沿革並入註中。後張九齡又委苑咸，二十六年奏草上。迄今在直院，亦不行用。"程大昌《雍錄》則曰："唐世制度，凡最皆在《六典》。或曰書成未嘗頒用。今案《會要》，則牛僧孺奏升諫議為三品，用《六典》也；貞元二年定著朝班次序，每班以尚書省官為首，用《六典》也；又其年竇參論祠祭當以監察涖之，亦援《六典》也。此類殆不勝述。草制之官，每入院，必首索《六典》，則時制盡在故也。"二説截然不同。考《吕温集》有《代陳相公請删定施行六典開元禮狀》一篇①，稱"宣示中外，星紀六周，未有明詔施行。遂使喪祭冠昏，家猶疑禮②，等威名分③，國靡成規。請於常參官内選學藝優敏者三五人，就集賢院各盡異同，量加删定。然後特降德音，明下有司"云云，與韋述之言相合。唐人所説，當無譌誤。大昌所引諸事，疑當時討論典章，亦相引據。而公私科律，則未嘗事事遵用，如明代之《會典》云爾。范祖禹《唐鑑》論其"既有太尉、司徒、司空，又有尚書省，是政出於二也；既有尚書省，又有九寺，是政出於三也"。蓋自唐虞至周，有六官而無寺、監，自秦迄陳，有寺、監而無六官，獨此書兼之，故官多重複。今考是書，如林甫註中以諸州祥瑞預立條格，以待奏報之類，誠為可噱。然一代典章，犖然具備。祖禹之所論，或以元豐官制全祖是書，有所激而云然歟？又《唐會要》載開元二十三年九齡等撰是書，而《唐書》載九齡以開元二十四年罷知政事，則書成時九齡猶在位。後至二十七年，林甫乃註成獨上之。宋陳騤《館閣錄》載書局有經修經進、經修不經進、經進不經修三格，説與九齡皆所謂"經修不經進"者。卷首獨著林甫，蓋即此例。今亦姑仍舊本書之，不復追改焉。

【彙訂】

①"陳相公"乃"鄭相公"之誤，參呂温《呂衡州集》卷五所收同題名。

②"疑"乃"異"之誤，參《呂衡州集》卷五所收同題文。

③底本"等"上衍"之"字，據《呂衡州集》卷五同題文及殿本刪。

翰林志一卷（兩江總督採進本）

唐李肇撰。案，肇所作《國史補》，結銜題尚書左司郎中。此書結銜則題翰林學士、左補闕。王定保《摭言》又稱肇為"元和中中書舍人"。《新唐書・藝文志》亦云："肇為翰林學士，坐薦柏耆，自中書舍人左遷將作少監。"以唐官制考之，蓋自左司改補闕，入翰林，後為中書舍人，坐事左遷①。《國史補》及此書各題其作書時官也。唐時翰林院在銀臺門內，麟德殿西，重廊之後，為待詔之所。《新唐書・百官志》謂"乘輿所在，必有文詞經學之士，下至卜醫伎術之流，皆直於別院，以備燕見"者是也。韋執誼《翰林院故事》亦謂其地乃"天下以藝能伎術見召者之所處"。蓋其始本以延引雜流，原非為文學侍從而設。至明皇置翰林待詔供奉，與集賢院學士分掌制誥②，其職始重。後又改為學士，別置學士院，謂之東翰林院。於是舊翰林院雖尚有以伎能入直，如德宗時術士桑道茂之類，而翰林之名實盡歸於學士院。歷代相沿，遂為儒臣定職。肇此書成於元和十四年，唐、宋《藝文志》皆著於錄。其記載賅備,本末燦然,於一代詞臣職掌,最為詳晰。宋洪遵輯《翰苑羣書》,已經收入。今以言翰林典故者莫古於是書[3],故仍錄專本,以存其朔焉。

【彙訂】

①《新唐書·藝文志》所載乃元和中事。而李肇於元和十三年(818)自監察御史充翰林學士,十四年遷右補闕。長慶三年(823)後,方為尚書左司郎中。(李裕民:《四庫提要訂誤》)

②"院",殿本無。

③韋執誼《翰林院故事》作於貞元二年(786),早於此書。(傅璇琮:《〈翰學三書〉本書説明》)

麟臺故事五卷(永樂大典本)

宋程俱撰。俱字致道,衢州開化人。舉進士,試南宮第一[1],廷試中甲科。歷官徽猷閣待制,封新安縣伯。事蹟具《宋史·文苑傳》。《玉海》載元祐中宋匪躬作《館閣錄》,紹興元年程俱上《麟臺故事》,淳熙四年陳騤續為《館閣錄》。蓋一代翰林故實具是三書。今宋《錄》已亡,陳《錄》僅存,而亦稍譌闕。是書則自明以來惟《説郛》載有數條,別無傳本[2]。今考《永樂大典》徵引是書者特多。排比其文,猶可成帙。其書多記宋初之事,典章文物,燦然可觀。蓋紹興元年初復祕書省,首以俱為少監,故俱為是書,得諸官府舊章,最為詳備。如《東都事略·邢昺傳》載由侍讀學士遷工部侍郎,不著加中散大夫;《宋綬傳》載召試中書,不著遷大理評事;《宋史·韓琦傳》載由通判淄州入直集賢院,不著為太常寺丞及太子中允;《王陶傳》載為太子中允,不著編校昭文館書籍;《孫洙傳》亦不著洙嘗為於潛令及編校祕閣書籍,而皆見於是書。又如《玉海》引《謝泌傳》，泌上言請分四庫書籍，人掌一庫。事在端拱初，而其一百六十八卷又載此事於天聖五年，前後自相刺謬。據此書所載，則在咸平之初。又《續通鑑長編》載咸平二年七月甲寅，幸國子監，還幸崇文院。而此日之後又有癸丑，則是月之内不容先有甲寅，顯然牴牾。據是書乃是七月甲辰[3]。如此之類，凡百餘條，皆足以考證異同，補綴疏略，於掌故深為有裨。原書《文獻通考》作五卷，今所裒錄，仍符此數，疑當時全部收之。《通考》又稱凡十二篇，而不詳其篇目。其見於《永樂大典》者，有官聯、職掌、廩禄三門，皆與陳騤書標題相合。疑騤書即因俱舊目修之。今即以騤之篇目分隸諸條，莫不一一條貫，無所齟齬。亦可謂神明焕然，頓還舊觀矣。騤錄載曝書會、餞會及大宴學士院三條，俱云出《麟臺故事》。然引其事，不載其詞。殆姚廣孝等排纂之時，刊除重複，誤削前而存後。當時編輯無緒，即此可見一端。今亦無從補入。惟俱《北山集》中載有後序一篇，並附錄之，以存其舊焉。

【彙訂】

①《宋史·文苑傳七》謂程俱始以外祖恩補，後賜上舍出身。康熙《衢州府志》卷三二《名賢·程俱傳》、光緒《開化縣志》卷八《人物·名賢·程俱傳》亦無一語言及"舉進士，試南宮第一"等。《新安文獻志》將宋程瑀撰《程俱行狀》中其父程天民進士及第出身張冠李戴，《總目》襲其誤。（龔延明：《〈中國古籍總目提要·職官貢舉卷〉六篇》；楊武泉：《四庫全書總目辨誤》；王照年：《程俱及其〈麟臺故事〉考論》）

② 今存影宋抄本卷一至三。（李裕民：《四庫提要訂誤》）

③ 四庫本《續通鑑長編》卷四五正作"甲辰"，且此日之後並

無“癸丑”。(同上)

翰苑羣書十二卷(浙江巡撫採進本)①

宋洪遵編。遵字景嚴,鄱陽人,皓之仲子也。與兄适同中紹興十二年博學鴻詞科,賜進士出身。歷官徽猷閣直學士,出知平江府。孝宗時召除翰林學士承旨,拜同知樞密院事,江東安撫使,資政殿學士,提舉洞霄宮,卒諡文安。事蹟具《宋史》本傳②。是書後有乾道九年遵題記曰:“翰苑秩清地禁③,沿唐迄今為薦紳榮④。遵世蒙國恩,父子兄弟接武而進,實為千載幸遇⑤。曩嘗稡《遺事》一編,暨來建業,以家舊藏李肇、元稹、韋處厚、韋執誼、楊鉅、丁居晦洎我宋數公,凡有紀於此者⑥,並刊之木。仍以《國朝年表》、《中興題名》附。”陳振孫《書錄解題》曰:“自李肇而下十一家,及《年表》、《中興後題名》共為一書。”此本上卷為李肇《翰林志》、元稹《承旨學士院記》、韋處厚《翰林學士記》、韋執誼《翰林院故事》、楊鉅《翰林學士院舊規》、丁居晦《重修承旨學士壁記》、李昉《禁林讌會集》,凡七家。下卷為蘇易簡《續翰林志》、蘇耆《次續翰林志》、《學士年表》、《翰苑題名》、《翰苑遺事》,凡五種。其《遺事》為遵所續,不在其數,實止四家。除《年表》、《題名》外,所收不過九家,與振孫所記不合。考《宋史·藝文志》載是書本三卷,此本止上、下二卷。又《文獻通考》所載尚有唐張著《翰林盛事》一卷,宋李宗諤《翰苑雜記》一卷,若合此二家,正足十一家之數。豈原本有之,而今本佚其一卷耶⑦?

【彙訂】

①“十二卷”,底本作“二卷”,據文淵閣《四庫》本此書及殿本改。(沈治宏:《中國叢書綜錄訂誤》)

②《總目》卷四六《訂正史記真本凡例》條已載洪遵仕履,此處當改作"遵有《訂正史記真本凡例》,已著錄"。

③"禁",殿本作"近",誤,參洪遵題記原文。

④"迄",殿本作"及"。

⑤"實",殿本脫。

⑥"者",殿本脫。

⑦《郡齋讀書附志》職官類著錄《翰苑羣書》三卷,自李肇《翰林志》到李昉《禁林宴會集》為第一卷,其中無丁居晦《重修承旨學士壁記》。第二卷為錢惟演《金坡遺事》、晁迥《別書金坡遺事》、李宗諤《翰苑雜記》,蘇易簡、蘇耆等為第三卷,則後所佚即第二卷,其中無張著《翰林盛事》。合計為十一家。(傅璇琮:《〈翰學三書〉本書説明》)

南宋館閣錄十卷續錄十卷(永樂大典本)

《南宋館閣錄》十卷,宋陳騤撰。《續錄》十卷,無撰人名氏。騤字叔進,台州臨海人。紹興二十四年進士第一。慶元初官至知樞密院事,兼參知政事。忤韓侂胄,提舉洞霄宮。卒謚文簡。事蹟具《宋史》本傳。陳氏《書錄解題》謂淳熙中騤長蓬山,與同僚錄建炎以來事為此書,李燾為之序。《續錄》者,後人因舊文而增附之。今考是錄所載,自建炎元年至淳熙四年,《續錄》所載,自淳熙五年至咸淳五年。皆分沿革、省舍、儲藏、修纂、撰述、故實、官秩①、廩祿、職掌九門。典故條格,纖悉畢備,亦一代文獻之藪也。世所傳本,譌闕殆不可讀。惟《永樂大典》所載,差為完具。今互相考訂,補其脫漏者三十一條,正其舛錯者一十六條。而其紀載諸人爵里有與《宋史》互異者,並為臚註，以資參考。惟前錄中"沿革"一門，續錄中"廩祿"一門，《永樂大典》所載亦全卷皆佚，無從補葺。蓋是書殘闕已在明以前矣。今亦姑仍其舊焉。

【彙訂】

①"官秩"乃"官聯"之誤。《總目》同卷《麟臺故事》條亦云："其見於《永樂大典》者，有官聯、職掌、廩祿三門，皆與陳騤書標題相合。"

玉堂雜記三卷（浙江鮑士恭家藏本）

宋周必大撰。必大字子充，一字洪道，廬陵人。紹興二十一年進士，中宏詞科，權中書舍人。孝宗朝歷右丞相，拜少傅，進益國公。寧宗朝以少傅致仕，卒諡文忠。事蹟具《宋史》本傳。此書皆記翰林故事，後編入必大文集中。此乃其別行之本也。宋代掌制，最號重職，往往由此致位二府。必大受知孝宗，兩入翰苑，自權直院至學士承旨，皆徧為之。凡鑾坡制度沿革及一時宣召奏對之事，隨筆紀錄，集為此編。所紀如奉表德壽署名、賜安南國王嗣子詔書之類，皆能援引古義，合於典禮。其他瑣聞遺事，亦多可資談柄。洪遵《翰苑羣書》所錄皆唐代及汴都故帙①，程俱《麟臺故事》亦成於紹興間。其隆興以後翰林故實，惟稍見於《館閣續錄》及洪邁《容齋隨筆》中。得必大此書，互相稽考，南渡後玉堂舊典亦庶幾乎釐然具矣。

【彙訂】

①"翰苑羣書"，殿本作"翰院羣書"，誤。

宋宰輔編年錄二十卷（兩淮鹽政採進本）

宋徐自明撰。自明字誠甫，號憇堂，永嘉人。嘗官太常博士，終零陵郡守。初，北宋時神宗命陳繹為《拜罷圖》一卷、《樞府拜罷錄》一卷，元豐閒司馬光復作《百官公卿拜罷年表》十五卷。其後曾鞏、譚世勣、蔡幼學、李燾各有撰述，而不能無所闕略。自明因摭拾舊事，補其遺漏，續作此書。以宋世官制，中書、樞密為二府，俱宰輔之職。故自平章事參知政事、樞密使知樞密院事、同知簽書樞密院事，皆著其名位，而詳其除罷黜陟之由。編年系日，起建隆戊午①，迄嘉定乙亥。大都本之《通鑑長編》、《繫年要錄》、《丁未錄》②、《東都事略》，而又旁採他書以附益之。本末賅具，最為詳核。又據《宋朝大詔令》、《玉堂制草》備錄其鎖院制詞，更有裨於文獻。以《宋史·宰輔年表》互相考校，如建隆元年趙普拜樞副，此《錄》在八月甲申，而《年表》在戊子；太平興國四年石熙載拜簽樞，此《錄》在正月庚寅，而《年表》在癸巳；太平興國八年宋琪拜參政，此《錄》在三月庚申，而《年表》在癸亥；雍熙三年辛仲甫拜參政，此《錄》在六月戊戌，而《年表》在甲辰。此類極多，亦足為讀史者考異之助。至宋世所降麻制，例載某人所行之詞，此《錄》閒存姓名，亦可備掌故。其中如熙寧四年陳升之起復入相制乃元絳之詞，載於《宋文鑑》中。以升之力辭不拜，其事未行，並其制詞不錄是也。至如端拱元年呂蒙正拜相制，為李沆之詞；治平二年文彥博除樞密使制、熙寧二年陳升之拜相制，皆為王珪之詞；元符三年曾布拜相制，為曾肇之詞，亦並見於《宋文鑑》，而此反闕註，皆不免有所挂漏。然二百五十年閒賢姦進退，畢具是編，於以考國政而備官箴，亦可云諳習典故者矣。寶祐閒，自明子居誼宰永福，嘗刻之縣學，後漸亡佚。明嘉靖閒，大興呂邦耀始得鈔本於焦竑家，而闕其兩卷③。後周藩宗室勤羨以所藏殘本補足，復梓以傳。蓋亦僅存之本也。

【彙訂】

① 建隆無戊午，實為建隆元年庚申（960）。（淮沛：《四庫提要辨正四則》）

②"丁未錄"，殿本作"乙未錄"，誤。書中自注引《丁未錄》七十四條。《郡齋讀書志》、《直齋書錄解題》、《宋史·藝文志》皆著錄李丙撰《丁未錄》二百卷，"自治平丁未王安石初召用，迄於靖康童貫之誅，故以'丁未'名之"。

③《總目》卷八〇《續宋宰輔編年錄》條曰："呂邦耀……萬曆二十九年進士。"據明萬曆四十六年戊午（1618）刻本《宋宰輔編年錄》卷首呂邦耀、王惟儉等序，乃王惟儉得抄本於焦竑家，呂邦耀付梓。館臣或誤作嘉靖三十七年戊午（1558）。（王重民：《中國善本書提要》；王瑞來：《〈宋宰輔編年錄〉研究》）

祕書監志十一卷（編修汪如藻家藏本）

元王士點、商企翁同撰。士點有《禁扁》，已著錄。企翁字繼伯，曹州人。官著作佐郎。其書成於順帝至正中，凡至元以來建置遷除①、典章故事，無不具載，司天監亦附錄焉。蓋元制司天監隸祕書省，猶漢制以太史令兼職天官之義也。後列職官題名，與《南宋館閣錄》例同。其兼及直長令史，皆纖悉詳錄。則以金源以後，以掾吏為士人登進之階，往往由此起家，洊至卿相，其職重於前代耳。其所紀錄，多可以資考核。朱彝尊嘗據以辨吳鄹即張應珍，以大德九年改名，歷仕祕書少監，非宋遺民，證《吉安府志》之誤。則於史學亦多所裨矣。

【彙訂】

①"遷除"，殿本作"沿革"。

翰林記二十卷(浙江汪啟淑家藏本)

不著撰人名氏。案《明史·藝文志》載黃佐《翰林記》二十卷,而廖道南《殿閣詞林記》序有"與泰泉黃佐纂《翰林雜記》六冊"之語,則是書自當出於佐手。佐即撰《泰泉鄉禮》,著錄於《經部·禮類》者也。所載皆明一代翰林掌故,始自洪武,迄於正德嘉靖閒。每事各有標目,凡二百二十六條。本末賅具,首尾貫串,敘次頗為詳悉。如所記殿閣卿寺轉銜,與《明會典》諸書互有同異。又"會議繕寫"諸條,制度甚詳,均足以備考核。其十七、十八兩卷具列館閣題名,尤足以見一代人材升降之概。廖道南撰《殿閣詞林記》,自九卷以後,多採佐書以足成之。今以此本互相檢核,其文不盡相合。蓋道南又有所點竄,以歸一家之體例。此則佐之原本耳。其文與道南之書互有詳略,可以參考證明。以繼李肇、程俱、陳騤、王士點諸人所作,唐、宋、元、明以來詞林故事,亦大略具備矣。

禮部志稾一百十卷(浙江巡撫採進本)①

明泰昌元年官修。首列纂修姓氏,自禮部尚書林堯俞至司務顧民晷等四十人。次列批委纂修,自東閣大學士、前禮部尚書孫如游至儀制司員外郎張光房等六人②。次列巡按直隸蘇松等處御史據松江府知府揭薦生員俞汝楫纂修《禮部志書》公移,並禮部准聘赴書局批文。則此書實出汝楫之手。《明史·藝文志》有俞汝楫《禮儀志》一百卷,當即此書。此題曰《禮部志稾》,蓋其草創初成,尚未定名之本也。卷首汝楫名後並列上海生員俞廷教名,為薦舉公移所無③。殆入局以後續招協修,故初揭不載歟?其書首為聖訓六卷,為洪武至隆慶詔諭,次建官、建署一卷,次總職掌一卷,次儀司職掌十六卷,次祠司職掌十卷,次客司職掌十卷,次膳司職掌及司務職掌共二卷,次歷官表四卷,次奏疏五卷,次列傳八卷,次儀司事例二十一卷,次祠司事例九卷,次客司事例九卷,次膳司事例一卷,次總事例七卷,共為一百一十卷。前列凡例三則。其"溯初制"一則稱:"研討典故,要在沿流溯源。"其"理條貫"一則稱:"典故之編,不急於薈萃,而急於貫通。"其"慎稽考"一則稱:"網羅舊聞,匪獨挂漏是懼,而考正謬誤,亦編摩第一義。"其言皆深得纂輯要領。故其書敘述詳贍,首尾該貫,頗有可觀。如釋菜、薦舉諸詔,為《明實錄》所不載;祈雪、建宮諸諭,為《嘉靖祀典》所未錄;王妃冠服、百官常服及大宴樂章,較《明史·禮樂志》為詳①;貢舉起送之額、誥敕表章之式,較《明會典》為備;經筵傳班員額,拾《明集禮》之所遺;朝覲賞賚諸制,補《星槎勝覽》、《西域行程》之闕。雖案牘之文稍傷冗雜,而取備掌故,體例與著書稍殊,固不能以是病之也。

【彙訂】

① 文淵閣《四庫》本為一百卷,其中卷八十五析為上下卷。(修世平、張蘭俊:《四庫全書總目訂誤十六則》)

② "孫如游",殿本作"孫如",誤,參書前批委纂修姓氏。孫如游,《明史》卷二百四十有傳。

③ "薦舉",殿本無。

④ "禮樂志",殿本作"禮志"。

太常續考八卷(江蘇巡撫採進本)

不著撰人名氏。考書中所錄,蓋明崇禎時太常寺官屬所輯也。凡祭祀、典禮皆詳悉具載,雖不免為案牘簿籍之文,而沿革損益之由、名物度數之細,條分縷晰,多《明史‧禮志》、《明會典》、《明集禮》及《嘉靖祀典》之所未載。蓋總括一代之掌故,則體貴簡要;專錄一官之職守,則義取博賅。言各有當,故詳略迥不同也。況《集禮》作於洪武,《會典》作於成化,《嘉靖祀典》惟載一時更張之事,自世宗以後百餘年之典制,記載闕如。此書職官題名終於崇禎十六年,則一代儀章始末尤為完具,固數典者所不可廢矣。

　　土官底簿二卷(浙江汪啟淑家藏本)

　　不著撰人名氏。朱彝尊《曝書亭集》有是書跋,但云鈔之海鹽鄭氏,亦不言作者為誰。其書備載明正德以前諸土司官爵世系、承襲削除①。觀其命名與繕寫之式,疑當時案牘之文,而好事者錄存之也。所載雲南土司百五十一家,廣西土司百六十七家,四川土司二十家,貴州土司一十五家,湖廣土司五家,廣東土司一家,共三百五十九家②。其官雖世及,而請襲之時,必以“並無世襲”之文上請;所奉進止,亦必以“姑准任事,仍不世襲”為詞。蓋其相沿體式如此,欲以示駕馭之權,不容其據譜而索故物也。然明自中葉後,撫綏失宜,威柄日弛,諸土司叛服不常,僅能羈縻勿絕而已。我國家聲靈赫濯,逆命者必誅。舊籍所載,大半皆已改土歸流。其存者亦無不革心順化,比於郡縣。此書中所列,皆前代一時苟且之制,本不足道。以《明史‧土司列傳》袛記其征伐刑政之大端,而於支派本末未能具晰。是編詞雖俚淺,而建置原委,一一可徵存之,亦足資考證焉。其地雖在中外之閒,與郡縣牧守稍殊,而受敕印、襲爵祿、納租賦、供力役、隨征調,實與官吏不殊,故《明史》不與外國同傳。今亦附載於明代職官之末焉。

【彙訂】

① 此書記載，頗涉嘉靖時官爵襲替，多處著明在嘉靖九年或十二年，最遲至嘉靖十九年（見"雲南土司沾益土知州"條及"永寧土知府"條）。（楊武泉：《四庫全書總目辨誤》）

② 《總目》所言土官家數除貴州、廣東二省皆與《土官底簿》所著錄之實數不符。當為雲南土司一百四十二家，廣西土司八十一家，四川土司十五家，湖廣土司三家。朱彝尊《曝書亭集》卷四四《書〈土官底簿〉後》曰："明制仿元舊事，分設官吏，立宣慰、招討、安撫、長官四司。雲南百五十一員，廣西百六十七員，四川二十四員，貴州一十五員，湖廣五員，廣東一員。"此係就明一代文武土司最盛時之員數而言，《總目》幾乎全襲其文，故有此誤。（同上）

詞林典故八卷

乾隆九年重修翰林院落成，聖駕臨幸，賜宴賦詩。因命掌院學士鄂爾泰、張廷玉等纂輯是書。乾隆十二年告成奏進，御製序文刊行。凡八門：一曰《臨幸盛典》，二曰《官制》，三曰《職掌》，四曰《恩遇》，五曰《藝文》，六曰《儀式》，七曰《廨署》，八曰《題名》。《臨幸盛典》即述乾隆甲子燕飲賡歌諸禮，以為是書所緣起，故弁冕於前。《官制》、《職掌》皆由西漢以至國朝，以待詔之選、寫書之官，皆自漢肇其端也。《恩遇》斷自唐代，以專官自唐代始也。於列聖及我皇上寵渥之典，別分優眷、遷擢、侍宴、賚予、詞科、考試、議敍、贈卹八子目，著聖代右文遠逾前古也。《藝文》惟收唐以來御製及應制諸作，而詞館唱和不與焉，美不勝收也。《儀式》、《廨署》亦皆斷自唐代，與《恩遇》門同例。《題名》則惟載國朝，近有徵而遠難詳也。考翰林有志，自唐李肇始。洪遵輯而錄之，凡十一家，然皆雜記之類也。其分條列目，彙為一編者，自程俱《麟臺故事》始，陳騤以下作者相仍，然皆僅記一代之事。朱彝尊作《瀛洲道古錄》，又於今制弗詳。故張廷玉等進書表稱："槐廳芸署，不少前聞；劉井柯亭，獨饒故事。但記載非無散見，而薈萃罕有全書。今仰稟聖裁，始成巨帙。元元本本，上下二千載，始末釐然。稽古崇儒之盛，洵前代之所未有矣。"

欽定國子監志六十二卷

乾隆四十三年奉敕撰。先是國子祭酒陸宗楷等輯《太學志》進呈，而所述沿革故實，濫載及唐宋以前，殊失限斷。乃詔重為改定，斷自元、明。蓋本朝國子監及文廟皆因前代遺址，其締構實始於元初也[①]。首為《聖諭》二卷，以記褒崇先聖，訓示儒林之大法。次《御製詩文》七卷，備錄列朝聖文，皇上宸翰。次《詣學》二卷，紀親祀臨雍之禮。次《廟制》二卷，前列圖説，後志建葺年月規制。次《祀位》二卷，詳載殿廡及崇聖祠諸位號。次《禮》七卷，分記釋奠、釋菜、釋褐、獻功、告祭諸儀及祭器圖説。次《樂》六卷，分記樂制、樂章、律呂、舞節二表，及禮樂諸器圖説。次《監制》一卷，詳述條規。次《官師》五卷，載設官、典守、儀制、銓除、題名表。次《生徒》七卷，載員額考校甄用及外藩之入學者。次《經費》四卷，恩賚、歲支、俸給備載焉。次《金石》五卷，冠以《欽頒彝器圖説》、御製諸碑，併元以來《進士題名碑》，而殿以《石鼓圖説》。次《經籍》二卷，具載賜書及版刻之目。次《藝文》二卷，則列諸臣章奏詩文及諸論著。《識餘》二卷，曰《紀事》，曰《綴

聞》，並捃摭雜記，以備考核。識大識小，罔弗詳賅，於以誌國家
重道崇儒、作人訓俗之盛。較諸監臣之初編，如葦籥土鼓改而為
韶鈞之奏矣。

【彙訂】

①　金朝於北京建都時已有國子監。且明洪武、建文兩朝國
子監皆在南京，北京之國子監，實始永樂。（吳廷燮：《〈太學志
稿〉提要》）

欽定歷代職官表六十三卷①

乾隆四十五年奉敕撰。粵自龍鳥水火，肇建官名。然夏、商
以前，書闕有閒，遺制不盡可考。其可考者惟《周禮》為最詳。迨
秦、漢內設九卿，外置列郡②，而官制一變。東京以後，事歸臺
閣。雖分置尚書六部，而政在中書，其權獨重。漢魏之制，至唐、
宋而又一變。明太祖廢中書省，罷丞相，盡歸其職於六部。永樂
閒復設內閣，而參以七卿。唐、宋之制，至是而又一變矣。其閒
名號品數，改革紛繁。大抵勢足以相維則乾綱不失，權有所偏屬
則魁柄必移。故官制之得失，可以知朝政之盛衰也。我國家稽
古建官，循名核實，因革損益，時措咸宜。我皇上朗照無私，權衡
獨秉，舉直錯枉，宮府肅清，尤從來史冊所未有。復念歷朝官制，
典籍具存，宜備溯源流，明其利弊。庶前規可鑑，法戒益昭。乃
特命四庫全書館總纂官內閣學士今陞兵部右侍郎臣紀昀、光祿
寺卿今陞大理寺卿臣陸錫熊、翰林院編修今陞山東布政使臣孫
士毅總校官詹事府少詹事今陞內閣學士臣陸費墀等③，考證排
次，輯綴是編，分目悉準今制。凡長貳僚屬具列焉，明綱紀也；其
兼官無正員，而所掌綦重，如軍機處之類④，亦別有專表，崇職守

也。八旗及新疆爵秩，前所未有者，並詳加臚考，著聖代之創建，遠邁邃古也。或古有而今無，或先置而後廢，並為採掇，別附於篇，備參訂也。每門各冠以表，表後詳敘建置。首列國朝，略如《唐六典》之例。次以歷代，則節引諸書，各附案語，以疏證其異同。上下數千年分職率屬之制，元元本本，罔弗具焉。考將相及百官公卿之有表，始自馬、班二史。後如《唐書》之《宰相表》、《宋史》之《宰輔表》、《明史》之《內閣七卿表》，俱沿其例。然所紀僅拜罷年月，與官制無關。且斷代為書，不相通貫，尋檢頗難。至鈔撮故實，如孫逢吉《職官分紀》之類，又但供詞藻，於實政無裨。是書發凡起例，悉稟睿裁，包括古今，貫串始末，旁行斜上，援古證今，經緯分明，參稽詳密。不獨昭垂奕禩，為董正之鴻模，即百爾臣工，各明厥職，用以顧名而思義，亦益當知所儆勖矣。

【彙訂】

① 文淵閣《四庫》本為七十二卷。（沈治宏：《中國叢書綜錄訂誤》）

② "置"，底本作"制"，據殿本改。（崔富章：《文瀾閣〈四庫全書總目〉殘卷之文獻價值》）

③ "四庫全書館總纂官內閣學士今升兵部右侍郎臣紀昀光祿寺卿今升大理寺卿臣陸錫熊翰林院編修今升山東布政使臣孫士毅總校官詹事府少詹事今升內閣學士臣陸費墀等"，殿本作"四庫全書館總纂官臣紀昀臣陸錫熊臣孫士毅總校官臣陸費墀等"。

④ "如軍機處之類"六字，殿本無。姚文棟《軍機故事》云："今武英殿本《歷代職官表》無軍機一門。"（余嘉錫：《四庫提要辨證》）

右職官類"官制"之屬,十五部,三百七十五卷[1],皆文淵閣
著錄。

【彙訂】

[1] "三百七十五卷",底本作"三百六十五卷",據殿本改。

州縣提綱四卷(永樂大典本)

不著撰人名氏。楊士奇《文淵閣書目》題陳古靈撰。古靈
者,宋陳襄別號也。襄字述古,侯官人。慶曆二年進士,官至右
司郎中樞密直學士。事蹟具《宋史》本傳。史稱其蒞官所至,必
講求民間利病。沒後友人劉彝視其篋,得手書數十幅,皆言民
事。則此書似當出於襄。然襄所著《古靈集》尚傳於世,無一字
及此書。又所著《易講義》、《郊廟奉祀禮文》、《校定夢書》等,見
《宋史·藝文志》、《福建通志》、《說郛》中,不言更有此書。晁、陳
二家書目亦皆不著錄。書內有"紹興二十八年"語,又有"昔呂惠
卿"、"昔劉公安世"語。考襄卒於元豐三年,距南渡尚遠,不應載
及紹興。且劉、呂皆其後進,不應稱"昔",其非襄撰明甚。今《永
樂大典》所載本蓋據元初所刻,前有吳澄序,止言前修所撰,不著
其名氏,蓋澄亦疑而未定。知《文淵閣書目》所題當出譌傳,不足
據矣。其書論州縣蒞民之方,極為詳備。雖古今事勢未必盡同,
然於防姦釐弊之道,抉摘最明。而首卷推本正己省身,凡數十
事,尤為知要,亦可為司牧之指南。雖不出於襄手,要非究心吏
事,洞悉民情者不能作也。

官箴一卷(浙江鮑士恭家藏本)

宋呂本中撰。本中有《春秋集解》,已著錄。此乃其所著居
官格言,凡三十三則。《宋史》本中《列傳》備列其著作之目,不載

是書。然《藝文志》"雜家類"中乃著錄一卷。此本載左圭《百川學海》中，後有寶祐丁亥永嘉陳昉跋，蓋即昉所刊行。或當日偶然題記，如歐陽修《試筆》之類，本非有意於著書。後人得其手稾，傳寫鐫刻，始加標目，故本傳不載歟？本中以工詩名家，然所作《童蒙訓》，於修己治人之道具有條理，蓋亦頗留心經世者[1]。故此書多閱歷有得之言，可以見諸實事。書首即揭"清慎勤"三字，以為當官之法，其言千古不可易。王士禎《古夫于亭雜錄》曰："上嘗御書'清慎勤'三大字，刻石賜內外諸臣。案此三字，呂本中《官箴》中語也[2]。"是數百年後，尚蒙聖天子採擇其說，訓示百官，則所言中理可知矣。至其論不欺之道，明白深切，亦足以資儆戒。雖篇帙無多，而詞簡義精，固有官者之龜鑑也。

【彙訂】

[1]《官箴》實即脫胎於《童蒙訓》。呂祖謙《東萊別集》卷六《家範》收有呂本中《舍人官箴》，有嘉泰四年(1204)呂喬年跋，可知至遲在該年《童蒙訓》原本中為官之道的內容已被析出，即《官箴》。(粟品孝：《呂本中〈官箴〉出自〈童蒙訓〉原本考》)

[2]《三國志·李通傳》裴松之注引王隱《晉書》曰："(李秉)嘗答司馬文王問，因以為家誡曰：昔侍坐於先帝，時有三長吏俱見。臨辭出，上曰：'為官長當清，當慎，當勤，修此三者，何患不治乎？'"(錢大昕：《十駕齋養新錄》)

百官箴六卷(內府藏本)

宋許月卿撰。月卿字太空，後更字宋士，婺源人。始以軍功補校尉，理宗時換文資就舉，以《易》魁江東。廷對賜進士及第，官至浙江西運幹。賈似道當國，召試館職，語不合，罷去。閉門著書,自號泉田子。宋亡不仕,遁蹟十年乃卒,亦志節之士也。
是書仿揚雄《官箴》,分曹列職,各申規戒。考《宋史・百官志》,
經筵乃言路兼官;二府掾乃樞密中書屬吏;參知政事以門下中書
侍郎為之;登聞院隸諫議,進奏院隸給事中,俱轄於門下省;軍器
監、文思院俱轄於工部。是書皆各自為箴。蓋以所掌之事區分,
故既列本職,又及其兼官;既列總司,又及其所分掌,非複出也。
又考《永樂大典》所載宋何異《中興百官題名》,雖殘闕不完,而所
標官署職掌與此書頗有異同。蓋自元豐變制以後,品目至為淆
雜。南渡以後,分析併省,益以靡恒。此書據一時之制言之,故
互有出入也。前有月卿進表,稱:"《百官箴》並發凡言例共七
帙",而今止六卷。校以次第,實無遺漏。殆原本凡例自為一卷,
傳錄者合併之歟? 虞人之箴,遠見《左傳》,繩闕匡違,其風自古。
月卿效法其本,雖申明職守,僅托空言。而具列官邪,風戒有位,
指陳善敗,觸目警心,亦未嘗無百一之裨焉。

　　畫簾緒論一卷(浙江鮑士恭家藏本)

　　宋胡太初撰。太初,天台人。端平乙未,其外舅陶某出宰香
溪,太初因論次縣令居官之道,凡十五篇以貽之。後十七年,為
淳祐壬子,太初出守處州。越明年,復得是槁於其戚陶雲翔,遂
鋟諸版,以授屬縣。其目首曰盡己,次曰臨民、曰事上、曰寮寀、
曰御吏、曰聽訟、曰治獄、曰催科、曰理財、曰差役、曰賑卹、曰行
刑、曰期限、曰勢利,而終之以"遠嫌"。條目詳盡,區畫分明,蓋
亦《州縣提綱》之類也。書中臚列事宜,雖多涉宋代條格,與後來
職制不盡相合。然其大旨以潔己清心、愛民勤政為急務。言之
似乎平近,而反覆推闡,實無不切中事情。《世說新語》載傅氏有

《理縣譜》,其書不傳。牧民者能得是編之意而變通之,則此一卷
書亦足以補其闕矣。

三事忠告四卷(桂林府同知李文藻刊本)

元張養浩撰。養浩字希孟,號雲莊,濟南人。官至禮部尚書,
參議中書省事。天曆中,拜陝西行臺中丞。卒諡文忠。事蹟具
《元史》本傳。養浩為縣令時,著《牧民忠告》二卷,凡十綱,七十二
子目。為御史時,著《風憲忠告》一卷,凡十篇。入中書時,著《廟
堂忠告》一卷,亦十篇。其言皆切實近理而不涉於迂闊。蓋養浩
留心實政,舉所閱歷者著之。非講學家務為高論,可坐言而不可
起行者也。明張綸《林泉隨筆》曰:“張文忠公《三事忠告》,誠有位
者之良規。觀其在守令則有守令之式,居臺憲則有臺憲之箴,為
宰相則有宰相之謨。醇深明粹,真有德者之言也。考其為人,能
竭忠徇國,正大光明,無一行不踐其言。”云云。其推挹可謂至矣。
三書非一時所著,本各自為編。明洪武二十二年,廣西按察司僉
事揚州黃士宏〔弘〕合為一卷刻之,總題曰《為政忠告》[①],陳璉為
序。案,此本序文中稱《為政忠告》,而其標題亦稱《三事忠告》序,蓋重刻所追改。
宣德六年,河南府知府李驥重刻,改名《三事忠告》。考《書》稱“任
人、準夫、牧作三事”,《詩》稱“三事大夫”,皆在王左右之尊階,施
於《廟堂忠告》猶為近之。御史、縣尹不在是列,如曰以三職所治
為三事,則自我作古,轉不及“為政”之名為該括一切矣。蓋明人
書帕之本好立新名,而不計其合於古義否也。相沿已數百年,不
可復正,今姑以通行之名著錄,而附訂其乖舛如右。

【彙訂】

①“題”,殿本作“提”,誤。文淵閣《四庫》本書前提要不誤。

御製人臣儆心錄一卷

順治十二年世祖章皇帝御撰[①]。凡八篇：一曰植黨，二曰好名，三曰營私，四曰徇利，五曰驕志，六曰作偽，七曰附勢，八曰曠官。前有御製序。蓋因勳臣譚泰、石漢、大學士陳名夏等，先後以驕怙伏法，因推論古今來姦臣惡蹟[②]，訓誡羣臣，俾共知炯鑑也。夫一氣流行，化生萬品，鸞梟並育，穀稗同滋，實理數之不得不然。故有君子必有小人，雖唐虞盛時，四凶亦廁名於朝列，無論秦、漢以下也。不幸而遇昏亂之世，則匪人得志，其禍遂中於國家，前明諸權倖是也。幸而遇綱紀修明之時，則翔陽所照，物無匿形，雖百計彌縫，終歸敗露，則陳名夏諸人是也。在我世祖章皇帝聖裁果斷，睿鑒英明，足以駕馭羣材，照臨萬象，雷霆一震，鬼蜮潛蹤。雖有僉壬，諒不敢復蹈覆轍。而聖人慮周先事，杜漸防微，恐小人惟利是營，多昏其智，於陳名夏等不以為積慝已稔，自取誅夷，反以為操術未工，別圖揜蓋。因特頒宸翰，普示班聯。曲推其未發之謀，明繪其欲施之策，俾共知所聚黨而私議者，已畢在洞照之中。如九金鑄鼎，先圖魑魅之形，儻逢不若，皆可以指而目之，名而呼之。山鬼之伎倆，自窮而無所逞也。國家重熙累洽百有餘年，列聖相承，並乾綱獨斷，從無如前代姦臣得以盜竊魁柄者，豈非祖宗貽謀有以垂萬年之家法哉！

【彙訂】

①　據文淵閣《四庫》本，此書為王永吉撰。（彭忠德：《古代官箴文獻略說》）

②　"推論古今來"，殿本作"推古來"。

右職官類"官箴"之屬，六部，十七卷，皆文淵閣著錄。

史 部 三 十 六

職 官 類 存 目

歷代銓政要略一卷（編修程晉芳家藏本）

舊本題宋楊億撰。億字大年，浦城人。雍熙初，年十一，召試詩賦，授祕書省正字。淳化中，命試翰林，賜進士第。天禧中，官至工部侍郎、翰林學士，兼史館修撰。卒諡曰文。事蹟具《宋史》本傳。此書《宋史·藝文志》不著錄，億本傳亦不載，惟曹溶《學海類編》收之。細核其文，乃《册府元龜》"銓政"一門總序也，已為割裂作偽。又億雖預修《册府元龜》，而據晁氏《讀書志》，總其事者尚有王欽若，同修者更有錢惟演等十五人，作序者亦有李維等五人。億於諸序，不過奉敕點竄，何所見而此序出億手？此真隨意支配者矣。

太常沿革二卷（永樂大典本）

元任杺撰。杺始末未詳，此書乃其為太常博士時所修。前有危素序，素時亦為太常博士故也。上卷志沿革，下卷皆職官題名。始自中統，迄於至正，所載當時奏牘文移，皆從國語譯出，未經修潤。又案《元太常集禮》一書，中載官屬職掌，曰都監、曰祭祠局、曰鑾儀局、曰法物庫、曰神廚局,皆有事於太廟之官,而以署令一人、丞一人統之。此上、下兩卷中俱未載及,轉以典書附於卷末,義例殊不可解。危素序云:"寺升院,院有正、從二品之異。其增損官吏,祿秩弗同,具載此書。"然大要已具於《元史》矣。

南臺備要二卷(永樂大典本)

元劉孟保等撰。前有江南行御史臺都事索元岱序[1],稱至元十四年立行臺於維揚,以式三省,以統諸道[2],即今江南諸道行御史臺之在集慶者也[3]。中臺嘗併其官屬、除拜合為一書,刊布中外,所謂《憲臺通紀》是已。至正癸未,藁城董公守簡授湖廣行省中丞,欲別為載籍,以便觀覽。迺命掾屬劉孟保等歷披案牘[4],稽覈故實,裒集成編。則此書乃補《憲臺通紀》之遺者也[5]。考《憲臺通紀》久已散佚,《永樂大典》亦僅存其卷首。故不著於錄,而惟存此書之目焉。

【彙訂】

①"劉孟保"乃"劉孟琛"之誤。"索元岱",殿本作"素元岱",誤。《永樂大典》卷二六一〇、二六一一載《南臺備要》二卷,前有奉直大夫江南諸道行御史臺都事索元岱序。《國史經籍志》卷三、《千頃堂書目》卷九職官類均著錄索元岱《南臺備記》二十九卷。(陳垣:《書傅藏〈永樂大典〉本〈南臺備要〉後》)

②"以",殿本脫,參索元岱序。

③"江南諸道行御史臺",底本作"江南諸道行臺御史",據索元岱序及殿本乙。

④"歷披案牘",索元岱序及殿本作"披牘歷案"。

⑤《憲臺通紀》專紀中臺(御史臺)之事,《南臺備要》則專紀南臺(江南諸道行御史臺)之事,非補《憲臺通紀》之遺者。(陳垣:《書傅藏〈永樂大典〉本〈南臺備要〉後》)

官職會通二卷(安徽巡撫採進本)

明魏校撰。校有《周禮沿革傳》,已著錄。此書又敷衍其說,以明之六部配周之六官,其所屬官因以附焉。僅有《天官》、《地官》、《春官》、《夏官》四篇,蓋亦未成之稾。每述一官,必曰"今欲正某官之職"云云。然言之則成理,行之則必窒。自漢以來,未有以《周禮》致太平者也。

南廱志二十四卷(浙江汪啟淑家藏本)

明黃佐撰。佐有《泰泉鄉禮》,已著錄。南都太學建於明太祖吳元年。景泰中,祭酒吳節嘗撰志一十八卷。嘉靖初,祭酒崔銑重纂未就。佐得其遺牘,因復加修訂,以吳《志》為本而增損成之。凡事紀四,職官表二,雜考十二,列傳六。書法一準史例,頗為詳備。惟《音樂考》一門多泛論古樂,皆佐一己之見,於太學制度無涉,殊失限斷。其第十八卷《經籍考》①,當時以委助教梅鷟成之。鷟學問淹貫,故敍述亦具有本末。書成於嘉靖二十二年,而中有萬曆中事,蓋後人隨時續添者也。

【彙訂】

① 第十七、十八卷為《經籍考》。(王式通:《〈南雍志經籍考〉提要》)

虔臺志十二卷(浙江范懋柱家天一閣藏本)

明蕭根等撰。根爵里未詳。宏治甲寅,汀、漳盜起,楚、粵之不逞者和之,於是設巡撫都御史治贛州,以控制諸省。至甲子罷置。正德庚午，盜攻武平縣，乃復建焉。嘉靖壬寅，巡撫虞守愚命根等編纂虔臺始末為此書。序次草創，略備故事而已。贛州在陳以前曰南康，至隋改為虔州。宋紹興二十二年，校書董德元上言："虔州號虎頭城，非佳名。"廷議以虔有虔劉之意，因改名贛州。後人詞翰，兼用古名。然施於詩賦則可，此記明代職官，而用南宋以前之地名，殊於體例未安。且名虔州時無御史臺，於文義亦為杜撰。明人著述往往如斯，糾之不可勝糾也。

吕梁洪志一卷(户部尚書王際華家藏本)

明馮世雍撰。世雍，江夏人。嘉靖癸未進士，官工部主事。明時運道，自徐州泝吕梁洪入濟，設洪夫以牽綯。歲命工部屬官一員董其事，謂之吕梁分司。世雍嘗領其職，因述前後建置始末，及官署、祠廟、歷任姓氏，以成斯志。凡八篇，篇首各有序，末復繫以贊語。

郧臺志略九卷(浙江范懋柱家天一閣藏本)

明徐桂撰。桂，潛山人。嘉靖乙未進士，官郧陽府知府。先是，成化初，原傑撫定荆、襄流民，置郧陽府，設提督撫治一員鎮之。嘉靖二十五年，慈溪葉照以右副都御史領其任，桂等輯比事略為此書。前二卷載建置、興地、公廨、官職，後七卷為劾奏、政賦、兵防、著述。此本有嘉靖以後事[①]，則金臺于湛等繼為撫治，又附益之也。

【彙訂】

① "此本"，殿本作"所載"。

虔臺續志五卷(浙江范懋柱家天一閣藏本)

明陳燦撰。燦里貫未詳，官贛州府教諭。此書乃嘉靖中巡

撫南贛等處右副都御史談愷屬燦等所輯。紀宏治以後設官沿革
及分地統轄之制，以續蕭根之書。首一卷為《輿圖考》，後四卷則
編年紀事。據其凡例，稱於《虔臺志》悉仍其舊，凡所損益，別為
一編。蓋視舊志又稍變其例矣。

南京太常寺志十三卷（浙江巡撫採進本）

明汪宗元撰。宗元號春谷，崇陽人。嘉靖己丑進士，官至總
理河道右副都御史。是書乃宗元為南京太常寺卿時所輯，分謨
訓、規制、職官、禮書、樂書、舊制、薦獻、祭告、祭器、祿食、夫役、
列傳為十二門。所記各祀祝文、陳設及樂章、樂器，皆較《明會
典》、《集禮》諸書為備。至於薦獻品物、應祀宮觀及署中藏經字
號、存貯什器，皆條列不遺焉。

南京太僕寺志十一卷（浙江巡撫採進本）

明雷禮撰[1]。禮有《明六朝索隱》，已著錄[2]。是書乃其官
南京太僕寺少卿時所作。據其凡例，稱首載洪武以後歷朝諭
旨，次以事例、官司、轄屬、規制、官田、種馬、草場、冊籍、俸徭
九志，而列傳、遺文終焉。茲本祇十一卷，《草場》以下全佚，非
完書矣。

【彙訂】

[1]《浙江省第十次呈送書目》、《浙江採集遺書總錄》皆著錄
作"余允〔胤〕緒撰"。明嘉靖刻本此書戚賢序謂古和雷公、玉崖
余公編纂。（杜澤遜：《四庫存目標注》）

[2]《總目》卷四八著錄雷禮撰《明大政記》、《明六朝索隱》，
而里貫在《明大政記》條下。依《總目》體例，此條當作"禮有《明
大政記》，已著錄"。（胡玉縉：《四庫全書總目提要補正》）

太僕寺志十四卷（浙江巡撫採進本）

明顧存仁撰。存仁字伯剛，太倉人。嘉靖壬辰進士，官至太僕寺卿。是書分官職題名、馬政、事例、蠲貸、苑馬、祠祀、官署、庫藏、點調、軍馬圖、文錄十一門。然脫略太多。如“馬政”一門，上沿歷代，而漢以後各史所載如梁之南牧、左右牧，北齊之乘黃、左右龍各署，皆闕而不敘。“文錄”一門，載漢之《天馬歌》、唐杜甫之《驄馬行》，是類何預太僕事？詩集充棟，又烏可勝收乎？

浙省分署紀事本末六卷（兩淮鹽政採進本）

明茅坤撰。坤有《徐海本末》，已著錄。是書之作，蓋以湖州烏戍一鎮，界連六縣，跨帶兩省，姦盜易於窟穴。郡人致仕副使施儒以嘉靖十七年疏於朝，請設縣不果，議置通判。後因通判權輕，不足以彈制諸屬，旋亦汰除。萬曆元年始設同知以統之。因作是書以紀其始末。

留臺雜記八卷（兩淮鹽政採進本）

明符驗撰。驗有《革除遺事》，已著錄。是編乃其為巡按南直隸御史時所作，專記南京御史臺故事。因以上溯列朝設官命職之由，分為十類，曰天文，曰院址，曰院臺，曰官制，曰職守，曰俸秩，曰廨宇，曰職官表，曰宸翰，曰碑記。驗自為序，述其凡例。然輿地之書動陳星野，已屬影響之談，一官一署而首志“天文”，其亦迂而鮮要矣。

南京吏部志十五卷（浙江巡撫採進本）

明汪宗伊撰。宗伊字子衡，崇陽人。嘉靖戊戌進士，官至南京吏部尚書。是編乃其為文選郎中時所作。首聖訓，次建官，次公署，次職掌，次歷官表傳[①]，次藝文。前有宗伊所作志引[②]，謂白之尚書吳嶽，創為部志。又諮之曾官吏部者侍郎李棠、大理卿杜拯、太僕卿殷邁、鴻臚卿孫鑨、應天府丞邱〔丘〕有巖，郎中顧闕、鄒國儒、袁尊尼、傅良諫，主事蔡悉、聶廷璧，網羅散失，以成此編，頗為詳悉。黃氏《千頃堂書目》載宗伊尚有《留銓志餘》二卷，蓋即補志中所遺者。今其書未見云。

【彙訂】

①　"歷官表傳"，殿本作"列官表傳"。

②　"志引"，殿本作"之引"。

吏部職掌無卷數（兩淮馬裕家藏本）

明黃養蒙撰。方九功、王篆續修。養蒙，南安人。嘉靖辛丑進士，官至戶部右侍郎。九功，南陽人。嘉靖丙辰進士，官至南京工部右侍郎。篆有《江防考》，已著錄。是編於明嘉、隆以前吏部制度沿革，載之最悉。蓋排纂案牘而為之，猶今之六部則例也。

念初堂集十二卷（江西巡撫採進本）

不著撰人名氏。首題《念初堂集》，其書則志太學之略也。案，鄧元錫《函史》下編載"嘉靖閒王祭酒材官司業時，考稽典訓，作《太學志》六編。編為之序，序各有志，並鈔撮其略"云云，蓋即是書也。書列典制、謨訓、禮樂、政事、論議、人材六門，門各分上、下二卷。材，江西新城人。嘉靖辛丑進士，官至太常寺卿，掌國子監祭酒事。元錫竟稱為祭酒，非也。

公侯簿三卷（浙江范懋柱家天一閣藏本）

不著撰人名氏。前有嘉靖九年公牘一篇，又有嘉靖二十六年公牘一篇。蓋吏部驗封司所存冊籍，相續編纂者也。鄭汝璧

《明功臣封爵考》稱"舊有底簿",殆即指是書矣。

詞林典故一卷附翰苑須知一卷(浙江巡撫採進本)

明張位撰。位有《問奇集》,已著錄。此乃其官翰林學士時所輯詞館通行典例。自經筵日講以迄輿從服色,凡分三十二門。《翰苑須知》則庶常館規及俸祿錢糧數目。當時刊版置院中,入館者人給一冊。然率據案牘原文,不加潤飾,往往鄙俚可笑,不足以繼《翰林志》、《翰苑羣書》後也。乾隆十有二年,我皇上嘉惠詞垣,徵求文獻,特命輯《詞林典故》一書。本末源流,粲然具備,木天佳話,榮冠古今。是編殘闕之餘,蓋不足以為典據,今姑附存其目焉。

明功臣封爵考八卷(浙江范懋柱家天一閣藏本)

明鄭汝璧撰。汝璧有《明帝后紀略》,已著錄。是編成於萬曆丙子,乃其為吏部驗封司郎中時所輯[1]。紀明代諸臣封爵,凡分類二十。曰開國,曰靖難,曰征西,曰征交趾,曰征南,曰征北,曰征蠻,曰征番,曰禦寇,曰捕反,曰備倭[2],曰戰勝,曰戰歿,曰歸附,曰推戴,曰海運,曰營建,曰迎立,曰奪門,曰外戚。其以恩澤、恩幸、方術及追贈封者,並附錄之。分世封、除封為二類,而採券文、宗圖及鄭曉吾《吾學編》本傳附入,閒以所見聞補其闕略。起於洪武,迄於隆慶。據其自序,蓋以驗封司舊有功臣底簿,病其弗全,因續為補綴成此帙云。

【彙訂】

①"司",據殿本補。

②"備倭",殿本作"倭"。據明萬曆刻本此書凡例、目錄,應作"捕倭"。

館閣漫錄無卷數(浙江范懋柱家天一閣藏本)

不著撰人名氏。據焦竑《國史經籍志》載是書十卷,題張元忭撰。二人相去不遠,必有據也。元忭有《紹興府志》,已著錄。是書所錄皆明成祖至武宗時翰林除授遷改之事,編年紀載,亦閒有論斷。首題"洪武三十五年"者,成祖革除建文四年年號,仍稱洪武三十五年故也。

披垣人鑑十七卷附錄一卷(兩淮鹽政採進本)

明蕭彥撰。彥字思學,涇縣人。隆慶辛未進士,官至湖廣總督。是書乃萬曆二十年彥為兵科給事中時與同官王致祥等同輯明代六科名姓鄉貫出處始末,共為一編[1]。以天順以前為前集,成化以後迄萬曆為後集。首冠以《官制沿革》及《兩朝謨訓》各一卷,而以題名碑記諸篇附於其末。

【彙訂】

① 此書有明萬曆甲申楊巍序。甲申乃萬曆十二年(1584)。(錢茂偉:《明代史學編年考》)

職官志一卷附后紀妃嬪傳外戚傳三篇(副都御史黃登賢家藏本)

不著撰人名氏。所紀惟部院寺監諸司職掌,不及武臣及外官,蓋非足本也。其敘歷朝官制至穆宗而止,閒有稱"今上"云云者,蓋書成於萬曆中。記載寥寥,不足以存掌故。末附《后紀》,稱史官楊繼禮撰。此書殆即繼禮史局殘本,偶留於世歟? 繼禮,華亭人,萬曆壬辰進士[1]。

【彙訂】

① "壬辰",殿本作"庚辰",誤。《明清進士題名碑錄》載楊

繼禮乃萬曆二十年壬辰二甲第九名。

楚臺記事七卷(浙江汪啟淑家藏本)

明李天麟撰。天麟字公振，武定人。萬曆庚辰進士。由牧馬千戶所軍籍中式，故自稱燕人。官至監察御史巡按湖廣①。是書即在湖廣所作，分《地理圖說》為四卷，《兵糧圖說》為三卷，又雜載章奏、禮儀、堂規、供應等舊例。猥雜煩瑣，與書吏簿籍無異。其載賻餽賀儀、銀數多寡，以官階大小為準，可見當時苞苴陋習。而公然載之簡牘，毫無顧憚，尤足徵明政之不綱也。

【彙訂】

① 雍正《山東通志》卷一五之一《選舉志》，於萬曆八年庚辰科進士李天麟名下注："武定州人，按察使。"按察使為正三品，巡按御史僅為正七品，應言"官至按察使"。(楊武泉：《四庫全書總目辨誤》)

符司紀六卷(副都御史黃登賢家藏本)

明劉日升撰。日升，廬陵人。萬曆庚辰進士，官至應天府尹。是編乃其官尚寶司卿時所輯，具載典璽事規及各官牙牌，各府衛金牌、令牌之制。後有附錄一卷，為秦嘉楨所續輯。嘉楨，德清人，續此書時官尚寶司丞，其始末未詳。

舊京詞林志六卷(內府藏本)

明周應賓撰。應賓有《九經考異》，已著錄。應賓嘗以左諭德少詹事兩掌南京翰林院事，故著此書，專記南院故事。永樂以後，定都北京，事有關於南院者亦錄之。分紀事、紀典、紀官三門。洪武初，建翰林國史院於皇城內，賜扁曰"詞林"。洪武十四年，改翰林國史院為翰林院，又別建廨舍，非故地矣。獨"詞林"

之稱，自洪武以後皆沿之，故應賓取以為名焉。

南京鴻臚寺志四卷（江蘇周厚堉家藏本）

明桑學夔撰。學夔，濮州人。萬曆壬辰進士，官光祿寺少卿攝鴻臚寺事。明初置侍儀司，洪武九年改殿廷儀禮司，三十年始改為鴻臚寺。永樂北遷，乃以故署之在留都者加"南京"二字，而儀禮亦因之有繁簡隆殺。其後竟習簡易，故學夔創為寺志，以復典章之舊。然昧於取裁，不諳體例。屬官考語備載於册，而卿丞諸人之傳率全錄焦竑《獻徵錄》舊文，漫無刪節。至以王守仁曾官此職，遂以良知講學語書之累牘，尤支蔓之甚矣。

官制備考二卷（浙江汪啟淑家藏本）

舊本題明李日華撰。日華有《梅墟先生別錄》，已著錄。是書因明代官制而上溯歷代之沿革，大抵取備書啟之用。舛漏頗多，不足以備考證。末附文武爵秩數條，並著京外官之稱呼，尤未免於舛陋。疑日華未必至此，殆坊賈託名也。

續宋宰輔編年錄二十六卷（安徽巡撫採進本）

明呂邦燿撰。邦燿字元韜，錦衣衛籍，順天人。萬曆辛丑進士，官至通政司右參議。邦燿既刊行宋徐自明《宰輔編年錄》，復作是編以續之。起寧宗嘉定九年，終衛王昺祥興二年。其體例皆仿原書而詳略失宜，遠不及自明之精核。蓋此書大旨在紀拜罷歲月，以備考證。至其人行事本末，則史家自有專傳，原無庸複引繁稱。自明於每人略述梗概，最為得體。邦燿乃并朝廷之事廣為摭錄，正史以外，並據諸說以附益之，泛濫殊甚。又自明每人具載命官及罷免制詞，足徵一朝典故。嘉定以後，雖無專書可考，而見於南宋文集者尚有流傳，邦燿不能蒐輯增補[①]，而反斥其有無不足重輕,尤為寡識。至如元順帝為瀛國公子,不獨説本荒唐,亦與宰輔編年全無關涉,乃亦累牘連篇,詞繁不殺,真可謂漫無體要者矣。

【彙訂】

①"增補",殿本作"考補"。

南京工部志十八卷(兩淮馬裕家藏本)①

明朱長芳撰。長芳,上海人。南京國子監生。天啟初編修神宗、光宗兩朝實錄,博採志乘,諸部寺舊無志者,咸創為之。南京工部尚書何熊祥因使長芳輯舊牘為此編。

【彙訂】

①"兩淮馬裕家藏本",底本作"兩淮鹽政採進本",據殿本改。(江慶柏:《殿本、浙本〈四庫全書總目〉著錄圖書進獻者主名異同考》)

南京都察院志四十卷(兩淮馬裕家藏本)

明施沛撰。沛始末未詳,其修此書時則為南京國子監生。時董其事者為操江副都御史徐必達,亦天啟初因修兩朝實錄而作也。

南京行人司志十六卷(浙江巡撫採進本)

明翁逢春撰。逢春,吳縣人。南京國子監生。分詔命、建官、公署、儀注、奏疏、年表、列傳、藝文八門。董其事者為南京行人司左司副彭維成。前有維成序,序末私印作"萬曆給諫"四字。考維成字元性,盧陵人。萬曆辛丑進士,以刑科給事中謫是官,故自標此目。然既志行人,宜以行人為斷。是書乃載維成為給事中時奏疏①,是六科志,非行人司志矣。又載維成一切來往書牘,居"藝文"十之五六,是維成之別集,非官書矣。殆全不知體例為何事也。

【彙訂】

① "給事中",殿本脫"中"字。

留都武學志五卷(兩淮鹽政採進本)

明徐伯徵撰。伯徵字孺臺,海寧人。萬曆己未進士,官至揚州府知府。明之武學,建於正統壬戌。因御史彭勛之請,選教授、訓導等官以專教京衛武官之子。有南京國子監祭酒陳敬宗所撰碑,備載始末①。是編乃天啟三年伯徵官南京武學教授時所著②,分建置、典禮、制令、職官、選舉、人物、藝文七門。

【彙訂】

① 壬戌為正統七年,然余繼登《典故紀聞》卷十一、孫承澤《天府廣記》卷三"武學"條、《春明夢餘錄》卷五五、《明實錄》"正統六年七月壬寅"條皆云京衛武學建於正統六年,而建於正統七年者當為南京(留都)武學。(楊武泉:《四庫全書總目辨誤》)

② "武學",殿本作"武衛",誤。

明文武諸司衙門官制五卷(江西巡撫採進本)

不著撰人名氏。前有題詞,稱:"官制舊有成書,久而多譌。近兩淮運司翻刻者,彼善於此,而未嘗訂正,亦非善本。因照《會典》、《一統志》及現行事宜採輯成編,以廣其傳。"末署"新喻縣丞陶承慶校正,廬陵縣末學葉時用增補",乃江西書賈刊行之本也。所列官制,大抵以萬曆初年為斷。第五卷內附載上任選擇日期,而並列天體、赤口日等圖,彌為猥雜,殆不足譏。

官爵志三卷（浙江吳玉墀家藏本）

明徐石麒撰。石麒字寶摩，嘉興人。天啟壬戌進士，授工部主事，忤魏忠賢削籍。崇禎中，官至吏部尚書。南都破後，不食死。事蹟具《明史》本傳。是志述有明一代官制，歷引前代沿革，互相參證，引據頗為詳核。然大抵為《通典》、《文獻通考》所已具。

古今官制沿革圖無卷數（兩江總督採進本）

明王光魯撰。光魯有《閱史約書》，已著錄。是書載秦、漢迄於宋、元，凡官制之升降沿革頗詳悉。而限於尺幅，考據亦多所未備。明宜興路進校刊金履祥《通鑑前編》，首列《古今官制》，未著撰人姓名。今校之悉與此合，蓋即光魯本也。

明官制五卷（浙江巡撫採進本）

不著撰人名氏。備錄明代直省各府州縣文武官員品秩，暨道里遠近、編户多寡、到任期限①，皆採之《明會典》及《一統志》諸書。蓋坊閒所刊，以便仕宦之檢閱，不足以言著書也。

【彙訂】

①“期限”，殿本作“限期”。

歷代銓選志一卷（編修程晉芳家藏本）

國朝袁定遠撰。定遠里貫未詳。此書其官吏部文選司郎中時作也。歷敍各朝銓政選舉之法，略而寡當。如敍魏晉九品官人之制，而失載《漢志》限年之沿革。宋分四郡、餘郡之歲舉，梁代中正之廢置，後魏之中正與吏部並銓，皆歷朝銓選之制，悉略而不敍。金、元銓政，載於史志甚詳，亦概略之。至謂明興立制，入仕之途有三：進士、監生、吏員。不知明初三途並用，乃科舉、薦能、吏員三途。其時應薦者或以賢良方正，或以儒士，或以秀才，或以人才，皆官至卿輔，非盡在監之監生也。

歷代宰輔彙考八卷（浙江巡撫採進本）

國朝萬斯同撰。斯同有《聲韻源流考》，已著錄。是編取秦、漢以迄元、明宰輔，分職繫名，以便檢核。其於官制增損異同之處，亦閒附案語，頗為簡明。然不著拜罷年月，視諸史表例頗為簡略。又如唐代使相，以其為藩鎮加官，俱不載錄，是也。然如李克用、朱全忠、王智興、李載義、韓建等之位冠三師，亦祇屬優以空銜①，並未嘗入輔左右，而顧一概列之，則義例亦未能盡歸畫一也。

【彙訂】

① "銜"，殿本作"名"。

銓政論略一卷（江蘇巡撫採進本）

國朝蔡方炳撰。方炳有《增訂廣輿記》，已著錄。是書專論唐、宋二代銓政，頗為淺略。如謂侍郎起於隋，不知梁天監三年已有侍郎之設。謂唐選官必試於吏部，不知五品以上之不試。至接承他姓以應調，乃五代時弊政，唐時鮮有。宋時科目甚多，專舉經明行修、賢良方正二科，更見挂漏。唯所議明末專拘進士資格之弊，立論頗確云。

文武金鏡律例指南十六卷（內府藏本）

國朝凌銘麟撰。銘麟字天石，杭州人。是書成於康熙辛酉。自文武儀注品級，以及蒞任居官事宜，無不備載。又發律例大旨，而以相傳之案牘為之證據。蓋亦為初仕者設也。

南臺舊聞十六卷（浙江巡撫採進本）

國朝黃叔儆撰。叔儆有《南征記程》，已著錄。是書詳述御史典故，凡十三門。每事各註所出之書，頗為詳備①。其曰"南臺"者，據王士禎《分甘餘話》"今都察院可稱南臺，不可稱西臺"語也。

【彙訂】

① "頗為詳備"，殿本無。

右職官類"官制"之屬，四十二部，三百五十四卷，内三部無卷數。皆附存目。

牧民忠告一卷（直隸總督採進本）

元張養浩撰。養浩有《三事忠告》，已著錄。此即《三事》中之一種。魏裔介摘出別行，非完書也。

官箴一卷（左都御史張若淉家藏本）

明宣宗章皇帝御製。自都督府至儒學，凡三十五篇。前有宣德七年六月諭旨一道，稱："取古人箴儆之義，凡中外諸司，各著一篇。使揭諸廳事，朝夕覽觀，庶幾君臣交儆之道。"蓋當時嘗以頒行者。嘉靖戊戌，南京國子監祭酒倫以訓復刊布之。後載宣宗御製《廣寒殿記》一首，《玉簪花賦》一首，詩二十七首，詞曲二首，不知何人所附。叢雜不倫，殊乖編錄之體。

牧津四十四卷（浙江巡撫採進本）

明祁承爜撰。承爜字爾光，山陰人。萬曆甲辰進士，官至江西布政司參政。其書採輯歷代循吏事實，分類編次。首列《緝概》一卷，分為五目：一考名，二稽制，三述意，四論世，五辨類。

以下凡四十四卷，分經濟、消弭、匡定、節義、當機、惠愛、化導、勤節、集事、政才、政術、真誠、清德、砥躬、風力、守正、嚴肅、敦厚、忠信、明決、得情、察姦、矜慎、平恕、執持、識見、崇體、任人、治賦、救荒、詰盜、儒治三十二類。每類前各有小序。徵採既廣，不無煩碎叢雜之病。

明職一卷（浙江巡撫採進本）

明呂坤撰。坤有《四禮翼》，已著錄[1]。坤於萬曆壬辰以僉都御史巡撫山右，作此編以申飭屬吏。自弟子員之職至督撫之職，統十八篇。於省府州縣職官利弊得失，言之甚悉。

【彙訂】

[1] 呂坤身世實載於卷二八《四禮疑》條，當作"坤有《四禮疑》，已著錄"。（楊武泉：《四庫全書總目辨誤》）

仕學全書三十五卷（江西巡撫採進本）

明魯論撰。論有《四書通議》，已著錄。是書初名《聞見錄》，以明代官制法令，仿《周禮》六官分類編載，各附論斷，蓋亦備場屋對策之用者。分上、下二編，上編為六部大政，下編則自京朝直省各官職守，終於掖庭、宗藩。

政學錄五卷（直隸總督採進本）

國朝鄭端撰。端字司直，棗強人。順治己亥進士，官至江南巡撫。是編原本呂坤、余自強兩家之書而參酌之。內而閣、部、科、道，外而督、撫、司、道、守、令，應行事宜，咸載利弊。

為政第一編八卷（內府藏本）

國朝孫鋐撰。鋐字可菴，錢塘人。其書所載皆州縣職事。

分時宜、刑名、錢穀、文治四類，條目瑣碎，議論亦鄙。蓋幕客之兔園册，不足資以為治也。

百僚金鑑十二卷（内府藏本）

國朝牛天宿撰。天宿字覲薇，章邱人。康熙中官瓊州府知府[①]。是編前為《總論》七卷，以中外職官為次。取古之稱職者，略載事蹟，而以歷代官制沿革弁諸條之首[②]。八卷至十卷別列廉潔、度量、用人、刑賞、恬退、忠烈、武功七門，亦略摭事實，挂一漏萬。十一卷則載古來箴銘訓頌之類，而以己作參錯其中，至十二卷則自敍其粤中政績，而以《去思碑》終焉，未免近於自炫矣。

【彙訂】

① 依《總目》體例，當作“天宿有《海表奇觀》，已著錄”。

② “官制”，殿本作“官職”。

右職官類“官箴”之屬，八部，一百七卷，皆附存目。

卷八一

史部三十七

政書類一

志藝文者有"故事"一類。其閒祖宗創法,奕葉慎守者[①],是為一朝之故事[②];後鑒前師,與時損益者,是為前代之故事[③]。史家著錄,大抵前代事也。《隋志》載《漢武故事》,濫及稗官;《唐志》載《魏文貞故事》,橫牽家傳。循名誤列,義例殊乖。今總核遺文,惟以國政朝章六官所職者,入於斯類,以符《周官》故府之遺。至儀注、條格,舊皆別出,然均為成憲,義可同歸。惟我皇上制作日新,垂謨册府,業已恭登新笈,未可仍襲舊名。考錢溥《祕閣書目》有"政書"一類,謹據以標目,見綜括古今之意焉。

【彙訂】

① "者",底本無,據殿本補。

② "是",殿本無。

③ "是",殿本無。

通典二百卷(內府藏本)

唐杜佑撰。佑字君卿,京兆萬年人。以蔭補濟南參軍事,歷官至檢校司徒、同中書門下平章事,加太保致仕[①],謚安簡。事蹟具《唐書》本傳。先是，劉秩倣《周官》之法，摭拾百家，分門詮次，作《政典》三十五卷。佑以為未備，因廣其所闕，參益新禮，勒為此書。凡分八門：曰食貨，曰選舉，曰職官，曰禮，曰樂，曰兵刑，曰州郡，曰邊防。每門又各分子目。自序謂既富而教，故先食貨。行教化在設官，任官在審才，審才在精選舉，故選舉、職官次焉②。人才得而治以理，乃興禮樂，故次禮、次樂。教化隳則用刑罰，故次兵、次刑。設州郡分領，故次州郡，而終之以邊防。所載上溯黄、虞，訖於唐之天寶。肅、代以後，間有沿革，亦附載註中。其中如"食貨"門之《賦稅》，載《周官》貢賦，而太宰所掌九貢之法失載，載北齊租調之法，河清三年令民十八受田輸租調，而露田之數失載；《錢幣》不載陳永定元年制四柱錢法；《榷酤》不載後周榷酒坊法。"選舉"門不載齊明帝時制士人品第有九品之科，小人之官復有五等法；《考績》不載宋、齊間治民之官以三年、六年為小滿遷換法。"職官"門如《周禮・地官》有舍人、上士二人掌平宫中之政③，乃云中書舍人魏置；又《隋書》大業時改内史監為内書監，乃僅云改内史侍郎為内書侍郎；又集賢殿書院載梁有文德殿藏書，不知宋已有總明觀藏書之所。似此之類，未免間有挂漏。"兵"門所列諸子目，如分"引退取之"、"引退佯敗取之"為二門，分"出其不意"、"擊其不備"、"攻其不整"為三門，未免稍涉繁冗。而火獸、火鳥之類，尤近於戲劇。"州郡"門分九州以敘沿革，而信都郡冀州當屬兗，而誤屬冀。又極詆《水經》及酈道元《水經注》為僻書，詭誕不經，未免過當④。《邊防門》所載多數萬里外重譯乃通之國，亦有僅傳其名不通朝貢者。既不臨邊，亦無事於防，題曰《邊防》，名實亦舛。然其博取《五經》、羣史及漢魏六朝人文集、奏疏之有裨得失者，每事以類相從，凡歷代沿革，悉為記載,詳而不煩,簡而有要,元元本本,皆為有用之實學,非徒資記問者可比。考唐以前之掌故者,茲編其淵海矣。至其各門徵引《尚書》、《周官》諸條⑤,多存舊詁。如"食貨"門引《尚書》"下土墳壚"注,謂"壚,疏也",與孔疏所引《說文》"黑剛土也"互異。又"瑤琨篠簜"注:"篠,竹箭;簜,大竹",亦傳疏所未備⑥。"職官"門引《周官》"太宰之屬有司會,逆羣吏之治而聽其會計"注云"逆謂受也,受而鉤考之,可知得失多少",較賈公彥疏頗為明晰。似此之類,尤頗有補於經訓。宋鄭樵作《通志》,與馬端臨作《文獻通考》,悉以是書為藍本。然鄭多泛雜無歸,馬或詳略失當,均不及是書之精核也。

【彙訂】

①"加",殿本作"守"。

②"行教化在設官任官在審才審才在精選舉故選舉職官次焉",殿本作"行教化在設官故次職官任官在審材故次選舉"。

③"平",殿本脫,參《周禮·地官》原文。

④此書卷四《食貨四·賦稅上》載司徒"以時徵其賦",注"賦謂九賦及九貢",出自《周禮·地官·閭師》及鄭玄注,則不得謂九貢之法失載。卷二《食貨二·田制下》載:"一夫受露田八十畝,婦人四十畝,奴婢依良人。"則《食貨·賦稅》不錄,或是為避重複。《梁書·敬帝紀》載四柱錢鑄於梁太平二年(557)四月。是年十月陳霸先稱帝,改元永定,則不得謂陳永定元年制四柱錢法。《魏書·劉昶傳》載北魏孝文帝云:"我今八族以上士人品第有九,九品之外,小人之官復有七等。"事在太和二十年(496),當齊明帝建武三年,但不宜稱此法為齊明帝時制。又小人之官有七等,非五等。卷一九《職官一·歷代官制總序》"郡縣有三歲為

滿之期",注:"宋州、郡、縣居職,以三周為小滿。"則卷一五《選舉
三·考績》未載或為避重複。中書通事舍人掌傳宣詔誥,而《周
禮·地官》所載舍人:"掌平宮中之政,分其財守,以法掌其出
入。"二者職掌毫無關涉。卷二一《職官三·中書省》"中書令"、
"中書侍郎"、"中書舍人"條均言及改內史為內書。卷五三《禮十
三·大學》交代置、省總明觀始末明晰。卷一七八《州郡八·古
冀州上》明確説明信都郡地跨冀、兗二州,則歸屬古冀州、古兗州
均無不可。(陳尚君、張金耀主撰:《四庫提要精讀》)

　　⑤"周官",殿本作"周書",誤。

　　⑥"黑剛土也"乃《經典釋文》所引《説文》。《尚書·夏書·
禹貢》"篠簜既敷"句孔安國傳:"篠,竹箭;簜,大竹。"則非"傳疏
所未備"。(陳尚君、張金耀主撰:《四庫提要精讀》)

　　唐會要一百卷(浙江汪啟淑家藏本)

　　宋王溥撰。溥字齊物,并州祁人。漢乾祐中登進士第一,周
廣順初拜端明殿學士。恭帝嗣位,官右僕射。入宋,仍故官,進
司空同平章事,監修國史。加太子太師,封祁國公。卒謚康
定①。事蹟具《宋史》本傳②。初,唐蘇冕嘗次高祖至德宗九朝之
事為《會要》四十卷。宣宗大中七年,又詔楊紹復等次德宗以來
事為《續會要》四十卷,以崔鉉監修。段公路《北戶錄》所稱《會
要》,即冕等之書也。惟宣宗以後記載尚闕,溥因復採宣宗至唐
末事續之,為新編《唐會要》一百卷。建隆二年正月奏御,詔藏史
館。書凡分目五百十有四③,於唐代沿革損益之制,極其詳核。
官號內有識量、忠諫、舉賢、委任、崇獎諸條,亦頗載事蹟。其細
瑣典故,不能概以定目者,則別為雜錄,附於各條之後。又閒載

蘇冕駁議，義例該備，有裨考證。今僅傳鈔本，脫誤頗多。八卷題曰《郊儀》，而所載乃南唐事；九卷題曰《雜郊儀》，而所載乃唐初奏疏，皆與目錄不相應。七卷、十卷亦多錯入他文。蓋原書殘闕，而後人妄摭竄入，以盈卷帙。又一別本所闕四卷亦同，而有《補亡》四卷，採摭諸書所載唐事，依原目編類。雖未必合溥之舊本，而宏綱細目，約略粗具，猶可以見其大凡。今據以錄入，仍各注"補"字於標目之下，以示區別焉。

【彙訂】

① 王溥本諡文獻，後以同僖祖諱改文康，"諡康定"誤。（胡玉縉：《四庫全書總目提要補正》）

②《宋史》本傳曰："漢乾祐中舉進士甲科。"後漢乾祐年號共三年，徐松《登科記考》卷二十六據《廣卓異記》引《五代史》，定王溥為乾祐元年戊申（948）狀元。當作"漢乾祐元年登進士第一"或"漢乾祐初登進士第一"。《容齋三筆》卷九引《三朝史》本傳，載溥《自問詩》序云："予年二十有五，舉進士甲科。"《石林詩話》卷下云："五代王仁裕知貢舉，王丞相溥為狀元，時年二十六……猶及本朝，以太子太保罷歸班，年才四十二。"考溥以乾德二年（964）罷為太子太保，見《宋史》本傳及《續資治通鑑長編》卷五，則《容齋三筆》與《石林詩話》所記年歲皆合。（余嘉錫：《疑年錄稽疑》；鄭騫：《宋人生卒考示例》）

③ 其分目為五百九十二，其中二十一目分上下篇，實得五百七十一目。（王樹民：《史部要籍解題》）

五代會要三十卷（兩江總督採進本）

宋王溥撰。五代干戈俶擾，百度陵夷。故府遺規，多未暇修舉。然五十年閒法制典章,尚略具於累朝《實錄》。溥因檢尋舊史,條分件繫,類輯成編。於建隆二年與《唐會要》並進[①],詔藏史館。後歐陽修作《五代史》,僅列《司天》、《職方》二考,其他均未之及。如晉段容〔顒〕[②]、劉昫等之議廟制,周王朴之議樂,皆事關鉅典,亦略而不詳。又如經籍鏤版,昉自長興。千古官書,肇端於是。崇文善政,豈宜削而不書?乃一概刊除,尤為漏略。賴溥是編,得以收放失之舊聞,厥功甚偉。至於"租稅"類中載周世宗讀《長慶集》,見元微之所上《均田表》,因令製素成圖,頒賜諸道。而歐《史》乃云世宗見元微之《均田圖》,是直以《圖》為元微之作,乖舛尤甚。微溥是編,亦無由訂歐《史》之謬也。蓋歐《史》務談襃貶,為《春秋》之遺法;是編務核典章,為《周官》之舊例。各明一義,相輔而行,讀《五代史》者又何可無此一書哉?

【彙訂】

① "於",殿本無。

② "段容"當作"段顒",乃避嘉慶諱改。殿本作"段顒"。

宋朝事實二十卷(永樂大典本)

宋李攸撰,《文獻通考》作李伋。按攸字好德,義從《洪範》。若作"伋"字,與好德之義不符。《宋史·藝文志》亦作李攸,《通考》傳寫誤也[①]。陳振孫《書錄解題》稱其官為承議郎,而不詳其里貫。《江陽譜》稱[②]:"政和初編輯《西山圖經》、《九域志》等書,瀘帥孫羲叟招[③]原注:下有闕文。書上,轉一官[④]。張浚入朝,約與俱,以家事辭。"考西山屬成都府,瀘州屬潼川路,則攸當為蜀人。其曰"張浚入朝",蓋紹興四年浚自川陝宣撫使召還時也。其書據《江陽譜》[⑤],蓋上起建隆,下迄宣和,凡六十卷。其三十卷先聞於時，後以餘三十卷上之，因語觸秦檜，寢其書不報。故晁、陳二家書目俱作三十卷，與《譜》相合⑥。而趙希弁《讀書附志》、《宋史·藝文志》乃俱作三十五卷。今書中有高、孝兩朝登極赦詔，及紹興閒南郊赦詔，而紀元亦迄於紹興。殆又有所附益，兼及南宋之初歟⑦？攸熟於掌故，經靖康兵燹之後，圖籍散佚，獨汲汲搜輯舊聞，使一代典章粲然具備，其用力頗為勤摯。所載歷朝登極、南郊、大赦詔令，太宗親製《趙普碑銘》、《西京崇福宮記》、《景靈西宮記》、《大晟樂記》，往往為《宋文鑑》、《名臣碑傳琬炎〔琰〕集》⑧、《播芳大全》諸書所闕漏。他如宗室換官之制，不見於《宋史·職官志》；郊祀勘箭之儀，不詳於《禮志》。太廟、崇寧廟圖，紫宸殿、集英殿上壽賜宴，再坐、立班、起居諸圖，宮架鼓吹十二案圖，尤為記宋代掌故者所未備。至其事蹟之異同、年月之先後、記載之詳略，尤多可與《東都事略》、《續通鑑長編》及《宋史》互相參訂。又如石晉賂契丹十六州，分代北、山前、山後，足訂薛、歐《五代史》稱山後十六州之誤。周世宗兵下三關，並載淤口關，亦足補薛、歐二《史》祇載瓦橋、益津二關之闕。當時如江少虞《事實類苑》、《錦繡萬花谷》多引用之，《宋史》亦多採用其文。第原本久佚，惟散見於《永樂大典》各韻下者尚存梗概，而割裂瑣碎，莫由考見其體例。惟趙希弁《讀書附志》稱“祖宗世次、登極、紀元、詔書、聖學、御製、郊廟、道釋、玉牒、公主、官職、爵邑、勳臣、配享、宰執拜罷、科目、儀注、兵刑、律曆、籍田、財用、削平僭偽、升降州縣、經略幽燕之類，具載本末”云云，蓋即當日之門目。今據以分類編次，釐為二十卷。雖未悉復原書之舊，而綱舉目從，咸歸條貫，亦得其十之七八矣。攸別有《通今集》二十卷，《宋史·藝文志》入“故事類”，今佚不傳。又嘗上書秦檜，戒以居寵思危，尤為侃侃不阿。則其人亦足重，不獨以博洽見長云[9]。

【彙訂】

① 殿本"傳"上有"蓋"字。

② "江陽譜"，殿本作"原序"。

③ 殿本"招"後有"之"字，後小字注殿本無。此書卷末《江陽譜》此處無"之"字。

④ "一"，底本作"三"，據《江陽譜》原文及殿本改。

⑤ "江陽譜"，殿本作"原序"。

⑥ "譜"，殿本作"序"。

⑦ 書中記至理宗、度宗事，則至南宋末仍有附益也。（李裕民：《四庫提要訂誤》）

⑧ "琬炎"，當作"琬琰"，乃避嘉慶諱改。殿本作"琬琰"。

⑨ "云"，殿本作"矣"。

建炎以來朝野雜記四十卷（兩淮鹽政採進本）

宋李心傳撰。心傳有《建炎以來繫年要錄》，已著錄[1]。心傳長於史學，凡朝章國典，多所諳悉。是書取南渡以後事蹟，分門編類。甲集二十卷，分上德、郊廟、典禮、制作、朝事、時事、故事、雜事、官制、取士、財賦、兵馬、邊防十三門。乙集二十卷，少"郊廟"一門，而末卷別出"邊事"，亦十三門[2]。每門各分子目。雖以"雜記"為名，其體例實同會要。蓋與《建炎以來繫年要錄》互相經緯者也。甲集成於嘉泰二年，乙集成於嘉定九年，書前各自有序。周密《齊東野語》嘗論"所載趙師睪犬吠乃鄭斗所造[3]，以報撻武學生之憤[4]。許及之屈膝、費士寅狗竇，亦皆不得志報

私讎者撰造醜詆。所謂韓侂胄僭逆之類,悉無其實"云云。蓋掇
拾羣言,失真者固亦不免。然於高、孝、光、寧四朝禮樂刑政之
大,以及職官科舉、兵農食貨,無不該具,首尾完贍,多有馬端臨
《文獻通考》、章俊卿《山堂考索》及《宋史》諸志所未載。故《通
考》稱為"南渡以來野史之最詳者",王士禎《居易錄》亦稱其"大
綱細目,粲然悉備,為史家之巨擘,言宋事者當必於是有徵焉"。
其書在宋有成都辛氏刊本,並冠以國史本傳暨宣取《繫年要錄》
指揮數通。今惟寫本僅存。案張端義《貴耳三集》序稱心傳告以
《朝野雜記》丁、戊二集將成⑤,則是書尚不止於甲、乙二集,而
《書錄解題》及《宋史》本傳均未之及。殆以晚年所輯,書雖成而
未出,故世不得見歟?

【彙訂】

① 依《總目》體例,當作"心傳有《丙子學易編》,已著錄"。

② 武英殿聚珍本此書乙集為二十卷十二門,《函海》小字本
增"邊事"一門。不應僅據一種版本而下結論。(來可泓:《李心
傳事蹟著作編年》)

③ "趙師𢍰",殿本作"趙師𤱔",誤。趙師𢍰,《宋史》卷二四
七有傳。《津逮祕書》本《齊東野語》亦誤作"趙師𤱔"。

④ 據葉紹翁《四朝聞見錄》戊集"犬吠村莊"條及《南宋館閣
續錄》卷八,"鄭斗"應作"鄭斗祥"。(徐規點校:《建炎以來朝野
雜記》)

⑤《貴耳集》三集皆各有序,《總目》所引乃出第一集
序:"……秀巖李心傳先生見之,則曰:'余有《朝野雜錄》至戊、已
矣,借此以助參訂之缺。'"《總目》"丁戊"乃"戊己"之誤。(李裕
民:《四庫提要訂誤》增訂本)

西漢會要七十卷（浙江汪啟淑家藏本）

宋徐天麟撰。天麟字仲祥，臨江人。開禧元年進士，調撫州
教授。歷武學博士，通判惠、潭二州，權知英德府。事蹟附見《宋
史·徐夢莘傳》。《傳》稱天麟為通直郎得之之子，夢莘之從子。
晁公武《讀書志》則稱為夢莘之子。考樓鑰《攻媿集》有《西漢會
要》序，曰："徐思叔為《左氏國紀》，其兄祕閣商老為《北盟錄》。
已而思叔之子孟堅著《漢官考》，次子仲祥又作《漢會要》。"商老，
夢莘之字。思叔，得之之字也。然則史不誤而晁氏誤矣[1]。其
書仿《唐會要》之體，取《漢書》所載制度典章見於紀、志、表、傳
者，以類相從，分門編載。其無可隸者，亦依蘇冕舊例，以雜錄附
之。凡分十有五門，共三百六十七事。嘉定四年，具表進之於
朝，有旨付尚書省，藏之祕閣。班固書最稱博贍，於一代禮樂刑
政，悉綜括其大端。而理密文繁，驟難得其體要。天麟為之區分
別白，經緯本末，一一犁然，其詮次極為精審。惟所採祇據本史，
故於漢制之見於他書者概不採掇，未免失之於隘。又如"輿服"
門中於司馬相如、揚雄諸賦，鋪張揚厲之語，一概摘入，殊非事
實，亦為有乖義例。然其貫串詳洽，實未有能過之者。昔人稱顏
師古為《漢書》功臣，若天麟者，固亦無媿斯目矣。

【彙訂】

①《郡齋讀書志》衢本、袁本並趙希弁《後志》、《附志》皆無
論評徐天麟其人其書之文字。（楊武泉：《四庫全書總目辨誤》）

東漢會要四十卷（浙江范懋柱家天一閣藏本）

宋徐天麟撰。天麟官撫州教授時，既奏進《西漢會要》。後
官武學博士時，續成此書，於寶慶二年復奏進之。其體例皆與前

書相合。所列亦十五門，分三百八十四事。惟《西漢會要》不加
論斷，而此書則閒附以案語，及雜引他人論說。蓋亦用蘇冕駁議
之例也。東漢自光武中興，明章嗣軌，皆汲汲以修舉廢墜為事。
典章文物，視西京為盛。而當時載筆之士^①，如《東觀紀》及華
嶠、司馬彪、袁宏之類，遺編斷簡，亦閒有留傳^②。他若《漢官
儀》《漢雜事》《漢舊儀》諸書，為傳註所徵引者，亦頗犁然可考。
故東漢一代故事，較西漢差為詳備。天麟據范書為本，而旁貫諸
家，悉加衰次。其分門區目，排比整齊，實深有裨於考證。中閒
如獻帝子濟陰王熙、山陽王懿、濟北王邈、東海王敦，雖為曹氏所
置，旋即降為列侯。然既以封建立國，自當著之《帝系》"皇子"條
下，以表其實。乃因范書無傳，遂削而不書，未免闕漏。又天麟
自序中稱劉昭因范氏遺緒，註補入志，而不知其為司馬彪《續漢
書志》，實非范書，晁公武已譏之，則亦偶然失檢。然其大體詳
密，即稍有蹉駁，固不足以為累也。其書世所傳者皆據宋本傳
鈔，第三十七、三十八兩卷全闕，三十六、三十九兩卷亦各佚其
半，無可考補，今亦並仍之焉。

【彙訂】

① "士"，殿本作"事"，誤。

② "留傳"，殿本作"流傳"。

漢制考四卷（兩江總督採進本）

宋王應麟撰。應麟有《周易鄭康成註》，已著錄。是編因《漢
書》《續漢書》諸志，於當日制度，多詳於大端，略於細目。因撫
採諸家經註及《說文》諸書所載，鉤稽排纂，以補其遺，頗足以資
考證。又以唐時賈、孔諸疏，去古已遠，方言土俗，時異名殊。所

謂某物如今某物，某事如今某事者，往往循文箋釋，於舊文不必
悉符，亦一一詳為訂辨。如《周禮疏》不知"步搖"、"假紒"及"五
夜"，《儀禮疏》不知"偃領"之類，不一而足，應麟皆為旁引證明。
又《周禮·太史職》註云"太史抱式"，疏曰："占文謂之式。"應麟
則別引《藝文志》《羨門式法》以解之。考式者，候時之儀器。
《史記·日者列傳》"旋式正棋"，《漢書·王莽傳》"天文郎案式於
前，日時加某"，皆指此器。所引亦較舊義為長。其中偶失考定
者，如"鄉士"鄭註云[①]："三公出城，郡督郵盜賊道。"蓋漢時郡掾
分部屬縣為督郵，其分治各曹者亦名督郵。故《朱博傳》云："為
督郵書掾。"此督郵盜賊，蓋掾主捕盜賊者。其不加"掾"字，猶
《巴郡太守張納碑陰》書"督盜賊枳李街"也。此職又主為三公導
行，故云"督郵盜賊道"。道、導字，古通用也。賈公彥疏乃謂"使
舊為盜賊之人，督察郵行往來"，於義為誤。應麟沿用其說，未免
千慮之一失。要其大致精核，具有依據，較南宋末年諸人侈空談
而鮮實徵者，其分量相去遠矣。

【彙訂】

　　① "鄉士"，殿本作"士師職"，誤，參《周禮·鄉士》鄭注。
"鄭註"，殿本無"鄭"字。

　　文獻通考三百四十八卷(内府藏本)[①]

　　元馬端臨撰。端臨字貴與，江西樂平人，宋宰相廷鸞之子
也。咸淳中，漕試第一。會廷鸞忤賈似道去國，端臨因留侍養，
不與計偕。元初起為柯山書院山長，後終於台州儒學教授[②]。
是書凡《田賦考》七卷，《錢幣考》二卷，《戶口考》二卷，《職役考》
二卷，《徵榷考》六卷，《市糴考》二卷，《土貢考》一卷，《國用考》五

卷,《選舉考》十二卷,《學校考》七卷,《職官考》二十一卷,《郊祀考》二十三卷③,《宗廟考》十五卷,《王禮考》二十二卷,《樂考》十五卷④,《兵考》十三卷⑤,《刑考》十二卷,《經籍考》七十六卷⑥,《帝系考》十卷,《封建考》十八卷,《象緯考》十七卷⑦,《物異考》二十卷,《輿地考》九卷⑧,《四裔考》二十五卷⑨。其書以杜佑《通典》為藍本。《田賦》等十九門,皆因《通典》而離析之;《經籍》、《帝系》、《封建》、《象緯》、《物異》五門,則廣《通典》所未及也。自序謂:"引古經史謂之'文',參以唐宋以來諸臣之奏疏、諸儒之議論,謂之'獻'。故名曰《文獻通考》。"中如《田賦考》載唐租庸調之制,而據《唐會要》,則自開元十六年以後,其法屢改;載五代田賦之制,而據《五代會要》,尚有天成四年戶部奏定三京諸府夏秋稅法一事,乃一概略之。楊炎定兩稅法奏疏,最關沿革,亦佚不載。《職役考》載口算之制,而《漢書》永建四年除三輔三年逋租、過更、口算、芻槀詔書不載。《徵榷考》詳載鹽鐵,而《五代會要》後唐長興四年諸道鹽鐵轉運使奏定鹽鐵條例不載。又"雜稅"載菓菜之稅,而《漢書》永元六年流民販賣勿出租稅詔不載。"國用"門載漕運興廢,而《後漢書》建武七年罷護漕都尉,建初三年罷常山諸處河漕不載。其載唐代東都及鄭州諸處漕運措置,亦不及《唐會要》之詳。歷代賑恤,於漢既載本始四年之詔,而略三年郡國傷旱甚者民毋出租賦之詔。《選舉考》詳載兩漢之選舉,而《漢書》元封四年詔舉茂才異等,始元元年遣廷尉持節行郡國舉賢良,永光元年詔舉樸質敦厚遜讓有行者,光祿歲以此科第郎從官,俱不載。《學校考》辨先聖、先師之分,而《唐會要》貞觀二十一年詔以孔子為先聖,顏回等為先師之制不載。至《職官考》則全錄杜佑《通典》,五代建置尤敍述寥寥。核以王溥《五代會

要》、孫逢吉《職官分紀》，僅得其十之一二。《郊祀考》多引經典，
而《尚書》之"肆類于上帝"不載。《逸周書》、《白虎通》、《三輔黃
圖》所載周明堂之制最詳，亦不及徵引。又載歷代明堂之制，而
梁武帝改作明堂，詳於《隋書·禮儀志》者不載。地祇之祭祇引
《周官》及《禮記·郊特牲》，而《禮運》祭地瘞繒及《考工記》"玉人
兩圭五寸祀地"之文不載。漢祀后土之制，祇載《漢舊儀》祭地河
東，而《漢官儀》北郊壇在城西北諸制不載。又雩祭引《左傳》、
《周禮》註疏，而《禮記·祭法》"雩，宗祭水旱也"，《爾雅》"舞號，
雩也"，皆不載。祭日月，祇引《禮記》、《周禮》，而《大戴禮》"天子
春朝朝日，秋暮夕月"，及《尚書大傳》"古者帝王以正月朝迎日于
東郊"，皆不載。於漢制既載宣帝時成山祠日、萊山祠月，而建始
時罷此祠，復立於長安城事，又不載。《社稷門》引各經註疏所論
社制，而《周書·作雒篇》建社之制及蔡邕《獨斷》所載天子大社
之制，皆不載。祀山川亦引經傳，而《儀禮·覲禮》"祭山丘陵升，
祭川沈"，《爾雅》"祭山曰庪縣，祭川曰浮沈"，皆不載。又分代詳
載，而獨略北齊天保元年分遣使人致祭於五嶽四瀆。《宗廟考》
載後魏七廟之制，祇引《禮志》改七廟之詔，不知興建沿革詳於
《孫惠蔚》本傳。又唐初建七廟，《新唐書·禮樂志》多略，而不參
用《舊唐書·禮儀志》。《王禮考》載周之朝儀，而不引《周書·王
會解》。又詳載歷代朝儀，而不載《史記·秦本紀》始皇三十五年
營作朝宮。載漢代朝儀，而不載《續漢書·禮儀志》所載常朝之
制。又興服之載於史志者，必詳敘卿士大夫，如漢制"二千石車
朱兩轓"之類[10]，所以明差等也，而一概從略。《樂考》載五代廟
樂，不如《五代會要》之詳。《兵考》載晉兵制至悼公四年而止，其
後治兵邾南，甲車四千乘不載[11]。載魯兵制自昭公蒐紅始，而成

公元年作丘甲，襄公十一年作三軍，昭公五年舍中軍，俱不載。《經籍考》卷帙雖繁，然但據晁、陳二家之目。參以諸家著錄，遺漏宏多。《輿地考》亦本歐陽忞《輿地廣記》，罕所訂補。大抵門類既多，卷繁帙重，未免取彼失此。然其條分縷析，使稽古者可以案類而考。又其所載宋制最詳，多《宋史》各志所未備。案語亦多能貫穿古今，折衷至當。雖稍遜《通典》之簡嚴，而詳贍實為過之，非鄭樵《通志》所及也。

【彙訂】

① 文淵閣《四庫》本尚有卷首一卷。（沈治宏：《中國叢書綜錄訂誤》）

② 馬端臨實未嘗任台州儒學教授，此書卷首《抄白》云："本路樂平州儒人馬端臨，前宋宰相碧梧先生之子。昨蒙都省咨發，再任衢州路柯山書院山長。見類各路儒學教授選內，即目間居聽除。"（金毓黻：《中國史學史》）

③ "二十三卷"，殿本作"三十三卷"，誤。此書卷六十八至九十為《郊祀考》。

④ "十五卷"，殿本作"三十一卷"，皆不確。此書卷一百二十八至一百四十八為《樂考》，計二十一卷。

⑤ "十三卷"，殿本作"十八卷"，誤。此書卷一百四十九至一百六十一為《兵考》。

⑥ "七十六卷"，殿本作"七十八卷"，誤。此書卷一百七十四至二百四十九為《經籍考》。

⑦ "十七卷"，殿本作"二十七卷"，誤。此書卷二百七十八至二百九十四為《象緯考》。

⑧ "九卷"，殿本作"十八卷"，誤。此書卷三百一十五至三

百二十三為《輿地考》。

⑨“二十五卷”，殿本作“二十四卷”，誤。此書卷三百二十四至三百四十八為《四裔考》。

⑩“轓”，殿本作“旛”，誤。《漢書》卷五《景帝紀》：“令長吏二千石車朱兩轓，千石至六百石朱左轓”。

⑪“千”，底本作“十”，據殿本改。《左傳·昭公十三年》：“七月丙寅，（晉昭公）治兵於邾南，甲車四千乘。”

明會典一百八十卷（江蘇巡撫採進本）

明宏治十年奉敕撰。十五年書成，正德四年重校刊行。故卷端有孝宗、武宗兩序。其總裁官為大學士李東陽、焦芳、楊廷和，副總裁官為吏部尚書梁儲，纂修官為翰林院學士毛紀、侍講學士傅珪，侍讀毛澄、朱希周，編修潘辰，並列銜卷首。然皆武宗時重校諸臣。其原修之大學士徐溥等，竟不列名，未詳當日何意也①。其體例以六部為綱。吏、禮、兵、工四部諸司，各有事例者，則以司分。户、刑二部諸司但分省而治，共一事例者，則以科分。故一百八十卷中，宗人府自為一卷弁首外，餘第二卷至一百六十三卷，皆六部之掌故。一百六十四卷至一百七十八卷為諸文職，末二卷為諸武職，特附見其職守沿革而已。南京諸曹則分附北京諸曹末，不別立條目。惟體例與北京異者，乃別出焉。其官制前後不同者，如太常司改為太常寺之類，則書其舊名，而註曰“後改為某官”。其別開公署者，如鴻臚寺本為儀禮司之類，則書其新名，而註曰“本為某官”。其户口貢賦之盈縮、制度科條之改易，亦相連併載，以見變通創建之由。大抵以洪武二十六年諸司職掌為主，而參以《祖訓》、《大誥》、《大明令》、《大明集禮》、《洪武禮制》、《禮儀定式》、《稽古定制》、《孝慈錄》、《教民榜文》、《大明律》、《軍法定律》、《憲綱》十二書，於一代典章最為賅備。凡史志之所未詳，此皆具有始末，足以備後來之考證。其後嘉靖八年復命閣臣續修《會典》五十三卷，萬曆四年又續修《會典》二百二十八卷。今皆未見其本，莫知存佚。殆以嘉靖時祀典太濫，萬曆時秕政孔多，不足為訓，故世不甚傳歟[②]？

【彙訂】

① 據《武宗實錄》卷四七正德四年五月詔："先年劉健等以編纂《會典》為名，多所靡費，已升之職俱革之。其書仍令大學士李東陽等覆視更定，務令明白。"則弘治時原修諸臣其職俱已革除，不復令與纂修之事。而據《明史》徐溥本傳，溥已先於弘治十一年卒。（徐鵬、劉遠遊：《四庫提要補正》）

②《明會要》卷二六明言嘉靖二十八年亦曾重修《會典》，然嘉靖朝所修並未刊刻，何來傳本？萬曆間又續修後，內府即付刊刻。《天祿琳琅書目》（纂修於乾隆四十年）卷八著錄萬曆本《大明會典》於明版史部，可知修四庫全書時內府藏有萬曆刊本。因其所載女真史事為清廷所忌，故棄而不錄。今萬曆刊《明會典》不乏流傳之本。（徐鵬、劉遠遊：《四庫提要補正》；鞠明庫：《〈四庫全書〉緣何不收萬曆〈大明會典〉》）

七國考十四卷（兩淮馬裕家藏本）

明董說撰。說有《易發》，已著錄。是編載秦、齊、楚、趙、韓、魏、燕七國制度。分職官、食貨、都邑、宮室、國名、羣禮、音樂、器服、雜記、喪制、兵制、刑法、災異、瑣徵十四門。皆採掇諸書，以相佐證，略如會要之體。大致以《戰國策》、《史記》為本，而以諸子、雜史補其遺闕。其所援引如劉向《列仙傳》、張華《感應類從志》、《子華子》、《符子》、王嘉《拾遺記》之類，或文士之寓言，或小說之雜記，皆據為典要。而《月令》所載太尉、大酋之屬，註者明曰秦官，乃反遺漏，未免去取不倫。又既以七國為名，自應始自分晉以後。而秦之寺人，上引《車鄰》；楚之兩廣，遠徵《左傳》，則於斷限有乖。《新序》載魏王欲為中天之臺，許綰諫止，未必實有其事。即有之，亦議而未行。而《魏宮室》門中乃出一"中天臺"。《莊子》載無盛鶴列於麗譙，蓋城闕之通名，非魏所獨有，乃於《魏宮室》中標一目曰"麗譙"。《琴操》載韓殺聶政之父，乃古來之常制，非韓所創，乃於《韓刑法》中標一目曰"殺"，亦嫌於苟盈卷帙。至於秦水心劍事，本見《續齊諧記》，乃云《白帖》。秦舍晉侯於靈臺，本見《左傳》，乃云《列女傳》。亦往往不得其出典。觀其前後無序跋，而《齊職官》門註"封君、后妃附"，乃祇有封君而無后妃。殆說未成之槀，偶為後人傳錄歟？然春秋以前之制度，有經傳可稽，秦、漢以下之故事，有史志可考。惟七雄雲擾，策士縱橫，中閒一二百年，典章制作，實蕩然不可復徵。說能參考諸書，排比鉤貫，尚一一各得其崖略，俾考古者有徵焉。雖閒傷蕪漫，固不妨過而存之矣。

欽定大清會典一百卷

乾隆二十九年奉敕撰。伏考國朝會典，初修於康熙三十三年，續修於雍正五年。至是凡三經釐定[①]，典章彌備，條目彌詳。考昔成周之制，百度分治以六官，六官統彙於《周禮》。聖人經世之樞要，於是乎在。雖越數千載，時勢異宜，政令不能不增，法制不能不改，職守亦不能不分，難復拘限以六官。而其以官統事，以事隸官，則實萬古之大經，莫能易也。故歷代所傳，如《唐六典》、《元典章》、《明會典》，遞有損益，而宏綱鉅目，不甚相遠。然其書之善否，則不盡繫編纂之工拙，而繫乎政令之得失。蓋一朝之會典，即記一朝之故事。故事之所有，不能刪而不書；故事之所無，亦不能飾而虛載；故事有善有不善，亦不能有所點竄變易。如《唐六典》先頒祥瑞之名目②，分為三等，以待天下之奏報，殆於上下相罔。然當時有此制，秉筆者不能不載也。又如《至正條格》中偏駁不公之令，經御題指摘者，人人咸喻其非，然亦當時有此制，秉筆者不能不載也。國多粃政，安怪書多駁文乎？至於《周禮》一經，朱子稱其盛水不漏。亦其時體國經野，事事為萬世開太平。故其書亦傳之萬世，尊為法守，非周公有所塗飾於其閒也。我國家列聖相承，文謨武烈，垂裕無疆，規畫既皆盡善。我皇上執兩用中，隨時損益，又張弛皆衷於道，增刪悉合其宜。則是書之體裁精密，條理分明，足以方駕《周禮》者，實聖主鴻猷上軼豐鎬也夫，豈歷代規條所能望見涯涘乎？

【彙訂】

①《清聖祖實錄》卷一一五載，康熙二十三年五月"纂修《大清會典》，命大學士勒德洪、明珠、李霨、王熙、吳正治為總裁官"。清世宗、高宗御製序亦作康熙二十三年。《清聖祖實錄》卷一四五載，康熙二十九年四月，《大清會典》告成。《清世宗實錄》卷二〇載，雍正二年五月開始續修《大清會典》。卷一三一載，雍正十一年五月告成。《清高宗實錄》卷二八二載，乾隆十二年正月開始續修《大清會典》。卷七七五載，乾隆三十一年十二月正式告成。（喬治忠：《四庫全書總目清代官修史書提要訂誤》）

②殿本"先"上有"中"字。

欽定大清會典則例一百八十卷

乾隆二十九年奉敕撰，與《大清會典》同時告成。《會典》原本以則例散附各條下，蓋沿歷代之舊體。至是乃各為編錄，使一具政令之大綱，一備沿革之細目，互相經緯，條理益明。考《周禮》為一代之典制，而六官所職，其文頗略。其見於諸書者，如都城之廣狹，《左傳》稱“先王之制，大都不過參國之一，中五之一，小九之一”，《逸周書·作雒解》稱“大縣城方王城三之一，小縣城方王城九之一”。其文相合，當為周之舊典，而《周禮》無之。又太子生之禮，《左傳》稱“接以太牢，卜士負之，士妻食之”，《禮記·內則》所載文雖稍詳，其事並同。當亦為周之舊典，而《周禮》亦無之。知《周禮》舉其要，而度數節次之詳，則故府別有其記載，與六典相輔。又《左傳》載：“王以鞏伯宴而私賄之，使相告之曰：‘非禮也，勿籍。’”知當日王室之禮，或改於舊，必籍而記之，以為故事。其書雖不傳，其文則旁見側出，散在古籍者，尚灼然可考也。然則《會典》之外，別為《則例》，正三代之古義矣。其閒隨時損益之蹟，悉出聖人之化裁。蓋帝王創制顯庸，有百世不變之大經，《詩》所謂“不愆不忘，率由舊章”是也；有因時制宜之大用①，《記》所謂“一張一弛，文武之道”是也。即政典之因革，以仰窺皇心之運量，精一執中，具昭於是，豈徒備掌故而已哉？

【彙訂】

① “時”，殿本作“事”。

欽定續文獻通考二百五十二卷

乾隆十二年奉敕撰。馬端臨《文獻通考》斷自宋寧宗嘉定以前，採摭宏富，體例詳賅，元以來無能繼作。明王圻始捃拾補綴，為《續文獻通考》二百五十四卷。體例糅雜，顛舛叢生，遂使數典之書，變為兔園之策，論者病焉。然終明之世，亦無能改修。豈非以包括歷朝，委曲繁重，難於蒐羅而條貫之哉？我皇上化洽觀文，道隆稽古，特命博徵舊籍，綜述斯編。黜上海之野文，補都陽之巨帙。採宋、遼、金、元、明五朝事蹟議論，彙為是書。初議於馬氏原目之外增《朔閏》、《河渠》、《氏族》、《六書》四門。嗣奉敕修《續通志》，以《天文略》可該朔閏，《地理略》原首河渠，《氏族》、《六書》更鄭樵之舊部，既一時並撰，即無容兩笈複陳，故二十四門仍從馬氏之原目。其中如《錢幣考》之載鈔銀，《象緯考》之詳推步，於所必增者乃增；《物異考》之不言徵應，《經籍考》之不錄佚亡，於所當減者乃減。亦不似王氏之橫生枝節，多出贅疣。大抵事蹟先徵正史，而參以說部、雜編。議論博取文集，而佐以史評、語錄。其王圻舊本，間有一長可取者，沙中金屑，亦不廢搜求。然所存者，十分不及其一矣。至於考證異同，辨訂疑似，王本固為疏陋，即馬本亦略而未詳。茲皆本本元元，各附案語，一折衷於聖裁。典核精密，纖悉不遺，尤二書所不逮焉。蓋王圻著述務以炫博，故所續《通考》及《稗史彙編》、《三才圖會》之類，動盈二三百卷，而無所取材。此書則每成一類，即先呈御覽，隨事指示，務使既博且精，故非惟可廢王氏之書，即馬氏之書歷來推為絕作，亦陶鑄之而有餘也。

欽定皇朝文獻通考二百六十六卷①

乾隆十二年奉敕撰。初與五朝《續文獻通考》共為一編。乾隆二十六年，以前朝舊事，例用平書，而述昭代之典章，錄列朝之詔諭、尊稱、鴻號,於禮當出格跳行,體例迥殊,難於畫一,遂命自開國以後,別自為書。後《續通典》、《續通志》皆古今分帙,即用此書之例也。其二十四門,初亦仍馬氏之目。嗣以《宗廟考》中用馬氏舊例附錄羣廟,因而載入敕建諸祠。仰蒙睿鑒周詳,綸音訓示,申明禮制,釐定典章。載筆諸臣始共知尊卑有分,名實難淆,恍然於踵謬沿譌之失。乃恪遵聖諭,別立《羣廟》一門,增原目為二十五。其中子目,《田賦》增八旗田制,《錢幣》增銀色、銀直及回部普兒,《戶口》增八旗壯丁,《土貢》增外藩,《學校》增八旗官學,《宗廟》增崇奉聖容之禮,《封建》增蒙古王公,皆以今制所有而加。《市糴》刪均輸、和買、和糴,《選舉》刪童子科,《兵考》刪車戰,皆以今制所無而省。至《象緯》增推步,《物異》刪《洪範》五行,《國用》分為九目,尊號册封之典自《帝系》移入《王禮》,則斟酌而小變其例者也。考馬氏所敘宋事,雖以世家遺蔭,多識舊聞,然計其編摩,實在入元以後,故典章放失,疏略不詳。理宗以下三朝,以國史北移,更闕無一字。案,理宗以後國史,元兵載以北歸,事見《宋季三朝政要》序。今則聖聖相承,功成文煥。實錄記注,具錄於史官;公牘奏章,全掌於籍氏。每事皆尋源竟委,賅括無遺。故卷帙繁富,與馬氏原本相埒。夫《尚書》兼陳四代,而《周書》為多;《禮記》亦兼述三王,而周禮尤備。蓋監殷監夏,百度修明,文獻足徵,蒐羅自廣,有不必求博而自博者矣。

【彙訂】

① 文淵閣《四庫》本為三百卷,書前提要不誤。(沈治宏:《中國叢書綜錄訂誤》)

欽定續通典一百四十四卷

乾隆三十二年奉敕撰。杜佑《通典》終於天寶之末。是書所續，自唐肅宗至德元年訖明崇禎末年。凡《選舉》六卷，《職官》二十二卷，《禮》四十一卷，《樂》七卷，《兵》十二卷，《刑》十六卷，《州郡》十八卷，《邊防》四卷，《食貨》十八卷①。篇目一仍杜氏之舊。惟杜氏以《兵制》附《刑》後，今則《兵》、《刑》各為一篇，稍有不同。考古者虞廷九官，有士而無司馬。凡蠻夷寇賊，一隸於士。《魯語》臧文仲稱："大刑用甲兵，其次用斧鉞；中刑用刀鋸，其次用鑽筰；薄刑用鞭朴。"則兵、刑可以為一。又《左傳》紀少昊以祝鳩為司馬，爽鳩為司寇，而秋官、夏官《周禮》亦分兩職。則兵、刑亦可為二。以事蹟多寡，卷帙繁簡，酌為門目之分合，其宏旨仍不異也。至於編纂之例，唐代年祀稍遠，舊典多亡。五代及遼，文獻靡徵，史書太略，則旁搜圖籍以求詳。明代見聞最近，雜記實繁；宋、金及元著作本多，遺編亦夥，則嚴核異同以傳信。總期於既精既博，不濫不遺。案，《宋史·藝文志》有宋白《續通典》二百卷，今其書已亡。陳振孫《書錄解題》載其"咸平三年奉詔，四年九月書成。起唐至德初，迄周顯德末"。又載王欽若言："杜佑《通典》上下數千載為二百卷，而其中四十卷為開元禮②。今之所載二百餘年，亦如前書卷數，時論非其重複。"茲編仰稟聖裁，酌乎繁簡之中。而九百七十八年內典制之源流，政治之得失，條分件繫，綱舉目張。誠所謂記事提要，纂言鉤元③，較諸杜氏原書，實有過之無不及。宋白所續，更區區不足道矣。

【彙訂】

① 文淵閣《四庫》本為《食貨》十六卷，《禮》四十卷，《兵》十

五卷,《刑》十四卷,《州郡》二十六卷,餘同,凡一百五十卷。(沈治宏:《〈中國叢書綜錄〉史部著錄失誤原因析》)

②《通典》所載開元禮自卷一〇六至一四〇,凡三十五卷。(李裕民:《四庫提要訂誤》)

③"記事提要纂言鉤元",殿本作"記事必提其要"。

欽定皇朝通典一百卷

乾隆三十二年奉敕撰。以八門隸事,一如杜佑之舊。其中條例則或革或因,如《錢幣》附於《食貨》,《馬政》附於《軍禮》,《兵制》附於《刑法》。於理相近①,於義有取者,今亦無所更易。至於古今異制②,不可强同。如《食貨典》之榷酤、算緡,《禮典》之封禪,前朝弊法,久已為聖代所除。即一例從刪,不復更存虛目。又《地理典》以統包歷代,分併靡常,疆界參差,名稱舛互。故推原本始,以九州提其大綱。今既專述本朝,自宜敬遵今制。況乎威弧震疊,式廓版章,東屆出日之邦,西括無雷之國。山河兩戒,並隸職方。近復戡定冉駹,開屯列戍,皇輿廣闊,更非九州舊界所能包。故均以《大清一統志》為斷,不更以《禹貢》州域紊昭代之黃圖。至杜氏述唐朝掌故與歷代共為一書,故皆分綴篇終。其文簡略,亦體裁所限,不得不然。今則專勒一編,式昭國典。當法制修明之世,鴻猷善政,史不勝書,故卷目加繁,溢於舊笈。且杜氏所採者,惟《開元禮》為詳。今則謨烈昭垂,各成完帙。禮有《大清通禮》、《皇朝禮器圖式》,樂有聖祖御製《律呂正義》、皇上御製《律呂正義後編》,刑有《大清律例》,兵有《中樞政考》,地理有《皇輿表》、《大清一統志》、《欽定日下舊聞考》、《盛京通志》、《熱河志》、《滿洲源流考》、《皇輿西域圖志》。又有《大清會典》及

《則例》總其綱領,《八旗》及《六部則例》具其條目。故縷分件繫,端委詳明,用以昭示萬年,誠足媲美乎《官》、《禮》,又豈杜氏之掇拾殘文、裒合成帙所可同日語哉!

【彙訂】

① "相近",殿本作"相通"。

② "制",殿本作"志",誤。

欽定皇朝通志二百卷①

乾隆三十二年奉敕撰。"二十略"之目亦與鄭樵原本同,而紀傳年譜則省而不作。蓋實錄國史,尊藏金匱,與考求前代、刪述舊文,義例固不侔也。至於二十略中,有原本繁而今汰者三:《都邑略》中樵兼載四裔所居,非但約略傳聞,地多無據,且外邦與帝京並列,義亦未安。今惟恭錄興京、盛京、京師城闕之制,以統於尊。《謚略》中樵分三等二百十品,多所臆定。今惟恭錄賜謚,以昭其慎。《金石略》中樵所採頗雜,今惟恭錄列聖寶墨、皇上奎章,兼及御定《西清古鑑》、《三希堂帖》、《淳化軒帖》、《蘭亭八柱帖》諸刻。餘悉不登,以滌其濫。有原本疏而今補者二:《天文略》中樵惟載《步天歌》,今則敬遵聖祖仁皇帝御製《儀象考成》、《靈臺儀象志》、皇上御製《儀象考成後編》,會通中西之法,以究象緯之運行。《地理略》中樵以四瀆統諸水,而州縣郡道,以水為別。今則於其不入四瀆者,大河以北如盛京、京畿諸水,大江以南如浙、閩、甌、粤諸水,以及滇南、漠北諸水自入南、北海者,並一一補載。而河有重源,今底定西域而始知者,亦恭錄聖製,以昭示來茲。有原本冗瑣而今刪併者三:《藝文略》中樵所列既多舛謬,《校讎略》中樵所舉亦未精確。《圖譜略》中樵分"記有”、“記無”二類，而“記無”多至二十六門，既多虛設。如擊桐、試馬、鬬羊、對雉諸圖，尤猥雜無取。今並以《欽定四庫全書總目》爲斷，以折其中。有原本之所未聞者三：《六書略》中以國書十二字頭括形聲之變化，併以《欽定西域同文志》臚列蒙古、西番、托忒、回部諸字。絲牽珠貫，音義畢該，非樵之穿鑿偏旁所知也。《七音略》中以國書合聲之法爲翻切之總鑰，而兩合、三合之中有上下連書，有左右並書，有重聲大書、輕聲細書，以《欽定同文韻統》爲華梵之通津。以天竺五十字母配合成一千二百十二音，又以西番三十字母別配合成四百三十四音，而各釋以漢音。漢音不具，則取以合聲，非樵株守等韻所知也。《昆蟲草木略》中樵分八類，《五朝續通志》已爲補漏訂譌。至於中國所無而產於遐方，前代所無而出於今日，如金蓮花、夜亮木之類見於《欽定廣羣芳譜》，普盤櫻、額堪達罕、秦達罕之類見於聖祖仁皇帝《幾暇格物編》，北天竺烏沙爾器、火雞、箬漠鮮②、知時草之類見於《御製詩集》，如奇石密食③、鶩鶩爾之類見於《欽定西域圖志》，尤非樵之抱殘守匱所知矣。蓋創始之作，考校易疏；論定之餘，體裁益密。生於衰微之世，則耳目難周；生於明備之朝，則編輯易富。樵當宋之南渡，局於見聞，又草創成書，無所質證，故躓駁至於如斯。以視遭遇昌期，仰蒙聖訓④，得以蒐羅宏富，辨證精詳，以成一代巨觀者，其瞠乎莫逮，亦良有由矣。

　　謹案，鄭樵《通志》入“別史”，《欽定續通志》亦入“別史”，均以兼有紀傳故也。至《皇朝通志》惟有《二十略》⑤，則名爲《通志》，實與《通典》、《通考》爲類，故恭錄於“政書”之中。

【彙訂】

① 文淵閣《四庫》本爲一百二十六卷。（沈治宏：《中國叢書

綜錄訂誤》)

②"箬漠鮮"乃"箬漠鱻"之誤,乾隆《御製詩集》二集卷五十
九有《箬漠鱻》詩。

③"奇石密食",殿本作"奇石蜜食"。

④"蒙",殿本作"承"。

⑤"二十略",底本作"十二略",據殿本乙正。

元朝典故編年考十卷(內府藏本)

國朝孫承澤撰。承澤有《尚書集解》,已著錄。原本不著名
氏。今知為承澤作者,《大興志》載承澤所著有《元朝典故編年
考》,與此本合也。其書取元代朝廷事實,分代編輯。正史以外,
更採元人文集以附益之,共為八卷。《元史》冗複漏略,殊乏體
裁。此雖不能詳悉釐正,而削繁增簡,具有首尾,差易省覽。其
第九卷為《元朝祕史》,第十卷附《遼金遺事》小序謂"元有《祕史》
十卷,《續祕史》二卷。前卷載沙漠始起之事,續卷載下燕京滅金
之事,蓋其國人所編記。書藏禁中不傳。偶從故家見之,錄續卷
末,以補史所不載"云云。考其所引,並載《永樂大典》"元"字韻
中,互相檢勘,一一相同。疑本元時祕冊,明初修書者或嘗錄副
以出,流傳在外,故承澤得而見之耳①。所記大都瑣屑細事,且
間涉荒誕。蓋亦傳聞之辭,輾轉失真,未足盡以為據。然究屬元
代舊文,世所罕睹,自《永樂大典》以外,惟見於此書。與正史頗
有異同,存之亦足以資參訂也。

【彙訂】

①《元朝祕史》十五卷本由鮑廷博從《永樂大典》中抄出,前
有錢大昕跋。則孫承澤所見本非明初修書者所錄副本。(余嘉

錫：《四庫提要辨證》)

　　右政書類“通制”之屬，十九部、二千二百九十八卷，皆文淵
閣著錄。

　　　案，纂述掌故，門目多端，其閒以一代之書而兼六職之
全者，不可分屬。今總而彙之，謂之“通制”。

史部三十八

政書類二

漢官舊儀一卷補遺一卷（永樂大典本）①

案《永樂大典》載《漢官舊儀》一卷，不著撰人名氏。考梁劉昭注《續漢書·百官志》，引用《漢官儀》則曰應劭，引用《漢舊儀》則不著其名。《隋書·經籍志》、《唐書·藝文志》作四卷，《宋史·藝文志》作三卷。《書錄解題》始作《漢官舊儀》，注曰"衛宏撰，或云胡廣"。宏本傳作"《漢舊儀》四篇，以載西京雜事"，不名"漢官"。今惟此三卷，而又有"漢官"之目，未知果當時本書否？今案《永樂大典》此卷，雖以"漢官"標題，而篇目自皇帝起居、皇后親蠶，以及璽綬之等、爵級之差，靡不條繫件舉，與《宏傳》所云"西京雜事"相合。又前、後《漢書》注中凡引用《漢舊儀》者，並與此卷所載相同，則其為衛氏本書，更無疑義。或後人以其多載官制，增題"官"字歟？原本轉相傳寫，節目淆亂，字句舛譌，殆不可讀。茲據班、范正史，綜覈參訂，以讞其疑。其原有注者，略仿劉昭注《百官志》之例，通為大書，稱"本注"以別之。又考前、後《漢書》紀、志注中，別有徵引《舊儀》數條，並屬郊天、祫祭、耕籍、飲酎諸大典，此卷俱未採入。蓋流傳既久，脫佚者多。謹復蒐擇甄錄,別為一篇,附諸卷尾,以補本書之未備云。

【彙訂】

① 文淵閣《四庫》本《漢官舊儀》為二卷,書前提要不誤。
(沈治宏:《中國叢書綜錄訂誤》)

大唐開元禮一百五十卷(兩淮鹽政採進本)

唐太子太師、同中書門下三品兼中書令蕭嵩等奉敕撰。
杜佑《通典》及新、舊《唐書·禮志》稱:"唐初禮司無定制,遇有
大事,輒制一儀,臨時專定。開元中,通事舍人王巖上疏,請刪
削《禮記》舊文,益以今事。集賢學士張說奏:'《禮記》不刊之
書,難以改易。請取貞觀、顯慶禮書折衷異同,以為唐禮。'乃
詔右散騎常侍徐堅、左拾遺李銳、太常博士施敬本撰述,歷年
未就。至蕭嵩為學士,復奏起居舍人王仲邱〔丘〕等撰次成
書。"由是唐之五禮始備,即此書也①。其書卷一至卷三為序
例,卷四至七十八為吉禮,卷七十九至八十為賓禮,卷八十一
至九十為軍禮,卷九十一至一百三十為嘉禮,卷一百三十一至
一百五十為凶禮。凶禮古居第二,而退居第五者,用貞觀、顯
慶舊制也。貞元中,詔以其書設科取士,習者先授太常官,以
備講討。則唐時已列之學官矣。新、舊《唐書·禮志》皆取材
是書,而所存僅十之三四。杜佑撰《通典》,別載《開元禮纂類》
三十五卷,比《唐志》差詳,而節目亦多未備。其討論古今,斟
酌損益,首末完具,粲然勒一代典制者,終不及原書之賅洽。
故周必大序稱:"朝廷有大疑,稽是書而可定;國家有盛舉,即
是書而可行。"誠考禮者之圭臬也。《新唐書·藝文志》載修
《開元禮》者尚有張烜、陸善經、洪孝昌諸人名,而《通典·纂

類》中所載五嶽四瀆名號及“衣服”一門閒有與此書相出入者，蓋傳寫異文，不能畫一。既未詳其孰是，今亦並仍原本錄之，不復竄改，庶幾不失闕疑之義焉。

【彙訂】

① “書”，殿本作“本”。

謚法四卷（內府藏本）

宋蘇洵撰。洵字明允，眉山人。官祕書省校書郎，以霸州文安縣主簿修《太常因革禮》，書成而卒。事蹟具《宋史》本傳。自《周公謚法》以後，歷代言謚者有劉熙、來奧、沈約、賀琛、王彥威、蘇冕、扈蒙之書，然皆雜糅附益，不為典要。至洵奉詔編定六家謚法，乃取《周公》①、《春秋》、《廣謚》及諸家之本删訂考證，以成是書。凡所取一百六十八謚，三百十一條，新改者二十三條，新補者十七條。別有七去、八類，於舊文所有者刊削甚多。其閒如堯、舜、禹、湯、桀、紂乃古帝王之名，並非謚號，而沿襲前譌，概行載入，亦不免疏失。然較之諸家義例，要為嚴整。後鄭樵《通志·謚略》大都因此書而增補之，且稱其“斷然有所去取，善惡有一定之論，實前人所不及”。蓋其斟酌損益，審定字義，皆確有根據，故為禮家所宗。雖其中閒收僻字，今或不能盡見諸施行，而歷代相傳之舊典，猶可以備參考焉。曾鞏作《洵墓誌》，載此書作三卷，而此本實四卷，殆後人所分析歟？

【彙訂】

① “周公”，殿本脫。衢本《郡齋讀書志》卷一上載《嘉祐謚法》三卷，“右皇朝蘇洵明允撰。洵嘉祐中被詔編定《周公》、《春秋》、《廣謚》、沈約、賀琛、扈蒙六家謚法”。

政和五禮新儀二百二十卷（兩淮馬裕家藏本）

宋議禮局官、知樞密院鄭居中等奉敕撰。徽宗御製序文，題“政和新元三月一日”，蓋政和改元之年。錢曾《讀書敏求記》誤以“新元”為“心元”，遂以為不知何解，謬也。前列局官隨時酌議科條及逐事御筆指揮。次列《御製冠禮》，蓋當時頒此十卷為格式，故以冠諸篇。次為《目錄》六卷。次為《序例》二十四卷，禮之綱也。次為《吉禮》一百一十一卷，次為《賓禮》二十一卷，次為《軍禮》八卷。次為《嘉禮》四十二卷，升《婚儀》於《冠儀》前，徽宗所定也。次為《凶禮》十四卷，惟官民之制特詳焉。是書頗為朱子所不取。自《中興禮書》既出，遂格不行，故流傳絕少。今本第七十四卷、第八十八卷至九十卷、第一百八卷至一百十二卷、第一百二十八卷至一百三十七卷、第二百卷皆有錄無書，第七十五卷、九十一卷、九十二卷亦佚其半。然北宋一代典章，如《開寶禮》、《太常因革禮》、《禮閣新儀》，今俱不傳[1]。《中興禮書》散見《永樂大典》中，亦無完本。惟是書僅存，亦論掌故者所宜參考矣。

【彙訂】

[1]《太常因革禮》一百卷，今存清鈔本，另存八十三卷鈔本（缺卷五十一至卷六十七）多部。

紹熙州縣釋奠儀圖一卷（兩淮鹽政採進本）

宋朱子撰。考《朱子年譜》，紹興二十五年乙亥，官同安主簿。以縣學釋奠舊例止以人吏行事，求《政和五禮新儀》于縣，無之。乃取《周禮》、《儀禮》、《唐開元禮》、《紹興祀令》，更相參考，畫成禮儀[1]、器用、衣服等圖。訓釋辨明，纖微必備。此《釋奠禮》之初槀也。淳熙六年己亥，差知南康軍，奏請頒降禮書，又請增修禮書，事未施行。紹熙元年庚戌，改知漳州。復列上釋奠禮儀數事，且移書禮官，乃得頗為討究。時淳熙所鏤之版已不復存，後乃得于老吏之家。又以議論不一，越再歲始能定議，而主其事者適徙他官，遂格不下。此《釋奠禮》之再修也。紹熙五年甲寅，除知潭州。會前太常博士詹元善還為太常少卿，始復取往年所被敕命，下之本郡。吏文繁複，幾不可讀。且曰“屬有大典禮，未遑徧下諸州”。時朱子方召還奏事，又適病目，乃力疾鉤校，刪剔猥雜，定為四條，以附州案，俾移學官。是為最後之定槀，即此本也。書首載淳熙六年禮部指揮一通、尚書省指揮一通，次紹熙五年牒潭州州學備准指揮一通，皆具錄原文。次州縣釋奠文宣王儀，次禮器十九圖。其所行儀節，大抵採自杜氏《通典》及《五禮新儀》而折衷之。後來二丁行事，雖儀注少有損益，而所據率本是書。惟所列兩廡從祀位次有呂祖謙、張栻，則其事在理宗以後。又有咸淳三年改定位次之文。檢勘《宋史·禮志》載咸淳詔書，其先儒名數及東西次序，與此書一一吻合，與朱子益不相及。蓋後人隨時附益，又非其原本矣。

【彙訂】

①“禮儀”，底本作“儀禮”，據《朱子年譜》卷一“定《釋奠禮》”條原文及殿本乙正。

大金集禮四十卷（兩淮馬裕家藏本）

不著撰人名氏，亦不著成書年月。據黃虞稷《千頃堂書目》，蓋明昌六年禮部尚書張瑋等所進。今考書中紀事，斷至大定，知為章宗時書，虞稷所載當不誤也。其書分類排纂，具有條理。自尊號、冊謐以及祠祀、朝會、燕饗諸儀，燦然悉備。以《金史》諸志相校，其藍本全出於此。而志文援引舛漏，失其本意者頗多。若祭方丘儀，是書有前祭二日太尉告廟之儀，而《金史》遺落不載。又《金史》云："設饌幕于內壇東門之外，道北南向。"考之此書，則陳設饌幕乃有東門、西門二處。蓋壇上及神州東方、南方之饌，陳於東門外；西方、北方之饌，陳於西門外。《金史》獨載設於東門外者，於禮為舛。如斯之類，不一而足。非得此書，無以知史志之疏謬也。則數金源之掌故者，此為總彙矣。惟第十卷載夏至日祭方丘儀，而圜丘郊天儀獨闕。考《金史》自天德以後，並祀南、北郊。大定、明昌，其制漸備。編書者既載北郊儀注，不應反遺南郊。蓋傳寫脫佚，非原書有所不備也。

大金德運圖說一卷（永樂大典本）

金尚書省會官集議德運所存案牘之文也。案《金史》本紀，金初色尚白。章宗泰和二年十一月，更定德運為土，臘月辰詔告中外。至宣宗貞祐二年正月，命有司復議本朝德運。是書所載，蓋即其事。書前為尚書省判，次為省劄。列集議官二十二人，其中獨上議狀者六人，合具議狀者八人，連署者四人。其集議有名而無議狀者，太子太傅張行簡、太子太保富察烏葉、案"富察烏葉"原作"蒲察畏也"，今改正。修撰富珠哩阿拉、案"富珠哩阿拉"原作"孛朮魯阿拉"，今改正。費摩諳達登案"費摩諳達登"原作"裴滿案帶丁"[①]，今改正。四人，疑原書尚有所脫佚。其所議，言應為土德者四人，言應為金德者十四人。中如諫議大夫張行信，力主金德之議。而《金史》行信本傳稱："貞祐四年，以參議官王澮言，當為火德。詔問有司，行信謂當定為土德，而斥澮所言為狂妄。"其立說先後自相矛盾，殊不可解。又書中但有諸臣議狀，而尚書省臣無所可否。考史載興定元年十二月庚辰，臘享太廟。是終金之世，仍從泰和所定土德，而未嘗重改。疑是歲元兵深入，宣宗南遷汴梁，此議遂罷，故尚書省亦未經奏覆也。五德之運不見《六經》，惟《家語》始有之。而其書出於王肅偽撰，不可據為典要②。後代泥於其説，多侈陳五行傳序之由，而牽合遷就，附會支離，亦終無一當。仰蒙我皇上折衷垂訓，斥妄祛疑。本宅中圖大之隆規，破讖緯休祥之謬説，闡發明切，立千古不易之定論。是編所議，識見皆為偏陋，本不足錄。然此事史文簡略，不能具其始末，存此一帙，尚可以補掌故之遺。並恭錄聖製，弁諸簡首，俾天下後世曉然知騶衍以下皆妄生臆解，用以祛曲説之惑焉。

【彙訂】

① "費摩諝達登"，底本皆作"費靡諝達登"，"靡"字訛，據此書原文及殿本改。

② 五德運行之説戰國時已有，不得謂始於晉人王肅。（楊武泉：《四庫全書總目辨誤》）

廟學典禮六卷（永樂大典本）

不著撰人名氏。諸家書目皆不著錄。核其所載，始於元太宗丁酉，而終於成宗大德閒，蓋元人所錄也。其書雜鈔案牘，排綴成編，未經文士之修飾，故詞多椎樸。又原序、原目散佚無考，亦無從得其門類。幸其年月先後，皆有可稽，尚可排比成帙。謹釐析其文，勒為六卷。雖繁複之失，在所未免，而一代廟學之制，措置規畫，梗概具存，頗可與《元史》相參考。如至元六年"設舉學校官"一條，稱儒學提舉司秩從六品①，而《百官志》作從五品；

各路儒學教授秩八品，而《百官志》作九品。至元十九年"郡縣學院官職員數"一條，稱總管府設教授二員，學錄、學正各二員，散府設教授二員，學錄、學正各一員，而《百官志》作總管府教授一員，學正一員，學錄一員，散府上中州教授一員，下州學正一員。俱不相合。蓋宋濂等修史之時，據其末年之制，而大德以前之舊典，則未及詳考也。又《選舉志》稱至元二十八年"令江南諸路學及各縣學内設立小學，選老成之士教之。其他先儒過化之地、名賢經行之所，與好事之家出錢粟贍學者，並立為書院"。是明言小學書院設於世祖之時，而此書載所立小學書塾乃在大德四年。以成宗時人記成宗時事，不應譌異如是。或至元時雖有此議，實未及施行，至成宗乃補定其規制，而史未及詳與？《元史》一書，自開局至告成，僅閱八月。其閒潦草闕略，不一而足，諸志尤不賅備。留此一編，猶足以見一朝養士之典，固考古者所必稽矣。其中有當日文書程式，後人不能盡解，以致傳寫譌脱者，並詳核釐正，無可考者則闕之。人名、地名、官名，譯語對音，尤多舛異，今皆一一核定，俾不失其真，以糾向來流傳之誤焉。

【彙訂】

①"儒學提舉司"，殿本作"儒學提學司"，誤，參此書卷一"設提舉學校官及教授"條。

明集禮五十三卷（浙江范懋柱家天一閣藏本）

明徐一夔、梁寅、劉于、周於諒、胡行簡、劉宗弼、董彝、蔡琛、滕公琰、曾魯同奉敕撰。考《明典彙》載洪武二年八月，詔儒臣修纂禮書。三年九月書成，名《大明集禮》。其書以吉、凶、軍、賓、嘉、冠服、車輅、儀仗、鹵簿、字學、樂為綱，所列子目，吉禮十四，曰祀天，曰祀地，曰宗廟，曰社稷，曰朝日，曰夕月，曰先農，曰太歲、風、雲、雷、雨師，曰岳、鎮、海、瀆、天下山川、城隍，曰旗纛，曰馬祖、先牧、社①、馬步，曰祭厲，曰祀典神，曰三皇、孔子。嘉禮五，曰朝會，曰册封，曰冠禮，曰婚，曰鄉飲酒。賓禮二，曰朝貢，曰遣使。軍禮三，曰親征，曰遣將，曰大射。凶禮二，曰吊賻，曰喪儀。又冠服、車輅、儀仗、鹵簿、字學各一。樂三，曰鐘律，曰雅樂，曰俗樂。《明史·藝文志》及《昭代典則》均作五十卷，今書乃五十三卷。考《明典彙》載嘉靖八年禮部尚書李時請刊《大明集禮》，九年六月梓成。禮部言是書舊無善錄，故多殘闕，臣等以次詮補，因為傳注。乞令史臣纂入，以成全書云云。則所稱五十卷者，或洪武原本。而今所存五十三卷，乃嘉靖中刊本，取諸臣傳注及所詮補者纂入原書，故多三卷耳。如《明禮志》載洪武三年圜丘從祀，益以風、雲、雷、雨。而是書卷一總序曰："國朝圜丘從祀，惟以大明、夜明、星辰、太歲。"又所載圜丘從祀壇位及牲幣尊罍，均止及大明、夜明、星辰、太歲，不及風、雲、雷、雨，是益祀風、雲、雷、雨從祀圜丘在十一月。而是書成於九月，故未及纂入，實有明據。而卷一序神位版，乃曰"風伯之神、雲師之神、雷師之神、雨師之神，並赤質金字"。不應一卷之內，自相矛盾若此。則其為增入可知。又《明史·禮志》載洪武元年冬至祀昊天上帝儀注，無先期告諸神祇及祖廟之文。至洪武四年，始創此制，而是書儀注則有之。知亦嘉靖諸臣詮補纂入者矣。序為世宗御製，題為"嘉靖九年六月望日"。而《世宗實錄》載"九年六月庚午刻《大明集禮》成，上親制序文"。是月己未朔，則庚午乃十二日，與《實錄》小有異同。疑十二日進書，望日制序，記載者併書於進書日也。

【彙訂】

① 據此書卷十五，"社"上脫"馬"字。

明臣謚彙考二卷（浙江巡撫採進本）①

明鮑應鰲撰。應鰲字山父，歙縣人。萬曆乙未進士，官至禮部祠祭司郎中。是書載明代文武諸臣贈謚，與欽定《明史》各傳俱相符合。首載各謚釋義，為當時禮官體例。而所列諸謚，如某人謚某字，皆分注當日定謚取義之文於下，使觀者具知其所以然。較他家所記，較有根據②。其前代諸臣，如謝枋得之謚忠節，紀信、文天祥之謚忠烈，鄧文進之謚忠襄，蘇緘之謚忠壯，史或不載，世所罕知，亦頗賴此書以存。卷末附萬曆三十一年至三十七年擬謚者二十九人，又三十八年至四十年擬謚者四人，皆二謚並列。蓋神宗荒怠，奏章率不批答，莫知進止，故兩存也。最後列《考誤》一篇，凡五十七人，皆據官冊以正野史、文集之譌。其中多有無謚而冒稱謚某者，亦有字相同異，美惡頓殊者。或詭詞假借，或傳寫舛謬，外人無從而知。非應鰲身為禮官，親檢故籍，不能一一釐正也。其於一代易名之典，可云精核矣。

【彙訂】

① 文淵閣《四庫》本書名為《明臣謚考》，附《釋義》一卷《訂誤》一卷。（沈治宏：《中國叢書綜錄訂誤》）

② "較"，殿本作"獨"。

頖宮禮樂疏十卷（浙江巡撫採進本）①

明李之藻撰。之藻字振之，仁和人。萬曆戊戌進士，官至太僕寺少卿②。是編首列頖宮祀典，次列儀注，次列名物器數，共成八卷。第九卷為啟聖祠及名宦鄉賢祠，附以鄉飲酒禮。第十卷附以鄉射禮。其中如釋奠儀之散齋、演樂、滌牲諸禮及時祭儀注，皆《明會典》及《南雍志》諸書所未載。又迎神樂章，謂明制本宋舊，一成三成，相沿不易。其樂章諸譜，配以六律者，唯填工尺一字，頗能得其源流。蓋樂律自宋仁宗時始省去坐、立二部及堂上、堂下之分。南宋諸儒又以舊樂加平減之制，無高上、高尺之律。於是所用者惟中和韶樂，明代實沿其制。之藻所譜，又注明時俗之一凡、清凡諸調，與舊調相合者，分毫不爽。又於琴瑟操縵之法，別成一譜。其琴譜不越《松風閣》之舊規，以數音譜出一字，少用鉤剔。蓋欲近於和緩，以和韶樂。瑟譜則以六律為主，行遲其聲以應節，又與元熊朋來《瑟譜》之一聲一字者迥殊。蓋曆律皆根於數。之藻嫻於演算法，世所行《天學初函》即其所刻。故因數制律，足自為一家之學。其末卷載鄉飲酒禮兼及鄉射禮者。明初之制，猶行射禮於頖宮，迨其中葉，此禮遂廢。故《明會典》及《南雍志》諸書載之不詳。之藻稽古證今，考辨頗為賅悉。唯"褒崇"一門，僅採史傳，不及馬端臨《學校考》之備。又儀器圖內犧尊諸制，既不本於《三禮圖》，又不以《考古》、《博古》諸圖證其異同，僅以時俗陳設者為準，未免稍略。然禮以時王所制為定，是亦自有其義焉，未可盡非也。

【彙訂】

① 底本此條與文淵閣庫書次序不符。文淵閣庫書及殿本皆置"明集禮五十卷"條之後。

② 殿本"官"上有"歷"字。

明諡記彙編二十五卷（江蘇巡撫採進本）

明郭良翰撰。良翰有《周禮古本訂注》，已著錄。茲編輯有明一代謚法，最為詳備。首曰《功令》，凡子目二，曰《會典事例》，曰《近日事例》。次曰《謚法》，無子目。次曰《尊謚》，凡子目九，曰《帝后》，曰《皇妃謚六字》，曰《皇妃謚四字》，曰《皇妃謚二字》，曰《東宮》，曰《公主》，曰《親王》，曰《郡王》，曰《王妃》。次曰《臣謚》，凡子目九，曰《文臣》，曰《武臣》，曰《異流》，曰《夫人、淑人》，曰《追贈前朝臣》，曰《外夷》，曰《近題准謚諸文臣》，曰《議論》，曰《考誤》。其《近題准謚》一條，即當代文臣所以不散入各類者。蓋即鮑應鰲書所載之二十九人，不予不奪，莫知所定者也。其《議論》一門，則雜採明人諸說，如李東陽以有黨謚文正、彭韶以孤立謚惠安之類，持論頗公。其《考誤》一門，以閣籍正野史異同，尤為可據，亦考典故者所宜取證也。

明宮史五卷（內府藏本）

舊本題蘆城赤隱呂毖校次。毖始末未詳，蓋明季宦官也[①]。其書敍述當時宮殿、樓臺、服食、宴樂及宮闈諸雜事，大抵冗碎猥鄙，不足據為典要。至於“內監職掌”條內稱“司禮監掌印秉筆，秩尊視元輔，權重視總憲”云云，尤為悖妄。蓋歷代奄寺之權，惟明為最重，歷代奄寺之禍，亦惟明為最深。二百餘年之中，盜持魁柄，濁亂朝綱，卒至於宗社邱墟，生靈塗炭，實為漢、唐、宋、元所未有。迨其末造，久假不歸，視威福自專如其固有，遂肆無忌憚，筆之於書。故迹其致亡之道，雖亦多端，要以寵任貂璫為病本之所在也。然其人可誅，其事乃足為炯鑑。《家語》稱周明堂之四門，有桀紂之象。《儀禮·鄉射禮》：“司射適堂西，命弟子設豐。”陳祥道《禮書》稱：“舊圖刻人形，謂豐國之君，嗜酒亡國，因狀之以為戒也。”《漢書·敍傳》載：“乘輿幄座，張畫屏風，畫紂醉踞妲己，作長夜之樂。"班伯亦以為警沈湎焉。豈非借彼前車，示其覆轍，俾後來以此思懼乎？我朝自列聖以來，家法森嚴。內豎不過供灑掃，或違律令，必正刑章，不待於遠引《周官》，委權冢宰。而乾綱獨握，宮掖肅清，已足垂法於萬世。乃猶防微杜漸，慮遠深思，特命繕錄斯編，登諸冊府，著前代亂亡之所自，以昭示無窮。伏考《尚書》有曰："殷鑒不遠，在夏后之世。"《詩‧大雅》有曰："儀監于殷。"亦越漢之高帝使陸賈作《新語》，亦曰："著秦之所以失，與我之所以得。"蓋時代彌近，資考鏡者彌切也。皇上於內殿叢編，檢逢是帙，闕其謬而仍存之，聖人之所見者大矣！謹恭錄諭旨，弁冕簡端。仰見衡鑒親操，折衷衆論，勒千古未有之鴻編，皆義主勸懲，言資法戒，非徒以雕華浮豔，為藏弄之富也。

【彙訂】

① 呂毖為江蘇太倉縣人，明諸生。明亡後，為道士於無錫，編著有《明朝小史》等。此書乃呂毖自明季宦官劉若愚所著《酌中志》抄出內臣職掌、大內規制等五卷，改名《宮史》。（謝國楨：《增訂晚明史籍考》）

幸魯盛典四十卷

國朝襲封衍聖公孔毓圻等撰進①。先是，康熙二十三年，聖祖仁皇帝臨幸闕里，親祀孔廟，行九拜之禮，特命留曲柄傘於廟庭。復親製碑文，遣官勒石於孔廟大成門左。周公、孟子諸廟咸蒙製文刊石。並錄聖賢後裔，給世官以奉祠祀。鉅典奲皇，薄海忭舞。毓圻以聖天子尊師隆軌，超邁古今，宜勒為成書，垂示來葉，二十四年，疏請纂修，並舉進士金居敬等八人司其事，得旨俞允。至二十七年,成書十八卷,奏進。蒙指示應改正者二十八條,及臣工詩文尚有應遴選錄入者,諭毓圻等覆加校定。會詔發帑金,重建廟庭。御製奎章,摹鐫樂石。尊崇之典,視昔彌加。毓圻等乃續事編摩,增輯完備。凡修成《事蹟》二十卷,《藝文》二十卷,刊刻表進,即此本也。洪惟我聖祖仁皇帝統接羲、軒,心源洙、泗,襃崇聖教,典禮優隆,為亙古所未有,非區區管窺蠡測所可形容。然文物典章,毓圻等得諸見聞,頗能臚具。伏讀是編,大聖人崇儒重道之至意,猶可仰見其萬一。是固宜藏諸金匱,以昭示無極者矣。

【彙訂】

①"孔毓圻",殿本作"孔疏圻",誤。康熙紅萼軒刻本、文淵閣《四庫》本此書皆列孔毓圻為總裁。

萬壽盛典一百二十卷

康熙五十二年三月,恭逢聖祖仁皇帝六旬萬壽,內直諸臣所纂錄也。凡六門,一曰《宸藻》,分詔諭為一卷,御製詩文賦頌為一卷。二曰《聖德》,分孝德、謙德、保泰、教化四目。三曰《典禮》,分朝賀、鑾儀、祭告、頒詔、養老、大酺六目。四曰《恩賚》,分宗室、外藩、臣僚、耆舊、蠲賦、開科、賞兵、恤刑八目。五曰《慶祝》,則有圖有記,以及名山祝釐、諸臣朝貢之儀備列焉。六曰《歌頌》,則內外祝釐之詞,靡不採錄焉。仰惟我聖祖仁皇帝德盛道隆,福祚悠久。其時臣民泳涵醲化,敷天率土,普洽歡心。衢歌巷舞之盛,實為從古所未有。而伏讀詔諭,每以萬姓安、天下福為兢兢。是書之成,非徒以紀昇平之鉅典,正可以俾萬世臣民仰見至聖持盈保泰之盛心,為景命延洪之大本也。書中圖二卷,於遐邇臣庶迎鑾呼祝之儀，纖悉具備，亦自有圖繪以來所罕覯。其稾本初為宋駿業所創，後王原祁等重加修潤而成。一展卷而閭閻殷阜之象、童叟歡躍之忱，恍若目接而身遇之。今悉依原本鉤摹，故幅度視他卷稍贏焉。

欽定大清通禮五十卷

乾隆元年奉敕撰，越二十一年告成。首紀朝廟大典及欽頒儀式，其餘五禮之序悉準《周官》，而體例則依仿《儀禮》。惟載貴賤之等差、節目之先後，而不及其沿革[①]；惟載器物之名數、陳設之方隅，而不及其形製[②]。蓋沿革具於《會典則例》，形製具於《禮器圖式》，各有明文，足資考證，故不複述也。考《儀禮》古經殘闕，諸儒所說，多自士禮上推於天子。且古今異制，後世斷不能行。其一朝令典今有傳本者，惟《開元禮》、《政和五禮新儀》、《大金集禮》、《明集禮》。大抵意求詳悉，轉涉繁蕪，以備掌故則有餘，不能盡見諸施行也。我皇上聲律身度，典制修明，特命酌定此編，懸為令甲。自朝廷以逮於士庶，鴻綱細目，具有規程。事求其合宜，不拘泥於成蹟；法求其可守，不夸飾以浮文。與前代禮書鋪陳掌故，不切實用者迥殊。《記》曰"禮從宜"，又曰"大禮必簡"。三代聖王，納民軌物，其本義不過如斯。賜名曰《通禮》，信乎酌於古今而達於上下，為億萬年治世之範矣。

【彙訂】

①"其"，殿本無。

②"其"，殿本無。

南巡盛典一百二十卷[①]

乾隆三十五年，大學士管兩江總督高晉等恭撰進。欽惟我皇上法祖勤民，歲巡方岳。江浙東南都會[2]，民物蕃庶，吏事殷繁。問俗省方，尤廑聖慮。是以六龍時御，清蹕屢經。凡行慶施惠，勸課耕桑，崇節儉，隆典祀，養耆年，卹庶獄，勵官方，振文教，飭武備者，無不具舉。而海塘防築、湖河疏蓄之宜，皆因地制宜，親臨指授，永為成法。至於名區勝蹟，睿藻親題，則不獨黎庶蒙恩，而山川且望幸焉。晉等爰舉辛未以逮乙酉鑾輿四幸之鉅典，門分部系，彙為是編。復蒙賜製序文，允付剞劂。一展卷而我皇上諮詢之切，誥誡之殷，惠澤之覃布，如在瞻就閒。俾守土者有所遵循，而服疇者有所感發。非徒申歌頌、備典章而已也。書成於庚寅之冬，故所載以乙酉為斷。邇者翠華六蒞，典禮如初。而東南士庶，沴被洪施，延跂望幸者視前彌篤[3]。臣等尤竊俟隆儀疊舉，續有排纂，用快先睹之望焉。

【彙訂】

① 底本此條與文淵閣庫書次序不符。文淵閣庫書與殿本皆置"欽定滿洲祭神祭天典禮六卷"條之後。文淵閣《四庫》本為一百卷卷首二卷。（沈治宏：《中國叢書綜錄訂誤》）

② "江浙"，底本作"浙江"，據殿本乙。

③ "跂"，殿本作"跋"，誤。

欽定皇朝禮器圖式二十八卷[1]

乾隆二十四年奉敕撰。乾隆三十一年又命廷臣重加校補，勒為此編。凡分六類，一曰祭器，二曰儀器，三曰冠服，四曰樂器，五曰鹵簿，六曰武備。每器皆列圖於右，系說於左。詳其廣狹長短圍徑之度、金玉璣貝錦段之質、刻鏤繪畫組繡之制，以及品數之多寡、章采之等差，無不縷析條分，一一臚載。考《禮圖》

世稱治始鄭元②,而《鄭志》不載,蓋傳其學者為之也。阮諶以後,踵而作者凡五家。聶崇義彙合為一,而諸本盡佚。然諸家追述古制,大抵皆約略傳注之文,揣摩形似,多不免於失真。是編所述,則皆昭代典章,事事得諸目驗。故毫釐畢肖,分刌無譌,聖世鴻規,燦然明備。其中儀器、武備二類,舊皆別自為書。今乃列之於禮器,與古例稍殊。然周代眂祲、保章、馮相所職皆天象,而隸於《春官》。《禮》有五目,軍禮居三,而所謂"前朱雀而後元武,左青龍而右白虎,招搖在上,急繕其怒"者,戰陣之令乃載於《曲禮》。蓋禮者理也,其義至大,其所包者亦至廣。故凡有制而不可越者,皆謂之禮。《周官》所述皆政典,而兼得《周禮》之名,蓋由於此。今以儀器、武備併歸禮器,正三代之古義,未可以不類疑也。若夫酌古宜今之精意,奉天法祖之鴻規,具見御製序文之中,尤萬世臣民所宜遵道遵路者矣。

【彙訂】

① 此書《祭器》二卷,《儀器》一卷,《冠服》四卷,《樂器》二卷,《鹵簿》三卷,《武備》六卷,共十八卷。文津閣、文溯閣本書前提要不誤。(江慶柏等整理:《四庫全書薈要總目提要》)

② "治",殿本無。

國朝宮史三十六卷

乾隆七年奉敕撰。乾隆二十四年以原書簡略,復命增修。越兩載而告成。凡六門:首曰《訓諭》,恭載列朝聖訓、皇上諭旨,以昭垂家法。次曰《典禮》,備著內廷儀節、規制、冠服、輿衛之度,其外朝諸大禮詳於《會典》者則略之。次曰《宮殿》,按次方位,詳列規模。凡御筆榜書楹帖及諸題詠,並一一恭錄。次曰

《經費》，凡獻賚、禮宴、服食、器用之數，纖悉必載。次曰《官制》，具載內臣員品，及其職掌與其功罪賞罰之等。次曰《書籍》，部分錄略，編目提要，皆窮理致治之作，而梵文貝筴，庋藏淨域者不與焉。伏讀諭旨，申明編輯是書之意。拳拳於立綱陳紀，聰聽明訓，為萬萬世遵循之本。蓋修齊治平之道，並具於斯矣。

欽定滿洲祭神祭天典禮六卷

乾隆十二年奉敕撰。我國家肇蹟東土，風淳俗厚。於崇德報功之禮，歷久不渝。凡所以昭格天神，時修祀典者，著誠著慤，具有舊儀。迄今百有餘年，精禋致饗，夙夜維虔。惟是古制相沿，皆由口授祝詞[①]、儀注，久而小有異同。我皇上道秉欽崇，敬深明察。慮年祀綿邈，或漸遠其初。乃命王公大臣詳為考證，以國語、國書定著一編。首為《祭儀》二篇，次為《彙記故事》一篇，次為儀注、祝詞、贊詞四十一篇，殿以《器用數目》一篇，《器用形式圖》一篇。每一卷成，必親加釐正，至精至詳。祈報之義，對越之忱，皆足以昭垂萬世。乾隆四十二年，復詔依文音，釋譯為此帙。與《大清通禮》相輔而行，用彰聖朝之令典。末有大學士阿桂等恭跋，具述致誠迓福之義。而於崇祀諸神不知其緣起者，引《禮記》"舍菜先師"鄭元注，不著先師名姓之例為證；於祝詞、贊詞僅傳其聲者，引漢樂府鐸舞曲有音無義之例為證。並以傳信闕疑，見聖心之敬慎。視漢儒議禮附會緯書，宋儒議禮紛更錯簡，強不知以為知者，尤迴乎殊焉。

【彙訂】

①"由"，底本作"有"，據殿本改。

八旬萬壽盛典一百二十卷①

乾隆五十四年正月，大學士阿桂等奏請纂修。五十七年十月告成。洪惟我皇上法天行健，無逸永年，久道化成，治躋三五，為書契所未聞。而五世同堂，八旬延慶，《洪範》所謂"身其康強，子孫其逢吉"者，亦千古帝王所莫及。是以協氣翔洽，歡心溥浹，四海臣民，莫不踴躍鼓舞，祝眉壽而歌純嘏。雖聖懷沖挹，而敷天輻輳，衆志難違。慶典之隆，遂炳炳麟麟，照映萬禩。是編所載，皆聖壽七旬以後之事。凡分八門，首為《宸章》，皆恭錄御製紀年之作。文自《古稀說》以下，詩自《庚子元旦》以下，俱按年編載。若隨時紀事之作，則各從本類，分載各門。次為《聖德》，分八子目，曰敬德，曰孝德，曰勤德，曰健德，曰仁德，曰文德，曰儉德，曰謙德。次為《聖功》，分五子目，曰安南歸降，曰緬甸歸順，曰廓爾喀降順，曰附載平定臺灣，曰附載平定肅州。次為《盛事》，分子目十一，曰慶得皇元孫，曰五世同堂，曰數世同居、千叟宴，曰賜科第、職銜，曰壽民、壽婦，曰辟雍，曰班禪入覲，曰民數、穀數，曰一產四男、三男，曰收成分數。次為《典禮》，分五子目，曰慶祝，曰朝會，曰祭告，曰鑾儀，曰樂章。次為《恩賚》，分六子目，曰本年恩詔，曰本年蠲賦，曰本年恩科，曰本年東巡，曰恩宴，曰賞賚。次為《圖繪》，附以圖說。次為《歌頌》，則臣工祝釐之詞也。昔成周盛時，剬詩緝頌，歌景福、稱茀祿者，不一而足，然多虛擬之詞，不能言言有據也。茲編所載，事皆徵實。蓋德盛而後化神，澤洽而後頌作。功成治定而後禮樂興，氣淑年和而後嘉祥集。其在《詩》曰："宜民宜人，受祿于天。保佑命之，自天申之。"其在《書》曰："皇建其有極，斂時五福，用敷錫厥庶民。惟時厥庶民于汝極，錫汝保極。"義均備於是焉。洵與聖祖仁皇帝萬壽盛典祖武孫謀，後先焜燿，並萬代之隆軌矣。

【彙訂】

① 文淵閣《四庫》本尚有卷首一卷。（沈治宏：《中國叢書綜錄訂誤》）

歷代建元考十卷（兩江總督採進本）

國朝鍾淵映撰。淵映字廣漢，秀水人。自來紀元諸書，多詳於正統。惟國初吳蕭公《改元考同》及近時萬光泰《紀元敘韻》與淵映此書，則併僞朝、霸國以至草竊、僭稱，皆一一具載。其例以年號相同者列前，次以年號分韻排編。次列歷朝帝王及僭國始末，並外藩亦閒及之，秩然有序。雖載籍浩博，蒐採難周，如蜀王衍、宋太祖年號與輔公祐同，裘甫有"維平"之僭，"成都"為西夏之稱，凡斯之類，不免閒有闕漏，未可云毫髮無遺，然較吳、萬二家，足稱賅洽矣。

北郊配位議一卷（浙江巡撫採進本）

國朝毛奇齡撰。奇齡有《仲氏易》，已著錄。康熙二十四年，太常寺卿徐元珙疏奏，現行祀典北郊既改北向，而三祖配位仍首東次西，同於南郊，請酌改所向。奇齡時官檢討，因撰是書。其斥漢元始儀之誤，謂孟春合祀，天位在西，地位在東，皆因惑於《曲禮》"席南向北向，以西方為上"之文。其實《曲禮》據常坐言之，若禮坐之席，則《儀禮·射禮》皆筵賓席於戶西東上①，自與《曲禮》異。考《鄉射禮》文"乃席賓南面東上"，賈公彥疏云："言東上，因主人在東，故席端在東。不得以《曲禮》'席南向北向，西方為上'解之。"奇齡本此以折元始儀，實為有據。至於元始儀配位西向南上，亦相承《曲禮》"西向東向，以南方為上"之文。奇齡以後漢改從北上為正，其論甚確。然考"北上"之義，亦本《儀禮》。《大射儀》曰："大夫繼而東上[②]，若有東面者則北上。"《燕禮》曰："士既獻者立於東方，西面北上。"此"北上"之異於"南上"者。今奇齡知"南向東上"之本於《儀禮》，而獨未知"西向北上"之亦本於《儀禮》，則未免知一而不知二。奇齡又謂北郊既改從北向，則配位即統於所向。地道尚右，配位當以東為上，東乃北向之右也。今考《儀禮·大射儀》曰："諸公阼階西，北面東上。"《燕禮》曰："卿大夫皆入門右，北面東上。"則北郊北向，配位以東為上，與《儀禮》"北面東上"義例全通。奇齡徒以地道尚右定之，亦為未審。然全書考辨精核，援引博贍，於宋、明以來議禮之家，要為特出矣。

【彙訂】

①"東上"，底本作"南上"，據殿本改。《儀禮·燕禮》："司宮筵賓於戶西東上"，此書亦引作《燕禮》。

②"繼而東上"，殿本作"相繼而東"，誤，參《儀禮·大射儀》原文。

廟制圖考一卷（浙江巡撫採進本）

國朝萬斯同撰。斯同字季野，鄞縣人[①]。是書統會經史，折衷廟制，謂廟不在雉門之外。《考工記》"左祖右社"，據王宮居中而言，是廟在寢東。蓋本蔡卞[②]、朱子、易袚之說。又謂諸侯五廟，太祖居中，二昭居東，二穆居西，平行並列[③]。蓋本賈公彥之說。又謂自虞、夏、商、周天子皆立七廟，惟周增文、武二祧為九廟。蓋本劉歆、王舜諸家之說。又謂《大傳》、《小記》、《祭法》、《中庸》、《詩序》、《國語》、《論語》所言禘，皆據宗廟大祭，非圜丘。

蓋本王肅之説。於是上溯秦、漢，下迄元、明，凡廟制沿革，悉為之圖，以附於經。圖之後而綴以説。其用功頗勤，其義例亦頗明晰，視明季本之書較為賅備。其中所論，則得失互陳。如朱子謂羣昭皆列北牖下而南向，羣穆皆列南牖下而北向④。斯同則謂禮室中但有南牖無北牖，朱子為誤。今考《喪大記》"寢東首于北牖下"，註云："病者恒居北牖，或為北墉。"是室有北牖明矣。《詩》"塞向墐户"，《經典釋文》引《韓詩》云："向，北向窗也。"《毛傳》亦云："向，北出牖也。"孔疏云："為備寒不塞南窗，故云北出牖。則是室有南牖，又有北牖明矣。"《郊特牲》云："薄社北牖。"蓋但開北牖而塞其南，非凡屋本無北牖而特為薄社開之也。《荀子・宥坐篇》："子貢觀於魯廟之北堂，出而問孔子曰：'鄉者賜觀於太廟之北堂，吾亦未輟，還復瞻被九蓋⑤。'"註云："北堂，神主所在也。九當為北。蓋音盍，户扇也。"然則北堂既有北闈，何獨疑於北牖耶？《明堂位》"刮楹達鄉"⑥，註云："鄉，牖屬，謂夾户窗也，每室八窗為四達。"然則太廟之制略似明堂，四面且皆有牖，又何獨於北牖而疑之耶？凡此之類，皆未深考者也。至如朱子祭圖，祖妣並列，斯同謂宗廟吉祭，一尸統二主，無女尸。何以知六廟之妣盡入太廟？遂引《曾子問》"七廟五廟無虛主⑦，惟祫祭為無主"，即知妣主亦入太廟。凡此之類，則援證精確，為前人所未發矣。雖大旨宗王黜鄭，固守一隅，然通貫古今，有條有理，不可謂非通經之學也。王士禎記斯同所著書目有《廟制圖考》四卷。此本只一卷，殆傳鈔者所合併歟⑧？

【彙訂】

① 依《總目》體例，當作"斯同有《聲韻源流考》，已著錄"。

（胡玉縉：《四庫全書總目提要補正》）

②“蔡下”，殿本作“蔡氏”。蔡下《毛詩名物解·雜解》有廟制。

③“並列”，殿本作“平列”。

④“北向”，底本作“向北”，據此書原文及殿本乙。

⑤“吾亦未輟還復瞻被九蓋”，殿本作“吾亦未既輟還復瞻九蓋”，誤，參《荀子·宥坐篇》原文。

⑥“鄉”，殿本作“向”，下同，誤，參《禮記·明堂位》原文。

⑦“七廟五廟”，殿本作“五廟七廟”，誤，參《禮記·曾子問》原文，此書所引同。

⑧“所”，殿本無。

右政書類“典禮”之屬，二十四部，一千五十一卷，皆文淵閣著錄。

　　案，六官之政，始於冢宰。兹職官已各自為類，故不復及。六官之序，司徒先於宗伯。今以春官所掌，帝制朝章悉在焉。取以托始，尊王之義也。

救荒活民書三卷（浙江范懋柱家天一閣藏本）[①]

宋董煟撰。煟字季興，鄱陽人。紹熙五年進士，嘗知瑞安縣。是書前有自序，謂上卷考古以證今，中卷條陳救荒之策，下卷備述本朝名臣賢士之所議論施行可為法戒者。書中所序，如以常平為始自隋，義倉為始自唐太宗，皆不能遠考本原。然其載常平粟米之數，固《隋書》所未及志也。其宋代蠲免優恤之典，載在《宋史》紀、志及《文獻通考》、《續通鑑長編》者，此撮其大要，不過得十之二三。而當時利弊，言之頗悉，實足補《宋志》之闕。勸分亦宋之政令，史失載而此有焉。他若減租貸種、淳熙恤災令

格,皆可為史氏拾遺。而宋代名臣救荒善政,亦多堪與本傳相參
證。猶古書中之有裨實用者也。

【彙訂】

① 文淵閣《四庫》本尚有《拾遺》一卷。(沈治宏:《中國叢書
綜錄訂誤》)

熬波圖一卷(永樂大典本)①

元陳椿撰。椿,天台人。始末未詳。此書乃元統中椿為下
砂場鹽司,因前提幹舊圖而補成者也。自各團竈座至起運散鹽,
為圖四十有七。圖各有説,後繫以詩。凡晒灰打滷之方,運薪試
運之細,纖悉畢具,亦樓璹《耕織圖》、曾之謹《農器譜》之流亞也。
序言地有瞿氏、唐氏為鹽場提幹,又稱提幹諱守仁而佚其姓。考
雲間舊志,瞿氏實下砂望族。如瞿霆發、瞿震發、瞿電發、瞿時
學、瞿時懋、瞿時佐、瞿先知輩,或為提舉,或為鹽税,幾於世任鹽
官。其地有瞿家港、瞿家路、瞿家園諸名,皆其舊蹟。然創是圖
者不知為誰。至唐氏則舊志不載,無可考見矣。諸圖繪畫頗工。
《永樂大典》所載,已經傳摹,尚存矩度。惟原闕五圖,世無別本,
不可復補。姚廣孝等編輯之時,雖校勘粗疏,不應漏落至此,蓋
原本已佚脱也。

【彙訂】

① 文淵閣《四庫》本為二卷。(沈治宏:《中國叢書綜錄
訂誤》)

錢通三十二卷(浙江巡撫採進本)

明胡我琨撰。我琨字自玉,爵里未詳。據書中所記時事年
月,是明末人也。其書專論明代錢法,而因及於古制。首曰正朔

一統，次曰原，曰制，曰象，曰用，曰才，曰行，曰操，曰節，曰分，曰異，曰弊，曰文，曰閏，凡十三門。每門之中，各為小目。其載明制，起洪、永，訖萬曆。徵引各史紀、志、列傳以及古今說部、文集，援據頗為賅洽。於明代錢法沿革，條分縷晰，言之尤詳，多《明史・食貨志》及《明會典》、《明典彙》諸書所未備。其敘述古制，如引《桂海虞衡志》，記右江之銅；引《宋會典》，記利州諸監錢數，亦足補唐、宋各史所未詳。他如"錢象"門之黃河錢、投河國錢諸品[1]，又董逌、洪遵、李孝美、顧烜各家舊譜所未載[2]，皆足以資考證。中如劉仁恭丸土為錢之類，乃一時謬製，亦仿圖其式，未免稍雜。然義取賅備，不得不巨細兼收，亦未可以叢脞譏也。

【彙訂】

① "投河國錢"乃"投和國錢"之誤，參本書卷七原文。

② "顧烜"，殿本作"顧煊"，誤。《隋書・經籍志》著錄《錢譜》一卷，顧烜撰。

欽定康濟錄六卷[①]

乾隆四年御定。初，仁和監生陸曾禹作《救饑譜》，吏科給事中倪國璉為檢擇精要，釐為四卷。會詔翰林科道輪奏經史講義，國璉因恭錄進呈。皇上嘉其有裨於實用，命內直諸臣刪潤其詞，剞劂頒布，因賜今名。其書凡分四門，一曰《前代救援之典》。所錄故實，上起唐、虞，下及元、明，案朝代先後編次。二曰《先事之政》，分子目六。三曰《臨事之政》，分子目二十。四曰《事後之政》，分子目五。又附錄者四事，皆先引古事，後系論斷。案，金穰木饑，天道恒然；堯水湯旱，聖朝不免。其挽回氣數，則在於人事之修舉。《周禮》"荒政十有二"，多主於省事以節財，蓋預備之道已散見於各職故也。我皇上宵衣旰食，軫念民依。或歲星偶沴，禾麥不登，賜蠲貸者動輒數十百萬，賜賑卹者亦動輒數十百萬。即遇貪墨敗度，借拯災以蝕帑者，尚恐封疆大吏因噎廢餐，杜侵冒之風，或靳撫綏之費。綸音宣諭，至再至三，含識之倫，罔弗共喻，仁宏博濟，實邁唐、虞。是以國璉是編，特邀睿賞。臣等校錄之下，仰見勤求民瘼之心與俯察邇言之意，均迥軼千古也。

【彙訂】

① 底本此條與文淵閣庫書次序不符。文淵閣庫書及殿本皆置"荒政叢書十卷"之後。

捕蝗考一卷（編修程晉芳家藏本）

國朝陳芳生撰。芳生字漱六，仁和人。螽蝝之害，《春秋》屢見於策書。《詩·大田篇》："去其螟螣，及其蟊賊，無害我田穉。田祖有神，秉畀炎火。"毛、鄭之説，以"炎火"為盛陽，謂"田祖不受此害，持之付於炎火[1]，使自銷亡"，並非實火。是漢時尚未詳除蝗之制，故訓詁家有是説也。至唐姚崇作相，遣使捕蝗，引《詩》此語以為證，朱子《集傳》亦從其説。於是捕蝗之法始稍稍見於紀述。芳生此書取史册所載事蹟議論，彙為一編。首《備蝗事宜》十條，次《前代捕蝗法》。而明末徐光啟奏疏最為詳核，則全錄其文。附以陳龍正語及芳生自識二條。大旨在先事則預為消弭，臨時則竭力薅除，而責成於地方官之實心經理[2]。條分縷晰，頗為詳備。雖卷帙寥寥，然頗有裨於實用也。

【彙訂】

① "於"，殿本作"與"。《毛詩·大田》疏原文作"於"。

② "地方官"，殿本作"地方有司"。

荒政叢書十卷(山西巡撫採進本)①

國朝俞森編。森號存齋,錢塘人。由貢生官至湖廣布政司參議。是書成於康熙庚午。輯古人救荒之法,於宋取董煟,於明取林希元、屠隆、周孔教、鍾化民②、劉世教,於國朝取魏禧,凡七家之言。又自作《常平》、《義倉》、《社倉》三考,溯其源,使知所法③。復究其弊,使知所戒。成書五册,其官河南僉事時所撰也。末附《郿襄賑濟事宜》及《捕蝗集要》,其官分守荆南道時所撰也。救荒之策,前人言之已詳,至積儲尤為救荒之本。森既取昔人良規,班班具列,而於三《考》尤極詳晰。登之梨棗,俾司牧者便於簡閱,亦可云念切民瘼者矣。

【彙訂】

① 文淵閣《四庫》本尚有附錄二卷。(沈治宏:《中國叢書綜錄訂誤》)

② "鍾化民",底本作"鍾化明",據殿本改。此書卷五載鍾化民《救荒圖說》,出自其《賑豫紀略》。鍾化民,《明史》卷二二七有傳。

③ "所",殿本作"其"。

右政書類"邦計"之屬,六部,五十三卷,皆文淵閣著錄。

　　案,古者司徒兼教養,後世則惟司錢穀。以度支所掌①,條目浩繁,然大抵邦計類也。故今統以"邦計"為目,不復一一區別。

【彙訂】

① "以",殿本無。

歷代兵制八卷(浙江范懋柱家天一閣藏本)

宋陳傅良撰。傅良有《春秋傳》,已著錄①。是書上溯成周鄉遂之法,及春秋、秦、漢、唐以來歷代兵制之得失,於宋代言之尤詳。如太祖躬定軍制,親衛殿禁,戍守更迭,京師府畿,內外相維,發兵轉餉捕盜之制,皆能撮舉其大旨。其總論之中謂"祖宗時兵雖少而至精。逮咸平後,邊境之兵增至六十萬。皇祐初,兵已一百四十一萬,謂之兵而不知戰。給漕輓,服工役,繕河防,供寢廟,養國馬者,皆兵也,疲老而坐食。前世之兵,未有猥多如今日者。總戶口歲入之數,而以百萬之兵計之,無慮十戶而資一廂兵,十萬而給一散卒。其兵職衛士之給,又浮費數倍,何得而不大蹙"云云,其言至為深切。蓋傅良當南宋之時,目睹主弱兵驕之害,故著為是書,追言致弊之本,可謂切於時務者矣。

【彙訂】

①《總目》卷二七著錄陳傅良撰《春秋後傳》。

補漢兵志一卷(浙江巡撫採進本)

宋錢文子撰。文子字文季,樂清人。紹熙三年由上舍釋褐出身,以吏部員外郎兼國史院編修官,歷宗正少卿。後退居白石山下,自號白石山人。宋初懲五代之弊,收天下甲兵,悉萃京師,謂之禁軍。輾轉增益,至於八十餘萬。而虛名冒濫,實無可用之兵。南渡以後,倉皇補苴,招聚彌多,而冗費亦彌甚。文子以漢承三代之後,去古未遠,猶有寓兵於農之意,而班史無志,因摭其本紀、列傳及諸志之中載及兵制者,裒而編之,附以考證論斷,以成此書。卷首有其門人陳元粹序,述其作書之意甚詳。蓋為宋事立議,非為《漢書》補亡也。朱彝尊跋稱其"言近而旨遠,詞約而義該,非低頭拱手,高談性命之學者所能"。然兵農既分以後,其勢不可復合。必欲強復古制,不約以軍律,則兵不足恃;必約以軍律,則兵未練而農先擾。故三代以下,但可以屯種之法寓農於兵,不能以井田之制寓兵於農。文子所論,所謂言之則成理,而試之則不可行者。即以宋事而論,數十萬之衆,久已仰食於官。如一旦汰之歸農,勢不能靖,惟有聚為賊盜耳。如以漸而損之[①],則兵未能遽化為農,農又未能遽化為兵。倉卒有事,何以禦之? 此又明知其弊而不能驟革者也。以所論切中宋制之弊,而又可補《漢志》之闕,故仍錄之,以備參考。《文獻通考》載此書作《補漢兵制》,與此本不同。然文子明言班書無《兵志》,則作《補兵志》審矣,《通考》蓋傳寫譌也。

【彙訂】

①“如”,殿本作“而”。

馬政紀十二卷(浙江巡撫採進本)

明楊時喬撰。時喬有《周易古今文全書》,已著錄。是書紀明一代馬政,上起洪武元年,下至萬曆二十三年。分十有二門:一曰戶馬,二曰種馬,三曰俵馬,四曰寄養馬,五曰折糧、貢布鹽、納贖、戰功等馬,六曰兌馬,七曰擠乳、御用、上陵、出府,並附給駔馬,八曰庫藏,九曰蠲卹,十曰政例,十一曰草場,十二曰各邊鎮、行太僕寺、苑馬寺、茶馬司馬。於因革損益,各悉原委。馬政莫詳於明,亦莫弊於明。時喬目擊其艱,身親其事,故雖哀集案牘之文,而所言深中時病,其條理悉具自序中。序末自署“前太僕寺卿”,而考《明史》本傳惟載嘗為太僕寺丞[①]。是書時喬自刊,不應有誤。疑史或誤書也。

【彙訂】

①“考”,殿本無。

八旗通志初集二百五十卷

雍正五年世宗憲皇帝敕撰。乾隆四年告成，御製序文頒行[1]。凡八旗分志十七卷，《土田志》五卷，《營建志》三卷，《兵職志》八卷，《職官志》十二卷，《學校志》四卷，《典禮志》十五卷，《藝文志》十卷，《封爵世表》八卷，《世職表》二十四卷，《八旗大臣年表》八卷，《宗人府年表》一卷，《內閣大臣年表》二卷，《部院大臣年表》二卷，《直省大臣年表》五卷，《選舉表》四卷，《宗室王公列傳》十二卷，《名臣列傳》六十卷，《勳臣傳》十九卷，《忠烈傳》十二卷，《循吏傳》四卷，《儒林傳》二卷，《孝義傳》一卷，《列女傳》十二卷。考天地自然之數，皆立體於九，而取用於八。故圓而布九宮，方而分九野[2]，皆以四正四隅拱乎中央。聖人法天地以立制，故井以公田居中，而家之數八[3]；兵以中權為主，而陣之數亦八。世傳風后之經、諸葛亮之圖、獨孤及之記，其法異世而同軌。我國家肇蹟震維，寓兵於民，與古制符。太祖高皇帝初建四旗，後分為八，亦與古制符。至於臂指之相維，奇正之相應，千變萬化，倏忽若神，則與陰陽往來，乾坤闔闢，同一至妙而不測，非古制所能盡矣。迨世祖章皇帝定鼎燕京，取五行相克之用，以藍旗屬水而居南，黃旗屬土而居北，白旗屬金而居東，紅旗屬火而居西，以環衛紫垣。百有餘年，規模無改。故此篇以兵制為經，而一切法令、典章、職官、人物條分而為緯。鴻綱細目，體例詳明。案籍披圖，足以見列聖開基，貽謀遠大。又以見生聚教養，日熾日繁，萬萬年磐石之業，卜鞏固於無疆焉。

【彙訂】

① 文淵閣《四庫》本所收為乾隆五十一年敕撰，紀昀主持編纂，乾隆末年成書，嘉慶四年出版的《欽定八旗通志》三百四十二

卷卷首十二卷。(趙德貴:《〈四庫全書〉著錄〈八旗通志〉考疑》)

②"九野",底本誤作"四野",據殿本改。

③"家",殿本作"夫"。

右政書類"軍政"之屬,四部,二百七十一卷,皆文淵閣著錄。

　　案,軍伍戰陳之事①,多備於子部兵家中②。此所錄者,皆養兵之制③,非用兵之制也。故所取不過數家。

【彙訂】

①"戰陳",殿本作"戰陣"。

②"多備於子部兵家中",殿本無"多"、"中"二字。

③"皆",殿本無。

唐律疏義三十卷(兩淮鹽政採進本)

唐太尉、揚州都督、趙國公長孫無忌等奉敕撰。《風俗通》稱"《皋陶謨》'虞造律'",《尚書大傳》稱"夏刑三千,周刑二千五百",是為言律之始。其後魏李悝著《法經》六篇①:一《盜法》,二《賊法》,三《囚法》,四《捕法》,五《雜法》,六《具法》。商鞅受之以相秦。漢蕭何益《戶》、《興》、《廄》三篇為九篇,叔孫通又益《旁章》十八篇,張湯《越宮律》二十七篇,趙禹《朝律》六篇,合六十篇。馬融、鄭康成皆嘗為之章句。魏世刪約漢律,定增十九篇,就故五篇合十八篇。晉復增損為二十篇。南北朝互有更改,漸近繁密。隋文帝開皇三年,敕蘇威、牛宏〔弘〕等更制新律。除死罪以下千餘條,定留五百條。凡十二卷,一《名例》,二《衛禁》,三《職制》,四《戶婚》,五《廄庫》,六《擅興》,七《盜賊》,八《鬥訟》,九《詐偽》,十《雜律》,十一《捕亡》,十二《斷獄》。史稱其"刑綱簡要,疏而不失"。唐太宗詔房元〔玄〕齡等增損隋律,降大辟為流者九十二,流為徒者七十一,而大旨多仍其舊。高宗即位,又命長孫無忌等偕律學之士撰為《義疏》行之,即是書也。論者謂《唐律》一準乎禮,以為出入得古今之平,故宋世多採用之。元時斷獄,亦每引為據。明洪武初,命儒臣同刑官進講《唐律》,後命劉惟謙等詳定《明律》,其篇目一準於唐。至洪武二十二年,刑部請編類頒行,始分《吏》、《戶》、《禮》、《兵》、《刑》、《工》六律,而以《名例》冠於篇首。本朝折衷往制,垂憲萬年。欽定《大清律例》明簡公平,實永為協中弼教之盛軌。臣等嘗伏讀而紬繹之,凡《唐律》篇目今所沿用者,有《名例》、《職制》、《賊盜》、《詐偽》、《雜犯》、《捕亡》、《斷獄》諸門。其《唐律》合而今分者,如《戶婚》為《戶役》、《婚姻》,《廄庫》為《倉庫》、《廄牧》,《鬥訟》為《鬥毆》、《訴訟》諸門。其名稍異而實同者,如《衛禁》為《宮衛》,《擅興》為《軍政》諸門。其分析類附者,如關津留難諸條唐律入《衛禁》,今析入《關津》;乘輿服御物、事應奏不奏、駈使稽程、以財行求諸條《唐律》俱入《職制》,今分析入《禮律》之《儀制》、《吏律》之公式、《兵律》之郵驛;《刑律》之受贓、謀殺人諸條,《唐律》入《賊盜》,今析入《人命》;毆罵祖父母、父母諸條,《唐律》併入《鬥訟》,今析為兩條,分入《鬥毆》、《罵詈》;又姦罪、市司平物價、盜決堤防、毀大祀丘壇、盜食田園瓜果諸條[②],《唐律》俱入《雜律》,今分析入《刑律》之《犯姦》,《戶律》之《市廛》、《田宅》,《工律》之《河防》,《禮律》之《祭祀》。蓋斟酌盡一,權衡允當,迨今日而集其大成。而上稽歷代之制,其節目備具,足以沿波而討源者,要惟《唐律》為最善[③]。故著之於錄,以見監古立法之所自焉。其書為元泰定閒江西儒學提舉柳贇所校刊[④],每卷末附以江西行省檢校官王元亮釋文及纂例[⑤],亦頗可以資參訂也。

【彙訂】

①“其”，殿本無。

②“盜”，殿本無。此書卷二七《雜律下》有“食官私田園瓜果”條，《大清律例》卷九《戶律·田宅》有“擅食田園瓜果”條。

③“惟”，殿本作“以”。

④“柳贇”，殿本作“析贇”，誤。卷首有柳贇泰定四年序。

⑤ 元至順刊本題“釋文，此山貰冶子撰”，則非王元亮撰。

（胡玉縉：《四庫全書總目提要補正》）

大清律例四十七卷

乾隆五年奉敕撰，御製序文頒行。凡《律目》一卷，《諸圖》一卷，《服制》一卷，《名例律》二卷，《吏律》二卷，《戶律》七卷，《禮律》二卷，《兵律》五卷，《刑律》十五卷，《工律》二卷，《總類》七卷，《比引律條》一卷。前列凡例十則及順治初年以來奏議。而恭錄世祖章皇帝御製序一篇，聖祖仁皇帝諭旨一道，世宗憲皇帝御製序一篇、諭旨一道，冠於卷首。蓋我朝律文，自定鼎之初，即詔刑部尚書吳達海等詳考《明律》，參以國制，勒為成書，頒布中外。康熙九年，大學士、管刑部尚書事對喀納等復奉詔校正。旋又諭部臣於定律之外所有條例，或刪或存，詳為考定，隨時增改，刊附律後。逮雍正元年，大學士朱軾、尚書查郎阿等奉詔續成。我皇上御極之初，即允尚書傅鼐之請，簡命廷臣，逐條考正，以成是編，纂入定例凡一千餘條。而皇心欽恤，道取協中。凡讞牘奏陳，皆辨析纖微，衡量情法。隨事訓示，務準其平，以昭世輕世重之義。又每數載而一修，各以新定之例分附於後。在廷之臣，恭聆玉音，或略蹟而原心，或推見以至隱。折以片言，悉斟酌於天理人情之至信^①。聖人留心庶獄，為千古帝王之所無。而是編亦為千古之玉律金科矣。

【彙訂】

① "悉"，殿本作"無不"。

右政書類"法令"之屬，二部，七十七卷，皆文淵閣著錄。

案，法令與法家，其事相近而實不同。法家者私議其理，法令者官著為令者也。刑為盛世所不能廢，而亦盛世所不尚。兹所錄者，略存梗概而已，不求備也。

營造法式三十四卷（浙江范懋柱家天一閣藏本）^①

宋通直郎試將作少監李誡奉敕撰。初，熙寧中敕將作監官編修《營造法式》，至元祐六年成書。紹聖四年以所修之本祇是料狀，別無變造制度，難以行用，命誠別加撰輯。誠乃考究羣書，並與人匠講説，分列類例^②，以元符三年奏上之。崇寧二年，復請用小字鏤版頒行^③。誠所作《總看詳》中稱："今編修《海行法式》，《總釋》、《總例》共二卷，《制度》十五卷，《功限》十卷，《料例》并《工作》等共三卷，《圖樣》六卷，《目錄》一卷，總三十六卷，計三百五十七篇。內四十九篇係於經史等羣書中檢尋考究，其三百八篇係自來工作相傳，經久可用之法，與諸作諳會工匠詳悉講究。"蓋其書所言雖止藝事，而能考證經傳，參會眾説，以合於古者飭材庀事之義。故陳振孫《書錄解題》以為遠出喻皓《木經》之上^④。考陸友仁《硯北雜志》載誠所著尚有《續山海經》十卷，《古篆説文》十卷，《續同姓名錄》二卷，《琵琶錄》三卷，《馬經》三卷，《六博經》三卷。則誠本博洽之士，故所撰述，具有條理。惟友仁稱誠字明仲，而書其名作"誠"字。然范氏天一閣影鈔宋本及《宋史·藝文志》、《文獻通考》俱作"誠"字，疑友仁誤也⑤。此本前有誠所奏劄子及進書序各一篇。其第三十一卷當為《木作制度圖樣》上篇，原本已闕，而以《看詳》一卷錯入其中。檢《永樂大典》內亦載有此書，其所闕二十餘圖並在。今據以補足，而仍移《看詳》於卷首。又《看詳》內稱書總三十六卷。而今本《制度》一門較原目少二卷，僅三十四卷。《永樂大典》所載不分卷數，無可參校。而核其前後篇目，又別無脫漏。疑為後人所併省，今亦姑仍其舊云。

【彙訂】

① 文淵閣《四庫》本尚有《補遺》一卷。（沈治宏：《中國叢書綜錄訂誤》）

② "列"，殿本作"立"。

③ 據本書《總看詳》，元祐所修之本，雖奉詔許令頒降，而當時更不施行，竟未鏤版。（余嘉錫：《四庫提要辨證》）

④ "以為遠出喻皓《木經》之上"，《直齋書錄解題》無此文，實出自《郡齋讀書志》卷七："世謂喻皓《木經》極為精詳，此書蓋過之。"（黃嬿婉：《〈四庫全書總目〉誤引〈直齋書錄解題〉訂正十七則》）

⑤ 《宋史·藝文志》五行類作"李戒"，《文獻通考》卷一二九作"李誠"。（余嘉錫：《四庫提要辨證》）

欽定武英殿聚珍版程式一卷

乾隆四十一年，戶部侍郎金簡恭撰進呈。初，乾隆三十八年詔纂修《四庫全書》，復命擇其善本①，校正剞劂，以嘉惠藝林。金簡實司其事，因棗梨繁重，乃奏請以活字排印，力省功多。得旨俞允，併錫以嘉名，紀以睿藻。行之三載，印本衣被於天下。
金簡因述其程式，以為此書。考沈括《夢溪筆談》稱"慶曆中有布
衣畢昇，始為活版。其法用膠泥刻字，薄如錢唇。每字為一印，
火燒令堅。先設一鐵版，其上以松脂蠟和紙灰之類冒之。欲印
則以一鐵範置鐵版上，乃密布字印。滿鐵範為一版，持就火煬
之。藥稍鎔，以一平版按其面，則字平如砥。若止印二三本，未
為簡易。若印數十百本，則極為神速"云云。活字之法，斯其權
輿。然泥字既不精整，又易破碎，松脂諸物亦繁重周章。故王楨
《農書》所載活字之法，易以木版。其貯字之盤，則設以轉輪，較
為徑捷，而亦未詳備。至陸深《金臺紀聞》所云鉛字之法，則質柔
易損，更為費日損工矣。是編參酌舊制，而變通以新意。首載諸
臣奏議，次載取材雕字之次第，以及庋置排類之法。凡為圖十有
六，為説十有九。皆一一得諸試驗，故一一可見諸施行。乃知前
明無錫人以活字印《太平御覽》，自隆慶元年至五年僅得十之一
二者案，事見黄正色《太平御覽》序。由於不得其法。此亦足見聖朝制
器利用，事事皆超前代也。

　　【彙訂】

　　①"善本"，殿本作"繕本"，誤。書中原文作"擇其尤者，刊
布海內"。

　　右政書類"考工"之屬，二部，三十五卷，皆文淵閣著錄。

史 部 三 十 九

政書類存目一

杜氏通典詳節四十二卷（浙江巡撫採進本）

不知何人所編。驗其版式①，猶宋時麻沙刻本。所列引用諸儒姓氏，止於吕祖謙、陳傅良、葉適三人，皆註有“文集見行”字，則南宋人所爲也。於杜氏《通典》八門内汰其“兵制”一門，於“禮制”門内又删去喪服之制，故六朝諸儒議禮之文藉《通典》以傳者多不見録。又其去取多不可解。如《通典》卷一載後漢田制，凡列荀悦、崔寔、仲長統三人之説，而是書獨存荀悦。蓋力求簡約而略無義例者也。

【彙訂】

① “驗”，殿本作“檢”。

元典章前集六十卷附新集無卷數（内府藏本）

不著撰人名氏。《前集》載世祖即位至延祐七年英宗初政。其綱凡十，曰詔令，曰聖政，曰朝綱，曰臺綱，曰吏部，曰户部，曰禮部，曰兵部，曰刑部，曰工部。其目凡三百七十有三①，每目之中又各分條格。《新集》體例略仿《前集》，皆續載英宗至治元二

年事，不分卷數，似猶未竟之本也。此書始末《元史》不載，惟載
至治二年金帶御史李端言②："世祖以來所定制度，宜著為令，使
吏不得為姦，治獄有所遵守。"英宗從之。書成，名曰《大元通
制》，頒行天下，凡二千五百三十九條。計其時代，正與此書相
同。而二千五百三十九條之數，則與此書不相應。卷首所載中
書省劄亦不相合。蓋各為一編，非《通制》也。考《元史》以八月
成書，諸志皆潦草殊甚，不足徵一代之法制。而元《經世大典》又
久已散佚，其散見《永樂大典》者，顛倒割裂，不可重編，遂使百年
掌故無成書之可考。此書於當年法令，分門臚載，採掇頗詳，故
宜存備一朝之故事。然所載皆案牘之文，兼雜方言俗語，浮詞妨
要者十之七八。又體例瞀亂，漫無端緒。觀省劄中有"置簿編
寫"之語，知此乃吏胥鈔記之條格，不足以資考證。故初擬繕錄，
而終存其目焉。

【彙訂】

① 實共三百二十七目。（王樹民：《史部要籍解題》）

② 《元史》卷二十八《英宗紀》至治二年十一月戊申"賜戍北
邊萬戶、千戶等官金帶，御史李端言"，"金帶"二字應屬上為句。
（陳垣：《元典章校補》）

明祖訓一卷（浙江巡撫採進本）①

明洪武二年，命中書編次。其目十有三：一祖訓首章，一持
守，一嚴祭祀，一謹出入，一慎國政，一禮儀，一法律，一內令，一
內官，一職制，一兵衛，一營繕，一供用。至六年五月書成，太祖
自為序，復命宋濂序之。此本佚濂序，惟太祖之序載篇首。序稱
"開導後人，立為家法。大書揭於西廡，朝夕親覽，以求至當。首

尾六年，凡七謄錄槁，至今方定。命翰林編輯成書②，禮部刊印”
云云。然則諸詞臣僅繕錄排纂而已，其文詞悉太祖御撰也。其
中多言親藩體制，大抵懲前代之失，欲兼用封建郡縣以相牽制。
故親王與方鎮各掌兵，王不得預民事③，官吏亦不得預王府事。
尤諄諄以姦臣壅蔽離間為慮，所以防之者甚至。如云：“若大臣
行姦，不令王見天子，私下傳致其罪而遇不幸者，其長史司併護
衛移文五軍都督府，索取姦臣，族滅其家。”又云：“如朝無正臣，
內有姦惡，則親王訓兵待命，或領正兵討平。”然則靖難之事肇釁
於此，高煦、宸濠遂接踵效尤。是亦矯枉過直，作法於涼之弊矣。
皇甫錄《明記略》云：“《祖訓》所以教戒後世者甚備，獨無委任閹
人之禁，世以為怪。或云本有此條，因版在司禮監削去耳。”然
《永樂大典》所載亦與此本相同，則似非後來削去。錄所云云，蓋
以意揣之也。

【彙訂】

① 此書在《各省進呈書目》中僅著錄於《浙江省第九次進呈
書目》與《浙江採集遺書總錄》，又見於《二老閣進呈書》，“浙江巡
撫採進本”應為“浙江鄭大節家藏本”之誤。（江慶柏：《四庫全
書私人呈送本中的鄭大節家藏本》）

② “命”，底本脫，據殿本補。明洪武禮部刻本此書序文
作“令”。

③ “預”，殿本作“與”。

明朝典彙二百卷（浙江巡撫採進本）①

明徐學聚撰。學聚有《歷朝璫鑑》，已著錄。是書採錄明代
典故，自洪武訖隆慶，分類編纂。上自實錄，下訖稗乘。條分類

萃,凡二百門。卷一至三十三卷為朝政大端,三十四卷以下則以六部分標,記載頗為繁富。然分隸不無錯雜。如明制六部與卿寺院監不相統攝,此書則以宗人府、都察院以下皆歸入吏部。又如廟號、尊諡、陵寢、巡幸、郊祀、祈禱、祠醮,皆禮部職也;較閱,兵部職也;耕耤、莊田、勳戚、田土,皆戶部職也。此書則一切歸入“朝政大端”中②,於體例皆為未協。又採摭浩博,而皆不著其出典,亦未免無徵不信。李燾《續通鑑長編》凡所引證,必著書名,不如是之莫知所本也。

【彙訂】

①《浙江省呈送書目》未載此書,而見於《浙江省第四次鮑士恭呈送書目》。(杜澤遜:《四庫存目標注》)

② 據明天啟四年徐與參刻本此書,“朝政大端”當作“朝端大政”。

經世實用編二十八卷(江蘇周厚堉家藏本)

明馮應京撰。應京有《六家詩名物疏》,已著錄①。是編乃萬曆甲辰應京下詔獄時所成。分乾、元、亨、利、貞五集,乾集十卷,元集二卷,亨集二卷,利集四卷,貞集九卷。首載明太祖《心法》、《祖訓》,以迄取士、任官、重農、經武、禮、樂、射、御、書、數,而終之以諸儒語錄、《正學考》。大都稟《祖訓》為律令,而以歷朝沿革附之,其用意不無可取。至以乾、元、亨、利、貞分集,取羑里演《易》之義,則未免於僭矣。

【彙訂】

①《六家詩名物疏》作者為馮復京,說詳卷十五《詩集傳》條注。

明典章無卷數（浙江巡撫採進本）

不著撰人名氏。輯太祖吳元年以後，世宗嘉靖十五年以前朝廷制誥典制。大抵從《實錄》鈔出編次，殊無體例。

會典鈔略無卷數（內府藏本）

不著編輯者名氏。前有題詞，稱："《會典》一書，卷逾二百。鬻之價多，攜之囊重。士有自操觚以至歷官，不獲一睹者。其在里巷齊民，尤可知已。但全書紀載雖夥，其當訓行者概有大略。因手鈔略節，約十餘帙。閒附註《通紀》一二事，以備參考。"云云。是其書在陳建《通紀》之後矣。

右政書類"通制"之屬，七部，三百三十一卷，內二部無卷數。皆附存目。

別本漢舊儀二卷（兩江總督採進本）

舊本題漢議郎東海衛宏敬仲撰。宏所撰《漢官舊儀》，已於《永樂大典》內繕出著錄，語詳本條下。此本書名與《後漢書》宏本傳合，而四篇之數仍不合，併與《書錄解題》三卷之數亦不相應。其中多引胡廣語。廣為安帝時人，宏為議郎則在光武帝時。先後相隔六十餘年，不應宏書之內先有廣名。又時時稱"衛宏曰"，亦必非宏自著書之體。其註中并引及《周禮註疏》。註出鄭康成，疏出唐賈公彥，宏益不得見之矣。蓋原書久佚，後人從《漢書》註中摘錄而成。觀其中"竹宮去壇三里"一句，前後兩見，則為雜鈔致複無疑矣。今宋代舊本猶存《永樂大典》中，業已校錄刊刻，重顯於世。此後人裒集之本，固可置而不論矣。

貢舉敘略一卷（編修程晉芳家藏本）

舊本題宋陳彭年撰。載曹溶《學海類編》中，實《册府元龜》"貢舉"一門之總序。以彭年爲作序五人之一，遂題彭年之名。然原本不言此序出彭年也。

通祀輯略三卷（兩淮鹽政採進本）

不著撰人名氏。載歷代崇祀孔廟禮儀。起魯哀公，迄宋咸淳三年，疑爲元人作也[①]。凡三卷，上卷分謚號、廟祀、殿額、坐像、冕服、封爵、位序、配享八門，中卷分從祀、鄉賢二門，下卷分釋奠樂章、曲阜廟幸學、謁廟、告遷、奉安五門。

【彙訂】

① 四庫底本明鈔本今存，卷內貞、敦等字皆避宋諱，蓋從宋本移寫，則爲南宋末年所作也。（杜澤遜：《四庫存目標注》）

明堂或問一卷（左都御史張若澄家藏本）

明世宗肅皇帝御撰。嘉靖十七年，致仕同知豐坊疏請復古禮，建明堂，加興獻帝廟號，稱宗以配上帝。詔下禮部會議。尚書嚴嵩等皆以明堂爲應建，而於稱宗、配享二事則依違其詞。戶部侍郎唐冑抗疏言，宜以太宗配享。帝怒，下冑獄。嵩乃再會廷臣議，請以興獻帝稱宗配食。帝以疏不言祔廟，留中不下。復設爲臣下問答之詞，作《或問》一篇。大略言文皇遠祖，不應嚴父之義，宜以父配稱宗。雖無定説，尊親崇上，義所當行。既稱宗則當祔廟，豈有太廟中四親不具之禮。是年九月，遂尊興獻帝爲睿宗，祔太廟。又即元極寶殿爲明堂，大享上帝，以睿宗配，皆如帝旨。此本前有帝所自作小序，後以配享詔書一通附之。

正孔子祀典説一卷（左都御史張若澄家藏本）

明世宗肅皇帝御撰。嘉靖九年，大學士張璁請正先師祀典。帝因言聖人尊天與尊親同，今全用祀天儀，非正禮。諡號、章服，悉宜改正。璁遂請改孔子稱先師，不稱王；用木主，不用塑像；籩豆用十，樂用六佾；配位宜削公、侯、伯之號，止稱先賢、先儒。帝命禮部集議，編修徐階疏陳不可。帝怒，謫階官。因親製此文，宣付史館。大略謂孔子以魯僭王為非，寧肯自僭天子之禮。尋以羣臣爭執者衆，復降諭曉示，命禮部與《祀典説》通行刊布，於是其議遂定。案，《明史·禮志》尚有帝所製《正孔子祀典申記》一篇，此本所附敕諭中亦有"朕著《説》、《記》"之語。而書中有《説》無《記》，疑為傳寫者所脱也。

存心錄十卷（浙江朱彝尊家曝書亭藏本）

不著撰人名氏。皆記明初壇廟祭祀之制，而附以災祥物異。其前有序，稱："臣等承命作此《錄》，以堅誠敬之心。"是奉敕所撰，而其文多殘損不完。考《明史·藝文志》有吳沈等編集《存心錄》十八卷，《精誠錄》三卷，皆在"故事類"中。吳沈者，蘭溪人。元國子博士師道子，洪武時官東閣大學士。嘗著辨言孔子封王之非禮，後嘉靖中更定祀典，實祖其説。則其人嫻於説禮可知。而此書內所載禮節皆洪武三年以前之事，則《藝文志》所謂《存心錄》者即此書也。惟此本止十卷，與十八卷之數不合。檢核書首，有私印一，其文曰"尚寶少卿袁氏忠徹印"。蓋猶明初舊本，尚無脱佚。又黄佐《南廱志》載嘉靖閒《存心錄》版存者五十八面，闕者三面[①]，所列亦止十卷，與此本同。是史志誤衍一"八"字也。

【彙訂】

① "闕",殿本作"欠"。

日本東夷朝貢考一卷(浙江范懋柱家天一閣藏本)

明張迪撰。迪字文海,華亭人。所輯日本朝貢事,頗多闕略。如永樂二年封其國山為壽安鎮國之山,兩遣使來貢等事,悉佚不載。書末全錄《宋》、《元》二史《外國列傳》以足其卷,似是議日本封貢時偶為考紀云。

臨雍錄一卷(浙江范懋柱家天一閣藏本)

明費誾撰。誾字廷言,丹徒人。成化己丑進士,官至禮部侍郎。宏治元年三月,孝宗舉行臨雍釋奠禮。誾時為祭酒,因錄其禮儀奏議。及官禮部時①,乃編次成書,付淮安知府徐鏞刻之。至宏治九年,林瀚兼祭酒事,又刻於國子監。其書全錄吏牘之文,無一字之刪潤,詞不雅馴,不足以稱崇儒大典。考《郊外農談》曰:"鳳翔之麟游有虎臣者,慷慨有節氣,成化末貢入太學。適聞萬歲山架樓棚以備登眺,臣上疏極諫。憲廟奇之,祭酒費誾不知也。懼其賈禍,乃會六堂,鳴鼓聲罪,銀鐺鎖之以待。俄官校宣臣至左順門,中官傳溫旨勞之曰:'爾言是也,樓棚好拆卸矣。'命吏部予臣七品正官,誾大慚。"云云。則誾為祭酒,本不愜於公論,其著作抑可知矣②。

【彙訂】

① "時",殿本無。
② "抑",殿本作"益"。

大禮集議五卷(浙江范懋柱家天一閣藏本)

明席書編。書,遂寧人。宏治庚戌進士,官至武英殿大學士,諡文襄。事蹟具《明史》本傳。嘉靖初,書為南京兵部侍郎,大禮議起。書揣知帝意方向張璁、桂萼,乃上疏力主其說。帝大喜。時汪俊代毛澄為禮部尚書,猶堅執如澄議①。及俊以力爭建廟去位,帝特旨用書代之。此編即其為禮部尚書時所編刻以進者也。初,侍讀學士方獻夫請刊《大禮奏議》二卷,後吏部侍郎胡世寧復續增一卷。至廟議已定,書乃取原編定為《奏議》一卷,《會議》一卷,《續議》一卷,復增《廟議》一卷,末又附《諸臣私議》一卷。私議者,議而未奏者也,然皆不外璁、萼等附合時局之說耳。

【彙訂】

①"如",殿本無。

科場條貫一卷(江蘇巡撫採進本)

明陸深撰。深有《南巡日錄》,已著錄。是書紀洪武至嘉靖間科舉條式,於前後損益之制臚列頗詳。

保和冠服圖一卷(浙江范懋柱家天一閣藏本)

明張璁撰。璁有《諭對錄》,已著錄。是書作於嘉靖七年,在璁未更名以前,故仍題原名。先是,世宗命璁製燕弁冠服為燕居所御,又製忠靜冠服以錫有位。會光澤王請宗室冠服式,命以燕弁為準,定為此圖,而敕璁為之說。前有諭旨及璁序。其冠,親王九㿬,世子八㿬,郡王七㿬。服用青身青緣,前後方龍補。襯用深衣,玉色。帶用青表綠裏綠緣。履用皂綠,結白襪。其鎮國將軍至奉國中尉,左、右長史至伴讀,咸從忠靜冠服,以品官之制服之。其儀賓則不預焉。名曰"保和",言各得其分則和也。其冠圖為前後左右四面,服圖為前後二面,較《三禮》諸圖繪一面者為詳,可為繪圖之式云。

太廟敕議一卷（左都御史張若淮家藏本）①

明嘉靖中禮部頒行本也。成祖既遷都北平，而南京太廟仍舊不廢。至嘉靖十三年，南京太廟災，禮部尚書湛若水疏請重建。世宗敕羣臣集議，尚書夏言及大學士張孚敬等會疏，稱國不當有二廟，請以南京太廟香火歸併奉先殿。其太廟故址仿古壇墠遺意，高築牆垣，令所司謹其啟閉。帝從其議，言因取所奉敕旨及會議題槀彙成此帙，奏請刊行。

【彙訂】

① “左”，殿本作“副”，誤，參《總目》卷首署銜。

改元考一卷（兩江總督採進本）

明宗室朱當㳀撰①。前有自序，載“嘉靖壬午魯國當㳀識”。考《明史·諸王世表》不載其名，蓋魯荒王檀之元孫，而懷王當㳁之從兄弟也②。此書專考歷代年號，起漢建元，迄明嘉靖。自正統以及僭僞、偏安，無不具載。然其中譌謬之處，不一而足。如《十六國春秋》載蜀李雄以晉永興元年僭稱成都王，改元建興③。次年即帝位，改元晏平，國號大成。乃《華陽國志》偶譌大成為大武④，而《晉書·載記》遂刪“晏平”及“國號”四字，直曰“改元大武”。此書竟以大武與晏平並列，殊為疏舛。又後秦姚萇初稱秦王，改云白雀，三年僭帝號，又改建初。建初七年萇卒，子興立，即改為皇初。此書於白雀後誤增皇初，而建初之號又誤移之姚興之下。又西秦乞伏乾歸僭號河南王，改元太初。後降於姚興，尋又倍之，自稱秦王，改元更始。此書於太初之後、更始之前，誤增一宏〔弘〕始。殊不知宏始乃姚興之年號，非乾歸之年號也。因乾歸降興時，史册用興年紀事，而遂屬之乾歸，鹵莽甚矣。其

他輾轉譌謬,如於乞伏熾磐則脫永康之號,而於慕容皝則多永壽
之號。大抵沿襲別本之譌,而失於稽考。至於明太祖以下至世
宗,皆直書名某而不避其諱。當泗原本未必敢於如是,或傳寫者
所追加歟?

【彙訂】

①"朱當泗",底本作"朱常泗",下同,據明抄本此書及殿本
改。(杜澤遜:《四庫存目標注》)

②"當淲",底本作"常淲",據殿本改。《弇山堂別集》卷三
十二《同姓諸王表》載"魯荒王檀……莊王陽鑄……在位四十八
年,以嘉靖二年薨……嫡長子懷簡世子當淲先薨"。

③"建興",殿本作"運興",誤。據《太平御覽》卷一二三李
雄條引崔鴻《十六國春秋·蜀錄》,李雄於西元 304 年十月改元
建興。

④"譌",殿本作"誤"。

重輯祖陵紀略二卷(兩江總督採進本)

明宗室朱自新撰。祖陵者,明高帝祖熙祖陵也,在泗上。
初,高帝未知熙祖葬所,有朱貴者繪圖以獻,即命貴充奉祀。其
八世孫邦翰因輯《祖陵紀略》一書,述修繕祭祀之事。嘉靖癸丑,
自新又重輯是編。自新,邦翰孫也。

諡法通考十八卷(浙江朱彝尊家曝書亭藏本)

明王圻撰。圻有《東吳水利考》,已著錄。圻著《續文獻通
考》,於《禮考》之末增"諡法"一目,補馬端臨之闕。然於明代諡
典,猶未之及①。此書所載,上考列朝,下至萬曆。自君后、妃
主、王公、卿相以逮百官,至於聖賢、隱逸,旁及異端、宦寺、篡逆

之黨,凡有謚者,皆備書以資考證。其卷首冠以總紀、釋義二目,猶《續通考》之例,又所以自補其闕也。有趙可懷序,稱就《續通考》中抽出"謚法"一種另梓。殆未詳閱其書歟②?

【彙訂】

① 今傳本《續文獻通考》"謚法"一考中明代部分具在。

② 萬曆刻本《謚法通考》卷首有萬曆二十四年初夏趙可懷序云:"雲間王元翰氏輯《謚法通考》……歸田後,日杜門著述,輯有《續文獻通考》凡若干卷,就其中抽'謚法'一種另梓云。"王圻《謚法通考・凡例》云:"余《續文獻通考》嘗益'謚法'一目,補馬貴與之缺,例仍舊貫,未及皇朝。今據實錄所書、野史所記,輯附其後,別為一種。庶不至遠希上古,近遺昭代。"按,《續文獻通考》刊刻於萬曆三十一年,所記內容最晚至萬曆三十年,可知王圻於萬曆二十四年曾抽出其中"謚法"另梓為《謚法通考》,後仍有增補。(向燕南:《〈四庫全書總目〉王圻〈謚法通考〉提要訂誤》)

太常總覽無卷數(兩淮馬裕家藏本)

明金賫仁撰。賫仁,嘉靖初道士。以齋醮有寵,官太常寺少卿。是書嘗經奏進,於典禮分別圖註,條理頗詳。然大抵其時之瀆祀也。

明臣謚類鈔一卷(內府藏本)

明鄭汝璧撰。汝璧有《明帝后紀略》,已著錄。是書專載明代臣僚之得謚者,始自劉基,終於李珍,凡六百六十一人。各以謚法區分門類,而不敘年代。末附蘇祿、朝鮮、浡泥、日本諸國王凡得謚者,咸編入焉。其不載親藩者,則以《帝后紀略》已附"藩封"一門故也。汝璧此書與《功臣封爵考》乃其官禮部儀制司及吏部驗封司時所作，皆有案牘可考，故紀載較他家為確云。

明貢舉考九卷（浙江鮑士恭家藏本）

明張朝瑞編。朝瑞有《忠節錄》，已著錄。是書專考明代科舉之制。首為《場屋事例》一卷，於沿革之故言之頗詳。附以《貢舉紀略》，不入卷數。二卷以下則起洪武三年庚戌，迄萬曆十七年己丑。其目錄止於萬曆癸未，蓋丙戌以後又以次而增也。每科載會試考官試題及所刻程文之目。殿試之榜首尾全錄，會試之榜則惟錄前五人，鄉試之榜則惟錄各省第一人。其有名臣碩儒足傳於後者，皆附記於制策之末①，名姓、籍貫之異同亦附註焉。其考據頗為詳核。惟《貢舉紀略》載狀元年老、年少之類，類乎說部，於體例為未安。第一卷《事例》之中雜引諸儒之論，至於引桂有三種，紅為狀元，黃為榜眼，白為探花，以證鼎甲三人名所自起，尤為蕪雜矣。

【彙訂】

① "記"，殿本作"注"。

諡苑二卷（浙江范懋柱家天一閣藏本）

明朱睦㮮撰。睦㮮有《易學識遺》，已著錄。是編上卷輯古諡法十二家，曰《史記諡法解》，曰《周書諡法》，曰《蔡邕獨斷諡法》，曰《蘇洵諡法》，曰《周公諡法》，曰《春秋諡法》，曰《廣諡法》，曰《沈約諡法》，曰《賀琛諡法》，曰《扈蒙諡法》，曰《鄭樵諡法》，曰《陳思諡法》。其周公、春秋、廣諡、沈約、賀琛、扈蒙六家，因王圻《續文獻通考》之舊，餘六家則睦㮮增輯也。因樹屋作《書影》①，嘗疑漢蕭何諡曰文終，不知於諡法居何等。今考《周公諡法》下卷,乃有"終"字,則其傳已久②。然其書最不可解。堯、舜、禹、湯謂之謚,此猶相傳有説。帝、皇、王、侯、君、公亦列為謚。設帝當謚帝,將曰"帝帝",王當謚王,當曰"王王"乎？又設帝當謚王侯,當曰"王帝"、"侯帝"；王侯當謚帝,當曰"帝王"、"帝侯"乎？此等宜有所辨正。一概因其原文,不足以為考證。王圻《續文獻通考》舛漏百出,其與古書不合者皆校刻之誤。乃據之以註異同,尤為失考。《唐會要》亦有《謚法篇》,漏而不收,亦為疏略。下卷列明代王侯以下至於守令之謚,不及鮑應鼇書之賅備,又頗舛誤。參以諸書,如徐溥謚文靖而曰文穆,顧鼎臣謚文康而曰文簡,喬宇謚莊簡而曰端簡,馬昂謚恭襄而曰忠襄,墨麟謚榮毅而曰文毅,不一而足,則亦不盡可據矣。

【彙訂】

①"因樹屋",殿本作"周亮工"。

②"則其傳已久",殿本作"亮工蓋考之未詳"。

王國典禮八卷(江蘇周厚堉家藏本)

明朱勤美撰。勤美字伯榮,開封人,鎮國中尉睦㮋子。為周藩宗正,以文學世其家。是書採輯宗藩成憲,勒為一書。分聖訓、玉牒、講讀、冠禮、婚禮、爵秩、冠服、宮室、儀仗、祿米、田地、祀禮、之國、錫命、慶祝、入覲、奏事、宴饗、喪禮、事例、管理、宗子、獎勸、懲戒、秩官、儀賓、兵衛、倉庾、支鹽、諱禁,凡三十類,每類又各有子目。

孔廟禮樂考六卷(兩淮馬裕家藏本)

明瞿九思撰。九思有《春秋以俟錄》,已著錄。是書於孔廟禮樂沿革同異考證頗詳,勝他家鈔撮舊文,有同簿籍者。惟二卷以從祀諸弟子編為歌括,殊乖體例。

歷代貢舉志一卷（編修程晉芳家藏本）

明馮夢禎撰。夢禎字開之，秀水人。萬曆丁丑進士，官至國子監祭酒。是書敘歷代貢舉之制，如敘《周官》，而於大司徒、鄉老、太宰、内史選士之法不詳。敘漢制，而誤以董仲舒之舉賢良在建元之初[1]。魏晉以降，中正九品之法盛行，遼、金、元亦有進士科及薦舉制科，載於各史志者甚悉。夢禎一概略之，未免過簡，不足以資考證也。

【彙訂】

[1] 據《史記·武帝本紀》與《董仲舒傳》，董氏舉賢良確在建元之初。（楊武泉：《四庫全書總目辨誤》）

明典禮志二十卷（浙江巡撫採進本）

明郭正域撰。正域有《批點考工記》，已著錄。是書其官禮部尚書時所輯。第一卷為登極儀，二卷為朝儀，三卷為宴享儀，四卷為尊號，五卷至七卷為冊封，八卷為冠禮，九卷為婚禮，十卷為喪禮，十一卷為耕耤，十二卷為親蠶，十三卷為經筵日講諸儀，十四卷為出閣讀書諸儀，十五卷為巡狩，十六卷為監國，十七卷為儀仗，十八卷為冠服，十九卷為宮室，共子目一百二十有七。二十卷為雜典禮，共子目六十有六。敘次亦尚明簡，而體例頗叢脞。朝儀既自為卷，而外戚朝見又入雜典禮中[1]。進實錄、進玉牒、受降、獻俘宣捷，皆國之大事，亦入雜典禮中。至於郊祀、宗廟，乃闕而不載，尤不喻其故也。

【彙訂】

[1] “又”，殿本無。

學科考略一卷（編修程晉芳家藏本）

明董其昌撰。其昌字元宰，華亭人。萬曆己丑進士，官至禮

部尚書,謚文敏。事蹟具《明史・文苑傳》。是書敘歷代立學之
制,兼敘孔廟封贈配享之始,而貢舉之志兼及焉。如敘太公廟起
於唐,而宋以後不載;敘明經起於漢,而唐、宋明經之選亦不載;
殿試親策祇載漢、唐及宋,而遼、金、元悉不載,殊為疏略。此與
馮夢禎《歷代貢舉志》俱載於《學海類編》中,疑亦鈔撮割裂而
成也。

明謚考三十八卷(山東巡撫採進本)

明葉秉敬撰。秉敬有《字孿》,已著錄。是書採集有明一代
諸臣之謚,創為冠額之法。以上一字為冠,下一字為額,復依四
聲次第分列。其例頗為杜撰,而所載之謚亦多舛誤。如宋濂正
德閒追謚文憲,而作文惠。又載陶琬〔琰〕①、鄭世威俱謚恭介,
而不及陳有年。有年得謚在萬曆二十六年。書中載趙志皋謚文
懿在二十九年,則不可謂非考據之疏矣。末一卷所載祖父子孫
得謚者②,亦多所遺漏,未為詳贍。

【彙訂】

① 底本避嘉慶諱改"琰"為"琬"。殿本作"琰"。

② 殿本"祖"上有"屢世"二字。

鹺堂考故一卷(浙江巡撫採進本)①

明張鼐撰。鼐有《吳淞甲乙倭變志》,已著錄。此其官司業時所
述明代國學典故,兼及軼事。大旨主於端師範,抑倖進,其言多切要
中理。惟所載"國學官陳言國事"一條,於義未允。師儒之官,掌教
化而已,必以與聞朝政為美談,是未考宋季三學之弊者也②。

【彙訂】

① 明崇禎二年刻《寶日堂初集》三十二卷,其中卷二十八有

《饁堂考故》,《都察院副都御史黄交出書目》著録"《饁堂考古》,明張鼐,一本"。則"饐"字乃"饁"之誤。(杜澤遜:《四庫存目標注》)

② "者",殿本無。

案,黄佐《南雍志》入"職官",而此及《辟雍紀事》别入"政書"者,佐所志者以太學官制職掌爲綱①,二書則但述故事也。

【彙訂】

① "志",殿本作"述"。

謚法纂十卷(浙江汪啓淑家藏本)

明孫能傳撰①。能傳字一之,寧波人。萬曆丙辰進士,官至工部員外郎。即嘗與張萱同編《内閣書目》者②。此書詳考易名之制,首功令,次謚法,次尊謚,次臣謚,而以議論終焉。大抵據内閣册籍鈔録成書。其例頗與葉秉敬《謚考》相同,而不及其精密③。

【彙訂】

① "孫能傳",底本作"孫能傅",下同,據殿本改。《内閣書目》卷末題五編者之名,首爲"内閣敕房辦事大理寺左寺副孫能傳",名居"中書舍人張萱"等之上。雍正《寧波府志》卷二二《孫能傳傳》云:"字一之,萬曆十年舉人,授中書。"(楊武泉:《四庫全書總目辨誤》)

② 丙辰爲萬曆四十四年,然《内閣書目》卷末題五編者之名,時在萬曆三十三年。據《寧波府志》小傳,可知孫能傳未登進士榜。(同上)

③ "其例頗與葉秉敬謚考相同而不及其精密",殿本無。

秦璽始末一卷（編修程晉芳家藏本）

明沈德符撰。德符字景倩，一字虎臣，秀水人。萬曆戊午舉
人。元世祖至元三十一年，有獻傳國璽者，御史兗州楊桓考辨，
定為秦物，見於《輟耕錄》。德符以為不確，因歷引宋李心傳之
說，及《五代會要》并《晉史》、《通鑑》等書，以證元所得之非秦璽。
然傳國一璽，歷代傳聞，紛如聚訟。恭讀我皇上御製《國朝傳寶
記》，折衷定論，大哉王言，允足垂訓億禩。若德符之斷斷爭辨，
猶不揣其本而齊其末耳。

年號韻編一卷（浙江汪啟淑家藏本）

明陳懋仁撰。懋仁有《泉南雜志》，已著錄。是書仿表譜之
法，橫格分正統、偏閏、僭偽、叛亂、蠻夷五等，直格下貫，則同一
年號。年號前後之序，則依韻部編次，以便檢閱，體例頗亦詳
密①。其中凡前代年號有與明同者，則削除不載。如張重華、方
臘皆號永樂②，則以成祖故去之。蓋不欲使僭亂之人與祖宗同
號，亦臣子之誼宜然，不得訾以遺漏。惟其所分之等，更始則列
正統③，隋文乃居偏閏，既已未安。又道經有龍漢、中皇之類，羽
流妄說，不載可也。列之僭偽，亦覺不倫。視鍾廣漢《歷代建元
考》不及遠矣。書成於天啟中，而中有崇禎年號。當為刊版於崇
禎，故隨時補入歟④？

【彙訂】

① “頗”，殿本無。

② “方臘”，底本作“方獵”，據殿本改。

③ “列”，殿本作“立”。

④ 殿本“故”下有“又”字。

明三元考十四卷(浙江汪啟淑家藏本)

明張宏〔弘〕道、張凝道同撰。宏道字成儒,凝道字明儒,武進人。其書專紀明代鄉、會、殿試之元魁鼎甲①。或非元魁而後至貴顯,及一門科名極盛者,亦咸載焉。始於洪武三年庚戌鄉試,終於萬曆四十七年己未會試。每科具詳京、省主試官,大致與張朝瑞書互相出入。

【彙訂】

① “元魁鼎甲”,殿本作“得元魁鼎甲者”。

萬古法程一卷(浙江巡撫採進本)

明袁應兆撰。應兆有《大樂嘉成》,已著錄。是書統載學宮從祀先賢、先儒名氏位次,而考證其是非。如所辨複姓皆題一字之類,自是下邑之謬,不足以簡牘相爭。其他所辨字畫,則舁陋頗甚。若辨“句井疆”“句”字,謂當作“勾”,宋人避康王諱,始改“勾”為“句”。不知《說文》“句”本從“口”,《廣韻》註“句”從“口”不從“厶”。具有明文也。

辟雍紀事無卷數(兩淮馬裕家藏本)

明盧上銘撰①。上銘字爾新,東莞人。崇禎中官南京國子監典簿。是編敍述明代太學典故,起洪武,訖崇禎十年,詳於南監而北監亦附見焉。

【彙訂】

① 書中南雍事盧上銘輯,北雍事馮士驊輯,當著錄為二人同輯。(杜澤遜:《四庫存目標注》)

學典三十卷(副都御史黃登賢家藏本)

國朝孫承澤撰。承澤有《尚書集解》,已著錄。是書所載皆歷代建學、設官、行禮、講學、科舉之事。自虞訖明，分年編載。惟前代僅居八卷，而明代之事多至二十二卷。如釋奠之禮，凡各史志、紀所載者皆未收入。既載國子監學興廢創置，而各朝學官之職、學宮之制又皆闕焉。至泮宮習射及各經列於學官者，如漢之石經、唐之寫經、石經，後唐之鋟版，卷中皆未言及。而明代一切章疏毫無關於學典者，乃一概濫入。蓋門戶之見既深，無往不用其標榜也。

文廟從祀先賢先儒考一卷（編修程晉芳家藏本）

國朝郎廷極撰。廷極字紫衡，鑲黃旗漢軍。此本題曰廣寧，其原籍也。官至江西總督。是編歷考從祀先賢、先儒名氏之同異[1]。如辨顏幸之作“辛”，而不知《通典》之作“柳”，《咸淳臨安志》之作“韋”；辨南宮适之作“韜”，而不知一作“綯”，一作“括”；辨司馬耕之作“黎耕”，而不知一作“子耕”，未免考訂之疏。唯所辨文翁之圖較《家語》多五人，《家語》較文翁之圖多九人，及正殿配享、東西兩廡位數，引據頗為典核。

【彙訂】

① “名氏”，殿本作“名字”。

頖宮禮樂全書十六卷（兩淮馬裕家藏本）

國朝張安茂撰。安茂字蓼匪，松江人。順治丁亥進士，官至浙江提學僉事。其書分學校、褒崇、廟制、釋奠、從祀、祀禮、釋詁、祀樂、樂律、樂譜、樂舞、釋菜、啟聖祠、名宦鄉賢祠十四門。大抵祖李之藻《頖宮禮樂疏》、王煥如《文廟禮樂書》，少增損之[1]。其凡例稱“李博而富，其失也滯；王簡而通，其失也弱”。然觀其所作，亦無以遠勝二書也[2]。

【彙訂】

① 殿本"少"上有"而"字。

② "其凡例稱"至"亦無以遠勝二書也"，殿本無。

琉球入太學始末一卷(山東巡撫採進本)

國朝王士禎撰。士禎有《古懽錄》，已著錄。先是，康熙二十三年翰林院檢討汪楫、中書舍人林麟焻册封琉球，歸奏中山王尚貞請以陪臣子入國學。聖祖仁皇帝俯允所請，士禎因紀其始末。其中追敍明代琉球入國學事，於洪武二十五年只紀中山，而失載山南。又二十六年中山復遣寨官子入國學，永樂八年山南遣官生三人入國學，俱未及載。蓋沿舊本《太學志》之誤也。其書已見士禎《帶經堂集》中，此蓋初出別行之本。

國朝諡法考一卷(山東巡撫採進本)

國朝王士禎撰。始於國初，下迄康熙三十四年，大臣之賜諡者咸錄焉。凡親王十八人，郡王十五人，貝勒十二人，貝子十二人，鎮國公十一人，輔國公十六人，鎮國將軍五人，輔國將軍七人，妃三人，公主二人，額駙二人，藩王七人，民公九人，侯、伯十四人，大學士二十七人，學士四人，詹事一人，尚書二十七人，侍郎九人，都御史三人，八旗大臣一百六人，總督十七人，巡撫十七人，殉難監司三人，提督十七人①，總兵官八人，前代君臣二十六人，外藩一人。

【彙訂】

① "十七人"，殿本作"十一人"。清康熙刻《王漁洋遺書》本此書"提督諡號"條載田雄等十人。

辨定嘉靖大禮議二卷(浙江巡撫採進本)

國朝毛奇齡撰。奇齡有《仲氏易》，已著錄。是書力斥楊廷和之議,而又不屑與張、桂相雷同。謂張、桂較廷和議為正,特不知根柢經傳。凡為辨二十四篇,援據典確,亦可備一説。惟謂世宗既嗣武宗,即當以武宗為父,引《公羊傳》"為人後者,為之子"作證。然奇齡於所著《春秋毛氏傳》及《曾子問講錄》内論"仲嬰齊卒"一條,則又力闢《公羊》之誣。謂嬰齊不得以兄子家為父,父仲遂為祖。又於《經説》中力排汪琬誤信《公羊傳》為人倫之禍。而此辨忽主此説,前後矛盾,殆不可解。又謂世宗並當為所生持服三年,則雖當時張、桂諸人猶未敢創為此論,奇齡乃忽發之。考《儀禮·喪服》經曰"為人後者,為其父母報",傳曰:"何以期也? 不貳斬也。何以不貳斬也? 特重於大宗者,降其小宗也。"若世宗又為所生斬,是貳斬矣。即曰經文專為宗子言之,不知宗子之尊,孰若天子? 言宗子則通於天子矣。奇齡又謂經文明云"為人後者,為其父母報",則於所生父母不改稱也;既於父母不改稱,即不得改三年服制。然《儀禮》雖不易父母之名,而仍降在齊衰期服章内,則終不得服以父母之服矣。奇齡所引,不足自證,適以自攻耳。考《通典》徐邈答孔注曰:"史皇孫、皇考之名,特稱謂耳,未足以明服之輕重。"其論可與《喪服傳》相發明。奇齡乃取徐邈已廢之説,改飾更張,實乖典制。其餘各條間有可採,然不足救大本之乖謬也。

制科雜錄一卷(浙江巡撫採進本)

國朝毛奇齡撰。皆記康熙己未召試博學鴻詞始末。中多露才揚己之詞,且有恩怨是非之語。猶是前代門户餘習,不盡足據也。

彙征錄一卷(兵部侍郎紀昀家藏本)

不著撰人名氏。記康熙十七年薦舉博學鴻詞名氏、爵里,及御試中選人數、次第。謹案是年正月，聖祖仁皇帝諭吏部曰："自古一代之興，必有博學鴻儒，振起文運。闡發經史，潤色詞章，以備顧問著作之選。朕萬幾餘暇，游心文翰，思得博洽之士，用資典學。我朝定鼎以來，崇儒重道，培養人材。四海之廣，豈無奇才碩彥，學問淵通，文藻瑰麗，可以追蹤前喆者。凡有學行兼優，文詞卓越之人，不論已仕、未仕，令在京三品以上及科道官員、在外督撫布按，各舉所知，朕將親試錄用。其餘內外各官，果有真知灼見，在內開送吏部，在外開報督撫，代為題薦。務令虛公延訪，期得真才，以副朕求賢右文之意。"尋內外薦送一百八十六人[①]，應詔至京者一百四十三人。十八年二月朔，於體仁閣賜宴，試《璿璣玉衡賦》、《省耕詩》。入選者一等二十人，二等三十人，皆授翰林，入館纂修《明史》。其餘現任者回任，候補者歸部，未仕者回籍，年老者命吏部議給職銜。文運昌明，人才蔚起，熙朝盛典[②]，誠萬古為昭。其間與選者，承明著作，各有流傳。即未與選者，亦皆觀感奮興不懈而及於古。其所撰述，今著錄於《四庫》者，尚班班可考。此編雖案牘之文，然觀其所載，亦足以見械樸菁莪之盛也。惟讀卷諸臣如杜臻、李霨、馮溥、葉方靄俱不載[③]，及年老賜職諸人具有姓名，亦未臚列[④]，則記錄之疏耳。

【彙訂】

① "送"，殿本無。

② "盛"，殿本作"巨"。

③ 讀卷四大臣中之"杜"，劉廷璣《在園雜志》卷一"本朝己未召試博學鴻才最為盛典"條、李元度《國朝先正事略》卷三李霨事略、馮溥事略，均謂為杜立德。考《清史稿·杜臻傳》，其人未預康熙十八年薦舉博學鴻詞讀卷。王士禎《池北偶談》卷二"四

布衣"條稱閱卷四人中之"杜"爲"寶坻杜公",杜立德正爲直隸寶坻人,而杜臻爲浙江繡水人。又讀卷四大臣中之"葉",總目卷一七三《松桂堂全集》條作葉方藹。其人字子吉,蓋取《詩·大雅·卷阿》"藹藹王多吉士"之義,應作"方藹"。(楊武泉:《四庫全書總目辨誤》)

④ 殿本"未"下有"一"字。

國學禮樂錄二十四卷(浙江巡撫採進本)①

國朝李周望、謝履忠同撰。周望字渭湄,蔚州人。康熙丁丑進士。履忠字方山,昆明人。康熙癸未進士。是編乃周望官祭酒,履忠官司業時所輯。自孔子世系,及先賢先儒列傳、列朝祀典、禮樂圖譜,并《石鼓》潘迪《音訓》,而以祭酒、司業題名終焉。所列頗多疏漏,如祀典中既載晉泰始七年皇太子講經釋奠,而元康三年之講經釋奠乃佚不錄;樂器之載於諸經註疏及歷代史志者甚詳,茲僅列《史記》、《漢書》寥寥數則。至《石鼓》自唐以來辨論甚多,如楊慎所僞則字完於真本,《周秦石刻釋音》則補以圍方,皆各有考據。是編概不徵引,而僅載《音訓》一篇,亦未免稍略矣。

【彙訂】

① 清康熙五十八年國子監刻本此書作二十卷,《浙江省第十一次呈送書目》、《浙江採集遺書總錄》亦著錄作二十卷。(杜澤遜:《四庫存目標注》)

紀元彙考三十五卷(大學士程景伊家藏本)

國朝黃琳撰。琳有《經學淵源錄》,已著錄①。是書取歷代紀元之號,自漢至明,悉以朝代次第纂輯,分正統、列國、僭竊、外夷四門。凡史鑑之外②，稗官野史有關考訂者，悉搜採補入。其例以所紀之元為綱，以前後所同者銓註于下，採輯亦頗該洽。然如後魏及遼、金俱載入"列國"條下，與西夏諸國相同，殊屬比擬不倫。又如紀遼太祖名為耶律健德，考《遼史》及契丹國志，並無此名。又遼興宗之改元景福，次年即改重熙，亦無崇興之號。頗不免於疏舛。

【彙訂】

①《總目》未載黃琳《經學淵源錄》。（杜澤遜：《四庫提要續正》）

②"史鑑"，殿本作"史傳"。

聖門禮樂統二十四卷（山東巡撫採進本）

國朝張行言撰。行言字躬先，江浦人。是書卷首為綱領，不入卷數。一卷至五卷詳載歷代祀典，六卷載孔子世家及宗子世表，七卷至十五卷為四配、十哲、先賢、先儒列傳，十六卷為從祀啟聖祠先賢、先儒列傳，十七卷為改祀、罷祀諸儒列傳，十八卷至二十三卷為樂經、樂志、樂器、律品譜圖①，二十四卷載孔子及四配林廟諸圖。其衷輯極繁，而徵引諸書仍不出尋常習見。

【彙訂】

①"律品"應為"律呂"之誤。清康熙四十一年萬松書院刻本此書卷二十有律呂宮譜、律呂圖等。

學宮備考十卷（浙江巡撫採進本）

國朝彭其位撰。其位字素君，吳縣人。是書前八卷自孔子以及從祀諸儒各為之傳，九卷則載歷代禮樂典制，卷末附錄未從祀者申黨、孺悲、公孫尼子、公明子儀、公明子宣、樂正子春、檀

弓、河閒王德、文翁、孔氏孟皮凡十人。所考禮樂典制,頗多
挂漏。

四譯館考十卷(浙江鮑士恭家藏本)

國朝江蘩撰。蘩有《奏議》,已著錄[1]。是書略記外藩朝貢
之目,恭載列祖敕諭及賜予物數[2],皆《實錄》、《會典》之所有。
其國俗土風,則捃摭前代史傳為之,多不確實。後系以集字詩二
卷,皆蘩所自作,而以諸國字譯之。詩既無關於外藩,所譯之字
又不能該諸國之字。則亦戲筆而已,不足以資掌故也。

【彙訂】

①《總目》卷五六《奏議稾》條未述江蘩身世。(楊武泉:《四
庫全書總目辨誤》)

②"物數",殿本作"數物",誤倒。

太常紀要十五卷(江西巡撫採進本)

國朝江蘩撰。是編乃蘩為太常寺卿時,以《太常寺考》及《太
常續考》所載止於明代,因考核近制,勒為一書。分祀訓、祀
議[1]、祀例、祀禮、祀官、祀賦六門。其書成於康熙壬午,於時皇
清禮書尚未纂修,故蘩有此著也。

【彙訂】

①"祀議",底本作"祀儀",據殿本及清康熙刻本此書卷
二改。

紀元要略二卷補遺一卷(江蘇巡撫採進本)

國朝陳景雲撰。景雲有《通鑑胡註舉正》,已著錄。是書紀
漢迄明帝王建元及歷年。其子黃中又摭歷代僭偽之號,附以外
國,為《補遺》一卷。景雲於分據諸朝各為紀載,彼此互註,不分

大書、附書，體例最公。然皆史傳所習見，取便檢閱而已。

歴代帝系年號二十卷（江西巡撫採進本）

國朝劉宗魏撰。宗魏字友韓，號柚航，贛州人。乾隆戊辰進士，官至監察御史。是書以歴代帝系年號為名，乃兼及割據、僭竊，下至李自成、張獻忠亦入記載。而所列割據、僭竊又不能詳備，體例頗為冗碎。

右政書類“典禮”之屬，四十八部，三百五十七卷①，內二部無卷數。皆附存目。

【彙訂】

①“四十八部，三百五十七卷”，底本作“四十七部，三百十九卷”，據殿本改。

卷八四

史 部 四 十

政書類存目二

邦計彙編一卷（編修程晉芳家藏本）

舊本題宋李維撰。維字仲方①，肥鄉人。雍熙二年進士，召試中書，知制誥，歷翰林學士、工部尚書、柳州觀察使。事蹟具《宋史》本傳。是書載曹溶《學海類編》中，實《册府元龜》"邦計"一門之總敘。案，晁公武《讀書志》載修《册府元龜》時，預修者十五人，維居第四。又載初撰編敘，諸儒皆作。真宗以體制不一，遂擇李維、錢惟演、陳彭年、劉筠、夏竦等，付楊億裁定。其剟劉此敘，詭題書名，而以為維之所撰，蓋以此云。

【彙訂】

① "仲方"，底本作"仲芳"，據《宋史》卷二八二李維本傳及殿本改。

拯荒事略一卷（編修程晉芳家藏本）

舊本題元歐陽元〔玄〕撰。元字原功，瀏陽人。延祐二年進士，除同知平江州事。調蕪湖、武岡二縣尹。召為國子博士，遷翰林待制。天曆初，授藝文少監，纂修《經世大典》。至正初，以學士告歸。詔修《宋》、《遼》、《金》三史,起為總裁官,拜翰林學士承旨。至正十七年卒,諡曰文。事蹟具《元史》本傳。是書前有自序,稱"蕪湖本南方澤國,比鄰數邑,並在水鄉。每當春夏之交,陽侯不戢,遂成饑歲。余忝為令長,因輯《拯荒事略》一編"云云,與本傳稱嘗知蕪湖縣語相合。然其書但引故實二十二條,無一字之擘畫[1]。其"唐天復甲子竹放花結米"一條,尤不近理。竹米偶生,非人力可致。採食竹米,亦何需官為經理耶?《學海類編》所載諸書,十有五偽,此書殆亦託名於元也。

【彙訂】

① "字",殿本作"事"。

寶鈔通考八卷(永樂大典本)

元武祺撰。祺里貫未詳。至正十三年為户部尚書。因當時鈔法漸壞,浮議者但以不動鈔本為名,而不詳流通之實。乃歷考中統以後八十餘年中鈔法,撰為此書。大旨謂:"自世祖至元二十四年至武宗至大四年,二十五年中印者多,燒者少,流轉廣而鈔法通。自仁宗皇慶元年至延祐七年,共九年,印雖多而燒亦多,流轉漸少,鈔法始壞。自英宗至治元年至三年,印雖多而燒者寡,流轉愈多,鈔法愈壞。自泰定元年至至順三年,共八年,印者少而燒者多,流轉絕無,鈔法大壞。復合計六十四年中,總印鈔五千九百五萬六千餘錠,總支五千六百二十餘萬錠,總燒三千六百餘萬錠,民閒流轉不及二萬錠[1]。以《經世大典》所載南北户口民數計之,其無鈔可用者至二千萬户之多。民生安得而不匱,財用安得而不絀乎?"其言可為行鈔之戒。《元史·食貨志》所載鈔法,僅詳其制度數目,而於財之息耗、民之貧富，未之詳言，似乎未見祺書。存此一編，亦可以補史之闕。然此書在當日為洞悉利弊之言，在今日則鈔法之不可行，無智愚皆能知之，無待縷陳矣。故撮舉大要，附存其目，而書則不復錄焉。

【彙訂】

① “二萬錠”疑為“二千萬錠”之誤。

元海運志一卷（編修程晉芳家藏本）

舊本題明危素撰。素有《草廬年譜》，已著錄。是編載曹溶《學海類編》中。驗其文，乃邱〔丘〕濬《大學衍義補》之“海運”一條也。亦不善作偽矣。

漕政舉要錄十八卷（浙江范懋柱家天一閣藏本）

明邵寶撰。寶有《左觽》，已著錄。是編乃正德己巳寶官副都御史總漕江北時所作①。卷一至卷六為《河渠之政》，卷七為《舟楫之政》，卷八為《倉廒之政》，卷九為《卒伍之政》，卷十、卷十一為《轉輸之政》，卷十二為《統領之政》，卷十三至卷十五為《紀載之政》，卷十六為《稽古之政》，卷十七為《準今之政》②，卷十八以《雜錄》終焉。

【彙訂】

① “官”，殿本作“以”。

② “準今”，殿本作“準令”，誤。

鹽法考略一卷錢法纂要一卷（編修程晉芳家藏本）

舊本皆題明邱〔丘〕濬撰。濬有《家禮儀節》，已著錄。此二書諸家書錄皆不載①。以其文考之，即濬《大學衍義補》中之兩篇也。曹溶割裂其文，並載《學海類編》中。較其以《元海運志》

為危素撰者，猶為近實。然摘錄巨帙之一篇，即別立新名，亦猶
之乎作偽也。

【彙訂】

① "書錄"，殿本作"書目"。

鐵冶志二卷（浙江巡撫採進本）

明傅浚撰。浚字汝源，南安人。宏治己未進士，官至工部郎
中。正德癸酉，浚督理遵化鐵廠，創為此志。自"建置山場"迄於
"雜職"，凡二十三目。冠以公署、鐵廠二圖。所紀皆歲辦出入之
數，頗瑣屑無裨考證。案，《明史‧職官志》載工部分司只有提督
易州山廠柴炭一員。而浚所志遵化分司始委主事，宏治中改用
郎中，奉敕董理，列歷官姓名甚悉。不知史志何以遺之，殆其後
又經裁汰耶？

陽明鄉約法一卷（浙江巡撫採進本）

明王守仁撰。守仁字伯安，號陽明，餘姚人。宏治己未進
士，官至兵部尚書，封新建伯。事蹟具《明史》本傳。是書已載
《陽明全書》中，崇禎間，嘉善陳龍正復錄出別行。其法有約長、
約副、約正、約史、知約、約贊諸人，已極繁瑣。至爭鬪、賦役諸
事，以至寄莊人戶納糧當差，皆約長主之。蓋欲以約長代《周官》
比長、黨正之法。然古法亦未必盡宜於今也①。

【彙訂】

① "亦未必"，殿本作"實不"。

陽明保甲法一卷（浙江巡撫採進本）

明王守仁撰。悉載牌諭諸文，亦見《陽明全集》中。陳龍正
錄出別行，而各附題識於其下。

救荒活民補遺書三卷（浙江范懋柱家天一閣藏本）

明朱熊撰。熊字維吉，江陰人。取宋從政郎董煟原書，而益以有明卹賑制詔及前代好施獲福事蹟，其立意不為不善。然序述典故，備錄經典重農之語，則迂而不切；雜載諸史賑卹之文，則繁而鮮要。皆不免剿襲陳言，無裨實政。至於盛陳福報，尤涉於有為而為。蓋鄉里勸施之格言，而非經國之碩畫；二氏因果之緒論，而非儒者之正理也。

鹽政志十卷（兩江總督採進本）

明朱廷立撰。廷立，通山人。嘉靖癸未進士，官至禮部右侍郎。嘉靖八年，廷立以河南道監察御史奉使清理兩淮鹽政。因博考古今鹽制，以成此書。凡分七門，曰出產，曰建立，曰制度，曰制詔，曰疏議，曰鹽官，曰禁令。每門各分子目，凡三百九十有四。蓋制詔、疏議每一篇立一目，故其繁至是也。

嘉靖清源關志四卷（兩淮鹽政採進本）

明劉璽撰。璽字雙泉，濟州衛籍，唐縣人。嘉靖壬辰進士，官至右副都御史巡撫宣府。是編乃璽以戶部主事監理臨清關稅時所編，即是關之條例也。序稱“嘉靖九年以前，案牘無徵，故舊事皆不載”，是猶可以散佚委也。其凡例云：“凡例制不合於今者亦棄不取。”則是徵課簿籍，榜示商賈吏役者耳。志乘以存舊典，寧計其現行否耶？璽自序稱：“訪於僚屬，或曰孫松山監清源有聲。過通州，會松山。松山因出所集《清源關榷政錄》示余，遂因而補葺為此書。”則其原本實為簿籍，宜其如是矣。璽任滿未及刊，繼其事者為蒲田雍潤，乃授之梓。書中凡署潤名者，又所續增也。

淮關志八卷（兩淮馬裕家藏本）

明馬麟撰。麟，巴縣人。嘉靖戊戌進士，官南京户部員外郎。是書凡分八門。其“建置”不敘淮關之始末，而泛引歷代征商典故，綴為一卷，殊為汗漫。又地志列“藝文”一門，原為風土而設。此志不過徵榷之條格，一關之外，皆非所屬。而亦濫載藝文，尤非體例矣。

茶馬類考六卷（兩淮馬裕家藏本）

明胡彦撰。彦，沔陽人。嘉靖辛丑進士，官巡察茶馬御史。因歷考典故及時事利弊，作為此書。明制，茶馬御史兼理寧夏鹽務，故第三卷併記鹽政云。

海運詳考一卷海運志二卷（浙江范懋柱家天一閣藏本）

明王宗沐撰。宗沐字新甫，臨海人。嘉靖甲辰進士，官至刑部左侍郎。事蹟具《明史》本傳。是編乃隆慶六年二月，宗沐任山東布政使時議開海運而作，所載皆其議事呈文。是年七月，復鋟《海運志》，於《詳考》之外增入《海運圖》並《海運路程》、《奏疏事宜》。考宗沐官右副都御史總督漕運時，請復海運，其疏載所著《敬所文集》中，本傳亦載其略。然史載宗沐“運米十二萬石自淮入海，抵天津。南京給事中張煥言：‘比聞八舟漂沒，失米三千二百石。宗沐預計有此，私令人糴補。米可補，人命可補乎？宗沐掩飾視聽，非大臣誼。’宗沐疏辨求勘。詔行前議，習海道以備緩急。未幾，海運至即墨，颶風大作，覆七舟。都給事中賈三近、御史鮑希顔及山東巡撫傅希摯俱言不便，遂寢。時萬曆元年也”云云。宗沐蓋掇拾邱濬《大學衍義補》之陳言①，以僥倖功名。不知儒生紙上之經濟，言之無不成理，行之百不一效也。觀於宗沐,可以爲妄談海運之炯戒矣。

【彙訂】

① "大學衍義補",殿本作"大學補","衍義"二字似不當省。

洲課條例一卷(兩淮鹽政採進本)

明王伀撰。伀始末未詳。其作此書時,則官南京工部營繕司員外郎也。明代自鎮江至九江,沿江洲課皆隸南工部。後以其有影射吞占之弊,復設官以董之。《明史‧食貨志》未詳其法,蓋以其併入地糧內也。是編乃嘉靖中伀爲督理時所輯。首載敕諭及課銀數目、取用條例,次載准奏事例八條,部司酌議事宜九條,可以考見一時之制。《千頃堂書目》載《蘆政條例》一卷,不著撰人,註曰"嘉靖己酉南京工部營繕司主事惠安莊朝賓序刊"。此書有朝賓序,與黃虞稷所載合,殆即一書而異名,蓋洲課即蘆政也。

兩淮鹽法志十二卷(兩淮鹽政採進本)

明史起蟄、張矩同撰。起蟄,江都人。矩,儀徵人。書成於嘉靖庚戌,因宏治舊志增損之。董其事者,巡按御史楊選與運使陳暹也。

漕書一卷(兩淮鹽政採進本)

明張鳴鳳撰。鳴鳳有《桂勝》,已著錄①。是書專論漕運利弊,分爲八篇:曰《漕政》、《漕司》、《漕軍》、《漕河》、《漕海》、《漕船》、《漕倉》、《漕刑》,力主海運之利。又以漕船工料不堅,入水易破,欲採木川湖,大治萬餘艘,斥餘材以支數十年用。又以丹陽、京口并出於江,水淺船多,欲別開運道,由孟瀆趨白塔河至揚州。其説頗多難行。

【彙訂】

① 依《總目》體例，當作"鳴鳳有《西遷註》，已著錄"。

明通寶義一卷廣通寶義一卷（浙江范懋柱家天一閣藏本）

明羅汝芳撰。汝芳有《孝經宗旨》，已著錄。前明錢鈔通行，其弊百出。汝芳督屯滇省，以滇為鑄錢之藪，因作此書，以明其利弊。大旨以錢制大小輕重，貴在持平，乃足為萬世之利。歷引古來錢制，始自太昊、軒轅，下迄唐宋，臚列具備。其第一篇《本義》引據唐人《錢譜》，謂："秦世八銖，失之太重；漢初榆莢，失之太輕。"按《文獻通考》，秦兼天下，銅錢質如周錢，文曰半兩。漢高後二年，始行八銖錢。是八銖之名定於漢，謂秦世八銖，非也。又考唐武德四年廢五銖錢，鑄開通元寶錢，其文則歐陽詢所書，回環讀之曰"開通元寶"。今書悉謂"開元通寶"，亦非本義。

海運新考三卷（副都御史黃登賢家藏本）

明梁夢龍撰。夢龍有《史要編》，已著錄。隆慶末，夢龍巡撫山東。適徐、邳間漕河淤塞，漕運總督王宗沐請復海運，下夢龍任其事，檄青州道潘允端等履勘試行之。南自淮安至膠州，北自海倉口至天津，三千三百餘里①，運米二千石，舟行無礙。因為條具以奏，併取前後疏議、奏記、考說輯為一編。宗沐疏所謂"巡撫都御史梁夢龍毅然試之，厎績無壅"者也。其論海道曲折，頗為詳備。自邱濬為《大學衍義補》②，極言海運之利。然海運再遭飄溺，宗沐亦疊被彈劾，事竟不行。此云"既而運通報，後夢龍亦遷秩去，其議遂寢"者，亦文飾之詞耳。

【彙訂】

① "三千三百餘里，殿本作"三千二百餘里"，誤。明萬曆刻

本此書卷中"請永禪海防"條云:"海道自南直隸淮安起,至北直隸天津止,共計三千三百餘里。"

② "為",殿本無。

海運編二卷(户部尚書王際華家藏本)

明崔旦撰。旦字伯東,平度人。是書成於嘉靖甲寅。時因運道艱阻,議者欲開膠萊河以復海運。由淮安清江浦口,歷新壩、馬家壕至海倉口,徑抵直沽。止循海套,可避大洋之險。旦居海濱,習知利害。地方大吏咨以開濬之策,旦亦以為必可行。惟欲改馬家壕道從麻灣口,所條上工役之法、堤閘之制甚具。嗣以遣官勘視,言水多沙磧,其事遂寢。旦因檢所作議考諸篇,錄而存之。

山東鹽法志四卷(兩淮鹽政採進本)

明查志隆撰,譚耀、詹仰庇參修。志隆字鳴治,海寧人。嘉靖己未進士,官至山東布政司左參政。耀,東莞人。萬曆丁丑進士,官至監察御史。仰庇,安溪人。嘉靖乙丑進士,官至刑部侍郎。是編乃志隆官山東鹽司同知時所作。耀時巡鹽長蘆,仰庇時為山東按察司副使。正統中,命長蘆巡鹽御史兼理山東鹽法。隆慶五年,又令山東驛傳副使兼管鹽法。故皆得與志隆裁訂焉。

八閩政議三卷(浙江范懋柱家天一閣藏本)

不著撰人名氏,亦無序跋。皆載明嘉靖三十二年福建布政使及福寧道參政條議申文①,曰鹽法、綱銀、運腳,各為一卷。蓋當時布政司所刊則例也。

【彙訂】

① "福寧道",殿本作"福建道",誤。《明史·職官志》:"明

初，置提刑按察司……（洪武）二十九年，改置按察分司為四十一道……福建二：曰建寧道，曰福寧道……建文時，改為十三道肅政按察司。成祖初，復舊。”

海運圖説一卷（浙江范懋柱家天一閣藏本）

明鄭若曾撰。若曾有《鄭開陽雜著》，已著錄。是編前列二圖，後系以説，末附海運故道。海運之説，古無其事。杜甫《後出塞》詩所謂“漁陽歡樂地，擊鼓吹笙竽。雲帆轉遼海，粳稻來東吳”者，不過盛陳邊帥驕奢，能遠致難至之物以供飲食，非謂其時果泛舶以資軍儲也。明人懲元末中原梗阻、運道不通之弊，多喜講求海運，以備不虞。不知政理修明，則四海一家，何慮轉輸之不達？如其中原失馭，盜賊縱橫，雖遠涉波濤，供粟億萬，亦何裨於敗亡哉？至邱濬考校歷年漂沒之數，以為省漕渠之所費，足以補海道之所失。不思歲有沉溺篙工、舵師之命，動輒千百，又以何者抵之歟？若曾此書，亦狃是見，皆可謂不求其本者也。

蘇松浮賦議一卷（浙江范懋柱家天一閣藏本）

明鄭若曾撰。其説已具其所撰《萬里海防編》内，此則縷析地畝科徵之數而詳悉陳之。嘉靖中嘗條上當事，力請入告。會格於倭變，不果行。此其遺槀也。

重修兩浙鹺志二十四卷（浙江巡撫採進本）

明王圻撰。圻有《東吳水利考》，已著錄。是書圖説二卷，詔令一卷，鹽政十三卷，職官表一卷，列傳一卷，奏議三卷，藝文三卷。前有自序，謂武陵楊鶴巡按浙江，以《鹽規類略》、《酉戌沿革》、《行鹽事宜》三書並舊志授圻增訂。遂採其要約，綴入各款，令引票之損益、價值之低昂、課額之盈縮、徵解之緩急、商竈之疾苦,犁然具載。於浙中鹺務,紀錄頗詳。然多一時補苴之法,不盡經久之制也。

漕運通志十卷(浙江范懋柱家天一閣藏本)

明楊宏撰[1]。宏字希仁,海州大河衛人。嘉靖中,以指揮使署都督同知,總運江北。舊有《漕運志》,宏病其未備,乃捃摭羣書,手自記錄。延甌寧謝純考古今沿革,作表六卷,首《漕渠》,次《漕職》,次《漕卒》,次《漕船》,次《漕倉》,次《漕數》。作略三卷[2],首《漕例》,次《漕議》,次《漕文》。序謂:“表立則經見,略輯則緯彰。”書凡十卷,而序云九卷者,蓋《漕渠》文繁,分為二卷故也。

【彙訂】

① 據明嘉靖七年楊宏刻本廖紀序,此書乃楊宏、謝純同撰。(杜澤遜:《四庫存目標注》)

② 殿本“作”上有“又”字。

救荒事宜一卷(江西巡撫採進本)

明周孔教撰。孔教有《中丞疏稾》,已著錄。是編乃其官應天巡撫時以三吳被水而作。分目二十三條,附議九條[1],大旨不出《周官·荒政》之意。蓋當時所頒條教,而其屬官為之刊行也。

【彙訂】

① “九條”,底本作“三條”,據明萬曆刻本此書及殿本改。

長蘆鹽法志十三卷(浙江汪啟淑家藏本)

明何繼高、馮學易、閔遠慶同撰。繼高字汝登,山陰人。萬曆癸未進士,官至江西布政司參政。學易字韋卿,臨海人。隆慶丁卯舉人,官至長蘆鹽運司運同。遠慶字基厚,烏程人。

萬曆丙戌進士,官至四川按察使僉事。纂是書時,繼高方為運使,遠慶方為運判。故三人以現行鹽法事例參稽典故,共相酌定云。

通漕類編九卷(浙江汪啟淑家藏本)

明王在晉撰。在晉有《歷代山陵考》,已著錄。是書先漕運,次河渠,附以海運、海道。前有自序并作書凡例。大抵採自官府冊籍,無所考訂。在晉為經略時,值時事方棘,一籌莫展,逡巡移疾而去。蓋好談經濟而無實用者,是書殆亦具文而已[①]。

【彙訂】

① 據《皇明法傳錄》,在晉之由經略改南京兵部尚書,實由孫承宗之言。孫氏僅謂在晉精勤有餘,而沈雄博大之未能,因舉閻鳴泰代之。(柳詒徵:《抄本三朝遼事實錄跋》)

粵東鹽政考二卷(兩淮鹽政採進本)

明李楯撰。楯字長儒,鄞縣人。萬曆辛丑進士,官至兵部侍郎。事蹟具《明史》本傳。是書乃楯官廣東按察使僉事統理鹽法時所作。上卷載鹽律、鹽官、鹽署、鹽產、鹽課、鹽餉、鹽廠、鹽牙、鹽包、鹽斤,下卷載鹽秤、鹽單、鹽票、鹽旗、鹽船、鹽限、鹽籍、鹽會、鹽界、鹽運。於鹺政利弊,頗為詳悉。其於鹽官題銜之後,不紀宦績,并不具全前後居官者姓名。蓋專為鹽政而作,與他志體例不同也。繼楯任者張邦翼、楊瑩鍾、龔承薦皆有所續刻,各見所撰序文中,然於原書體例則無所改易焉。

北新鈔關志十六卷(兩淮馬裕家藏本)

明荊之琦撰。之琦,丹陽人。萬曆甲辰進士,仕履未詳。是書分十六門。其建置、命遣、禁令、經制、則例、課額、責委、鈐轄、區行、利弊、因革、宦蹟、公署、人役十四門，皆關政之所當考。其"藝文"一門，亦沿《淮關志》之便，非所應有也。

開荒十二政一卷（直隸總督採進本）

明魏純粹撰。純粹，柏鄉人。官永城縣知縣。因萬曆三十六年純粹在永城開墾荒田，招集流民，條上十二議，併以其事繪為圖。其時上官批答及士民歌頌皆附焉。純粹即大學士裔介祖也。

國賦紀略一卷（編修程晉芳家藏本）

舊本題明倪元璐撰。元璐有《兒易內外儀》，已著錄。是書載古來賦稅諸法，每類引故實一條，疏陋萬狀，必非元璐所為。殆亦鈔撮類書策略數條，嫁名元璐耳。《學海類編》所收，大抵此類也。

救荒策會七卷（浙江巡撫採進本）

明陳龍正撰。龍正字惕龍，嘉善人。崇禎甲戌進士，授中書舍人，左遷南京國子監丞，福王召為禮部祠祭司員外郎。事蹟具《明史》本傳。宋董煟輯《古今救荒活民書》三卷，元張光大續之，明朱熊復加補綴。龍正是編則合三家之書[①]，刪其繁複，而附以崇禎庚辰、辛巳嘉善救荒之事。其斥朱熊之書雜陳詭異之事，持論頗正，然大旨不出董煟書也。龍正喜談經世之術，此亦其一。崇禎末，嘗建議開墾畿輔、河南、山東荒田，以省轉運。史謂是時中原殘破，有田不得耕，龍正守常理而已。則其所講亦僅紙上之談矣。

【彙訂】

①"書"，殿本作"言"。

古今鹺略九卷鹺略補九卷（浙江汪啟淑家藏本）

明汪砢玉撰。案，《明詩綜》作"珂玉"，字之誤也。砢玉字玉水，徽州人，寄籍嘉興。崇禎中，官山東鹽運使判官。是書前、後兩編，卷首皆有自序。《鹺略》九卷，凡分生息、供用、職掌、會計、政令、利弊、法律、徵異、雜考九門，名曰九府。《鹺略補》亦按九門分類拾遺。砢玉當明季匱乏之時，欲復漢牢盆之制，而用宋轉般之法。案，"般"字今案牘皆書為"搬"。考李燾《通鑑長編》凡"轉搬"皆作此"般"字，砢玉蓋因其原文。其意雖善，而於勢恐不可行。其所徵引，務為浩博，多蒐古典，亦不切後世時勢。至旁及遐荒，又無關於中國之鹽政矣①。

【彙訂】

① "又"，殿本作"尤"。

救荒事宜一卷（編修程晉芳家藏本）

明張陛撰①。陛字登子，山陰人。崇禎庚辰，歲大饑。劉宗周及祁彪佳皆里居，宗周倡議煮粥，彪佳倡議平糶，陛更出其家粟五百石，佐二人所不及。慮賑或未周，貨或虛糜，於是斟酌情形，創為十法：一聚米，二踏勘，三優恤，四分別，五散米，六核實，七漸及，八激勸，九平糶，十協力。擘畫具有條理，多所全活。陛因疏其綱要為此書②。

【彙訂】

① 據順治十四年刻本《靜遠居詩選》集前順治十二年曹溶序、黃濤小引，其時張陛尚在世，實為明末清初人。（張梅秀：《稀見明清文集五種考略》）

② "陛"，殿本無。

鹽法考十卷（江蘇周厚堉家藏本）

不著撰人名氏。亦無序目。首總論，次兩淮，次兩浙，次長蘆，次山東，次福建，次河東，次陝西，次廣東。所載事蹟至崇禎初年而止，疑為明末人所作也。

淮鹺本論二卷（兩江總督採進本）[1]

國朝胡文學撰。文學有《疏稾》，已著錄。是書乃文學於順治庚子、辛丑閒官兩淮巡鹽御史時所作[2]。上卷分十篇：曰《停兌會》，曰《附銷不帶鹽》，曰《復三府》，曰《關橋掣規》，曰《釐所掣》，曰《掣江都食鹽》，曰《淮北改所》，曰《撤分司》，曰《廢興莊臨湖場》，曰《草蕩不加稅》。下卷分十五篇：曰《恤株連》，曰《緩倒追》，曰《禁私販》，曰《除鏃棍》，曰《謝遊客》，曰《簡關防、袪吏弊》，曰《不任承役》，曰《寬追比》，曰《便銷批》，曰《公僉報》，曰《均急公窩引》，曰《去江掣弊》，曰《酌歸綱》，曰《省繁費》，曰《修書院》。是時尚當國朝定鼎之初，百度新舉，往往尚沿明制。文學所論，蓋衹其一時之利弊云爾。

【彙訂】

① "兩江總督採進本"，底本作"兩淮鹽政採進本"，據殿本改。此書見於《四庫採進書目》中"兩江第二次書目"、"浙江省第十次呈送書目"等，而未見於"兩淮鹽政李呈送書目"。（江慶柏：《殿本、浙本〈四庫全書總目〉著錄圖書進獻者主名異同考》）

② "所"，殿本無。

明漕運志一卷（編修程晉芳家藏本）

舊本題國朝曹溶撰。溶有《崇禎五十宰相傳》，已著錄。此書溶自載於所輯《學海類編》中。今考其文，與谷應泰《明史記事本末·河漕轉運篇》無一字之異。溶斷斷不至如此,知《學海類編》決非溶家原本也。

蘇松歷代財賦考一卷(江蘇巡撫採進本)

不著撰人名氏。其大略謂蘇、松二郡之田,僅居天下八十五分之一,而所出之賦竟任天下一十三分之二。其始也,因張士誠之負固,明太祖以租額為官糧。其繼也,因萬曆之後,有司官以耗增充正數。相沿既久,民困未蘇。於是摘其大要,彙成一書。並恭錄世祖章皇帝、聖祖仁皇帝歷年蠲欠減額諸聖諭,次載巡撫韓世琦至湯斌十人奏疏。伏考蘇、松浮糧之弊,業經特沛恩綸,普蠲舊額。東南士女,久已歌詠皇仁,恬熙化日。此書所載奏疏,止於康熙二十四年,其情形與今全異矣。謹存其目,以見列聖以來留心民瘼,閭閻疾苦,無不上達天聽者。所以厚澤深仁,淪肌浹髓,迥非前代之所及也。

歷代山澤征稅記一卷(編修程晉芳家藏本)

國朝彭寧求撰。寧求字文洽,長洲人。康熙壬戌進士,官至左春坊左中允。其書臚敘歷代山澤征稅諸政。然海稅之加[①],不知起於漢宣帝;鹽鐵之稅,不知起於管子。既彙敘歷代稅法,而遼代之置銀冶、鐵冶,金之和買金銀冶及大定中罷金銀坑冶之稅,與採買隨處金銀銅冶之法,元之鐵冶、銅冶、銀冶、淘金諸政,特置官司,載於史志者,皆略而不及,殊未為賅備也[②]。

【彙訂】

①"海稅",殿本作"海租"。

②"也",殿本無。

左司筆記二十卷(江蘇巡撫採進本)

國朝吳暻撰。暻字西齋,太倉人。康熙戊辰進士。是編乃其官戶部時所作。分疆域、戶口、田地、正賦、漕運、錢法、鹽課、茶馬、關稅、雜稅、物產、三庫、十倉、常平、官俸、兵食、經費、設官、廨署、雜識二十門。所載皆戶部掌故,亦兼及他部事。每門敍事,俱自漢唐至國朝。其稱"左司"者,據《雜識》內一條云,時官戶部者稱廣東、山西二司為左右二大司。暻適官廣東司,而所撫拾多一曹遺事,故以《左司筆記》名書云。

泉刀彙纂無卷數(浙江巡撫採進本)

國朝邱峻撰。峻有《南湖記略槀》,已著錄①。錢譜創自顧烜,見於《隋書·經籍志》。其後封演諸人相繼有作,並已散佚。今惟洪遵之書存。然遵特考其形制,繪其文字,而未及於政典沿革之詳。峻是書則自邃古訖於有明,典故藝文,悉為採錄。分六門,一曰沿革,二曰利弊,三曰建元,四曰圖異,五曰官監,六曰雜編。搜採頗詳,亦多考證。而編次雜亂無緒,亦未分卷,蓋未成之本也。

【彙訂】

①《總目》卷七六著錄邱峻撰《南湖紀略槀》。

錢錄十二卷(江蘇巡撫採進本)

國朝張端木撰。端木字崑喬①,上海人。乾隆壬戌進士,官至諸暨縣知縣。此書卷一至卷七具載歷代錢弊,并及偽朝、僭號所鑄。卷八至卷十載錢之不知年代者,卷十一專載外國錢名,卷十二則敍述古來作志之人。而以洪遵《〈泉志〉序》終焉。書中頗引遵說,宋、元以後則端木所蒐羅。伏考《御定西清古鑒》中《錢

《錄》一編,圖繪精妙,考據典核,足折衷百代,無以復加。端木蓋未及見②,故摭拾殘剩,有此編錄耳。

【彙訂】

①"端木",殿本作"端本",誤。清嘉慶梅益徵抄本此書題"云閒張端木敏菴甫著"。

②殿本"見"下有"官書"二字。

右政書類"邦計"之屬,四十五部,二百四十九卷(内一部無卷數),皆附存目。

馬政志四卷(兩淮鹽政採進本)

明陳講撰。講字子學,遂寧人。正德辛巳進士,官至山西提學副使。此書乃其嘉靖三年以御史巡視陝西馬政時所作。凡《茶馬》一卷,為目九,紀以茶易番馬之制;《鹽馬》一卷,為目七,紀納馬中鹽之制;《牧馬》一卷,為目八,紀各寺苑監畜牧之制;《點馬》一卷,為目三,紀行太僕寺各軍衛稽核馬匹之制。摭敘原委頗詳。《明史·食貨志》載講嘗以商茶低偽,"乃第茶為上、中二品,印烙篦上,書商名而考之"。蓋亦勤於為政者。然明代茶馬之政,至末造而姦商私販,官吏冒支,其弊不可究詰。擊鹽中馬改為納銀,名在實亡,亦無裨於邊計。志中所列,大抵皆具文而已。

歷代武舉考一卷(浙江巡撫採進本)

國朝譚吉璁撰。吉璁有《延綏鎮志》,已著錄。是書敘歷代武舉之制,閒引唐宋諸儒奏議參證之。如敘唐試武舉長垛諸例,而失載穿札。宋武舉之法屢變,其出官之法亦極詳,皆略而不敘。又如遼之統和十二年詔諸道軍有勇健者,具以名聞。金皇

統時特設武舉之科,至貞祐時又賜敕命章服,與進士同例。其科
特重,載於諸史紀志者甚詳。亦未及徵引,不足以云賅備也。

右政書類"軍政"之屬,二部,五卷,皆附存目。

永徽法經三十卷(永樂大典本)

元鄭汝翼撰。汝翼字鵬舉,河南人。喬從善跋謂其"束髮讀
書,學刑名家,罔不涉獵,得法外意。中金朝律科,選官刑部檢
法。迨壬辰革命,徙居順德州。節度趙公識其有平反譽,擢詳議
中書省,尋舉授大理丞。後以奉直大夫、左三部郎中致仕"。是
書作於中統癸亥,意主發明唐律,故名之曰《永徽法經》。自序
稱:"唐永徽因隋參定為十二章三十卷①,其法詳備。金朝嘉尚
制科,皇統、大定權定大略,未成章目。道陵敕設詳定、校定兩
所,自明昌至泰和,以隋、唐、遼、宋遺文參定篇目,卷帙全依唐
制,其閒度時增損者十有一二。遼、宋皇統、大定,文籍更革無
存,永徽、泰和,遺文足徵。因閱此書,以隨款異同者分析編類,
庶便於觀覽。"其目仍用十二章之舊,每篇目下有議。自李悝以
後,同異分合,前後之次,各析其沿革源流。其書則列唐律於前,
而附金律於後。或有或無,或同或異,或增或減,俱詳為之註,頗
為精密。《文淵閣書目》載此書一部五冊,不著卷數。《永樂大
典》所載者併為四卷,今從之著錄。

【彙訂】

①　"十二章",底本作"十三章",下同,據殿本改。古律書至
隋分為十二篇,《隋書·刑法志》載其篇名為名例、衛禁、職制、戶
婚、廄庫、擅興、賊盜、鬥訟、詐偽、雜律、捕亡、斷獄。唐律因之。
(王重民:《跋新印本〈四庫全書總目〉》)

至正條格二十三卷（永樂大典本）

元順帝時官撰。凡分目二十七：曰祭祀，曰戶令，曰學令，曰選舉，曰宮衛，曰軍防，曰儀制，曰衣服，曰公式，曰祿令，曰倉庫，曰廄牧，曰田令，曰賦役，曰關市，曰捕亡，曰賞令，曰醫藥，曰假寧，曰獄官，曰雜令，曰僧道，曰營繕，曰河防，曰服制，曰站赤，曰榷貨。案《元史·刑法志》載元初平宋，簡除繁苛，始定新律。至元二十一年，中書省咨各衙門，將元降聖旨條律，頒之有司，號曰《至元新格》。仁宗時，又以格例條畫，類集成書，號曰《風憲宏綱》。英宗時復加損益，書成，號曰《大元通制》。其書之大綱有三：一曰詔制，二曰條格，三曰斷制①。自仁宗以後，率遵用之，而不及此書。據歐陽元〔玄〕序，則此書乃順帝至元四年中書省言："《大元通制》纂集於延祐乙卯，頒行於至治之癸亥，距今二十餘年。朝廷續降詔條，法司續議格例，簡牘滋繁，因革靡常。前後衡決，有司無所質正。往復稽留，吏或舞文。請擇老成耆舊、文學法理之臣，重新刪定。"上乃敕中書專官典治其事。遴選樞府憲臺、大宗正、翰林、集賢等官，編閱新舊條格，參酌增損。書成，為制詔百有五十，條格千有七百，斷例千五十有九。至正五年書成，丞相阿魯圖等入奏，請賜名曰《至正條格》。其編纂始末，鑿然可考。《元史》遺之，亦疏漏之一證矣。原本卷數不可考，今載於《永樂大典》者，凡二十三卷。

【彙訂】

①"斷制"當作"斷例"。下文即作"斷例"。（陳乃乾：《讀〈四庫全書總目〉條記》）

金玉新書二十七卷（永樂大典本）

不著撰人名氏，蓋元時坊本也。其書凡大綱三十一門：一曰民庶，二曰商旅，三曰僧道，四曰官制，五曰州縣，六曰監司，七曰皇族，八曰遣使，九曰職任，十曰薦舉，十一曰選試，十二曰推鞫，十三曰公吏，十四曰軍防，十五曰督捕，十六曰倉庫，十七曰場務，十八曰綱運，十九曰工役，二十曰功賞，二十一曰推賞，二十二曰職田，二十三曰朝享，二十四曰恩封，二十五曰儀制，二十六曰禮制，二十七曰給賜，二十八曰文書，二十九曰請給，三十曰急遞，三十一曰貢獻。每門皆以二字為題。中又分子目，皆以六字為題。繁雜瞀亂，殊不足觀。其曰《金玉新書》者，殆取金科玉律之意，立名亦未雅馴也。

官民準用七卷（永樂大典本）

不著撰人名氏。前有徐天麟序曰：“元不尚苛細，故不用太和舊例。然隨事立法，前後所降格例，文墨之吏，不能盡睹。及蒙省臺降令，內外衙門編類，置簿檢舉。適有好事君子出一編書示余，曰《官民準用》”云云。則是書乃留心法律者鈔集案牘而為之，非官撰也。前列詔敕，中分三十二目：一曰官制，二曰吏員，三曰公牘，四曰禮儀，五曰學校，六曰僧道，七曰戶役，八曰田產，九曰婚娶，十曰良賤，十一曰債負，十二曰俸給，十三曰錢糧，十四曰課程，十五曰倉庫，十六曰榷禁，十七曰鋪驛，十八曰軍兵，十九曰臺察，二十曰訴訟，二十一曰警捕，二十二曰斷獄，二十三曰禁約，二十四曰雜犯，二十五曰盜賊，二十六曰毆殺，二十七曰贓婪，二十八曰姦污，二十九曰詐偽，三十曰拾遺，三十一曰工作，三十二曰匠役[1]，附以《唐律》諸圖。蓋元初罷科舉而用掾吏,故"官制"之下即次以"吏員"。又其時三教並重,故"學校"之後即次以"僧道"也。此書明《文淵閣書目》作四冊,不言幾卷。今見於《永樂大典》者凡七卷,已合併舊帙,非其原數矣。

【彙訂】

① "曰匠役",殿本脫。

明律三十卷(永樂大典本)

明太祖時敕修。初,太祖平武昌,即議律令。吳元年,命左丞相李善長為律令總裁官,楊憲、陶安等為議律官。諭之曰:"法貴簡當,使人易曉。若條緒繁多,或一事兩端,可輕可重,吏得因緣為姦,非法意也。"遂御西樓,召諸臣賜坐,從容講論律意。書成,又恐小民不能周知,命大理卿周禎等自禮樂、制度、錢糧、選法之外,凡民間所行事宜,類聚成編。訓釋其義,頒之郡縣,名曰《律令直解》。洪武元年,又命儒臣四人同刑官講《唐律》,日進二十條。六年夏,刊《律令憲綱》,頒之諸司。然皆隨宜草創,未及詳備。此書乃六年之冬,詔刑部尚書劉惟謙詳定。凡近代比例之繁,姦吏可資為出入者,咸痛革之。每一篇成,繕書上奏。揭於西廡之壁,親為裁定。明年二月,書成,篇目一準於唐。採用已頒舊律三十六條,因事制律三十一條,掇《唐律》以補遺者又一百二十二條,合六百有六條①。然明代斷獄,不甚遵用,故其書亦罕傳本。此猶《永樂大典》所載明初之舊本也。

【彙訂】

① 明刊黑口本首列洪武三十年五月日御製序,次洪武七年刑部尚書等官劉惟謙等進《大明律》表,稱"採用已頒舊律二百八十八條,續律百二十八條,舊令改律三十六條,因事制律三十一

條,掇《唐律》以補遺一百二十三條,合六百有六條"。《總目》所引有脫誤。(丁丙:《善本書室藏書志》)

右政書類"法令"之屬,五部,一百十七卷,皆附存目。

元內府宮殿制作一卷(永樂大典本)

不著撰人名氏。所記元代門廊宮殿制作甚詳,而其辭鄙俚冗贅,不類文士之所為。疑當時營繕曹司私相傳授之本也。

造甎圖説一卷(浙江巡撫採進本)①

明張問之撰。問之,慶雲人。嘉靖癸未進士,官至工部郎中。自明永樂中,始造甎於蘇州,責其役於長洲窰户六十三家。甎長二尺二寸,徑一尺七寸。其土必取城東北陸墓所產乾黃作金銀色者,掘而運,運而晒,晒而椎,椎而春,春而磨,磨而篩,凡七轉而後得土。復澄以三級之池,濾以三重之羅,築地以晾之,布瓦以晞之,勒以鐵弦,踏以人足,凡六轉而後成泥。揉以手,承以托版,矼以石輪,椎以木掌,避風避日,置之陰室,而日日輕築之。閲八月而後成坯。其入窰也,防驟火激烈,先以穰草薰一月,乃以片柴燒一月,又以棵柴燒一月,又以松枝柴燒四十日,凡百三十日而後窨水出窰。或三五而選一,或數十而選一。必面背四旁色盡純白,無燥紋,無墜角,叩之聲震而清者,乃為入格。其費不貲。嘉靖中營建宮殿,問之往督其役。凡需甎五萬,而造至三年有餘乃成。窰户有不勝其累而自殺者。乃以採煉燒造之艱,每事繪圖貼説,進之於朝,冀以感悟,亦鄭俠繪《流民》意也。其書成於嘉靖甲午,而明之弊政已至於此。蓋其法度陵夷②,民生塗炭,不待至萬曆之末矣。

【彙訂】

① 此書在《各省進呈書目》中僅著錄於《浙江省第九次進呈書目》與《浙江採集遺書總錄》，又見於《二老閣進呈書》，"浙江巡撫採進本"應為"浙江鄭大節家藏本"之誤。（江慶柏：《四庫全書私人呈送本中的鄭大節家藏本》）

② "其"，殿本無。

西槎彙草一卷（浙江范懋柱家天一閣藏本）

明龔輝撰。輝有《全陝政要略》，已著錄。嘉靖時營仁壽宮，輝以營繕司主事奉使督木四川，得大木五千餘株，版枋如之。部劄欲再倍其數，公私俱困，民情洶洶。輝乃繪山川險惡、轉運艱苦等狀為十五圖，前後各作圖說具奏，竟得旨停止。後列劄子三篇，又附載詩文數首。其曰《西槎彙草》者，輝嘗使浙東，故此名"西槎"以別之也。其圖說、劄子，皆剴切酸楚，使人感動，與張問之《造磚圖說》相等。自當以《採木圖說》為名，不當更贅附詩文，名以"彙草"，其編次殊無體例。且詩文寥寥數首，又皆不工，益為無謂矣。今仍著錄"政書"中，從所重也。

南船紀四卷（江蘇巡撫採進本）

明沈啓撰。啓有《吳江水利考》①，已著錄。是編乃啓嘉靖中以南工部營繕司主事監督龍江提舉司時所撰。案《明史‧兵志》，太祖於新江口設船四百。永樂初，又命鎮江各府衛造海風船。皆江船也。又《職官志》所載各船，有黄船、遮洋船、淺船、馬船、風快船、備倭船③、戰船諸名。內惟遮洋、備倭二種為海中所用，故啓不之及。其餘各船圖形、工料數目，暨因革典司諸例，無不詳悉備載。國朝江寧府設同知一員，專管督造戰船。今昔異宜,其制已不盡合。然參考損益,未始非船政之權輿也④。

【彙訂】

①"江",殿本脱。《總目》卷七十五著錄沈啓《吳江水利考》
五卷。

②殿本"事"下有"署"字。

③"船",據《明史·職官志一》及殿本補。

④"今昔異宜其制已不盡合然參考損益未始非船政之權輿
也",殿本作"參考損益未始非船政之權輿然今昔異宜其制已不
盡合矣"。

水部備考十卷(浙江巡撫採進本)

明周夢暘撰。夢暘字啟明,南漳人。萬曆甲戌進士,官至工
部都水司郎中。以工曹職掌冗雜,又前後多所更革,難於稽考,
因檢校案牘,以類編次,各立綱目。分為《職官》、《河渠》、《橋
道》、《舟車》、《織造》、《器用》、《權量》、《徵輸》、《供億》、《叢事》凡
十考,末附吏典承行事件。書成於萬曆丁亥。

浮梁陶政志一卷(編修程晉芳家藏本)

國朝吳允嘉撰。允嘉有《吳越順存集》,已著錄。是書皆記
江西景德鎮官窯始末。凡七條,疏略殊甚。後為景德舊事十四
條,而"昊十九"一條重出。又時代顛舛,"《容齋隨筆》"一條,以
宋事列明後;"《池北偶談》"一條,以國朝事列宋前,殊無條理。

右政書類"考工"之屬,六部,十八卷,皆附存目。

卷八五

史 部 四 十 一

目 錄 類 一

　　鄭元有《三禮目錄》一卷，此名所昉也[①]。其有解題，胡應麟《經義會通》謂始於唐之李肇。案《漢書》錄《七略》書名，不過一卷，而劉氏《七略別錄》至二十卷，此非有解題而何？《隋志》曰："劉向《別錄》、劉歆《七略》，剖析條流，各有其序，推尋事蹟。自是以後，不能辨其流別，但記書名而已。"其文甚明，應麟誤也[②]。今所傳者以《崇文總目》為古，晁公武、趙希弁、陳振孫並準為撰述之式。惟鄭樵作《通志·藝文略》，始無所詮釋，併建議廢《崇文總目》之解題，而尤袤《遂初堂書目》因之。自是以後，遂兩體並行。今亦兼收，以資考核。金石之文，《隋》、《唐志》附"小學"，《宋志》乃附"目錄"。今用《宋志》之例，並列此門。而別為子目，不使與經籍相淆焉。

【彙訂】

　　① 《文選》卷三八任昉《為范始興作求立太宰碑表》李善注引劉歆《七略》曰："《尚書》有青絲編目錄。"《漢書·敘傳》："劉向司籍，九流以別。爰著目錄，略序洪烈。述《藝文志第十》。"劉歆、班固均在鄭玄之前已言"目錄"。《文選》卷二二王康琚

《反招隱詩》李善注：“劉向《列子目錄》曰：至於《力命篇》，一推分命。”則歆、固之前已有目錄之名。（楊武泉：《四庫全書總目辨誤》）

　　②《經義會通》乃《經籍會通》之誤。然《經籍會通》隻字未提李肇及其《經史釋題》。且據《少室山房筆叢甲·經籍會通二》載：“書目但記書名、卷軸，概不能廣。唐《羣書四錄》乃至二百卷，何以浩繁若此？蓋此書以下必有論列，若歆、向所編者。宋王堯臣《總目》六十六卷亦然，然但經、史二部，子、集則闕如也。董逌《廣川書跋》則又特主經說而已。自餘諸家僅存卷數……唐毋煚有《古今書錄》四十卷，又節略《羣書四錄》而成，即體制居然可見，惜並不存。鄭《略》有劉歆《七略》七卷，又《七略別錄》二十卷，豈七卷者目，別錄乃論列與？”可見胡氏認為書目只記書名、卷數，比較簡略，卷數也就較少，而唐玄宗時元行沖等人的《羣書四錄》有二百多卷，是因為每書下有“論列”，亦即有揭示書內容等情況的解題，就如同劉向父子所編的《別錄》一樣。又用疑問以示謹慎的語氣認為《七略》卷數較《別錄》少的緣故是《七略》是“目”，《別錄》著錄的書下有“論列”。又《經籍會通二》云：“然《七略》原書二十（當作七）卷，班氏《藝文》僅一卷，固但存其目耳。向、歆每校一書，則撮其指意，錄而奏之，近世所傳《列禦寇》、《戰國策》皆向題辭，餘可概見，因以論奏之言附載全書之下，若馬氏《通考》之類，以故篇帙頗繁，惜今漫無所考……（圖書）定為四部。宋氏以還，遞相沿襲，而作之意未有所明，馬氏始仿劉向前規，論其大旨，體例駮駮備矣。”則胡氏亦認為解題這種形式開始於劉向、歆父子之《別錄》。（吳建偉：《四庫全書總目辨誤一則》）

崇文總目十二卷（永樂大典本）

宋王堯臣等奉敕撰，蓋以四館書併合著錄者也。宋制，以昭
文、史館、集賢為三館。太平興國三年，於左升龍門東北建崇文
院，謂之三館新修書院。端拱元年，詔分三館之書萬餘卷，別為
書庫，名曰祕閣，以別貯禁中之籍，與三館合稱四館。景祐元年
閏六月，以三館及祕閣所藏或謬濫不全，命翰林學士張觀，知制
誥李淑、宋祁等看詳，定其存廢。譌謬者刪去，差漏者補寫。因
詔翰林學士王堯臣、史館檢討王洙、館閣校勘歐陽修等校正條
目，討論撰次，定著三萬六百六十九卷。分類編目，總成六十六
卷，於慶曆元年十二月己丑上之，賜名曰《崇文總目》。後神宗改
崇文院曰祕書省，徽宗時因改是書曰《祕書總目》①。然自南宋
以來，諸書援引，仍謂之《崇文總目》，從其朔也。李燾《續通鑑長
編》云《崇文總目》六十卷，《麟臺故事》亦同。《中興書目》云六十
六卷，江少虞《事實類苑》則云六十七卷，《文獻通考》則云六十四
卷，《宋史・藝文志》則據《中興書目》作六十六卷。其說參差不
一。考原本於每條之下具有論說，逮南宋時鄭樵作《通志》，始謂
其文繁無用，紹興中遂從而去其序釋，故晁公武《讀書志》、陳振
孫《書錄解題》著錄皆云一卷。是刊除序釋之後，全本已不甚行。
南宋諸家，或不見其原書，故所記卷數各異也。考《漢書・藝文
志》本劉歆《七略》而作，班固已有自註。《隋書・經籍志》參考
《七錄》，互注存佚，亦沿其例。《唐書》於作者姓名不見紀傳者，
尚閒有註文，以資考核。後來得略見古書之崖略，實緣於此，不
可謂之繁文。鄭樵作《通志》二十略，務欲淩跨前人。而《藝文》
一略，非目睹其書則不能詳究原委。自揣海濱寒畯，不能窺中祕
之全，無以駕乎其上，遂惡其害己而去之。此宋人忌刻之故智，

非出公心。厥後托克托等^{案托克托原作脱脱，今改正。}作《宋史・藝文志》②，紕漏顛倒，瑕隙百出，於諸史志中最爲叢脞。是即高宗誤用樵言，删除序釋之流弊也。宋人官私書目，存於今者四家。晁氏、陳氏二目，諸家藉爲考證之資。而尤袤《遂初堂書目》及此書則若存若亡，幾希湮滅。是亦有説無説之明效矣。此本爲范欽天一閣所藏，朱彝尊鈔而傳之，始稍見於世，亦無序釋。彝尊《曝書亭集》有康熙庚辰九月作是書跋，謂欲從《六一居士集》暨《文獻通考》所載，别鈔一本以補之。然是時彝尊年七十二矣，竟未能辦也③。今以其言考之，其每類之序，見於《歐陽修集》者，衹經、史二類及子類之半，馬端臨《文獻通考》所載論説亦然。晁公武《讀書志》、陳振孫《書錄解題》皆在《通考》之前，惟晁公武所見多《通考》一條④。陳氏則但見六十六卷之目，題曰“紹興改定”者而已。《永樂大典》所引，亦即從晁、陳二家目中採出，無所增益，已不能復睹其全。然蒐輯排比，尚可得十之三四，是亦較勝於無矣。謹依其原次，以類補入，釐爲一十二卷⑤。其六十六卷之原次，仍註於各類之下。又《續宋會要》載大觀四年五月，祕書監何志同言：“慶曆間，集四庫爲籍，今案籍求之，十纔六七。宜頒其名類於天下，《總目》之外，别有異書，並借傳寫。”紹興十二年十二月，權發遣盱眙軍向子固言：“乞下本省，以《唐藝文志》及《崇文總目》所闕之書，註‘闕’字於其下，付諸州軍，照應搜訪”云云。今所傳本，每書之下多註“闕”字，蓋由於此，今亦仍之⑥。王應麟《玉海》稱當時國史謂《總目》序錄多所謬誤。黄伯思《東觀餘論》有校正《崇文總目》十七條，鄭樵《通志・校讎略》則全爲攻擊此書而作⑦，李燾《長編》亦云《總目》或有相重，亦有可取而誤棄不錄者。今觀其書，載籍浩繁，牴牾誠所難保。然數千年著作之目,總彙於斯。百世而下,藉以驗存佚、辨真贋、核同異,固不失為册府之驪淵、藝林之玉圃也。

【彙訂】

① 馬端臨《文獻通考‧經籍考‧序》載"政和七年,校書郎孫覿言:'太宗皇帝建崇文殿為藏書之所。景祐中,仁宗皇帝詔儒臣即祕書所藏編次條目,所得書以類分門,賜名《崇文總目》。神宗皇帝以崇文院為祕書省,釐正官名,獨四庫書尚循崇文舊目。項因臣僚建言,訪求遺書。今累年所得,《總目》之外,凡數百家,幾萬餘卷。乞依景祐故事,詔祕書省官,以所訪遺書,討論撰次,增入《總目》,合為一書,乞別制美名,以更《崇文》之號。'乃命覿及著作佐郎倪濤、校書郎汪藻、劉彥通撰次,名曰《祕書總目》。"可知《祕書總目》實為《崇文總目》的增補本(增書數百種),並非同書異名而已。(倪士毅:《北宋官修目錄──〈崇文總目〉》;馮秋季:《〈祕書總目〉正名》)

② "案托克托原作脱脱今改正",殿本無此小字注。

③ "也",殿本無。

④ "晁",殿本無。

⑤ 《四庫全書》本此書引自《永樂大典》者僅十四條,皆從《文獻通考》中摘出。則底本標為《永樂大典》本顯誤。實係翁方綱據天一閣鈔本並輯校他書而成。(趙庶洋:《〈四庫全書〉本〈崇文總目〉底本質疑》)

⑥ 據《續宋會要》載"紹興十二年"云云,今所傳者即紹興中頒下諸州軍蒐訪之本,有目無釋,取其便於尋檢耳,豈因漁仲(鄭樵)之言而有意删之哉。且漁仲以薦入官,在紹興之末,未登館閣,旋即物故,名位卑下,未能傾動一時。若紹興十二年,漁仲一

閩中布衣耳，誰復傳其言者。(錢大昕:《十駕齋養新錄》)

⑦《通志·校讎略》"崇文明於兩類論"條褒揚《崇文總目》道書、雜史兩類"極有條理，古人不及，後來無以復加也"。則不得謂"全為攻擊此書而作"。(陳尚君、張金耀主撰:《四庫提要精讀》)

郡齋讀書志四卷後志二卷考異一卷附志二卷(兩江總督採進本)①

《郡齋讀書志》四卷②，宋晁公武撰。《後志》二卷，亦公武所撰，趙希弁重編。《附志》一卷，則希弁所續輯也。公武字子止，鉅野人，沖之之子。官至敷文閣直學士，臨安少尹。岳珂《桯史》記隆興二年湯思退罷相，洪适草制作平語，侍御史晁公武擊之，則亦骨鯁之士。希弁，袁州人，宋宗室子。自題稱江西漕貢進士，祕書省校勘。以輩行推之，蓋太祖之九世孫也。始南陽井憲孟為四川轉運使，家多藏書，悉舉以贈公武。乃躬自讎校，疏其大略為此書。以時方守榮州，故名《郡齋讀書志》。後書散佚，而《志》獨存。淳祐己酉，鄱陽黎安朝守袁州，因令希弁即其家所藏書目參校。删其重複，摭所未有，益為《附志》一卷，而重刻之，是為袁本。時南充游鈞守衢州，亦取公武門人姚應績所編蜀本刊傳，是為衢本。當時二書並行於世。惟衢本分析至二十卷，增加書目甚多。卷首公武自序一篇，文亦互有詳略。希弁以衢本所增乃公武晚年續裒之書，而非所得井氏之舊，因別摘出為《後志》二卷。又以袁、衢二本異同別為《考異》一卷，附之編末。蓋原《志》四卷為井氏書，《後志》二卷為晁氏書，並至南渡而止。《附志》一卷則希弁家書，故兼及於慶元以後也。馬端臨作《經籍考》，全以是書及陳氏《書錄解題》為據。然以此本與《經籍考》互校，往往乖迕不合。如《京房易傳》，此本僅註三十餘字，而馬氏所引，其文多至十倍。又如《宋太祖實錄》、《太宗實錄》、《建康實錄》、《汲冢周書》之類，此《志》本僅述其撰人、時代及卷數而止，而馬氏所引，尚有考據議論凡數十言。其餘文之多寡、詞之增損互異者，不可勝數。又希弁《考異》稱："袁本《毘陵易傳》，衢本作《東坡易傳》；袁本《芸閣先生易解》，衢本作《呂氏章句》。"今《經籍考》所題，並同衢本，似馬端臨原據衢本採掇。然如《晉公談錄》③、《六祖壇經》之類，希弁《考異》稱袁本所載而衢本所遺者，今《經籍考》實並引晁氏之說。則當時亦兼用袁本④。疑此書已經後人刪削，不特衢本不可復見，即袁本亦非盡舊文，故與馬氏所引，不能一一符合歟？又《前志‧子部序錄》稱九曰小說類，十曰天文曆算類，十一曰兵家類，十二曰類家類⑤，十三曰雜藝類，十四曰醫家類，十五曰神仙類，十六曰釋書類⑥，而《志》中所列小說類《雞跖集》後即為《羣仙會真記》、《王氏神仙傳》、葛洪《神仙傳》三種。是"天文曆算"等五類全佚⑦，而"神仙類"亦脫其標目。則其他類之殘闕，蓋可例推矣。然書雖非舊，而梗概仍存，終為考證者所取資也。

【彙訂】

①"附志二卷"，殿本作"附志一卷"。《附志》原分為上、下卷，合之可稱一卷，分之則稱二卷。（王重民：《跋新印本〈四庫全書總目〉》）

②"郡齋"，殿本脫。

③殿本"晉"上有"丁"字。

④《晉公談錄》，袁本兩引，其一在史部雜史類，衢本有之，

《經籍考》史部傳記類引此;其二在子部小説類,此條衢本與《經籍考》均未收錄。《六祖壇經》,袁本兩引,其一有周希後序,衢本有之,《經籍考》子部釋氏類引此。其二稱"唐僧慧能授禪學於弘忍",衢本所無,《經籍考》亦未引。足見《經籍考》只引用衢本,此二例不能證明"兼用袁本"。(李裕民:《四庫提要訂誤》)

⑤ "類家類",底本作"刑家類",據殿本改。(同上)

⑥ "釋書類",底本作"釋家類",據殿本改。又,"醫家類"原書作"醫書類"。(同上)

⑦ 宋淳祐袁州刊本"天文曆算"等五類不缺。(同上)

遂初堂書目一卷(兩江總督採進本)

宋尤袤撰。袤字延之,無錫人。紹興十八年進士,官至禮部尚書,諡文簡。事蹟具《宋史》本傳。陳振孫《書錄解題》稱其遂初堂藏書為近世冠。楊萬里《誠齋集》有為袤作《〈益齋書目〉序》①,其名與此不同。然《通考》引萬里序列《遂初堂書目》條下,知即一書。今此本無此序,而有毛开一序,魏了翁、陸友仁二跋。其書分經為九門:曰經總類、《周易》類、《尚書》類、《詩》類、《禮》類、《樂》類、《春秋》類、《論語》《孝經》《孟子》類、小學類。分史為十八門:曰正史類、編年類、雜史類、故事類、雜傳類、偽史類、國史類、本朝雜史類、本朝故事類、本朝雜傳類、實錄類、職官類、儀注類、刑法類、姓氏類、史學類、目錄類、地理類。分子為十二門:曰儒家類、雜家類、道家類、釋家類、農家類、兵家類、數術家類、小説家類②、雜藝類、譜錄類、類書類、醫書類。分集為五門:曰別集類、章奏類、總集類、文史類、樂典類③。其例略與史志同。惟一書而兼載數本,以資互考,則與史志小異耳。諸書皆無解題④,檢馬氏《經籍考》無一條引及袁說,知原本如是。惟不載卷數及撰人⑤,則疑傳寫者所刪削,非其原書耳⑥。其子部別立"譜錄"一門,以收《香譜》、《石譜》、《蟹錄》之無類可附者,為例最善⑦。閒有分類未安者,如《元經》本史,而入"儒家";《錦帶》本類書,而入"農家";《琵琶錄》本雜藝,而入"樂"之類。亦有一書偶然複見者,如《大曆浙東聯句》一入"別集",一入"總集"之類。又有姓名訛異者,如《玉瀾集》本朱槔作,而稱朱喬年之類。然宋人目錄存於今者,《崇文總目》已無完書,惟此與晁公武志為最古,固考證家之所必稽矣。

【彙訂】

①《誠齋集》卷七八有《〈益齋藏書目〉序》,今本魏、陸二跋之間即有此文。(李裕民:《四庫提要訂誤》)

②"家",殿本脫。

③"樂典類"為"樂曲類"之誤。(李裕民:《四庫提要訂誤》)

④"皆無",底本脫,據殿本補。

⑤ 此目著錄三千一百五十四部書,其中一千三百九十五部注明撰人,但常不用正名而用別號。(張雷、李豔秋:《尤袤〈遂初堂書目〉新探》)

⑥ 今傳本悉出《說郛》,其注云"一卷全抄",當係全錄,非有刪削。(昌彼得:《說郛考》)

⑦ 本書"譜錄"門未收《石譜》、《蟹錄》。(李裕民:《四庫提要訂誤》)

子略四卷目錄一卷(內府藏本)①

宋高似孫撰。似孫有《剡錄》,已著錄。是書卷首冠以目錄,始《漢志》所載，次《隋志》所載，次《唐志》所載，次庾仲容《子鈔》、馬總《意林》所載，次鄭樵《通志‧藝文略》所載，皆削其門類而存其書名，略註撰人、卷數於下。其一書而有諸家註者，則惟列本書，而註家細字附錄焉。其有題識者，凡《陰符經》、《握奇經》、《八陣圖》、《鬻子》、《六韜》、《孔叢子》、《曾子》、《魯仲連子》、《晏子》、《老子》、《莊子》、《列子》、《文子》、《戰國策》、《管子》、《尹文子》、《韓非子》、《墨子》、《鄧析子》、《亢桑子》、《鶡冠子》、《孫子》、《吳子》、《范子》、《鬼谷子》、《呂氏春秋》、《素書》、《淮南子》、賈誼《新書》、《鹽鐵論》、《論衡》、《太元〔玄〕經》、《新序》、《説苑》、《抱朴子》、《文中子》、《元子》、《皮子》、《隱書》，凡三十八家。其中《説苑》、《新序》合一篇，而《八陣圖》附於《握奇經》，實共三十六篇。惟《陰符經》、《握奇經》錄其原書於前，餘皆不錄。似乎後人刪節之本，未必完書也②。馬端臨《通考》多引之，亦頗有所考證發明。然似孫能知《亢倉子》之僞，而於《陰符經》、《握奇經》、《三略》、諸葛亮《將苑》《十六策》之類，乃皆以為真，則鑒別亦未為甚確。其盛稱《鬼谷子》，尤為好奇。以其會稡諸家，且所見之本猶近古，終非焦竑《經籍志》之流輾轉販鬻，徒構虛詞者比，故錄而存之，備考證焉。

【彙訂】

① 文淵閣《四庫》本無目錄一卷。（沈治宏：《中國叢書綜錄訂誤》）

② 此書乃子部目錄之書，自當不錄其原文。《陰符經》、《握奇經》以篇葉無多，變例錄之耳。高氏所撰《史略》六卷，體例與此書同，知其原本固當如此，非後人刪節之本。（余嘉錫：《四庫提要辨證》）

直齋書錄解題二十二卷（永樂大典本）

宋陳振孫撰。振孫字伯玉，號直齋，安吉人。厲鶚《宋詩紀事》稱其端平中仕為浙西提舉，改知嘉興府。考周密《癸辛雜識》"莆田陽氏子婦"一條，稱："陳伯玉振孫，時以倅攝郡。"又"陳周士"一條，稱："周士，直齋侍郎振孫之長子。"則振孫始仕州郡，終官侍郎，不止浙江提舉①，鶚蓋考之未詳也。《癸辛雜識》又稱"近年惟直齋陳氏書最多，蓋嘗仕於莆，傳錄夾漈鄭氏、方氏、林氏、吳氏舊書至五萬一千一百八十餘卷，且仿《讀書志》作解題，極其精詳"云云。則振孫此書，在宋末已為世所重矣。其例以歷代典籍分為五十三類，各詳其卷帙多少、撰人名氏，而品題其得失，故曰"解題"。雖不標經史子集之目，而核其所列，經之類凡十，史之類凡十六，子之類凡二十，集之類凡七，實仍不外乎四部之說也。馬端臨《經籍考》惟據此書及《讀書志》成編。然《讀書志》今有刻本，而此書久佚，僅《永樂大典》尚載其完帙。惟當時編輯潦草，譌脫宏多，又卷帙割裂，全失其舊。謹詳加校訂，定為二十二卷。方今聖天子稽古右文，蒐羅遺籍，列於四庫之中者，浩如煙海。此區區一家之書，誠不足以當萬一。然古書之不傳於今者，得藉是以求其崖略；其傳於今者，得藉是以辨其真偽，核其異同。亦考證之所必資，不可廢也。原本閒於解題之後附以隨齋批註。隨齋不知何許人，然補闕拾遺，於本書頗有所裨，今亦仍其舊焉。

【彙訂】

①《會稽續志》浙東提舉題名有陳振孫，端平三年十二月到任，嘉熙元年五月改知嘉興府。謂"浙西提舉"，誤。《癸辛雜識》無《總目》所引兩條，乃見於周密《齊東野語》卷八"義絕合離"、卷

九"陳周士"條。（錢大昕：《十駕齋養新錄》；陸心源：《養新錄書後》）

漢藝文志考證十卷（通行本）

宋王應麟撰。應麟有《周易鄭康成註》，已著錄。《漢書·藝文志》因劉歆《七略》而修。凡句下之註，不題姓氏者皆班固原文。其標"某某曰"者，則顏師古所集諸家之説。然師古註班固全書，《藝文》特其八志之一，故僅略疏姓名時代。所考證者，如《漢著記》即《起居注》，《家語》非今《家語》，鄧析非子産所殺，莊忽奇、嚴助之駁文，逢門即逢蒙之類，不過三五條而止。應麟始捃摭舊文，各為補註。不載《漢志》全文，惟以有所辨論者摘錄為綱，略如《經典釋文》之例。其傳記有此書名而《漢志》不載者，亦以類附入。《易》類增《連山》、《歸藏》、《子夏易傳》，《詩》類增《元王詩》①，《禮》類增《大戴禮》、《小戴禮》、《王制》、《漢儀》，《樂》類增《樂經》②、《樂元語》，《春秋》類增《冥氏春秋》，"道家"增《老子指歸》、《素王妙論》，"法家"增《漢律》、《漢令》，"縱橫家"增《鬼谷子》，"天文"增《夏氏日月傳》、《甘氏歲星經》、《石氏星經》、《巫咸五星占》、《周髀星傳》，"曆譜"增《九章算術》、《五紀論》，"五行"增《翼氏風角》，"經方"增《本草》，凡二十六部③。各疏其所註於下，而以"不著錄"字別之。其間如《子夏易傳》、《鬼谷子》皆依託顯然，而一概泛載，不能割愛。又庾信《哀江南賦》稱"棚陽亭有離別之賦"，實由誤記《藝文志》，與所用"桂華馮馮"誤讀《郊祀志》者相等。應麟乃因而附會，以棚陽為漢代亭名，亦未免閒失之嗜奇。然論其該洽，究非他家之所及也④。

【彙訂】

① "元王詩"，殿本作"元王傳"，誤。此書卷二著錄《元王詩》。

② "樂經"，殿本作"樂記"，誤。此書卷三著錄《樂經》。

③ 實際補入二十七部，尚有"兵技巧"類中《黃石公記》。（長澤規矩也：《中國版本目錄學書籍解題》）

④ "之"，殿本無。

文淵閣書目四卷（內府藏本）

明楊士奇編。士奇有《三朝聖諭錄》，已著錄。是編前有正統六年題本一通，稱："各書自永樂十九年南京取來，一向於左順門北廊收貯，未有完整書目。近奉旨移貯文淵閣東閣，臣等逐一打點清切，編置字號，寫完一本，總名《文淵閣書目》。請用'廣運之寶'鈐識備照，庶無遺失。"蓋本當時閣中存記冊籍，故所載書多不著撰人姓氏。又有冊數而無卷數，惟略記若干部為一櫥，若干櫥為一號而已。考明自永樂間取南京藏書送北京，又命禮部尚書鄭賜四出購求。所謂鋟版十三，抄本十七者，正統時尚完善無闕。此書以《千字文》排次，自"天"字至"往"字，凡得二十號，五十櫥。今以《永樂大典》對勘，其所收之書，世無傳本者，往往見於此目，亦可知其儲庋之富。士奇等承詔編錄，不能考訂撰次，勒為成書，而徒草率以塞責。較劉向之編《七略》、荀勖之敘《中經》，誠為有愧。然考王肯堂《鬱岡齋筆麈》，書在明代已殘闕不完。王士禎《古夫于亭雜錄》亦載："國初曹貞吉為內閣典籍，文淵閣書散失殆盡。貞吉檢閱，見宋槧歐陽修《居士集》八部，無一完者。"① 今閱百載，已散失無餘② 。惟藉此編之存，尚得略見

一代祕書之名數，則亦考古所不廢也。舊本不分卷數。黃虞稷
《千頃堂書目》作十四卷，不知所據何本，殆傳寫者以意分析。今
釐定為四卷云。

【彙訂】

① 王士禛《香祖筆記》卷十二載："明仁宗賜禮侍金問《歐陽
居士集》，凡二十冊，遭回祿，失其八。後在文華殿從容言及賜書
事，宣宗促命內侍補之，復完。余聞曹舍人貞吉云官典籍日，料
撿內府藏書宋刻歐陽集，凡有八部，竟無一全者。蓋鼎革之際，
散軼不可勝道矣。"《古夫于亭雜錄》未載。

② "散失"，殿本作"放失"。

授經圖二十卷（兩江總督採進本）

明朱睦㮮撰。睦㮮有《易學識疑》，已著錄。是編所述，經學
源流也。案《崇文總目》有《授經圖》三卷，敘《易》、《詩》、《書》、
《禮》、《春秋》三傳之學，其書不傳。宋章俊卿《山堂考索》嘗溯其
宗派，各為之圖，亦未能完備，且頗有舛譌。睦㮮乃因章氏舊圖
而增定之。首敘授經世系，次諸儒列傳，次諸儒著述、歷代經解
名目卷數。每經四卷，五經共為二十卷。睦㮮自序稱"釐為四
卷"，疑傳寫有脫文也①。舊無刊版，惟黃虞稷家有寫本②。康熙
中虞稷乃同錢塘龔翔麟校而刻之。虞稷序稱"西亭舊本案西亭即
睦㮮之別號。先後不無參錯，予與龔子蘅圃重為釐正。《易》則以
復古為先，《書》則以今文為首。其他經傳之闕軼者，復取歷代史
《藝文志》及《通志》、《通考》所載，咸為補入。而近代傳註可傳
者，亦閒錄焉。視西亭所輯，庶幾少備"云云。又睦㮮《義例》稱：
"周漢而下至金元，作者凡一千一百三十二人，國朝三十九人；經

解凡一千七百九十八部，二萬一千七十一卷。"虞稷等附註其下，稱："新增入古今作者二百五十五人，經解凡七百四十一部，六千二百一十八卷。"則虞稷等大有所竄改，非復睦榯之舊矣。今以所改者觀之③，《易》稱以復古為先，而列《子夏易傳》實王弼本，非古《易》也。《書》稱以今文為首，而所列朱子《書古經》實孔安國本，非今文也。以是例推，殆未能盡允。且睦榯之作是書，大旨病漢學之失傳，因溯其專門授受，欲儒者飲水思源，故所述列傳，止於兩漢。其子勤羑跋_{案，"羑"字原本誤作"羹"字①，今改正。}亦稱"秦燼之餘，六經殘滅。漢興，諸儒頗傳不絕之緒，於是專門之學甚盛。至東京則授受鮮有次第，而經學亦稍稍衰矣。故是編所列，多詳於前漢"云云。其著書之意，粲然明白。虞稷等乃雜採諸家以補之，與睦榯所見正復相反。然朱彝尊《經義考》未出以前，能條析諸經之源流，此書實為之嚆矢。正不以有所點竄，併其原書而廢之矣。

【彙訂】

① 莫友芝《宋元舊本經眼錄》附錄此書明刊本二十卷，注云："萬曆二年朱氏原刊本。"（劉遠遊：《〈四庫提要〉補正》）

② 今存萬曆二年朱氏原刊本。

③ 殿本"改"上有"竄"字。

④ "羑"下"字"字，殿本無。

欽定天祿琳琅書目十卷

乾隆四十年奉敕撰。初，乾隆九年，命內直諸臣檢閱祕府藏書，擇其善本，進呈御覽。於昭仁殿列架庋置，賜名曰"天祿琳琅"。迄今三十餘年，祕笈珍函，蒐羅益富。又以詔求遺籍，充四

庫之藏。宛委叢編,嬋嬛墜簡,咸出應昌期。因掇其菁華,重加整
比。併命編為目錄,以垂示方來。冠以丁卯御題昭仁殿詩及乙未
重華宮茶宴用"天祿琳琅"聯句詩。其書亦以經、史、子、集為類,
而每類之中,宋、金、元、明刊版及影寫宋本各以時代為次①。或一
書而兩刻皆工緻,則兩本並存,猶尤袤《遂初堂書目》例也②;一版
而兩印皆精好,亦兩本並存,猶漢祕書有副例也③。案,事見《漢書·
敘傳》。每書各有解題,詳其鋟梓年月及收藏家題識印記,並一一
考其時代爵里,著授受之源流。案張彥遠《歷代名畫記》有論十六
篇。其十一記鑒識收藏閱玩,十二記自古跋尾押署,十三記自古
公私印記。自後賞鑒諸家,遞相祖述。至《鐵網珊瑚》所載書畫,
始於是事特詳。然藏書著錄,則未有辨訂及此者。即錢曾於《也
是園書目》之外別出《讀書敏求記》,述所藏舊刻、舊鈔,亦粗具梗
概,不能如是之條析也。至於每書之首,多有御製詩文題識,並恭
錄於舊跋之前,奎藻光華,增輝簡冊。旁稽舊典,自古帝王惟唐太
宗有賦《尚書》一篇、詠司馬彪《續漢志》一篇,宋徽宗有題南唐舊
本《金樓子》一篇而已。未有乙覽之博、宸章之富、鑒別之詳明、品
題之精確如是者。臣等繕錄之下,益頌聖學高深,超軼乎三古也。

【彙訂】

① 此書實際先分宋版、影宋鈔、元版、明版,再於宋版等類
下分經、史、子、集。(杜澤遜:《四庫提要續正》)

② "猶",殿本無。

③ "猶",殿本無。

千頃堂書目三十二卷(浙江巡撫採進本)

國朝黃虞稷撰。虞稷字俞邰,先世泉州人。崇禎末,流寓上

元。書首自題曰閩人,不忘本也。所錄皆明一代之書①。經部分十一門,既以《四書》為一類,又以《論語》、《孟子》各為一類,又以説《大學》、《中庸》者入於三《禮》類中,蓋欲略存古例,用意頗深。然明人所説《大學》、《中庸》皆為《四書》而解,非為《禮記》而解。即《論語》、《孟子》,亦因《四書》而説,非若古人之別為一經,專門授受。其分合殊為不當。《樂經》雖亡,而不置此門,則律吕諸書無所附,其删除亦未允也②。史部分十八門,其"簿錄"一門,用尤袤《遂初堂書目》之例,以收"錢譜"、"蟹錄"之屬古來無類可歸者,最為允協③。至於"典故"以外又立"食貨"、"刑政"二門,則贅設矣。子部分十二門④,其墨家、名家、法家、縱橫家併為一類,總名"雜家"。雖亦簡括,然名家、墨家、縱橫家傳述者稀,遺編無幾,併之可也。併法家删之,不太簡乎?集部分八門,其"別集"以朝代科分為先後,無科分者則酌附於各朝之末。視《唐》、《宋》二志之糅亂,特為清晰,體例可云最善。惟"制舉"一門可以不立。明以八比取士,工是技者隸首不能窮其數。即一日之中,伸紙搦管而作者,不知其幾億萬篇,其不久而化為故紙敗爐者,又不知其幾億萬篇。其生其滅,如煙雲之變現、泡沫之聚散。虞稷乃徒據所見而列之,不亦傎耶?每類之末,各附以宋、金、元人之書,既不賅備,又不及於五代以前,其體例特異,亦不可解⑤。然焦竑《國史經籍志》既誕妄不足為憑,傅維鱗《明書·經籍志》、尤侗《明史藝文志稿》,尤冗雜無緒。考明一代著作者,終以是書為可據,所以欽定《明史·藝文志》頗採錄之。略其舛駁而取其賅贍可也。

【彙訂】

① 卷六著錄侯樹屏《朔州志》,清順治十七年(1660)修,卷

七吳穎《潮州府志》,順治十八年(1661)修。(李裕民:《四庫提要訂誤》增訂本)

②按,《適園叢書》本此書經部分十二門:易、書、詩、三禮、禮樂、春秋、孝經、論語、孟子、經解、四書、小學。《四庫全書》本缺"禮樂"一門,樂類書籍加"禮樂書"字樣,附列於"三禮"門後。(王暉:《〈四庫全書總目·千頃堂書目提要〉評議》)

③"錢譜"、"蟹錄"皆屬"食貨"類。(長澤規矩也:《中國版本目錄學書籍解題》)

④《四庫全書》本子部分儒家、雜家、農家、小說、兵家、天文、曆數、五行、醫家、藝術、類書、釋家、道家共十三門。《適園叢書》本張鈞衡跋語所列門類少"農家"一門,而書中共十三門。丁丙《善本書室藏書志》、莫伯驥《五十萬卷樓藏書目錄》亦稱十二門,而實際羅列細目為十三門,或皆係輾轉抄錄致誤。(王暉:《〈四庫全書總目·千頃堂書目提要〉評議》)

⑤杭世駿《道古堂文集·黃氏書錄序》曰:"其中宋人著作,乃《宋藝文志》所遺,非復出也……元修三史,獨缺《藝文》,全在《明史》綱羅,如《後漢》、《晉》、《五代》不列此志,《隋書》特補其缺,不必定在一朝……觀俞邰所排比,自南宋以迄元末,皆以燦然大備,蓋其志直以《中經》、《新簿》為己任,為有明二百七十載王、阮。惜乎其不得與館閣之職也。"(同上)

經義考三百卷(通行本)

國朝朱彝尊撰。彝尊字錫鬯,號竹垞,秀水人。康熙己未,薦舉博學鴻詞。召試授檢討,入直內廷。彝尊文章淹雅,初在布衣之內,已與王士禎聲價相齊。博識多聞,學有根柢,復與顧炎

武、閻若璩頡頏上下。凡所撰述，具有本原。是編統考歷朝經義
之目，初名《經義存亡考》，惟列存、亡二例。後分例曰存，曰闕，
曰佚，曰未見，因改今名。凡御注敕撰一卷，《易》七十卷，《書》二
十六卷，《詩》二十二卷，《周禮》十卷，《儀禮》八卷，《禮記》二十五
卷，《通禮》四卷，《樂》一卷，《春秋》四十三卷，《論語》十一卷，《孝
經》九卷，《孟子》六卷，《爾雅》二卷，羣經十三卷，《四書》八卷，逸
經三卷，毖緯五卷，擬經十三卷，承師五卷，宣講、立學共一卷，刊
石五卷，書壁、鏤版、著錄各一卷，通説四卷，家學、自述各一
卷①。其宣講立學、家學、自述三卷，皆有錄無書，蓋撰輯未竟
也。每一書前，列撰人姓氏、書名卷數。其卷數有異同者，則註
某書作幾卷。次列存、佚、闕、未見字。次列原書序跋，諸儒論
説，及其人之爵里。彝尊有所考正者，即附列案語於末。雖序跋
諸篇與本書無所發明者②，連篇備錄，未免少冗。又《隋志》著
錄，凡於全經之內專説一篇者，如《易》類之《繫辭註》、《乾坤義》、
《書》類之《洪範五行傳》、《古文舜典》，《禮》類之《夏小正》、《月令
章句》、《中庸傳》等，皆與説全經者通敘先後，俾條貫易明。彝尊
是書乃以專説一篇者附錄全經之末，遂令時代參錯，於例亦為未
善。然上下二千年間，元元本本，使傳經原委一一可稽，亦可以
云詳贍矣。至所註佚、闕、未見，今以四庫所錄校之，往往其書具
存。彝尊所言，不盡可據。然册府儲藏之祕，非人閒所得盡窺。
又恭逢我皇上稽古右文，蒐羅遺逸。瑯嬛異笈，宛委珍函，莫不
乘時畢集。圖書之富，曠古所無。儒生株守殘編，目營掌錄，窮
一生之力，不能測學海之津涯，其勢則然，固不足為彝尊病也。

【彙訂】

①“自述”當作“自序”。（杜澤遜：《四庫提要續正》）

② “雖”,殿本作“惟”。

右目錄類“經籍”之屬,十一部,四百二十四卷①,皆文淵閣著錄。

【彙訂】

① “四百二十四卷”,底本作“四百二十一卷”,據殿本改。

　　案,《隋志》以下皆以法書、名畫列入“目錄”,今書畫列入子部藝術類,惟記載金石者無類可歸,仍入“目錄”。然別為子目,不與經籍相參。蓋目錄皆為經籍作,金石其附庸也。

史部四十二

目錄類二

集古錄十卷（通行本）

宋歐陽修撰。修有《詩本義》，已著錄。古人法書惟重真蹟。自梁元帝始集錄碑刻之文為《碑英》一百二十卷，見所撰《金樓子》，是為金石文字之祖①。今其書不傳。曾鞏欲作《金石錄》而未就，僅製一序存《元豐類稿》中。修始採摭佚遺，積至千卷。撮其大要，各為之說②。至嘉祐、治平間，修在政府，又各書其卷尾③。於是文或小異，蓋隨時有所竄定也。修自書其後，題嘉祐癸卯。至熙寧二年己酉，修季子棐復摭其略，別為目錄。上距癸卯蓋六年，而棐記稱“《錄》既成之八年”，則是《錄》之成當在嘉祐六年辛丑④。其真蹟跋尾，則多係治平初年所書，亦間有在熙寧初者。知棐之《目錄》，固承修之命而為之也。諸碑跋今皆具修集中。其跋自為書，則自宋方崧卿裒聚真蹟，刻於廬陵。曾宏父《石刻鋪敘》稱有二百四十六跋⑤，陳振孫《書錄解題》稱有三百五十跋，修子棐所記則曰“凡二百九十六跋”，修又自云：“凡四百餘篇有跋。”近日刻《集古錄》者又為之說曰：“世所傳《集古跋》四百餘篇，而棐乃謂二百九十六。雖是時修尚無恙，然續跋不應多逾百篇,因疑寫本誤以'三百'為'二百'。"以今考之,則通此十卷,乃正符四百餘跋之數。蓋以集本與真蹟合編,與專據集本者不同。宋時廬陵之刻⑥,今已不傳,無從核定⑦,不必以棐記為疑矣。是原本但隨得隨錄,不復詮次年月。故修之自序曰:"有卷帙而無時世先後。"蓋其取多而未已也。近來刻本,乃以時代先後為序,而於每卷之末附列原本卷帙次第,轉有年月倒置,更易補正之處。故錢曾《讀書敏求記》以為失其初意⑧。然考毛晉跋是書曰:"自序謂上自周穆王以來,則當以《吉日癸巳》石刻為卷首。《毛伯敦》三銘是作序目後所得,宜在卷末,即子棐亦未敢妄為詮次。蓋周益公未能考訂⑨。"云云。據此,則周必大時之本已案時世為次,其由來固已久矣⑩。今刻修文集者,但序時代,不復存每卷末之原次,則益為疏耳。今仍依見行篇次著於錄焉。

【彙訂】

①《隋書‧經籍志》著錄晉陳勰撰《雜碑》二十二卷《碑文》十五卷,在梁元帝之前。《金樓子‧著書篇》有《碑集》十袠百卷,無《碑英》一百二十卷之文,蓋涉次行《詩英》而譌。(余嘉錫:《四庫提要辨證》;胡玉縉:《四庫全書總目提要補正》)

②《元豐類稿》第五十卷為《金石錄跋尾》十四則,實無此序。其《桂陽周府君碑跋》云:"熙寧八年,余從知韶州王之材求得此本。"《江西石幢記跋》云:"至熙寧九年祠部郎中集賢校理葉均。此下闕。"《漢武都太守漢陽阿陽李翕西狹頌跋》云:"熙寧十年,馬瑊中玉為轉運判官於江西,出成州所得此頌。"則其集錄固在熙寧後矣。又《周府君碑跋》、《李翕西狹頌跋》皆有訂正永叔語,斯又曾錄在歐陽後之明證矣。(許瀚:《讀四庫全書提要志誤》)

③"積至千卷"者方為《集古錄》,"各書其卷尾"集為十卷者乃《集古錄目》,不應混為一談。(余敏輝:《歐陽修金石學著作考》)

④《集古錄》一千卷大體成於嘉祐六年(1061),按歐陽修《鄒嶧山刻石跋尾》:"《集(古)錄》成書後八年,得此於青州而附之。熙寧元年(1068)秋九月六日書。"而正式成書應在嘉祐七年(1062),按歐陽修《與蔡君謨求書〈集古錄目序〉書》:"自慶曆乙酉逮嘉祐壬寅,十有八年而得千卷。"此後又陸續有增補,《集古錄》題跋時間可考者最晚者為《前漢雁足鐙銘》,寫於熙寧五年(1072)四月。閏七月卒,最終定稿當在熙寧五年四月至閏七月間。(余敏輝:《歐陽修金石學著作考》、《〈集古錄〉成書年代辨》;王宏生:《〈集古錄〉成書考》)

⑤《石刻鋪敍》卷下謂"可考者二百六十有八",最早由王蘭刻於豫章,共一百五十一篇,後方崧卿補刻至二百四十六篇,又二十二篇乃鄭寅刻。(張富祥:《宋代文獻學研究》)

⑥"刻",殿本作"刻本"。

⑦《郡齋讀書志》載宋刻本《歐陽公集古錄跋尾》六卷《拾遺》一卷,稱周益公跋,方崧卿刻。周益公即周必大。檢周必大《文忠集》卷十九有紹熙三年《題方季申所刻歐陽文忠公集古跋真蹟》,云:"紹熙元年,莆陽方侯實來⋯⋯訪求集跋真蹟,擇良工摹刻之⋯⋯凡得二百五十餘篇,以較印本,其未獲者纔百餘篇⋯⋯會徙節廣東,猶捐俸攜工以竟斯事。"是廬陵之刻尚有可考,非無從核定者。(何振作:《〈四庫全書總目〉著錄江西人著作考辨七則》)

⑧"故",殿本無。

⑨“考訂”前,毛晉《〈六一題跋〉跋》及殿本有“精於”二字,補之語意較完。

⑩“其由來固已久矣”,殿本作“則其由來久矣”。

金石錄三十卷(兩淮馬裕家藏本)

宋趙明誠撰。明誠字德父,密州諸城人,歷官知湖州軍州事。是書以所藏三代彝器及漢、唐以來石刻,仿歐陽修《集古錄》例,編排成帙。紹興中,其妻李清照表上於朝。張端義《貴耳集》謂清照亦筆削其間,理或然也。有明誠自序並清照後序。前十卷皆以時代為次①,自第一至二千咸著於目,每題下註年月、撰書人名。後二十卷為辨證,凡跋尾五百二篇。中《邢義》、《李證》②、《義興茶舍》、《般舟和尚》四碑,目錄中不列其名。或編次偶有疏舛,或所續得之本未及補入卷中歟? 初鋟版於龍舒。開禧元年,浚儀趙不譾又重刻之,其本今已罕傳。故歸有光、朱彝尊所見皆傳鈔之本,或遂指為未完之書。其實當時有所考證③,乃為題識,故李清照跋稱二千卷中“有題跋者五百二卷耳”。原非卷卷有跋,未可以殘闕疑也。清照跋,據洪邁《容齋四筆》,原為龍舒刻本所不載。邁於王順伯家見原槁,乃撮述大概載之。此本所列,乃與邁所撮述者同④,則後人補入,非清照之全文矣。自明以來,轉相鈔錄,各以意為更移。或刪除其目內之次第,又或竄亂其目之年月。第十一卷以下,或併削每卷之細目,或竟佚卷末之後序。沿譌踵謬,彌失其真。顧炎武《日知錄》載章邱刻本,至以後序“壯月朔”為“牡丹朔”,其書之舛謬,可以概見。近日所傳,惟焦竑從祕府鈔出本、文嘉從宋刻影鈔本、崑山葉氏本、閩中徐氏本、濟南謝氏重刻本。又有長洲何焯、錢塘丁敬諸校本,差為完善。今揚州刻本皆為採錄,又於註中以《隸釋》、《隸續》諸書增附案語,較為詳核。別有范氏天一閣、惠氏紅豆山房諸校本,皆稍不及。故今從揚州所刊著於錄焉。

【彙訂】

① 殿本"前"上有"其"字。

② "李證"當作"李憕",參此書卷一○、卷二八原文及翁方綱四庫提要分纂稿、文淵閣本書前提要。(陳尚君、張金耀主撰:《四庫提要精讀》)

③ "當時",殿本作"當日"。

④ 底本"同"上衍"不"字,據殿本刪。

法帖刊誤二卷(內府藏本)

宋黃伯思撰。伯思有《東觀餘論》,已著錄①。初,米芾取《淳化閣帖》一一評其真偽,多以意斷制,罕所考證。伯思復取芾之所定,重為訂正,以成此書。前有大觀戊子自序,稱芾疏略甚多。"或偽蹟甚著而不覺者,若李懷琳所作衛夫人書、逸少《闊別稍久帖》之類;有審其偽而譏評未當者,若知伯英夫人諸草帖為唐人書②,而不知乃書晉人帖語之類;有譏評雖當,主名昭然而不能辨者,若以'田疇'字為非李斯書,而不知乃李陽冰《明州碑》中字之類;有誤著其主名者,若以晉人章草《諸葛亮傳》中語,遂以為亮書之類。"其論多確。其他亦指摘真偽,率有依據。末有政和中王珍、許翰二跋。據珍跋,乃伯思官洛中時觀珍家所藏閣帖作也。其書本自為一編,故至今有別行之本,諸家書目亦別著錄。後其子訒乃編入《東觀餘論》中耳。湯垕《畫鑒》曰:"宋人賞鑒精妙,無如米元章。然此公天資極高,立論時有過處。後有黃伯思長睿者出,作《法帖刊誤》,專攻米公之失。僕從而辨析其詳,作《法帖正誤》,專指長睿之過。"今未見㞧書,不知所正者何誤。然㞧亦空談鑒別,而不以考證為事者,恐所正亦未必確也。

【彙訂】

①《東觀餘論》著錄於《總目》子部雜家類,應將別號爵里移入此條。(胡玉縉:《四庫全書總目提要補正》)

②"夫人",殿本作"大人"。據自序原文,當為"大令"。《東觀餘論》所引亦作"大令"。(同上)

　法帖釋文十卷(兩淮鹽政採進本)

　宋劉次莊撰。次莊字中叟,長沙人。崇寧中嘗官御史①。曹士冕《法帖譜系》云:"臨江《戲魚堂帖》,元祐間劉次莊以家藏《淳化閣帖》十卷摹刻其上。除去卷尾篆題,而增釋文。"曾敏行《獨醒雜志》曰:"劉殿院次莊,自幼喜書。嘗寓於新淦,所居民屋,窗牖牆壁,題寫殆遍。臨江郡庫有《法帖》十卷,釋以小楷,他法帖之所無也。"觀二書所記,則次莊之作《法帖釋文》,本附註石刻之中,未嘗別為一集②。此本殆後人於《戲魚堂帖》中鈔合成帙,而仍以閣本原第編之者也。陳振孫《書錄解題》又稱:"武岡人嘗傳刻絳州潘氏帖。嘉定中,汪立中又取劉本分入二十卷中,官帖所無者增附之。"蓋《絳帖》本《閣帖》而廣之,故立中釋文亦因次莊釋文而廣之,與此又別一書矣。

【彙訂】

①《續資治通鑑長編》卷三五四載:"元豐八年四月,奉議郎宗正寺丞劉次莊,為殿中侍御史。"《皇宋十朝綱要》卷十五載徽宗朝御史一百五十六人姓名,並無劉次莊。(余嘉錫:《四庫提

要辨證》)

②據宋刊本元祐七年自題,《釋文》乃與《閣帖》並行於時,非附注石刻。(胡玉縉:《四庫全書總目提要補正》)

籀史一卷(編修汪如藻家藏本)

宋翟耆年撰。耆年字伯壽,參政汝文之子,別號黃鶴山人。是書首載《宣和博古圖》,有"紹興十有二年二月帝命臣耆年"云云,蓋南宋初所作。本上、下二卷,歲久散佚。惟嘉興曹溶家尚有鈔本,然已僅存上卷。今藏弆家所著錄,皆自曹本傳寫者也。王士禎嘗載其目於《居易錄》,欲以訪求其下卷,卒未之獲,知無完本久矣。其以"籀"名史,特因所載多金石款識,篆隸之體為多,實非專述籀文。所錄各種之後,皆附論說,括其梗概。於《岐陽石鼓》,不深信為史籀之作,與唐代所傳特異,亦各存所見。然未至如金馬定國堅執宇文周所作也①。所錄不及薛尚功《鍾鼎彝器款識》備載篆文,而所述原委則較薛為詳。二書相輔而行,固未可以偏廢。其中所云趙明誠《古器物銘碑》十五卷,稱:"商器三卷,周器十卷,秦②、漢器二卷。河間劉跂序,洛陽王壽卿篆。"據其所說,則十五卷皆古器物銘,而無石刻,當於《金石錄》之外別為一書。而士禎以為即《金石錄》者,其說殊誤,豈士禎偶未檢《金石錄》歟③?

【彙訂】

①殿本"執"下有"為"字。

②"秦",殿本作"奏",誤,參此書"趙明誠《古器物銘碑》"條原文。

③《金石錄》卷一至卷十二錄《古器物銘》,自第一以至第十

五：第一至第三,商器也;第四至第十三,周器也;第十四、十五,
秦、漢器也。卷首即政和七年九月十日河間劉跂序,一一與《籀
史》所言合。宋薛尚功撰《歷代鍾鼎彝器款識法帖》所引可確證
《古器物銘》即《金石錄》者八則,其中《宋田君田鼎》即《金石錄》
卷十三《田鼎銘》;《盂姜匜》即《金石錄》卷十三《盂盥姜銘匜》之
節引。若《古器物銘》於《金石錄》之外別為一書,薛氏何以稱《金
石錄》所有而《古器物銘》所無之文為《古器物銘》?（岑仲勉:
《四庫提要〈古器物銘〉非〈金石錄〉辨》）

　　隸釋二十七卷（兩淮鹽政採進本）

　　宋洪适撰。适初名造,後更今名。字景伯,饒州鄱陽人,皓
之長子也[①]。紹興壬戌中博學鴻詞科,官至尚書左僕射、同中書
門下平章事,謚文惠。事蹟具《宋史》本傳。是書成於乾道二年
丙戌,适以觀文殿學士知紹興府,安撫浙東時也。明年正月,序
而刻之。周必大誌其墓道云“耽嗜隸古,為纂釋二十七卷”者,即
指此書。其弟邁序婁機《漢隸字原》云:“吾兄文惠公,區別漢隸
為五種書：曰釋,曰纘,曰韻,曰圖,曰續。四者備矣,惟韻書不
成。”又适自跋《隸續》云:“《隸釋》有續,凡漢隸碑碣二百八十有
五。”[②]又跋《淳熙隸釋》後云:“《淳熙隸釋》目錄五十卷,乾道中
書始萌芽。十餘年間,拾遺補闕,一再添刻,凡碑版二百五十有
八。”然乾道三年洪邁跋云:“所藏碑一百八十九,譯其文,又述其
所以然,為二十七卷。”又淳熙六年喻良能跋云:“公頃帥越,嘗薈
粹漢隸一百八十九,為二十七卷。”是二跋皆與是書符合,則其自
題曰《淳熙隸釋》者,乃兼後所續得合為一編。今其本不傳,傳者
乃《隸釋》、《隸續》各自為書。此本為萬曆戊子王鷺所刻[③]。凡

漢、魏碑十九卷,《水經注碑目》一卷,歐陽修《集古錄》二卷,歐陽
棐《集古目錄》一卷,趙明誠《金石錄》三卷,無名氏《天下碑錄》一
卷,與二十七卷之數合。每碑標目之下,具載酈、歐、趙三書之有
無,歐、趙之書第撮其目,不錄其文。而是書為考隸而作,故每篇
皆依其文字寫之。其以某字為某字,則具疏其下,兼核著其關切
史事者①,為之論證。自有碑刻以來,推是書為最精博。其中偶
有遺漏者,如《衛尉卿衡方碑》,以"寬懍"為"寬慄"、以"聲香"為
"馨香"、以"邵虎"為"召虎"、以"疣"為"瘕"、"訕"為"謐"⑤、以
"剋長剋君"為"克長克君"、以"謇謇"為"蹇蹇"、以"樂旨"為"樂
只";《白石神君碑》以"幽讚"為"幽贊",以"無壃"為"無疆",《潛
研堂金石文跋尾》均舉其疏。又其小有紕繆者,如《鄭固碑》"逡
遁退讓",适引《秦紀》"逡巡遁逃"釋之。按《管子》"桓子謥然逡
遁",《漢書·平當傳贊》"逡遁有恥",蓋"巡"與"循"同,而"循"轉
為"遁"。《集古錄》云:"遁,當為循。"其說最協。适訓為"遁逃",
殊誤。《武梁祠堂畫像》,武氏不著名字,适因《武梁碑》有"後建
祠堂,雕文刻畫"之語,遂定為武梁祠堂。案,梁卒於桓帝元嘉元
年,而畫像文中有"魯莊公"字,不諱改"嚴",則當是明帝以前所
作。《金石錄》作《武氏石室畫像》,較為詳審,适未免牽合其
詞⑥。至"唐扶頌分郟之治"語,案《公羊傳》:"自陝而東者,周公
主之。"陸德明《釋文》曰:"陝,一云當作郟,古洽反。'王城郟
鄏',則古有以分陝為郟者。"适以為用字之異,非也。《李翊夫人
碑》:"三五朶兮衰左姬"。據《山海經》"剛山多涞木"、《水經注》
"漆水下有涞縣、涞水、涞渠",字皆作"涞"。隸從涞省,去水為
"朶"。适以為即"末"字者,亦非也。然百醇一駁,究不害其宏
旨。他如《楊君石門頌》,楊慎譏其不識"遞"字。考之碑文,正作

"鑿石",别無"�"字,是則慎杜撰之文,又不足以為适病矣。

【彙訂】

① "也",殿本無。

②《隸續》卷二十後載洪适自跋云:"《隸釋》有續,前後二十一卷,凡漢隸見於書者,碑碣二百五十有八。"洪适《盤州集》卷六三載此跋亦同。《總目》譌為"二百八十有五"。(余嘉錫:《四庫提要辨證》)

③ "王鷺"乃"王云鷺"之誤。(葉德輝:《郎園讀書志》)

④ "著",殿本無。

⑤ "謚",殿本作"諡",誤。《衡方碑》原文作"謚以旌德,銘以勒勳"。

⑥ 古人避諱,本不甚嚴,臨文涉筆,初不盡拘。不避"莊"字,未必非明帝以後所作。(余嘉錫:《四庫提要辨證》)

隸續二十一卷(浙江巡撫採進本)

宋洪适撰。适既為《隸釋》,又輯錄續得諸碑,依前例釋之,以成是編。乾道戊子,始刻十卷於越,其弟邁跋之。淳熙丁酉,范成大又為刻四卷於蜀。其後二年己亥,德清李彦穎又為增刻五卷於越,喻良能跋之。其明年庚子,尤袤又為刻二卷於江東倉臺。輦其版歸之越,前後合為二十一卷,适自跋之。越明年辛丑,适復合前《隸釋》為一書,屬越帥刊行,适又自跋之。所謂"前後增加,律吕乖次。命掾史輯舊版,去留移易,首末整整一新"者是也。然辛丑所刻,世無傳本。《隸釋》尚有明萬曆戊子所刻,《隸續》遂幾希散佚。朱彝尊《曝書亭集》有是書跋曰:"范氏天一閣、曹氏古林、徐氏傳是樓、含經堂所藏,皆止七卷。近客吳,訪得琴川毛氏舊鈔本,雖殘闕過半,而七卷之外增多一百十七翻。末有乾道三年适弟邁後序。"云云。蓋自彝尊始合兩家之殘帙,參校成編,後刊版於揚州,即此本也。據喻良能跋云:"續有得者,列之十卷,曰《隸續》。既墨於版,復冥搜旁取,又得九卷。"則當時所刻,實止一十九卷。朱彝尊因疑其餘二卷是所謂《隸韻》、《隸圖》者,然洪邁跋稱"亦既釋之,而又得之,列於二十七卷以往"云云,則《隸續》當亦如《隸釋》之體,專載碑文。此本乃第五卷、六卷忽載碑圖,第七卷載碑式,第八卷又為碑圖,第九卷、十卷闕,第十一卷至二十卷又皆載碑文,第二十一卷殘闕不完,而适自跋乃在第二十卷尾。蓋前後參錯,已非原書之舊矣①。考彝尊所云七卷之本,乃元泰定乙丑寧國路儒學所刻,較今所行揚州本,譌誤差少,然殘闕太甚。今仍錄揚州之本,而以泰定本詳校異同。其殘闕者無可考補,則姑仍之焉。

【彙訂】

① 殿本"原"上有"當日"二字。

絳帖平六卷(兩江總督採進本)

宋姜夔撰。夔字堯章,鄱陽人。案曹士冕《法帖譜系》云:"絳本舊帖,尚書郎潘師旦以官帖私自摹刻者,世稱《潘駙馬帖》。"又稱潘氏析居,法帖石分而為二。其後絳州公庫乃得其一,於是補刻餘帖,是名"東庫本"。逐卷各分字號,以"日月光天德,山河壯帝居。太平何以報,願上登封書"為別。今夔所論,每卷字號與士冕所說相合。然則夔所得者,即東庫本也。宋之論法帖者,米芾、黃長睿以下,互有疏密。夔欲折衷其論,故取漢官廷尉平之義,以名其書。首有嘉泰癸亥自序云:"帖雖小技,而上下千載,關涉史傳為多。"觀是書考據精博,可謂不負其言。惟第五卷內論智果書梁武帝評書語①:"武帝藏鍾、張二王書,嘗使虞龢、陶隱居訂正。"案,虞龢,宋人,其《上法書表》在宋孝武帝之世,去梁武帝甚遠。斯則考論之偶疏耳。據《墨莊漫錄》,其書本二十卷②。舊止鈔本相傳,未及雕刻。所載字號,止於"山"字。其"河"字以下亡佚十四卷,竟不可復得。然殘珪斷璧,終可寶也。

【彙訂】

①"隋僧智果書"條載此書卷四。

②《墨莊漫錄》蓋《游宦紀聞》之誤。張邦基乃南、北宋閒人,不及下見白石。(夏承燾:《姜白石詞編年箋校》)

石刻鋪敍二卷(副都御史黃登賢家藏本)

宋曾宏父撰。宏父字幼卿,自稱鳳墅逸客,廬陵人。是書雖遠引石經及祕閣諸本,而自述其所集《鳳墅帖》特詳。凡所徵摭,皆有典則,而藏書家見者頗希。國朝初年,朱彝尊得射瀆鈔本,自為之跋,有"珊瑚木難"之喻。此本末有此跋及彝尊名字二印,蓋猶其手蹟。然跋中謂"宏父名惇,以字行",則未免舛誤。考宋有兩曾宏父,其一名惇,字宏父,為曾布之孫,曾紆之子①。後人避寧宗諱,多以字行②,遂與此宏父混而為一,實則與作此書者各一人也。跋又謂陳思《寶刻叢編》其援據頗廣③,顧不及此。考《鳳墅帖》刻於嘉熙、淳祐閒。《鋪敍》諸石刻,斷手於戊申仲春,亦在淳祐八年。若《叢編》則成於紹定辛卯,實理宗即位之七年。相距凡十七八年,何由預見曾刻?彝尊亦偶誤記也。近屬鶚等刻《南宋雜事詩》,直題此書為曾惇撰,是承彝尊之譌矣④。

【彙訂】

① 宋林表民《赤城集》卷十七有《謝俁曾使君新詞序》,云曾惇字弦父。《揮麈後錄》卷一第十七條、卷六第百四條王明清自注,亦作曾弦父。(余嘉錫:《四庫提要辨證》)

② 寧宗名擴,其父光宗名惇。南宋後期刻書避"敦(惇)"字,即避光宗諱。(楊武泉:《四庫全書總目辨誤》)

③ "其",殿本無。

④ 殿本"承"上有"又"字。

法帖譜系二卷(浙江鮑士恭家藏本)

宋曹士冕撰。按《書史會要》:"士冕字端可,號陶齋,昌谷之後。"昌谷為曹彥約別號,則都昌人也。其仕履無考。惟"三山木版帖"條下自稱"三山帥司庫有歷代帖版本。嘉熙庚子,備員帥幕,尚及見之"之語,"絳本舊帖"條下有"淳祐甲辰雪川官滿"之語,蓋由幕僚而仕州郡者耳。其書序宋代法帖源流。首為譜系圖。上卷《淳化法帖》以下為二王府帖、紹興國子監本、淳熙修內司本、《大觀太清樓帖》、《臨江戲魚堂帖》、《利州帖》、慶曆《長沙帖》、劉丞相私第本、長沙碑匠家本、長沙新刻本、三山木版、黔江帖、北方印成本、烏鎮本、福清本、《澧陽帖》、《鼎帖》、不知處本、長沙別本、蜀本、廬陵蕭氏本,凡二十二種。下卷絳本舊帖以下為東庫本、"亮"字不全本、新絳本、北本、又一本、武岡舊本、武岡新帖①、福清本、烏鎮本、彭州本、資州本、木本前十卷、又木本前十卷,凡十四種。蓋以《淳化閣帖》為大宗,而《絳帖》為別子,諸本皆其支派也。每條敘述摹刻始末,兼訂其異同工拙,頗足以資考證。《書史會要》稱士冕"博參書法,服習《蘭亭》",宜其鑒別不苟矣。古今法帖皆搨本，惟此書載有印本法帖^①，亦廣異聞。書成於淳祐乙巳，前有自序。以書中自記考之，蓋雪川官滿之第二年也。

【彙訂】

① "帖"，底本作"本"，據此書卷下原文及殿本改。

蘭亭考十二卷（浙江鮑士恭家藏本）

舊本題宋桑世昌撰。世昌，淮海人，世居天台^①，陸游之甥也。案陳振孫《書錄解題》載《蘭亭博議》十五卷，註曰桑世昌撰。葉適《水心集》亦有《蘭亭博議》跋曰："字書自《蘭亭》出，上下數千載，無復倫擬，而定武石刻遂為今世大議論。桑君此書，信足以垂名矣。君事事精習，詩尤工。其《即事》云‘翠添鄰壍竹，紅照屋山花’，蓋著色畫也。"《書錄解題》又載《蘭亭考》十二卷，註曰："即前書。浙東庾司所刻，視初本頗有刪改。初十五篇，今存十三篇。去其《集字篇》，後人集《蘭亭》字作書帖詩銘之類者^②。又《附見篇》兼及右軍他書迹，於《樂毅論》尤詳。其書始成，本名《博議》，高內翰文虎炳如為之序。及其刊也，其子似孫主為刪改，去此二篇，固當。而其他務從省文，多失事實，或戾本意。其最甚者，序文本亦條達可觀，亦竄改無完篇。首末闕漏，文理斷續。於其父猶然，深可怪也。"云云。是此書經高似孫竄改，已非世昌之舊矣。今未見《博議》原本，無由驗振孫所論之是非。然是書為王羲之《蘭亭序》作，集字為文，其事無預於羲之；羲之他書，其事無預於《蘭亭》。似孫所刪，深合斷限，振孫亦不能不以為當也。其中評議不同者，如或謂梁亂，《蘭亭》本出外，陳天嘉中為智永所得。又或謂王氏子孫傳掌，至七代孫智永。此《蘭亭》真迹流傳之不同也。又如或謂石晉之亂,棄石刻於中山,宋初歸李學究。李死,其子摹以售人。後負官緡,宋祁為定武帥,出公帑買之,置庫中。又或謂有遊士攜此石走四方,其人死瘞妓家,伶人取以獻宋祁。又或謂唐太宗以拓本賜方鎮,惟定武用玉石刻之,世號定武本。薛紹彭見公廚有石鎮肉,乃別刻石以易之③。此又定武石刻流傳之不同也。《推評》條下④,據王羲之生於晉惠帝太安二年癸亥,則蘭亭修禊時年五十有一,辨《筆陣圖》所云“羲之年三十三書《蘭亭》”之誤,是矣。然前卷既引王銍語,以劉餗之説為是矣⑤,而又云於東墅閱高似孫校書畫,見蕭翼宿雲門留題二詩,云:“使御史不有此行,烏得是語?”則雜錄舊文,亦未能有所斷制。至其《八法》一門⑥,以《書苑》、《禁經》諸條專屬之《蘭亭》,尤不若姜夔《禊帖偏傍考》之為精密。是以曾宏父、陶宗儀諸家皆稱姜考,而不用是書。然其徵引諸家,頗為賅備,於宋人題識,援據尤詳。世昌之原本既佚,存此一編,尚足見《禊帖》之源流,固不得以陳氏之排擊,遂廢是書矣。

【彙訂】

① 世昌乃高郵人,紹興初隨父莊遷天台。見《嘉定赤城志》卷三四及《宋詩紀事》卷六三。(陳乃乾:《讀〈四庫全書總目〉條記》)

② “書帖”,據《直齋書錄解題》卷十四“《蘭亭考》十二卷”條原文及殿本補。

③ “以”,殿本脱,參此書卷六《審定上》原文。

④ “推評條下”,殿本作“其”。

⑤ “矣”,殿本無。

⑥ “其”,殿本無。

蘭亭續考二卷（浙江鮑士恭家藏本）

宋俞松撰。松字壽翁，案，俞庭椿亦字壽翁，二人同姓同字，同在宋末，而實非一人，謹附識於此。自署曰吳山，蓋錢塘人。後有自跋稱"甲辰書於景歐堂"，蓋淳祐四年也。其仕履無考，惟《高宗臨本跋》內有"承議郎臣松"之語。其終於是官與否，亦莫得而詳焉。是書蓋繼桑世昌而作，故名曰《續考》。跋內所稱"近歲士人作《蘭亭考》，凡數萬言，名流品題，登載略盡"者，即指世昌之書。然書中體例與世昌迥異。上卷兼載松所自藏與他家藏本，下卷則皆松所自藏，經李心傳題跋者，其跋皆淳祐元年至三年所題。以《宋史》心傳本傳考之，蓋其罷祠之後、寓居臨安時也。前卷所載跋語，知辨永嘉之誤，而仍沿《筆陣圖》所云"羲之三十三歲書蘭亭"之說。其無所斷制，與世昌相等。然朱彝尊《曝書亭集》有是書跋，稱其"跋語條暢，不類董逌輩之晦澀"，則賞鑒家固亦取之。至心傳諸跋，尤熟於史事。如宋祁墓碑、青社謐法諸條，皆足以備考核，非徒紀書畫也。又《宋史》心傳本傳載其淳祐元年罷祠。而其初入史館，因言者論罷職①，則不載其歲月。今是書跋內有"紹定之季，罷史職，歸巖居"語，則知其罷在紹定末年，亦足以補史闕焉。

【彙訂】

① "職"，殿本無。

寶刻叢編二十卷（河南巡撫採進本）

宋陳思撰。思，臨安人。所著《小字錄》，前有結銜稱"成忠郎、緝熙殿、國史實錄院、祕書省搜訪"。又有《海棠譜》自序，題開慶元年，則理宗時人也。是書蒐錄古碑，以《元豐九域志》京、府、州、縣為綱。其石刻地理之可考者，案各路編纂，未詳所在者，附於卷末。兼採諸家辨證審定之語，具著於下。今以《元豐九域志》及《宋史·地理志》互相參核，其中改併地名，往往未能畫一。即卷內所載與目錄所題，亦不盡相合。如目稱鎮江，而卷內稱潤州；目稱建康，而卷內稱昇州之類，不一而足。蓋諸家著錄，多據古碑之舊額，思所編次，又皆仍諸家之舊文，故有是謬異。至於所引諸說，不稱某書某集，但稱其字，如蔡君謨、王厚之之類；又有但稱其別號，如碧岫野人、養浩書室之類，茫不知為何人者，尤宋、元坊肆之陋習。然當南北隔絕之日，不得如歐、趙諸家多見拓本，而能紬繹前聞，博稽方志，於徵文考獻之中，寓補葺圖經之意，其用力良勤。且宋時因志地而兼志碑刻者，莫詳於王象之《輿地碑目》。而河、淮以北，概屬闕如。惟是書於諸道郡邑，綱分目析，沿革釐然，較象之特為賅備。朱彝尊嘗欲取所引《隸續》諸條，以補原書二十一卷之闕。今考所引，如曾南豐《集古錄》、施氏《大觀帖總釋序》、《集古後錄》、《諸道石刻錄》、《復齋碑錄》、《京兆金石錄》、《訪碑錄》、《元豐碑目》、《資古紹志錄》諸種，今皆散佚不傳，猶藉是以見崖略。又《汝帖》十二卷、《慈恩雁塔唐人題名》十卷以及《越州石氏帖目》，則他書所不載，而亦藉是書以覘其大凡，亦可云有資考證者矣。鈔本流傳，第四卷京東北路，第九卷京兆府下，十一卷秦鳳路[①]、河東路，十二卷淮南東路、西路，十六卷荊湖南路、北路，十七卷成都路，並已闕佚。十五卷江南東路饒州以下至江南西路，亦佚其半。十八卷梓州利川路惟有渠、巴、文三州，而錯入京東西路、京西北路、淮南路諸碑。其餘亦多錯簡。如“魏三體石經遺字”條下，文義未竟，忽接“石藏高紳家。紳死，其子弟以石質錢”云云。乃是王羲之書《樂毅論》跋語,傳寫者竄置於是。朱彝尊《經義考》於“刊石門內魏石經”條下,引歐陽棐、趙明誠“石藏高紳家”云云,蓋未詳究原書,故沿其誤。今一一釐正。其闕卷則無從考補,姑仍其舊焉。

【彙訂】

① “秦鳳路”,殿本作“廉鳳路”,誤。宋無“廉鳳路”名,此書卷十一為陝西秦鳳路。

興地碑記目四卷(兩淮馬裕家藏本)

宋王象之撰。象之,金華人。嘗知江寧縣。所著有《興地紀勝》二百卷,今未見傳本①,此即其中之四卷也。以天下碑刻地志之目,分郡編次,而各註其年月姓氏大略於下。起臨安,訖龍州,皆南渡後疆域。其中頗有考訂精確者,如鎮江府丹徒《梁太祖文皇神道碑》,辨其為梁武帝父;成都府《殿柱記》作於漢興平初年,知其非鍾會書;嘉定府《移水記》有“嘉州”二字,知其非郭璞書;台州臨海慶恩院、定光院、明智院、明恩院,婺州義烏真如院諸碑,福州《烏石宣威感應王廟碑》,並書“會同”,則知吳越實曾用契丹年號,皆確有證據。至如上霄峯《夏禹石刻》,南康軍已載之,又載於江州;孔子《延陵十字碑》,鎮江府既兩載,又載於江陰軍,又載於昌州。又如徽州則載歙州折絹本末一事,澧州則載柿木成文“太平”字,皆於碑誌無涉,頗屬不倫。又思州下獨載《夏總幹墓誌略》一篇,大書附入,體例更為龐雜。然所採金石文字,與他書互有出入,可以訂正異同。而圖經興記亦較史志著錄為詳。雖殘闕之本,要未嘗無裨於考證也。

【彙訂】

①《興地紀勝》今存一六九卷,其中十七卷有缺葉。他書所

引佚文尚多。（李裕民：《四庫提要訂誤》增訂本）

　　寶刻類編八卷（永樂大典本）

　　不著撰人名氏。《宋史・藝文志》不載其名，諸家書目亦未著錄，惟《文淵閣書目》有之。然世無傳本，僅見於《永樂大典》中。核其編寫次第，斷自周、秦，迄於五季，並記及宣和、靖康年號，知為南宋人所撰。又宋理宗寶慶初，始改筠州為瑞州，而是編多以瑞州標目，則理宗以後人矣。其書為類者八：曰帝王，曰太子諸王，曰國主，曰名臣，曰釋氏，曰道士，曰婦人，曰姓名殘闕。每類以人名為綱，而載所書碑目。其下各係以年月地名。且於“名臣類”取歷官先後之見於石刻者，臚載姓氏下方，以備參考，詮次具有條理。其閒如書碑、篆額之出自二手者，即兩系其人，近於重複。又如歐陽詢終於唐，而系之隋；郭忠恕終於宋，而系之五季。祇就所書最初一碑為定，時代歲月前後，未免混淆，於體例皆為未密。然金石目錄自歐陽修、趙明誠、洪适三家以外，惟陳思《寶刻叢編》頗為該洽，而又多殘佚不完。獨此書蒐採贍博，敍述詳明，視鄭樵《金石略》、王象之《輿地碑目》，增廣殆至數倍。前代金石著錄之富，未有過於此者。深足為考據審定之資，固嗜古者之所取證也。原本屢經傳寫，譌脫頗多。謹詳加訂證，釐次如左。其“名臣類”十三之三，《永樂大典》原闕，故自唐天寶迄肅、代兩朝碑目未全，今亦仍其舊焉。

　　古刻叢鈔一卷（浙江吳玉墀家藏本）

　　明陶宗儀編。宗儀有《國風尊經》，已著錄。是編前後無序跋。所鈔碑刻凡七十一種：漢一，後漢二，晉一，宋三，梁三，隋二，唐四十九，南唐一，北宋二，南宋一，無年月者六。皆全錄其文,以原額為題。無所考辨,亦無先後次序。蓋隨得隨鈔,非著書也。然所載諸碑,傳於世者甚罕。惟《漢建平郫縣刻石》見於《隸續》、《漢隸字源》,《唐薛王府典軍李無慮墓誌》見於《金石錄》。其餘如宋之《臨澧侯劉襲墓誌》,梁之《永陽敬太妃王氏墓誌》,唐之《汝南公主墓誌》、《尉州刺史馬紓墓誌》,多與史傳相發明。又載唐人曹汾等《別東林寺》、徐浩《題寶林寺》及《謁禹廟》、釋元孚與王蕐《遊天台》詩,共七首,亦自來錄唐詩者所未及[①]。古人著作,托金石以垂於後,然金石有時而銷泐。其幸而存者,不貴存目,貴錄其文,而後可傳於無窮。故洪适《隸釋》、《隸續》較《金石》、《集古》諸錄更為有資於考證。是書摭拾佚文,首尾完具,非惟補金石家之闕漏,即讀史談藝,亦均為有所裨矣。

【彙訂】

① "自來",殿本作"前代"。

名蹟錄六卷附錄一卷(浙江鮑士恭家藏本)[①]

明朱珪編。珪字伯盛,崑山人。舊本或題曰元人。觀其首列洪武二年崑山城隍神誥,升於元代璽書之上,即徐堅作《初學記》,以唐太宗詩冠前代諸詩之例。又顧阿瑛至洪武中尚隨其子徙臨濠,而書中有其墓誌銘,其為明人確矣。稱元人者,誤也。珪善篆籀,工於刻印,楊維楨為作《方寸鐵志》。鄭元祐、李孝光、張翥、陸友仁、謝應芳、倪瓚、張雨、顧阿瑛諸人,亦多作詩歌贈之。又工於摹勒石刻,因哀其生平所鐫,編為此集。題曰"名蹟"者,其序謂取《穆天子傳》"為名蹟於弇茲石上"之義。考《穆天子傳》,稱"乃為銘蹟於元〔玄〕圃之上",其字作"銘"不作"名"。珪殆以《說文》無"銘"字,故改"銘"為"名"。然銘非弇茲所稱[②],乃記其蹟於弇山之石，又無"名"字，不知珪所據何本也。漢代諸碑，多不著撰人、書人，刻工尤不顯名氏。自魏《受禪碑》，邯鄲淳撰文，梁鵠書，鍾繇刻字，是為士大夫自鐫之始。歐陽修、趙明誠等輯錄金石，僅標題跋尾而已。自洪适《隸續》備列碑文，是為全錄刻詞之始。若自刻其字而自輯其文為一書，則古無此例，自珪是編始也。首誥一篇，御製祭文五篇，璽書七篇。蓋尊帝王之作，不敢與臣庶相雜，雖篇頁無多而自為一卷，用元好問《中州集》冠以御製兩頁自為一卷例也。次碑十四篇，記二十九篇，墓表一篇，墓碣一篇③，行狀一篇，壙誌二十三篇，墓誌銘二十四篇，雜刻字畫二十六種。末為《附錄》一卷，則皆一時贈言也。原目註闕者，凡《石室銘》、《三佳銘》、《靈槎》詩、柯敬仲《題桃花鳥》詩四篇。今有錄無書者，又御製祭文五篇，璽書七篇，碑八篇，記十四篇，碣一篇，行狀一篇，壙誌十四篇，墓誌銘二篇，雜刻六種。其《元故處士易府君壙誌》一篇在《故宜人李氏壙誌》前，而目錄列《青村場典史沈公壙誌》後①。又《金粟道人顧君墓誌銘》後有《故王子厚墓誌銘》一篇，而目不載。蓋傳寫譌脫，非其舊本矣。魏張晏註《史記·儒林傳》，據《伏生碑》，知其名勝。晉灼註《漢書·地理志》，據《山上碑》，知黎陽在黎山之陰。其曰"陽"者，兼取"河水在其陽"之義。唐司馬貞註《史記·高祖本紀》，據班固《泗上亭長碑》，知"母媼"當為"母溫"。宋方崧卿作《韓文舉正》，亦皆以石本為據。而歐陽、趙、洪諸家，以碑證史傳舛誤者，尤不一而足。是編所錄，皆珪手鐫，固愈於年祀綿邈，搜求於磨滅之餘者。如元末郭翼，諸書載其洪武中出為學官，非得是書載盧熊所作《翼墓誌》，不知其卒於至正二十四年，未嘗改節仕明也。足見其有資考證矣。

【彙訂】

① 文淵閣《四庫》本為五卷附錄一卷。(沈治宏:《中國叢書綜錄訂誤》)

② 殿本"所"上有"至"字,衍。

③ "一篇",殿本作"五篇"。文淵閣《四庫》本此書卷三載《元故朝請大夫溫州路總管陳公墓碣銘》、《元故殷處士碣銘》、《元故曹母碣銘》、《故孺人陶氏碣銘》共四篇墓碣,目錄亦同。

④ 殿本"村"上有"陽"字,衍,參此書目錄及卷三正文。

吳中金石新編八卷(浙江范懋柱家天一閣藏本)

明陳暐撰。暐字耀卿,河南人①。宏治中官蘇州通判②,與吳縣知縣酈璠,舉人浦應祥、祝允明等,採郡中石刻,彙而錄之。自學校、官宇、倉驛、水利、橋梁以及祠廟、寺觀諸碑碣,分類編輯。區為七目,凡一百餘篇,皆具載全文,用朱珪《名蹟錄》之例。採輯金石文字者,原主於搜剔幽隱,考核舊聞,故歐陽、趙、洪諸家惟主於搜求古刻。是編以漢唐舊蹟多見諸書,獨取明初諸碑,體例雖不免少隘。然其所錄,如濟農、永農倉諸《記》,則備陳積貯之經;許浦、湖川塘諸《記》,亦具列疏濬之要,皆取其有關郡中利弊者。而於頌德之文、諛墓之作,並削而不登。其用意頗為謹嚴。且多有志乘、文集所未載,獨賴此以獲傳者,亦頗足為守土者考鏡之資。以是作輿記外篇,固未嘗無所裨益也。

【彙訂】

① 清乾隆二十年《汲縣志·人物志》有陳暐傳,可知乃汲縣人,非河南府人。(呂友仁、李正輝:《四庫全書總目補正十

六則》)

②"中",殿本作"閒"。

金薤琳琅二十卷(浙江汪啟淑家藏本)

明都穆撰。穆有《壬午功臣爵賞錄》,已著錄。是書仿《隸釋》之例,取金石文字,蒐輯編次,各為辨證。凡周刻二、秦刻六、漢刻二十三、隋刻五、唐刻二十七,於古碑皆錄原文。其剝落不完者,則取洪适《隸釋》補之,不盡據石本也。《潛研堂金石文跋尾》論其載《韓勑造孔廟禮器碑》,不知《隸釋》所錄但有碑陰而無兩側,乃誤合兩側於碑陰,更譏洪适之闕漏。又論其所釋兩側之文,以"河南匽師"為"河浦退師","任城亢父"為"俟成交父",舛謬殊甚。今考其中若第七石鼓內"斿"字下一字石鼓作"斃",薛尚功作"憂",此乃作"夏",《會稽石刻》"無皋"之"皋"即"罪"字,此作"辜"字,書體頗誤。又《泰山石刻》"既天下"句,《秦篆譜》"既"字下有"平"字,與史合,而此碑於"既"字下不註闕文,疏略尚往往而有①。然所錄碑刻,具載全文,今或不能悉見。《金石文跋尾》謂所載貞元九年《姜嫄公劉廟碑》,今已損失三十餘字,是可以備參核矣②。穆別有《南濠文略》六卷,其後二卷即此書。所載諸碑跋,蓋用《集古錄跋尾》編入本集之例。然穆之文章,在可傳可不傳之閒,不若以此本孤行也。

【彙訂】

①"尚",殿本作"亦"。

②"是可以",殿本作"是亦可"。

法帖釋文考異十卷(副都御史黃登賢家藏本)

明顧從義撰。從義字汝和,上海人。嘉靖中詔選善書者入直，授中書舍人、直文華殿。隆慶初，以預修國史成，擢大理寺評事。此乃所作《淳化閣帖釋文》。於前人音註，辨其譌謬，析其同異，依帖本原次，勒為十卷，手自繕寫而刊行之。《閣帖》自米芾、黃長睿而後，踵而考訂者寥寥無幾。從義始參彙羣說，輯成一編，評書者每以為據。然於考證頗疏^①，又不得善本校勘，故搜羅雖廣，而精審未臻。今者恭逢我皇上幾暇臨池，折衷藝苑，特取內府所儲《閣帖》，遴其淳化四年賜畢士安者為初拓最佳之本，命內廷諸臣詳加校訂，選工摹勒，復還舊觀。其閒蒐集諸家釋文，至為賅備。凡是非得失之故，仰荷睿鑒，勘核精詳。凡從義之說，其是者已悉資採取，其誤者亦已駁正無遺。是書原不過白茅之藉，特行世既久，其用心勤至，亦頗有可取者，故仍錄而存之，以不沒其薈粹之功焉。

【彙訂】

① “於”，殿本無。

金石林時地考二卷（浙江汪啟淑家藏本）

明趙均撰。均字靈均，吳縣人，寒山趙宧光之子也。宧光六書之學雖強作解事，所著《說文長箋》頗為論者所非，而篆隸筆法尚能講解。故均承其家學，亦喜蒐求金石。是編取《東觀餘論》、《宣和書譜》、《金石略》、《墨池編》、《集古錄》、《隸釋》、《金石總要》、《篆竹堂碑目》、王世貞《金石跋》以及各家書目所載與近代續出耳目所及者，仿陳思《寶刻叢編》之例，編次郡省，分別時代，以便訪求。其中如南直隸唐碑失載《岑君德政碑》等五種，頗有疏漏。福建《玉枕蘭亭》作褚遂良書之類，亦不免失於考核，然亦有足訂他書之譌者。明代去今未遠，較陳思所記，固多可依據也。

石墨鐫華六卷附錄二卷（安徽巡撫採進本）

明趙崡撰。崡字子函，盩厔人，萬曆乙酉舉人[1]。崡家近漢、唐故都，多古石刻。性復好事，時挾楮墨訪搨，並乞於朋友之宦游四方者，積三十餘年，故所蓄舊碑頗夥。自序稱："所收過於都穆、楊慎，而視歐陽修才三之一，視趙明誠才十之一，然宋、元以上多歐、趙所未收者。欲刊其全文，而力不足以供匠氏。故但刻其跋尾，凡二百五十三種。"其曰《石墨鐫華》者，取劉勰《文心雕龍·誄碑篇》句，以所收有石無金故也。每碑目錄之下，仿陳思《寶刻叢編》之例，各註其地。金、元國書，世不多見，亦仿《集古錄》摹載鍾鼎之例，鉤勒其文，體例頗為詳備。惟所跋詳於筆法而略於考證，故《岣嶁碑》、《比干墓銘》之類，皆持兩端。而所論筆法，於柳公權、夢英、蘇軾、黃庭堅皆有不滿，亦僻於一家之言。然一時題識，語有出入，自《集古錄》以下皆所不免，不能獨為崡咎也。至所載古碑，頗多未備。則由崡本貧士，其力止於如斯。觀《附錄》二卷所載三《記》及詩，其求索之勞亦云備至，不必以挂漏為譏矣。

【彙訂】

[1] 錢謙益《列朝詩集小傳》丁集"趙舉人崡"條云："一字屏國，盩厔人，萬曆己酉鄉薦，不第。"雍正《陝西通志》卷三一《選舉志》"舉人"條載，萬曆三十七年己酉科"趙崡，盩厔人"，而萬曆十三年乙酉無此人。（楊武泉：《四庫全書總目辨誤》）

金石史二卷（浙江汪啟淑家藏本）

明郭宗昌撰。宗昌字允伯，華州人。平生喜談金石之文。

所居沚園,在白匡湖上。嘗構一亭,柱礎堿碣皆有款識銘贊,手書自刻之,凡三十年而迄不成。蓋迂僻好異之士也。與同時盩厔趙崡皆以蒐剔古刻為事。崡著《石墨鐫華》,宗昌亦著此書[①],而所載止五十種,僅及趙書五分之一。上卷起周迄隋唐,下卷唐碑二十餘,而以《宋絳州夫子廟記》一篇閒雜其中[②],殆仿原本《集古目錄》不敘時代之例歟? 其論《石鼓文》,主董逌《廣川書跋》之説,據《左傳》定為成王所作,已為好異。又謂以石為鼓,無所取義,石又不類鼓形,改為《岐陽石碣文》,則乖僻更甚矣。其論《嶧山碑》一條,引唐封演説,謂其石為曹操所排倒,而云“拓跋燾又排倒之,何一石而兩遭踣”云云。考封演《聞見記》云:“秦始皇刻石,李斯小篆,後魏太武帝登山,使人排倒之。”無曹操排倒之語。殆宗昌所見之本,或偶脱“太”字,因誤讀為“魏武帝”,遂謬云兩次排倒。其援引疏舛,亦不足據。然宗昌與趙崡均以論書為主,不甚考究史事,無足為怪。觀其論《衡岳碑》、《比干墓》、《銅盤銘》、《季札碑》、《天發神讖碑》、《碧落碑》諸條,皆灼指其偽,頗為近理。其論《懷仁集聖教序》勝於《定武蘭亭》,蓋出於鄉曲之私,自矜其關中之所有,不為定論。故後來孫承澤深不滿之。然承澤作《庚子銷夏記》,其論列諸碑,實多取此書之語,則固不盡廢宗昌説也。惟其好為大言,冀以駭俗,則明季山人譎誕取名之慣技,置之不問可矣。

【彙訂】

① “亦”,殿本無。

② “絳州”,殿本作“繹州”,誤,參此書卷二《宋絳州夫子廟碑》條。

欽定校正淳化閣帖釋文十卷

乾隆三十四年，詔以内府所藏宋畢士安家《淳化閣帖》賜本詳加釐正，重勒貞瑉。首冠以御題“寓名蘊古”四字及御製《淳化軒記》，命諸臣校正摹勒。諭旨末載原帖舊跋及諸臣書後，其中古帖次第，一從舊刻。而於朝代之先後，名字之標題，皆援證史文，裁以書法，俾不乖於《春秋》之義。每卷皆恭摹御筆論斷，昭示權衡。又參取劉次莊、黄伯思、姜夔、施宿、顧從義、王澍諸說，而以《大觀》《太清樓》諸帖互相考校。凡篆、籀、行、草，皆註釋文於字旁，復各作訂異以辨正是非，別白疑似。誠為墨林之極軌，書苑之大觀。乾隆四十三年，侍郎金簡以石刻貯在禁庭，自宣賜以外，罕得瞻仰。乃恭錄釋文，請以聚珍版摹印，俾共窺八法之精微。由是流布人閒，遂衣被於海内。考張彦遠《法書要錄》，末有《右軍書記》一卷，所載王羲之帖四百六十五，附王獻之帖十七，並一一為之釋文。劉次莊之釋《閣帖》，蓋即以是為藍本。然彦遠書傳寫多譌。次莊書至南、北宋閒，陳與義已奉敕作《法帖釋文刊誤》一卷，今附刊韋續《墨藪》之末。則次莊所釋，不盡足據可知。第諸家雖知其有譌，而辨訂未能悉當，遞相駁詰，轉益多岐。恭逢我皇上天縱聰明，游心翰墨，裁成頡籀，陶鑄鍾、王。訓示儒臣，詳為釐定，書家乃得所指南。是不惟臨池者之幸，抑亦漢、晉以來能書者之至幸也[1]。

【彙訂】

[1]“也”，殿本作“矣”。

求古錄一卷（兩淮鹽政採進本）

國朝顧炎武撰。炎武有《左傳杜解補正》，已著錄。炎武性好遠遊，足迹幾遍天下。搜金石之文，手自鈔纂。凡已見方志者不錄，現有拓本者不錄，近代文集尚存者不錄，上自漢《曹全碑》，下至明建文《霍山碑》，共得五十六種①。每刻必載全文，蓋用洪适《隸釋》之例。仍皆誌其地理，考其建立之由，古字篆隸，一一註釋。其中官職、年月，多可與正史相參。如茶荼、準准、張弤等字，亦可以補正字書之譌。炎武別有《金石文字記》，但載跋尾，不若此編之詳明也。惟《曹全碑》題"中平二年十月丙辰造"，以《後漢書》考之，《靈帝本紀》是年十月有庚寅，距丙辰前二十六日；《天文志》是年十月有癸亥，距丙辰後七日，其閒不得有丙辰，頗疑是碑之偽。據《潛研堂金石文跋尾》，以《長曆》推之，始知是年十月丙申朔，丙辰為月之二十一日，癸亥為月之二十八日，實無庚寅。併證以《譙敏碑》稱"中平二年三月九日戊寅"，《靈帝本紀》及《五行志》並稱"中平三年五月壬辰晦"，干支日數，一一相符，乃《本紀》之誤，非碑之偽。炎武猶未及詳辨，是則考證之偶疏耳。

【彙訂】

①　"五十六種"，殿本作"五十五種"。文淵閣《四庫》本此書為五十四種。

金石文字記六卷（兩淮馬裕家藏本）

國朝顧炎武撰。前有炎武自序，謂："抉剔史傳，發揮經典，頗有歐陽、趙氏二《錄》之所未具者。"今觀其書，哀所見漢以來碑刻，以時代為次，每條下各綴以跋，其無跋者亦具其立石年月、撰書人姓名。證據今古，辨正譌誤，較《集古》、《金石》二錄實為精核，亦非過自標置也。所錄凡三百餘種，後又有炎武門人吳江潘耒補遺二十餘種。碑字間有異者，又別為摘錄於末，亦猶洪适《隸釋》每碑之後摘錄今古異文"某字為某"之遺意。《潛研堂金石文跋尾》嘗摘其舛誤六條：一曰齊《隴東王孝感頌》，炎武未見其碑額，臆題為《孝子郭巨墓碑》；一曰唐《寂照和上碑》，本無刻石年月，炎武誤記為開成六年正月，且未考開成無六年。一曰後唐《賜冥福禪院地土牒》[①]，趙延壽、范延光皆押字，炎武視之未審，誤以為無押字。一曰周《中書侍郎平章事景範碑》，本行書，而炎武以為正書，本題孫崇望書，而炎武失載其名，皆中其失。一曰後漢《蕩陰令張遷頌》，炎武誤以"既且"二字合為"暨"字。一曰後漢《州從事尹宙碑》，書"鉅鹿"為"鉅鏕"，證以《廣韻註》、後魏《吊比干文》及《北史》，皆作"鉅鏕"，炎武誤謂"不當從金"。案《張遷頌碑》拓本，"既且"二字截然不屬，炎武誠為武斷。然字畫分明而文義終不可解，當從闕疑。《金石文跋尾》所釋，亦未為至確。至於"鉅鹿"之"鹿"，自《史記》以下古書，皆不從"金"，《說文》亦不載"鏕"字，自《玉篇》始載之。其為顧野王原本，或為孫強所加，或為宋《大廣益會玉篇》所竄入，已均不可知。然其註曰"鉅鹿，鄉名，俗作'鏕'"，則從"金"實俗書，具有明證。北朝多行俗字，《顏氏家訓》嘗言之，此書亦頗摘其謬。北魏人書，似不可據為典要。《廣韻註》尤不甚可憑，如開卷"東"字註，謂"東宮，複姓。齊有大夫東宮得臣"，亦可據以駁《左傳》乎？是固未足以服炎武也。惟其斥石鼓之偽，謂"不足儕於二《雅》"，未免勇於非古。釋《校官》之碑，謂東漢時有校官，亦未免疏於考據。是則其失之臆斷者耳。然在近世著錄金石家，其本末源流，燦然明白，終未能或之先也。

【彙訂】

①　"後唐"，殿本作"元"，誤。此書卷五載後唐長興四年九

月《冥福院牒》。

石經考一卷（兩淮馬裕家藏本）

國朝顧炎武撰。考石經七種，裴頠所書者無傳，開元以下所刻，亦無異議。惟漢、魏二種，以《後漢書·儒林傳》之譌，遂使《一字》、《三字》爭如聚訟。歐陽修作《集古錄》，疑不能明。趙明誠作《金石錄》，洪适作《隸釋》，始詳爲核定，以《一字》爲漢，《三字》爲魏。然考證雖精，而引據未廣，論者尚有所疑。炎武此書，博列衆説，互相參校。其中如據衛恒《書勢》以爲《三字石經》非邯鄲淳所書，又據《周書·宣帝紀》、《隋書·劉焯傳》以正《經籍志》"自鄴載入長安"之誤，尤爲發前人所未發。至於洪适《隸續》尚有漢《儀禮》一碑，魏《三體石經》一碑[1]，又《開封石經》雖已汩於河水，然世傳拓本尚有二碑。炎武偶然未考，竟置不言，是則千慮一失耳。

【彙訂】

[1] "一"，殿本作"數"，誤。《隸續》卷四載《魏三體石經〈左傳〉遺字》一則。

石經考一卷（副都御史黃登賢家藏本）[1]

國朝萬斯同撰。斯同有《聲韻源流考》，已著錄。石經之沿革異同，唐宋以來，論者齟齬不一。崑山顧炎武始輯諸家之説爲《石經考》，實有創始之功。斯同是編，悉採炎武之説[2]，又益以吳任臣[3]、席益、范成大、吾衍、董逌諸家之論，并及炎武所作《金石文字記》，亦閒附以己見。雖不若杭世駿《石經考異》之詳辨，而視顧氏之書，已爲較備。且炎武詳於漢、魏，而略於唐、宋，斯同則於唐、宋石經引據特詳。又斯同雖在世駿前，而世駿作《考異》時未見此書,故此書之所詳者,《考異》或轉未之及。要之,合三家之書參互考證,其事乃備,固未可偏廢其一也。

【彙訂】

① 文淵閣《四庫》本為二卷,書前提要不誤。(沈治宏:《中國叢書綜錄訂誤》)

②"採",殿本作"載"。

③"吳任臣",底本作"吳任成",據殿本改。此書中引吳任臣《十國春秋》。

來齋金石考三卷(福建巡撫採進本)

國朝林侗撰。侗字同人,侯官人。侗喜錄金石之文,嘗游長安,求得漢甘泉宮瓦於淳化山中①。又攜拓工歷唐昭陵陪葬地,得英公李勣以下十有六碑,當時稱其好事。是編乃總錄古今碑刻,凡夏、商、周六,秦、漢十九,魏一,吳一,晉五,梁一,後魏三,北齊一,後周二,隋八,唐一百七十三,皆據目見者書之。中閒辨證,大抵取之顧炎武《金石文字記》,而頗以己意為折衷,多所考據。又錄唐諸帝御書碑十四種,獨斥武后不與,亦深合排抑僭偽之義。惟首列夏禹《岣嶁碑》,載其友劉齕石說,謂當在祝融峯頂,未免失之好奇。又於各碑後載入賦詠詩篇,亦非歐、趙以來題跋之體。特其搜羅廣博,鑒別尚頗詳審,故考金石者亦有取焉。

【彙訂】

①"於淳化山中",殿本無。

嵩陽石刻集記二卷(浙江汪啟淑家藏本)①

國朝葉封撰。封字井叔,黃州人②。順治己亥進士,官至工部虞衡司主事。是編乃康熙癸丑封官登封知縣時作也。登封地在嵩山南，故其所錄碑刻，以嵩陽爲名。考此書初出之時，顧炎武、潘耒皆嘗議之。炎武之言曰："《開母廟石闕銘》'重曰'二字出《楚辭·遠遊篇》，所謂'言之不足而長言之'也。井叔誤以爲'重曰'，而言是年月一行。案此一行今存六字，'二年'之下，'重曰'之上，空石未鐫，益明其非紀日矣。"耒之言曰："太安二年《後魏中嶽廟碑》，今在登封縣。天寶十四載《少林寺還天王師子記》③，今在少林寺。井叔《石刻集記》不知何以遺此？"其說誠然。然炎武《金石文字記》採此《記》者不一而足，而景日昣《説嵩》"金石類"亦全用此《記》。古今金石之書，其備載全文者，在宋惟洪适之《隸釋》、《隸續》，在明惟陶宗儀之《古刻叢鈔》、朱珪之《名蹟錄》、都穆之《金薤琳琅》，在國朝惟顧炎武之《求古錄》、陳奕禧之《金石遺文錄》、葉萬之《續金石錄》，其餘不過題跋而已。此書錄取碑文，便於參考。漢《嵩山太室神闕銘》、《開母廟石闕銘》、《少室神道石闕銘》以及唐之則天《封祀壇碑》、《夏日遊石淙詩》，歐陽、趙、洪皆失載，而此記能收之。洪書但載漢、魏，歐、趙二《錄》僅迄五代，此書載及宋、金、元、明。東魏《嵩陽寺碑》文"東"譌"柬"，"矩"譌"短"，"馴"譌"巡"，"苑"譌"菀"，"洋"譌"庠"，此書能是正之。王士禎《蠶尾集》有《封墓誌》，稱其"精《爾雅》、《説文》訓詁，工於篆隸"。又稱其"手輯《嵩志》二十一卷。復旁求漢、唐以來碑版文字，別爲《石刻集記》二卷。辨證精博，人比之劉原父、薛尚功"。則當時亦重其書矣。

【彙訂】

　　① 文淵閣《四庫》本尚附《紀遺》一卷。(沈治宏：《中國叢書綜錄訂誤》))

②《湖北通志》載葉封為黃陂人。黃陂縣明屬黃州府，清雍正七年改屬漢陽府。（盧弨：《四庫湖北先正遺書劄記》）

③"少林寺"，殿本作"少陵寺"，誤，參《金石文字記》卷六補遺《少林寺還天王師子記》條。

觀妙齋金石文考略十六卷（浙江巡撫採進本）

國朝李光暎撰。光暎字子中，嘉興人。嘉興之收藏金石者，前有曹溶《古林金石表》，後有朱彝尊《吉金貞石志》。彝尊所藏金石刻又歸於光暎，遂裒輯所得，集諸家之論而為此書。前有雍正七年金介復序，稱其不減曹氏《古林》之富。然《古林金石表》閒有參差搢挂，且無論説，不及此書之有條理。而《吉金貞石志》久無成帙，或疑彝尊當日本未成書。然此書內乃有引《吉金貞石志》一條，則或存其殘槁之什一，未可知也。所採金石之書凡四十種，文集、地志、説部之書又六十種，可謂勤且博矣。惟於《瘞鶴銘》不引張弨釋文，於《天發神讖碑》不引周在浚釋文，《蘭亭序》不引俞松《續考》，是為漏略耳。自昔著錄金石之家，皆自據見聞，為之評説。惟宋陳思《寶刻叢編》則雜取《金石錄》、《復齋碑錄》諸書，薈粹為之。是書亦同此式，每條下各註所出之書，閒有光暎自識者，什一而已。金石著錄之富，無過歐陽、趙、洪三家，而是書於《隸釋》所引不及十之一，於《集古》、《金石》二錄所引亦不甚詳。至《隸續》暨婁機《漢隸字原》，則皆未之及。蓋諸書以考證史事為長，而是書則以品評書蹟為主。故於漢隸則宗鄭簠之評，於唐碑則取趙崡之論。雖同一著錄，而著書之宗旨則固區以別矣。

分隸偶存二卷（浙江巡撫採進本）

國朝萬經撰。經字授一，號九沙，鄞縣人。康熙癸未進士，官翰林院編修。是編上卷首作書法，次作分隸書法，次論分隸，次論漢、唐分隸同異，次漢魏碑考。下卷為古今分隸人名氏，始於程邈，終於明末馬如玉。自廓露以前，皆引據諸書，惟如玉不著載何書，則經所自增矣。集錄金石之書，梁元帝所輯不可見，歐、趙以下，罕有論及分隸筆法者。經所錄頗詳晰有門徑。所列漢、魏諸碑雖止有二十一種[1]，而考證剔抉，比諸家務多者亦較精核。至云："唐以後隸與八分為二[2]。隸即今楷書，八分即古隸書。"以八分為隸，趙明誠已譏之，國朝顧炎武《金石文字記》并漢碑無不名八分。以楷為正書，正恐仍蹈歐陽之失，其說亦明白可據也。

【彙訂】

① 殿本"有"上有"所"字。

② 底本"八分"下衍"各"字，據此書"論隸分楷所繇起"條原文與殿本刪。

淳化祕閣法帖考正十二卷（兩江總督採進本）

國朝王澍撰。澍有《禹貢譜》，已著錄。初，宋元祐中，米芾作《法帖題跋》，以辨別真偽。然芾精於賞鑒，特據其筆蹟以意斷之而已。雖錙銖不爽，究未能確指其所以然也。大觀中，黃伯思作《法帖刊誤》，始援據史籍，訂其舛迕，徵實有據，昭昭然白黑分矣。明嘉靖中，上海顧從義更細勘其字畫曲折，如姜夔校《蘭亭序》之例。國朝何焯更摭姜夔《絳帖平》，增註其上，而徐葆光又雜採諸書附益之。於是《閣帖》之得失異同，漸以明備。澍作是編，復研究諸說，衡其當否，兼米、黃、顧三家之意而用之。以史傳正譌誤，以筆蹟辨依託，而行款標目以及釋文之類，亦一一考核。仍依法帖原目，分為十卷。又別為《古今法帖考》一卷，溯《閣帖》之緣起，及諸帖之沿流而作者。又自以所得《筆法》一卷併附其後。雖其考正鑒別，析疑辨譌，不足窺《欽定釋文》之萬一，而大輅之造肇自椎輪，泰山之高不辭土壤，如是編者，固亦不妨旁資參證爾。

竹雲題跋四卷（江蘇巡撫採進本）

國朝王澍撰。皆其臨摹古帖題跋，裒合成編。澍本工書，故精於鑒別，而於源流同異，考證尤詳。如論《西岳華山廟碑》郭香察書為校勘刻石；鍾繇《薦季直表》"祝希哲"誤作"焦季直"及繇結銜與史異；《蘭亭序》派別；《聖教序》始末；王羲之《裹鮓帖》釋文誤作十九字；《瘞鶴銘》非顧況亦非陶宏〔弘〕景；《同州聖教序》稱龍朔三年，時褚遂良卒已五年；魏棲梧《善才寺碑》偽題遂良名；遂良《高士贊》誤題永徽二年為甲寅；岳珂跋《寶章集》誤以"寶梟"為"寶泉"；《朱巨川誥》非徐浩書；李陽冰《縉雲城隍廟碑》篆文譌字；《靈飛經》非鍾紹京書；裴耀卿等奏狀非耀卿書；唐明皇批答中桓山之頌乃用王獻之事；顏真卿《宋廣平碑》考異；《乞米帖》所稱太保是李光弼非光顏；《爭坐位帖》年月顧炎武《金石文字記》[①]未考；《祭姪文》、《告伯父文》結銜與史異；《江淮帖》為集字偽作；《李紳告身》與史異；《葉慧明碑》非韓擇木書撰，皆引據有根柢。惟謂褚遂良書出於《曹全碑》，則殊臆度。此碑近代始出，明以前未有言之者也。又排鄭簠、蔣衡，而自稱"腕有元章鬼"，亦未免文人相輕之習焉。

【彙訂】

① "記"，據殿本補。

金石經眼錄一卷（兵部侍郎紀昀家藏本）

國朝褚峻摹圖，牛運震補說。運震有《空山堂易解》，已著錄。峻字千峯，郃陽人。工於鐫字，以販鬻碑刻為業。每裹糧走深山窮谷敗墟廢址之閒，搜求金石之文。凡前人所未及錄，與雖錄而非所目擊，未能詳悉言之者，皆據所親見，繪其形狀，摹其字畫，併其剝蝕刓闕之處，一一手自鉤勒，作為縮本。鐫於棗版，纖悉逼真。自太學石鼓以下，迄於曲阜顏氏所藏漢無名碑陰，為數四十有七。運震各系以說，詳其高卑廣狹及所在之處。其假借通用之字，亦略訓釋。雖所收頗狹，而較向來金石之書或僅見拓本，或僅據傳聞者，特為精核。書成於乾隆元年，峻自為序。後運震又即峻此書增以巴里坤新出《裴岑紀功碑》，改名《金石圖》。運震未至西域，僅得模糊拓本，所摹頗失其真。又仿岳珂之例，於說後各贅以贊，亦為蛇足。峻復自益以唐碑，別為下卷，體例迥然各別，尤病糅雜。今以此本著錄，而續刻之本則別存目焉。

石經考異二卷（浙江巡撫採進本）

國朝杭世駿撰。世駿有《續方言》，已著錄。是編因顧炎武《石經考》猶有採摭未備、辨正未明者，乃為糾譌補闕，勒為二卷。上卷標十五目，曰延熹石經，曰書碑姓氏，曰書丹不止蔡邕，曰三字、一字，曰《正始石經》非邯鄲淳書，曰魏文帝《典論》，曰漢魏碑目，曰《隋書·經籍志》正誤，曰鴻都學非太學，曰魏太武無刻石經事，曰顧考脫落北齊二條，曰《唐藝文志》載石經與《隋志》不同，曰唐《石臺孝經》，曰唐石經，曰張參《五經文字》。下卷標三目，曰蜀石經，曰宋開封石經，曰宋高宗御書石經。考證皆極精核。前有厲鶚、全祖望、符元嘉三序[①]，鶚序稱其“五經、六經、七經之核其實，一字、三字之定其歸，二十五碑、四十八碑之析其數，堂東、堂西之殊其列，自洛入鄴、自汴入燕之分其地，駁鴻都門學非太學，魏石經非邯鄲淳書，直發千古之蒙滯"。而又引何休《公羊傳註》證漢石經為一字，引孔穎達《左傳疏》稱魏石經為三字，以補世駿所未及。祖望序亦引《魏略》、《晉書》、《隋志》證邯鄲淳非無功於石經，引《魏書》崔浩、高允傳證魏太武時未嘗無立經事，與世駿之說互存參考。而汪祚、趙信、符曾諸人，復各抒所見，互相訂正，今並列於書中。蓋合數人之力，參訂成編，非但據一人之聞見。其較顧炎武之所考，較為完密，亦有由也。然尤袤《遂初堂書目》所列成都石刻，稱《論語》、《九經》、《孟子》、《爾雅》，較晁公武、曾宏父所記少一經，亦當為辨正。世駿乃偶遺不載，是則失之眉睫之前者，亦足見考證之難矣。

【彙訂】

① "三序"，殿本作"序三首"。

右目錄類"金石"之屬，三十六部，二百七十六卷，皆文淵閣著錄。

案，《隋志》以秦《會稽刻石》及諸石經皆入"小學"，《宋志》則"金石"附"目錄"。今以集錄古刻條列名目者，從《宋志》入"目錄"。其《博古圖》之類，因器具而及款識者，別入"譜錄"。《石鼓文音釋》之類，從《隋志》別入"小學"。《蘭亭考》、《石經考》之類，但徵故實，非考文字，則仍隸此門，俾從類焉。

史部四十三

目録類存目

寧藩書目一卷（浙江范懋柱家天一閣藏本）

不著撰人名氏。初，寧獻王權以永樂中改封南昌，日與文士往還，所纂輯及刊刻之書甚多。嘉靖二十年，多焜求得其書目[1]，因命教授施文明校刊行之。所載書凡一百三十七種，詞曲院本、道家煉度齋醮諸儀，俱附焉。前有多焜序及啟一通，後有施文明跋。多焜啟中所稱"父王"者，乃弋陽端惠王拱㮞，以嘉靖初受命攝寧府事。多焜後亦襲封，謚曰恭懿，見《明史·諸王世表》。

【彙訂】

① 殿本"多焜"上有"弋陽王世子"五字。

祕閣書目無卷數（兩淮鹽政採進本）

明錢溥撰[1]。溥有《使交錄》，已著錄。是編前有自序，蓋其致仕歸里後所作，稱："自選入東閣為史官，日閱中祕書凡五十餘大廚，因錄其目，藏以待考。近兒子山自京授職回，又錄未收書目，芟其重複，併為一集。"所載書只有冊數而無卷數，大抵多與

《文淵閣書目》相出入。正統六年楊士奇等奏疏一篇,亦附於後。黃虞稷《千頃堂書目》載此書為馬愉撰,而溥別有《內閣書目》一卷。然溥序實載此書卷首,疑虞稷所記誤也[2]。

【彙訂】

① 此書前一部分乃錢溥抄錄刪削《文淵閣書目》而成,"未收書目"部分乃其子錢山編撰。(李丹:《〈祕閣書目〉作者辨正》)

② 錢溥《內閣書目》即其《祕閣書目》,馬愉《祕閣書目》當為《文淵閣書目》或錢溥《內閣書目》之誤記。北京大學圖書館藏馬愉《祕閣書目》抄本實即錢溥之《祕閣書目》。(張升、王建國:《〈文淵閣書目〉的版本問題》)

菉竹堂書目六卷(兩淮鹽政採進本)

明葉盛撰。盛有《葉文莊奏議》,已著錄[1]。此其家藏書之目。中為經、史、子、集各一卷[2]。首卷曰《制》,乃官頒各書及賜書賜敕之類。末卷曰《後錄》,則其家所刊及自著書。前有成化七年自序,謂:"先之以制,尊朝廷也。葉氏書獨以為後錄,是吾一家之書也。"其敍列體例,大率本之馬端臨《經籍考》。然如集部別出"舉業類",而無"詩集類",亦略有所增損矣[3]。盛之書凡為冊者四千六百有奇[4],為卷者二萬二千七百有奇。在儲藏家稱極富,故於舊書著錄為多。獨其不載撰人姓名,頗傷闕略。又別有新書目一卷附於後,中載夏言、王守仁諸人集,皆不與盛同時,蓋其子孫所續入也。

【彙訂】

①《總目》卷五六著錄葉盛撰《葉文莊奏疏》四十卷。

②"中為經史子集各一卷",殿本此句在"末卷曰後錄"之前。

③"而無詩集類亦略有所增損矣",殿本作"亦略有所增改"。

④"盛之書",殿本作"所載"。

文苑春秋敘錄一卷(兩江總督採進本)

明崔銑撰。銑有《讀易餘言》,已著錄。是書自序稱:"夫子刪書百篇,以寓懲勸,後來選文家未有繼夫子之志而法《尚書》者。乃錄漢詔疏以迄明太祖檄元文,共為百篇,名曰《文苑春秋》。為《敘錄》一卷,略表作者之志。自漢文以下凡十一目。今已散入《文苑春秋》,各冠本篇之首。此則其單行別本也。"大抵皆仿《尚書》小序之文,欲自比於王通擬經,未免近妄。其所去取,專主明理。惟漢文稍多,餘則代各數篇,更不足盡文章之變矣。

寶文堂分類書目三卷(編修程晉芳家藏本)

明晁瑮撰。瑮字君石,號春陵,開州人。宋太子太傅迥之後。嘉靖辛丑進士,官至國子監司業①。其子東吳,字叔權②。嘉靖癸丑進士,選翰林院庶吉士。父子皆喜儲藏,嘗刊行諸書,有飲月圃、百忍堂諸版。此本以御製為首。上卷分總經、五經、四書、性理、史、子、文集、詩詞等十二目,中卷分類書、子雜、樂府、四六、經濟、舉業等六目,下卷分韻書、政書、兵書、刑書、陰陽、醫書、農圃、藝譜、算法、圖誌、年譜、姓氏、佛藏、道藏、法帖等十五目。其著錄極富,雖不能盡屬古本,而每書下閒為注明某刻,亦足以考見明人版本源流。特其編次無法,類目叢雜,複見錯出者不一而足，殊妨檢閱。蓋愛博而未能精者也。

【彙訂】

① 晁瑮於嘉靖三十八年擢司經局洗馬（從五品），而國子監司業為正六品。（張劍、王義印：《〈寶文堂書目〉作者晁瑮、晁東吳行年考》）

② 據明淩迪知《萬姓統譜》卷三十"晁東吳"條，東吳字叔泰。（同上）

經序錄五卷（浙江巡撫採進本）

明朱睦㮮撰①。睦㮮既作《授經圖》，又取諸家說經之書，各採篇首一序，編為一集，以誌其概。頗嫌挂漏。

【彙訂】

① 依《總目》體例，當補"睦㮮有《易學識遺》，已著錄"。

國史經籍志六卷（兩江總督採進本）

明焦竑撰。竑有《易筌》，已著錄。是書首列"制書"類，凡御製及中宮著作，記注、時政、敕修諸書皆附焉。餘分經、史、子、集四部。末附《糾繆》一卷，則駁正《漢書》、《隋書》、《唐書》、《宋史》諸《藝文志》①，及《四庫書目》、《崇文總目》、鄭樵《藝文略》、馬端臨《經籍考》、晁公武《讀書志》諸家分門之誤。蓋萬曆閒陳于陛議修國史，引竑專領其事。書未成而罷，僅成此《志》②，故仍以"國史"為名。顧其書叢鈔舊目，無所考核。不論存亡，率爾濫載。古來目錄，惟是書最不足憑。世以竑負博物之名，莫之敢詰，往往貽誤後生。其譸詞炫世，又甚於楊慎之《丹鉛錄》矣。

【彙訂】

① "宋史"，殿本作"宋書"，誤。《宋書》無《藝文志》，此書卷

六中有駁正《宋史·藝文志》的條目。

　　② 此次修史成果除《國史經籍志》外，尚有張萱《西省日鈔》、吳道南《國史河渠志》、葉向高《四夷志》、史繼偕《皇明兵制考》、楊繼禮《皇明后紀妃嬪傳》、陳懿典《七太子傳》、《廟祔十五王傳》和《漢庶人傳》等。（展龍：《〈四庫全書總目〉焦竑著述提要補正兩則》）

　　經廠書目一卷（編修汪如藻家藏本）

　　明內府所刊書目也。黃虞稷《千頃堂書目》有此書，亦作一卷①。經廠即內翻經廠，明世以宦官主之。書籍刊版，皆貯於此。所列書一百十四部，凡冊數、頁數、紙幅多寡，一一詳載。蓋即當時通行則例，好事者錄而傳之。然大抵皆習見之書，甚至《神童詩》、《百家姓》亦廁其中，殊為猥雜。今印行之本尚有流傳，往往舛錯，疑誤後生。蓋天祿、石渠之任，而以寺人領之，此與唐魚朝恩判國子監何異②。明政不綱，此亦一端。而當時未有論及之者。宜馮保刻私印，其文曰"內翰之章"也。案馮保印文，見所作《經書辨音》序文末。

　　【彙訂】

　　①《千頃堂書目》卷十著錄："內府《經廠書目》二卷"。（孫瑾：《〈四庫全書總目〉引〈千頃堂書目〉考校》）

　　② 殿本"何異"下有"又不止辟陽、長信指揮馬、鄭之前，周勃、張飛彈壓雷、桐之右，如劉知幾之所云矣"一句。

　　讀書敏求記四卷（江蘇巡撫採進本）

　　國朝錢曾撰。曾字遵王，自號也是翁，常熟人。家富圖籍，多蓄舊笈。此書皆載其最佳之本①，手所題識，彷彿歐陽修《集古錄》之意。凡分經、史、子、集四目。經之支有六,曰禮樂,曰字學,曰韻書,曰書,曰數書,曰小學。史之支有十,曰時令,曰器用,曰食經,曰種藝,曰縶養,曰傳記,曰譜牒,曰科第,曰地理輿圖,曰別志。子之支有二十,曰雜家,曰農家,曰兵家,曰天文,曰五行,曰六壬,曰奇門,曰曆法,曰卜筮,曰星命,曰相法,曰宅經,曰葬書,曰醫家,曰鍼灸,曰本草方書,曰傷寒,曰攝生,曰藝術,曰類家。集之支有四,曰詩集,曰總集,曰詩文評,曰詞。其分別門目,多不甚可解。如《五經》併為一,而字學、韻書、小學乃岐而三;紀傳、編年、雜史之類併為一,而器用、食經之類乃多立子目;儒家、道家、墨家、縱橫家併為一,而雜家、農家、兵家以下②,乃又縷析諸名,皆離合未當。又如書法、數書本藝術,而入經;種藝、縶養本農家,而入史,皆配隸無緒。至於《朱子家禮》入“禮樂”,而《司馬氏書儀》、《韓氏家祭禮》則入史;吾衍《續古篆韻》入“字書”,而夏竦《古文四聲韻》則入“韻書”;以至《北夢瑣言》本小說,而入史;《元經》本編年,《碧雞漫志》本詞品,而皆入子,編列失次者,尤不一而足。其中解題,大略多論繕寫刊刻之工拙,於考證不甚留意。如《韻略易通》至謬之本,而以為心目了然;東坡《石鼓文全本》實楊慎偽託,而以為篆籀特全;《臞仙史略》載元順帝為瀛國公子,誣妄無據,而以為修《元史》者見不及此;《了證歌》稱杜光庭,《太素脈法》稱空峒仙翁,本皆偽託,而以為實然;《元〔玄〕珠密語》最為妄誕,而以為申《素問》“六氣”之隱奧;李商隱《留贈畏之》詩後二首本為誤失原題,而強生曲解;《聲畫集》本孫紹遠撰,而以為無名氏;《歲寒堂詩話》本張戒撰,而以為趙戒③;魏校《六書精蘊》最穿鑿,而謂徐官音釋六書之學極佳;《四聲等子》與劉鑑《切韻指南》異同不一,而以為即一書;《古三墳書》及《東家雜記》之《琴歌》,僞託顯然,而依違不斷;蕭常《續後漢書》正《三國志》之誤④,而大以為非;王弼注《老子》,世有刻本,而以為不傳;龐安常《聖散子方》,宋人已力辨蘇軾之誤信,而復稱道其說;《屈原賦》、《宋玉賦》,《漢藝文志》有明文,而斥錢杲之謂"《離騷》為賦"之非;歐陽詹《贈妓》詩真蹟,至邵伯溫時猶在,而以為寄懷隱士之作,皆不為確論。然其述授受之源流,究繕刻之同異,見聞既博,辨別尤精。但以版本而論,亦可謂之賞鑑家矣。

【彙訂】

①　書中《魯班營造式》條明言"此等書,皆後人僞作,非真出於班也。"《白猿經》條則曰:"此偽書也,不必存之。"《乾坤鑿度》條曰:"不獨字句譌謬,中間紊亂失序,脫卻原意。"豈可謂"皆載其最佳之本"?（彭達池:《錢曾及其〈讀書敏求記〉研究》）

②　底本"墨家"在"雜家"前,據殿本乙。此書中"墨家"歸入"子",並未單獨列目。（同上）

③　"為",據殿本補。

④　"三國志",殿本作"三國史",誤,參蕭常《進〈續後漢書〉表》。

述古堂書目無卷數（浙江巡撫採進本）

國朝錢曾撰。曾此編乃其藏書總目。所列門類,瑣碎冗雜,全不師古。其分隸諸書,尤舛謬顛倒,不可名狀,較《讀書敏求記》更無條理。如楊伯嵒《九經補韻》乃摭《九經》之字以補《禮部韻略》,非《九經》音釋,而列之於經;《玉篇》、《龍龕手鏡》、《篇海》、《從古正文》,皆字書也,而列之"韻學";《嘯堂集古錄》乃《博古圖》之類,而列之"六書";《東觀餘論》乃雜編題跋,《寶章待訪錄》乃蒐求書畫,而列之於"金石";《班馬異同》、《兩漢刊誤補遺》、《後漢書年表》乃正史之支流,《兩漢博聞》乃類書,《唐闕史》乃小說,而列之"雜史";《資治通鑑》入"正史",而所謂"編年"一門乃收《甲子紀元》之類;《政和五禮新儀》入"禮樂",而《大金集禮》入"政刑";《五木經》李翱所作,本為博戲,《禁扁》王士點所作,雜記宮殿,而均入之"營造";《東國史略》之類入"外夷",而《高麗圖經》、《真臘風土記》、《安南志略》、《越嶠書》、《西洋番國志》又入"別志";《澉水志》本地里,而入之於"掌故";《釋名》本小學,而入之"雜子";《伯牙琴》本別集,《入蜀記》本傳記,而入之"小說";《土牛經》本五行,而入之"鳥獸";《帝範》唐太宗作,而入之"疏諫";《容齋五筆》本說部,《羣書歸正集》本儒家,《滄海遺珠》本總集,而入之"類書";《詩律武庫》本類書,《滄浪吟卷》本別集,而入之"詩話";《文章軌範》本總集,而入之"詩文評"。大抵但循名目,不檢本書。鄭樵所譏以《樹萱錄》入"農家"者,殆於近之。至於以汪藻《浮溪文粹》為汪應辰[①],以王燾《外臺祕要》為林億,撰人乖舛者,尤不可以毛舉。曾慥多見古書,而荒謬至此,真不可解之事矣。

【彙訂】

① 此書卷二原文作"汪彥章《浮溪文集》十五卷二本,《汪文定公集》十四卷",彥章即藻字,文定即應辰,此條並未誤。(胡玉縉:《四庫全書總目提要補正》)

讀書蕞殘三卷(湖北巡撫採進本)

國朝王鉞撰。鉞有《粵遊日記》,已著錄。是書舊題"長洲顧

嗣立、大興王兆符合編"。前一卷皆跋《漢魏叢書》,後二卷皆跋
《説郛》。別有刊本在《任菴五書》中。以前一卷自為一書,題曰
《墨餘筆記》,後二卷則仍名《讀書蕞殘》。而删其每書之標目,頗
憒憒不可辨别。此蓋其原本也。

別本讀書蕞殘二卷(山東巡撫採進本)

國朝王鉞撰。所跋《漢魏叢書》,於真偽多不能辨别。如跋
《易林》謂焦延壽《易》得之孟喜,不知劉向記施讐證延壽妄言事;
謂《漢武内傳》出班固,不知晁公武所記本無撰人;《祕辛》不知出
楊慎;《續齊諧記》不知續東陽無疑①,謂古無其書,特借莊周之
文;《西京雜記》不知出吳均,率襲舛因譌,無所訂正②。其品評
諸書,謂《白虎通》為文情詭激,時出快語;謂《獨斷》為奇情快筆
之類,尤與其書全不相似。惟辨《吳越春秋》及《天禄閣外史》二
條,差有考證爾。

【彙訂】

①"續東陽無疑",殿本作"出東陽無疑",誤。《總目》卷一
四二《續齊諧記》條云:"案《隋書·經籍志》'雜傳類',(吳)均書
之前有宋散騎侍郎東陽無疑《齊諧記》七卷,《唐志》'小説家'亦
並載之,然則均書實續無疑。"

②《總目》卷一四〇《西京雜記》條云:"然(《酉陽雜俎》載)
庾信指為吳均,别無他證。"殷芸與吳均仕同朝,若此書果出於吳
均依託,《殷芸小説》不應信為古書而採引甚多。(余嘉錫:《四
庫提要辨證》)

明藝文志五卷(兵部侍郎紀昀家藏本)

國朝尤侗撰。侗字展成,號悔菴,又稱艮齋,又號西堂,長洲

人。由拔貢生任永平府推官。康熙己未，召試博學鴻詞，授翰林院檢討，官至侍講。是編即其初入翰林纂修《明史》之志稿也。凡《易》類二百六十八部，《書》類一百五部，《詩》類九十部，《禮》類一百六十一部，《樂》類八十四部，《春秋》類一百五十七部，《孝經》類三十部，諸經類八十二部，《四書》類一百七十七部，小學類一百八十三部，正史類四百七十一部，稗史類一百十部，傳記類二百五十部，典故類二百四十六部，地理類五百九十一部，譜系類一百四部，儒家類五百十一部，道家類一百十部，釋家類二百二十部，農家類八十七部，法家類五十一部，兵家類六十六部，小說類三百七十一部，五行類八十二部，藝術類二百十三部，奏議類二百九十八部，詩文類一千六百四十五部，選纂類三百七十八部。所摭拾既多挂漏，又往往不載卷數及撰人姓名。其例惟載有明一代著作，而前史所載則不錄，蓋用劉知幾之説。然如朱鑑《朱子易説》、薛季宣《書古文訓》、案，原本作“薛士龍”，即季宣之字也。鄭敷文《書説》、段昌武《毛詩集解》、張慮《月令解》、傅崧卿《夏小正解》、余允文《尊孟辨》、楊伯嵒《九經韻補》、案，原本誤作“楊嵒”，蓋偶脱一字。徐子光《蒙求補註》、胡舜陟《孔子編年》、陳埴《木鍾集》、案，原本誤作“陳植”。邱〔丘〕濬《牡丹榮辱志》、案此邱濬與明大學士邱濬同姓名，故侗誤以為明人①。陳思《海棠譜》、龐元英《談藪》、陳郁《藏一話腴》、陳應行《吟窗雜錄》、潘用牧《記纂淵海》、蕭恭文《錦繡萬花谷》②、章如愚《山堂考索》，皆灼然宋人。朱公遷《詩傳疏義》、《四書通旨》，史伯璿《四書管窺》，毛應龍《周禮集傳》，程端禮《程氏家塾讀書分年日程》，陸輔之《吳中舊事》，王惲《中堂紀事》、《玉堂嘉話》，潘昂霄《河源志》、案，原本誤作“潘昂”。王禎《農書》，張養浩《三事忠告》，盛如梓《老學叢談》，李冶《測圓海鏡》,危亦林《得效方》,范椁《木天禁語》,以及周伯琦、楊允孚、李存、吳海、陳基諸集,皆灼然元人。甚至袁昂《書評》收及南齊之人。而荀悦《漢紀》、袁宏《後漢紀》為黃省曾所刻,《管子》、《韓子》為趙用賢所刻,皆但有刊版之功,並無註書之事。而以為黃省曾《兩漢紀》,趙用賢《管子》、《韓子》。是某人所刊,即署某人,恐有明一代之書版,志不勝收矣。諸史之志,惟《宋史》蕪雜荒謬,不足為憑。此志又出《宋志》之下。後來欽定《明史》削㑇此稾,重加編定,固至允之鑒也。

【彙訂】

①“人”,殿本脱。

②《記纂淵海》作者,《宋史·藝文志》、明清公私書目及各傳世版本均作潘自牧。《總目》卷一三五《錦繡萬花谷》條云:“序中稱命名者為烏江蕭恭父(案:尤侗《明·藝文志》注,此書為蕭恭父作,蓋因此語而誤)。”則已否定蕭恭父(蕭恭文當系譌誤)為其作者。(楊武泉:《四庫全書總目辨誤》)

易傳辨異四卷(浙江巡撫採進本)

國朝翟均廉撰。均廉字春沚,錢塘人。乾隆乙酉舉人,官內閣中書舍人①。其書考自漢訖元諸家《易》註源流得失,凡一百一十四條。中閒惟辨朱彝尊誤引張氏《易》、毛奇齡誤引劉表《易》,及彝尊誤荀煇為長倩、宋咸不及見鮮于侁《易》四條,差有考證。其餘一百一十條,皆剌取《經義考》之文,而排比聯貫之者也。

【彙訂】

① 依《總目》體例,當作“均廉有《周易章句證異》,已著錄”。

右目錄類“經籍”之屬,十四部四十一卷,內二部無卷數。皆附存目。

吳下冢墓遺文三卷（兩淮鹽政採進本）

明都穆撰。穆有《壬午功臣爵賞錄》，已著錄。穆好金石遺文，所作《西使記》、《金薤琳琅》諸書，載古碑為多。此書專錄吳中銘志之文，凡三十四首，皆諸家集中所不概見，故謂之"遺文"。

水經注碑目一卷（浙江范懋柱家天一閣藏本）

明楊慎撰。慎有《檀弓叢訓》，已著錄。昔宋洪适作《隸釋》，嘗以《水經注》所載諸碑，類為三卷[1]。慎偶然未檢，遂復著此編，未免為牀上之牀，且精密亦不及适。其中梵經、仙笈，荒邈難稽。如《阿育王巴達佛邑大塔石柱銘》、《泥犁城師子柱銘》、《王母崑崙銅柱銘》、《希有鳥銘》，皆不見採錄，是固傳信之道。然《覆釜山金簡玉字書》，豈果有遺刻可徵，何自亂其例也！又其他註中所有而遺漏者甚多。即以《河水》一篇而論，海門口大禹祠三石碑，夏陽城西北司馬遷廟二碑，郃陽城南《文母廟碑》，臨洮《金狄胸碑》，陝縣《五戶祠銘》，洛陽縣北《河平侯祠碑》，黎陽縣南《黎山碑》，涼城縣《伍子胥廟碑》、濮陽城南《鄧艾廟碑》，一概闕如，何所見而刪之也。至每條下所註，忽有標識，忽用酈道元語。如《郎山君碑》云"在今保定府"，是慎語也，盧龍《九崿山刊石碑》稱"其銘尚存"，是道元本文矣。混淆不分，亦無體例。後附王象之《輿地紀勝碑目》、曾鞏《金石錄跋尾》所載唐以前碑，其病亦同。且象之，南宋人，鞏，北宋人，以象之列鞏前，尤為失考。嘉靖丁酉，雲南按察副使永康朱方為之刊版，蓋未察其疏舛也。

【彙訂】

①《隸釋》中《水經注》碑目實為一卷，《總目》卷八六《隸釋》

條亦云"《水經注碑目》一卷"。(許瀚:《讀四庫全書提要志疑》)

蒼潤軒碑跋紀五卷續紀一卷(江蘇巡撫採進本)①

明盛時泰撰。時泰字仲交,上元人,以諸生貢太學②。善畫水墨竹石,居近西冶城,家有小軒,文徵明題曰"蒼潤"。蓋以時泰畫仿倪瓚,而沈周題倪畫詩有"筆蹤要是存蒼潤"句也。是《紀》所著碑版,於金陵六朝諸蹟為多。率皆借觀於人,非盡出所自藏。又多但據墨本,而不復詳考原石。即如孔廟《漢史晨碑》後有武周時諸人題字,乃疑為於別刻得之,則並未見全碑。又如唐元和六年刻晉王羲之書《周孝侯碑》為陸機文,陸機之文既不應羲之書,且其中於唐諸帝諱皆缺筆,其偽可不辨而明。而是《紀》乃信為羲之所書,則於考證全疏矣。

【彙訂】

①"紀五卷續紀一卷",底本作"五卷續跋一卷",據清鈔本此書及殿本改。

②依《總目》體例,當作"時泰有《牛首山志》,已著錄"。

瘞鶴銘考無卷數(江蘇巡撫採進本)

明顧元慶撰。元慶有《云林遺事》,已著錄。元慶為都穆弟子。是書所錄銘詞跋語,蓋從穆得之,頗與今《玉煙堂帖》相類。案,穆自云:"可讀者僅二十字,因搨以歸。"又云:"銘殘缺而錄其全文。"然銘既殘缺,則非全文可知。宋人如黃伯思《東觀餘論》、董逌《廣川書跋》,元人如陶宗儀《輟耕錄》,所載雖互有異同,總非首尾完具之本。國朝張弨作《瘞鶴銘辨》,僅於董、黃之外復得八字。至陳鵬年始出此石於江,益證佐鑿鑿,無可假借。穆於何處得全文耶? 至所列諸家之説,紛紜糾結①,究不能斷其是非,尤無取乎有此考也。

【彙訂】

①“糾結”，殿本作“舛結”。

金陵古金石考一卷（兩淮鹽政採進本）

明顧起元撰。起元字太初，江寧人。萬曆戊戌進士，官至吏部左侍郎，兼翰林院侍讀學士，諡文莊。其書於金陵所有古金石，以年代排纂，各紀所在及撰人、書人姓名，無所考證。

碑目三卷（編修汪如藻家藏本）

明孫克宏〔弘〕撰。克宏，華亭人。萬曆戊戌進士，官至漢陽府知府。其書略仿陳思《寶刻叢編》之例，統載天下碑目，舛謬頗多。如所載“順天府”下有《漢北岳安天王碑》。考《金石錄》、《集古錄》、《漢隸字源》諸書，漢無《北岳安天王碑》。惟《金石錄》載有《唐安天王碑陰》，乃天寶七年五月所立，則不但誤題朝代，並碑之字畫亦譌。又《石墨鐫華》載宋亦有《安天聖帝碑》，云在岳廟。宋時岳廟，當屬真定之曲陽，而亦屬之順天。如此之類，不可縷舉，殊不足依據也。

唐碑帖跋四卷（浙江巡撫採進本）

明周錫珪撰。錫珪字禹錫，會稽人。是書所載皆唐碑，惟末附五代楊凝式一人。皆就錫珪所見，各為題跋。如《尉遲敬德碑》，其石尚存，乃遺不載，知其不主求備矣。其中如辨鍾紹京《靈飛六甲經》為玉真公主奉敕檢校寫，公主於天寶元年卒，天寶三年始改“年”為“載”。卷中所説，與史不符，亦頗見考證。至辨《肚痛帖》為偽作，非張旭書；辨《停雲館帖》所刻顏真卿書《朱巨川告身》及《多寶塔碑》皆徐浩書，謂“書有性情，如人之老少肥瘠不同,而性情不易。此書較顏諸碑,毫髮無似者。格律嚴而法度謹,東海之家學也,人少嫌其近佐史。以此推究,更無可疑"云云,則別無顯證,直以己意斷之矣。黃伯思、米芾精鑒入神,所定《閣帖》真偽,後人尚有異同,此事亦談何容易也。

金石備考十四卷(浙江鮑士恭家藏本)

舊本題關中來濬撰。自署其字曰梅岑,不著時代,陝西地志亦均不載其姓名。考《太學進士題名碑》,陝西有來聘、來儼然、來復,皆三原人,濬豈其族歟?書中有萬曆閒穎井出《蘭亭》事,則是明萬曆後人。又稱"國學《蘭亭》即定武本",則是趙孟堅、柯九思所藏肥、瘦二本尚未著錄流傳之日,其書殆著於明末。原本未標卷次,以其分省之序當為一十三卷,合附載一卷,共為十四卷。其曰"備考"者,蓋以祇據前人所著錄者,存其名目,以資檢括,非比歐、趙諸書薈萃論次者也。然既撮為一編,則亦應略為考證,俾存亡真贗,釐然可考,方足成書。而概無別擇,視孫克宏、于奕正諸書詳則過之,而譌謬亦復不減。其最甚者,如周穆王贊皇壇山"吉日癸巳"字,誤為史籀書;濟寧《王安石詩碑》,誤為党懷英詩;慈恩寺塔褚遂良書《聖教序》,誤為臨王羲之書;釋夢英篆《千文》①,誤為李陽冰書,此人名之舛也。皇象篆書《吳紀功碑》,誤為八分書,此字體之舛也。唐高正臣書《明徵君碑》,誤為宋人;《辰州桐柱記》誤為晉刻;以謝靈運誤為唐人,此時代之舛也。《房元齡碑》在西安,《魯峻碑》在濟寧,而皆誤云在章邱;《衡方碑》在汶上,《張九齡碑》在韶州,而皆誤云在西安;又若《漢周憬碑》在湖廣桂陽與廣東樂昌兩載;房山《隋石經》、許州《上尊號碑》、嵩山《徐浩碑》、永州《中興頌》、長沙岳麓寺《李邕碑》，則一處而兩見，此地理之舛也。即其註於條下曰“今斷”、曰“今殘闕”者，亦是所據之書如此，非得自目見。雖備考不妨存疑，然於裒輯亦太草略矣。

【彙訂】

①“篆”，殿本作“傳”，誤。北宋釋夢英有篆書《千字文》，《石墨鐫華》、《關中金石記》等著錄。

天下金石志無卷數（山東巡撫採進本）

明于奕正撰。奕正有《帝京景物略》，已著錄。是書具載古來金石之所在，略註撰書人姓名年月，亦閒有所考證。其中如《衡方碑》在山東，而以為在陝西；唐《顏氏家廟碑》今在西安府儒學，而以為在曲阜。又杭州府儒學有宋高宗《御書石經》，古刻猶存，而此編不載，未免疏漏。據《因樹屋書影》所敘奕正始末，蓋生長京師①，平生未出國門。晚年始一游江南，遂以旅卒。其耳目所及者隘，其不能詳者亦宜也。書前有金鉉序，又有劉侗《略述》六則，詞頗儇佻，蓋染竟陵、公安之習者。獨其稱“孫雪居誤以李翕《郙閣頌》在冀郡、潁川《荀淑碑》在潁上；周少魯不載《董仲舒漢贊》於真定、《天寧寺隋碑》於宛平，均為舛謬。奕正此書，正孫本者十四，正周本者十七”，則尚為公論云。

【彙訂】

①“據因樹屋書影所敘奕正始末蓋”，殿本作“蓋奕正”。

禊帖綜聞一卷（浙江巡撫採進本）

國朝胡世安撰。世安有《大易則通》，已著錄。是書薈稡古今《禊帖》題識，皆習見陳言。後旁考同會諸人仕履，尤與書法無關。至指摘帖中歲、會、蘭、亭、禊、絃、快、倦、撰等字不合六書，是又別為一家之學，不宜以論古帖也。

金石表一卷（編修汪如藻家藏本）

國朝曹溶撰。溶有《崇禎五十宰相傳》，已著錄。是書雜列所蓄碑帖之目。前有自序，稱："予行塞上，見古碑橫茀草閒，偶一動念，古人遺蹟歷千百年，自吾世而湮沒之，為可惜。蒐自境內，以至遠地。積五年，得八百餘本。經以碑，緯以撰者、書者之姓名，及所立之地與世與年，合而成表。"然其書與他家碑目相等，無所謂"體仿周譜，旁行斜上"之式。以表為名，殊不相稱。其閒既不從歐、趙不分時代之例，而所列時代不以年序，亦不以地序。六朝以前合而為一，尤為雜糅。似乎未經編次之本。且八百餘本之中，惟《楊珣殘碑》註"疑非是，再考"五字，餘皆不置一詞，亦不足以資考證。又王羲之書《曹娥碑》、《樂毅論》諸條下，皆註"宋搨"字。是雜錄古帖，並非金石之存於今者矣。

閒者軒帖考一卷（浙江巡撫採進本）

國朝孫承澤撰。承澤有《尚書集解》，已著錄。是編所記自《蘭亭》而下至文徵明之《停雲館帖》，凡三十有八種。一一考其源流，品其次第。書成於順治丁亥，在《庚子銷夏記》之前，故所記互有詳略。

天發神讖碑釋文一卷（浙江汪啟淑家藏本）

國朝周在浚撰。在浚字雪客，祥符人，流寓江寧。是碑本在江寧城南之巖山，後在天禧寺門外。至宋，胡宗愈移置轉運司後圃，元楊益又移置府學中。一名《三段碑》，吳天璽元年刻石。黃伯思以為皇象書，或以為蘇建，其字怪偉，兼以碑斷裂，頗難辨識。在浚合其石，貫以鉅鐵，重為釋文，而以諸家題跋附之。考《吳志》

及許嵩《建康實錄》，皆謂天璽元年吳郡言臨平湖得石函，中有小石，青白色，長四寸，廣四寸①，刻"上作皇帝"字，於是改元天璽，立石刻於巖山紀功德，即此碑也。而趙明誠《金石錄》載《天發神讖碑》，乃謂："天璽元年秋八月，鄱陽言歷陽石理成字，凡二十。明年改元大赦，以協石文。今此碑乃在金陵，莫可考究。"不知《吳志》載秋八月獲石歷陽，在獲石臨平湖之後，別自一事，明誠誤以此碑當之，宜其牴牾。又歐陽修《集古錄》載《吳國山碑》，謂："孫皓天册元年禪於國山，改元天璽。"考《吳志》，吳既改元天璽之後，又於吳興陽羨山獲石長十餘丈，名曰石寶，遂禪於國山，明年改元天紀。其事亦在此碑之後。故《金石錄》既載《天發神讖碑》，又載《吳國山碑》。修誤合為一，亦未考也。此書前列斷碑殘字，後列金石輿地之書有可考證者，凡數十條。而《金石》、《集古》二錄獨不見採，殆以其舛異不取歟？所列碑中殘文，較《金石錄》多一百七十七字。蓋明誠所據乃不完之搨本，而在浚則親至其地勘驗原石也。

【彙訂】

①《三國志》卷四八《吳書三》原文作"廣二寸餘"，《建康實錄》卷四作"廣二寸"。

昭陵六駿贊辨一卷（兩江總督採進本）

國朝張弨撰。弨字力臣，山陽人。博學嗜古，尤究心金石之文。後以聾廢，而考證彌勤。以《昭陵六馬圖贊》或以為太宗御撰，或以為殷仲容撰；或以為歐陽詢書，或以為殷仲容書，趙崡諸家，輾轉譌異。因親至其側，勘驗繪圖，以趙明誠《金石錄》為據，定以《六馬贊》為歐陽詢書，諸降將姓名為殷仲容書。文已盡泐，確為誰撰，弨亦不能考矣。

瘞鶴銘辨一卷（兩江總督採進本）

國朝張弨撰。弨親至焦山搨原銘，較宋黄長睿、董逌所載者多得八字，所辨亦較顧元慶書為詳核。

瘞鶴銘考一卷（浙江吳玉墀家藏本）

國朝汪士鋐撰。士鋐字文升，長洲人。康熙丁丑進士，官至右春坊右中允。《瘞鶴銘》在鎮江府焦山之下，以雷震墮入江①。其石破碎不完，故字多殘闕，傳本往往不同。又作書者或以為王羲之，或以為陶宏〔弘〕景，或以為顧況。自宋歐陽修《集古錄》以後，著錄者數十家，彼此譏駁，幾如聚訟。而海昌陳氏《玉煙堂帖》本，尤為輾轉失真。康熙丁未，淮安張弨親至水湝，仰卧而手搨之。共得六十九字，較諸本獨多，因為考證成書。後四十六年，陳鵬年守鎮江，乃募工出石於江中，陷之焦山亭壁間。其石分而為五，所存七十七字，又不全九字，其無字處以空石補之。按其辭義，補綴聯合，益為完善。士鋐因備採昔人之論，並引弨說而折衷之。以鵬年所出石本為圖，列諸卷首，彙為此考，搜羅頗稱詳盡。案，元郝經《陵川集》載焦山寺僧寄《瘞鶴銘考證》一卷。又，明司馬泰家藏書目内亦有《瘞鶴銘考》之目。今皆不傳。此書當原石出水之後，視張弨所錄較更詳也。

【彙訂】

①　據南宋如玉《瘞鶴銘辯證》、《至順鎮江志》、汪士鋐《瘞鶴銘考》翁方綱朱批手蹟、張弨《瘞鶴銘復原圖》、汪士鋐《瘞鶴銘考》等所載，《瘞鶴銘》非“以雷震墮入江”，系北宋景德（1004—1007）後至元代至順年間（1330—1332）山體逐漸塌落所致。（羅勇來：《瘞鶴銘研究》）

金石遺文錄十卷（兩江總督採進本）

國朝陳奕禧撰。奕禧字子文，號香泉，海寧人。由貢生官至南安府知府。奕禧以書著名，是書為書法而作。就所得金石，採錄其文，彙輯成帙。王士禎《分甘餘話》稱：“奕禧於秦、漢、唐、宋以來金石文字，收藏尤富，皆為題跋辨證，而以為米元章、黃伯思一流人。”蓋即指是書。然其採輯前人論説及奕禧自綴論者，僅漢碑數種而已，唐碑以後，十不逢一。則是意在錄文，而不全在跋也。即以錄文而論，亦鮮體例。如漢碑中錄侯成、唐扶、逢盛諸篇，皆拓本之不存於今者。不知奕禧果見其拓本，抑或僅於金石書中錄之。若果見拓本，則是希有之蹟，必當詳註所自來。若僅從金石書鈔取，則挂漏在所不免矣。至於碑之原額、原題，頗有改竄。又於題下標列姓氏，類坊刻時文之式。篇內譌脱，更復不可枚舉。若碑有傳摹先後真蹟之不同，同一石者又有存字多寡、拓本傳寫之不同①，而此書亦復不加審擇。甚至《少林寺戒壇銘》一篇，真贋二本並存。又如明皇之《孝經註》、顏元孫之《干祿字書》，則連篇全載，《浯溪中興頌》，則於王士禎《浯溪考》一字不遺。而漢、唐諸碑前人剖辨最有關係者，乃一字不錄。後載奕禧自書諸碑，蓋用宋曾宏父載《鳳墅帖》於《石刻鋪敍》卷尾之意。然其於本朝人諸石刻，僅載傅山、鄭簠二通，即接以自書諸碑，而於元、明碑亦寥寥無幾，皆體例之不相稱者。又其書既為書法而作，則每碑自應詳著其字體，而書內或著或否，參差不一，其諸碑所在地名亦不詳著。皆非輯錄之體，似是裒輯未成之書也。

【彙訂】

①“若碑有傳摹先後真蹟之不同同一石者又有存字多寡拓本傳寫之不同”，殿本作“若碑有傳摹先後之不同又有存字多寡

拓本傳寫之不同"。底本文義較勝。

續金石錄無卷數（編修翁方綱家藏本）

國朝葉萬撰。萬字石君，常熟人。卷首有汪士鋐、何焯、顧有典同校名氏。其書著錄金石，用洪适《隸釋》例，多載全文，並著其闕字之數、行列之式，欲以續趙明誠之書。所載古碑，於《金薤琳琅》諸書闕文漏字亦閒有補益。然金與石既雜糅不倫，石刻與法帖又偏枯不備。甚至婁堅所作《戲鴻堂帖》諸跋，亦闌入石刻之內。雖曾宏父《石刻鋪敍》嘗有此例，不知《石刻鋪敍》大指以《鳳墅帖》為主，專為法帖而作，故自《淳化》、《大觀》以來歷歷纚述。此書編錄金石，例迥殊也。至如鏡、硯、剛卯，自宜另列"古器"一門，乃雜然並收，亦無編次。所載古今聚金石刻諸姓氏，前後叢脞，又復漏不一。甚至譌劉敞之《先秦古器記》為《先秦奇器錄》[1]。殆未睹原書，轉相裨販，致有此失矣。

【彙訂】

[1]《玉海》卷五六《宣和博古圖》條，《宋史·藝文志一》，歐陽修《張仲器銘跋》、《韓城鼎銘跋》，王普《大禮明堂祭器形制奏》，《鐵圍山叢談》卷五均載《先秦古器記》（或作《先秦古器圖》）為劉敞著。（張尚英：《劉敞著述考》）

金石續錄四卷（浙江鮑士恭家藏本）

國朝劉青藜撰。青藜字太乙，襄城人。康熙丙戌進士，改庶吉士。是編即其家藏金石諸刻，各為題跋。其子伯安纂錄成帙，其弟青震序之。所見既乏奇祕，所跋亦罕考證。

中州金石考八卷（副都御史黃登賢家藏本）

國朝黃叔璥撰。叔璥有《南征記程》，已著錄。是書則其官河南開歸道時所輯也。成於乾隆辛酉。所錄中州金石，自商、周以至元、明，蒐採頗富。然既以十府三州分目，則疆域井然，不容牽混。而郟縣蘇軾《蜀岡詩石刻》，第八卷內乃兩收，此類未免失檢。又所載金石，皆不著其存亡。即如自序中明言漢碑只存其七，而所載漢時金石乃至百二十種。則是據前人所述，概為錄入。其中重刻者、傳疑者又不盡著其由來，殊非記實之意。又每種之下，宜一一具載立石年月、撰書人姓名。其不可考者，則著其闕文，方足徵信。而是書或著或否，則體例亦未畫一。至於郡縣地名，古今沿革之殊，或前人著錄稱某碑在某州縣，而今改其名者，亦宜疏明，以資考核。如石梁今已為縣，而稱"《徐庶母碑》在州城東"之類，尤端委未明。是皆由輯書時未嘗親見原碑，或據金石舊書，或據郡縣諸志故也。

石蹟記一卷（兩淮鹽政採進本）

不著撰人名氏。觀其所載碑刻，雖訖於金、元，而稱"江南"不稱"南直隸"，稱"江寧"不稱"應天府"，是國朝人所著矣。其書分地編載，殊多挂漏。如順天載金《國子學石經》，而杭州府《南宋石經》則不錄。階州之《西狹頌》人所共知，亦復不載。有《絳帖》而無《潭帖》、《汝帖》。凡此之類，不可殫記，或就其家所藏者著錄耶？

金石圖二卷（兵部侍郎紀昀家藏本）

國朝褚峻摹圖，牛運震補說。初，峻先刻此書，上卷名《金石經眼錄》，尚未載後漢永和二年《燉煌太守裴岑紀功碑》。後與運震重編是圖，運震始以副使郭朝祚所貽摹本補入。然此一碑，其出最晚，又遠在玉門陽關以外，非所親覿，故字體頗失其真，即字

畫亦多舛異。如"庆"字碑本從"广"，此乃從"疒"；碑本云"邊竟
乂安"，此乃作"又安"；碑本云"立德祠"，此乃作"立海祠"，皆顯
然之誤。其刊刻亦不及諸圖之工。豈此碑非峻所摹，而運震於
續得之時別令拙工補之歟？其下卷則自吳《天發神讖碑》、魏《受
禪碑》以下迄於唐《顏真卿家廟碑》，凡六十圖。每碑繪其形製，
而具說於其上。其文則但於一碑之中鉤摹數十字或數字，以存
其筆法，不似漢以前碑之全載。蓋欲省縮本之工，遂致變其體
例。其字又隨意摘錄，詞不相屬，於義殊無所取。且拓本多行於
世，亦不藉此數十字以傳，徒涉"買菜求益"之誚。故今仍以《經
眼錄》著錄，而此刻附存其目焉。

　　右目錄類"金石"之屬，二十二部六十卷，內三部無卷數。皆附
存目。

卷八八

史 部 四 十 四

史 評 類

《春秋》筆削，議而不辨，其後三《傳》異詞。《史記》自為序、贊①，以著本旨。而先黃老，後《六經》，退處士，進姦雄，班固復異議焉。此史論所以繁也。其中考辨史體，如劉知幾、倪思諸書，非博覽精思，不能成帙，故作者差稀②。至於品騭舊聞，抨彈往迹，則纘繙史略，即可成文。此是彼非，互滋簧鼓，故其書動至汗牛。又文士立言，務求相勝，或至鑿空生義，僻謬不情。如胡寅《讀史管見》譏晉元帝不復牛姓者，更往往而有。故瑕類叢生，亦惟此一類為甚。我皇上綜括古今，折衷衆論，欽定《評鑑闡要》及《全韻詩》，昭示來兹。日月著明，爝火可息，百家讕語，原可無存。以古來著錄，舊有此門，擇其篤實近理者，酌錄數家，用備體裁云爾。

【彙訂】

① 殿本“自”上有“亦”字。

② 倪思《班馬異同》不過考校《史記》、《漢書》字句異同，但有校對輯錄之勞，無深思自得之理。鈍學累功，自易成編。與劉知幾《史通》固不可同日語。（張舜徽：《四庫提要敍講疏》）

史通二十卷（内府藏本）

唐劉子元〔玄〕撰。子元本名知幾，避明皇嫌名，以字行。彭城人。弱冠擢進士第，調獲嘉尉，遷鳳閣舍人，兼修國史。中宗時擢太子率更令，累遷祕書監，太子左庶子，崇文館學士，開元初官至左散騎常侍。後坐事貶安州別駕，卒於官。事蹟具《唐書》本傳。此書成於景龍四年①。凡内篇十卷，三十九篇，外篇十卷，十三篇。蓋其官祕書監時與蕭至忠、宗楚客等爭論史事不合，故發憤而著書者也②。其内篇《體統》、《紕繆》、《弛張》三篇，有錄無書。考本傳已稱著《史通》四十九篇，則三篇之亡，在修《唐書》以前矣。内篇皆論史家體例，辨別是非。外篇則述史籍源流及雜評古人得失，文或與内篇重出，又或牴牾。觀開卷《六家》篇，首稱“自古帝王文籍，外篇言之備矣”。是先有外篇，乃擷其精華以成内篇，故刪除有所未盡也③。子元於史學最深，又領史職幾三十年，更歷書局亦最久。其貫穿今古，洞悉利病，實非後人之所及。而性本過剛，詞復有激，詆訶太甚，或悍然不顧其安。《疑古》、《惑經》諸篇，世所共詬，不待言矣。即如《六家》篇譏《尚書》為例不純，《載言》篇譏左氏不遵古法，《人物》篇譏《尚書》不載八元、八愷、寒浞、飛廉、惡來、閎夭、散宜生，譏《春秋》不載由余、百里奚、范蠡、文種、曹沬、公儀休、甯戚、穰苴，亦殊謬妄。至於史家書法，在褒貶不在名號。昏暴如幽、厲，不能削其王號也。而《稱謂》篇謂晉康、穆以下諸帝，皆當削其廟號。朱雲之折檻，張綱之埋輪，直節凜然。而《言語》篇斥為小辨，史不當書。蓬瑗位列大夫，未嘗棲隱。而《品藻》篇謂《高士傳》漏載其名。孔子門人，欲尊有若，事出《孟子》，定不虛誣。而《鑒識》篇以《史記》載此一事，其鄙陋甚於褚少孫。皆任意抑揚，偏駁殊甚。其他如《雜說》篇指趙盾魚飧，不為菲食，議《公羊》之誣；并州竹馬，非其土產，譏《東觀漢記》之謬，亦多瑣屑支離。且《周禮》"太史掌國之六典，小史掌邦國之志"，則史官兼司掌故，古之制也。子元之意，惟以褒貶為宗，餘事皆視為枝贅。故《表曆》、《書志》兩篇，於班、馬以來之舊例，一一排斥，多欲刪除，尤乖古法。餘如譏《後漢書》之採雜說，而自據《竹書紀年》、《山海經》，譏《漢書·五行志》之舛誤，而自以元暉之《科錄》為魏濟陰王暉業作，以《後漢書·劉虞傳》為在《三國志》中。小小疏漏，更所不免。然其縷析條分，如別黑白。一經抉摘，雖馬遷、班固幾無詞以自解免①。亦可云載筆之法家，著書之監史矣。自明以來，註本凡三四家，而譌脫竄亂，均如一轍。此本為內府所藏舊刻，未有註文，視諸家猶為近古。其中《點煩》一篇，諸本並佚其朱點，此本亦同，無可校補，姑仍之焉。

【彙訂】

① 神龍二年劉知幾留守東都，退離史館，當為此書始撰之年。（喬治忠：《〈史通〉編撰問題辨正》）

② "故"，殿本無。

③ 外篇《史官建置》云："別有《曲筆篇》言之詳矣。"又《點煩篇》云："已於《敘事篇》言之詳矣。"《曲筆》、《敘事》皆屬內篇，則內篇當成於外篇之前。《六家篇》所謂"外篇"或僅泛言之，其時尚未撰成。內、外篇觀點時有牴牾，正可見其學術思想演進、史識與時俱進之蹟。如內篇對《五經》盲目尊崇，而外篇"反經合義"，多有指摘。（喬治忠：《〈史通〉編撰問題辨正》）

④ "免"，殿本無。

史通通釋二十卷(江蘇巡撫採進本)

國朝浦起龍撰。起龍字二田，無錫人。雍正甲辰進士，官蘇州府教授。《史通》註本，舊有郭延年、王維儉二家，近時又有黃叔琳註，補郭、王之所闕，遞相增損，互有短長。起龍是註又在黃註稍後，故亦採用黃註數條。然頗糾彈其疏舛，其中如《曲筆篇》稱："秦人不死，驗符生之厚誣；蜀老猶存，知葛亮之多枉。"三家皆不註，起龍亦僅引《困學紀聞》，謂王應麟不知所出，定為無考。而不知秦人事出《洛陽伽藍記》，蜀老事出《魏書・毛修之傳》。又如"闞單失力"，但引盧照鄰賦旁證，而不知《清異錄》實有訓釋，不煩假借。小小疏漏，亦不能無。然大致引據詳明，足稱該洽。惟《疑古》、《惑經》諸篇，更助頹波，殊為好異。又輕於改竄古書，往往失其本旨。如《六家篇》《尚書》條中，"語無可述"四字之下、"若此"二字之上，顯有脫句，而改"此"字為"止"字，更臆增一"有"字。又如《列傳篇》"項王立傳，而以《本紀》為名"句，"立"字不誤，而乃臆改為"宜"字。此類至多，皆失詳慎。至於句解章評，參差連寫，如坊刻古文之式，於註書體例更乖①。使其一評、一註，釐為二書，則庶乎離之雙美矣。

【彙訂】

① "更"，殿本作"亦"。

唐鑑二十四卷(副都御史黃登賢家藏本)

宋范祖禹撰，呂祖謙註。祖禹字淳父，華陽人。嘉祐八年進士，歷官龍圖閣學士，出知陝州。事蹟附載《宋史・范鎮傳》中①。祖謙有《古周易》，已著錄。初，治平中司馬光奉詔修《通鑑》，祖禹為編修官，分掌唐史。以其所自得者，著成此書。上自高祖,下迄昭宣,撮取大綱,繫以論斷,為卷十二,元祐初表上於朝。結銜稱著作佐郎,蓋進書時所居官也。後祖謙為作註,乃分為二十四卷。蔡絛《鐵圍山叢談》曰:"祖禹子溫,遊大相國寺,諸貴璫見之,皆指目曰:'此《唐鑑》之子。'"蓋不知祖禹為誰,獨習聞有《唐鑑》也。則是書為當世所重可知矣。張端義《貴耳集》亦記高宗與講官言:"讀《資治通鑑》,知司馬光有宰相度量;讀《唐鑑》,知范祖禹有臺諫手段。"惟《朱子語錄》謂其議論弱,又有不相應處。然《通鑑》以武后紀年,祖禹獨用沈既濟之説,取武后臨朝二十一年繫之中宗。自謂比《春秋》"公在乾侯"之義。且曰"雖得罪君子,亦所不辭"。後朱子作《通鑑綱目》,書"帝在房州",實仍其例。王懋竑《白田雜著》亦曰:"范淳父《唐鑑》言'有治人,無治法'。朱子嘗鄙其論,以為苟簡。而晚年作《社倉記》,則亟稱之,以為不易之論,而自述前言之誤。蓋其經歷既多,故前後所言有不同者。讀者宜詳考焉,未可執一説以為定也。"然則《朱子語錄》之所載,未可據以斷此書矣。

【彙訂】

① "中",殿本無。

唐史論斷三卷(浙江鮑士恭家藏本)①

宋孫甫撰。甫字之翰,陽翟人。舉進士,歷官右正言,遷天章閣待制、河北轉運使兼侍讀。事蹟具《宋史》本傳。陳振孫《書錄解題》稱:"甫以劉昫《唐書》煩冗,遺略多失體法,乃改用編年體。創始於康定元年,藏事於嘉祐元年,勒成《唐紀》七十五卷。其間善惡分明可為龜鑑者,各繫以論,凡九十二篇。甫沒後,《唐紀》宣取留禁中。其從子察嘗錄副本遺司馬光,世亦罕見,惟《論斷》獨傳。紹興二十七年，嘗鋟版於劍州。後蜀版不存②，端平乙未，黃凖復刻於東陽。"《宋史·藝文志》作二卷，《文獻通考》作十卷，此本僅三卷。蓋本從《唐紀》鈔出別行，非其舊帙。故卷數多寡，隨意分合，實無二本也③。前為自序一篇，末附司馬光跋，曾鞏、歐陽修所作《墓誌》、《行狀》，蘇軾《答李廌書》，張敦頤後序，皆推重是書。甚至朱子亦稱其議論勝《唐鑑》云。

【彙訂】

① 文淵閣《四庫》本有附錄一卷。（沈治宏：《中國叢書綜錄訂誤》）

② 紹興二十七年，張敦頤刊此書於南劍州，其跋後署"校勘官左奉議郎充南劍州州學教張敦頤，詳定官左朝奉郎通判南劍州主管學事王筠……"是福建之南劍州，非四川之劍州，何得謂之蜀板？《總目》卷七十《六朝事蹟編類》條亦載："宋張敦頤撰。敦頤字養正，婺源人。紹興八年進士，由南劍州教授歷官知舒、衡二州。"（繆荃孫：《〈唐史論斷〉跋》）

③ 是書《郡齋讀書志》卷七作《唐史要論》十卷，《直齋書錄解題》卷四作《唐史論斷》三卷，《文獻通考》卷二百從《郡齋讀書志》著錄。且據《直齋書錄解題》原文，孫甫所著書名《唐史紀》，不名《唐紀》。又有"聞蜀有刻本，偶未得之，今惟諸論存焉"三句，《總目》亦刪去。既自言未得蜀刻本，故其所藏惟有《論斷》，是則所謂蜀刻本者，乃《唐史紀》七十五卷之全書，非指紹興二十七年劍州所刻之《論斷》也。（余嘉錫：《四庫提要辨證》）

唐書直筆四卷（浙江巡撫採進本）

宋呂夏卿撰。夏卿字縉叔，泉州晉江人。舉進士，為江寧

尉,歷官宣德郎,守祕書丞。以預修《唐書》告成,擢直祕閣,同知
禮院。後出知潁州,卒於官。事蹟具《宋史》本傳。案,曾公亮
《進唐書表》所列預纂修者七人,夏卿居其第六。本傳亦稱:"夏
卿學長於史,貫穿唐事,博採傳記雜説數百家,折衷整比。又通
譜學,創為世系諸表,於《新唐書》最有功。"是其位雖出歐陽修、
宋祁下,而編摩之力,實不在修、祁下也。據晁公武《讀書志》,是
書乃其在書局時所建明。前二卷論記、傳、志,第三卷論舊史繁
文闕誤,第四卷為《新例須知》,即所擬發凡也。惟晁氏作《唐書
直筆》四卷,《新例須知》一卷,而此本共為四卷,或後來合併歟?
晁氏稱夏卿此書"歐、宋閒有取焉"。所有未符,乃歐、宋所未取
者。然是丹者非素,論甘者忌辛,著述之家,各行所見。其取者
未必皆是,其不取者未必皆非①。觀晁氏別載夏卿《兵志》三卷,
稱:"得於宇文虛中。季蒙題其後曰:'夏卿修唐史,別著《兵志》
三篇,自祕之,戒其子弟勿妄傳。鮑欽止吏部好藏書,苦求得之。
其子無為太守恭孫偶言及,因懇借鈔錄於吳興之山齋。'"云云。
然則夏卿之於《唐書》,蓋別有所見,而志不得行者。特其器識較
深,不肯如吳縝之顯攻耳。今《兵志》已不可見。兼存是書,以資
互考,亦未始非參訂異同之助矣。

【彙訂】

① 殿本"者"下有"亦"字。

通鑑問疑一卷(浙江范懋柱家天一閣藏本)

宋劉羲仲撰。羲仲,筠州人。祕書丞恕之長子,《宋史》附見
恕傳末。但稱恕"死後七年,《通鑑》成,追錄其勞,官其子羲仲
<small>案,《宋史》原本作"義仲",《癸辛雜識》亦作"義仲",均傳寫之誤,今改正。</small> 為郊

社齋郎。"其始末則未詳也。史稱："司馬光編次《資治通鑑》，英宗命自擇館閣英才共修之。光對曰：'館閣文學之士誠多，至於專精史學，臣得而知者，惟劉恕耳。'即召為局僚，遇史事紛雜難治者，輒以諉恕。恕於魏晉以後事考證差謬，最為精詳。"羲仲此書即裒錄恕與光往還論難之詞。據書末稱"方今《春秋》尚廢，況此書乎"云云，蓋成於熙寧以後。邵伯溫《聞見錄》稱"《通鑑》以《史記》、《前漢》、《後漢》屬劉攽，以唐迄五代屬范祖禹，以三國歷九朝至隋屬恕"[1]，故此書所論皆三國至南北朝事也。凡所辨論，皆極精核。史所稱"篤好史學，自太史公所記，下至周顯德末，私記雜説，無所不覽。上下數千載間，鉅細之事，如指諸掌"者，殆非虚語。《通鑑》帝魏，朱子修《綱目》改帝蜀。講學家以為申明大義，上繼《春秋》。今觀是書，則恕嘗以蜀比東晉，擬紹正統，與光力爭而不從。是不但習鑿齒、劉知幾先有此説，即修《通鑑》時亦未嘗無人議及矣。末附羲仲與范祖禹書一篇，稱其父在書局，止類事蹟，勒成長編。其是非予奪之際，一出君實筆削。而羲仲不及見君實，不備知凡例中是非予奪所以然之故。范淳父亦嘗預修《通鑑》，乃書所疑問焉。所舉凡八事。復載得祖禹答書，具為剖析，乃深悔其詰難之誤。且自言"恐復有小言破言，小道害道，如己之所云者，故載之使後世有考焉"。其能顯先人之善，而又不自諱其所失，尤足見涑水之徒，猶有先儒質直之遺也。

【彙訂】

① 邵氏並無是説，實出自晁説之《嵩山集》卷十七《送王性之序》："《史記》、《前》、《後漢》則劉貢父，三國歷七朝而隋則劉道原，唐及五代則范純甫，三公者天下之豪英也。"（陳垣：《書全謝

山〈通鑑分修諸子考〉後》）

　　三國雜事二卷（浙江范懋柱家天一閣藏本）

　　宋唐庚撰。庚字子西，眉州丹稜人。紹聖中登進士第，調利州治獄掾，遷閬中令，入為宗學博士。張商英薦，除提舉京畿常平。後坐為商英賦內前行，謫居惠州。大觀五年赦歸，道卒①。事蹟具《宋史·文苑傳》。是書雜論三國之事，凡三十六條，併自序一篇，後人皆編入庚文集。考《宋志》載庚集二十二卷，與今本同，似此書原在集內。然晁氏、陳氏書目皆載庚集十卷，知今本析其一卷為兩卷，又益以此書二卷為二十二卷，實非原本。故《永樂大典》所載此書②，亦別為一編，不著文集之目。今仍別為二卷，以還其舊③。陳振孫《書錄解題》稱庚之文長於議論。今觀其論諸葛亮寬待法正及不逾年改元事；論荀彧爭曹操九錫事，皆故與前人相反。至亮之和吳，本為權計，而以為王道之正；亮拔西縣千餘家，本以招安，而以為擾累無辜，皆不中理。又謂商無建丑之說，謂“張掖石圖即河、洛之文，而惜無伏羲、神農以識之”，尤為紕繆。然其他議論可採者頗多。醇駁並存，瑕瑜不掩，固亦尚論者之所節取耳。

　　【彙訂】

　　① 大觀無五年，唐庚貶惠州在四年，見所著《眉山詩集》卷五“大觀四年春……自蜀來京師……是歲吾遷嶺表”之詩題。謫居惠州五年餘，至政和五年，復官北歸，見《眉山文集》卷二《水牀廟記》、卷四《船娘銘》及卷一《惠州謝復官表》。復官後至宣和二年始歿。說詳卷一九七《唐子西文錄》條注。（楊武泉：《四庫全書總目辨誤》）

②“所”，殿本無。

③《郡齋讀書志》謂“《唐子西集》十卷”，《直齋書錄解題》謂
“《唐子西集》二十卷”。二十卷本亦非由十卷本“析其一卷為兩
卷”而成。今存二十卷本、二十四卷本、三十卷本皆合《三國雜
事》二卷計數。（王嵐：《宋人文集編刻流傳叢考》）

經幄管見四卷（永樂大典本）

宋曹彥約撰。彥約字簡甫，都昌人。淳熙八年進士，薛叔似
宣撫京湖，辟為主管機宜文字。累官寶謨閣待制，知成都府。寶
慶元年，擢兵部侍郎，遷禮部，旋授兵部尚書，力辭不拜，以華文
閣學士致仕。卒諡文簡。事蹟具《宋史》本傳。是書蓋彥約侍講
筵時所輯，皆取《三朝寶訓》，反覆闡明，以示效法，蓋即范祖禹
《帝學》多陳祖宗舊事之義。考仁宗天聖五年，允監修王曾之請，
採太祖、太宗、真宗事蹟不入正史者，命李敬等別為《三朝寶訓》
三十卷。寶元二年十二月，詔以進讀。嗣是講幄相沿，遂為故
事。彥約是書於進讀符瑞諸篇，雖不免有所迴護，要亦當時臣子
之詞，不得不爾。其餘諸篇，則皆能旁證經史，而歸之於法誡，亦
可謂不失啟沃之職者矣。舊刻散佚，久無傳本，惟《永樂大典》尚
載其全文。今詳為校讎，釐成四卷。閒有辨證，各依文附著焉。

涉史隨筆一卷（兩江總督採進本）

宋葛洪撰。洪字容甫，自號蟠室老人，婺州東陽人。淳熙十
一年進士，嘉定閒官至參知政事，觀文殿學士。卒諡端簡。事蹟
具《宋史》本傳①。是書前有自序，大略謂：“微官泊布衣求進謁
於廟堂者，自匄進乞憐外，往往訖無他説，是直相與為欺而已。
洪不敢為欺，比以憂居，取歷代史溫繹，閒有所見，隨而筆之，因

擇其可裨廟論者二十六篇以獻。"則是編乃洪官未達時獻於時相之作,故所論皆古大臣之事。其中論田歆一條,謂"歆果介然自立,人自不敢干之以私。貴戚敢於請託,仍歆之罪",論韋澳一條,謂"是非雖當順乎人情,亦當斷以己見",所言殊鑿然有理。其他多因時勢立論,亦胡寅《讀史管見》之流,而持論和平,不似寅之苛刻偏駁。惟論申屠嘉一條,反覆明相權之宜重。然宋之宰執,實無奄豎擅權以掣其肘,與漢、唐事勢截然不同。如王安石,如蔡京、章惇,如秦檜、韓侂胄、史彌遠、賈似道,皆患其事權太重,故至於盡鋤善類,斲喪國家。洪所云云,是徒知防宦官之弊,而不知防姦臣之弊,未免失之一偏矣[2]。

【彙訂】

①《宋史‧宰輔表》載葛洪於紹定元年(1228)十二月辛亥,由簽書樞密院事除參知政事。作"嘉定間",誤。又表載洪於嘉定十七年十二月戊子,除端明殿學士。本傳載後以資政殿學士提舉洞霄宮,再進大學士。"觀文殿學士"之說不知從何而來。本傳及《敬鄉錄》卷一二均稱"卒諡端獻",作"端簡"亦誤。(李裕民:《四庫提要訂誤》)

②"矣"前,殿本尚有"況獻書相門而力言相權之宜重是不亦投其所欲乎惜哉無是可"二十六字。

六朝通鑑博議十卷(浙江鮑士恭家藏本)

宋李燾撰。燾有《說文五音韻譜》,已著錄。此書詳載三國六朝勝負攻守之蹟,而繫以論斷。案,燾本傳載所著述[1],無此書之名,而有《南北攻守錄》三十卷,其同異無可考見。核其義例,蓋亦《江東十鑑》之類,專為南宋立言者。然《十鑑》徒侈地形,飾虚詞以屬戰氣,可謂誇張無實。此則得失兼陳,法戒具備。主於修人事以自强,視李舜臣所論較為切實。史稱熹嘗奏孝宗以"即位二十餘年,志在富强,而兵弱財匱,與'教民七年,可以即戎者'異"。又孝宗有功業不足之歎,熹復言:"功業見於變通,人事既修,天應乃至。"蓋其納規進誨,惟拳拳以立國根本為先,而不侈陳恢復之計。是書之作,用意頗同。後其子壁不能守其家學,附合韓侂胄之意,遂生開禧之兵端。然後知熹之所見,固非主和者所及,亦非主戰者所及也。

【彙訂】

① "著述",殿本作"述著"。

大事記講義二十三卷(浙江鮑士恭家藏本)

宋呂中撰。中字時可,泉州晉江人。淳祐中進士,遷國子監丞,兼崇政殿説書,徙肇慶教授。其書卷一《論》三篇,卷二紀宋太祖事,卷三至卷五紀太宗事①,卷六至卷七紀真宗事,卷八至卷十二紀仁宗事,卷十三紀英宗事,卷十四至十七紀神宗事,卷十八至二十紀哲宗事,卷二十一至二十二紀徽宗事,卷二十三紀欽宗事。事以類敍,閒加論斷。凡政事制度及百官賢否,具載於編。論中所議選舉資格及茶鹽政制諸條,頗切宋時稗政。又所載銓選之罷常參,任子之多裁汰,三司之有二司,税茶之易芻糧,皆《宋史》各志及馬端臨《文獻通考》所未備者。又所載朋黨諸人事實,及議新法諸人辨論,皆與《宋史》列傳多有異同,亦足資史學之參證。前有興國軍教授劉實甫序,謂:"水心以其師講貫之素,發明我朝聖君賢相之心。"則是書乃中平日講論稾本,葉適等為之編次云②。

【彙訂】

① 文淵閣《四庫》本書前提要此句下有"而卷五今缺"，應據補。（李裕民：《四庫提要訂誤》續）

②《宋史》卷四三四《葉適傳》謂葉適卒於嘉定十六年（1223），年七十四，當生於紹興二十六年（1150）。而"淳祐"年號，起於 1241 年，則呂中豈能為葉適之師？劉實甫序云："予項遊膠庠，有同舍示一編書曰，此止齋、水心之徒，以其師講貫之素，發明我朝聖君賢相之心。"此所謂止齋、水心之徒者，乃門徒之徒，非徒眾之徒。所謂其師，指止齋、水心言之也。蓋謂呂中嘗受業與陳傅良、葉適之門云爾。（余嘉錫：《四庫提要辨證》；淮沛：《四庫提要辨正四則》）

兩漢筆記十二卷（浙江范懋柱家天一閣藏本）

宋錢時撰。時有《融堂書解》，已著錄。此書皆評論漢史，嘉熙二年嘗經奏進。前有尚書省劄，稱十二卷，與此本合。葉盛《水東日記》以為不完之本，非也。其例以兩《漢書》舊文為綱，而各附論斷於其下。前一、二卷頗染胡寅《讀史管見》之習，如蕭何收秦圖籍，則責其不收《六經》，又何勸高帝勿攻項羽歸漢中，則責其出於詐術；以曹參、文帝為陷溺於邪說，而歸其過於張良；於陸賈《新語》，則責其不知仁義。皆故為苛論，以自矜高識。三卷以後，乃漸近情理，持論多得是非之平。其中如於張良諫封六國後，論封建必不可復，郡縣不能不置；於董仲舒請限民名田，論井田必不可行；於文帝除肉刑，亦不甚以為過，尤能滌講學家胸無一物、高談三代之窠臼。至其論董仲舒對策，以道之大原不在天而在心，則金谿學派之宗旨。論元帝以客禮待呼韓邪[①]；論光武

帝閉關謝西域,皆極稱其能忍善讓②。則南渡和議之飾詞,所謂
有為言之者,置而不論可矣。

【彙訂】

①"論元帝以客禮待呼韓邪",殿本無。

②"皆",殿本無。

舊聞證誤四卷(永樂大典本)

宋李心傳撰。心傳有《建炎以來繫年要錄》,已著錄①。《要
錄》於諸書譌異,多隨事辨正。故此書所論北宋之事為多,不複
出也②。或及於南宋之事,則《要錄》之所未及,此補其遺也。凡
所見私史、小說,上自朝廷制度沿革,下及歲月之參差,名姓之錯
互,皆一一詳徵博引,以折衷其是非。大致如司馬光之《通鑑考
異》,而先列舊文,次為駁正,條分縷析,其體例則如《孔叢》之《詰
墨》。其間決疑定舛,於史學深為有裨,非淹通一代掌故者不能
為也。《宋史‧藝文志》載此書作十五卷,自明代已無傳本③。
故薛應旂、王宗沐等續修《通鑑》,商輅續修《綱目》,皆未見其書。
今從《永樂大典》中所載④,蒐羅裒輯,尚得一百四十餘條⑤。謹
略依時代先後,編次排纂,析為四卷。雖非心傳之全帙,然就所
存者觀之,其資考證者已不少矣。原書於所辨諸條各註書名,
《永樂大典》傳寫脫漏,僅存其十之三四⑥。謹旁加搜討,凡有可
考者悉為補註,無可考者則仍其舊。心傳所辨,間有脫文,今無
別本可校,亦不敢意為增損焉。

【彙訂】

① 依《總目》體例,當作"心傳有《丙子學易編》,已著錄"。

②"不複出也",殿本無。

③ 明曹學佺《蜀中廣記》卷九九、董斯張《吳興備志》卷二二、柯維騏《宋史新編》卷四八均著錄《舊聞證誤》十五卷。(馬昕:《〈舊聞證誤〉的編刻與流傳》)

④ "中",殿本無。

⑤ 館臣所輯實為一百五十二條,卷一一四十四條,卷二四十五條,卷三三十三條,卷四三十條。(徐規:《〈舊聞證誤〉研究》)

⑥ 此書體例如連續幾條為同一出處,則只在第一條注明,後幾條均省略不注。《永樂大典》抄錄時未察此例,沒有逐條補寫出處,並非"傳寫脫漏"。(馬昕:《〈舊聞證誤〉的編刻與流傳》)

通鑑答問五卷(通行本)

宋王應麟撰。應麟有《周易鄭康成註》,已著錄。此書乃《玉海》之末附刊十三種之一,始自周威烈王,終於漢元帝,蓋未成之本也。書以《通鑑答問》為名,而多涉於朱子《綱目》。蓋《綱目》本因《通鑑》而作,故應麟所論出入於二書之閒。其所評騭,惟漢高"白帝子"事,以為二家偶失刊削;"孔臧元朔三年免太常"一條,疑誤採《孔叢子》。其餘則尊崇新例,似尹起莘之《發明》;刻覈古人,似胡寅之《管見》。如漢高祖過魯祀孔子,本無可貶,乃反譏漢無真儒;文帝除盜鑄之令,本不可訓,乃反稱仁及天下。與應麟所著他書殊不相類,其真贋蓋不可知①。或伯厚孫刻《玉海》時偽作此編②,以附其祖於道學歟? 然別無顯證,無由確驗其非,姑取其大旨之不詭於正可矣。

【彙訂】

① 殿本此句後有"或南宋末年洛閩道盛勢足以傾動一世莫

不依草附木假借末光”二十六字。

②“或伯厚孫”，殿本作“王厚孫”。王應麟字伯厚，其孫王厚孫曾刻《玉海》，見《總目》卷一三五《玉海》條：“明貝瓊《清江集》有所作應麟孫王厚[孫]墓誌，稱‘應麟著《玉海》，未脫稾而失，後復得之，中多闕誤。厚[孫]考究編次，請於閫帥鋟梓，并他書十二種以傳’。”殿本“時”下有“遂”字。

歷代名賢確論一百卷（浙江巡撫採進本）

不著撰人名氏。前有明吳寬序，稱“皆唐宋人所著，其説散見文集中。或病其不歸於一，輯成此篇，以便觀覽。錫山錢孟濬因其書不能家有，刊以傳世”云云，亦不詳作者為誰。近世所行刊本，或有題為華亭錢福所輯者。然福以宏治三年庚戌登第，寬序作於宏治十七年甲子，二人同時，不應不知為福作。殆後來書賈重刻，以福廷對第一，託名以行歟？所採諸家論著，皆至北宋而止。其書“葰宏”作“葰洪”，猶避宋宣祖廟諱，則理宗以前人所作也。考《宋史‧藝文志》有《名賢十七史確論》一百四卷，蓋即此書。惟此本較少四卷，稍為不合。或史衍“四”字，或刊本併為百卷，以取成數，均未可知。觀其評騭人物，自三皇以迄五季，按代分系，各標列主名。其總論一代者，則稱“通論”以別之。雖不標十七史之名，而核其始末，恰應十七史之數。其為即《宋志》之所載，益足證矣。所引唐人之文，如羅隱論子高、梅子真、盧藏用論紀信，張謂論劉宋代晉諸篇，皆《唐文粹》諸書所未錄。蓋宋時經義、詩賦兩科，皆試策論，故書坊多刻此種以備揣摩之用。然去取較有翦裁，視陳繼儒《古論大觀》之龐雜叢脞者，固不可同年語矣。

歷朝通略四卷(浙江巡撫採進本)[1]

元陳櫟撰。櫟有《書傳纂疏》,已著錄。是編敍歷代興廢得失,各為論斷,每一代為一篇。自伏羲至五代為二卷,北宋、南宋則各占一卷,蓋詳近略遠之意也。南宋止於寧宗,卷末櫟自跋謂"理、度二朝無史可據也"。舊本題《增廣通略》,而不言因誰氏之書。《千頃堂書目》有《通略句解》五卷,亦不言作者。櫟自跋謂"金事廷方雖略述,亦以未見其史,不敢輕筆",然則廷方其原撰是書之名字歟? 其人姓氏爵里則無考矣。書成於至大庚戌。明正統壬戌,櫟孫盤之壻漢陽知府王靜得本於鄉人方勉,始刊行之。此本為袁應兆所刊行[2],僅題"乙亥歲"[3],不著年號。書末附錄有萬曆戊子紀年,則崇禎八年之乙亥也。後附櫟《蒙求》一篇,及櫟行狀、墓誌之類。其《蒙求》末四韻,兼及明初,句下註曰:"此八句為朱楓林所增。"然原文迄於厓山,句下註"宋為元逼"云云,殊不類當時之語,殆亦有所改竄矣。是書雖撮敍大綱,不免簡略。而持論醇正,以資考證則不足,以論是非則讀史者固有取焉。

【彙訂】

① 文淵閣《四庫》本尚附《蒙求》一卷。(沈治宏:《中國叢書綜錄訂誤》)

② "刊行",殿本作"刻"。

③ "僅",殿本無。

十七史纂古今通要十七卷(內府藏本)

元胡一桂撰。一桂有《易本義附錄纂疏》,已著錄。是書自三皇以迄五代,裒集史事,附以論斷。前有大德壬寅自序,并地理、世系等十三圖。錢曾《讀書敏求記》曰："宋以來論史家汗牛充棟，率多龐雜可議，以其不討論之過也。此書議論頗精允，絕非宋儒隅見者可比。一覽令人於古今興亡理亂，了然胸次。朱子稱《稽古錄》：'其言如桑麻菽粟，小兒《六經》了，好令讀去。'予於此書亦云。"其推許是書甚至①。至議其當從《資治通鑑》帝魏，不當從朱子《綱目》帝蜀，則又以久經論定之事，務持異議以駭聽，不足為一桂病也。熊禾《勿軒集》有胡庭芳《史纂通要》前序②，即為此書而作。庭芳，一桂字也，其稱《史纂通要》，省文耳。此本不載禾序，殆偶佚歟？

【彙訂】

① 此書大德壬寅汪良臣序云："司馬溫公《稽古錄》，朱文公稱'其言如桑麻菽粟'云云，故良臣於先生是書亦欲竊比朱夫子之言。"錢曾乃本汪說。（胡玉縉：《四庫全書總目提要補正》）

② "前序"，底本作"語序"，據殿本改。《勿軒集》卷一有《史纂通要》序。

學史十三卷（浙江范懋柱家天一閣藏本）

明邵寶撰。寶有《左觿》，已著錄。寶嘗為江西提學副使，是書其提學時所作①。為卷十有二，以象月，又餘其一，以象閏。每卷或三十條，或二十九條，以象月之有大小。盡取程子"今日格一物，明日格一物"之義，名之曰"日格子"。巡撫吳廷舉嘗上於朝。書中取自周迄元史事，分條論列，詞簡意核②，筆力頗遒健。其間如記《後漢書》譙元用弟服去官，戴封用伯父喪去官事，以為辟世與人。不知後漢人情淳樸，其以期功喪解官持喪者③，見於史冊，不一而足。寶疑為托故而逃，未免失之不考。又論荀或,以為"志似管仲,心似召忽,非揚雄之比",亦為失當。然寶平生湛深經術,持論平正,究非胡寅輩之刻深、尹起莘輩之膚淺所可擬也④。

【彙訂】

① 殿本"其"上有"即"字。

②"核",殿本作"該"。

③"期功喪",殿本作"期功"。

④"膚淺",殿本作"黨附"。

史糾六卷(浙江巡撫採進本)

明朱明鎬撰。明鎬字豐芑①,太倉人。是編考訂諸史書法之謬及其事蹟之牴牾。上起《三國志》,下迄《元史》,每史各為一編。《元史》不甚置可否,自言仿鄭樵《通志》不敢删削《唐書》之例。其《晉書》、《五代史》亦闕而不論,則未審為傳寫所佚,為點勘未竟。觀篇末別附《書史異同》一篇,《新舊唐書異同》一卷,與前體例截然不同。知為後人掇拾殘槀,編次成帙也②。明代史論至多,大抵徒侈游談,務翻舊案,不能核其始終。明鎬名不甚著,而於諸史皆鉤稽參貫,得其條理,實一一從勘驗本書而來,較他家為有根據。其書《三國志》以及八《史》,多論書法之誤,而兼核事實;《唐書》、《宋史》則大抵考證同異,指摘複漏。中頗沿襲裴松之《三國志註》、劉知幾《史通》、吳縝《新唐書糾謬》③、司馬光《通鑑考異》之文。又如《隋書》蘭陵公主忍恥再醮,乃以身殉後夫,而取冠《列女》;《宋史》包恢以肉刑行公田法媚賈似道,乃以源出朱子,而列名《道學》④,顯然乖謬者,亦未能抉剔無遺。至徐夢莘《三朝北盟會編》本雜採諸書,案而不斷,以備史家之採

擇。故義取全收，無所去取，夢莘實未旁置一詞。而明鎬誤以記
述之文為夢莘論斷之語，大加排詆，尤考之未詳。要其參互考
證，多中肯綮，精核可取者十之六七，亦可謂留心史學者矣。

【彙訂】

①"豐芑"，殿本作"豐芑"。據吳偉業《梅村集》卷三四《昭
芑墓誌銘》、《明詩綜》卷七十六小傳及盧文弨《抱經堂文集》卷七
《史糾題辭》，其字應為昭芑。（余嘉錫：《四庫提要辨證》）

② 據吳偉業《昭芑墓誌銘》、盧文弨《史糾題辭》，《史糾》與
《書史異同》、《新舊唐書異同》本各自為書，後人乃削兩《異同》之
繁文，附之《史糾》之末，編輯者且於《書史異同》之下明著其說，
非由元稿殘失而後掇拾之也。（同上）

③"新"，殿本脫。

④"列名"，底本作"別名"，據殿本改。

御批通鑑綱目五十九卷通鑑綱目前編一卷外紀一卷舉要三
卷通鑑綱目續編二十七卷①

康熙四十七年吏部侍郎宋犖校刊②，皆聖祖仁皇帝御批也。
朱子因司馬光《資治通鑑》以作《綱目》，惟凡例一卷出於手定。其
綱皆門人依凡例而修，其目則全以付趙師淵③。後疏通其義旨者，
有遂昌尹起莘之《發明》，永新劉友益之《書法》；箋釋其名物者，有
望江王幼學之《集覽》，上虞徐昭文之《考證》，武進陳濟之《集覽正
誤》，建安馮智舒之《質實》；辨正其傳寫差互者，有祁門汪克寬之
《考異》。明弘治中，莆田黃仲昭取諸家之書，散入各條之下，是為
今本，皆尊崇朱子者也。故大抵循文敷衍，莫敢異同。明末張自
勳作《綱目續麟》，始以《春秋》舊法糾義例之譌；芮長恤作《綱目拾

遺》，以《通鑑》原文辨删節之失④。各執所見，屹立相爭。我聖祖
仁皇帝睿鑒高深，獨契尼山筆削之旨。因陳仁錫刊本⑤，親加評
定，權衡至當，衮鉞斯昭。乃釐正羣言，折衷歸一。又金履祥因劉
恕《通鑑外紀》失之嗜博好奇，乃蒐採經傳，上起帝堯，下逮周威烈
王，作《通鑑前編》。又括全書綱領，撰為《舉要》殿於末。復摭上
古軼聞，撰為《外紀》冠於首。陳仁錫稍變其體例，改題曰《通鑑綱
目前編》，與《綱目》合刊，以補朱子所未及。亦因其舊本，御筆品題。
至商輅等《通鑑綱目續編》，因朱子凡例，紀宋、元兩代之事，頗多舛
漏。六合之戰，誤稱明太祖兵為賊兵，尤貽笑千秋。後有周禮為作
《發明》，張時泰為作《廣義》，附於條下。其中謬妄，更不一而足。因
陳仁錫綴刊《綱目》之末，亦得同邀乙覽，并示別裁。乾隆壬寅，我皇
上御製題詞，糾正其悖妄乖戾之失，以闢誣傳信。復詔廷臣取其書，
詳加刊正，以協於至公。尤足以昭垂千古，為讀史之指南矣。

【彙訂】

①　文淵閣《四庫》本為《御批資治通鑑綱目》五十九卷卷首
二卷，其中卷一至卷五、卷八至卷十、卷十二、卷二十五、卷三十
六、卷三十七、卷三十九、卷四十一至四十五、卷四十七、卷四十
九、卷五十等二十一卷分上下卷，實為八十卷卷首二卷。《前編》
為十八卷。（沈治宏：《中國叢書綜錄訂誤》；修世平：《文淵閣欽
定四庫全書總目訂誤十六則》）

②《清史稿·宋犖傳》云宋犖康熙三十一年調任江蘇巡撫，
四十四年擢吏部尚書，四十七年以老乞罷，五十三年卒，並未有
擔任吏部侍郎之記載。康熙四十七年吏部左侍郎為張廷樞，右
侍郎為曹鑑倫。（江曦：《四庫全書總目條辨》）

③　朱熹不僅手定此書凡例，其綱其目也全盤掌控，前後二

十餘年皆為名副其實的主編，直至基本定稿。其閒有趙師淵等同志門人幫助編寫修訂而已。（葉建華：《論朱熹主編〈綱目〉》）

④ 殿本"以"上有"始"字。

⑤ 康熙御批實據弘治十一年慎獨齋刻本此書，非崇禎三年陳仁錫刻本。（嚴文儒：《〈資治通鑑綱目〉版本源流考》）

御製評鑑闡要十二卷

乾隆三十六年大學士劉統勳等編次恭進，皆《通鑑輯覽》中所奉御批也。始館臣恭纂輯覽時，分卷屬稾，排日進呈。皇上乙夜親披，丹毫評騭，隨條發論，燦若日星。其有敕館臣撰擬，黏籤同進者，亦皆蒙睿裁改定，塗乙增損，十存二三。全書既成，其閒體例事實奉有宸翰者，幾及數千餘條。既已刊刻簡端，宣示奕禩。館臣等飫聆指授，以微文奧義皆出自聖人獨斷之精心，而章句較繁，觀海者或難窺涯涘。因復詳加甄輯，勒為此書。凡分卷十二，計恭錄御批七百九十八則。大抵御撰者十之三，改籤者十之七。閎綱鉅指，炳著琅函。仰惟聖鑑精詳，無幽不燭。譬諸鼎鑄九金，神姦獻狀，不能少遁錙毫。故論世知人，無不抉微而發隱。所謂斥前代矯誣之行，闢史家誕妄之詞，辨覈舛譌，折衷同異，其義皆古人所未發。而敷言是訓，適協乎人心天理所同然。至乃特筆所昭，嚴於衮鉞，如賈充、褚淵等之書"死"，狄仁傑之書"周"，正《南》、《北》稱"侵"、稱"寇"之文，訂《遼》、《金》、《元》人名、官名、地名之誤。而紀年系統，再三申誡，尤兢兢於保邦凝命之原。洵足覺瞶震聾，垂教萬世。蓋千古之是非繫於史氏之褒貶，史氏之是非則待於聖人之折衷。臣等編輯史評，敬錄是編，不特唐、宋以來偏私曲袒之徒無所容其喙，即千古帝王致治之大法實已包括無餘。尊讀史之玉衡，併以闡傳心之寶典矣。

　　欽定古今儲貳金鑑六卷

　　乾隆四十八年特命諸皇子同軍機大臣、上書房總師傅等，取歷代冊立太子事蹟有關鑑戒者，按代纂輯。自周訖於前明，得三十有三事，又附見五事。而自春秋以後諸侯王建立世子，事非儲貳可比者，閒敘其概於案語中，而不入正條。其他偏據竊位，無關統緒之正，並略而不論。若宋之太弟、明之太孫，尤足為萬世炯鑑，則備論之。紀事取之正史，論斷衷諸《資治通鑑綱目》御批及《通鑑輯覽》御批。卷首恭載節奉諭旨，如羣書之有綱要焉。伏見我國家萬年垂統，睿慮深長。家法相承，不事建儲冊立。皇上準今酌古，備覽前代覆轍，灼知建儲一事斷不可行。屢頒宸諭，深切著明。伏讀御製《職官表聯句》詩注，於"詹事府"條下云："自古書生拘迂之見，動以建儲為國本①。其實皆自為日後身家之計，無裨國是。誠以立儲之後，宵小乘閒伺釁，釀為亂階，其弊有不可勝言者。朕於此往復熟籌，知之甚審。我子孫當敬凜此訓，奉為萬年法守。"聖訓煌煌，日星昭揭。證以是編所載往蹟，既曉然於前事之當懲，益以知聖朝詒謀宏遠，實為綿福祚而基萬年之要道也。

　　【彙訂】

　　①"國"，殿本脫，參乾隆《御製詩集》四集卷九十三《職官表聯句》詩注。

　　右史評類二十二部，三百八十二卷①，皆文淵閣著錄。

　　【彙訂】

　　①"三百八十二卷"，底本作"三百九十九卷"，據實際卷數及殿本改。

卷八九

史部四十五

史評類存目一

史通會要三卷（江蘇巡撫採進本）

明陸深撰。深有《南巡日錄》，已著錄。深嘗以唐劉知幾《史通》刊本多誤，為校定之，凡補殘刊謬若干言。又以其《因習》上篇闕佚，乃訂正《曲筆》、《鑒識》二篇錯簡，類為一篇以還之。復採其中精粹者，別纂為《會要》三卷。而附以後人論史之語，時亦以己見參之。深集中別載《史通》二跋，大略言知幾是非任情，往往捃摭聖賢，是其所短。至於評騭文體，亦可謂當。又言知幾嘗謂國史敘事，以簡為主，而其書之冗長乃不少。觀其議論，可以見其去取之旨矣。

史通評釋二十卷（編修勵守謙家藏本）

明李維楨評，郭孔延附評并釋。維楨字本寧，京山人。隆慶戊辰進士，官至南京禮部尚書。事蹟具《明史·文苑傳》。孔延始末未詳。《史通》舊刻，傳世者稀。故《永樂大典》網羅繁富，而獨遺是書。其後有蜀本、吳本，文句脫略，互有異同。萬曆中復有張氏刻本，增七百三十餘字，刪六十餘字。復於《曲筆》、《因習》二篇補其殘闕①，遂為完書。不知其所增益果據何本。然自是以後，皆以張本為祖矣。維楨因張氏之本，略為評論。孔延因續為評釋，雜引諸書以證之②。凡每篇之末標"評曰"字者，皆維楨語，標"附評"字者，則孔延所補也。維楨所評，不出明人游談之習，無足置論。孔延所釋，較有引據，而所徵故事，率不著其出典，亦頗有舛漏。故王維儉以下註《史通》者數家，皆嫌其未愜，多所糾正焉。

【彙訂】

① 張鼎思所增補七百餘字，即在《曲筆》（增四百三十餘字）、《鑒識》（增三百餘字）二篇中，而《補注》、《因習》二篇缺文，未嘗增訂。後張之象得秦汝立家藏宋刻本，於《補注篇》增二百四十餘字，《因習篇》增三百六十餘字，方成完書。（金毓黻：《中國史學史》；蒙文通：《館藏明蜀刻本〈史通〉初校記》）

② 郭孔延所據之本已將《曲筆篇》"夫史之曲筆誣者"以下一百九十九字誤入《鑒識篇》者，加以釐正，應非張鼎思本。（同上）

史通訓故二十卷（編修勵守謙家藏本）

明王維儉撰。維儉字損仲，祥符人。萬曆乙未進士，官至山東巡撫。事蹟具《明史·文苑傳》①。是編因郭孔延所釋重為釐正，又以華亭張之象藏本參校刊定。卷端有維儉題識，稱："除增《因習》一篇及更定《直書》、《曲筆》二篇外，共校正一千一百四十二字。"然以二本相校，惟《曲筆篇》增入一百一十九字②。其《因習》、《直書》二篇並與郭本相同，無增入之語，不知何以云然也。孔延註本漏略實甚，維儉所補引證較詳。然黃叔琳、浦起龍續註是書,尚多所駁正。蓋劉知幾博極史籍,於斯事為專門。又唐以前書今不盡見,後人掘摭殘剩,比附推求,實非一二人之耳目所能遍考。輾轉相承,乃能賅備,固亦勢所必然耳。

【彙訂】

①《明史·文苑四》云:"維儉字損仲,萬曆二十三年進士……天啟三年八月,擢右僉都御史巡撫山東……五年三月擢南京兵部右侍郎,未赴,入為工部右侍郎。"《列朝詩集小傳》丁集下"王侍郎惟儉"條云:"惟儉,字損仲,祥符人,萬曆乙未進士……以僉都御史出撫山東……入為工部右侍郎……罷歸,卒。"雍正《河南通志》卷五七《人物志·王維儉傳》同。(楊武泉:《四庫全書總目辨誤》)

②"一百一十九字"乃"一百九十九字"之誤。《曲筆篇》一百九十九字之增入,應係郭孔延所為。(金毓黻:《中國史學史》;蒙文通:《館藏明蜀刻本〈史通〉初校記》)

史通訓故補二十卷(編修勵守謙家藏本)

國朝黃叔琳撰。叔琳有《研北易鈔》,已著錄。是書補王維儉註所未及,與浦起龍《史通通釋》同時而成。而此本之出略前,故起龍亦閒摭用。所稱"北平本"者,即此書也。浦本註釋較精核,而失之於好改原文,又評註夾雜,儼如坊刻古文之例,是其所短。此本註釋不及起龍,而不甚改竄,猶屬謹嚴。其圈點批語,不出時文之式,則與起龍略同。惟起龍於知幾原書多所迴護,即《疑古》、《惑經》之類亦不以為非①。此書頗有糾正,差為勝之耳。

【彙訂】

①"疑古惑經",殿本作"疑惑古經",誤。《疑古》、《惑經》皆

《史通》中篇目。

四明尊堯集十一卷（浙江范懋柱家天一閣藏本）

宋陳瓘撰。瓘有《了翁易説》，已著錄。是書《書錄解題》著錄止一卷，此本十一卷，乃後人並其原表序跋合而編之者也。瓘以紹聖史官專據王安石《日錄》改修《神宗實錄》，變亂是非，不可傳信，因作是書以辨其妄。其初竄廉州時所著，名《合浦尊堯集》，但著十論，猶未直攻安石。及北歸後，乃改作此書，分為八門，曰聖訓、論道、獻替、理財、邊機、論兵、處己、寓言，始力斥王安石之誣。皆摘《實錄》原文，而各著駁論其下，共六十五條。坐此羈管台州。其《總論》中所云“安石退居鍾山，著此訕書以授蔡卞。卞當元祐之時，增損潤色，九年筆削”云云。大抵主於掊擊卞，故史稱京、卞兄弟“最所忌恨，得禍最酷”。然朱子尚病其有所避就，未能直中安石隱微云。

讀史管見三十卷（內府藏本）

宋胡寅撰。寅字明仲，號致堂，崇安人。官至禮部侍郎，諡文忠。事蹟具《宋史》本傳。是編乃其謫居之時讀司馬光《資治通鑑》而作。前有嘉定丙寅其猶子大壯序[①]，稱“書成於紹興乙亥”，又稱其父安國“受知高宗，奉詔修《春秋傳》。宏綱大義，日月著明，二百四十二年之後，至於五代。司馬光所述《資治通鑑》，事雖備而立議少，實因用《春秋》經旨，尚論詳評”云云。案，胡安國之傳《春秋》，於筆削大旨雖有發明，而亦頗傷於深刻。是以《欽定春秋傳説彙纂》於其已甚之詞多加駁正，以持褒貶之平。寅作是書，因其父説，彌用嚴苛。大抵其論人也，人人責以孔、顏、思、孟；其論事也，事事繩以虞、夏、商、周。名為存天理，遏人欲,崇王道,賤霸功,而不近人情,不揆事勢,卒至於窒礙而難行。王應麟《通鑑答問》謂[②]:"但就一事詆斥,不究其事之始終",誠篤論也。又多假借論端,自申己說,凡所論是非,往往枝蔓於本事之外。趙與旹《賓退錄》曰:"胡致堂著《讀史管見》,主於譏議秦會之,開卷可見也。如'桑維翰雖因契丹而相,其意特欲興晉而已,固無挾敵以自重,劫國以盜權之意,猶足為賢。'尤為深切。致堂本文定從子。其生也,父母欲不舉,文定夫人舉而子之。及貴,遭本生之喪,士論有非之者。案,寅以不持本生之服遭劾,見《宋史》本傳。其自辨之書則見所撰《斐然集》中。考'漢宣帝立皇考廟'、'晉出帝封宋王敬儒'兩章,專以自解。而於'漢哀帝立定陶後'一節,直謂'為人後者不顧私親,安而行之,猶天性也'。吁,甚矣! 首卷論豫讓報仇,曰'無所為而為善,雖《大學》之道不是過'。若致堂,其亦有所為而著書者歟?"則在當時論者,亦有異同者矣。至國朝朱直作《史論初集》,專駁是書。其閒詆訶之詞,雖不免於過當,然亦寅之好為高論有以激之,至於出爾反爾也。

【彙訂】

① 嘉定無丙寅,丙寅乃其前開禧二年。(楊武泉:《四庫全書總目辨誤》)

② "通鑑答問",殿本作"通鑑問答",誤。《總目》卷八八著錄王應麟《通鑑答問》五卷。

三國紀年一卷(浙江范懋柱家天一閣藏本)

宋陳亮撰。亮字同甫,婺州永康人。紹熙四年進士第一,官至建康軍節度判官。事蹟具《宋史》本傳。是書大旨主於右蜀而貶魏、吳,名為"紀年",實史家論斷之體。已載亮所著《龍川集》

中,此其別行之本也。

議史摘要四卷(浙江吳玉墀家藏本)

舊本題曰《新刊祖謙呂先生議史摘要》,又題曰《議史摘粹》。一書之中,其名已自相矛盾。今檢其文,即呂祖謙《左氏博議》,但增以註釋耳。然註釋亦極淺陋。惟版式頗舊,蓋元、明閒麻沙書坊所偽刻也。

三國六朝五代紀年總辨二十八卷(江蘇蔣曾瑩家藏本)

不著撰人名氏。惟前有開禧丁卯吳炎然序[①],稱"魏君仲舉比求到永嘉朱先生《三國六朝五代紀年總辨》。循《通鑑》,案前史,而為之辨論,詞語警拔。侍郎葉公正則亦稱此書事理融會,今昔貫通"云云。案《文獻通考》載"《紀年統論》一卷,《紀年備遺》一百卷,永嘉朱黼撰",引陳振孫《書錄解題》,謂其"起陶唐,終顯德",與此本不符。又載葉適序,稱"其書三千餘篇,述呂武、王莽、曹丕、朱溫,皆削其紀年"。今此本三國始於漢昭烈帝章武元年,不列曹丕;五代始於唐天祐四年迄十九年,下接後唐同光元年,不列朱溫。其例又復相合。考魏仲舉乃建陽書賈,今所傳《五百家註韓柳文集》即出其家,蓋以刊書射利者。又吳炎然序首以用兵立言,中復有"靈旗北指,諸君封侯之秋"語。蓋開禧丁卯,正韓侂胄肇釁敗盟之時。時方競講北征,故仲舉於《紀年備遺》之中摘刊割據戰伐之二十八卷,以備程試答策之用。觀序末有"上可發前人未盡之蘊,下可以為學者進取之階"語,則書肆之曲投時局以求速售,其大旨了然著矣。卷端冠以三國、兩晉、南北朝、五代世系與地理攻守之圖。又《甲子紀元總要》一卷,於曹丕、朱溫皆紀其年號,與本書乖刺。知亦仲舉所加,非黼之舊也。

案《平陽縣志》，矞字文昭，隱居南蕩山，終於布衣，嘗受業陳傅良之門。傅良喜議論，有《止齋論祖》一書，為當時舉子所重。故矞亦研心史事，以作是編。其原書雖不可盡睹，然二十八卷之中②，大抵憤南渡之積弱，違心立論，强作大言。謂南可併北，北不可以併南。侁冑輕舉攻金，浮動者譁然和之，卒召敗衄，未必非矞等偏僻之説有以熒惑衆聽矣。

【彙訂】

①"吳奐然"，底本作"吳焕然"，下同，據殿本改。清鈔本此書吳序署"開禧丁卯修禊事之辰錦溪吳奐然景仲序"。

②"之"，殿本無。

小學史斷二卷續集一卷附通鑑總論一卷（浙江巡撫採進本）

宋南宮靖一撰。靖一字仲靖，自號坡山主人，南昌人。是書上起周平王，下迄五代，敍述史事而裒集宋儒論斷，聯絡成文。所採《讀史管見》、《説齋講義》為多，《通鑑》及程、朱語錄，《吕祖謙集》次之。至邵子之詩，亦摘句綴入。其他蘇洵父子之屬，則寥寥數則而已。知為講學家也。前有端平丙申自序。其中持論最悖者，如謂始皇當別為後秦，晉元帝當復姓牛氏，皆祖胡寅之説，不能糾正。蓋其書全取舊文，有如集句。遇先儒之論則收之，不敢有所異同故也。《續集》一卷，明廬陵晏彦文所編宋、元二代之事①，附以遼、金，又附以西夏、安南，殊無義例。其以宋之南渡為道學之功，宋之不能恢復由偽學之禁。又以理宗為能尊周②、程，為知復古帝王之治。其大旨以道學之盛衰，定帝王之優劣，而一切國計民生，皆視為末務。視靖一原書，尤迂而寡當矣。是書舊無刊本。明嘉靖中，嘉興府知府趙瀛文始為授梓，而以陽節潘榮《通鑑總論》附焉[3]。蓋鄉塾課蒙之本也。

【彙訂】

① 晏彦文名璧，依《總目》體例當稱晏璧。（柏克萊加州大學東亞圖書館編：《柏克萊加州大學東亞圖書館中文古籍善本書志》）

② "為"，殿本無。

③ 趙瀛文乃趙瀛（字文海）之誤。臺灣"中央圖書館"藏有南宋末年刻本，趙瀛嘉靖二十六年刻本前尚有明弘治十六年刻本、嘉靖十二年遼藩朱寵瀁刻本、嘉靖十七年張木刻本。（柏克萊加州大學東亞圖書館編：《柏克萊加州大學東亞圖書館中文古籍善本書志》）

史學提要一卷（江西巡撫採進本）

宋黃繼善撰。繼善字成性，盱江人。其書以四言韻語編貫諸史，始自上古，迄於宋末，以便初學記誦。然舊本題繼善宋人，而述宋亡，且稱德祐幼主降於大元，何耶？寧都魏禧集有是書序，併云："重訂其譌闕，又屬盱江涂大訒允恒補撰二篇，復為之註。"考宋人所述，宜止於五代。此本既止於宋，則僅補一篇，且又無註，未必即禧之所序。觀"大元"之稱，當為元人所增也。

承華事略一卷（浙江汪啟淑家藏本）

元王惲撰。惲字仲謀，東平人。世祖時官至翰林學士，事蹟具《元史》本傳[1]。此書成於至元十八年。時裕宗為太子，惲官燕南河北道副使，因作此進於東宮。載前代為太子者之事，加以論斷。裕宗甚喜是書，令諸皇孫共傳觀焉。已載所著《秋澗集》中，此後人鈔出別行之本。進書啟稱"二十篇，釐為六卷"。今止一卷,亦後人所合併也。

【彙訂】

①《元史》本傳作"衛州汲縣人"。《明一統志》卷二八《衛輝府·人物》王惲條、王惲撰《秋澗集》原本提要亦同。《秋澗集》卷四九《南廊王氏家傳》云:"汲郡王氏,其先陳留陽武縣七圈里人……宋靖康初,避地徙家衛州汲縣長樂鄉之白楊里。"未涉東平。(楊武泉:《四庫全書總目辨誤》)

敘古頌二卷(永樂大典本)

元錢天祐撰。天祐履籍未詳。是書前有延祐五年三月進表,稱:"臣於延祐元年作《大學經傳直解》,進獻皇太子。明年復作《孝經直解》進獻,承令命翰林官以威烏爾原作"畏吾兒",今改正。字語譯訖。奏上皇帝陛下、太后殿下,奉旨將《孝經》鏤版,命臣陪侍皇太子備員說書,給賜廩餼。敢獻盲歌瞽頌,採摭經史成言,效荀卿《成相》之體,叶以聲韻,著為一編。凡帝王之道,起自唐虞,訖於有宋。總八十六章,章二十四字。仍隨文引事實註於其下,目曰《敘古頌》。可以謳吟歌詠,掇前史於片紙之閒。"云云。又有禮部牒,稱"說書臣范可仁衍以增義,蕭貞疏以音釋",蓋三人共成此書也。然詞意鄙俚,殊不足採。

史義拾遺二卷(內府藏本)

元楊維楨撰。維楨有《春秋合題著說》,已著錄。據孫作所作維楨《傳》,稱其"生平論史之書,有《太平綱目》四十冊,《歷史鉞》二百卷,今俱亡佚"。此書《傳》中不載,明皇甫汸始為刊行①。大抵雜舉史事,自為論斷。上自夏商,下迄宋代。中有作補辭者,如《子思薦荀變書》、《齊威王寶言》是也;有作擬辭者,如

《孫臏祭龐涓文》、《梁惠王送衛鞅還秦文》是也；有作設辭者，如《毛遂上平原君書》、《唐太宗責長孫無忌》是也。大都借題游戲，無關事實。考同時王禕集中亦多此體②，蓋一時習尚如斯。非文章之正格，亦非史論之正格，以小品視之可矣。每篇下有跋語，蓋其門人所作。自稱其名曰"木"，不著其姓，亦不知其為何許人也。

【彙訂】

① 據臺北"中央圖書館"藏《史義拾遺》二卷弘治壬戌（十五年）平湖陸淞敍，可知此書由譚德周初刻於弘治年間。皇甫汸為嘉靖八年進士，其刊本當在此後。（王次澄：《四庫全書總目提要正補二十五則》）

② "王禕"，殿本作"王禕"，誤。説詳卷四六《元史》條訂誤。王禕《王忠文公集》卷十三為"擬"類，有《齊桓公請成於魯》等。

事偶韻語一卷（永樂大典本）

舊本題錢塘凌緯撰，不詳時代。是書凡五言絕句一百首。前有自序云①："唐李瀚《蒙求》，約四言成編②，誠便記覽。自後文士③，往往效而為之，未有增至五言者。余因暇日觀歷代君臣言行，多有補於世教，由是撮舉其要，以類相偶，萃為絕句百章。各章之下，仍取得失事附註焉。"蓋即《蒙求》而稍變其體耳。

【彙訂】

① "前有自序云"，殿本作"前自序稱"。

② "四"，殿本脱。

③ "自"，殿本作"是"。

通鑑博論三卷（兩江總督採進本）

明寧王權撰。權有《漢唐祕史》，已著錄。此書以洪武二十九年九月表上，蓋奉太祖敕撰者。前二卷論歷代史事大略，後一卷倣史家年表，名之為《天運記》。其上、中二卷所云"外記"者，劉恕、陳桱之書也；"正紀"者，司馬光之書也。錢曾《讀書敏求記》曰："下卷圖格中於至正二十六年丙午書'廖永忠沈韓林兒於瓜步，大明惡永忠之不義，後賜死'。此非寧王之書法，而太祖之書法也。德慶一案，盡此二十一字，又何他詞之說。"云云。夫林兒之死，猶義帝之死也；明初奉"龍鳳"年號。永忠之死，亦猶淮陰之死也。誣過永忠，一語而解兩失，此真舞文之曲筆。曾乃以為定案，於義殊乖①。下卷之末有永樂五年御製文一篇，題曰《歷代受命報復之驗》。蓋官為刊行，因而附著其文。純舉報應輪迴之說，最為淺陋。後有成祖自跋云："觀其革命之際，報復屠戮之慘，或亂生於內，或患生於外，自相魚肉。"又云："察其歷代報復之由，以明天道好還之理。"觀其所言，似乎尚畏天道者。而革除時屠戮之慘，乃無復人理，天下後世之耳目可以是言掩耶！又案《明史》權本傳曰："權嘗奉敕輯《通鑑博論》，又作《史斷》一卷。"今考是書凡例云："一取《史斷》為法，加諸筆削。"下卷之末云："取《史斷》之首章以名是書。"②《史斷》者，宋端平三年南宮靖一所作。今尚有傳本，非權作也。

【彙訂】

① 錢曾所論反諷之意甚明，非真以為定案。

②"名"，殿本作"銘"。

宋論三卷（浙江范懋柱家天一閣藏本）

明劉定之撰。定之有《易經圖釋》，已著錄。此書取《宋史》

自太祖迄衛王事蹟，每條節文提要，各為論於其後，凡二十八篇。持論頗正，故鄭瑗《井觀瑣言》以為勝於《宋史筆斷》。然亦取太宗弑奪之説，至謂尼瑪哈尼瑪哈，原作"粘罕"，今改正。為太祖復生。委巷鄙言，何可訓也。

蔗山筆麈一卷（編修程晉芳家藏本）

明商輅撰。輅有《商文毅奏議》，已著錄。是編雜論史事，僅三十三條，頗好持異論。如謂宋天書事亦有深意，不可盡加訾議，是何言歟？

政監三十二卷（兩淮馬裕家藏本）

明夏寅撰。寅字正夫，華亭人。正統戊辰進士，官至山東右布政使。是書首列經傳《尚書》、《春秋》，次自漢迄元史事。分條件繫，各加評斷。皆前人緒言，無大闡發。又間或不免於偏駁。

雪航膚見十卷（兩淮馬裕家藏本）

明趙弼撰。弼字輔之，南平人，雪航乃其號也。是書成於正統、景泰間。雜論史事，上自羲、農，下及有宋。論多迂闊，亦頗偏駁。其中如論"項羽殺宋義為是，先儒斷其矯殺為非"；又論"殺秦王子嬰、屠其宗族、伐其陵墓為是，先儒論其暴橫為非"；又論"項羽不殺沛公有人君之度，先儒不能表而出之"；又論"項羽獲太公、呂后三年，無淫殺之心，聞吾翁即若翁之言，即捨太公，則篤於朋友之義，而先儒不能察"；又論"羽之才美，亘古無倫。烏江之死，本實天亡，而非羽罪。司馬遷、揚雄所論皆謬"，殊乖剌不協於理，宜為陶輔《桑榆漫志》所駁。然輔不駁此條之顛倒，而別舉羽弑義帝一事，謂"雖有善，無足稱"，則所見亦與弼等矣。

新舊唐書雜論一卷（兩淮馬裕家藏本）

明李東陽撰。東陽有《東祀錄》，已著錄[1]。是編摘唐史事蹟，辨其是非。所論太宗、明皇之事為多，持論亦皆平允。然東陽依違避禍，固位取容。其論宋璟不與反正之功，無害宰相之體，實陰以自解。其論狄仁傑、褚遂良優劣，謂“二人易地，仁傑必能強諫於武后初立之時，遂良必不能成功於武后既篡之後”。及論德宗猜忌，元載凶嫉，李泌能周旋其閒，亦隱然自以調停為功。其駁胡寅論高力士一條及論姚崇任詭用詐一條，亦欲以持論之正自蓋其所為也[2]。

【彙訂】

[1] 依《總目》體例，當作“東陽有《燕對錄》，已著錄”。

[2] 此書實為《懷麓堂文稿》第十七卷，即李東陽弘治七年入閣之前所作。則無須“陰以自解”、“隱然自以調停為功”、“以論之正自蓋其所為”。（錢振民：《李東陽年譜》）

宋紀受終考三卷（編修汪如藻家藏本）

明程敏政撰。敏政有《宋遺民錄》，已著錄。其《篁墩集》中有《宋太祖太宗授受辨》一篇，專辨僧文瑩《湘山野錄》誣太宗“燭影斧聲”之事。末自註云：“猶恐考核未精，故別成是書”。然觀文瑩所言，實無所確指，徒以李燾《長編》誤解文瑩之言，遂成疑案耳[1]。宋濂、黃溍始首辨其誣。敏政是書又博採諸書同異，一一為之辨證[2]，然仍宋、黃二家之緒論也。

【彙訂】

[1] “耳”，殿本無。

[2] “為之”，殿本無。

宋史闡幽一卷（江蘇巡撫採進本）

　　明許浩撰。浩字復齋，餘姚人。宏治中以貢生官桐城縣教
諭。與作《通鑑綱目前編》之許浩同姓名，又同時，實各一人也。
是編因與邱濬讀《宋史》而作，其是非皆不謬於聖賢。然特舉古
來論定之説，敷衍成篇。如司馬光諸人為君子、蔡京諸人為小
人，亦何待於浩而始知之乎①？

【彙訂】

①“之”，殿本無。

元史闡幽一卷（浙江鮑士恭家藏本）

　　明許浩撰。大抵皆取《續綱目》所書而論斷之，凡五十二條。
持論雖正，而亦不免於偏駁。

世史積疑二卷（浙江范懋柱家天一閣藏本）

　　舊題元李士實撰。前有自序，稱“至正七年壬申三月朔書”。
案，至正七年歲在乙亥，非壬申，與史不合。而元代亦未聞有李
士實。惟明有新建李士實，成化丙戌進士，官至右都御史，致仕。
正德閒寧王宸濠圖不軌，引之同謀。事起時，以士實與舉人劉養
正為左、右丞相。宸濠就擒，士實並伏法。事見《明史》。而正德
七年正值壬申，與此書序內紀年適合。屠隆《考槃餘事》又稱“士
實有善書名”，而此本內自書序文，筆勢頗雄放，亦足相證其為明
李士實所撰無疑。書首有“衡山”及“天籟閣”印記，乃文徵明①、
項元汴兩家舊本。此必在當時以士實為黨逆叛臣，嫌於私存其
著作，故改竄紀年以掩其蹟，而後來著錄者遂誤以為元人也。其
書採摘史事，分條立説，迄於東漢之末止。以喪心從亂之人，
而妄議古今，其説蓋不足深論矣。

【彙訂】

① "文"，據殿本補。

兀涯西漢書議十二卷（浙江范懋柱家天一閣藏本）

舊本題明張邦奇撰。實則因霍韜舊稾而增修之。兀涯者，韜別號也。所輯《明良集》，已著錄。邦奇字常甫，鄞縣人。宏治乙丑進士，官至南京兵部尚書，諡文定。事蹟具《明史》本傳。其書皆摘西漢之事編次年月，先錄《漢書》原文，而附以評斷。多引明代故事，證其得失。蓋嘗經奏御之書。其每條標"臣案"者，韜原文，有別標"侍郎臣張邦奇曰"者，則續修之文也。

史評十卷（內府藏本）

明范光宙撰。光宙字霽陽，石門人。是書自春秋迄南宋，人各為評。多襲前人緒論，罕出心裁。

責備餘談二卷（浙江范懋柱家天一閣藏本）

明方鵬撰。鵬有《續觀感錄》，已著錄①。是書雜取古人行事為世所稱者，摘其瑕疵。自序謂："賢知之過，立言制行，或不近人情，不合中道，往往載諸典籍，學者喜談而誤效之。故直指而極論焉，以自附於《春秋》責備之意。"然持論刻覈，時多乖謬。如《穀梁》謂"隱公可謂輕千乘之國，蹈道則未"，其言允矣。今並謂"輕千乘之國"為非。至陳師道不肯假趙挺之之衣，亦排詆之。所謂不樂成人之美者歟？

【彙訂】

① 依《總目》體例，應作"鵬有《崑山人物志》，已著錄"。（李裕民：《四庫提要訂誤》）

東源讀史錄無卷數（浙江巡撫採進本）

明田維祐撰[1]。維祐字裕夫，號東源居士，蕭山人。正德戊辰進士，官至肇慶府知府。是書採集史事及前人史評，衷以己意。其自跋謂：“於正德丁丑，取《少微通鑑節要》讀之。偶有所見，輒錄於楮。殊無出人議論，或似有所蹈襲。”今觀書中所斷制[2]，雖無大疵謬，而蹈襲之弊，誠如自序所云[3]。且《少微通鑑節要》雖出宋人，實村塾陋本。據以立論，亦安足以言讀史也[4]。

【彙訂】

① “田維祐”，殿本作“田維祐”，下同。《明清進士題名碑錄》、清康熙《蕭山縣志》卷十七《選舉志》“弘治十四年舉人”、“正德三年戊辰呂柟榜進士”均作“田維祐”，《浙江省第六次呈送書目》、《浙江採集遺書總錄》、清雍正《廣西通志》卷五十六《秩官》“太平府同知”皆作“田維祐”。（杜澤遜：《四庫存目標注》）

② “所”，殿本無。

③ 上文云自跋，此處又作自序，恐有一誤。

④ “也”，殿本作“乎”。

翼正錄四卷（江蘇巡撫採進本）

明何思登撰。思登字一舉，武昌人。正德甲戌進士[1]，官翰林院編修。是書標舉歷代史事而論其得失，大旨主於黜佛老之虛誕，故以“翼正”為名，其持論不為不醇。而言煩詞複，一書惟此一意，未免失之冗瑣，與胡寅《崇正辨》得失相同。至其意見偏駁，如許衡為國子監祭酒乞休事，必削元世祖年號，繫於宋度宗咸淳九年之類，尤舛謬至極，不足與辨者矣。

【彙訂】

① 雍正《湖廣通志》卷三二《選舉志》、康熙《蒲圻縣志》卷七《科貢志》、卷一一一《人物志》何思登傳均作萬曆二年甲戌科進士。可知"武昌"當作"蒲圻","正德"當作"萬曆"。（楊武泉：《四庫全書總目辨誤》）

尚論編二十卷（山東巡撫採進本）

明鄒泉撰。泉字子靜,崑山人。正德中諸生[①]。是編所載,自三代以至宋、元,悉刪削諸史本傳,存其梗概,閒引他説考證。又仿諸史論贊,附以己意,亦頗有可採之處,非明人輾轉裨販者可比。但以二十一史欲縮斂於二十卷中,此雖班、馬之才,亦必不能鎔鑄包括。時傷疏漏,固其所耳。

【彙訂】

① 依《總目》體例,當作"泉有《宗聖譜》,已著錄"。

卷九〇

史 部 四 十 六

史評類存目二

世譜增定二卷（浙江范懋柱家天一閣藏本）

明呂顒編。顒字夢賓，陝西寧州人。嘉靖癸未進士，官至應天府尹。是編因陳璘所刊《世譜》一書，益以司馬光《歷年圖》、梁氏《總論》，而以黃繼善《提要》割屬歷代之下。以上古至東晉為前卷，劉宋至元為後卷，蓋鄉塾課蒙之本也。

帝鑑圖説無卷數（内府藏本）

明張居正、呂調陽同撰。居正有《書經直解》，已著錄。調陽，臨桂人。嘉靖庚戌進士，官至建極殿大學士，諡文簡。事蹟具《明史》本傳①。是編乃二人奏御之書，取堯、舜以來善可為法者八十一事，惡可為戒者三十六事，每事前繪一圖，後錄傳記本文，而為之直解。前有隆慶六年十二月進疏一篇，蓋當神宗諒闇時也。疏云："善為陽為吉，故數用九九；惡為陰為凶，故數用六六。取唐太宗'以古為鑑'之語名之。"書中所載皆史册所有，神宗方在沖齡，語取易曉，不免於俚俗。

【彙訂】

①《明史》及王鴻緒《明史稿》均無《呂調陽傳》，其事蹟散見

於《明史》之《神宗紀》、《宰相年表》、《七卿年表》及張居正、馬自强、魏允貞、于慎行諸人之傳。（楊武泉：《四庫全書總目辨誤》）

　　羣史品藻三十卷（安徽巡撫採進本）

　　明戴璟撰。璟有《廣東通志初稾》，已著錄。是編取司馬光《通鑑》，摘其事蹟爲之論斷。其凡例云："以《通鑑節要》爲主，而摘其可爲論策命題者。"案《千頃堂書目》有宋江贄所撰《資治通鑑節要》，又有元劉剡所撰《資治通鑑節要》，皆三十卷，未知璟所指何本。然止爲命題而設，則不出兔園册子之陋習也①。

　　【彙訂】

　　①"陋習"，殿本作"積習"。

　　漢唐通鑑品藻三十卷（江蘇巡撫採進本）

　　明戴璟撰。是書《明史·藝文志》著錄，然即璟所著《讀史品藻》，坊本改易其名也。書中起周威烈王，終周世宗，與《通鑑》首尾相應，而以"漢唐"名書。璟未必謬陋至此，其出自庸妄書賈明矣。

　　兩漢解疑二卷（浙江巡撫採進本）

　　明唐順之撰。順之有《廣右戰功錄》，已著錄。是編摘兩漢人物，論其行事，設爲問難，而以己意解之。大抵好爲異論，務與前人相左。如以紀信之代死爲不足訓，以漢高之斬丁公爲悖恩欺世之類。皆乖平允，不足爲訓也。

　　兩晉解疑一卷（浙江巡撫採進本）

　　明唐順之撰。持論與所作《兩漢解疑》相類，而乖舛尤多。如"賈充"一條，稱："秦檜有息民之功，故得善終；馮道和藹溫柔，故有‘長樂老’之榮。”悖理殊甚。順之學問文章具有根柢，而論史之紕繆如此。蓋務欲出奇勝人，而不知適所以自敗，前明學者之通病也。

覺山史説二卷（浙江鮑士恭家藏本）

明洪垣撰。垣字峻之，婺源人，覺山其號也。嘉靖壬辰進士，官至温州府知府。事蹟具《明史》本傳。又《湛若水傳》末稱“湛氏門人最著者，永豐李懷、德安何遷、婺源洪垣、德安唐樞。懷之言變化氣質，遷之言知止，樞之言求真心，大約出入王、湛兩家之閒，而自為一義。垣則主於調停兩家，而互救其失，皆不盡守師説”云云。其講學之書今未之見，是編其論史之書也。所論起上古迄宋末，如論“伍員鞭墓”之類，頗能主持名教。他如論管叔、蔡叔合於義而不知天命，詆紀信代死，為吕禄辨冤之類，則不免文士好奇，務為新論。至於論余闕死節一條，斥闕不當仕元，且以全家併命為非，是則紕繆至極。無論闕本色目人，實非南宋遺民，垣於事實為不考。即使闕之祖父果為南宋遺民，而是時元混一天下，已屆百年，踐土食毛，久為黎庶。垣乃於數世之後使為宋守故臣之節，此於理不更悖乎！

太史史例一百卷（浙江汪啟淑家藏本）

明張之象撰。之象字元超，華亭人。嘉靖中，官浙江按察司知事。《明史・文苑傳》附載《文徵明傳》中①。是編取《史記》所書，分類標列為二百八十九例②，摘其文以繫於各類之後，名目皆極瑣屑。夫文字詳略，勢無定體，本不可以例言。況太史公成一家之書，往往意在文外，尤不得盡以定法拘之。而之象乃毛舉細微，以為事事有例。此又以説《春秋》家之窠臼移而論史矣。

【彙訂】

①《明史·文徵明傳》稱"上海張之象",《國朝獻徵錄》卷八四莫如忠《浙江按察司知事張公之象墓誌銘》云："先世有鐵一者,自嚴陵徙上海之龍華里,家焉。"雍正《江南通志》卷一六六《文苑一·張之象傳》、周中孚《鄭堂讀書記》卷六二"楚騷綺語"條均謂上海人。(楊武泉:《四庫全書總目辨誤》)

②"二百八十九例",殿本作"二百八十七例",誤。張之象自序亦作"二百八十七例"。然據明嘉靖四十四年長水書院刻本此書目錄,實為二百八十九例。

史乘考誤十卷(兩江總督採進本)

明王世貞撰。世貞有《弇山堂別集》,已著錄。是書一曰《二史考》,凡八卷;二曰《家乘考》,凡二卷。"二史"者,國史、野史也。皆臚舉譌傳,一一考證。已載入《弇山堂別集》中,此其單行之本也①。

【彙訂】

①《弇山堂別集》所錄《家乘考》為三卷,《弇州史料》所錄為二卷。(孫衛國:《王世貞史學研究》)

洗心居雅言集二卷(江蘇巡撫採進本)

明范楎撰。楎字養吾,會稽人。嘉靖庚戌進士,官至知府①。是編凡史論二百四十一條,陶望齡為之序,書之上方及行旁皆有評語。序前標曰"新鐫史綱論題雅言",旁註"評林",目錄前標曰"新刻陶會元舉業史綱論題",皆坊本之陋式。其為真出楎手與否,尚在疑似之間矣。

【彙訂】

①殿本此句後有"其所官之地則未之詳也"十字。

古史要評五卷（江西巡撫採進本）

明吳崇節撰。崇節字介甫，弋陽人。嘉靖甲子舉人，官武岡縣知縣。是編所載，起周靈王迄南宋。每事先標題目，後載史文，而斷以己意，蓋坊刻《鑑纂》《鑑略》之類。而挂一漏萬，茫無始末，並不足以裨初學。於元朝不載事實，但附許衡、吳澄二人，題曰“元朝人物”，尤為偏謬。

史取十二卷（浙江汪啟淑家藏本）

明賀祥撰。祥號長白[1]，長沙人[2]。是編凡分六類，曰《世詮》，曰《世評》，曰《經世》，曰《性行》，曰《成務》，曰《雜紀》[3]，六類之中分子目四十有八。蓋史評之流，而其體則説部類也。觀其駁《孟子》“益避禹子”之言為無稽，稱《吕氏春秋》一書與《孟子》相表裏，斥嚴光為光武之罪人，贊丁謂為榮辱兩忘之異人，皆所謂小言破道者。書中數稱李贄，豈非氣類相近歟？

【彙訂】

① “號”，底本作“字”，據殿本改。明末刻本《留餘堂史取》十二卷，有其子久邵跋稱“先君子長白先生”，又金彩《古今史取跋》亦稱“余師楚澹菴長白先生”。

② 明末刻本《留餘堂史取》十二卷，原題：“龍城賀祥纂著，男久邵述，後學金彩參。”（王重民：《中國善本書提要》）

③ “雜紀”，殿本作“雜記”，誤。

讀史漫錄十四卷（内府藏本）

明于慎行撰。慎行字可遠，更字無垢，東阿人。隆慶戊辰進士，官至禮部尚書。事蹟具《明史》本傳。是書評論歷代史事，起伏羲氏至遼、金、元，所論無甚乖舛，亦無所闡發。目錄後有門人郭應寵題識,稱是書先梓於閩①,未經讎校。後其子君圖與《筆塵》同鋟以行,應寵又於慎行遺橐中搜得讀史五十通補入云。

【彙訂】

① 殿本"先"上有"本"字。

史韻二卷(江蘇周厚焜家藏本)

明趙南星撰。南星有《學庸正説》,已著錄。是編摘錄史事,儷以四言韻語。凡西漢、東漢、三國、兩晉、南北朝、唐、五代、宋、元各為一首,詞簡而該。蓋其謫戍代州以後,藉以遣日之筆。後人重其忠義,因錄而傳之。順治丁亥,高邑李士邵刊於杭州①,版旋散佚。乙未又刊於淮海道署。

【彙訂】

① 清順治刻本此書題"後學孫昌齡二如父、孫承澤北海父、王燮雷臣父、李士劼若許父仝較",可知"李士邵"乃"李士劼"之誤。(杜澤遜:《四庫存目標注》)

餘言二卷(江蘇巡撫採進本)

明徐三重撰。三重字伯同,華亭人。萬曆丁丑進士,官刑部主事。是編乃其語錄之一種,皆衡論古人得失,與發揮理氣性命者有異,故以《餘言》為名。所評上起唐堯,下迄宋末,大抵儒者之常談。然尚無講學家不情之苛議。

涉世雄談八卷(直隸總督採進本)

明朱正色撰。正色字應明,南和人。萬曆己丑進士,官至右副都御史,巡撫寧夏①。是書乃其備兵甘肅時所著。取諸史記傳所載事蹟之有關兵法及才智明決足啟發人意者,分門摘錄,而各附評語於條末。每類中又各分奇品、正品,詞氣纖譎,學陳亮而不成者也。

【彙訂】

① 己丑為萬曆十七年,此年進士朱正色乃上海人,字稚曾,官至淄川知縣,未著《涉世雄談》,見嘉慶《松江府志》卷五四《人物志‧朱正色傳》。據雍正《畿輔通志》卷六二《選舉志》,南和人朱正色乃萬曆二年甲戌科進士。(楊武泉:《四庫全書總目辨誤》)

讀史漫筆一卷(編修程晉芳家藏本)

明陳懿典撰。懿典有《讀左漫筆》,已著錄。此編摘《史記》本紀、世家、列傳事蹟,隨意論列數語,皆陳因膚廓之言。

蘭曹讀史日記四卷(副都御史黃登賢家藏本)

明熊尚文撰。尚文字益中,豐城人。萬曆乙未進士,官至工部右侍郎。是編雜採史傳舊文,上起唐堯,下迄元代,隨事論斷。全類時文評語,頗乖著書之體。

史談補五卷(兩江總督採進本)

明楊一奇撰,陳簡增補。二人均不詳始末。所可考者,簡書成於萬曆中,一奇書又當在前耳。一奇書五卷,本名《史談》,於諸史中摘錄事蹟,加以論斷。皆常談①,無所闡明。簡又補入百餘條,雜於一奇舊編之內,仍為五卷,改題曰《史談補》。其膚淺更出一奇下矣②。

【彙訂】

① "常談",殿本無。

② "其膚淺更出一奇下矣",殿本作"所見更出一奇下"。

尚友齋論古無卷數（浙江巡撫採進本）

明涂一榛撰。一榛字廷薦，漳州鎮海衛人。萬曆甲辰進士，官至通政司通政使。其書取春秋時范蠡迄宋文天祥六十八人，各錄本傳，而自為評語綴於其末。去取絕無義例，議論亦多陳因。其於呂誨彈王安石事，謂“臺諫不可隨衆占風”，則為當時朝局而發也。

人物論三十四卷（內府藏本）

明鄭賢撰。賢字元直，莆田人①，官震澤縣教諭。是書成於萬曆戊申②，掇諸史論贊及唐、宋以來各家文集，取其論古之文，裒為一編，而以時代編敘之，賢亦附評於篇末。率兼論其文，不專論其事，其體例蓋在史評、總集之閒也。所採元以前人之説僅一百二十七家，所採明人之説至二百四十七家，則冗雜可知矣。

【彙訂】

① “莆田”，底本作“莆陽”，據殿本改。宋代莆田人李俊甫撰《莆陽比事》，可證其時“莆陽”包括興化軍全境，含今莆田縣、仙遊縣、興化縣。明萬曆余彰德刻本《古今人物論》三十六卷，鄭賢自序及各卷卷首皆署“莆中鄭賢”，宋萬葉序則稱“南湖鄭元直”。按莆田縣西南鳳凰山，俗謂南山，古稱南湖。

② 萬曆三十六年戊申是刊刻時閒，不是成書時閒。據宋萬葉序，書當成於萬曆三十三年春。（錢茂偉：《明人史著編年考補》）

讀史商語四卷（江蘇巡撫採進本）

明王志堅撰。志堅字弱生，更字淑士，亦字聞修，崑山人。萬曆庚戌進士，官至湖廣提學僉事。《明史·文苑傳》載其為南京兵部郎中時,要同舍郎為讀史社,撰《讀史商語》,即是編也。以十七史之文與《資治通鑑》參核,隨事論斷,較他家史論抱殘守匱者頗殊。如論茅焦稱假父二弟,謬於理而悖於事;論劉向為漢宗室,諫外家封事不當以任用宗室為言,招爭權之嫌;論後漢黨錮中岑晊、劉表、胡母班皆謬負虛名;論《通鑑》帝魏,故漢獻帝用魏諡,《綱目》帝蜀,則宜用蜀諡曰孝愍;論劉琬〔琰〕撻妻小過①,至於棄市,諸葛亮不能辭責;論山簡嗜酒釀亂,不應以習池為美談;論漢昭烈帝非棄荊州,蘇軾之言失考,皆為有理。其謂秦始皇在趙之時,生僅兩歲,無由與燕太子丹相善;謂漢史所紀征討斬獲,動以萬計,皆非實數,以漢故事破賊文書以一報十為證;謂《魏書·爾朱榮傳》韓彭乃韋彭之譌,以《金石錄》為證;謂《南史·何敬容傳》、《北史·后妃傳》、《崔暹傳》與齊文宣帝《本紀》矛盾;謂胡寅《讀史管見》誤讀《通鑑》宇文孝伯事;謂房琯無請親王領軍事,司空圖詩注不足憑,亦皆有考據②。惟好為高論,動輒蹄駁。如謂桑宏〔弘〕羊有補於國計;謂曹操所行實文王之事;謂諸葛亮不善用兵,陳壽所評為確;謂謝靈運為晉之忠臣,可比陶潛;謂李林甫在,安祿山必不敢叛;謂王叔文為忠臣,有功無罪,皆紕謬之甚。又頗不論是非而論果報,於佛法信之尤篤。謂袁宏《漢紀》不知佛法之精微廣大;謂傅奕闢佛為淺陋,司馬光取入《通鑑》,所見與奕相等,尤非論史之道矣。

【彙訂】

①"劉琰",當作"劉琬",乃避嘉慶諱改。殿本作"劉琰"。劉琰,《三國志·魏書》卷四十有傳。

②《史記·呂不韋列傳》云:"秦昭王五十六年薨,太子安國君立為王,華陽夫人為王后,子楚為太子。趙亦奉子楚夫人及子

政歸秦。"秦始皇生於秦昭王四十八年正月,見《史記·秦始皇本紀》,至歸秦時已近十歲。(楊武泉:《四庫全書總目辨誤》)

史懷十七卷(內府藏本)

明鍾惺撰。惺有《詩經圖史合考》,已著錄。是書上自《左傳》、《國語》,下及《三國志》,隨事摘錄,斷以己見。《明史·文苑傳》稱"惺官南都,僦秦淮水閣讀史,恒至丙夜。有所見,即筆之,名曰《史懷》",即是編也。其説雖閒有創獲,而偏駁者多。蓋評史者精核義理之事,非掉弄聰明之事也。

元〔玄〕羽外編四十六卷(浙江巡撫採進本)①

明張大齡撰。大齡,眉州人。凡《史論》四卷,首《正統論》,次雜論延陵季子、晏平仲等二十餘人。又《説史雋言》十八卷,分二十四類。雜採史文,斷以己説。又《晉十六國指掌》六卷,《唐藩鎮指掌》六卷,皆鈔撮《晉書·載記》、《唐書·藩鎮傳》而成。《隨筆》八卷,《支離漫語》四卷,評騭史事,大都穿鑿附會,無所發明。其論正統,欲以漢配夏,以唐配商,以明配周,而盡黜晉與宋、元②,尤為紕繆。

【彙訂】

①"元羽外編",殿本作"左羽外編",誤。今存明萬曆三十九年張養正刻本《玄羽外編》。(杜澤遜:《四庫存目標注》)

②"元",殿本脱。

詩史十五卷(副都御史黃登賢家藏本)

舊本題明顧正誼撰。正誼,松江人。萬曆中官中書舍人。考錢希言《戲瑕》曰:"昔嘗於太原齋頭見云閒刻《顧氏詩史》,閱之,乃中翰正誼名也。余與王先生相顧驚歎,王先生曰:'此豈虎頭公所能辦哉！'後余過云閒，乃知華亭有詞人唐汝詢仲言者，目雙瞽，著成是書，顧氏以三十金詭得之。嗟乎！唐生之文誠賤，何至此甚也。千古不白之冤，俟異世子云者起，故當有定論耳"云云。據此，則是書為唐汝詢作，正誼乃買其槀而刻之耳。然是書以列朝紀傳編為韻語，各為之註，以便記誦，不過《蒙求》之類，不知正誼何取而竊據之也。

測史剩語六卷（江西巡撫採進本）

明馮士元撰。士元字廷對，新昌人。萬曆中由貢生授靖安縣訓導，遷河南府教授。是書雜取春秋至唐代史事，為之論斷。以人標題者二十四篇，以事標題者三篇，閒得蘇軾之一體。附以《擬書》三篇，《連珠》、《雜説》各十篇，則小品伎倆矣。

史拾載補無卷數（江蘇周厚焞家藏本）

明吳宏基撰。宏基字柏持，仁和人。是編取《史記》八《書》及《儒林》、《循吏》、《游俠》、《酷吏》、《滑稽》、《日者》、《龜策》、《貨殖》、《匈奴》、《西南夷》、《大宛》列傳十一篇，加以圈點，並略附箋注評語於篇後。前有自序，似乎先著一書名《史拾》，而此補之者。又冠以蘇轍《古史跋》，似乎補所未收者。其體例殊不可解。又有郎璧金序，稱其"旅摭稗收，凡天經、地志、昆蟲、草卉之事，彙纂成書，綴之簡裔"。更與本書不相應，亦莫能詳也[1]。

【彙訂】

[1]《總目》著錄為殘本，今存明末寫刻本《史拾》全帙，分為《載補》、《遺聞》、《廣覽》、《衆斷》四部。（吳敏霞：《〈史拾〉前言》）

史砭二卷（浙江巡撫採進本）

明程至善撰。至善字於止，休寧人。是書所論，上起三皇，下迄於宋。然論兩漢者十之八，餘皆寥寥數則，大抵迂闊之談。其偶出新意，則往往乖刺。如謂："岳飛得金牌之召，當還戈南指，誅秦檜以清君側。"是豈可行之事乎！

評史心見十二卷（浙江汪啟淑家藏本）

明郭大有撰。大有字用亨，江寧人。是書取古人事蹟標題，每事為論。其凡例云："凡可以為策論者，擇取以利於舉業。"則其書不必更問矣[①]。

【彙訂】

①　"不必更問"，殿本作"可知"。

古質疑一卷（安徽巡撫採進本）

明鄭虔唐撰。虔唐有《讀易蒐》，已著錄。是編評論史事凡三十八條，自伏羲至周平王止。窺其微意，似欲為《春秋》前編也。中如論女媧補天，乃張湛《列子註》之緒言；論黃帝鑄鼎，乃宋人偽《子華子》之舊説。以至姜嫄履武、元〔玄〕鳥生商，亦多先儒所已論，無庸剿襲陳言。至"太甲"條稱《竹書》為偽，"高宗"、"幽王"二條又引《竹書》為證。數頁之中，自相矛盾。"王季"一條，前後文義不相屬。其殆傳寫譌脱歟？

讀書鏡十卷（浙江孫仰曾家藏本）

明陳繼儒撰。繼儒有《邵康節外紀》，已著錄[①]。是書乃所作史論。或一人遞舉數事，或一事歷舉數人，而以己意折衷其間。欲使學者得以古證今，通達世事，故以"鏡"為名。所言亦不甚精切，特持論尚頗平正，視所著他書猶為彼善於此。至所稱："人主宮闈中事，臣子不可妄有攀援，亦不可過為排擊。而少年喜事，形之章奏，刻之書帙，至遍於韋轂市肆之間。此在布衣交友尚不能堪,而況天子乎?"此言蓋為萬曆閒爭國本者而發,於明季臺省之弊,可云切中。不以繼儒而廢其言也。

【彙訂】

① 依《總目》體例,當作"繼儒有《建文史待》,已著錄"。

青油史漫二卷(副都御史黃登賢家藏本)

明茅元儀撰。元儀有《嘉靖大政類編》,已著錄。是書雜論史事,多為明季而發。如稱漢高祖令吏敬高爵,則為當時輕武而言;詆魏徵抑法以沽直,太宗矯情以聽諫,則為當時科道橫議而言;論西漢亡於元帝,東漢亡於章帝,則為神宗而言。亦胡寅《讀史管見》借事抒議之類。而矯枉過正,故其詞多失之偏僻。

史疑四卷(浙江巡撫採進本)

明宋存標撰。存標字子建,華亭人。崇禎閒貢生,候補翰林院孔目。是編取三《傳》、《國策》、《史記》、《漢書》及諸雜史,摘其事蹟而論列之。如以項羽為智士仁人,以漢高帝為木偶之類,殊嫌乖謬。措語尤多輕佻。卷首題"陳繼儒選定",則習氣所染,由來者漸矣。

歷代史論二編十卷(安徽巡撫採進本)

明張溥撰。溥有《詩經註疏大全合纂》,已著錄。是書總論史事,起三家分晉,至周世宗征淮南。議論凡近而筆力尤弱,殊為不稱其名。題曰"二編",蓋尚有前編,今未之見[1]。

【彙訂】

①《安徽省呈送書目》、《江蘇採輯遺書目錄》著錄之進呈本均一編、二編俱全。(杜澤遜:《四庫存目標注》)

讀史書後一卷(江西巡撫採進本)

明胡夢泰撰。夢泰字友蘉，鉛山人。崇禎丁丑進士，官鄞縣知縣[1]。是編前有順治辛丑張遂序，稱其"大節耿然，不愧首陽。卒與其配李嬡稱'雙節'，而湮沒不傳"云云，則亦明末死義之士。遂不詳其始末，不可考矣。是書皆讀《史記》而跋其後，文體晦澀，幾不可讀，殆亦劉鳳之流。又有文德翼序，語意亦相類。蓋明季偽體橫行，士大夫以是相高。而不知故為詰曲，適為後人笑也。

【彙訂】

[1] 康熙《鄞縣志‧職官志》所載知縣中無胡夢泰。而雍正《江西通志》卷八六《廣信府人物‧胡夢泰傳》、同治《鉛山縣志》卷一五《人物‧名臣‧胡夢泰傳》均謂初仕奉化知縣，得陞唐縣。光緒《奉化縣志》卷一八《名宦》有胡夢泰傳，乃據康熙志參邵輔忠《碑記》。(楊武泉：《四庫全書總目辨誤》)

拙存堂史括三卷(兩江總督採進本)

明冒起宗撰。起宗有《拙存堂經質》，已著錄。是書成於崇禎壬午。乃其自襄陽罷歸之時讀史偶記，多隨意閒評，不必盡關褒貶。閒有考證，亦未甚精核。蓋姑以資談柄，消永日耳，不足以言史學也[1]。

【彙訂】

[1] "蓋姑以資談柄消永日耳不足以言史學也"，殿本作"蓋文士閒居姑以資談柄消永日耳"。

孟叔子史發無卷數(浙江巡撫採進本)

明孟稱舜撰。稱舜字子塞，會稽人，崇禎閒諸生。是書凡為史論四十篇,其文皆曲折明暢,有蘇洵、蘇軾遺意,非明人以時文之筆論史者。惟其以屢舉不第,發憤著書,不免失之偏駁。如《項羽論》,謂其敗兵由乎天亡,非戰之罪。《商鞅論》,謂秦用商鞅之法,六世以至於帝;始皇不用商鞅之法,二世以至於亡。《樂毅論》,謂其非仁非智,雖毅不走趙,騎劫不代將,亦終必敗。皆失之過激。《李陵論》,謂陵必報漢,漢待之寡恩,則害義尤甚。崇禎末降賊諸臣,無不以陵藉口者①,豈非此類僻論有以倡之乎? 至於王通、韓愈、王安石、張浚諸論,則能破門户之見;晁錯、趙苞、魏徵、史浩諸論,亦能持事理之平。蓋瑕瑜互見之書也。前有崇禎辛未自序,述不得志而立言之意,稱“李衛公罷相歸,著論數十首,名曰《窮愁志》。蘇文忠公謫居儋耳,亦著論數十首,今所傳《平王》、《范增》諸篇是也”云云。案,李德裕《窮愁志》作於崖州,無罷相歸之事。蘇軾諸論,雖集中不著年月,亦無作於海外之明文。所引皆為舛誤,知其聰明用事,考證多疏矣。

【彙訂】

① “陵”,殿本作“李陵”。

狂狷裁中十卷(江蘇巡撫採進本)①

明楊時偉撰。時偉有《春秋編年舉要》,已著錄。是編上起戰國,下迄金、元,取忠臣孝子志士仁人之事而論説之。其自序曰:“憑虛不如履實,異撰不如庸行。”又云:“考覽千古,未聞志士仁人忠臣孝子之外,別有所謂進取不為者。私為尚論,取實代虛。凡忠孝志仁,正骨奇氣,雖不襲狂名,不矜狷蹟,而强名為狂狷焉。即於孔、孟之旨茫無取裁,而律以成章進取,則庶乎不悖爾矣。”此其撰述之大意也。然其中所載如豫讓、聶政諸人,猶謂

節取其義烈。而魏延、馬謖、華歆、郗慮亦並收入，未免蕪雜不
倫矣。

【彙訂】

①“江蘇巡撫採進本”，底本作“江西巡撫採進本”，據殿本
改。此書見於《四庫採進書目》中“江蘇省第一次書目”、“江蘇採
輯遺書目錄簡目”。（江慶柏：《殿本、浙本〈四庫全書總目〉著錄
圖書進獻者主名異同考》）

廿一史獨斷二十一卷（江西巡撫採進本）

明張自勳撰。自勳有《綱目續麟》，已著錄。是書於二十一
史各糾其失，每一史為一卷。其中糾體例之失者十之三四，糾議
論之失者十之六七。而所謂“體例之失”者，不過某人之傳不當
在某人前，某人之傳不當在某人後，及某人當與某人合傳，某人
不當與某人合傳而已。大抵取其篇目論贊，互相比勘，而斷以己
意。非能旁引曲證，一一究其異同，核其虛實也。其凡例謂：“先
儒已駁者不復置喙，性恥蹈襲，絕無剿說。”然如開卷論《史記·
項羽本紀》、《陳涉世家》，即皆劉知幾《史通》之說。是亦未及博
徵之一驗矣。

宋史筆斷十二卷（浙江鮑士恭家藏本）

舊本題正誼齋編集，不著撰人名氏。所論始於太祖建隆元
年①，至衛王溺海之事。論皆近迂闊。

【彙訂】

①“於”，殿本作“宋”。

尚論編六卷（副都御史黃登賢家藏本）

不著撰人名氏，但自稱曰“印須子”。中有“近日熊經略”語，

則明末人所輯也①。其書皆摘前人論史之語。起於堯、舜,迄文天祥。明人議論,採摘尤多。大抵拉雜無緒,每篇皆有跋語,亦侂纖無可取。序凡三首,一稱夢博道人,一稱狎鷗翁②,一稱六宜亭長,亦不知為何許人也。

【彙訂】

①《江南通志》卷一九二、《千頃堂書目》卷十皆謂王達撰。(司馬朝軍:《〈四庫全書總目〉編纂考》)

② 據明末刻本《尚論編》七卷,當作"海上狎鷗翁"。

賣菜言一卷(浙江鮑士恭家藏本)

舊本題曰匪齋撰,不知何許人。書中取明一代人物,各加詳斷,自宋濂以下凡六十餘人。以及律呂推步之說,亦並為考辨。蓋亦史論之類。書中稱莊烈帝為思皇帝,疑福王時人也。

綱鑑附評二卷(江西巡撫採進本)

舊本題國朝劉善撰。善號電齋,吉水人。考《江西通志》有劉善,臨川人,洪武丁卯舉人。是書所論,自夏帝啟訖晉代為上卷,自南北朝訖明太祖即位為下卷,時代亦與相應。又似乎即明初之劉善,疑不能明也。所評多剿襲舊文,大抵不出胡寅、尹起莘之說。其自立新意者,往往縱談害理。如謂:"漢高當立趙王如意為太子,諸臣爭之為非。"又謂:"即立惠帝,亦當如鉤弋夫人,先殺其母。"可謂不揆於理,不近於情。他如"因王珪子尚公主,珪令行婦禮"一事,忽牽及珪"昔事建成,今事太宗,猶婦之再醮於人,而忘所醮之即戕夫者"。尤節外生枝,非其本事矣。

漢史億二卷(山東巡撫採進本)

國朝孫廷銓撰。廷銓有《顏山雜記》,已著錄①。是編取司馬、班、范三史所載事實,隨筆論斷,共二百餘條。中多與于慎行《讀史漫錄》議論相同者,自序謂與之暗合,故不復删。其論留侯子辟彊始謀分王諸呂,謂:"辟彊深沉多智,無忝厥父,有安劉氏之功。"夫諸呂分王,劉氏危於累卵。特以祿、産庸才,遽釋兵柄,諸大臣得而誅之。辟彊以一孺子首倡亂謀,幾覆邦國②。乃以能安劉氏稱之,不亦傎乎!

【彙訂】

① 依《總目》體例,當作"廷銓有《南征紀略》,已著錄"。

② 《史記・呂後本紀》與《漢書・外戚列傳》均載留侯子名辟彊,非辟彊。(楊武泉:《四庫全書總目辨誤》)

論世八編十二卷(浙江巡撫採進本)

國朝華慶遠撰。慶遠,無錫人。是書輯前人論古之説,各區以時代。卷首有自序四篇,初序於崇禎庚辰,再序於甲申,三序於己丑,四序於己酉。己丑為順治六年,己酉為康熙八年。其庚辰原序謂:"略似竟陵鍾氏《史懷》,或正史,或野史,或集,或説,不專一史。久之盈册,題曰《寒窗歎》。後改名為《論世八編》。"自一卷至四卷為初編,論自古迄三代。五卷為二編,則專論孔子。六卷為三編,專論西漢。七、八兩卷為四編,論東漢、後漢。九卷為五編,論晉至隋。十卷為六編,論唐。十一卷為七編,論北宋。十二卷為八編,論南宋至明初。大抵綴緝陳言,間有附評,亦寥寥偶見。

歷代甲子考一卷(編修程晉芳家藏本)

國朝黃宗羲撰。宗羲有《易學象數論》,已著錄。魯隱公以上甲子,《漢志》與《史記》不同。黃道周主《史記》。宗羲以其與

《尚書》不合，嘗與朱朝瑛反覆辨論。謂當從班氏，以"武王克商"為己卯歲，歷引《尚書》及《竹書紀年》以證之。此篇即答朝瑛之書，已載於《南雷文定》中。曹溶收入《學海類編》，改題此名，實非其舊也。

鑑語經世編二十七卷（直隸總督採進本）

國朝魏裔介撰。裔介有《孝經註義》，已著錄。是編以《通鑑》卷帙浩繁，學者難以卒讀，於是摘錄司馬光《資治通鑑》及王宗沐《宋元資治通鑑》凡有關經世者，加以案語。其議論尚皆平正，然亦不能無因謬襲誤之弊。如信宋太宗"燭影斧聲"之事，而曰"燭影搖紅，心田變黑"，殊為失考。又謂明永樂《四書五經大全》為不刊之典，亦未免儒生章句之見也。

讀史吟評一卷（大學士英廉購進本）

國朝黃鵬揚撰。鵬揚字遠公，晉江人。順治丁酉舉人，嘗官知縣①。是編雜詠史事，每詩之後附以論斷，略如元宋无《嘖囋集》例。而詞旨拙鄙，則又出无下②。玩其意旨，似借諷明季之事，不為品第古人也。

【彙訂】

①"嘗官知縣"，殿本脫。清乾隆《福建通志》卷五一《文苑·永春州》"黃鵬揚"條載："字奕奮，永春州人。順治丁酉舉人，授知縣。"

②"而詞旨拙鄙則又出無下"，殿本作"而詞之工則不及无"。

史評辨正四卷（福建巡撫採進本）

國朝黃鵬揚撰。是書取歷代史評，斷其是非。每條皆先列前人之説，次申己見。卷首自序所論"評史三病四宜"等説，頗為切中。然如"伊尹兩截人"之類，仍嘵嘵於一字一句之閒，爭無關之得失，則亦未改迂儒論古之習矣。

讀史臠疑十卷（山東巡撫採進本）

國朝張彥士撰。彥士字龍弸，定陶人。順治初歲貢生，官黃縣訓導。其書評論史事，自上古至元，凡四百餘條，多作韻語。大約欲仿史家贊體，而體例冗雜，議論迂拘，不出鄉塾儒生之見。

史折三卷續一卷（湖南巡撫採進本）

國朝賀裳撰。裳字黃公，丹陽人，康熙初諸生。是書取明人評史諸書義有未當者，折衷其是。凡《史懷》、《狂夫之言》、《史説》、《贅言》、《湧幢小品》、《談史》、《藏書》、《史裁》、《史餘》、《讀史漫錄》、《劄記外篇》等共十一家，謂之"後語"。又各繫小序於前，凡三卷。古今論史，言人人殊，所謂彼亦一是非，此亦一是非也。裳所駁正，頗屬持平。然其中可一兩言決者，必連篇累牘，覺浮文妨要。至於陳繼儒之淺陋、李贄之狂謬，復為之反復辨論，更徒增詞費矣。卷後附《史折續編》，乃裳所自為史論，蓋折衷唐、宋諸儒之説。已刊入本集内，此又以類附於史論者也。

澄景堂史測十四卷（江蘇巡撫採進本）

國朝施鴻撰。鴻字則威，邵武人。康熙中由歲貢生官至奉天府經歷。是編取《通鑑》中自晉至隋事蹟，各為評論，共一百七十七則。其專取晉、宋以下六代者，自序云："歲在甲辰，署篆羅源，未攜書籍。借得溫公《通鑑》自晉至隋數十册。日夜讀之，因而有所論議。"則亦偶然劄記也。

垂世芳型十三卷（浙江巡撫採進本）

國朝金維寧撰。維寧字德藩，華亭人，康熙丙午舉人。初，維寧取歷代事蹟，人立一傳，各係以論，名《連珠彙校》，蓋通史流也。鄭重欲為刻之①，不果。後刪掇其論三分之一，以成此書。所論上起孔子，下迄明季，共七百八十五人。而明一代居一百四十八，其父章原亦與焉。

【彙訂】

① “欲為刻之”，底本作“欲為之刻”，據殿本改。

資治通鑑述無卷數（兩江總督採進本）

國朝陳詵撰。詵有《易經述》，已著錄。是編凡論三十二篇。始於范蠡，終於陸贄、裴度，末附《史官論》一篇。所論戰國時事居十之七，秦、漢以後閒及一二事，未編卷帙，其次第亦參差不一。蓋刊刻未竟之本，全書當不止此也。

通鑑大感應錄二卷（山西巡撫採進本）

國朝秦鏡撰。鏡字非臺，翼城人。此集前有鏡自序，謂“《資治通鑑》乃古今來一大《感應篇》。錄其彰明較著者，俾覽之者有所觀感”云云。大抵如《迪吉錄》、《勸善圖說》等書，取以醒世，非史學也。如論皋陶，謂之“士而兼師，全柄生殺之權，故子孫不王”，則尤附會之論矣。唐、虞至治，堯、舜至明，皋陶之刑果干天罰，能見用於二帝之世乎？

讀史辨惑無卷數（直隸總督採進本）

國朝王建衡撰。建衡號月蘿，威縣人。歲貢生，候選教諭。是書成於康熙四十一年。雖以“讀史”為名，而考其所引，實皆坊刻《鳳洲綱鑑》也。

史論初集無卷數（浙江巡撫採進本）

國朝朱直撰。直字少文，江蘇人。是集爲駁正胡寅《讀史管見》而作，其中頗有持平之論。如《牛晉論》等篇，雖寅復生不能辨。然而詞氣太激，動乖雅道。每詆寅爲腐鼠[①]，爲矇矇未視之狗，爲雙目如瞽，滿腹皆痰，爲但可去註《三字經》、《百家姓》，不應作史論，爲癡絶、呆絶、稚氣、腐臭。雖寅書刻酷鍛煉，使漢、唐以下無完人，實有以激萬世不平之氣。究之讀古人書，但當平心而論是非，不必若是之毒詈也。

【彙訂】

①“腐鼠”，底本作“腐儒”，據殿本改。清康熙刻本《緑萍灣史論初集》“牛晉”條曰：“余閲之，舌不能下，目不能瞬。久之始歎腐鼠之蒙面喪心，一至此耶？”

詩史十二卷（浙江鮑士恭家藏本）

國朝葛震撰。震字星巖，句容人。是書於歷代帝王各以四言韻語括其始末。起自盤古，終於有明。據康熙癸未鍾國璽序，其書尚有全註，此特先刊其正文。然讀史之學，在於周知興廢始末[①]。此書如爲童穉設，則事無註釋，斷乎不解爲何語，誦之何益？如曰成人讀之，可不須註。世烏有已成人尚誦此種書者乎？所謂進退無據也。

【彙訂】

①“興廢始末”，殿本作“其原委”。

四言史徵十二卷（内府藏本）

國朝葛震撰。即葛氏《詩史》，曹荃爲之註釋，改題此名也。據荃自序，題康熙庚辰，尚在癸未前四年。殆鍾國璽刻《詩史》

時,尚未見此本歟?

　　班范肪截四卷(編修勵守謙家藏本)

　　國朝張篤慶撰。篤慶字歷友,號厚齋,又號崑崙外史,淄川人。康熙丙寅拔貢。王士禎《漁洋詩話》稱其"淹博華贍,千言可以立就"。是書即兩漢史事稍加論斷,大抵皆屬常談。亦有僅節錄數語,不置一詞者。其中旁掇應劭《風俗通》、蔡邕《獨斷》、劉珍《東觀漢記》之類[1],則顏師古、李賢、劉昭註中所引也。似史評而非史評,似說部而非說部。殆隨筆偶記之書,故漫無體例歟?

　　【彙訂】

　　[1] "應劭風俗通蔡邕獨斷劉珍東觀漢記",殿本作"風俗通獨斷東觀漢記"。

　　五代史肪截四卷(編修勵守謙家藏本)

　　國朝張篤慶撰。是書摘取歐史之文,間附己意為論斷。與《班范肪截》體例略同,而持論尤多無謂。如論"朱全忠、張全義賜名"事,則曰"可謂忠不忠而義不義矣",此亦何須復道。又論"昭宗椒蘭殿、何后積善宮"事,曰"椒蘭不以延嗣,積善不以流慶"。置其本事而旁論宮殿之名,不幾時文之掉弄筆墨乎? 至論"馮道《兔園冊》"事,曰"此冊流傳,至今遂廣,不特翰苑諸公奉為祕書,而帖括家亦以為金科玉律矣"。案,《兔園冊》三卷,《通考》著錄,註曰"虞世南撰"。今其書久佚,篤慶乃云流傳遂廣。亦徒為高論,實不知其為何書也[1]。

　　【彙訂】

　　[1] "案兔園冊三卷"至"實不知其為何書也",殿本作"更太傷輕薄也"。

增定史韻四卷附讀史小論一卷（浙江巡撫採進本）

國朝仲宏〔弘〕道撰。宏道字開一，嘉興人。是書成於康熙辛未。以趙南星《史韻》前載年號，浮文妨要，註又寥寥不詳，所以不行於世。乃刪其繁冗，補其闕略，以成是編。復上續以義、軒至秦，下續以明代之事。其他晉之十六國，五代之十一國，以及遼、金、西夏亦各為韻語以補之。每紀之末，宏道各為總論。《明紀》評語則採谷應泰《紀事本末》之文。

十七史論九卷年表一卷（江蘇巡撫採進本）

國朝夏敦仁撰。敦仁字調元，武進人[①]。是書論斷史事，始於漢，終於五代，大抵陳言。每代各列世系於前，僭偽之國皆然。末為《年表》一卷，以帝王與僭偽並列。而所紀始漢終元，與"十七史"數亦不相符[②]。未喻其故也[③]。

【彙訂】

①《江蘇採輯遺書目錄》著錄作"清江陰夏敦仁著"，作"武進人"誤。（杜澤遜：《四庫存目標注》）

②"亦"，殿本無。

③"也"，殿本無。

芝壇史案五卷（湖北巡撫採進本）

國朝張鵬翼撰。鵬翼字警菴，連城人。其書取史籍舊事，倣讞獄之法，每一條為一案，而以己意斷之，論多迂闊。

史學正藏五卷（江西巡撫採進本）

國朝宋士宗撰。士宗字司秩，星子人，雍正丙午舉人。其書上自三皇[①]，下訖昭烈，各有辨論。凡二百三十八條。自序云："不獲竣事，姑取其就緒者亟為錄出。"蓋未竟之本也。

【彙訂】

① "上"，殿本無。

讀史評論六卷（兩江總督採進本）

國朝費宏灝撰。宏灝號愚軒，湖州人。是書前有雍正戊申自序，前四卷曰《史評》，後二卷曰《史論》。評則分條劄記，論則因人因事，各自成篇。評多瑣屑，論多臆斷。如《王戎石崇論》，謂："戎之得預竹林，以多財之故。嵇、阮等利其所有，引而入之，冀分餘潤。崇既富人，必不識丁。其《金谷園集》序，殆有寒士為之捉刀。"雖有激之談，亦慎之甚矣。

十七朝史論一得一卷（浙江巡撫採進本）

國朝郭倫撰。倫有《晉記》，已著錄。是編為論八篇。一曰秦、漢，二曰晉、宋、齊、梁、陳，三曰隋，四曰唐，五曰梁、唐、晉、漢、周，六曰宋，七曰元，八曰明。凡十七朝，故以為名。每朝各論其得失，大致不悖於理。

石溪史話八卷（江西巡撫採進本）

國朝劉鳳起撰。鳳起字蘭村，睢寧人。是編起自三皇五帝，至明福王止，所論凡百餘條。或一事而以數事證之，或一代而以歷代參之。立說頗見詳辨，而前後時有矛盾。又如以王佐才許荀彧，而詆王導為虛聲；美武后之保護賢臣，而咎岳飛之不知進退。其是非臧否，亦不能無所謬也。

唐鑑偶評四卷（編修周厚轅家藏本）

國朝周池撰。池字商濂，湖口人。是書因讀《通鑑綱目》而評其得失，多駁正《發明》、《書法》及胡寅《讀史管見》之說，頗中其失。然以"唐鑑"為名,而卷一起高宗上元元年,卷三終武宗會昌四年,於唐代首尾不能完具。疑為未成之槀,其子孫錄之成帙也。卷四為論二首,辨四首,說一首,則以各自為篇,與批綴簡端者體例不同,故別為一卷云。

右史評類一百部,八百六十七卷^①,_{內八部無卷數。}皆附存目。

【彙訂】

① "八百六十七卷",殿本作"八百六十八卷",實著錄八百七十卷。